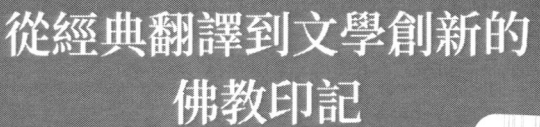

從經典翻譯到文學創新的
佛教印記

佛教
文學卷

孫昌武 著

譬喻故事有何藝術價值？ 禪宗思想又是如何塑造詩歌之美？

佛教與中華文學交融　　一場橫跨千年的的思想盛宴

目錄

《中華佛教史》總序……………………………………………005

前言………………………………………………………………007

第一章　佛典翻譯………………………………………………019

第二章　魏晉南北朝與佛教……………………………………067

第三章　六朝僧人的創作………………………………………119

第四章　釋氏輔教………………………………………………159

第五章　隋唐與佛教……………………………………………193

第六章　唐宋的禪文學…………………………………………251

第七章　關於詩僧………………………………………………299

第八章　唐與五代佛教通俗文學………………………………359

第九章　宋代之後的佛教與文人………………………………405

目錄

第十章　對古典小說、戲曲的影響……………………………451

第十一章　明、清的佛教民間文學……………………………487

第十二章　佛教與文學思想、文學評論………………………507

第十三章　近代……………………………………………………547

結語……………………………………………………………………573

《中華佛教史》後記………………………………………………585

《中華佛教史》總序

◎季羨林

　　此叢書名曰《中華佛教史》，為什麼我們不按老規矩，稱此書為《中國佛教史》呢？用意其實簡單明瞭，就是想糾正一個偏頗。我們慣於說中國什麼史，實際往往就是漢族什麼史。現在改用「中華」這個詞，意思是不只漢族一家之言，而是全中國許多個有佛教信仰的民族大家之言。

　　談到中華佛教史，我們必須首先提到湯用彤先生的《漢魏兩晉南北朝佛教史》，此書取材豐富，分析細緻，確是扛鼎之作，已成為不朽的名著。但是，人類社會總是在不停地前進，學術也是日新月異，與時俱進。到了今天，古代西域（今新疆一帶）考古發掘隨時有新的考古材料出土，比如，吐火羅語就是在新疆發現的，過去任何書上都沒有這種語言的記載。所以我們感覺到，現在有必要再寫一部書。

　　在中國古代佛教的著述中，有幾種實際上帶有佛教史的性質，比如《佛祖歷代通載》等。佛教以及其他學科而冠以史之名稱（如文學史之類），是晚近才出現的，其中恐怕有一些外來的影響。

　　近代以來，頗有幾種佛教史的著作，這些書為時代所限，各有短長，我在這裡不一一加以評論。

　　我們現在有膽量寫這一套中華佛教史，就是為了趕上學術前進的步伐。

　　總而言之，歸納起來我們這套書有幾個特點：第一，就是我們不只說漢族的事情，也介紹中國其他有關的少數民族的情況；第二，我們對古代

西域佛教史的發展有比較詳細的論述；第三，現在寫這部書不僅有學術意義，而且還有現實意義。佛教發源於印度，傳入中國後，經過兩千多年的演變，最終已成為中華文化的一部分。在現實生活中，佛教仍然是一個有生命的團體。大眾不管信佛教與不信佛教的，都必須了解佛教的真相，這會大大地促進社會的發展。

在另一方面，也有利於世界各國對中華精神生活的了解。我們現在所需要的正是互相了解。

我是不信任何宗教的，但是，對世界上所有的堂堂正正的宗教，我都有真摯的敬意。因為這些宗教，不管它的教義是什麼，也不管它是如何發展起來的，這些宗教總是教人們做好事，不做惡事，它們在道德上都有一些好的作用。因此，現代世界上，宗教的存在有它的必要性。專就佛教與中國而論，佛教的原生地印度和尼泊爾，現在佛教已經幾乎絕跡，但在中國，佛教得到了很大的發展。原因是中華民族幾千年來，大度包容。從當前世界來看，希望全世界各個國家各個民族之間互相了解、互相促進，共同達到人類社會更高的層次。

所以，我們研究佛教寫佛教史，不但有其學術意義，還有更深刻的現實意義。

前言

一

佛教在中國兩千年左右的歷史發展中，在文學領域作出了重大貢獻，發揮了重大影響；而中國文學對於佛教的傳播和發展也發揮了相當大的作用。二者之間的相互交流和推動，對於中國佛教史和中國文學史都十分重要，其間的複雜關係更對於中國文化的諸多領域造成了廣泛而深遠的影響。有鑒於此，本書設專卷討論中國佛教與中國文學相互影響和交流的諸多現象與問題。

梁啟超曾指出：

凡一民族之文化，其容納性愈富者，其增展力愈強，此定理也。我民族對於外來文化之容納性，唯佛學輸入時代最能發揮，故不唯思想界生莫大之變化，即文學界亦然。[001]

佛教在中土傳播並生根開花，結成豐碩果實，是古代中外文化交流的重大成果，也是中華民族在文化上具有巨大包容力的卓越展現。而在文學領域，這種成果更為顯著。可以毫不誇張地說，如果沒有佛教的輸入和傳播，中國文學的發展將會是另一種面貌。當然，具體影響及其後果是錯綜複雜的，需要進行歷史的、科學的分析和判斷。

從佛教自身發展歷史來看，無論是在發源地古印度[002]，還是後來在中國弘傳，從經典的結集到教法的傳播，從對教主、教義的讚頌到信仰的

---

[001] 梁啟超〈翻譯文學與佛典〉，《佛學研究十八篇》，臺灣中華書局，1976年7月，第27頁。
[002] 這裡使用約定俗成的稱呼，泛指以中南半島為中心的南亞和中亞地區，即佛教發源和早期傳播的地區。

抒發，如此等等都要廣泛地採用文學手段。因此，歷代創作出大量所謂「佛教文學」[003]作品。佛教從而成為文學的一種載體。外來的佛教是其發源地印度與所流傳各地區、各民族文學的載體；在具有高度文化和優秀文學傳統的中國發展的佛教，歷代也創造出大量的、有價值的文學作品。屬於這一範疇的，從具有不同文學價值的翻譯佛典，到中土僧俗的護法、頌佛作品，構成中國文學遺產的重要成分，而其成就和價值遠遠超越於宗教意義之外。

而另一方面，隨著佛教在中土廣泛弘傳，對於世俗文學（不論是文人還是民間創作）也逐漸發揮多層面的影響。中土知識階層普遍而深入地接受佛教是在兩晉之際。在此後漫長的歷史時期裡，眾多文人和民間作者不同程度地受到佛教的薰染。這種薰染不限於信仰層面，更表現在觀念、感情、習俗、生活方式等等諸多層次。這些都以不同方式和不同程度地透過文學創造表現出來。有關佛教的「人物」、題材、語言、事典等等被人們相當普遍地當作創作「素材」；創作的作品涵蓋詩歌、散文、小說、戲曲、各種民間文學創作等眾多文學形式，並創造出一批全新的文體。佛教的影響不僅促成了歷代文學作品思想內容的豐富和變化，對於其藝術表現的發展和創新也發揮了十分巨大而深遠的作用。

值得注意的是，一方面佛教的傳播大幅度地改變著中國文學發展的面貌，另一方面文學領域的這種變化和成果又反過來推動了佛教自身的發展和建設。從根本上來說，中國佛教影響下所產生的文學作品本來就是佛教活動的重要成果。它們生動、具體地展現了中土人士對佛教的獨特理解，乃是佛教「中國化」的具體展現，從而又成為佛教進一步發展的推動力。

---

[003]「佛教文學」已是約定俗成的概念，但具體所指卻有相當大的差異。就佛教典籍而言，廣義的佛教文學泛指經、律、論「三藏」，狹義的則限制在具有濃厚文學意味和較大文學價值的作品。在學術研究領域，廣義的佛教文學包括世俗文學中表現佛教觀念、受到佛教影響的作品，狹義的則限制在僧俗所創作的主旨為讚佛、護法、宣揚佛教信仰的作品，而在具體運用中又有差別。本書儘量避免採用這一含混的概念，不得已使用時將有所限制和說明。

中國佛教具有鮮明的個性，形成獨特的面貌、取得特殊的成就，和來自文學方面的作用與影響有重大關係。

而從更廣泛的視野來看，在世界宗教史上，中華民族積極地接受佛教，經過不斷的發展、創新而實現「中國化」，形成獨具特色與成就的「漢傳佛教」，進而對東亞各國、各民族造成影響、作出貢獻，乃是文化交流史上的範例。而中土人士透過佛教而認識、接受了印度和西域各國、各民族的文化成就，融攝、消化，作為創作本國、本民族文學的滋養和借鏡，繼而又把自己創造的新成果貢獻給其他國家和民族，這也是世界文化、世界文學交流史上的範例。

因此，中國歷史上佛教與文學關係的諸多現象，對於佛教史、文學史以及一般的文化史、文化交流史等眾多領域的研究都是具有重大意義的課題。

二

宗教與文學藝術本來有著密切的、類似孿生的關係，二者在內容和形態上具有極大的共通性。黑格爾（Hegel）論述「藝術對宗教與哲學的關係」，曾指出「宗教往往利用藝術，來使我們更好地感到宗教的真理，或是用影像說明宗教真理以便於想像；在這種情形之下，藝術卻是在為和它不同的一個部門服務」，簡單地說，就是藝術可以為宗教目的「服務」；黑格爾又指出「最接近藝術而比藝術高一級的領域就是宗教」[004]，他把二者同樣看作是一種客觀真理的表現形態，從而溝通了二者的關係。從宗教史的實務來看，各民族的文學藝術往往把宗教作為重要表現內容；對於宗

---

[004] 黑格爾《美學》（*Vorlesungen über die Ästhetik*）第一卷，朱光潛譯，人民文學出版社，1962年，第 125 — 128 頁。

教信徒來說，文學藝術創作不僅是表達信仰的主要手段，又是重要的宣教工具。各宗教都創造出一定數量或精緻、或粗俗的「宗教文學」和「宗教藝術」作品，各民族的文學藝術也必然在一定程度上受到宗教的影響或支配，或多或少地表現宗教內容。佛教在中國當然也不例外。由於佛教傳入時期的中國文學已經形成十分發達、卓越的傳統，此後中國文學的歷史發展更是高潮迭起、成績輝煌，因而佛教在中國傳播、扎根，就必然要「倚重」文學，文學領域是它必須「占據」的重要領地。

而主、客觀形勢也為外來的佛教發揮對中國文學的影響提供了充分、有利的條件，舉其犖犖大者有：

首先，佛教自身有著卓越、豐厚的文學傳統。作為佛教創始者的釋迦牟尼本人具有高度文學素養，他當初施行教化，即已廣泛、有效地利用文學手段。他所開創的這一項傳統被後世信仰者所繼承並加以發揚。在陸續結集、整合的龐大的佛教聖典經、律、論「三藏」裡，有相當數量的作品本身就是有巨大藝術價值的文學創作，還有一大部分具有濃厚的文學情趣。這些作品隨著佛典傳譯輸入中土，成為中土民眾接受佛教的機緣，文人們也出於不同理由積極地接受它們。例如龔自珍有〈題梵冊〉詩說：

儒但九流一，魁儒安足為。西方大聖書，亦掃亦包之。即以文章論，亦是九流師。釋迦諡「文佛」，淵哉勞我思。[005]

這種說法相當典型地表現了古代文人傾心、讚賞佛教「文章」的態度。佛教經典，尤其是那些具有強烈文學情趣的經典受到文人們的重視和歡迎，在他們之間廣泛流傳，以至成為他們教養的案頭必讀書，從而也就自覺、不自覺地成為他們從事創作的參考。

其次，從整體環境來說，佛教傳入時期的中國已經形成牢固的封建專

---

[005]　龔自珍《龔自珍全集》第九輯，上海人民出版社，1975 年，第 506 頁。

制集權統治制度。即使後來國家幾度形成分裂割據局面，各王朝在統治體制方面也沒有大的改變。在這種情勢下，在中國歷史上活動的各宗教都不能高踞於世俗統治之上，也不能超脫於其外，而必須屈居於現實的專制體制之下。各王朝出於鞏固統治和施行教化的理由，一般均實行「三教齊立」政策，這就促成了源遠流長的「三教調和」以至「三教合流」的潮流。而佛教本來具有獨特的包容、柔韌的特色，自傳入中土即不斷主動地協調與世俗政權的關係，從而獲得了在社會上活動的廣闊空間，也使得歷代王朝在位的官僚和不在位的文人有機會、有可能懷抱不同目的、從不同角度接近或接受佛教。因而可以毫不誇張地說，從東晉直到晚清，沒有哪一位重要作家是全然沒有接觸過佛教、不受到佛教影響的；即使是那些並不信仰、甚至是反對佛教的人，往往也都以不同形式與佛教發生過糾葛。

再次，佛教確實具有極其豐富而有價值的文化內涵。釋迦牟尼當初所創造的基本教義已經包含有豐厚、深刻的哲學、倫理等方面的內容。在佛教的長期發展過程中，這一些傳統又被傳播所及的各地區、各民族的信仰者們發揚光大，從而使佛教成為具有特別重大的學術、文化價值的宗教。這也是佛教在世界諸宗教中的鮮明特色。佛教傳入中國，帶來了它在哲學、倫理、心理學、教育學、語言學、文學、藝術以及各門科技等等廣闊領域的優異成果，其中包含有許多中土人士前所未聞的新的思想觀念、新的知識。特別因為它是在中國豐富的文化環境裡扎根、發展的，它的新信仰、新思想、新觀念、新知識等等與中土傳統在對立、衝突之中互相交流、融合，一方面不斷地豐富、改造、發展自己，另一方面為中國的信仰、思想、文化提供滋養與借鑑。這個過程，不只是一種外來宗教的輸入和傳播，更是兩種異質的文化、不同信仰、觀念、思想、學術等等的碰撞和交流。長達千餘年（西元十二世紀初，伊斯蘭勢力入侵印度，毀滅佛教，中國佛教從而失去了外來資源）的這種交流必然結出豐碩的果實。特

別是在晉、宋到兩宋之際這近千年之間,在佛教逐步實現「中國化」的過程中,形成一批漢傳佛教的學派、宗派,成為推動整個思想、文化領域的一股十分活躍、積極的、且常常是主要的力量。例如,先秦以來中土重視經世濟民、「褒貶諷喻」的傳統中,缺乏關於個人心靈體驗、抒發和轉化等屬於「心性」範疇的觀念和理論,而劉宋時期的著名文人范泰、謝靈運則已明確「六經典文字在濟俗為治耳,必求性靈真奧,豈得不以佛經為指南邪」[006];六朝時期更有「儒以治外,佛以治內」、「儒以治國,道以治身,佛以治心」之類的說法。後來的章太炎也曾指出:「佛教行於中國,獨禪宗為盛者,即以自貴其心,不願鬼神,與中國心理相合。」[007]。佛教注重「心性」問題的探討和解決,無論是理論上還是實務上都為中國學術補充了新內容,開拓了新局面,也大幅地豐富了中土人士的精神世界。這是佛教向中國學術輸入新的思想觀念並發揮影響的一例。而在更注重表現內心世界、抒發個人「性靈」的文學創作中,這種影響所產生的成果必然是更為巨大、意義深遠的。

最後,但並不是不重要的,即在中國豐富的文化環境裡,完成「中國化」的佛教形成了十分濃厚的文化特色。歷代有大量高水準的文化人士參與僧團,尤其是六朝到唐、宋時期,僧侶成為社會上最有文化素養的階層之一,僧團活動具有豐富的文化內涵;眾多具有高度文化素養的僧侶熱心參與社會上各種文化事業,在文化領域發揮巨大作用;作為佛教活動基地的寺院往往成為城鄉文化活動中心;而文人們與僧侶密切來往並相互交流,「真乘法印與儒典並用」、「統合儒、釋,宣滌疑滯」[008]更形成一種傳統。特別值得注意的是,在中國「以孝治天下」的社會體制中,在家居士

---

[006]　何尚之〈答宋文帝讚揚佛教事〉,《弘明集》卷一一,《大正藏》(以下簡稱為《正》)第 52 卷第 69 頁中。
[007]　〈答鐵錚〉。
[008]　柳宗元〈送文暢上人登五台遂遊河朔序〉,《柳河東集》卷二五。

佛教更容易被人們所接受，在文人中居士思想和居士制度也特別受到歡迎，居士佛教從而成為支撐和推動整個佛教發展的重大力量。

如此等等，具有高度教育程度的中國佛教發展了高水準的佛教文化，吸引歷代文人的傾心、讚賞或皈依。關係到文學領域，更有許多僧侶熱衷文事，既豐富和活躍了佛教活動的內容，又密切了佛教與文人的關係，強化了佛教對文人及其創作的影響。如印度獨立後第一任總理賈瓦哈拉爾·尼赫魯（Jawaharlal Nehru）曾精闢地指出：「在千年以上的中、印兩國交往中，彼此相互地學習了不少知識，這不僅在思想上和哲學上，並且在藝術上和實用科學上。中國受到印度的影響也許比印度受到中國的影響為多。這是很令人惋惜的事，因為印度若是獲得中國的豐富常識，用之來制止自己過分的幻想是對自己很有益的。中國曾向印度學到了許多東西，是由於中國人通常有充分的堅強性格和自信心，能以自己的方式汲取所學，並把它運用到自己的生活中。甚至佛教和佛教的高深哲學在中國也染有孔子和老子的色彩。佛教哲學的消極看法未能改變或是抑制中國人對於人生的愛好和愉快的情懷。」[009] 這一段簡短的論述包含著對中、印兩種文化的看法和評價。

總之，在中國的具體歷史環境下，又基於佛教與文學發展的特質與形態，二者之間形成了密切關聯：一方面，文學成為中國佛教活動的重要領域；另一方面，中國文學接受佛教的廣泛、深刻的影響，取得了十分豐碩的成果。

---

[009]　賈瓦哈拉爾·尼赫魯《印度的發現》（*The Discovery of India*），世界知識出版社，1958 年，第 246 頁。

三

　　就狹義的「佛教文學」作品而言，有外來翻譯的和本土創造的。英國印度學家查爾斯・埃利奧特（Charles Eliot）在論述釋迦牟尼事業時說：「他不僅傳播了就嚴格意義而言的宗教，而且也傳播了印度藝術和文學遠及印度國境以外。」[010] 東漢以來，伴隨著佛典傳譯的，是空前規模的外國文化和文學的輸入。傳譯為漢語的部派佛教的佛傳、本生、譬喻故事等可視為翻譯文學作品，大乘經如《法華經》、《維摩經》、《華嚴經》等，其文學成就更被人們普遍讚賞，為歷代文人提供了眾多的創作素材以及思想和藝術參照。中國文學的發展從中得益良多。歷代中土信徒也創造出大量「輔教」作品，有文人創作的讚佛、護法詩文，還有民間宣揚佛教的故事傳說和變文、寶卷等等，種類繁多，數量龐大。這些都構成中國文學遺產的重要內容。

　　而在佛教影響下的文學創作成果則更為豐富，也可分為僧、俗創作兩大部分。就僧人情況而言，晉、宋以來許多士大夫進入僧團，僧團本身也培養出許多學養高深的學僧。其中一部分人具有傑出的文學才能，熱衷於文事，他們獨特的生活方式和思想境界，令其文學創作獨具特色並能夠獲得特殊成就。例如六朝時期的支遁、慧遠等人乃是詩歌發展史上表現山水題材的開拓者；六朝義學沙門中盛行講學之風，推動了議論文字藝術技巧的進步；僧人創作的宣揚靈驗神通的「輔教」故事，則形成志怪小說的特殊分支；而僧人的求法行記、僧傳等，本是史地著述，從文學角度看又是新發展的文學體裁，如此等等，都是僧侶在文學領域的成就與貢獻。僧侶不只是信仰者和修道者，又是佛教活動的主力。他們所創作的可以視為

---

[010]　查爾斯・埃利奧特《印度教與佛教史綱》（*Hinduism and Buddhism: An Historical Sketch*）第一卷，李榮熙譯，商務印書館，1982 年，第 11 頁。

「佛教文學」的作品，從數量來看並不占太大比例，品質一般也不是文壇上特別傑出的，但無論是他們積極從事創作活動這一項事實本身，還是他們獨具特色的創作實務，對於整個文學創作領域的作用和影響都是不可低估的。

佛教在中國的歷史發展明顯形成兩個「小傳統」，即社會上層知識菁英信仰者為主體的佛教（後來形成「居士佛教」）和民眾間檀施供養、消災祈福的佛教。前者大多展現為一種獨特的思想觀念和文化內涵，後者則主要表現為信仰和教化。當然在存在狀態上兩者之間相互影響和交疊，關係十分複雜。基於中國佛教發展的這種整體形勢，嚴格意義上的「佛教文學」或受到佛教影響的世俗文學創作也可分為兩大類：一類是文人的創作，另一類是民間創作。這兩者間當然同樣相互影響，並不可能畫出絕對的界線；而且在具體時代、具體文人、具體文學作品中，相互的影響與參照更會形成十分複雜的狀況。

就知識階層而論，王國維指出：

> 自漢以後，儒家唯以抱殘守缺為事……佛教之東，適值吾國思想凋敝之後。當此之時，學者見之，如飢者之得食，渴者之得飲……[011]

佛教傳入中土伊始，知識階層不僅單純把它當作宗教信仰，更是作為外來的思想、學術來理解和接受。特別是隨著佛教「中國化」程度加深，與中國固有傳統逐漸融合，晉、宋以後南北各王朝又大致採取「三教齊立」政策，這一方面為佛教在知識階層更廣泛地傳播提供了良好條件，同時也決定了佛教的發展與知識階層接受它的總趨勢。在被評價為「名士百科全書」的《世說新語》裡記載了許多僧、俗交往的故事，相當真切地反映了早期儒、釋交流的情形。東晉玄言詩人孫綽在其護法名文〈喻道論〉裡已明確地提出「周、孔即佛，佛即周、孔，蓋內、外名之耳」，「周、孔

---

[011] 〈論近年之學術界〉，《靜安文集》。

救極弊，佛教明其本耳」[012]，這就確立了後來中土知識階層「統合儒、釋」的基本思想。著名文人如謝靈運、沈約等大都供養師僧、研習佛書、參悟佛理，佛教的影響不同程度地展現在他們的創作中。唐代以後，禪宗、淨土法門大盛，宋人張安道所謂「儒門淡薄，收拾不住，皆歸釋氏耳」[013]，成為引人注目的社會現象。文人喜禪、習禪、逃禪的頗多，他們大多數普遍地喜讀佛典、結交僧人，熱衷在作品裡渲染佛說，運用佛教事典。宋代以後，居士佛教盛行，文人居士階層成為支持佛教的重要力量。另一方面則理學興起，雖然理學家們大致是反佛的，但如戴震所指出：「宋以來儒者皆力破老、釋，不自知雜襲其言而一一傅合於經，遂曰『六經』孔、孟之言，其惑人也易而破之也難……」[014] 宋元以來文人間形式不一的「外儒內釋」、「陽儒陰釋」已是普遍現象，這一種傾向以不同形式或隱或顯地在創作中表現出來。

就民間而論，在佛教輸入以前，中土還沒有定型的宗教。漢代以來作為統治思想理論依據的「儒術」更對宗教採取排斥態度。佛教與大約同時發展起來的本土道教恰好可以充實中土傳統的宗教「真空」。漢末到南北朝時期國土分崩，戰亂連年、生民塗炭，水深火熱的處境使得民眾迫切期望救濟，更容易滋長信仰之心。佛教的觀音信仰、淨土信仰、經典信仰等等很快地在社會中流行開來。相關題材的大量民間故事、傳說、曲辭等等隨之被創作出來。這方面的創作成果歷來不受知識階層重視，難以形成文字記載，傳世很少。值得慶幸的是，二十世紀初在敦煌陸續發現的寫卷裡保存有大量這方面的資料。宋、元以後，佛教雖然衰落，但民眾間的通俗信仰興盛不衰，以至形成「家家阿彌陀，戶戶觀世音」的局面。而這一段時期文學創作的重心又從士大夫的詩文轉而為市井的小說、戲曲，民間各

---

[012]　《弘明集》卷三，《正》第 52 卷第 17 頁上。
[013]　陳善《捫蝨新話》。
[014]　戴震《孟子字義疏證》卷下，中華書局，1961 年，第 59 頁。

類曲藝也空前地繁榮。佛教內容也因此有了更為充分也更為豐富多彩的藝術表現。當然就具體作者、作品所展現信仰的真摯、純正程度是不同的。

　　佛教的傳播和影響與所有宗教一樣，內容上又可以分為不同層次。除了作為宗教核心的信仰之外，還有思想觀念、思考方式、感情、情緒、習俗、生活方式等諸多層面。在中國自古形成的人本主義和理性精神居主導地位的傳統中，懷抱真摯宗教信仰的文人歷來只是少數，但接受佛教觀念、佛教思考方式的卻大有人在，而不同程度地抱有宗教情懷的就更多，生活習俗受到佛教影響的也不在少數。甚至堅定反佛者如韓愈，也讚賞禪宗的「外形骸，以理自勝，不為事物侵亂」[015]的心態。歷代無數文人慨嘆「萬事皆空」、「人生如夢」、「人生無常」，許多人的作品流露出敬畏之感、懺悔之心、慈悲之懷等等，顯然都得自佛教的薰習。在小說、戲曲、民間曲藝作品裡，因果報應更是常見的主題。這都反映了佛教薰染之下潛移默化的影響。接受佛教有不同層面、不同層次，展現在創作內容與形式上的具體形態會是大有不同的。這也是在考察佛教對文學的影響和作用時應當注意的。

　　從文學創作的藝術表現層面來看，佛教影響更普遍地及於主題、題材、人物、情節、結構、語言、事典和具體寫作技巧等諸多方面。而展現在具體作家身上、具體作品裡，則更是千變萬化、豐富多彩。晉宋以來，文人創作中表現佛教題材和主題十分普遍，抒寫奉佛、習禪的體驗，描寫塔寺風光和寺院生活，與僧侶交往唱和等等，一直是詩文常見的內容。後來的小說、戲曲更多取材於佛教故事。翻譯佛典裡本來有佛、菩薩、「天龍八部眾」等眾多幻想「人物」，中土佛教又創造出許多想像的或真實的人物，他們都被補充到文學形象的長廊之中。語言本是文學創作的基本素材。佛教為中國文學增添了無數新的語彙、句式、修辭方式、表現方法。

---

[015]　〈與孟尚書書〉，《韓昌黎集》卷一八。

前言

文體的情況前面已經略有涉及。這裡只舉出一個事實：佛典行文中的韻、散結合方式，直接為從講經文、變文到寶卷、鼓詞等眾多說唱文體提供了參照，間接更影響到唐傳奇、宋元話本、章回小說的行文結構。在創作體裁方面，佛典翻譯和佛教的宣教方式更促使一批新的文學體裁的形成。如此等等，就藝術方面而言，佛教提供的資源大幅地補充、豐富了中國文學的傳統。

上述極其複雜的佛教影響於中國文學的現象在佛教史和文學史上均占有重要地位，以下即大致按照歷史順序，分門別類地加以討論。

附帶指出，與中國文學的發展相關聯、相互間造成影響的不限於漢地佛教、漢傳佛教。本書則基本上依據漢文資料，介紹漢地佛教與文學的情況。其理由除了有作者學識範圍的限制之外，還因為歷史上諸少數民族文學發展情況複雜，考據艱難[016]，而更主要的是漢傳資料代表著中國主流的文化，漢語文學一向是中國文學的主體。這也是確定中國歷史著作的內容範圍的一般原則。本書有關西域佛教、南傳佛教、西夏佛教各卷對於文學議題有所涉及，可補本書的不足和缺憾，請讀者參閱。

---

[016] 明、清以來，特別是近、現代，少數民族語言文獻傳世較豐富，包含眾多與本書主題相關的資料。這還是待發掘的寶庫，值得認真研究。

第一章

佛典翻譯

第一章　佛典翻譯

第一節　佛典漢譯及其文學價值

佛典，一般稱為「佛經」，即經、律、論「三藏」，是佛教的根本典籍。釋迦牟尼的教法和釋迦牟尼的形象，主要是透過佛典流傳世間。中國翻譯佛典年代可考最早的一部，是安世高於東漢桓帝元嘉元年（西元151年）所出《明度五十校計經》。此後直到北宋時期，大規模的佛典翻譯工作十分興旺地進行了九百年左右（以後仍在斷斷續續地進行[017]）。據元代佛經目錄——《至元法寶勘同總錄》，到那時留有譯籍的著名譯師計達194人，共翻譯佛經1,644部5,586卷。這還不包括翻譯過但又佚失的大量經典。如此龐大的翻譯工作，是世界文化交流史上的壯舉，其貢獻首先是在中國傳播並發展了佛教，而對於中華文明各方面的影響更是不可估量。現存各種《大藏經》裡包含有中國和其他國家的著述，但其基本部分是從古印度和中亞語文翻譯過來的。這一批佛典的數量十分龐大，內容非常豐富。它們作為佛教聖典，本來是佛教教理、教義的載體，實際上更包含著古印度和西域十分豐富多彩的文化、學術內容。其中即包括本卷序言已述及的大量「佛教文學」作品。在漫長的歷史時期傳譯為漢語的這一大批典籍，除了作為宗教聖典的基本意義之外，又成為中國文化的寶貴財富，成為中國文學遺產的一部分，在中國文學史上占有重要地位。

本來許多佛典都具有宗教和文學兩方面（或更多方面）的意義：經典的宗教內涵往往透過文學形式表現和發揮出來；具有文學意味的描寫由教義、教理來支持。因此，對於具有文學價值的佛典，接受和研究時就不應受到宗教觀念的局限。當然，所謂「佛典翻譯文學」是一個相當不確定的概念。有些經典，例如一些本生、譬喻故事，原本是民間文學作品，被利

---

[017]　宋代以後的譯業，參閱周叔迦〈宋元明清譯經圖記〉，《周叔迦佛學論著集》下集，中華書局，1991年，第582－604頁。

第一節　佛典漢譯及其文學價值

用、附會以教義而成了佛教經典；有些作品如佛傳、佛弟子傳，則是按照文學創作的方式編撰的。這些可以算是典型的佛教文學作品。而另一些作品則本來就是作為宗教經典結集而成，或者插入了具有文學意味的情節，或者使用了文學表現方法，因而具有一定的藝術性。從廣義來說，這後一類作品也應包含在「佛典翻譯文學」範圍之內。

這些大量的「佛典翻譯文學」作品，形成和翻譯情況十分複雜。有些原典是古印度梵文或巴利文，有些是西域「胡語」；有些「胡語」是從梵文或巴利文翻譯的，有些則是當地創作；還有一些是中土撰述的所謂「偽經」，為了提高其宗教的神聖性質而假託為翻譯。又古代從事翻譯，做法和現代不同。佛教初傳，經典倚賴西來傳教者口誦，後來才逐漸有經本輸入。即使是在有了經本之後，往往也不是由精通外語的人獨自進行翻譯，而是由多數人分工誦出原典、譯為漢語、再寫成漢文並加以修飾等複雜過程。翻譯時為了適應中國人的思考或表達習慣，往往有增刪、改動，還有借用漢語既有詞語加以比附的「格義」辦法。例如在本生、譬喻故事裡大量加入有關忠孝的說教；又如《佛所行讚》，「譯者的目標顯然不是傳譯文學作品而是譯經，因此保存了原文的主要內容，不過多少也注意到漢語詩體的要求」[018]。因此，各家譯文就有了較自由的意譯和忠實的直譯之間的不同。

荷蘭學者許理和（Erik Zürcher）曾指出，自有記載的第一位譯師安世高系統性地翻譯佛典，就「象徵著一種文學活動形式的開始，而從整體上看來，這一項活動必定被視為中國文化最具影響的成就之一」[019]。佛教傳入中國，其「文學活動形式」必然會受到特別重視並被發揚光大。漢譯

---

[018] 金克木《梵語文學史》，人民文學出版社，1964年。金著比對梵文原典和漢譯，討論漢文《佛所行讚》的表現藝術，第 264 — 265 頁。

[019] 李四龍等譯《佛教征服中國》（*The Buddhist Conquest of China*），江蘇人民出版社，1998年，第 46 頁。

佛典翻譯文學的豐碩成果就是這種成就的典型表現。下面即對佛典翻譯文學的幾種主要類型加以討論。

第二節　佛傳

　　佛傳是一類專門經典。釋迦牟尼作為佛教的創始者，原本是現實人物。生前是執著的修道者、成功的求道者和熱情的布道者。他作為教團領袖，是教主，是信徒膜拜的對象；而作為歷史上的真實人物，無疑又是不世出的偉人。他的人格、胸懷和意志，他的思想、學識和技藝，無論哪一方面都是十分傑出的。這樣的人物，必然是信徒崇拜、頌揚的對象，也是傳記文學的好素材。佛傳文學塑造出偉大釋迦牟尼的生動形象，在世界文學史上堪稱為最傑出的典型之一。這些作品無論是作為宗教典籍，還是作為傳記文學作品，都是具有重大思想意義和藝術價值的傑作。漢譯佛傳乃是佛典在中土流傳最廣的一部分，它們對於中國文學，特別是敘事文學的影響是十分巨大的。

　　釋迦牟尼寂滅之後，大迦葉帶領眾弟子結集釋迦牟尼的教誨，形成最初的佛典，包括有追憶他的行事、教化的情節，已有傳記的成分[020]。例如描述釋迦牟尼成道後到鹿野苑對五弟子「初轉法輪」的故事，即是《雜阿含經》裡的一系列「轉法輪經」的內容；又如描寫釋迦牟尼逝世前後情形，他對弟子諄諄教誨，弟子們悲痛欲絕，等等，則有《長阿含經》裡的《遊行經》（同本異譯基礎上）。到部派佛教時期，隨著佛陀觀和佛陀崇拜的新發展，形成了描寫釋迦牟尼一生行事的完整的佛傳。由於各部派關於

---

[020]　屬於《阿含》類的經典是在部派佛教時期結集成的，大多展現了釋迦牟尼教法的本來面貌，應是以更原始的記述為基礎。翻譯成漢語的有四部《阿含經》，即《雜阿含經》、《中阿含經》、《長阿含經》和《增一阿含經》。

第二節　佛傳

釋迦牟尼的傳說不盡相同，不同部派的佛傳內容也有差異[021]。大眾部的佛傳稱為《大事》，法藏部的名為《本行經》[022]，等等。許多部佛傳先後傳譯為漢語。除了翻譯經典（例如四《阿含》裡包括很多單本異譯）和律藏（除了漢傳四部律之外，重要的還有義淨所譯有部律《奈耶雜事》和《破僧事》等）裡的片段記述外，按所出年代現存完整的佛傳譯本有：東漢竺大力譯《修行本起經》（約西元 197 年；異譯吳支謙《太子瑞應本起經》、劉宋求那跋陀羅《過去現在因果經》），東漢曇果、康孟祥譯《中本起經》（西元 207 年）、西晉竺法護譯《普曜經》（西元 308 年；異譯唐地婆訶羅《方廣大莊嚴經》），東晉迦留陀伽譯《十二遊經》（西元 393 年），北涼曇無讖譯、馬鳴作《佛所行讚》（西元 412 年至 421 年[023]；異譯劉宋寶雲《佛所行經》），隋闍那崛多譯《佛本行集經》（西元 587 年至 591 年），宋法賢譯《佛說眾許摩訶帝經》（西元 973 年至 1001 年）等。此外還有些已翻譯的佚失不存。這其中《修行本起經》只寫到釋迦牟尼出家，《中本起經》則從初轉法輪開始記述釋迦牟尼傳道，二者應是相銜接的；《佛所行讚》是西元後一世紀印度著名佛教文學家馬鳴菩薩所作，本身即是典型的佛教文學創作；《佛本行集經》是一部六十卷的龐大經典，是由不同佛傳彙集而成，或認為是巴利文《大事》的譯本。

不同佛傳所述內容範圍不盡相同。有的從釋迦牟尼前生寫起，有的從釋迦族祖先寫起，有的從釋迦牟尼降生寫起，等等；大部分佛傳結束於釋迦牟尼成道後的一段時期。一般說來，部派時期的佛傳更富於現實性，基本上把釋迦牟尼表現為現實的人的形象。越是到後來結集的佛傳中，越多

---

[021] 日本學者平等通昭《印度佛教學文の研究》第一卷《梵文佛所行讚の研究》把佛傳的發展詳細分為四個階段，可供參考；日本印度學研究所，1967 年，詳該書第 139－166 頁。
[022] 參閱呂澂《印度佛學源流略講》，上海人民出版社，1979 年，第 12－13 頁。
[023] 據《房錄》和《開元錄》；《出三藏記集》做「失譯」（蘇晉仁、蕭鍊子點校《出三藏記集》，中華書局，1995 年，第 124 頁）。又參閱周一良〈漢譯馬鳴佛所行讚的名稱和譯者〉，《周一良集》第三卷《佛教史與敦煌學》，遼寧教育出版社，1998 年，第 242－249 頁。

神祕、玄想的成分。中國所出佛典大致上與其結集、整合的時間層次相一致。所以前後不同時期譯出的佛傳，不但有繁簡的差異，往往也反映了佛陀觀的變化。例如在《佛所行讚》裡，年輕的釋迦牟尼曾耽於結婚之樂，表現的是真實的婚姻狀況；但在《過去現在因果經》和《普曜經》裡，太子結婚已不同於世俗婚配，而是為了說法隨順世習現歡娛相，這就是所謂「方便」說或「幻影」說。又如釋迦牟尼入滅，在《佛所行讚》裡雖然已有法身常駐觀念的萌芽，但卻表現為真實的寂滅，並不如後來《大涅槃經》那樣說成是釋迦牟尼為了教化施行方便。不過，儘管佛傳內容範圍不同，但表現重點均在其成道以前。這是因為不管其中有多少誇飾和神化成分，著力描述的基本上是釋迦牟尼作為求道者、修道者、成道者的奮鬥歷程，即「作者思想上是站在上座部說一切有部的立場，不是把釋尊看作具有本體佛意義的應化佛，而是具有覺悟的人的肉體的生身佛，只是在寂滅後才作為法身存在。換言之，是把釋尊當作完善的人來描繪，而不是絕對的神，或毋寧說是接近神的神人」[024]。因此，所有佛傳描寫釋迦牟尼成道前的部分篇幅最大、情節最為複雜、內容也最有趣味，主要也是透過這一部分塑造出一位目標明確、意志堅定、經由艱苦磨鍊獲得成功的「偉人」形象，頌揚一位從塵世苦海解脫出來的「覺悟者」所走過的艱苦人生歷程。較強的現實性乃是佛傳作為文學創作的卓越之處。

中國古代有以《左》、《國》、《史》、《漢》為代表的卓越史傳文學傳統。但中土史家重「直筆」，主「實錄」，努力做到「辨而不華，質而不俚，其文直，其事核，不虛美，不隱惡」[025]。從文學角度來看，它們的優點在具有強烈的真實感和現實精神，但發揮想像和誇飾的空間卻大大受到限

---

[024]　平等通昭《印度佛教文學の研究》第一卷《梵文佛所行讚の研究》，佛教學研究所，日本橫濱，1967 年，第 336 頁。

[025]　班固《漢書》卷六二〈司馬遷傳〉，中華書局點校本（以下引用《二十四史》文字，均採用中華書局點校本，不另作說明），第 2,738 頁。

第二節　佛傳

制。而佛傳是印度文化的產物，又是宗教聖典，既展現了印度民族善於玄想的性格，其主角又是宗教教主，必然要加以神化和美化。所以佛傳的描寫，就懸想的放肆無羈、描摹的生動細膩而言，是中國史傳作品不能望其項背的。而如《佛所行讚》那樣上萬行的長詩，如《佛本行集經》那樣幾十萬字、韻散間行的傳記，僅就篇幅而言也是中國的單篇傳記難以比擬的。當然佛傳作為宗教文獻，記敘方面也有缺陷。特別由於創作主旨在宣揚主角的道德和教化，誇飾往往荒誕，記敘常忽略次序，時間觀念淡薄。造成這一類情況，和古印度人缺乏歷史觀念也有關係。

　　佛傳中的修飾大致可分為兩種情形。一種基本上是宗教性的，如兜率天降生、右肋出生以及修道中惡魔擾亂、成道後梵天勸請等等。這一類「捏造」的情節夾雜在釋迦牟尼生平的各個階段，它們展現了神化人物的意圖，往往又具有宗教隱喻意義。如釋迦牟尼求道時惡魔擾亂，表現的實際上是修道中的思想搏鬥激烈而艱鉅的過程。另一種情形則出於加強藝術效果的需求。如對於太子逸樂生活情景的渲染、宮女醜陋形態的刻劃、太子出家後合宮憂悲的描繪，直到釋迦牟尼寂滅前後師弟子們哀情的記敘，等等，都敘寫得生動細膩而又極富人情味。佛傳作為宗教文學傑作，又善於把宗教性和藝術性的兩種描寫方法和修飾技法巧妙地結合起來，形成獨特的風格和特色。

　　漢譯佛傳中最為傑出的當數馬鳴所作、曇無讖所出《佛所行讚》（另有寶雲異譯）。馬鳴是迦膩色迦王時代著名的佛教思想家和文學家。他屬於有部，這是十分富於文學傳統的部派。他的著作包括戲劇、小說多種。《佛所行讚》全文二十八品，凡九千三百餘句，四萬六千多字，比古樂府中最長的敘事詩〈孔雀東南飛〉要長五十倍，內容從釋迦牟尼出生敘述到寂滅後八分舍利，即完整描寫了主角的一生。唐代義淨寫他到印度時看到這一部作品流行的情形說：「又尊者馬鳴亦造歌詞及《莊嚴論》，並作《佛

本行詩》，大本若譯有十餘卷，意述如來始自王宮，終乎雙樹，一代教法，並輯為詩。五天南海，無不諷誦。」[026] 馬鳴使用的是印度古典文學大宮廷詩體裁，這種體裁要求表現戰爭和愛情，又要有治國、做人的道理。就後一方面，馬鳴講的是佛教出世之道；而前一方面則與釋迦牟尼的在俗生活、他修道期間與惡魔的對抗相應。馬鳴又充分汲取了古印度神話傳說和婆羅門教聖書《吠陀》、《奧義書》、古代大史詩《摩訶婆羅多》、《摩羅衍那》等傳統典籍的典故和技巧，更參照了各部派經、律中有關釋迦牟尼的傳說和各種佛傳的內容和寫法，從而創造出佛傳藝術的一個新高峰。再一部值得特別注意的佛傳是隋出《佛本行集經》。由於這是一部各部派佛傳的整合性作品，篇幅最長，以內容最為細緻、詳實取勝。

中土史傳長於敘事，主要透過行動、語言的對立、衝突來刻劃人物。而以《佛所行讚》和《佛本行集經》為代表的佛傳卻長於場面的描摹，環境的鋪陳，特別是出於表達主題的需求，更重視人物心理描繪，用相當大的篇幅刻劃人的感情、情緒、感受等心理動態。如《佛所行讚》講到太子出走、僕人車匿帶著白馬回宮，合宮悲痛萬分，先是描寫車匿回歸一路的心情，當來到王宮時：

宮中雜鳥獸，內廄諸群馬，聞白馬悲鳴，長鳴而應之，謂呼太子還，不見而絕聲。後宮諸女，聞馬鳥獸鳴，亂髮面萎黃，形瘦唇口乾，弊衣不浣濯，垢穢不浴身；悉舍莊嚴具，毀悴不鮮明，舉體無光耀，猶如細小星，衣裳壞襤褸，狀如破賊形。見車匿白馬，涕泣絕望歸，感結而號，猶如新喪親，狂亂而搔擾，如牛失其道。[027]

接著描繪姨母瞿曇彌「聞太子不還，竦身自投地，四體悉傷壞，猶如狂風吹，金色芭蕉樹……」；她回憶起太子形容的美好和在宮中的優裕生

---

[026] 王邦維《南海寄歸內法傳校注》，中華書局，1995 年，第 184 頁。
[027] 《佛所行讚》卷二〈苦行林品〉，《正》第 4 卷第 14 頁下。

第二節　佛傳

活,「念子心悲痛,悶絕而地」;接著描寫諸夫人,特別是耶輸陀羅的悲傷,把整個場面渲染得活靈活現。《佛本行集經》描寫宮女們發現太子已經出走的情形說:

> 爾時太子宮內所有女睡寤,忽然唱言:「不見太子!不見太子!」耶輸陀羅既睹臥床,獨自一身,不見太子,而大唱叫,作如是言:「嗚呼嗚呼!我等今被聖子誑逗。」即大叫喚,以身投地,把撮塵土,以散頭上;又舉兩手,自拔髮毛,拗折打破身諸纓絡,以撲於地;以手指爪攫裂四肢、身體皮肉,所著衣服,皆悉掣毀。舉聲大哭,出於種種酸楚痛言;又以餘諸種種苦惱,逼切縈纏自身肢體。[028]

像這樣細膩鋪張的描寫是中國文人的作品中難以見到的。又如《佛所行讚》描繪太子出遊,街頭巷尾觀賞太子風姿:

> 街巷散眾華,寶縵蔽路旁,垣樹列道側,寶器以莊嚴,繒蓋諸幢幡,繽紛隨風揚。觀者挾長路,側身目連光,瞪矚而不瞬,如並青蓮花。臣民悉扈從,如星隨宿王,異口同聲嘆,稱慶世稀有。貴賤及貧富,長幼及中年,悉皆恭敬禮,唯願令吉祥。郭邑及田里,聞太子當出,尊卑不待辭,寤寐不相告,六畜不遑收,錢財不及斂,門戶不容閉,奔馳走路旁。樓閣堤塘樹,窗牖衢巷間,側身競容目,瞪矚觀無厭……[029]

這一段描寫與中國古詩〈陌上桑〉「行者見羅敷,下擔捋髭鬚……」所用烘托手法類似,但就敘寫的誇飾、細膩而言,後者遠不及前者的鋪張揚厲。當然佛傳與一般佛典一樣,敘寫中多有繁瑣羅列和嚴重公式化的傾向。這也是印度文學的特色。但整體看來,佛傳在藝術上確實為中土文學輸入了新鮮成分。

佛傳在行文體制上也很有特色。還是以《佛所行讚》為例,其〈離欲

---

[028]　《佛本行集經》卷一七〈捨宮出家品下〉,《正》第 3 卷第 733 頁上。
[029]　《佛所行讚》卷一〈厭患品〉,《正》第 4 卷第 5 頁中一下。

品〉和〈破魔品〉連用「或」字排比句式,前者描繪宮女誘惑太子的種種媚態,後者描繪魔和魔女對太子的攻擊、恐嚇,都使用排比來極盡誇張形容之能事。後者描寫魔的形象:

或一身多頭,或面各一目,或復眾多眼,或大腹身長,或羸瘦無腹,或長腳大膝,或大腳肥踵,或長牙利爪,或無頭目面,或兩足多身……[030]

如此連用三十餘「或」字疊句,刻劃魔軍的千匯萬狀,饒宗頤指出後來韓愈〈南山詩〉「用『或』字竟至五十一次之多,比馬鳴原作,變本加厲」[031]。當然就詩的技巧來說,這一類偈頌文字遠不如中土文人詩歌那樣雅馴暢達。但就創新意義來看,佛傳的這一類表現方法的確是新穎、獨特。

釋迦牟尼有他的家族、親友,成道後有他的弟子、信徒,還有反對者以至敵人。這些各式各樣的人物除了出現在佛傳裡,又形成一些專門的經典。它們依教義本是附屬於佛傳的,實際上則成為佛教傳記文學的一部分。如西晉竺法護所出《佛五百弟子自說本起經》,是描寫迦葉等大弟子皈依佛法的經過。釋迦牟尼的十大弟子更被廣泛表現在各種經典裡,構成豐富多彩的人物畫廊。其中不乏有趣的、富於人情味的故事。例如《雜寶藏經》裡寫到釋迦牟尼的弟弟難陀,因為貪戀美妻,不願出家,釋迦牟尼為了教化他,把他帶到天界,對比之下,讓他發現人世醜陋,從而開悟了。還有一部《摩登迦經》,寫阿難的感情糾纏。阿難年輕貌美,被摩登迦女所愛戀和迷惑,也是在釋迦牟尼幫助下得到解脫。這個故事,被編入《首楞嚴經》序分,成為這一部經典破除分別計度、攀援外境的教法的緣起。有些描寫釋迦牟尼信仰者、追隨者的故事也相當生動,如舍衛國有大臣須達,即「給孤獨長者」,其傳說見於有部律《破僧事》,佛傳《佛所

---

[030]　《佛所行讚》卷三〈破魔品〉,《正》第 4 卷第 25 頁下。
[031]　饒宗頤〈馬鳴佛所行讚與韓愈南山詩〉,《梵學集》,上海古籍出版社,1993 年,第 316 頁。

第二節　佛傳

行讚》、《摩訶帝經》等典籍，後來《賢愚經》的〈須達起精舍品〉則描寫得更為完整和生動，其中對於舍利弗與六師外道鬥法的場面作了多彩多姿的藝術描繪。陳寅恪結合了《增一阿含經》卷二九和《大智度論》卷四五所記佛弟子舍利弗與目連角力事，指出「今世通行之西遊記小說，載唐三藏車遲國鬥法事，固與舍利弗降服六師事同。又所述三藏弟子孫行者、豬八戒等，各矜智能諸事，與舍利弗目犍連較力事，或亦不無類似之處」[032]。釋迦牟尼周圍的眾多人物，無論是弟子、信仰者，還是反對者、敵人，來自不同的階層，有著不同的生活經歷。在有關他們的故事裡，塑造出各不相同的人物性格，表現了廣泛、生動的生活內容。

佛傳作為宗教聖典乃是宣揚佛教教義的重要資料，同時也是古印度歷史和宗教史的重要文獻。而作為佛教文學的典範作品，其文學價值是不言而喻的。就其對中國文學的影響而言，佛傳乃是佛典中最為文人所熟悉的部分之一。《牟子理惑論》中已記述一些佛傳情節，學者用來證明漢末佛傳流行的情形。關於梵唄的起源，有傳說謂「亦兆自陳思，始著〈太子頌〉及〈睒頌〉等」[033]；〈太子頌〉顯然是敘述佛傳的；〈睒頌〉則是名為睒的人的本生故事。關於曹植在漁山制作梵唄一事當出於傳說，但這一段記述表明早期梵唄的內容顯然有講佛傳的。

梁武帝命虞闡、劉勰、周捨等編輯《佛記》三十卷，沈約為序，其立意即鑒於佛陀「妙應事多，亦加總輯」，因此「博尋經藏，搜採注說，條別流分，各以類附」而加以整理[034]。這都說明文人之間流傳多種佛傳的情形。同是出自梁武帝之命、寶唱編輯的佛教故事總集《經律異相》中也收錄有許多佛傳劇情片段。至於佛傳的記述啟發了文人創作的構思，化為寫作的語言、典故，在歷代作品裡更是比比皆是。

---

[032]　陳寅恪〈須達起精舍因緣曲跋〉，《金明館叢稿二編》，上海古籍出版社，1980年，第174頁。
[033]　湯用彤校注《高僧傳》卷一三，中華書局，1992年，第508－509頁。
[034]　沈約〈佛記序〉，陳慶元《沈約集校箋》第6卷，浙江古籍出版社，1995年，第180－181頁。

第三節　本生故事

曇無讖所出《大般涅槃經》說到「闍陀伽」即本生經：

何者名為闍陀伽經？如佛世尊本為菩薩修諸苦行，所謂比丘當知，我於過去作鹿、作羆、作麞、作兔、作粟散王、轉輪聖王、龍、金翅鳥，諸如是等行菩薩道時所可受身，是名闍陀伽。[035]

《本生經》，或叫做「本生譚」，被稱為古印度「民間寓言故事大集」[036]，是可與希臘伊索寓言並稱的古代世界寓言文學寶典，也是佛典中藝術價值最高、最為普及的部分之一。

《本生經》的形成大致上與集結佛傳同時，二者都是部派佛教時期的產物。和佛傳形成的情形一樣，《本生經》的創作也與佛陀觀的變化有關。如前所述，釋迦牟尼在世的時候，他的弟子們把他當作榜樣、導師，是作為現實的人看待的。到佛滅後的部派佛教時期，形成了「三世諸佛」、「過去七佛」之說，神聖的、永生的佛陀也就有了他的過去世。讚美佛的過去世，就出現了《本生經》。在今印度中央邦博帕爾附近、西元前三世紀阿育王所建桑奇大塔牌坊上的浮雕，即大多以本生和佛傳故事為題材。數量眾多的同類故事後來被陸續創作出來，其中有些是以商人為主角，顯然是南亞地區商業發達時期的產物。

在南傳佛教巴利文佛典中，保留有完整的《本生經》，共有547個故事（內有重複），是五部《阿含》中《小尼迦耶》（小部）的第十部經。但這一部經也已不是原典，是大約在五世紀由斯里蘭卡比丘依據古僧伽羅文譯本用巴利文寫出的。中國南北朝時期傳譯的《五百本生經》應該就是這一

---

[035]　《大般涅槃經》卷十五〈梵行品〉，《正》第12卷，第452頁上。
[036]　季羨林主編《印度古代文學史》，北京大學出版社，1991年，第135頁。

第三節　本生故事

部經，後來佚失了[037]。除了巴利文的《小尼迦耶》之外，各部派在結集各自「三藏」時都大量把本生故事納入其中。前面討論的佛傳裡也編入不少本生故事，尤其是後出的《佛本行集經》蒐羅繁富。部派佛教的律藏、論藏以及各種大乘經、論都編入許多本生故事，不過後者在觀念上改變為宣揚大乘思想了。

本生故事在古印度十分流行。東晉法顯西行求法，在天竺曾訪問過本生故事講到的菩薩割肉貿鴿、施眼、捨身飼虎處；在獅子國（斯里蘭卡），他遇到王城供養佛齒，在儀式上「王便夾道兩邊，作菩薩五百身已來種種變現：或作須大拏，或作睒變，或作象王，或作鹿、馬，如是形象，皆採畫裝校，狀若生人」[038]。在玄奘所著《大唐西域記》裡，同樣記載了許多五印流行的本生故事。而義淨寫他旅印時的佛教「讚詠之禮」：

其社得迦摩羅亦同此類社得迦者，本生也。摩羅者，即是貫焉。集取菩薩昔生難行之事，貫之一處，若譯可成十餘軸。取本生事，而為詩讚，欲令順俗妍美，讀者歡愛，教懵群生耳。是戒日王極好文筆，乃下敕曰：「諸君但有好詩讚者，明日旦朝，咸將示朕。」及其總集，得五百夾。展而閱之，多是社得迦摩羅矣。方知讚詠之中，斯為美極。南海諸島有十餘國，無問法俗，咸皆諷誦。[039]

這些都說明本生故事在南亞各地長期流行的情形。

在漢譯佛典裡，不存在完整《本生經》譯本。但那些流行最廣的著名故事如尸毘王（捨身貿鴿）本生、薩埵太子（捨身飼虎）本生、須大拏本生、九色鹿本生、月光王本生、睒子本生、善事太子本生等大致上均有

---

[037]　據《出三藏記集》卷二〈新集撰出經律論錄〉：「《五百本生經》為詳卷數，闕。……右二部，齊武皇帝時，外國沙門大乘於廣州譯出，未至京都。」這一部經大概就是巴利文本《本生經》；蘇晉仁等點校本，第63頁。參見陳寅恪《讀書劄記三集・高僧傳初集之部》，三聯書店，2001年，第28頁。

[038]　章巽《法顯傳校注》，上海古籍出版社，1985年，第35、36、38、154頁。

[039]　王邦維《南海寄歸內法傳校注》，中華書局，1995年，第182－183頁。

相當的譯文，而且大多不止一種。比較集中地保存本生故事的漢譯佛典有十幾部，散見於其他經、律、論裡的不少。其中吳康僧會所出《六度集經》、西晉竺法護所出《生經》、失譯《菩薩本行經》等都是相當集中地存錄本生故事的經典；此外各種不同類型的譬喻經以及《賢愚經》、《雜寶藏經》裡也包含有不少屬於本生故事的部分；還有許多單本異譯的本生經。

《本生經》是在古印度民間文藝的傳統中形成的。僅從表達方式就可以看出，「這一類故事和另外一種完全是誇張想像以至堆砌辭藻的經和故事顯然是兩種風格，有兩種來源，發揮兩種作用」[040]。本生故事原典體裁多種多樣，有神話、傳說、寓言、傳奇故事、笑話（愚人故事）、詩歌、格言等等。譯成漢語多採用韻、散結合的譯經體。其中占相當大比重的是以動物為主角的故事，它們本來是民間寓言。又根據歷史學家考察，如「頂生王本生」、「大善見王本生」，則來自古印度先王事蹟傳說。此外還顯然受到古印度敘事文學的影響，如漢譯《六度集經》裡的「未名王本生」和《雜寶藏經》裡的「十奢王緣」，情節合起來就是印度古代史詩《羅摩衍那》的提要。後出的故事大多是有意編撰而成，大致上已經沒有民間創作的根據，藝術水準也顯然降低了。後來西域地區也不斷有新的本生作品出現，漢譯本生有些應該是出於西域。又據學者們考證，早期的本生與一般早期佛典一樣，應是先有偈頌，然後不斷充實、豐富，增加了散文敘述，故事也逐漸複雜、完整起來。不過這一個過程在漢譯裡已難以見到痕跡了。

漢譯《本生經》有固定的結構。一個故事大致分為三部分。第一部分是釋迦牟尼現世狀況，這一部分比較簡單。另一部分是他過去世的行事：他曾經是菩薩，示現為動物如鹿、猴、兔、鴿等或人物如國王、貴族、商人、平民、窮人、婆羅門等，描述他精勤修道的善行。最後是關聯語，由現世釋迦牟尼出面說明過去世與現世的關聯：當初行善的某某就是釋迦牟

---

[040]　金克木《梵語文學史》，人民文學出版社，1964 年，第 173 頁。

第三節　本生故事

尼前生的自己，作惡的某某就是現在加害或反對他的人，從而表達教義或喻義。在巴利文原典裡，在過去世故事之後有偈頌，然後又有一段解釋文字，漢譯裡沒有這兩段。在這種以過去世為中心、結構固定的本生故事裡，情節大多相當簡單，但卻極富情趣，「人物」個性鮮明，善惡對比分明。這些都展現了民間文學的特色。

許多本生故事頌揚菩薩善行，具有寶貴的倫理內容。人間倫理是佛教根本教義的重要基礎。富於倫理內容也是早期佛典的特徵。捨己救人就是本生故事裡常見的主題。著名的有尸毗王以身代鴿故事，見於《雜寶藏經》、《菩薩本生鬘論》、《大莊嚴經論》等多部經典中。故事是說曾有大國王名叫尸毗，生性仁慈，愛民如子。其時帝釋天即將命終，世間佛法已滅，諸大菩薩不復出世，大臣首告以閻浮提今有尸毗王，志固精進，樂求佛道，當往投歸。帝釋天聽了，決定加以考驗。他讓毗首羯磨變成鴿子，自己變成鷹，鷹追逐鴿子到國王面前，鴿子驚恐地躲藏到國王腋下。鷹作人語要求國王以鴿救飢，結果國王決定以身代鴿，自割股肉。鷹要求分量一定要與鴿身相等。但兩相秤量，股肉以至臂、肋、身肉割盡，輕猶未等。最後國王奮力置身秤盤上，心生喜足，並發誓說：「我從舉心，迄至於此，無有少悔如毛髮許。若我所求，決定成佛，真實不虛。得如願者，令吾肢體，當即平復。」當他發這一誓願時，身體恢復如初。這時候天神、世人都讚揚為稀有之事，歡喜踴躍。故事的最後，佛告大眾：「往昔之時，尸毗王者，豈異人乎？我身是也。」[041] 這個故事立意在讚頌菩薩的犧牲精神，結尾有教義的說明，但客觀上卻把捨己救人的高貴品德表現得淋漓盡致。另有薩埵太子捨身飼虎、鹿王本生等故事，都表現同樣的主題。見於《大涅槃經》的雪山童子「捨身聞偈」故事是《本生經》裡訓諭意義深刻的另一類故事之一。故事說當初世尊作婆羅門，在雪山苦行，叫做

---

[041]　《菩薩本生鬘論》卷一〈尸毗王救鴿命緣起〉，《正》第 3 卷第 334 頁上。

「雪山大士」或「雪山童子」。帝釋天為試驗他的誠心，變作羅剎，向他敘說過去佛所說半偈：「諸行無常，是生滅法。」童子聽了，心生歡喜，四面觀望，只見羅剎，就對他說：「大士，若能為我，說是偈竟，吾當終身為汝弟子。」羅剎說：「我定為飢苦所逼，實不能說。」童子說：「汝當具足說是半偈，我聞偈已，當以此身奉施供養。」羅剎就說出後半個偈：「生滅滅已，寂滅為樂。」[042] 童子聽了，就在石頭上，牆壁上，樹木上，道路上，書寫這個偈，然後升高樹上，投身地下。這時候羅剎現帝釋天形，接取其身，雪山童子以此功德超生十二劫。這裡所說的偈就是「雪山偈」，又名「無常偈」，是表現佛教基本教義的一個偈。這個故事歌頌雪山童子「捨身求法」的大無畏品格。如果揚棄其宗教訓諭的意義，這種追求真理、不畏犧牲的精神，也對人們有著普遍的教育意義。值得注意的還有《六度集經》裡的睒子本生那樣的故事（有乞伏秦法堅所譯單經《睒子經》）是宣揚孝道的，與中土傳統倫理完全相合。

和菩薩善行形成對比，本生故事常常揭露惡人惡行，對他們進行強烈譴責。其中經常出現的是提婆達多（另譯「調達」）。他本是釋迦牟尼從兄弟，但心術不正，是釋迦牟尼的反對者、教團的叛逆者。在佛傳裡他就是作為反面人物出現的。而在本生故事裡，他前世已是作惡多端的極惡之人。《六度集經》卷六有九色鹿故事，又有單行《九色鹿經》。故事說菩薩昔為九色鹿，曾從大水中救出溺水者。時有國王夫人欲得九色鹿皮作褥，得鹿角作拂柄；溺者聞王募重，遂向國王告發。這個故事揭露以怨報德的惡行，立意和中土「東郭先生」寓言相類似。又《法句譬喻經》裡的「雁王」故事，是說昔有國王，遣獵師捕雁，日食一隻；時有雁王將五百雁，飛下求食，不幸墜網，雁群徘徊不去，更有一雁悲鳴吐血，晝夜不去；國王感念其義，遂放歸雁王。結尾釋迦牟尼說當年的雁王就是自己，那一隻

---

[042] 《大涅槃經》卷一四〈聖行品〉，《正》第 12 卷第 450 頁上－ 451 頁上。

第三節　本生故事

悲鳴的雁就是阿難，五百雁就是五百羅漢，獵師就是調達。阿闍世王本是摩揭陀國王，結交調達，囚禁父母，在《觀無量壽經》裡有詳細描寫。雁王本生透過影射現世的阿闍世王，批判殺戮惡行，頌揚釋迦牟尼不念舊恨、以德報怨的功德。

有些故事具有較豐富的社會內容，具有一定的現實批判意義，傳達出民眾的心聲，批判殘暴統治者的暴虐、貪婪，讚揚仁慈的統治者仁民愛物、悱惻為懷，宣揚和平、富足、國泰民安的社會理想，是許多以國王為題材的本生故事的主題。例如《六度集經》裡的長壽王本生，異譯有失譯（《佑錄》作道安譯）《長壽王經》，其中說長壽王仁惻慈悲，愍傷眾生；而鄰國小王卻「執操暴虐，貪殘為法，國民貧困」，聞長壽王國土豐富，懷仁不殺，無兵戈之備，即興兵來犯；長壽王認為如果抵抗「勝則彼死，弱則吾喪，彼兵吾民，皆天生育，重身惜命，誰不然哉！全己害民，賢者不為也」，即棄國而去；後來他又把身命布施給慕名來歸的梵志，讓他向貪王告發領得重賞；他死後，兒子長生做了貪王園監，得到貪王信任，儘管有機會殺死貪王，卻「赦而不戮」；佛告諸沙門：「時長壽王者，吾身是也；太子者，阿難是；貪王者，調達是。」[043] 這個故事本是宣揚忍辱，而兩個國王的對比卻展現了仁民愛物的政治理想；但宣揚對惡採取不抵抗、寬赦的態度，則是消極觀念了。又普明王本生描寫一位「慈惠光被，十方歌懿，民賴其休，猶慈子之寧親也」的賢王。鄰國有王貪殘，嗜食人肉，至命宰人殺人以供。群臣諫諍說：「違仁從殘，即豺狼之類矣；去明就暗，瞽者之疇矣；替濟自沒，即壞舟之等矣；釋潤崇枯，即火旱之喪矣；背空向窒，即石人之心矣……」並說「豺狼不可育，無道不可君」，貪王終於被逐出國。他為了復國，向樹神發誓，要殺一百個國王貢獻，已捕捉到九十九個，最後捕到普明王。他從王受偈，悔過自新而命終。經歷世輪

---

[043] 《六度集經》卷一〈布施度無極章〉，《正》第 3 卷第 5 頁上－ 6 頁上。

迴，到佛出世時，又受所師梵志教唆，告以殺百人、斬取手指即可成仙。他殺到九十九人，又得佛教化，成佛弟子。經文最後，佛告諸比丘：「普明王者，吾身是也。」[044]《六度集經》的國王本生中，大臣說「寧為天仁賤，不為豺狼貴」，百姓說則「寧為有道之畜，不為無道民」[045]，都鮮明地表達了民眾對清明政治的渴望。

前面說過，本生故事在部派佛教時期被大量編入各部派「三藏」。這些故事作為宣教素材又被大乘信徒所重視和利用，編入大乘經、論之中。漢譯佛典中的本生故事特別鮮明地展現大乘佛教慈悲為懷、自利利他、普度眾生的精神，則與大乘佛教作為中國佛教主流的發展形勢有關。在中土最早集中傳譯本生故事的是三國時東吳康僧會，他所出《六度集經》收錄八十二個本生故事，該經從名稱來看就是按照大乘「六度」（六波羅密）排列的。全經分為六章，其中頌揚的正面「人物」分別被表現為布施、戒、忍辱、精進、禪、明度（慧）的典型。編撰這一部經顯然意在宣揚大乘思想。從另一方面來看，則也是利用大乘觀念對本生故事重新加以解釋。著名大乘論書《大智度論》卷四編入尸毘王以身代鴿和須陀須摩王捨身守信事、卷十四有忍辱仙人歌利王事、卷三十四有獅子分肋肉與鷲事等，也是用它們來說明大乘教理。

《本生經》本是讚佛文學的一種，結穴在最後的說教，立意在作教義的宣傳，表現上則有公式化的結構，這就難免造成較嚴重的概念化、訓諭化傾向。例如見於《六度集經》卷二的須大拏太子本生（有單篇異譯《太子須大拏經》），描寫太子放棄宮中享樂生活，到深山修道，刻意宣揚其樂善好施：在宮中向敵國施捨大王愛象，因此被驅逐出宮；出宮前七天施捨掉全部財物；在赴深山路上施捨車、馬和自己、妃子、兩個兒子的衣服；最後在山中又施捨兒子和妃子。這種描寫彷彿是施捨概念的示意。現

---

[044]　《六度集經》卷四〈戒度無極章〉，《正》第 3 卷第 22 頁中－ 23 頁下。
[045]　《六度集經》卷五〈忍辱度無極章第三〉，《正》第 3 卷第 26 頁下。

存作品中又有些後世的模擬之作，藝術上更遠不及早期作品的生動感人。如《賢愚經》卷一〈梵天請法六事品〉，寫釋迦牟尼成道後，梵天請說法，講了六個釋迦牟尼前世為求法不畏犧牲的故事，情節大致相同，如施捨妻子、剜身燃燈、身上斫千鐵釘等，也是枯燥的示意概念。至於許多本生故事描述殘暴和苦行之類事相，極力誇張其殘毒悽苦，雖然在客觀上反映了古印度社會的苦難現實，但過度的恐怖、陰森的描繪卻也破壞了藝術上的美感。

不過從整體來看，本生故事作為源出民間的讚佛文學作品，生動活潑，富於情趣，堪稱宗教文學的典範之作。雖然許多故事主旨在施行教化，但展現著普遍的倫理和社會意義，確實是寓言文學的精品。

第四節　譬喻故事

《雜阿含經》記載釋迦牟尼說：

今當說譬，大智者以譬得解。[046]

同樣意思的話常見於不同佛典。如《法華經》記述佛對舍利弗說：過、未、現諸佛「以無量無數方便，種種因緣譬喻言辭，而為眾生演說佛法」[047]《大智度論》則指出：

譬喻為莊嚴議論，令人信著故……譬如登樓，得梯則易上；復次，一切眾生著世間樂，聞道得涅槃則不信不樂，以是故，以眼見事喻所不見。譬如苦藥，服之甚難，假之以蜜，服之則易。[048]

---

[046]　《雜阿含經》卷一〇，《正》第 2 卷第 71 頁上。
[047]　《妙法蓮華經》卷一〈方便品第二〉，《正》第 9 卷第 7 頁中。
[048]　《大智度論》卷三五〈釋報應品〉，《正》第 25 卷第 320 頁上。

第一章　佛典翻譯

這些都反映了佛教傳統上對譬喻說法的重視。佛典初傳中土，這一項特點已引起人們的注意。《理惑論》中記載當時攻擊佛教的言論：「佛經說不指其事，徒廣取譬喻，譬喻非道之要。和異為同，非事之妙，雖辭多語博，猶玉屑一車，不以為寶矣。」而辯解時引用聖人之言：「自諸子讖緯，聖人祕要，莫不引譬取喻，子獨惡佛說經牽譬喻耶？」[049] 從廣義上來說，前面所討論的佛傳和本生故事也可算是譬喻文學；而佛經為了說明教理、教義，更多用譬喻故事，如《法華經》、《金光明經》等經典都是如此。此外還有一批專門集錄譬喻故事、以「譬喻」立名的經典。這裡主要討論這一部分作品。

1926 年魯迅先生為校點本《百喻經》作題記指出：

嘗聞天竺寓言之富，如大林深泉，他國藝文，往往蒙其影響。即翻為華言之佛經中，亦隨在可見，明徐元太輯《喻林》，頗加搜錄，然卷帙繁重，不易得之。佛藏中經，以譬喻為名者，亦可五、六種，唯《百喻經》最有條貫……[050]

於此之前的 1914 年，魯迅曾出資刊刻《百喻經》，次年並根據自藏校本校閱，寫有後記[051]。他高度評價《百喻經》所代表的佛典譬喻文學的價值。

佛典裡的「譬喻」有多種含義。一種是經、律、論大量使用的比喻修辭方式。這是為了把道理說得生動、鮮明的修辭方法。又印度佛教對佛典進行分類，有所謂「十二分教」或稱「十二部經」，其中的「阿婆陀那」（avadāna）意即「譬喻」，本義是「英雄行為故事」；「尼陀那」即因緣，即釋迦牟尼說經或制律的緣起，實際也是一種譬喻故事[052]。至於前面討論的本生和本

---

[049]　《弘明集》卷一，《正》第 52 卷第 4 頁中。
[050]　〈癡華鬘題記〉，《魯迅全集》第 7 卷，人民文學出版社，1980 年，第 101 頁。
[051]　〈百喻經校後記〉，《魯迅全集》第 10 卷，人民文學出版社，1980 年，第 45 頁。
[052]　在漢語翻譯裡阿波陀那經常被翻譯為「譬喻經」或「譬喻」，如《增一阿含經》卷一七：「或有比丘高聲頌習所謂契經……譬喻如是諸法。」《正》第 2 卷第 635 頁上；又《四分律》卷一：「契經……譬喻經……」《正》第 22 卷第 569 頁中。

第四節　譬喻故事

事當然也是譬喻。有些經典或經典的某一品本身就是對教理、教義的譬喻。如《中阿含經》裡的《箭喻經》，是佛對弟子摩羅鳩摩羅的說法，用人中毒箭作比喻，告誡不要沉迷於形而上學的思辨，首要的是去解決人們面臨的「生死事大」，要「從修梵行」。又如竺法護所出《修行道地經》卷三〈勸意品〉，寫一個國王為了選擇大臣，讓被選定的人處在種種危難環境裡加以考驗，結果證明他「有信精進，質直智慧，其心堅強」[053]。這個故事被胡適當作古代白話文學的範例，引錄到他的《白話文學史》中。另外上面提到的大乘經如《法華經》、《華嚴經》、《維摩經》等，不但包含許多譬喻故事，整部經典作為方便的說法，也可以看作是廣義的譬喻。

而狹義的「譬喻經」則是專門輯錄的、具有特色的譬喻文學選集。在漢語「三藏」之中，這一類經典現存多部：題為吳康僧會所出《舊雜譬喻經》、題為支婁迦讖所出《雜譬喻經》、失譯《雜譬喻經》、比丘道略集‧鳩摩羅什譯《雜譬喻經》（有異本《眾經撰雜譬喻經》）、僧伽斯那撰‧南齊求那毗地所出《百句譬喻經》即《百喻經》等。上面舉出的「譬喻經」的前兩部譯者、所出年代都存在問題，從譯語和譯文風格來看，不像是康僧會或支婁迦讖所出。但它們出於佛教傳入中土的早期則是可以肯定的。又有西晉法炬、法立所出《法句譬喻經》，用譬喻故事來解釋「法句」。在梁天監年間寶唱等所編、「抄經律要事，皆使以類相從」[054]的《經律異相》中存有《十卷譬喻經》、《譬喻經》（一卷，引文不見現存諸經）的佚文；《出三藏記集》卷二〈新集條解異出經錄‧譬喻經〉條下，又列出安世高出《五陰譬喻》一卷、竺法護出《譬喻三百首經》二十五卷（原注：無別題，未詳其名）、釋法炬出《法句譬喻》六卷、求那毗地出《百句譬喻》十卷、康法邃出《譬喻經》十卷，並註明「右一經五人出」，即把五部經作為同本異譯。但今存釋法炬和求那毗地的兩部經，並非同本；另三部情況不明。《經律

---

[053]　《正》第 15 卷第 198 頁中。
[054]　〈經律異相序〉，《經律異相》卷一，《正》第 53 卷第 1 頁上。

異相》錄有佚文的《十卷譬喻經》可能即是康法邃所出。卷四〈新集續撰失譯雜經錄〉又著錄《雜譬喻經》六卷、《舊譬喻經》二卷、《雜譬喻經》二卷、《譬喻經》一卷、《譬喻經》一卷（原注：異出）、《法句譬喻經》一卷（原注：凡十七事，或云《法句譬經》）、《雜譬喻經》一卷（原注：凡十一事。安法師載《竺法護經目》有《譬喻經》三百首二十五卷，混無名目，難可分別。今新撰所得，並列名定卷，以曉覽者。尋此眾本，多出大經，雖時失譯名，然護公所出或在其中矣）[055]；卷五〈新集抄經錄〉裡有《抄法句譬經》三十八卷等。可見魏晉以來有眾多以「譬喻」為名的經典廣為流行，其中大部分已經佚失了。僧祐著錄「失譯雜經」時曾指出，這一類經典一卷已還者五百餘部，「率抄眾經，全典蓋寡。觀其所抄，多出《四含》、《六度》、《道地》、《大集》、《出曜》、《賢愚》及《譬喻》、《生經》，並割品截偈，撮略取義，強制名號，仍成卷軸」[056]。也就是說，多數「譬喻經」乃是出於中土人士的經抄[057]。正因為是抄撮而成，這些經典收錄的故事多有相互重複。

除了這些名為「譬喻」的經典之外，還有兩種經典亦屬同類。一種是單本譬喻經，如前述《箭喻經》。《出三藏記集》裡列有一大批這一類經典的名目，如《恆河譬經》、《須陀洹譬喻經》、《馬喻經》、《鱉喻經》等。周叔迦論《天尊說阿育王譬喻經》說：「東晉佚名譯。按此經所記，率取故事以證嘉言，約如中國《韓詩外傳》體例。凡十二則……大率取譬淺近，引人皈信，與《雜寶藏經》、《百喻經》等殊途同歸。取此種經典，與六代《搜神記》、《顏氏家訓》互相辜較，天竺思想影響中土程度，亦可窺一二

---

[055] 蘇晉仁等點校《出三藏記集》，中華書局，1995 年，第 77、124 — 125、175 頁。
[056] 蘇晉仁等點校〈新集續撰失譯雜經錄〉，《出三藏記集》卷四，中華書局，1995 年，第 123 頁。
[057] 現存的「譬喻經」除《百喻經》有梵文原本外，其他均不見外語原典，所以有人認為它們都是「在中國結集成書的抄譯經」。參閱丁敏《佛教譬喻文學研究》第六章〈譬喻佛典研究之三 —— 六部以「譬喻」為名的佛典〉，東初出版社，1996 年，第 275 — 388 頁。

第四節　譬喻故事

矣。」[058] 更多的並不以「譬喻」立名，如下面將要講到的《奈女耆婆經》。另一種是別有標題的譬喻故事集，如題為支謙譯《撰集百緣經》、姚秦竺佛念譯《出曜經》、馬鳴撰、鳩摩羅什譯《大莊嚴論經》、北魏慧覺等譯《賢愚經》、北魏吉迦夜共曇曜譯《雜寶藏經》等，都是專門輯錄譬喻故事的經集。

「譬喻經」的結集情況是多種多樣的。有些故事是從「修多羅藏十二部經中抄出」[059]，有些則是創作。創作的部分，有的是從外語翻譯，有些是本土編撰；外語翻譯的有些來自印度，有些來自西域「胡族」。部派佛教時期在創作大量佛傳、本生的同時，也積極地利用譬喻故事。尤其是活躍在貴霜王朝的論師，熱心地蒐集、創作譬喻故事並編輯成書來宣揚教義。窺基說：

佛去世後一百年中，北天竺怛叉翅羅國有鳩摩羅多，此言童首，在九百論。時五天竺有五大論師，喻如日出，明導世間。名日出者，以似於日，亦名譬喻師。或為此師造《喻鬘論》，集諸奇事，名譬喻師。[060]

這裡說的《喻鬘論》，本世紀初在新疆發現一部梵文殘卷，作者題鳩摩羅多，陳寅恪與德國梵文學者劉士德勘同舊題馬鳴所作、屬於《法句譬喻經》類的《大莊嚴論經》[061]。窺基所謂「佛去世後一百年」，計算時間有誤，實際應是貴霜王朝的產物。同時代的法勝、法救（下面將要講到的《法句經》就是他編訂的）、眾護（上面提到的《修行道地經》即他所編撰）[062]等都是具有卓越文學才能的人物，對發展譬喻文學都作出了重大貢獻。在佛教傳入中國的漢、魏的時期，正是這一批論師十分活躍的時候。

---

[058]　〈釋典叢錄〉，《周叔迦佛學論著集》下集，中華書局，1991年，第1,024－1,025頁。
[059]　〈百句譬喻經前記〉，《出三藏記集》卷九，第355頁。
[060]　《成唯識論述記》卷八，《正》第43卷第274頁上。
[061]　參閱陳寅恪〈童受喻鬘論梵文殘本跋〉，《金明館叢稿二編》，上海古籍出版社，1980年，第207－211頁。
[062]　呂澂《印度佛學源流略講》，上海人民出版社，1979年，第54、59頁。

什譯《雜譬喻經》的編者比丘道略也是這一類論師之一。另外有些「譬喻經」是中土人士輯錄的。例如關於《賢愚經》，僧祐說：

> 十二部典，蓋區別法門。曠劫因緣，既事照於本生；智者得解，亦理資於譬喻。《賢愚經》者，可謂兼此二義矣。河西沙門釋曇學、威德等凡有八僧，結志遊方，遠尋經典。於于闐大寺遇般遮於瑟之會。般遮於瑟者，漢言五年一切大眾集也。三藏諸學，各弘法寶，說經講律，依業而教。學等八僧隨緣分聽，於是競習胡音，析以漢義，精思通譯，各書所聞，還至高昌，乃集為一部。既而踰越流沙，齎到涼州。於時沙門釋慧朗，河西宗匠，道業淵博，總持方等。以為此經所記，源在譬喻；譬喻所明，兼載善惡；善惡相翻，則賢愚之分也。前代傳經，已多譬喻，故因事改名，號曰《賢愚》焉。[063]

也就是說，《賢愚經》本來是河西沙門曇學等人在于闐求法時的聽講紀錄，因為所錄為譬喻故事，「因事改名」，稱為《賢愚經》。又康法邃編輯《譬喻經》，也有序記說：

> 《譬喻經》者，皆是如來隨時方便四說之辭，敷演弘教訓誘之要。牽物引類，轉相證據，互明善惡罪福報應，皆可寤心，免彼三途。如今所聞，億未載一，而前後所寫，互多重複。今復撰集，事取一篇，以為十卷。比次首尾，皆令條別，趣使易了，於心無疑。願率土之賢，有所尊承，永升福堂，為將來基。[064]

這便說明康法邃這一部《譬喻經》是鑒於同類經典記載混亂而重新編輯的。

譬喻經具體的藝術水準大不相同。有些譬喻故事，尤其是那些專門為宣教而製作的，往往是教義的宣揚，沒有多少文學意味。例如講施捨則得

---

[063] 〈賢愚經記〉，《出三藏記集》卷九，中華書局，1995 年，第 351 頁。
[064] 〈譬喻經序〉，《出三藏記集》卷九，中華書局，1995 年，第 354－355 頁。

第四節　譬喻故事

到財富，慈心則得到善報，等等；有的故事表現前世行為乃是現世果報的因緣，情節簡略、粗糙，嚴重公式化，索然寡味。在藝術上更有價值的，是那些取自或模仿民間創作的作品，它們具有更普遍、更深刻的訓諭含義，藝術上也相當有特色。

例如失譯《雜譬喻經》卷下第二十九「甕中見影」故事，說新婚夫婦二人見甕中自己影子而懷疑對方藏有情人；《舊雜譬喻經》卷上第十九經講二道人從象跡判斷出懷雌母象；《百喻經》第十〈三重樓喻〉說愚人不想建造下兩層屋，想直接建第三層。經文對故事的寓意都有說明：第一個故事諷刺「世人愚惑，以空為實」[065]；第二個故事告訴人「夫學當以意思維」[066]；第三個故事教育四輩弟子「精勤脩敬三寶」，不要「懶惰懈怠」[067]。這一類說明具有明顯的宗教意味，但人們卻可以從中體會到與宗教全然無關的更深一層的哲理。當然佛教教義本身往往也含有一定的哲理內容。

有一部分故事則具有普遍的倫理內容。這一類故事本來的主旨是指示修道方式和態度，這也展現了佛教教義的倫理價值。如《舊雜譬喻經》卷上第二十三經：鸚鵡以翅羽取水，欲撲滅山中大火，以援救曾幫助過自己的鳥獸。這個寓言式的故事歌頌了知恩圖報的情操和「知其不可而為之」的堅定意志[068]。《雜寶藏經》卷一的〈棄老國緣〉，說過去有一個棄老國，依據國法驅棄老人，有一名大臣孝順，在地下掘一間密室孝養老父，借老父的智慧解答了天神的問題，終於使國王改變了棄老法令。這明顯地是在宣揚仁孝敬老觀念，符合中土的倫理規範[069]。譬喻故事裡宣揚戒絕貪、瞋、癡，提倡施捨、忍辱、精進努力的很多。如《賢喻經》卷三〈貧女難陀品〉，講佛經裡常常提到的「貧女一燈」故事，本來是宣揚誠心施捨，但

---

[065]　《正》第 4 卷第 509 頁下。
[066]　《正》第 4 卷第 541 頁中。
[067]　《魯迅輯錄古籍叢編》第 4 冊，人民文學出版社，1999 年，第 731 頁。
[068]　參閱《正》第 4 卷第 515 頁上。
[069]　參閱《正》第 4 卷第 449 頁上、中。

那種為達到一定目標而精誠努力的精神，卻具有普遍的教育意義[070]。

譬喻故事的背景或內容又往往反映故事產生當時的現實問題，從而展現出正面的社會意義。《舊雜譬喻經》卷上第二十二經禍母故事說，過去有一個國家，富足安樂，但國王貪心不足，忽發奇想，派人到鄰國買「禍」，結果禍害了民眾，鬧得饑荒遍地，結尾說：「坐厭樂，買禍所致。」[071]故事寓意本是戒「貪」，但客觀上卻揭露和諷刺了統治者的殘暴荒唐。在一些有關國王的譬喻故事裡，常常以鮮明的愛憎態度，將賢明國王與殘暴國王作對比，揭露暴君濫殺無辜、貪得無厭、盤剝百姓、侵略別國的罪行；而對仁政愛民的國君加以讚揚。《雜寶藏經》裡的一個故事揭露國王「七事非法」：「一者耽荒女色，不務貞正；二者嗜酒醉亂，不恤國事；三者貪著棋博，不修禮教；四者遊獵殺生，都無慈心；五者好出惡言，初無善語；六者賦役謫罰，倍加常則；七者不以義理，劫奪民財。有此七事，能危王身。」又指出「傾敗王國」的「三事」：「一者親近邪佞諂惡之人，二者不附賢聖，不受忠言，三者好伐他國，不養人民。」[072]這乃是對殘暴統治者十分全面而尖銳的揭露和抨擊。《賢愚經》卷八〈蓋事因緣品〉描寫國王出遊，「見諸人民耕種勞苦」，問大臣人民何以如此，大臣回答說：「國以民為本，民以穀為命。若其不爾，民命不存；民命不存，國則滅矣。」[073]則表現了以民為本、仁政愛民的政治理想，這不但在觀念上，語言上也和儒家仁愛思想相通。而卷五〈散檀寧品〉寫五百乞兒出家，佛陀說：「我法清淨，無有貴賤。譬如淨水，洗諸不淨，若貴若賤，若好若醜，若男若女，水之所洗，無不淨者……」[074]這些說法當然有其特定的教理內容，但其

---

[070] 參閱《正》第 370 頁下－ 371 頁上。
[071] 《正》第 4 卷第 514 頁下。
[072] 《雜寶藏經》卷八〈拘尸彌國輔相夫婦惡心於佛佛即化導得須陀洹緣〉，《正》第 4 卷第 483 頁下。
[073] 《正》第 4 卷第 403 頁中。
[074] 《正》第 4 卷第 386 頁上。

第四節　譬喻故事

中表現的人性平等觀念是十分寶貴的。許多譬喻故事就這樣直接或間接地呈現出這一類古代思想的精華。

譬喻故事裡更具特色的是那些短小精悍的笑話。它們奇思異想、妙趣橫生，對世態人情的揭露和諷刺極其尖銳、深刻。《百喻經》裡收錄了一批這樣的故事。日本佛教文學學者岩本裕認為這一類故事從古印度民間流行的愚人故事脫胎而來[075]，所以能展現民間文學特有的幽默情趣。例如《舊雜譬喻經》卷上婦人富有金銀為男子騙取、被狐狸嘲笑；什譯《雜譬喻經》田舍人至都下見人以熱馬屎塗背療鞭傷、命家人鞭背；《百喻經》「效其祖先急速食喻」，「愚人食鹽喻」，等等，都以簡短篇幅敘說風趣的小故事，生動幽默，充滿機智。這一類故事當然也往往附帶教理的說明，但其客觀訓諭意義更為普遍、深刻。由於它們多取自實際生活和日常現象，因此讓人倍感親切。

有些譬喻故事以動物為主角，採取擬人化手法來表現世態人情，成為具有鮮明藝術特色的寓言類作品。

幾種專門《譬喻經》的故事篇幅較短，情節簡單，結構單純。而如《賢愚經》等後出的經集，則出現一批情節較複雜的故事。有些更是由多種情節組合而成，還常常把本生、因緣故事結合其中。常見的有兩種結構方式：一種是在現實情節中加入往昔、過去世的複合式；另一種是由一個情節引出另一個情節的連鎖式。複合式故事有些較簡單，例如講現世某人行善或作惡，原來其前世也同樣曾行善、作惡；有些則是多種情節相當複雜的組合。例如《賢愚經》卷十一〈無惱指鬘品〉，故事是從《六度集經》裡的普明王本生發展而來，說釋迦牟尼在世時波斯匿王有子聰明博達，受邪師所惑，擬斬千人指，以為鬘飾，號央掘魔羅，已斬九百九十九人，受釋迦牟尼教化，出家得阿羅漢道；接著加入瘂陋比丘善聲因緣，以下是四

---

[075]　《佛教說話研究》第二卷〈佛教說話の源流と展開〉，開明書院，1978年，第118頁。

個央掘魔羅前世受佛陀教化故事[076]。連鎖式的故事則更為複雜,例如同是在《賢愚經》卷十一的〈檀膩羈品〉,主角是一名窮婆羅門,生活困頓,從佛出家,佛告阿難前世因緣:原來過往阿僧祇劫,有婆羅門名檀膩羈,貧困飢餓;接著是他一系列倒楣情節:丟失借別人的牛、打折別人的馬腳、過河時丟了鑿子,等等,在被捉到國王那裡的路上,又有雉、蛇和一位母親向他提出問題;被捉到國王處,國王一一斷案,使他得以解脫;事情結束,檀膩羈又看到國王評判二母爭兒案,並逐一地解答了雉等的問題。這樣由一個情節引出另一個情節,構成兩個大的段落[077]。又如《佛說㮈女祇域因緣經》,描寫一個㮈女從㮈樹上出生,與瓶沙王生了一個兒子,生時手持針藥囊,後來學習醫術,成就醫道;接著描述他醫治四個病人的事蹟:照見五臟,開腹破顱等;然後又寫他為南方大國熱毒攻心、動輒殺人的蟒子國王治好了病,並讓國王請佛加以超度;最後補敘了㮈女前世因緣。這實際上是一個「神醫」故事,反映了古代印度醫學發展的高度成就[078]。這一類故事結構上不採用複線,線索圍繞著一個人物展開,顯然保持了口頭傳說的基本格局;但由多個故事構成的較複雜的結構,已經具有長篇敘事作品的規模。

譬喻故事的整體風格是內容上主題清晰,善惡分明,褒貶對比強烈,往往附有直接的評論;表達上平易、生動,語言通俗易懂,即使是翻譯為漢語,也和六朝時期書面語言的雕琢華麗不同。這是在當時文壇上富有特色的作品。

「法句經」也是一種富於文學性的特殊經典類別。所謂「法句」(梵文 Dharma-pada,巴利文 Dhammapada),意謂真理的語言,即傳達佛陀教法的偈句,本是古代沙門從眾經中揀選出來分類加以編輯的。漢譯「法句

---

[076] 《正》第 423 頁中— 427 頁下。
[077] 參閱《正》第 427 頁下— 429 頁下。
[078] 《正》第 14 卷第 896 頁下— 902 頁上。

第四節　譬喻故事

經」有四部：吳維祇難等譯《法句經》二卷，法炬共法立譯《法句譬喻經》四卷，姚秦竺佛念譯《出曜經》三十卷，宋天息災譯《法集要頌經》四卷。據考前二者出於巴利文系統，後二者出於梵文系統。它們的內容大致相同。不過第一、四兩種全是韻文偈頌；二、三兩種則取韻、散間行文體，以散文宣說義理或舉出故事以為佐證。韻文的法句只取句式整齊，基本上不用韻，其中也多用比喻方法，可以看作是哲理詩。如《法句經》：

〈教學品〉：若人壽百歲，邪學志不善，不如生一日，精進受正法。若人壽百歲，奉火修異術，不如須臾頃，事戒者福稱。

〈多聞品〉：斫瘡無過憂，射箭無過患，是壯莫能拔，唯從多聞除。盲從是得眼，暗者從得燭，示導世間人，如目將無目。

〈言語品〉：夫士之生，斧在口中，所以斬身，由其惡言。[079]

這些「法句」以譬喻宣說佛理，包含著古人智慧的結晶，有著普遍的教育意義。而用譬喻故事來說明「法句」，則與一般的譬喻經沒有差別了。

譬喻故事是佛典翻譯文學中最為普及、最受歡迎的部分之一，也是施設方便、施設教化最有成效、最常利用的手段之一。不論是在印度、西域還是在中國，這些故事都流傳得十分廣遠。直到今天，許多這一類故事仍流傳在中國各族民眾之間；還有許多廣泛流傳於民間的故事傳說是根據佛典譬喻故事改編的。譬喻故事作為寓言文學的典範，更為歷代文人創作提供了寶貴借鑑。

---

[079]　《正》第 4 卷第 559 頁上、560 頁中、561 頁下。

第五節　大乘佛典的文學性質

　　有些大乘經的文學性質十分鮮明，同樣可以當作文學作品來閱讀。本來大乘經一般來說無論是內容還是表現形式都具有綜合特色，它們在建構、闡發龐大而嚴密的教理、教義系統時，往往利用多種文體、多種表現方式、多種修辭手段，例如常常把前面介紹的本生、佛傳、譬喻故事等納入其中；另一方面，大乘經的結構大多符合佛陀於某時、某地、對某些人說法的框架，這就決定了它們具有敘事和描述的文體特徵。加之大乘教義富於想像和玄想特質，就更增強了文學性質。當然，就具體經典而論，情形有所不同。如各種《般若經》，主要是說理，思辨色彩更濃厚；而如《維摩經》、《法華經》、《華嚴經》等，則大多使用敘事和描述手法，更富於故事性和形象性。就論書而言，從性質來說它們原本為解經，以議論為主，但同樣包含敘事成分，生動形象的例證往往成為說理不可或缺的部分。所以如《大毘婆沙論》、《大智度論》等大、小乘論書，也包含譬喻文學的成分。以下只簡要地介紹幾部經典。

　　《法華經》是一部重要大乘經，被稱為「經王」。在中土，自竺法護於太康七年（西元286年）初譯《正法華》即廣受歡迎；後來以什譯《妙法蓮華經》最為流行。本經一再說到「以無數方便，種種因緣，演說佛法」[080]的道理，其表現的重要特點之一即在於利用譬喻說明教理。道宣指出：

　　朽宅通入大之文軌，化城引昔緣之不墜，繫珠明理性之常在，鑿井顯示悟之多方，詞義宛然，喻陳唯遠。[081]

　　這裡講到《法華經》裡「朽宅」（火宅）、「化城」、「繫珠」、「鑿井」四

---

[080]　《妙法蓮華經》卷一〈方便品〉，《正》第9卷第7頁上。
[081]　〈妙法蓮華經弘傳序〉，許明編《中國佛教經論序跋記集》第1冊，上海辭書出版社，2002年，第252頁。

第五節　大乘佛典的文學性質

喻,加上「窮子」、「藥草」、「醫師」喻,構成有名的「《法華》七喻」,這是七個說明教理的生動故事。如「三世朽宅」、「導師化城」不論在觀念上還是在文字上,都已深入中土人心。把人世比喻為「火宅」,就教理而言極其貼切、具象;經文的描述更十分細緻、生動。先是散文(長行)的敘述,寫得很簡單:

若國邑聚落有大長者,其年衰邁,財富無量,多有田宅及諸僮僕。其家廣大,唯有一門,多諸人眾,一百二百乃至五百人,止住其中。堂閣朽故,牆壁落,柱根腐敗,梁棟傾危。周匝俱時,然火起,焚燒舍宅。長者諸子,若十、二十,或至三十,在此宅中。長者見是大火從四面起,即大驚怖,而作是念:我雖能於此所燒之門,安穩得出,而諸子等,於火宅內,樂著嬉戲,不覺不知,不驚不怖,火來逼身,苦痛切己,心不厭患,無求出意……

後面對朽宅和大火的情景再用韻文(偈頌)加以形容、描繪,極盡鋪排能事:

譬如長者,有一大宅,其宅久故,而復頓弊。
堂舍高危,柱根摧朽,梁棟傾斜,基陛隤毀。
牆壁圮坼,泥塗褫落,覆苫亂墜,椽梠差脫。
周障屈曲,雜穢充遍,有五百人,止住其中。
鵄梟雕鷲,烏鵲鳩鴿,蚖蛇蝮蠍,蜈蚣蚰蜒,
守宮百足,狖狸鼷鼠,諸惡蟲輩,交橫馳走。
屎尿臭處,不淨流溢,蜣蜋諸蟲,而集其上。
狐狼野干,咀嚼踐蹋,齩齧死屍,骨肉狼藉。
由是群狗,競來搏撮,飢羸慞惶,處處求食。

鬥諍搪揬，唼喋嗥吠，其舍恐怖，變狀如是。
處處皆有，魑魅魍魎，夜叉惡鬼，食噉人肉。
毒蟲之屬，諸惡禽獸，孚乳產生，各自藏護。
夜叉競來，爭取食之，食之既飽，惡心轉熾。
鬥諍之聲，甚可怖畏，鳩槃荼鬼，蹲踞土埵，
或時離地，一尺二尺，往返遊行，縱逸嬉戲。
捉狗兩足，撲令失聲，以腳加頸，怖狗自樂。
復有諸鬼，其身長大，裸形黑瘦，常住其中，
發大惡聲，叫呼求食；復有諸鬼，其咽如針；
復有諸鬼，首如牛頭，或食人肉，或復噉狗，
頭髮蓬亂，殘害凶險，飢渴所逼，叫喚馳走。
夜叉餓鬼，諸惡鳥獸，飢急四向，窺看窗牖。
如是諸難，恐畏無量，是朽故宅，屬於一人。
其人近出，未久之間，於後舍宅，忽然火起。
四面一時，其炎俱熾，棟梁椽柱，爆聲震裂，
摧折墮落，牆壁崩倒。諸鬼神等，揚聲大叫。
雕鷲諸鳥，鳩槃荼等，周章惶怖，不能自出。
惡獸毒蟲，藏竄孔穴；毘舍闍鬼，亦住其中。
薄福德故，為火所逼，共相殘害，飲血噉肉。
野干之屬，並已前死，諸大惡獸，競來食噉。
臭煙熢㶿，四面充塞。蜈蚣蚰蜒，毒蛇之類，
為火所燒，爭走出穴。鳩槃荼鬼，隨取而食。

第五節　大乘佛典的文學性質

又諸餓鬼，頭上火燃，飢渴熱惱，周章悶走。

其宅如是，甚可怖畏，毒害火災，眾難非一。[082]

這般使用了大膽想像和極度誇張的手法，極力形容朽宅的破敝危險，描寫大火焚燒的恐怖，為拯救作鋪陳。這乃是大乘佛典進行描繪的典型手法。胡適說「《法華經》（《妙法蓮華經》）雖不是小說，卻是一部富於文學趣味的書。其中的幾個寓言，可算是世界文學裡最美的寓言，在中國文學上也曾發生不小的影響」[083]。

《華嚴經》是規模更為宏大的經典，內容是佛成道後，藉普賢、文殊等大菩薩示現佛陀的因行果德如雜花莊嚴，廣大圓滿，無盡無礙。漢語有三譯，流行的是東晉佛陀跋陀羅所譯六十《華嚴》。這是一部充分、典型地呈現大乘佛教玄想特質的經典。全經按說法地點是七處，按場面是八會。前兩會佛在成道的菩提道場和普光法堂說法，從第三會移到天上忉利天宮、夜摩天宮等處，第七會又回到普光法堂，第八會在釋迦牟尼圓寂的逝多林。而說法的佛陀已不是經由修道而成佛的沙門釋迦，而是遍滿十方、常住三世、總該萬有的真理化身、十相具足的法身佛盧舍那佛；說法的對象不僅有佛弟子，還有眾多菩薩。其中展現了萬德圓滿、妙寶莊嚴、無限華麗神祕的諸佛境界，以至有人把它比作一部規模宏大的神魔小說。在第七會裡，佛陀現種種神變，使諸菩薩得到無數大悲法門，文殊師利率大眾辭佛南行，到福城東，在莊嚴幢娑羅林中說法，有善財童子等兩千人前來聽法；善財童子一心求菩薩道，在普賢教示下，輾轉南行，尋訪五十三位善知識，聽受無數廣大甘露法門，終於證入法界。這就是六十《華嚴》裡占十七卷的〈入法界品〉。

例如他到光明山（即補陀洛山、普陀洛迦山）尋訪第二十八位善知識

---

[082]　《妙法蓮華經》第 2 卷〈譬喻品〉，《正》第 9 卷第 12 頁中、13 頁下－ 14 頁中。
[083]　胡適《白話文學史》，上海古籍出版社，1999 年，第 107 頁。

第一章 佛典翻譯

觀世音一段：

……漸漸遊行至光明山。登彼山上，周遍推求，見觀世音菩薩住山西阿。處處皆有流泉浴池，林木鬱茂，地草柔軟，結跏趺坐金剛寶座，無量菩薩恭敬圍繞，而為演說大慈悲經，普攝眾生。見已，歡喜踴躍，不能自勝，合掌諦觀，目不暫瞬，作如是念：善知識者則是如來，善知識者一切法雲，善知識者諸功德藏，善知識者十力妙寶，善知識者難見難遇，善知識者無盡智藏，善知識者功德山王，善知識者開發示導一切智門，能令一切入薩婆若海，究竟清淨，無上菩提。時觀世音遙見善財，告言：「善來，童子，專求大乘，攝取眾生，直心深心，樂求佛法，長養大悲，救護一切，向普賢行，清淨成滿一切大願……」爾時善財詣觀世音，頭面禮足，繞無數匝，恭敬合掌，於一面住。白言：「大聖，我已先發阿耨多羅三藐三菩提心，而未知菩薩云何學菩薩行，修菩薩道？」答言：「善哉善哉！善男子，乃能發阿耨多羅三藐三菩提心。善男子，我已成就大悲法門光明之行，教化成熟一切眾生，常於一切諸佛所住，隨所應化普現其前。或以惠施攝取眾生；乃至同事攝取眾生；顯現妙身不思議色攝取眾生；放大光網，除滅眾生諸煩惱熱，出微妙音而化度之，威儀說法，神力自在，方便覺悟，顯變化身，現同類身，乃至同止攝取眾生。善男子，我行大悲法門光明行時，發弘誓願，名曰攝取一切眾生。欲令一切離險道恐怖，熱惱恐怖，愚癡恐怖，繫縛恐怖，殺害恐怖，貧窮恐怖，不活恐怖，諍訟恐怖，大眾恐怖，死恐怖，惡道恐怖，諸趣恐怖，不同意恐怖，愛不愛恐怖，一切惡恐怖，逼迫身恐怖，逼迫心恐怖，愁憂恐怖。復次，善男子，我出生現在正念法門，名字輪法門故，出現一切眾生等身，種種方便，隨其所應，除滅恐怖而為說法，令發阿耨多羅三藐三菩提心，得不退轉，未曾失時。善男子，我唯知此菩薩大悲法門光明之行，諸大菩薩一切普賢大願成滿，究竟成就普賢所行，不斷一切諸善根流，不斷一切菩薩諸三昧流，一切劫流，修菩薩行未曾斷絕順三世流，善知一切成敗諸世界流，斷一切眾

第五節　大乘佛典的文學性質

生不善根流，出生一切眾生諸善根流，除滅一切諸生死流。我當云何能知能說彼功德行。」[084]

這樣使用類疊方法、排比句式，極度誇張地描寫觀世音的功德。在善財童子與觀世音的對談中，後者的無限慈悲、善財的虔敬虛心被表現得淋漓盡致。就這樣，經文描寫善財童子的尋訪經歷，情節生動，「人物」眾多，形象鮮明，含義深刻，有人把《華嚴經》的這一部分比作英國約翰·班揚（John Bunyan）著名的宗教小說《天路歷程》（*The Pilgrim's Progress*）。《華嚴經》描繪出的大膽玄想的境界，恢宏開闊，汪洋恣肆，是中土作品中前所未見的。

《維摩經》是另一部極富文學意味的經典。胡適說：

鳩摩羅什譯出的經，最重要的是《大品般若》，而最流行又最有文學影響的卻要算《金剛》、《法華》、《維摩詰》三部。其中《維摩詰經》本是一部小說，富於文學趣味……這一部半小說、半戲劇的作品，譯出之後，在文學界與美術界的影響最大。中國的文人、詩人往往引用此書中的典故，寺廟的壁畫往往用此書的故事作題目。後來此書竟被人演為唱文，成為最大的故事詩。[085]

有人把《維摩經》看作一齣三幕戲劇。其中塑造的信仰誠摯、學養高深的在家居士維摩詰更是內涵豐富、性格鮮明的佛教居士典型，對歷代中國士大夫產生了巨大而深遠的影響。經文中維摩詰是這樣出場的：

爾時毗耶離大城中有長者名維摩詰，已曾供養無量諸佛，深植善本，得無生忍；辯才無礙，遊戲神通，逮諸總持，獲無所畏；降魔勞怨，入深法門，善於智度，通達方便，大願成就；明瞭眾生心之所趣，又能分別諸根利鈍，久於佛道，心已純淑，決定大乘；諸有所作，能善思量，住佛威

---

[084]　佛陀跋陀羅譯《大方廣佛華嚴經》卷五一，《正》第 9 卷第 718 頁上－718 頁下。
[085]　胡適《白話文學史》，上海古籍出版社，1999 年，第 106 頁。

儀，心大如海。諸佛諮嗟，弟子、釋梵、世主所敬。欲度人故，以善方便，居毘耶離。資財無量，攝諸貧民；奉戒清淨，攝諸毀禁；以忍調行，攝諸恚怒；以大精進，攝諸懈怠；一心禪寂，攝諸亂意；以決定慧，攝諸無智。雖為白衣，奉持沙門清淨律行；雖處居家，不著三界，示有妻子，常修梵行；現有眷屬，常樂遠離；雖服寶飾，而以相好嚴身；雖復飲食，而以禪悅為味；若至博弈戲處，輒以度人。受諸異道，不毀正信；雖明世典，常樂佛法。一切見敬，為供養中最。執持正法，攝諸長幼，一切治生諧偶，雖獲俗利，不以喜悅。遊諸四衢，饒益眾生；入治政法，救護一切。入講論處，導以大乘；入諸學堂，誘開童蒙；入諸婬舍，示欲之過；入諸酒肆，能立其志。若在長者，長者中尊，為說勝法；若在居士，居士中尊，斷其貪著；若在剎利，剎利中尊，教以忍辱；若在婆羅門，婆羅門中尊，除其我慢；若在大臣，大臣中尊，教以正法；若在王子，王子中尊，示以忠孝；若在內官，內官中尊，化政宮女；若在庶民，庶民中尊，令興福力；若在梵天，梵天中尊，誨以勝慧；若在帝釋，帝釋中尊，示現無常；若在護世，護世中尊，護諸眾生。長者維摩詰，以如是等無量方便，饒益眾生。其以方便，現身有疾……[086]

雖然與所有佛經一樣，這一部經典的全部敘述被置於釋迦摩尼說法的框架內，但實際說法的主要人物卻是維摩詰。他從一出場，就展現出十分鮮明的個性：他作為在家居士的典型，度過世俗生活，享有資財、家屬，行為放達，遊戲人間，但本質上卻又信心堅定，教養極高，展現了中土所未見的大乘居士的理想人格。這是一部大乘佛教教義的概括性經典，深刻地論述了諸法「畢竟空」、「無所緣」、「無決定性」的道理。在「以空遣法」的「空平等觀」的基礎上，打通世間和出世間，提出「不捨道法而現凡夫事」、「不斷煩惱而得涅槃」的觀念，從而發揚了佛法的現實精神，突顯了大乘佛教的入世特質。這對於佛教在中國，尤其是在知識階層中的傳播發

---

[086] 鳩摩羅什譯《維摩詰所說經》卷上〈方便品〉，《正》第14卷第539頁上－中。

第五節　大乘佛典的文學性質

揮了極其巨大的作用。它在表現上更運用了十分高超的技巧：結構安排富於戲劇性，大膽玄想，引人入勝；人物性格鮮明，圍繞著維摩詰，眾多人物在交鋒中突顯出個性；場面描寫恢宏、生動，情節具有戲劇性。經文前一部分寫佛陀命十大弟子、四位菩薩前往維摩詰處問疾，所有的人都回憶以前和維摩詰辯難受譏訶的經過，加以推託，最後只有文殊師利勇於承當，從而有文殊師利前往問疾一段：

爾時佛告文殊師利：「汝行詣維摩詰問疾。」文殊師利白佛言：「世尊，彼上人者，難為詶對，深達實相，善說法要，辯才無滯，智慧無礙，一切菩薩法式悉知，諸佛祕藏無不得入，降伏眾魔，遊戲神通，其慧方便，皆已得度。雖然，當承佛聖旨，詣彼問疾。」於是眾中諸菩薩、大弟子、釋梵四天王等咸作是念：今二大士文殊師利、維摩詰共談，必說妙法。實時八千菩薩、五百聲聞、百千天人皆欲隨從。於是文殊師利與諸菩薩、大弟子眾及諸天人，恭敬圍繞，入毘耶離大城。爾時長者維摩詰心念：今文殊師利與大眾俱來。即以神力，空其室內，除去所有及諸侍者，唯置一床，以疾而臥。文殊師利既入其舍，見其室空無諸所有，獨寢一床。時維摩詰言：「善來，文殊師利！不來相而來，不見相而見。」文殊師利言：「如是，居士，若來已，更不來；若去已，更不去。所以者何？來者無所從來，去者無所至，所可見者，更不可見。且置是事。居士，是疾寧可忍不？療治有損不至增乎？世尊殷勤致問無量。居士，是疾何所因起？其生久如？當云何滅？」維摩詰言：「從痴有愛，則我病生。以一切眾生病，是故我病。若一切眾生病滅，則我病滅。所以者何？菩薩為眾生，故入生死；有生死，則有病。若眾生得離病者，則菩薩無復病。譬如長者，唯有一子，其子得病，父母亦病；若子病癒，父母亦愈。菩薩如是，於諸眾生，愛之若子。眾生病則菩薩病，眾生病癒菩薩亦愈。」……[087]

與浩浩蕩蕩地問疾隊伍相對照，維摩詰在空無所有的方丈內隱疾而

---

[087]　《維摩詰所說經》卷中〈文殊師利問疾品〉，《正》第 14 卷第 544 頁上－中。

臥。這一方面突顯出他的威望,另一方面也表現出他內心的堅定和沉穩;在兩人睿智、幽默的對談中,更鮮明地呈現出各自的性格。整部經的表現手法也十分高超,如「天女散花」、「火中生蓮」、「斷取佛土」等構想,都極其大膽奇妙,又展現深刻的內涵。語言更是既精練又生動,其中一些句子如「一切眾生,悉皆平等」、「隨其心淨則佛土淨」、「無利無功德,是為出家」、「菩薩為眾生故入生死」、「不盡有為,不住無為」、「不斷煩惱而入涅槃」、「夫求法者,不著佛求,不著法求,不著眾求」,等等,都是意義深刻的精闢格言;又如「殖種於空,終不得生」、「不下巨海,終不能得無價寶珠」、「欲行大道,莫示小徑,無以大海,內於牛跡」、「高原陸地,不生蓮花,卑溼淤泥,乃生此花」、「須彌之高廣內芥子中」、「四大海水入一毛孔」等等,則以比喻說明深微的道理。這一部以宣揚居士思想為主旨的經典,對中國文人的影響極其普遍和深刻,其卓越的藝術表現更具有極大的感染力,對於歷代文學藝術造成的影響是十分巨大、深遠的。

另一些大乘經同樣具有濃厚的文學性質。如《觀無量壽經》,簡稱為《觀經》,是宣揚淨土信仰的「淨土三部經」之一。本經的緣起是一個悽婉動人的故事,說摩揭陀國太子即後來的阿闍世王,聽信提婆達多調唆,把父王頻婆娑羅幽禁在七重室內;其母韋提希夫人以蘇蜜摻和麥塗在身上,又用瓔珞盛葡萄漿蜜,趁探訪時送給國王吃,使國王得以存活;後來被阿闍世發現,夫人被囚禁;她憂愁憔悴,生厭離心,遙禮耆闍崛山,向佛祈禱;佛陀與目連、阿難現身王宮,為韋提希宣說三福、十六觀往生阿彌陀佛國法門;韋提希聞佛說法,歡喜悟解,得無生法忍。本經後半部的三福、十六觀法門,是淨土禪觀的主要方法;前半部這個故事情節動人,形象鮮明。尤其是對韋提希夫人的描寫,不但充分表現了她的忠貞、智慧、堅強、剛烈,更突顯了她求道的熱誠和執著,從而樹立了一個女子求道的典範。又如《阿彌陀經》、《彌勒上生經》等淨土經典,都對於淨土景象的

繁華、富麗進行極其誇張的描繪，展現出理想化的美好生活圖景，令人無限憧憬。這些淨土景象的描繪引發歷代無數信徒的信心。而作為一種理想境界的典型表現，更在思想上和藝術上為世俗創作提供了典範。

第六節　佛典翻譯文學的影響

日本中國學的泰斗吉川幸次郎說過：「重視非虛構素材和特別重視語言表現技巧可以說是中國文學史的兩大特長。」他還指出中國哲學「抑制對神、對超自然的關心，而只把目光集中在地上的人。這種精神同樣地也支配著文學」[088]。這當然主要是針對古代正統文學創作而言。吉川提出的「特長」，是中國文學傳統的優點，但從一定意義上說也是局限。而就吉川所提出的兩個方面論佛教、佛典及佛典翻譯文學的輸入，僅針對中國文學藝術的影響而言，貢獻便是不可估量的。這一方面主要展現在促進了中土固有傳統的擴展和變化，另一方面則是對它的豐富和補充。所以正如劉熙載所說：「文章蹊徑好尚，自《莊》、《列》出而一變，佛書入中國又一變。」[089] 下面僅就幾個最為顯著的方面概略地加以說明。先討論語言和表現形式方面。

文學語言：

語言乃是文學的表現工具。佛典傳譯大量輸入外語的詞彙、語法和修辭方法、表達方式。從詞彙來看，翻譯佛書輸入大量外來語新詞和新的構詞法。外來詞語翻譯為漢語大致上有三種情況：一種是利用漢語固有詞語賦予新概念，如「空」、「真」、「觀」、「法」之類，是賦予原有詞語以特殊宗教含義，實際上等於創造新詞；另一種是利用漢語詞素的本義組合成新

---

[088]　（日）吉川幸次郎《我的留學記》，錢婉約譯，光明日報出版社，1999 年，第 168 頁。
[089]　劉熙載《藝概》卷一〈文概〉，上海古籍出版社，1978 年，第 9 頁。

詞語，如「四諦」、「五蘊」、「因緣」、「法界」之類；再一種則是另造新詞語，如實際、境界、法門、意識、大千世界、不可思議、萬劫難復、頭頭是道等等。特殊的一種是音譯詞，即玄奘所謂「五種不翻」[090]的詞，如般若、菩提、陀羅尼、閻浮提等。這一種之中應包括音、義合譯的，如禪定、偈頌、六波羅密、阿賴耶識等。隨佛典翻譯傳入漢語的詞語數量難以統計，有許多已經成為現代漢語常用詞語。詞彙本是語言中最活躍的元素。如此眾多的新詞語輸入漢語，大幅地豐富了中國文學創作的素材。從語法來看，梁啟超曾指出：

> 吾輩讀佛典，無論何人，初展卷必生一異感，覺其文體與它書迥然殊異。其最顯著者：（一）普通文章中所用「之乎者也矣焉哉」等字，佛典殆一概不用（除支謙流之譯本）；（二）既不用駢文家之綺詞麗句，亦不採古文家之繩墨格調；（三）倒裝句法極多；（四）提挈句法極多；（五）一句中或一段落中含解釋語；（六）多復牒前文語；（七）有連綴十餘字乃至數十字而成之名詞——一名詞中，含形容格的名詞無數；（八）同格的詞語，鋪排敘列，動至數十；（九）一篇之中，散文詩歌交錯；（十）其詩歌之譯本為無韻的。凡此皆文章構造形式上，畫然闢一新國土。直言之，則外來語調之色彩甚濃厚，若與吾輩本來之「文學眼」不相習，而尋玩稍近，自感一種調和之美。[091]

這裡（一）、（二）、（三）、（四）、（五）、（六）、（七）項都是屬於語法。其他還有：敘述文中多插入呼語，如「時我，世尊！聞說是語，得未曾有」之類句法；多用複句，等等。前述梁啟超所舉第（二）、（八）兩項是屬於修辭。佛典中特別多用比喻、誇張等修辭方法，展卷即是，毋庸贅述。至於音韻方面，由於轉讀佛經，啟發了漢語反切、四聲的發明；而聲韻學的進步，直接影響到各種韻文文體的演進。總之，佛典翻譯的過程實際上也

---

[090] 周敦頤〈翻譯名義集序〉，《正》第 54 卷第 1,055 頁上。
[091] 梁啟超〈翻譯文學與佛典〉，《佛學研究十八篇》，臺灣中華書局，1976 年，第 28－29 頁。

第六節　佛典翻譯文學的影響

是漢語和多種外語的長期、廣泛交流的過程，大幅地豐富和發展了漢語文學語言及其表現手法。

行文體制：

長期的譯經實務，形成了「譯經體」。這是一種華、梵結合，韻、散間行，雅俗共賞的文體。前引梁啟超列舉的第（二）、（九）兩點，指的就是這種文體特徵。魏晉以來，文壇上文章「駢儷化」傾向日漸嚴重。行文講究對偶聲韻、使典用事，大量使用華詞麗藻，刻意追求形式美，創作上瀰漫著綺靡、唯美之風。中土大德如慧遠、僧肇寫作時用的也是十分精緻的駢體文（他們的駢體文相對來說比較質樸），但譯師們使用的卻是完全不同於駢體文的「譯經體」。胡適談到翻譯文體時說：

這樣偉大的翻譯工作自然不是少數濫調文人所能包辦的，也不是那含糊不正確的駢偶文體所能對付的。結果便是給中國文學史上開了無窮新意境，創了不少新文體，添了無數新材料。新材料和新意境是不用說明的，何以有新文體的必要呢？第一因為外國來的新材料裝不到那對仗駢偶的濫調裡去。第二因為主譯的都是外國人，不曾中那駢偶濫調的毒。第三因為最初助譯的很多是民間的信徒；後來雖有文人學士奉敕潤文，他們的能力有限，故他們的惡影響也有限。第四因為宗教的經典重在傳真，重在正確，而不重在辭藻文采；重在讀者易解，而不重在古雅。故譯經大師多以「不加文飾，令易曉，不失本義」相勉。到了鳩摩羅什以後，譯經的文體大定，風氣已大開，那般濫調的文人學士更無可如何了。[092]

另一方面，則是行文中韻、散間行。胡適又說：

印度的文學有一種特別體裁：散文記敘之後，往往用韻文（韻文是有節奏之文，不必一定有韻腳）重說一遍。這韻文的部分叫做「偈」。印度文學自古以來多靠口說相傳，這種體裁可以幫助記憶力。但這種體裁輸入中

---

[092]　胡適《白話文學史》，上海古籍出版社，1999 年，第 98 頁。

國以後，在中國文學上卻發生了不小的意外影響。彈詞裡的說白與唱文夾雜並用，便是從這種印度文學形式得來的。[093]

「譯經體」裡的偈頌是一種不規則的韻文，使用五、四、七言或六言句，基本上不用韻，節奏和句式則根據文義安排。這種「偈頌體」可以說是一種獨特的「自由體」詩。後來頗有些中土文人加以模仿。此外什譯《法華》被稱讚「可謂折中，有天然西域之語趣」[094]，乃是既合乎漢語規範、又保持外語風格、成功譯經的典型例子。這種具有異域情調的譯文對中土文人產生相當的吸引力，對文風的演變也發揮了一定的作用。就文章結構而言，如陶淵明寫了韻文〈桃花源詩〉，又寫散文〈桃花源記〉，唐人寫傳奇小說也常常與詩歌相配合，都是參照佛典韻、散結合寫法的新創造。至於民間說唱體裁的變文、寶卷等，則更直接地取法佛典的行文體例。甚至唐、宋人創作新「古文」，也從譯經得到一定的啟發。

文學體裁：

佛典的經藏和律藏主要是敘事，論藏主要是議論。其實論藏的議論也很有特色，值得注意。部派佛教的「阿毗達摩」作為議論文字很有特色：注重名相、事數的辨析、由因及果的論證、條分縷析的行文結構和舉事為譬的說明方式。把它們譯成漢語之後，首先影響到僧俗的義學著述，進而對中土的議論文字產生重大影響。僧人文字如僧肇《肇論》、文人文字如劉勰《文心雕龍》，就是受其影響的典型例子。唐、宋人的議論文字也直接或間接地得到滋養。更重要的是佛典對中土敘事文學發展所發揮的作用。隋、唐以前，中土敘事文學主要是史傳和志怪、志人小說。志怪小說如《搜神記》、志人小說如《世說新語》，或者記錄奇聞異事，或者傳述名士逸聞，還沒有脫離「街談巷語，道聽塗說」[095]的「殘叢小語，近取譬

---

[093]　胡適《白話文學史》，上海古籍出版社，1999年，第109－110頁。
[094]　《宋高僧傳》卷三〈譯經論〉，《正》第50卷第724頁中。
[095]　《漢書》卷三〇〈藝文志〉，第1,745頁。

第六節　佛典翻譯文學的影響

喻，以作短書」[096]的規模。魯迅說唐人「始有意為小說」[097]，就是說，在前之此還沒有自覺地透過「幻設」創作小說的觀念和實務。而佛典，尤其是大部佛傳和一些大乘經，卻是充滿玄想、具有複雜情節的敘事文字。陳寅恪論及《頂生王經》、《維摩詰經》等與《說唐》、《重夢》等的關係說：「雖一為方等之聖典，一為世俗之小說，而以文學流別言之，則為同類之著作。然此祇可為通識者道，而不能喻於拘方之士也。」[098]正因為如此，後來中國小說的發展，包括長篇小說的興盛，有形、無形之間與佛典的影響有一定關係。另一方面，為了宣傳佛教還形成一批新文體。陳寅恪在論及當時被稱為「佛曲」的〈維摩詰經講經文〉時說：「佛典制裁長行與偈頌相間，演說經義自然仿效之，故為散文與詩歌互用之體。後世衍變既久，其散文體中偶雜以詩歌者，遂成今日章回體小說。其保存原式，仍用散文詩歌合體者，則為今日之彈詞。」[099]陳寅恪當年說的「佛曲」實際上是講經文，同樣的情況還可以補充變文、押座文、緣起等一系列講唱文體和明、清的寶卷等。

以上屬於文學表現的純技術方面。在觀念層面上，即藝術思想、構思方面的影響就更為深遠。佛典，包括佛典翻譯文學所表現的正屬於「子不語」的「怪、力、亂、神」之列，無論是內容還是表達方式，都是中土傳統思維所缺乏的。牟子《理惑論》中說：

> 佛者，謚號也。有名三皇神、五帝聖也。佛乃道德之元祖，神明之宗緒。佛之言覺也，恍惚變化，分身散體，或存或亡，能大能小，能圓能方，能老能少，能隱能彰，蹈火不燒，履刃不傷，在汙不辱，在禍無殃，欲行則飛，坐則揚光，故號為佛也。[100]

---

[096]　《文選》卷三一李善注引桓譚《新論》，中華書局影印本，第444頁。
[097]　《中國小說史略》第八篇〈唐之傳奇文（上）〉，《魯迅全集》第9卷第70頁。
[098]　陳寅恪〈敦煌本維摩詰經文殊師利問疾品演義跋〉，《金明館叢稿二編》第185頁。
[099]　陳寅恪〈敦煌本維摩詰經文殊師利問疾品演義跋〉，《金明館叢稿二編》第180頁。
[100]　《理惑論》，《弘明集》卷一，《正》第52卷第1頁下。

第一章　佛典翻譯

後來范曄也說：

……然（佛典）好大不經，奇譎無已，雖鄒衍談天之辯，莊周蝸角之論，尚未足以概其萬一。又精靈起滅，因報相尋，若曉而昧者，故通人多惑焉。[101]

這一類記述清楚說明當初佛陀形象和佛典文字帶給人多麼新奇的印象。它們在藝術上和美學上代表的是與中土不同的另一種傳統，展現著特殊的思考方式，使用特殊的構思和表現技巧。中土文人在震驚、讚賞之餘，必然要加以模仿和借鑑。吉川幸次郎又曾指出：「小說和戲曲使文學從以真實的經歷為素材的習慣限制戒律中解放出來……戲曲和小說都是虛構的文學。」[102] 佛教和佛典中大量玄想的內容、虛構的方式有力地促進了中國小說、戲曲創作想像力的解放，對其藝術發展具有重大意義。

這首先表現在佛典中運用想像手法之普遍，表達方式的大膽、奇妙，是中土文學所不可比擬的。自部派佛教時期發展出獨特的宇宙觀、佛陀觀，從而想像的世界變得無限的恢宏和神異。由於內容出自玄想和虛構，思考方式也就與中土重「實錄」的原則根本不同。在佛教宇宙觀裡，有情世界有過、現、未三世和六道；諸佛及其佛國土更超越三世、遍在十方。佛典中表現的「人物」不只有三世輪迴中的人，還有羅漢、天神、「天龍八部」以及惡魔、餓鬼等等。在俗的釋迦牟尼自不必說，就是羅漢、菩薩以至佛陀的敵人、惡魔等都有無數神通。由這些出於想像的「人物」、事件構想出千奇百怪、五彩繽紛的故事。如前述《維摩經》中，維摩居士示疾說法，示現無數神通，典型地呈現了大乘佛典富於玄想的特質。《法華經》裡的「火宅」、「化城」等喻同樣是出於大膽誇張和想像的成果。又例如《雜寶藏經》卷一〈蓮花夫人緣〉，描述蓮花夫人「腳蹈地處，皆蓮花出」，她

---

[101]　《後漢書》卷八八〈西域傳論〉，第 2,932 頁。
[102]　（日）吉川幸次郎《我的留學記》，錢婉約譯，光明日報出版社，1999 年，第 176 頁。

第六節　佛典翻譯文學的影響

被立為夫人,生五百卵,王大夫人嫉妒,擲恆河中,成長為敵國的五百力士,兩軍對壘時「夫人按乳,一乳作二百五十岐,皆入諸子口中,即向父母懺悔」[103];而《賢愚經》著名的須達起精舍故事裡的舍利弗與勞度差變化鬥法情節,更被《西遊記》等眾多中土作品參照和發揮。佛典裡的奇思異想不僅超凡絕倫,往往又充滿幽默感,具有強烈的藝術魅力。後來的小說、戲曲從中獲得靈感,開創出創作的新局面。

富於玄想的佛教故事,結構上更是恢宏自由。如上所述,一些佛典如本生、譬喻故事具有教條化、公式化的傾向。這在宗教作品裡也是普遍的弊病。而值得注意的是,在佛典大量輸入的晉宋時期,中土敘事文字結構還比較單純,一般篇幅也相當簡短,而佛典裡卻包含有篇幅較長、情節更為複雜的作品。它們作為外來文化產物,反映著與中土截然不同的思考方式,構思與結構也具有不同於中土傳統的特色。例如有些篇幅較長的佛典在釋迦牟尼說法的大框架之下,安排了另外的故事,從而形成雙重或多重結構。像《佛本行集經》裡就有不少本生或本事故事;《賢愚經》裡的故事不少是多重結構的;而如《維摩經》,從釋迦牟尼在菴羅樹園說法開始,到文殊師利率領眾弟子、菩薩等來維摩方丈問疾,再回到菴羅樹園聽釋迦牟尼說法,像是三幕戲劇,其中每一部分又插入另外的故事,構成極其複雜但又統一的結構。佛典中有些常見的觀念,除了前面提到的神變、擬人之外,還有變形、分身、幻化(化人、化物、化現境界)、魔法、異變(地動、地裂、大火等)、離魂、夢遊、入冥(地獄)、昇天、遊歷它界(龍宮、大海等)等等,都是超出常識的構想,也成為創造故事情節的重要方式。它們直接啟發了六朝傳奇小說的創作,對後代更造成巨大影響。

在具體寫作技巧方面,佛典更具有許多顯著的特長。如大量使用比喻、誇張和排比。佛典多用譬喻和譬喻故事前面已經說明。佛典的比喻修

---

[103]　參閱《正》第 4 卷第 251 頁下— 252 頁中。

辭手法更是多種多樣。《大涅槃經》裡提出「喻有八種：一者順喻，二者逆喻，三者現喻，四者非喻，五者先喻，六者後喻，七者先後喻，八者遍喻」[104]。該經同卷還舉出所謂「分喻」，即喻體只比喻被喻者一部分。《大智度論》又指出「譬喻有兩種：一者假以為喻，二者實事為喻」[105]。這即是所謂「假喻」和「實喻」。令人印象更深刻的還有所謂「博喻」，即連用多種比喻。至於佛典的所謂「好大不經」，即多用極度誇張，更是超越時空界限，超越常識度量。這本是印度人富於玄想性格的展現。如數量單位有俱胝（千萬）、億、那由他（兆）、阿僧祇（無限大）；時間單位從剎那（一瞬間）到劫（世界生滅一次，無限長的時間），都是極度誇張的。又如《華嚴經》裡描寫諸佛世界，以極度誇張的筆法描繪出無限奇妙、不可思議的佛土莊嚴。具體誇說一些事相，如寫施捨，不但施捨錢財，而且施捨家人、妻子，捨身跳崖、割肉、剜眼等等，行為極其極端、不可思議；又如講惡人，不但毀佛、罵僧、慳吝、驕恣，而且弒父、殺母，惡貫滿盈，等等。這一類極度誇張往往會有損作品整體的美感，情理上往往也難以讓人信服，當然是缺陷。但也有些誇張雖然有悖情理，如鸚鵡用羽毛沾水滅火，有人用龜甲舀乾海水，等等，在藝術表現上卻又是相當動人的。還有一些誇張，如說惡人一旦反悔立即成為羅漢，平常人一旦皈依佛陀就剔除鬚髮、袈裟在身，都意在表現佛法的無限威力，則是出於宣教的需求。比喻和誇張相結合則能造成更強烈的表達效果。佛典也常使用類疊和排比，胡適說：

> 《華嚴經》末篇〈如法界品〉占全書四分之一以上，寫善財童子求法事，過了一城又一城，見了一大師又一大師，遂敷演成一部長篇小說……

---

[104]　《大涅槃經》卷二九〈獅子吼菩薩品〉，《正》第 12 卷第 536 頁中。
[105]　《大智度論》卷三五〈釋報應品〉，《正》第 25 卷第 320 頁上。

第六節　佛典翻譯文學的影響

這種無邊無際的幻想，這種「瞎嚼蛆」的濫調，便是《封神傳》「三十六路伐西岐」，《西遊記》「八十一難」的教師了。[106]

　　反覆地使用類疊和排比，有時也會使行文顯得煩瑣、枯燥；但運用得當，則確實能加強藝術效果。

　　佛典翻譯文學是古代的外國和外民族文學，帶有外來文學的特徵；作為翻譯作品，它們又有外國、外民族文學的特色；而它們作為宗教聖典，更具有宗教文獻的特徵。這就形成這些作品極其複雜、豐富的面貌。歷代中國文人吸收、學習佛典翻譯文學的成果，不斷開拓出創作的新局面；中國文學與外來文學的交流和結合從而成為文學發展的巨大推動力，結成眾多豐碩而精美的果實。

---

[106]　胡適《白話文學史》，上海古籍出版社，1999 年，第 122 － 123 頁。

第一章　佛典翻譯

第二章
魏晉南北朝與佛教

第二章　魏晉南北朝與佛教

第一節　儒、釋交流傳統的形成

佛教初傳，主要作為一種外來信仰和法術流傳於社會，雖然有個別文化人士參與活動，但在較高層次的文化領域中尚不見顯著影響。其被文人廣泛接受、並在文學創作中有所表現，則要到兩晉之際。其時佛典翻譯漸多，佛教流傳更廣，文人們也有更多機緣接觸佛教。西晉末年「八王之亂」，戰亂連年，王彌、石勒起兵，匈奴攻逼，加以災荒饑饉，使得中原蕭條，白骨塗地，民眾破產流亡，一些世家大族、文人士大夫紛紛逃奔南方。這種人命危淺、朝不保夕的環境，為宗教傳播提供了有利的環境。而在北方，南下入據中原的邊疆諸族，對於作為外夷之教的佛教自有一種特殊的親切感。而北方與西域交流十分方便，一批批自西來的僧人來華，為中土佛教的發展不斷輸入養分。這諸多因緣湊合，使得中國本土宗教道教在這一段時期得以長足發展，佛教也在更廣泛的社會層面上傳播開來。特別是魏、晉以來，傳統儒家章句之學衰落，玄學盛行，佛教的義理一方面為困於儒家教條和玄學思辨的文人們提供新鮮內容，另一方面又為玄談提供了新素材，大乘般若學遂與玄學進一步相合流，佛教從而被社會上層的知識菁英所相當普遍地接受。如此，佛教才算被納入中華民族的主流文化，也才能夠真正在中土扎根並得以大幅發展。而如《六度集經》（吳康僧會譯）、《生經》（西晉竺法護譯）以至《正法華經》（西晉竺法護譯）等富於文學性的經典大量傳翻、流行，更以生動的內容和形式震懾中土人士。如王國維所說：

> 自漢以後……儒家唯以抱殘守缺為事……佛教之東，是值吾國思想凋敝之後。當此之時，學者見之，如飢者之得食，渴者之得飲……[107]

---

[107]　王國維〈論近年之學術界〉，《靜安文集》。

第一節　儒、釋交流傳統的形成

整個思想界如此，文壇也是如此。僧祐描述晉代以來佛教興盛的情況說：

自晉氏中興，三藏彌廣，外域勝賓，稠疊以總至；中原慧士，煒煒而秀生。提（僧伽提婆）、什（鳩摩羅什）舉其宏綱，安（釋道安）、遠（釋慧遠）振其奧領，渭濱務逍遙之集，廬岳結般若之臺。像法得人，於斯為盛。[108]

劉宋時期的何尚之更詳細談到東晉初士大夫信仰佛教狀況：

渡江以來，則王導、周顗，宰輔之冠蓋；王濛、謝尚，人倫之羽翼；郗超、王坦、王恭、王謐，或號絕倫，或稱獨步，韶氣貞情，又為物表。郭文舉、謝敷、戴逵等，皆置心天人之際，抗身煙霞之間。亡高祖兄弟（何充、何準），以清識軌世；王元琳昆季，以才華冠朝。其餘范汪、孫綽、張玄、殷顗，略數十人，靡非時俊。[109]

這裡舉出的，都是一時之間活躍朝野的名流。值得注意的是，如王、謝大族的代表人物，這時已和佛教結下密切因緣。在兩晉門閥士族統治的政治環境裡，這些世家大族的言行代表並影響著社會風氣。後來柳宗元追憶說：

昔之桑門上首，好與賢士大夫遊。晉、宋以來，有道林、道安、遠法師、休上人，其所與遊則謝安石、王逸少、習鑿齒、謝靈運、鮑照之徒，皆時之選。由是真乘法印，與儒典並用，而人知向方。[110]

這裡指出了文化史上一個重要現象：東晉以降，儒、釋間的交流逐漸形成傳統，在交流中佛教對知識階層的影響擴大、加深了。這種交流對佛教自身發展的意義也是十分明顯的：正由於加強了對於高層次思想文化領

---

[108] 〈出三藏記集序〉，《出三藏記集》，蘇晉仁、蕭鍊子點校，中華書局，1995年11月，第1頁。
[109] 〈答宋文帝讚揚佛教事〉，《弘明集》卷一一，《正》第52卷第69頁中。
[110] 〈送文暢上人登五台遂遊河朔序〉，《柳河東集》卷二五。

域的影響，它才有可能更牢固地扎根於中土；另一方面，它也才得以從中土文化傳統中汲取養分，充實、豐富自身，進一步實現「中國化」，從而對中國思想文化作出更大貢獻。

　　縱觀中國文人吸收佛教的歷史，可以發現無論是內容還是表現形態均具有明顯特色。內容方面，如湯用彤所指出：「溯自兩晉佛教隆盛以後，士大夫與佛教之關係約有三事：一為玄理之契合，一為文字之因緣，一為生死之恐懼。」[111] 這三個方面展現在不同時代的文人身上，情形是大有不同的。就南北朝近三百年間的情況而言，譯業繁盛，義學大興，名僧談玄，名士習佛，僧、俗間詩文唱和，玄談與佛理交融；而在國土分崩、災亂頻仍、社會動盪、人命危殆的形勢下，則更容易滋生信仰之心。佛祖信仰、觀音信仰、舍利、經典信仰等在社會上流行；王公貴族以及依附他們的文人們普遍地熱衷研讀佛典，講論佛理，齋僧禮佛，立像造寺，認真地從事受戒、持齋，廣積公德。這正是中國歷史上佛教信仰十分深入人心的時期。由於這還是佛教融入中土的初期，作家們還不善於把對佛教的信仰和理解轉化為生動的文學形態表達出來；但就信仰的虔誠和熱烈而言，這一段時期的情形是後來其他時代難以再見到的。而對於中土思想和文學發展更為重要的是，正是在這一個時期，文人們養成了以開放的姿態對待宗教，特別是親近、容納外來的佛教，儒、釋互補、三教相容的傳統從而開始形成。這對後來中國思想、文化包括文學的發展所造成的影響是不可估量的。

---

[111]　湯用彤《隋唐佛教史稿》，中華書局，1982 年，第 193 頁。

第二節　東晉時期的名士與佛教

　　佛教初傳，信仰者和傳播者主要是外國或漢族之外的外族人。到兩晉之際，情況大為改觀，中土人士出家者激增，其中不乏出身士族高門者。名士談玄成為風氣，一些「名僧」則混跡於名士圈子，風格、行事幾乎與名士無別。這種現象對於形成玄學化「格義佛教」發揮了關鍵作用，此不具論。名僧與名士的交流作為文壇重要現象，展現為儒、釋交流的一種典型形式，對文人生活和文學創作均造成深遠影響。

　　郗超（西元 336 年－378 年），字景興，一字嘉賓。《晉書》上說他「少卓犖不羈，有曠世之度，交遊士林，每存勝拔，善談論，義理精微」[112]，可知他是典型的名士。他的父親郗愔本是天師道信徒，做過臨海（今浙江臨海市）太守，那裡正是天師道盛行地區。但郗超卻成了虔誠的佛教徒。陳寅恪指出「天師道世家中多有出入佛教之人」[113]，就曾舉郗氏父子為典型。郗超有關佛教著述不少，見於《出三藏記集》所錄陸澄《法論目錄》的，有〈奉法要〉、〈通神咒〉、〈明感論〉以及給法叡、于法開、支遁、謝慶緒、傅瑗等人的書論等。今存〈奉法要〉，介紹「五戒」、「六思念」、「三界」、「三途」、「五陰」、「五蓋」等佛教基本概念，從中可以看出當時士大夫對於佛教的態度和理解。這一篇作品與下面將要介紹的孫綽的〈喻道論〉，同是早期中土文人所寫的重要護法文字。

　　郗超欽崇釋道安德問，更直接受到名僧支遁影響。《晉書》上說支遁稱讚郗超乃一時之俊；郗超在給親友的信裡則說，「林法師神理所通，玄拔獨悟，實數百年來，紹明大法，令真理不絕，一人而已」[114]，可見二人

---

[112]　《晉書》卷六七〈郗鑒傳〉附〈郗超傳〉，第 1802－1803 頁。
[113]　陳寅恪〈陶淵明之思想與清談之關係〉，《金明館叢稿初編》，上海古籍出版社，1980 年，第 196 頁。
[114]　《高僧傳》卷四〈支遁傳〉，第 161 頁。

第二章　魏晉南北朝與佛教

觀念與信仰契合之緊密。〈奉法要〉中說：

> 器象雖陳於事用，感絕則理冥。豈滅有而後無，階損以至盡哉？由此言之，有固非滯，滯有則背宗；反流歸根，任本則自暢。[115]

這是說，不必否認「器物」之「有」，但也不應滯於「有」，而要領悟根本的「空」。這基本上合於支遁提倡的「即色義」。郗超曾受到權臣桓溫倚重，支持他行廢立之事，與謝安等人不睦。但這並不妨礙他大講空寂、解脫之理，宛如真能出世者。這也表現出當時名士信仰、行為無持操的一面。

天師道世家而出入佛、道的還可舉出王羲之。王羲之（西元303－361年），字逸少，琅琊臨沂（今山東臨沂縣）人，居於會稽山陰（今浙江紹興市），以書法名世。他娶郗鑑（郗愔父）女，於郗超為舅父；其子王獻之娶郗曇（郗愔弟）女。這是兩個天師道世家的聯姻。史載他於永和十一年（西元355年）去官，與東土士人盡山水之遊，弋釣為娛；又與道士許邁共修服食，採集藥石，可見其通道之篤。但他所交好者又有支遁等名僧。他結交的名士如孫綽、許詢、李充、劉惔等也都是信佛的。《世說・文學》篇記載他為會稽內史時，孫綽曾向他推薦支遁，待見面後，他起初不與交言，後「因論《莊子・逍遙遊》，支作數千言，才藻新奇，花爛映發，王遂披襟解帶，留連不能已」[116]。他終於被支遁的議論折服了。〈賞譽〉篇記載他讚嘆支遁「器朗神雋」[117]。〈文學〉篇又寫到支遁欲與殷浩論《小品（般若）》，他曾加以勸阻。他顯然經常參與佛典講席。王羲之的傳世名作〈蘭亭序〉，抒寫「死生亦大」的憂懼和人生無常的感慨，感情上流露出濃厚的佛教色彩。在王羲之身上，展現了名士間佛、道對立和交流的情形。

---

[115]　《弘明集》卷一三，《正》第52卷第89頁上。
[116]　余嘉錫《世說新語箋疏》上卷下〈文學〉，中華書局，1983年，第223頁。
[117]　余嘉錫《世說新語箋疏》中卷上，中華書局，1983年，第470頁。

第二節　東晉時期的名士與佛教

孫綽是另一種典型。綽（西元 314 － 371 年），字興公，太原中都（今山西平遙縣）人，「少以文才垂稱，於時文士，綽為其冠」[118]。他善談論，能文章，作〈遊天台山賦〉，自負「擲地要作金石聲」。支道林曾問他自認為與另一位名士、文人許詢相比如何，他回答說：「高情遠致，弟子蚤已服膺；一吟一詠，許將北面。」[119] 其時名人如王導、郗鑑、庾冰、王濛等人的碑誄，都出自他的手筆。《論語集解》裡引錄孫注三十餘條，馬國翰《玉函山房輯佚書》輯為《論語孫氏集解》一卷。他還作有〈父卒繼母還前親子家繼子為服議〉、〈父母乖離議〉、〈京兆府君遷主議〉等討論禮制的文章，可見他的儒學教養。他又好道術。《晉書》本傳記載他「少與高陽許詢俱有高尚之志，居於會稽，遊放山水十有餘年，乃作〈遂初賦〉以致其意」[120]。《世說·品藻》篇則說他「時復託懷玄勝，遠詠《老》、《莊》，蕭條高寄，不與時務經懷，自謂此心無所與讓也」[121]。他有《孫子》一書，馬國翰、王仁俊均有輯本（稱《孫綽子》），該書在《隋書·經籍志》、《舊唐書·經籍志》、《新唐書·藝文志》裡皆收入〈道家〉類。馬國翰說他「有飄飄欲仙之致……亦出入乎名、法諸家」[122]。他又熱衷於習佛，是早期調和三教的典型。

如前所述，孫綽和許詢一起，早年即與支遁交遊，後來出入庾冰、殷浩幕，他們同為好佛名士。永和七年（西元 351 年）王羲之為會稽內史，孫綽被引為右軍長史，遂參與會稽名士、名僧們的活動。永和九年蘭亭雅集，他曾作〈後序〉。支道林晚年在瓦官寺講《小品》，他亦參與講席。他留下兩篇在學術史上具有重要意義的著作。一篇是僅存佚文的〈道賢論〉，繼承東漢以來品評人物傳統，以七位名僧比附「竹林七賢」：竺法

---

[118]　《晉書》卷五六〈孫楚傳〉附〈孫綽傳〉，第 1,547 頁。
[119]　余嘉錫《世說新語箋疏》下卷上〈品藻〉，中華書局，1983 年，第 529 頁。
[120]　《晉書》卷五六〈孫楚傳〉附〈孫綽傳〉，第 1,544 頁。
[121]　余嘉錫《世說新語箋疏》中卷下，中華書局，1983 年，第 521 頁。
[122]　《玉函山房輯佚書》。

護比山濤，帛法祖比嵇康，法乘比王戎，竺道潛比劉伶，支遁比向秀，于法蘭比阮籍，于道邃比阮咸（此條嚴可均《全晉文》漏輯，見《高僧傳》卷四）。這不只反映名士、名僧合流的狀況，而且說明了名士對僧侶的態度。另一篇是〈喻道論〉，和前面提到郗超的〈奉法要〉一起，是中土士大夫早期護法著述之一。其中論述儒、釋關係說：

> 周、孔即佛，佛即周、孔，蓋外、內名之耳。故在皇為皇，在王為王。佛者梵語，晉訓覺也。覺之為義，悟物之謂，猶孟軻以聖人為先覺，其旨一也。應世軌物，蓋亦隨時。周、孔救極弊，佛教明其本耳。共為首尾，其致不殊，即如外聖有深淺之跡。[123]

這裡標舉儒、釋合一，又把「佛」放在「儒」之上，強調佛的超越性和普遍性，認為它突破了儒的有限性。他反駁當時人對佛教的懷疑和攻駁，例如在戒殺、孝養等問題上，儒、釋間本來有衝突，他都極力加以辯解。本來宗教的基點在信仰，確立信仰則要靠神祕的契悟，他從道理上加以辯護，難免流於詭辯和武斷。但這也正展現了中土人士接受佛法注重理性的特徵。他又為「佛」下定義說：

> 夫佛也者，體道者也。道也者，導物者也。應感順通，無為而無不為者也。無為，故虛寂自然；無不為，故神化萬物。[124]

如此用道家觀念來理解佛法，也是當時「格義」的常調。

在文學史上，孫綽和許詢被認為是玄言詩的代表。《文心雕龍·明詩》篇說「江左篇製，溺乎玄風」[125]；〈詩品序〉也說「永嘉時貴黃、老，稍尚虛談……爰及江表，微波尚傳」[126]。但《世說·文學》篇注引《續晉陽秋》又說：

---

[123]　《弘明集》卷三，《正》第 52 卷第 17 頁上。
[124]　《正》第 52 卷第 16 頁中。
[125]　范文瀾《文心雕龍注》，人民文學出版社，1961 年，上冊第 67 頁。
[126]　陳延傑《詩品注》，人民文學出版社，1980 年，第 1 頁。

第二節　東晉時期的名士與佛教

……正始中，王弼、何晏好莊、老玄勝之談，而世遂貴焉。至江左，李充猶盛。故郭璞五言始會合道家之言而韻之。（許）詢及太原孫綽轉相祖尚，又加以三世之辭，而《詩》、《騷》之體盡矣。[127]

「三世之辭」指佛家因果報應之說。《隋書‧經籍志》著錄〈孫綽集〉十五卷（注曰「梁二十五卷」），久佚，今存詩僅九首，又斷句二，並不見有「三世之辭」。其名作〈遊天台山賦〉的內容則確實是佛、玄交融，最後一段說：

……於是遊覽既周，體靜心閒，害馬已去，世事都捐。投刃皆虛，目牛無全，凝思幽巖，朗詠長川。爾乃羲和亭午，遊氣高褰，法鼓琅以振響，眾香馥以揚煙。肆觀天宗，爰集通仙，挹以玄玉之膏，漱以華池之泉，散以象外之說，暢以無生之篇。悟遣有之不盡，覺涉無之有間，泯色、空以合跡，忽即有而得玄。釋二名之同出，消一無於三幡。恣語樂以終日，等寂默於不言，渾萬象以冥觀，兀同體以自然。[128]

這裡並講「色、空」與「有、無」，共讚「無生」與「自然」，玄、釋交融，指向超越的境界。他的〈蘭亭後序〉更表達了「樂與時去，悲亦系之，往復推移，新故相換，今日之跡，明復陳矣」[129]的感受，則通於佛家無常之感。他的具有「三世之辭」的詩也應表現同樣內容。

許詢（生卒年不詳），字玄度，高陽（今河北蠡縣）人。《詩品》說「世稱孫、許，彌善恬淡之詞」[130]。原有集八卷，今僅存佚文二則、詩斷句三。《世說‧言語》篇注引《續晉陽秋》，說他「總角秀惠，眾稱神童，長而風情簡素。司徒掾辟，不就，早卒」。[131]〈棲逸〉篇又記載他好山水，隱居永

---

[127]　余嘉錫《世說新語箋疏》上卷下，中華書局，1983 年，第 262 頁。
[128]　嚴可均《全上古三代秦漢三國六朝文‧全晉文》卷六一，第 1,806 頁。
[129]　〈三月三日蘭亭詩序〉，《全上古三代秦漢三國六朝文‧全晉文》卷六一，第 1,808 頁。
[130]　陳延傑《詩品注》，人民文學出版社，1980 年，第 60 頁。
[131]　余嘉錫《世說新語箋疏》上卷上〈言語〉，中華書局，1983 年，第 127 頁。

興南幽穴中。《文選》卷三十一有江淹〈擬許徵君自序詩〉,稱他為「徵君」;前引《世說》又稱他為「許掾」,大概是雖受徵辟而終於隱逸了。孫綽〈答許詢詩九章〉之五說:

> 孔父有言,後生可畏。灼灼許子,挺奇拔萃。方玉比瑩,擬蘭等蔚。寄懷大匠,仰希遐致。將隆千仞,豈限一簣。[132]

稱他「後生」,可知他年紀較輕。孫綽對其評價甚高,期望甚大,之六曰:

> 自我提攜,倏忽四周。契合一源,好結回流。泳必齊味,翔必俱遊。歡與時積,遂隆綢繆。一日不見,情兼三秋。

這裡說二人「提攜」的「四周」即四周星,也就是四十年,可見二人交誼之久和情好之篤。

如前所述,許詢與支遁交誼甚密。道林講《維摩》,他作都講,可見他佛學素養之深厚。《世說‧言語》篇記載劉惔說:「清風朗月,輒思玄度。」注引《晉中興士人書》:「許詢能清言,於時士人皆欽慕仰愛之。」[133]〈賞譽〉篇注引《續晉陽秋》也說「詢能言理」[134]。〈文學〉篇記載他和支遁、謝安等人在王濛宅談《莊子》,則他又是清談名家。〈品藻〉篇又記載說「孫興公、許玄度皆一時名流。或重許高情,而鄙孫穢行;或愛孫才藻,而無取於許」。注引宋明帝〈文章志〉:「詢卒不降志,而綽嬰綸世務焉。」[135] 是說孫綽依附權門,奔走在庾冰、殷浩等人門下,縱誕多穢行;相比之下,許詢更能潔身自好。但在文才方面,許似乎不及孫。從現存資料來看,他的作品內容、風格應與孫綽相似。但佚存太少,已不可窺知全貌。

---

[132]　逯欽立《先秦漢魏晉南北朝詩‧全晉詩》卷一三,中華書局,1983 年,中冊第 900 頁。
[133]　余嘉錫《世說新語箋疏》上卷上,中華書局,1983 年,第 134 頁。
[134]　余嘉錫《世說新語箋疏》中卷下,中華書局,1983 年,第 492 頁。
[135]　余嘉錫《世說新語箋疏》中卷下,中華書局,1983 年,第 533 頁。

第二節　東晉時期的名士與佛教

東晉承續西晉世家大族專政，又處在國土分崩、偏安一方的局面下，內憂外患，形成積弱之勢。作為知識階層菁英的名士們在這種頹靡消沉形勢下，騁揮麈之清談，侈雕蟲之餘技，思想、文章都顯得淺薄、低迷。當時人即有「虛談廢務，浮文妨要」的非難。而一批名僧活躍在社會上層，則成為一時思想、文化領域的重要現象。他們的活動首先直接影響到士大夫的精神世界和生活方式，促進了佛理與傳統思想、學術（特別是玄學）的交流；而從文化史、文學史的視角來看，名士與名僧的交誼更在三個方面造成巨大影響，發揮導夫先路的作用：

第一，開創了中土知識階層與僧侶結交、交流的傳統。一批文化素養相當高的僧人不是封閉在寺院裡，而是積極活躍在社會上、士大夫圈子裡；而作為社會菁英的士大夫又樂於結交僧人，熱衷佛說。這種傳統，對形成以後儒、釋、道三者鼎立、對抗、交融的文化結構，進而對於思想、文化發展的影響是巨大、深遠的。

第二，名僧實際上是信仰佛教、披上袈裟的知識分子。他們的活動提高了僧團的教育程度，有力地擴大了佛教的影響；而從另一方面來看，有他們這樣一批人在教團內部，也促進了佛教與中土傳統的融合，成為推動佛教「中國化」的重要力量。而外來佛教在中國具有高度文化傳統的土壤上扎根、發展，不融入到中土固有傳統之中是不可能的。

第三，東晉以後的南朝文化、思想顯得低迷，但文學藝術卻有大幅發展。佛教與道教對於造就一代文學成就發揮了積極的推動作用（當然也有消極方面）。在中國文學發展史上，佛教與文學相互作用、相互影響，內容豐富多彩，情形極其複雜。這一項傳統也是由東晉名士、名僧們開啟端倪的。關於這個方面，以下各節就是一些具體例子。

第三節　名僧與名士的交流

晉、宋以來的名僧們在推動佛教和佛教文化的發展、擴大佛教的影響方面，發揮著直接、正面的作用。

《理惑論》記載佛教初傳，「世人學士，多譏毀之」，「視俊士之所規，聽儒林之所論，未聞修佛道以為貴，自損容以為上」[136]。東漢文人在著作裡寫到佛教，僅有襄楷、張衡等少數人，且都是從純客觀角度把它作為方術來介紹的。後趙時中書令、著作郎王度上奏說：

> 夫王者郊祀天地，祭奉百神，載在祀典，禮有嘗餉。佛出西域，外國之神，功不施民，非天子諸華所應祠奉。往漢明感夢，初傳其道，唯聽西域人得立寺都邑，以奉其神。其漢人皆不得出家。魏承漢制，亦修前軌。[137]

可見，外來的佛教對於中土環境不僅存在文化背景和思想觀念的差異，還有律令制度的限制，使得佛教相當長一段時間在知識階層中的傳播十分有限。

到西晉，名士與名僧的交流開始頻繁、密切起來。如系出天竺的竺叔蘭，是《放光般若》和《異維摩詰經》譯者，即與名士樂廣交遊[138]；又支孝龍，「神採卓犖，高論適時，常披味《小品》以為心要。陳留阮瞻、穎川庾凱（敳）並結知音之交，世人呼為『八達』」[139]。據陶潛《群輔錄》，「八達」為董昶、王澄、阮瞻、庾敳、謝鯤、胡毋輔之、沙門于法龍、光逸等，包容了儒、釋雙方人物。其中于法龍即應是支孝龍。竺叔蘭譯《放光

---

[136]　《弘明集》卷一，《正》第 52 卷第 5 頁上、下。
[137]　《高僧傳》卷九〈佛圖澄傳〉，第 352 頁。
[138]　蘇晉仁、蕭鏈子點校《出三藏記集》卷一三〈竺叔蘭傳〉，第 520 頁。
[139]　《高僧傳》卷四〈支孝龍傳〉，第 149 頁。

第三節　名僧與名士的交流

般若》成，支孝龍「披閱旬有餘日，便就開講」[140]，兩個人應當相識，且都是《般若》學者。而《般若》正是藉助玄談在士大夫間流行的。

西晉惠、懷年間，世勢變亂，大量士族名士逃奔南方，文化隨之南移。如前所述，正是在這樣動亂的時代，佛教在社會上層迅速流行開來。《世說新語》一書具體而又生動地反映了東晉士大夫與佛教的關係。著者劉義慶（西元 403－444 年），劉宋宗室，曾任江州刺史等職，雅好藝文，多與僧侶結交，是虔誠的佛教信徒。《世說》一書記載東漢至晉、宋間名士傳聞逸事，反映名士清談狀況至為生動，被稱為「名士清談的百科全書」，是文學史上志人小說經典之作。梁劉孝標為之作注，引用大量資料，二者相得而益彰。魯迅曾說「釋道互扇而流為清談」，佛教在名士間的流行與清談的盛行有直接關係，他評論《世說新語》說：

……釋教廣被，頗揚脫俗之風，而老莊之說亦大盛，其因佛而崇老為反動，而厭離於世間則一致，相拒而實相扇，終乃汗漫而為清談。渡江以後，此風彌甚，有違言者，唯一二梟雄而已。世之所尚，因有撰記……[141]

從這個意義上來說，《世說新語》本身也是佛教影響下的產物。

在晉、宋以來的早期著述裡，對佛教僧侶的記載很少。而《世說》裡記錄了二十幾位僧侶的言論行事，其中絕大部分是其他內、外典籍中沒有記載的。雖然所述不一定都是史實，但即使是訛傳的逸聞，其所表現的背景也是真實的。其中記述最多的是支遁，本書在相關處將加以介紹。這二十幾位僧人，有外國或外族的，如高坐道人尸黎密、不知名的高麗道人等，但絕大多數是本土人士。其中有的人如康僧淵上輩是西域人，出生在中土。也就是說，當時已有一批本土僧侶活躍在社會上。值得注意的

---

[140] 《高僧傳》卷四〈支孝龍傳〉，第 149 頁。
[141] 《中國小說史略》〈目錄〉、第七篇〈世說新語與其前後〉，《魯迅全集》第九卷，Ⅱ，人民文學出版社，1981 年，第 60 頁。

是，這時候「高門為僧」已開始形成風氣。如書中一再提到的竺道潛（法深），本為「衣冠之胤」[142]，死後晉武帝詔書中有「棄宰相之榮，襲染衣之素」[143]等語；另外如支遁、慧遠、僧肇等人，從其教養和有關資料推測，均應出身於有文化的士族家庭。又如釋曇邕，關中人，少仕苻堅為衛將軍，後從道安出家[144]；苻堅的武威太守趙正，因關中佛法之盛乃出家[145]，等等。在西晉以來的門閥體制下，士族具有政治權威，也代表著文化傳統，子弟出家為僧，對擴大佛教勢力、尤其是擴展其在文化領域的影響發揮著關鍵性的作用。王伊同說：「一時談議之士，如道安慧遠支遁佛圖澄輩，人主致敬，賢俊周旋。值政出高門，權去公室，貴裔子弟，性喜出家，情好落髮。知五朝私門政治，亦大有功於佛義哉。」[146]

晉室南渡，朝貴與文人結交僧人、研習佛說更形成風氣。例如前面提到的竺法深，就和晉元帝司馬睿、晉明帝司馬紹、簡文帝司馬昱、丞相王導、太尉庾亮、散騎常侍桓彝、丹陽尹劉惔、孫綽等結好。一些名僧受到高官大僚的禮重和供養，如王導之於尸黎密、王洽（王導第三子，官拜中領軍）之於法汰等。又「康僧淵初過江，未有知者，恆周旋市肆，乞索以自營。忽往殷淵源許，置盛有賓客，殷使坐，促與寒溫，遂及義理。語言辭旨，曾無愧色。領略粗舉，一往參詣，由是知之」[147]。這是僧人求取權貴揄揚的一例。殷淵源即殷浩，建元（西元 343 － 344 年）初徵為建武將軍，都督揚豫徐兗青五州軍事，以平定中原為己任。他喜佛書，和支遁等講析佛義。後來上書北伐，會姚襄反，遣將擊之，兵敗，廢為庶人，

---

[142]　《高僧傳》卷四〈法潛傳〉，第 157 頁。
[143]　余嘉錫《世說新語箋疏》卷上之上〈德行〉，第 31 － 32 頁。《高僧傳》卷四本傳謂道潛為丞相王敦之弟，考諸家晉史，無舉。
[144]　參閱《高僧傳》卷六〈曇邕傳〉，第 236 頁。
[145]　參閱《高僧傳》卷一〈曇摩難提傳〉，第 35 頁。
[146]　《五朝門第》上冊，香港中文大學出版社，1978 年，第 256 頁。
[147]　余嘉錫《世說新語箋疏》上卷下，中華書局，1983 年，第 231 － 232 頁。

第三節 名僧與名士的交流

「徙東陽，大讀佛經，皆精解。唯至『事數』處不解」[148]。他是一代名士信佛的典型。值得注意的是，自後漢順帝以來，濱海地域士族間流行天師道，殷氏也是天師道世家[149]。但到殷浩，顯然更加傾心佛教。同樣還有高平郗氏，〈術解〉篇記載：「郗愔通道甚精勤，常患腹中惡，諸醫不可療。聞于法開有名，往迎之。既來，便脈云：君侯所忌，正是精進太過所致耳。合一濟湯與之。一服即大下，去數段許紙如拳大，剖看，乃先所服符也。」[150] 郗愔本以心尚道法著名，卻又請僧人以方術治病。而如上所述，到他的兒子郗超就成為虔誠的佛教徒了。

《世說新語》的記載清楚反映了當時名士間所流行的佛教特質，即特別注重名相的辨析、義理的理解。西晉最有名的和尚應數佛圖澄。他善神咒，精方術，以神通著稱，中土一代名德道安、法雅都出於他的門下。但《世說》正文記載他僅一條，即〈言語〉篇：「佛圖澄與諸石遊，林公曰：『澄以石虎為海鷗鳥。』」據劉孝標注，這是用《莊子》海上之人從鷗鳥遊的典故[151]。相對比之下，寫到支遁的達數十條，寫到竺法深的也有六條。支遁在山陰講解《維摩經》，已是後來齊梁時期大型法會的雛形。《世說》裡更詳細地描寫了名士、名僧共同講習佛理的情況。如竺法汰是道安同學，辨析「六通」、「三明」異名同歸。又如：

有北來道人好才理，與林公相遇於瓦官寺，講《小品》。於是竺法深、孫興公悉共聽。此道人語，屢設疑難，林公辯答清晰，辭氣俱爽。此道人每輒摧屈……（〈文學〉）

---

[148] 余嘉錫《世說新語箋疏》上卷下〈文學〉，中華書局，1983年，第240頁。
[149] 陳寅恪〈天師道與濱海地域之關係〉，《金明館叢稿初編》，上海古籍出版社，1980年，第26—27頁。
[150] 余嘉錫《世說新語箋疏》下卷上，中華書局，1983年，第709頁。
[151] 劉孝標所引《莊子》海上之人好鷗事在《列子·黃帝》篇，不見今本《莊子》，或認為是《莊子》逸文，參閱《世說新語箋疏》，中華書局，1983年，第107頁。

> 提婆初至,為東亭第講《阿毗曇》。始發講,坐裁半,僧彌便云:「都已曉。」即於坐分數四有意道人更就於屋自講。[152]

余嘉錫據〈出經序〉所記載「提婆以隆安初至京師,王珣迎至舍」,謂「東亭第,當在建康」[153]。當時僧人們更在講解中相互爭勝,如:

> 于法開始與支公爭名,後精漸歸支,意甚不忿,遂遁跡剡下。遣弟子出都,語使過會稽。於時支公正講《小品》。開戒弟子:「道林講,比汝至,當在某品中。」因示語攻難數十番,云:「舊此中不可復通。」弟子如言詣支公。

劉孝標注引〈名德沙門題目〉:「于法開才辨從橫,以數術弘教。」[154] 則于法開無論是義解還是辯才都是相當傑出的。又如:

> 愍度道人始欲過江,與一傖道人為侶,謀曰:「用舊義在江東,恐不辦得食。」便共立「心無義」。既而此道人不成渡,愍度果講義積年。後有傖人來,先道人寄語云:「為我致意愍度,無義那可立?治此計,權救飢爾!無為遂負如來也。」[155]

這更清楚地表示,僧侶們為了爭取群眾,必須刻意樹立新義。支愍度所立「心無義」,是《般若》空觀的一家。正是在這種辯論中,《般若》學的「六家七宗」得以形成起來。

而名僧同樣熱心參與玄談。如:

> 郗嘉賓欽崇道安德問,餉米千斛,修書累紙,意寄殷勤。道安答直云:「損米。」愈覺有待之為煩。[156]

---

[152]　余嘉錫《世說新語箋疏》上卷下〈文學〉,中華書局,1983年,第242頁。
[153]　余嘉錫《世說新語箋疏》上卷下〈文學〉,中華書局,1983年,第243頁。
[154]　余嘉錫《世說新語箋疏》上卷下〈文學〉,中華書局,1983年,第229頁。
[155]　余嘉錫《世說新語箋疏》下卷下〈假譎〉,中華書局,1983年,第859頁。
[156]　余嘉錫《世說新語箋疏》中卷上〈雅量〉,中華書局,1983年,第372頁。

第三節　名僧與名士的交流

「有待」、「無待」是《莊子》討論的課題。又如僧意在瓦官寺中與王修辯論「聖人有情」，殷仲堪與慧遠論「《易》以何為體」，都是玄談的一般題目。佛理辨析成為名士玄談的新素材，也為玄學論辯提供了新內容。

從《世說》記載來看，除了玄理的辨析與契合之外，名士們熱心佛說，還特別傾心其心性修養理論。〈文學〉篇記載：

> 佛經以為袪練神明，則聖人可致。簡文云：「不知便可登峰造極不？然陶練之功，尚不可誣。」

注引《釋氏經》曰：「一切眾生，皆有佛性。但能修智慧，斷煩惱，萬行具足，便成佛也。」[157]「簡文」即簡文帝司馬昱，曾任撫軍大將軍、相王。他的看法所據是眾生可以成佛的涅槃佛性新說。如後來謝靈運所說，這種「聖道遂遠，積學能至，累盡鑑生」[158]的觀點是中土傳統所缺少的。它肯定人的心性的絕對性，認為人人都有超凡成聖的能力。追求精神解脫的名士們熱衷於這一些內容是很自然的。

正是實踐這種新的心性理論，一些僧人提倡或實踐一種高蹈超逸的風姿和自由放任的生活方式。這也是魏晉風流的展現。如：「竺法深在簡文坐，劉尹問：『道人何以遊朱門？』答曰：『君自見其朱門，貧道如遊蓬戶。』」[159] 如此把朱門、蓬戶等觀，也就能齊物逍遙，對一切榮華利祿無所執著了。又：「支道林因人就深公買印山，深公答曰：『未聞巢、由買山而隱。』」[160]「買山而隱」乃是矯情的表現，竺法深的意思同樣在注重內心解脫。重視身心修養，把安身立命的依據放在自己的心性，這種理解對後代的影響也是十分深遠的。

還有一點值得提出，就是一些名僧具有相當的藝術氣質，他們的言行

---

[157]　余嘉錫《世說新語箋疏》上卷下〈文學〉，中華書局，1983 年，第 229 頁。
[158]　〈與諸道人辨宗論〉，《廣弘明集》卷一八，《正》第 52 卷第 224 頁下。
[159]　余嘉錫《世說新語箋疏》上卷上，中華書局，1983 年，第 108 頁。
[160]　余嘉錫《世說新語箋疏》下卷下〈排調〉，中華書局，1983 年，第 802 頁。

展現出濃厚的藝術趣味。如：

道壹道人好整飾音辭，從都下還東山，經吳中。已而會雪下，未甚寒。諸道人問在道所經。一公曰：「風霜固所不論，乃先集其慘淡。郊邑正自飄瞥，林岫便已浩然。」

注引〈沙門題目〉：「道壹文鋒富贍，孫綽為之贊曰：『馳騁遊說，言固不虛。唯茲一公，綽然有餘。譬若春圃，載芬載敷。條柯猗蔚，枝幹扶疏。』」[161] 更典型的如支遁，其本人性格就有著巨大的藝術魅力。同樣：

康僧淵在豫章，去郭數十里，立精舍。旁連嶺，帶長川，芳林列於軒庭，清流激於堂宇。乃閒居研講，希心理味，庾公諸人多往看之。觀其運用吐納，風流轉佳。加已處之怡然，亦有以自得，聲名乃興。[162]（〈棲逸〉）

他的風格、情趣獲得眾多文人欣賞，也為時人樹立一種人生榜樣。僧人在與名士交往中表現出的議論風采，他們的詩文展現的文學才能，都是吸引文人的重要因素。

第四節　謝靈運和顏延之

文學史上著名作家信仰佛教而又在創作中表現傑出、有顯著成就的，當推晉、宋之際的謝靈運為第一人。

謝靈運（西元 385 — 433 年），陳郡陽夏（今河南太康縣）人，出生於會稽始寧（今浙江上虞縣）。謝氏和王氏一樣是東晉以來的高門士族。靈運祖父謝玄是東晉名將，以擔任晉軍前軍都督，指揮著名的秦晉「淝水之戰」名垂史冊。靈運出生「旬日，而謝玄亡。其家以子孫難得，送靈運於

---

[161]　余嘉錫《世說新語箋疏》上卷下〈言語〉，中華書局，1983 年，第 146 頁。
[162]　余嘉錫《世說新語箋疏》下卷上〈棲逸〉，中華書局，1983 年，第 660 頁。

第四節　謝靈運和顏延之

杜治養之。十五方還都，故名『客兒』」[163]。錢塘杜氏是天師道世家，「治」是天師道養練靜修的處所，可知他的家庭和南北朝許多世家一樣，本是信奉天師道的[164]。但後來他卻成為虔誠的佛教信仰者。

謝靈運早年受到良好教養，與從兄弟謝瞻、謝晦等同為謝氏一門之秀，襲封康樂公。義熙元年（西元405年）二十一歲，被琅琊王司馬德文（即後來東晉的最後一個皇帝恭帝）辟為大司馬行參軍。次年，劉毅為都督豫州、揚州之淮南、歷陽、廬江、安豐、堂邑五州諸軍事、豫州刺史，駐節姑孰（今安徽當塗縣），他被辟為記室參軍。後來劉毅以討伐盧循叛亂喪師失利，轉為江州都督。應是在這個時候，謝靈運有機會見到正在廬山的慧遠。他寫〈廬山慧遠法師誄〉，說「予志學之年，希門人之末」[165]；慧遠傳裡也說「陳郡謝靈運負才傲俗，少所推崇，及一相見，肅然心服」[166]。慧遠當時已是七十餘歲的高僧，後來請謝靈運作廬山〈佛影銘〉，可見二人相契之深厚。

劉毅和劉裕都是東晉軍事主力北府軍將領，二人爭權不諧，漸成水火。謝靈運的叔父謝混支持劉毅；劉毅又「愛才好士，當世名流莫不輻湊」[167]，謝靈運多年為他幕下士。義熙八年，劉毅移鎮荊州，陰有圖裕之志。裕詔書罪狀毅與謝混等圖謀不軌，起兵討伐，混賜死。當年謝玄是北府軍建立者，劉裕對其後人謝靈運表示優容，置於幕下為太尉參軍。義熙十二年，謝靈運為驃騎將軍劉道鄰的諮議參軍，曾兩次至彭城慰勞北伐的劉裕。但後來終以擅殺門人罪名免官，實則是因為他與權勢正隆的劉裕有嫌隙。至

---

[163]　陳延傑《詩品注》，人民文學出版社，1980年，第29頁。
[164]　參閱陳寅恪〈天師道與濱海地域之關係〉，《金明館叢稿初編》，上海古籍出版社，1980年，第14－15、20－21頁；王叔岷《鍾嶸詩品箋證稿》，中央研究院中國文哲研究所，1992年，第204－205頁。
[165]　《廣弘明集》卷二三，《正》第52卷第267頁上。
[166]　湯用彤校注《高僧傳》卷六，中華書局，1992年，第221頁。
[167]　《資治通鑒》卷一一五〈晉紀〉三七，第3,611頁。

劉裕代晉立宋，靈運降爵為侯，後起為散騎常侍，轉太子左衛率。靈運負才自傲，自以為宜參權要，既不見重，心懷憤忿。加以遭到猜忌，終以構扇異同，非毀執政，出為永嘉（今浙江溫州市）太守。「郡有名山水，靈運素所愛好，出守既不得志，遂肆意遊邀，遍歷諸縣，動逾旬朔。民間聽訟，不復關懷，所至輒為詩詠以致其意焉。在郡一週，稱疾去職。」[168] 在永嘉，他與僧法勖、僧維等人遊，寫下佛學史上的名著〈辨宗論〉。後來他回到父、祖所居、也是出生之地的會稽始寧，修營別業，縱放為娛。這一段時期，他又與曇隆、法流等諸道人遊，是他信佛更加精進的時候。他作〈山居賦〉，描寫臥疾山頂，順適性情，得山居之樂，中有云：

……敬承聖誥，恭窺前經，山野昭曠，聚落氈腥。故大慈之弘誓，拯群物之倫傾，豈寓地而空言，必有貸以善成。欽鹿野之華苑，羨靈鷲之名山，企堅固之貞林，希菴羅之芳園。雖粹容之緬邈，謂哀音之恆存，建招提於幽峰，冀振錫之息肩。庶鐙王之贈席，想香積之惠餐，事在微而思通，理匪絕而可溫……謝麗塔於郊廓，殊世間於城旁，欽見素以抱樸，果甘露於道場。苦節之僧，明發懷抱，事紹人徒，心通世表，是遊是憩，倚石構草，寒暑有移，至業莫矯。觀三世以其夢，撫六度以取道，乘恬知以寂泊，含和理之窈窕。指東山以冥期，實西方之潛兆，雖一日以千載，猶恨相遇之不早……安居二時，冬夏三月，遠僧有來，近眾無闕。法鼓即響，頌偈清發，散花霏蕤，流香飛越。析曠劫之微言，說象法之遺旨，乘此心於一豪，濟彼生之萬理。啟善趣於南倡，歸清暘於北機，非獨愜於予情，諒僉感於君子……[169]

謝靈運於此認山林為修道場所，抒寫山居求道樂趣，將山水、隱逸、求道三者結合。這在文學表現上是有開拓意義的。

宋文帝劉義隆即位後的元嘉三年（西元 426 年），謝靈運被召為祕書

---

[168] 《宋書》卷六七〈謝靈運傳〉，第 1,753 — 1,754 頁。
[169] 《全宋文》卷三一，第 2,606 — 2,608 頁。

第四節　謝靈運和顏延之

監，並受命撰《晉書》。但仍不見任遇，意有不平，多稱疾不朝，遊行無度，遂被諷令自解，乞假東歸。元嘉五年回始寧，與弟謝惠連、何常瑜等暢遊山水，吟詠唱和。他率領義故門生數百，鑿山浚湖，尋峰陟嶺，在深山幽谷間尋幽探勝。會稽太守孟為靈運所輕，遂構嫌隙，誣以有異志。靈運詣闕上表，雖未被治罪，但不使東歸，任命為臨川（今江西撫州市）內史。他在郡遊放，不異永嘉時，為有司所糾。又屢遭排讁，遂有逆志，被送廷尉治罪，徙送廣州。元嘉十年，在廣州被殺。原有集二十卷（或作十五卷），久佚。

謝靈運晚年曾參與《大涅槃經》的修訂工作。義熙十三年（西元 417 年）法顯等已譯出《大般泥洹經》六卷，內容相當於《大涅槃經》前五品；後有曇無讖於北涼玄始十年（西元 421 年）在姑臧譯出全本《大般涅槃經》三十六卷，後經補訂成四十卷，是為北本《涅槃》。按碩法師《三論遊意義》，此經於元嘉七年（西元 430 年）傳入建業，名僧慧嚴、慧觀等以其文言質樸、品數疏簡而加以「改治」，謝靈運參與的就是這一項工作，遂成三十六卷南本《涅槃》。然而元嘉五年以後，謝靈運沒有在建業長期居住的機會，碩法師記載年代或許有誤。唐元康《肇論疏》上說「謝靈運文章秀發，超邁古今」[170]，特別讚揚他修飾經文的貢獻。謝靈運能夠與一代名僧一起從事重要經本的改訂，可見他的佛學水準是被公認的。又釋慧叡曾西行求法至南天竺界，「音義詁訓，殊方異義，無不必曉」，「陳郡謝靈運篤好佛理，殊俗之音，多所達解，乃諮叡以經中諸字，並眾音異旨，於是著《十四音訓敘》。條列梵漢，昭然可了，使文字有據焉」[171]。由此可知謝靈運曾經學習並熟悉梵文。這在古代文人中是少見的。南本《涅槃經》文字精美，得以廣泛弘傳，謝靈運參與修訂是有功勞的。例如北本裡有一

---

[170] 《肇論疏》上，《正》第 45 卷第 163 頁下。
[171] 《高僧傳》卷七〈宋京師烏衣寺慧叡傳〉，第 259－260 頁。

句說「手把足蹈,得到彼岸」,謝改為「運手動足,截流而渡」[172],即是著名一例。

　　謝靈運好佛,接受江南士族的信仰傳統,又和自身處境有關。他身處兩朝交替之際,謝氏家族和劉氏王朝本有嫌隙,他心懷舊主而勉仕新朝,受到猜忌、排擠是必然的。寄情山水和吟詠之外,能帶給他精神慰藉的就是佛說。他特別有取於佛教的心性理論。他說:「六經典文,本在濟俗為治耳。必求性靈真奧,豈得不以佛經為指南耶?」[173]當時佛性理論正出現重要的新發展。以竺道生為代表的「新論道士」,提出闡提有性、頓悟成佛等新說。現存資料雖不見謝靈運與竺道生直接交往的記載,但從他的友人范泰、顏延之、僧慧琳均和竺道生密切往還〔范泰有〈與(竺道)生、(慧)觀二法師書〉,見《弘明集》卷一二;慧琳有〈龍光寺竺道生法師誄〉,見《廣弘明集》卷二三。〕,可以推測二人間會有往來。謝靈運讚同竺道生對於佛性理論的新的發揮,在〈辨宗論〉裡,他折中儒、釋之言來闡揚竺道生的觀點,其論旨大體是:

釋氏之論,聖道雖遠,積學能至,累盡鑒生,不應漸悟。孔氏之論,聖道既妙,雖顏殆庶,體無鑒周,理歸一極。有新論道士,以為寂鑒微妙,不容階級,積學無限,何為自絕?今去釋氏之漸悟而取其能至,去孔氏之殆庶而取其一極。一極異漸悟,能至非殆庶。故理之所去,雖合各取,然其離孔、釋矣。余謂二談,救物之言,道家之唱,得意之說,敢以折中自許,竊謂新論為然……[174]

　　這裡所謂「新論道士」,就是指竺道生和持竺道生觀點的人。這裡是說,按佛教傳統觀念,聖道雖然遙遠,但可以達到,不過要經過漸修始得;儒家承認宗極的聖道存在,但如孔子所說,就是顏淵也不能達到目標

---

[172]　《肇論疏》上,《正》第 45 卷第 163 頁下。
[173]　何尚之〈答宋文帝讚揚佛教事〉,《弘明集》卷一一,《正》第 52 卷第 69 頁中。
[174]　〈與諸道人辨宗論〉,《廣弘明集》卷一八,《正》第 52 卷第 224 頁下— 225 頁上。

第四節　謝靈運和顏延之

的極致；而「新論道士」否定傳統佛教的漸悟之說而取其普遍的佛性說，揚棄儒家的只有少數人能夠超凡成聖的等級人性論而取其宗極之悟，從而提出「不容階級，積學無限」的頓悟成佛新說。謝靈運認為這是折中儒、釋兩大傳統而超越之的新觀念。從中國思想史發展來看，竺道生的佛性新說乃是佛教「中國化」潮流中汲取儒家心性理論而對佛性理論的改造和發揮。湯用彤評論說：

> 康樂承生公之說作〈辨宗論〉，提示當時學說二大傳統之不同，而指明新論乃二說之調和。其作用不啻在宣告聖人之可至，而為伊川「學」乃以至聖人學說之先河。則此論在歷史上有甚重要之意義蓋可知矣。[175]

這也說明，謝靈運所肯定的「新論道士」的佛性新說是唐代禪宗和宋儒性理學說的濫觴。他本人的佛學思想則代表了佛教發展的先進潮流。

謝靈運寫過許多頌佛、護法作品。前面論及的〈辨宗論〉是闡揚佛理的；還有更多表述信仰、反映修道實務的。如〈無量壽佛頌〉：

> 法藏長王宮，懷道出國城。願言四十八，弘誓拯群生。淨土一何妙，來者皆清英。頹年欲安寄，乘化好晨征。[176]

這是隱括《無量壽經》法藏國王立下四十八個救世本願，表述對西方淨土的傾心。他的〈和范光祿祇洹像讚〉、〈維摩經十譬讚〉則分別是讚佛和讚頌經典。據說天竺有佛影，是當初釋迦牟尼教化毒龍所留，「會有西域道人敘其光相，（慧）遠乃背山臨流，營築龕室，妙算畫工，淡彩圖寫，色疑積空，望似煙霧，暉相炳煥，若隱若顯」[177]。慧遠本人曾為制銘，又請謝靈運作〈佛影銘〉。又〈廬山慧遠法師誄〉、〈曇隆法師誄〉則是紀念僧人的誄文。前文最後表述對慧遠的追仰之情：

---

[175]　〈謝靈運辨宗論書後〉，《湯用彤學術論文集》，中華書局，1983 年，第 294 頁。
[176]　《全宋文》卷三三，第 2,617 頁。
[177]　《高僧傳》卷六〈晉廬山釋慧遠傳〉，第 213 頁。

……嗚呼法師，何時復還？風嘯竹柏，雲靄巖峰，川壑如泣，山林改容。自昔聞風，志願歸依，山川路邈，心往形違。始終啣恨，夙緣輕微，安養有寄，閻浮無希。嗚呼哀哉！[178]

這一段寫得文情並茂，一唱三嘆，把景仰戀慕之情表達得淋漓盡致。

謝靈運在文學史上的主要貢獻是山水詩創作。沈約寫他的傳記，評論說：

有晉中興，玄風獨振。為學窮於柱下，博物止乎七篇。馳騁文辭，義單乎此。自建武暨乎義熙，歷載將百。雖綴響聯辭，波屬雲委，莫不寄言上德，託意玄珠，遒麗之辭無聞焉爾。仲文（殷仲文）始革孫（綽）、許（詢）之風，叔源（謝混）大變太元之氣。爰逮宋氏，顏（延之）、謝騰聲。靈運之興會標舉，延年之體裁明密，並方軌前秀，垂範後昆。[179]

唐人所修《南史》則說：

（顏）延之與陳郡謝靈運俱以辭采齊名……延之嘗問鮑照己與靈運優劣，照曰：「謝五言如初發芙蓉，自然可愛；君詩若鋪錦列繡，雕繢滿眼。」……是時議者以延之、靈運自潘岳、陸機之後，文士莫及，江右稱潘、陸，江左稱顏、謝焉。[180]

這些都肯定了謝靈運的創作在詩歌史上的里程碑地位。白居易〈讀謝靈運詩〉說：

吾聞達士道，窮通順冥數。通乃朝廷來，窮即江湖去。謝公才廓落，與世不相遇。壯志鬱不用，須有所洩處。洩為山水詩，逸韻諧奇趣。大必籠天海，細不遺草木。豈唯玩景物，亦欲攄心素。往往即事中，未能忘興

---

[178]　《廣弘明集》卷二三，《正》第 52 卷第 267 頁中。
[179]　《宋書》卷六七〈謝靈運傳〉，第 1,778 − 1,779 頁。
[180]　《南史》卷三四〈顏延之傳〉，第 778 頁。

第四節　謝靈運和顏延之

喻。因知康樂作，不獨在章句。[181]

這裡則指出了謝靈運山水描寫中的深刻內涵。謝靈運的詩既展現了莊子「逍遙」、「齊物」之類的觀念，又與佛教信仰、與他遊放山林的修道生活有密切關係。他的現存詩中可確定寫作年代的有六十餘首，作於滯留永嘉一年多期間的就有三十首，其中包括〈過始寧墅〉、〈登池上樓〉等名篇；其中作於始寧的則有十八首。這也說明他熱衷山水詩與交往僧侶、潛心佛說有著密切關聯。曇隆法師本來居止廬山，謝靈運回到會稽時招致上虞徐山。他們同遊始寧西南的崿山和剡縣的嵊山等名山水，詩人追憶其時情景說：

緬念生平，同幽共深，相率經始，偕是登臨。開石通澗，剔柯疏林，遠眺重疊，近矚崛嶔。事寡地閒，尋微探賾，何句不研，奚疑弗析。帙舒軸卷，藏拔紙裂，問來答往，俾日餘夕……[182]

由此可見他結交僧人，一面遊賞山水勝景，一面辨析佛教義理的情形。與謝靈運同時代的畫家宗炳（西元 375 — 443 年），同樣是佛教信徒，曾說道：

夫聖人以神發道，而賢者通；山水以形媚道，而仁者樂，不亦幾乎！……峰岫嶤嶷，雲林深渺，聖賢映於絕代，萬趣融其神思，余復何為哉？暢神而已。神之所暢，孰有先焉！[183]

這表示當時信佛士大夫不只是以山水暢達心神，更把山水當作體道對象。謝靈運正是如此。他的作品裡常常「否定以『事』、『物』為代表的世俗事相的世界，讚美以『道』、『理』為代表的超俗的本原的世界」[184]。而

---

[181] 朱金城《白居易集箋校》卷七，上海古籍出版社，1988 年，第 1 冊第 369 頁。
[182] 《廣弘明集》卷二三，《正》第 52 卷第 567 頁上。
[183] 〈畫山水序〉，《全宋文》卷二〇，第 2,545 — 2,546 頁。
[184] （日）矢淵孝良〈謝靈運山水詩の背景 —— 始寧時代の作品を中心にして ——〉，《東方學報・京都》，京都大學人文科學研究所，1984 年，第 56 冊第 123 頁。

這「道」與「理」則展現了竺道生的新佛學思想。「正由於這『新』思想，在左遷永嘉的山水裡他才能看到『表靈』、『蘊真』（〈登江上孤嶼〉）的內涵，進而在棲隱始寧時肯定追求『乘恬知以寂泊』（〈山居賦〉）的自我的存在」[185]。

他有時在山水描寫中直接抒發宗教體驗，如〈過瞿溪山飯僧〉：

迎旭凌絕嶝，映泫歸溆浦。鑽燧斷山木，掩岸墐石戶。結架非丹甍，藉田資宿莽。同遊息心客，曖然若可睹。清霄颺浮煙，空林響法鼓。忘懷狎鷗鰷，攝生馴兕虎。望嶺眷靈鷲，延心念淨土。若乘四等觀，永拔三界苦。[186]

據《永嘉縣誌》，瞿溪山在永嘉西南三十五里。面對荒涼靜謐的山水，詩人內心的一切妄念都消釋了；聽到伽藍的法鼓聲，更滋生起皈依佛法的信心。在永寧、安固二縣中間，渚山溪澗，凡有五處，謝靈運在南面第一谷創建石壁精舍，作〈石壁立招提精舍〉詩：

四城有頓躓，三世無極已。浮歡昧眼前，沈照貫終始。壯令緩前期，頹年迫暮齒。揮霍夢幻頃，飄忽風電起。良緣迨未謝，時逝不可俟。敬擬靈鷲山，尚想祇洹軌。絕溜飛庭前，高林映窗裡。禪室棲空觀，講宇析妙理。[187]

詩人把自己的精舍比擬為釋迦牟尼說法的靈鷲山和祇洹精舍，在永恆的水光山色中，他痛感人世虛幻，完全沉浸在佛理玄想之中。

如果說上面兩首詩還有扯事典的痕跡，那麼另一些作品則更渾融無跡地把宗教感情展現在對於自然山水的生動描繪中，佛教義理從而被化為人

---

[185]　（日）荒牧典俊〈南朝前半期にぉける教相判釋の成立について〉，《中國中世の宗教と文化》，京都大學人文科學研究所，1982年，第381頁。
[186]　黃節《謝靈運詩注》卷二，人民文學出版社，1958年，第40頁。此詩逯欽立《先秦漢魏晉南北朝詩》題作〈登石室飯僧詩〉。
[187]　黃節《謝靈運詩注》卷三，人民文學出版社，1958年，第62頁。

第四節　謝靈運和顏延之

生體驗和感受表現出來。如〈石壁精舍還湖中作詩〉：

> 昏旦變氣候，山水含清暉。清暉能娛人，遊子憺忘歸。出谷日尚早，入舟陽已微。林壑斂冥色，雲霞收夕霏。芰荷迭映蔚，蒲稗相因依。披拂趨南逕，愉悅偃東扉。慮澹物自輕，意愜理無違。寄言攝生客，試用此道推。[188]

這裡抒寫了在石壁精舍與道人們講論之後的感受。「慮澹物自輕，意愜理無違」——看到在夕陽映照下大自然一片生機，體會到一種超然物外的愉悅。這正是高蹈出世的禪悅之情。他的詩作還有許多描摹生動的句子，如「白雲抱幽石，綠篠媚清漣」(〈過始寧墅詩〉)，「池塘生春草，園柳變鳴禽」(〈登池上樓詩〉)，「揚帆採石華，掛席拾海月」(〈遊赤石進帆海詩〉)等等，不僅描繪出如畫的境界，其中表達的那種對待自然物我一如的體驗更能感動人心。他在作品中經常用到「賞心」一語：「含情尚勞愛，如何離賞心」(〈晚出西射堂詩〉)、「我志誰與諒，賞心為良知」(〈遊南亭詩〉)、「賞心不可忘，妙善冀能同」(〈田南樹園激流植楥詩〉)，等等；他又說「天下良辰、美景、賞心、樂事，四者難並」[189]。詩人所謂「賞心」不只是一種玩賞的眼光和態度，而是物、我無礙，心、物交融且輕安愉悅的境界。這與佛家的宇宙觀和人生觀有著直接關係。

不過謝靈運的時代，還是中土文人接受佛教的早期，山水文學也處在開拓階段。王瑤曾指出：「我們說山水詩是玄言詩的改變，毋寧說是玄言詩的繼續。這不只是詩中所表現的主要思想與以前無異，而且即在山水詩中也還保留著一些單講玄理的句子。」[190] 在謝靈運的作品中，也往往表現出談玄說理、有欠渾融的一面。至於他受到佛教的一些消極影響，更是不

---

[188] 黃節《謝靈運詩注》卷三，人民文學出版社，1958年，第63頁。
[189] 〈擬魏太子鄴中集詩八首序〉，黃節《謝靈運詩注》卷三，人民文學出版社，1958年，第98頁。
[190] 王瑤《中古文學史論》，北京大學出版社，1998年，第276頁。

言而喻的。

劉勰曾指出:「宋初文詠,體有因革,老莊告退,而山水方滋。」[191] 實現這一項轉變的代表人物就是謝靈運。而從一定意義上說,謝靈運又是文學史上第一位真正對佛教有所體認的「慧業文人」。從後一種意義來說,他的成就乃是佛教影響中土文人創作的第一個重要成果;而他作為統合儒、釋的榜樣,對後代更產生了巨大、深遠的影響。繆鉞指出:「魏晉以來對於文學之新理想,在能以玄理佛義融於五言詩體中,造成特美,此理想至謝靈運而實現(余別有〈六朝五言詩之流變〉一文,闡述此義,在拙著《詩詞散論》中)。」[192]

與謝靈運並稱的顏延之(西元 384－456 年),字延年,琅琊臨沂(今山東臨沂市)人。他同樣出身士族,是晉光祿卿顏含孫。義熙中被後將軍吳國內史、江州刺史劉柳辟為行參軍,轉主簿;入宋,補太子舍人;少帝即位,以正員郎兼中書郎,出為始安太守;文帝時,官至金紫光祿大夫領湘東王師等職。有集三十卷(或作二十五卷),已佚。

顏延之創作上的成就遠不及謝靈運。他的詩以記遊、贈答、頌讚等一般應酬之作為多,喜歡鋪陳排比,不如謝詩的清新秀美,鮑照評論說「如鋪錦列繡,雕繢滿眼」;散文則頗有傳世之作,如〈赭白馬賦〉、〈陶徵士誄〉、〈五君詠〉等。而他一生傾心佛說,結交名僧慧靜、慧彥等,具有相當高的佛學修養,著有一批重要護法作品,也是文人信佛的典型。

宋文帝曾說:「顏延年之折〈達性〉,宗少文(炳)之難〈白黑〉,論明佛法汪汪,尤為名理並足,開獎人意。」[193] 這裡的「折〈達性〉」指他所作〈釋何衡陽達性論〉和〈重釋〉、〈又釋〉等三篇。時有僧人慧琳以才學為

---

[191] 范文瀾注《文心雕龍注》卷二〈明詩〉,人民文學出版社,1962 年,下冊第 67 頁。
[192] 〈清談與魏晉政治〉,胡曉明、傅傑主編《釋中國》,上海文藝出版社,1998 年,第 3 冊第 2,060 頁。
[193] 何尚之〈答宋文帝讚揚佛教事〉,《弘明集》卷一一,《正》第 52 卷第 69 頁中。

第四節　謝靈運和顏延之

宋文帝所賞識，朝廷政事多與之謀，作〈白黑論〉批判佛教，並得到著名天文學家何承天的支持。宗炳著文批評〈白黑論〉，何作〈達性論〉與之論辯。顏延之為此作了〈釋何衡陽達性論〉等文章。這一次論辯是佛教思想與中土傳統意識的一次正面交鋒。何承天的〈達性論〉、〈報應問〉等文提出「生必有死，形弊神散」，「施而望報，在昔先師或未之有」等論斷，反對佛教的神不滅論和報應之說。而顏延之則主張「精靈必在」，宣揚「施報之道」[194]。值得注意的是，何尚之以傳統的「人以仁義立」的儒家觀點批評佛教，而顏延之等同樣利用儒家（還有道家的莊子）為典據加以反駁。這表示在晉、宋之際，顏、謝等一批士族文人已經在融通儒、釋的思想基礎上接受佛說，佛教勢力因而也大為擴展了。據陸澄《法論目錄》，顏延之的護法論著還有〈通佛影跡〉、〈通佛頂齒爪〉、〈通佛衣缽〉、〈通佛二甗不燃〉、〈離識觀〉、〈妄書禪慧宣諸弘信〉、〈書與何彥德論感果生滅〉（五往返）、〈論檢〉、〈廣何彥德斷家養論〉[195]等，均佚。從題目來看，前幾篇是頌佛，後幾篇是討論佛義，內容相當廣泛。宋文帝曾命慧嚴就顏著〈離識觀〉和〈論檢〉辯其異同，二人「往復終日，帝笑曰：『公等今日，無愧支、許。』」[196]這裡「支、許」指支遁和許詢，意在表揚其議論水準和風采。

顏延之有〈庭誥〉一文，題目取「閨庭之內……誥爾在庭」的意思，是對後人的訓諭之詞。文已散佚，現存五個片段。其中收在《弘明集》卷十三中的一段集中反映了他的佛教信仰：

達見同善，通辯異科：一曰言道，二曰論心，三曰校理。言道者本之於天，論心者議之於人，校理者取之於物。從而別之，緣塗參陳；要而會之，終致可一。若夫玄神之經，窮明之說，義兼三端，至無二極。但語出

---

[194]　《弘明集》卷四，《正》第 22 頁上－中。
[195]　《出三藏記集》卷一二，第 434－447 頁。
[196]　《高僧傳》卷七〈宋京師東安寺釋慧嚴傳〉，第 262 頁。

梵方，故見猜世學；事起殊倫，故獲非恆情。天之賦道，非差胡華，人之稟靈，豈限外內。一以此思，可無臆裁。為道者蓋流出於仙法，故以煉形為上；崇佛者本在於神教，故以治心為先。煉形之家必就深曠，反飛靈，餱丹石，粒芝精，所以還年卻老，延華駐彩，欲使體合繾霞，軌遍天海，此其所長；及偽者為之，則忌災祟，課粗願，混士女，亂妖正，此其巨蠹也。治心之術，必辭親偶，閉身性，師淨覺，信緣命，所以反一為生，克成聖業，智邈大明，志狹恆劫，此其所貴；及詭者為之，則藉發落，狎菁華，傍榮聲，謀利論，此其甚誣。物有不然，事無不弊。衡石日陳，猶患差忒，況神道不形，固眾端之所假。未能體神，而不疑神無者，以為靈性密微，可以積理知；洪變歘怳，可以大順待。照若鏡天，肅若窺淵，能以理順為人者，可與言有神矣。若乃罔其真而吾其弊，是未加心照耳。[197]

　　作者在這裡從同歸於善的立場，為「語出梵方」的「玄神之經，窮明之說」的佛說辯護。文章對佛、道二教的修道實踐及其意義作了具體比較，兼論二者流弊，從而說明「佛以治心為先」的優越性。這樣的作品也清楚說明，在南北朝佛教廣泛弘傳、大規模滲透文化領域的時期，即使是那些對它懷抱虔誠信仰之心的人，對儒學一般也並不採取排他態度。這也清楚顯示了中國文化融通的特質。「三教」並立、交流、融合的潮流正是在這樣的觀念上發展起來的。

第五節　沈約

　　繼陶（淵明）、謝之後，南北朝成就最高、最有影響的作家當數活動在宋、齊、梁三朝的沈約。他是聚集在齊竟陵文宣王蕭子良門下的「竟陵八友」之一，而「竟陵八友」乃是南朝文壇最有影響力的文人集團，代表

---

[197]　《全宋文》卷三六，第 2,637 頁。

第五節　沈約

著當時貴族文人活動的典型形態。

沈約（西元 441－513 年），字休文，吳興武康（今浙江吳興市）人。他的父親沈璞因參與宋文帝末年皇族爭奪帝位的鬥爭被殺。他在宋時曾任蔡興宗征西記室參軍，回朝為尚書度支郎；入齊，為文惠太子蕭長懋太子家令，並受到竟陵王蕭子良信重，先後任東陽太守、五兵尚書、國子祭酒；他與蕭衍友善，又積極參與了蕭衍代齊自立的活動。蕭衍受禪，除尚書僕射，封建昌縣侯，後遷尚書令，太子少傅。沈約著述宏富，《梁書》本傳上記載「所著《晉書》百一十卷、《宋書》百卷、《齊紀》二十卷、《高祖紀》十四卷、《邇言》十卷、《諡例》十卷、《宋文章志》三十卷、《文集》一百卷，皆行於世；又撰《四聲譜》……」[198]。而據《隋書・經籍志》，還有屬於〈史部・職官〉類的《新定官品》二十卷，屬於〈子部・雜家〉類的《俗說》三卷、《雜說》二卷、《袖中記》二卷、《袖中略記》一卷、《珠叢》一卷、《梁有子鈔》十五卷，屬於〈集部・總集〉類的《集鈔》十卷、並注《梁武聯珠》一卷等；他又曾撰次起居注，或認為撰者不詳的《齊永明起居注》二十五卷即出自他的手筆[199]。其著作遍及經、史、子、集四部，可見他學術成就之高、文章涉及範圍之廣泛。

沈約如當時一般士大夫那樣，以儒術立身，一生積極進取，有經世之志，而對佛、道二教他又都十分熱衷和虔誠。《梁書》記載沈約臨終前情形說：

……初，高祖有憾於張稷，及張稷卒，因與約言之。約曰：「尚書左僕射出作邊州刺史，已往之事，何足復論。」帝以為婚家相為，大怒曰：「卿言如此，是忠臣耶！」乃輦歸內殿。約懼，不覺高祖起，猶坐如初。及還，未至床，而憑空頓於戶下。因病，夢齊和帝以劍斷其舌。召巫視

---

[198] 《梁書》卷一三〈沈約傳〉，第 243 頁。
[199] （日）興膳宏、川合康三《隋書經籍志詳考》，汲古書院，1995 年，第 323 頁。

之，巫言如夢。乃呼道士奏赤章於天，稱禪代之事，不由己出。高祖遣上省醫徐奘視約疾，還具以狀聞。先此，約嘗侍宴，值豫州獻栗，徑寸半。帝奇之，問曰：「栗事多少？」與約各疏所憶，帝少三事。出謂人曰：「此公護前，不讓即羞死。」帝以其言不遜，欲抵其罪，徐勉固諫乃止。及聞赤章事，大怒，中使譴責者數焉，約懼遂卒……[200]

這一段歷史描述臨終時他請道士上表天神，表示懺悔，而內容則是齊、梁易代之際，他幫助蕭衍篡奪帝位事。從這一段記述也可以看出，他雖然是梁朝開國功臣，但並未受到信任。開頭提到他的「婚家」張稷，出身於吳郡張氏，也是蕭衍「佐命」功臣，後受到猜忌，由尚書左僕射出為安北將軍、青冀二州刺史，在鎮被州人所殺，有司奏削爵土[201]。從沈約和蕭衍的爭論中，可以看出他對張稷的同情。他竟以此危懼，終至不起。

而沈約又有〈臨終表〉：

臣約言：臣抱疾彌留，迄今即化，形神欲離，月已十數，窮楚極毒，無言以喻。平日健時，不言若此，舉刀坐劍，比此為輕。仰唯深入法門，屬茲苦節，內矜外恕，實本人情，伏願聖心重加推屬。微臣臨途，無復遺恨，雖漸也善，庶等鳴哀。謹啟。[202]

沈約自認為已經「深入法門」，臨終病痛乃是對自己生命的考驗，表白自己「屬茲苦節，內矜外恕」，因此「無復遺恨」。表達了他信仰佛教更加執著的態度。

他兼融佛、道二教，從教理方面來說，有兩個觀念具有決定性的作用：一是他贊成「神不滅」論。他認為：

生既可夭，則壽可無夭；既無矣，則生不可極。形、神之別，斯既然

---

[200]　《梁書》卷一三〈沈約傳〉，第 242 — 243 頁。
[201]　參閱《梁書》卷一六〈張稷傳〉，第 270 — 272 頁。
[202]　陳慶元《沈約集校箋》卷三，浙江古籍出版社，1995 年，第 93 — 94 頁。

第五節　沈約

矣。形既可養，神寧獨異？神妙形粗，較然有辨。養形可至不朽，養神安得有窮？養神不窮，不生不滅，始末相較，豈無其人？自凡至聖，含靈義等，但事有精粗，古人有凡、聖。聖既長存，在凡獨滅？本同末異，義不精通。大聖貽訓，豈惑斯哉！[203]

他認為，道教的「養形」，佛教的「養神」，都是可以達到的目標，而且是無關於凡、聖的。在這一段話中，他顯然又把「神養」放在「形養」之上，表示他更加傾心佛教。另一方面，在佛教信仰與儒學關係上，沈約又認為「內聖、外聖，義均理一，而蔽理之徒，封著外教」[204]。當時范縝作〈神滅論〉，批判佛教，包括沈約在內的許多人著論加以反駁。沈約認為這不只是為了護法，而是「孔、釋兼弘，於是乎在」[205]。即是說，弘揚佛法和發揚儒道是一致的。在具體論述裡，他更鮮明地闡述了佛教戒律與儒家倫理的共同性。正是這種統合儒、釋或「三教」並用的觀念，決定了他一生中對於佛、道二教相容並蓄的態度。當然二者在他生命的某一些具體時期，表現上畸輕畸重是有所不同的。

吳興沈氏是源遠流長的江東士族，本來有著信仰道教的悠久傳統。他的父親沈璞以參與宋文帝劉義隆太子劉劭等人謀反被殺，劉劭等人迷通道教。陳寅恪論東南濱海地區天師道，也曾舉出吳興沈氏一例，說「據此，則休文受其家傳統信仰之熏習，不言可知」；「迨其臨終之際，仍用道家上章之法。然則家世信仰之至深且固，不易湔除，有如是者。明乎此義，始可與言吾國中古文化史也」[206]。沈約本人與當時正在盛行的上清派道教有密切關係。上清派茅山道教代表人物陶弘景於永明二年（西元

---

[203] 〈神不滅論〉，陳慶元《沈約集校箋》卷五，浙江古籍出版社，1995 年，第 158 頁。
[204] 〈均聖論〉，陳慶元《沈約集校箋》卷五，浙江古籍出版社，1995 年，第 148 頁。
[205] 《弘明集》卷十〈釋法雲難范縝神滅論〉並王公朝貴書尚書令沈約答〉，《正》第 52 卷第 60 頁下。
[206] 陳寅恪〈天師道與東海地域之關係〉，《金明館叢稿初編》，上海古籍出版社，1980 年，第 33 頁。

484年）為興世館主,「一時名士沈約、陸景真、陳寶識等咸學焉,弟子百餘人」[207]。梁臺建,沈約與陶同為秉策佐命者。天監初年,沈約作〈均聖論〉,陶有〈難鎮軍沈約均聖論〉,沈約繼有〈答陶華陽〉,往復辯難。天監七年（西元508年）,陶改名氏曰王整,官稱外兵,沈有〈奉華陽王外兵詩〉。沈約作品中與陶弘景酬贈的還有〈酬華陽陶先生詩〉等。「齊梁間侯王公卿從（陶）先生授業者數百人,一皆拒絕。唯徐勉、江祐、丘遲、范雲、江淹、任昉、蕭子雲、沈約、謝淪、謝覽、謝舉等,在世日早申擁篲之禮；絕跡之後,提引不已。」[208] 可見沈約與陶的密切關係。沈約結交道士,寫作相關作品也不少。

而沈約從早年又已接受佛教。他有〈棲禪精舍銘〉,其中說「此寺征西蔡公所立,昔廁番麾,預班經創之始；今重遊踐,覽舊興懷,固為此銘」[209]。宋泰豫元年（西元472年）蔡興宗為征西將軍、荊州刺史,沈為其記室參軍,同年八月蔡卒。這一篇作品是此後三年的元（原作「永」）徽三年（西元475年）所作,是現存沈約護法作品中年代可考最早的一篇。

加深沈約佛教信仰的重大機緣是他投身文惠太子蕭長懋和竟陵王蕭子良門下。蕭長懋以建元元年（西元479年）為雍州刺史,封南郡王,出鎮襄陽,其時沈約為征虜記室,帶襄陽令,在軍中曾作〈為南郡王讓中軍狀〉（建元二年,蕭長懋為中軍將軍）。建元四年,長懋立為太子,「引接朝士,人人自以為得意。文武士多所招集。會稽虞炎、濟陽范岫、汝南周顒、陳郡袁廓,並以學行才能,應對左右」[210]。沈約時為東宮步兵校尉、掌書記,被親重。而竟陵王蕭子良與文惠太子志趣相投,更結納文

---

[207]　《茅山志》卷一〇〈上清品〉,《道藏》,上海書店、文物出版社、天津古籍出版社,1994年,第5冊第599頁。
[208]　《華陽陶隱居內傳》卷中,《道藏》,上海書店,文物出版社、天津古籍出版社,1994年,第5冊第509頁。
[209]　陳慶元《沈約集校箋》卷六,浙江古籍出版社,1995年,第198頁。
[210]　《南史》卷四四〈齊武帝諸子傳〉,第1,099頁。

第五節 沈約

士，於雞籠山開西邸，起古齋，多集古人器服以充之，講習學術、經教。「子良少有清尚，禮才好士，居不疑之地，傾意賓客。天下才學，皆遊集焉」[211]。其時蕭衍和沈約、謝朓、王融、蕭琛、范雲、任昉、陸倕等交好，這就是所謂「竟陵八友」[212]。文惠太子、竟陵王結納文士，顯然有政治意圖。武帝病重，子良侍醫藥，以蕭衍、范雲等為仗內軍主。其時王融曾矯詔立子良，因而被殺。後來蕭嗣業立為帝，子良死，史稱「帝常慮子良有異志，及薨，甚悅」[213]。從中可窺知其中隱微。

竟陵王與文惠太子甚相友悌，同好釋氏。數於邸園營齋戒，大集朝臣、眾僧，講說佛法，有關著述梁時集錄為十六帙一百一十六卷，號《淨住子》。道宣讚揚他們是「崇仰釋宗，深達至教，注釋經論，鈔略詞理，掩邪道而闢正津，弘一乘而揚士眾」[214]。文惠太子和竟陵王經常舉行講論佛法的大型法會，沈約是積極參加者之一。現存〈為文惠太子解講疏〉是為建元四年（西元482年）四月至七月「集大乘望僧於玄圃園安居」[215]所作；〈為齊竟陵王發講疏〉則是「永明元年（西元483年）二月八日置講席於上邸，集名僧於帝畿」[216]時所作；又有〈為齊竟陵王解講疏〉等。而他的〈和王衛軍解講〉[217]詩則為唱和王儉，王於永明元年為衛軍將軍。沈約初為東陽太守時，曾攜釋國師、草堂寺慧約同行；三年後罷郡，又一起還都。沈約對他們「恭事勤肅，禮敬彌隆，文章往復，相繼曇漏。以沈詞翰之盛，秀出當時，臨官蒞職，必同居府舍，率意往來，嘗以朱門蓬戶為隔。齊建武中謂沈曰：『貧道昔為王、褚二公供養，遂居令僕之省。檀越

---

[211] 《南史》卷四四〈齊武帝諸子傳〉，第1,102頁。
[212] 《梁書》卷一〈武帝紀上〉，第2頁。
[213] 《南齊書》卷四〇〈武十七王傳〉，第701頁。
[214] 〈統略淨住子淨行法門序〉，《廣弘明集》卷廿七上〈誡功篇〉，《正》第52卷第306頁上。
[215] 陳慶元《沈約集校箋》卷八，浙江古籍出版社，1995年，第243頁。
[216] 陳慶元《沈約集校箋》卷八，浙江古籍出版社，1995年，第244－245頁。
[217] 陳慶元《沈約集校箋》卷一〇，浙江古籍出版社，1995年，第443頁。

為之，當復入地矣。』」[218] 這是沈約和名僧交往的一例。

「（梁）武帝弱年好事，先受道法。及即位，猶自上章，朝士受道者眾。三吳及邊海之際，信之逾甚」[219]。沈約早年有〈和竟陵王遊仙詩二首〉，《四庫》本《古詩紀》卷八三題下有注曰「王融、范雲同賦」[220]，可知西邸學士大抵又是相容佛、道的。到蕭衍即位後的天監三年（西元504年），發布捨道歸佛詔書，表示「寧在正法之中長淪惡道，不樂依老子教暫得昇天」[221]。這是中國佛教史和文化史上的重大事件。而沈約晚年更傾心佛法，和他個人的境遇和思想有關係。他在〈內典序〉中說：「雖教有殊門，而理無異趣，故真、俗兩書，遞相扶獎。孔發其端，釋窮其致。」[222] 這裡講到儒、釋關係，與前面所引〈均聖論〉的說法一致，表示在他的內聖、外聖均一的理解中，佛教被認為是終極之道。在天監年間，他寫下更多的禮佛、捨身、懺悔等作品，更作有〈佛知不異眾生知義〉、〈六道相續作佛義〉、〈因緣義〉、〈形神論〉等多篇護法論著。梁武帝曾命虞闡、到溉、周捨等編纂《佛記》三十卷，命沈約為序。在當時發達的義學中，他的這些論著達到相當高的水準。他認為「佛者，覺也；覺者，知也。凡夫之與佛地，立善知惡，未始不同也」；而決定這種普遍的佛性的，則是「知性」，「眾生之為佛性，實在其知性常傳也」[223]。如此把「佛性」看作「知性」，實際上是汲取儒家的認識論，指出了實現「佛性」的現實途徑。他主張因緣相續，「一念之間，眾緣互起」[224]，「有此相續不滅，自然因果中

---

[218]　《續高僧傳》卷六〈梁國師草堂寺智者釋慧約傳〉。
[219]　《隋書》卷三五〈經籍志四・道經〉，第 1,093 頁。
[220]　參閱陳慶元《沈約集校箋》卷一〇，浙江古籍出版社，1995 年，第 356 － 357 頁。
[221]　〈敘梁武帝捨事道法〉，《廣弘明集》卷四〈歸正篇〉，《正》第 52 卷第 112 頁上。
[222]　陳慶元《沈約集校箋》卷六，浙江古籍出版社，1995 年，第 177 頁。
[223]　〈佛知不異眾生知義〉，陳慶元《沈約集校箋》卷六，浙江古籍出版社，1995 年，第 182 － 183 頁。
[224]　陳慶元《沈約集校箋》卷六，浙江古籍出版社，1995 年，第 184 頁。

第五節 沈約

來」[225]。他說，假如今生陶練之功漸積，則來果所識之理轉精，如此不斷不絕，即可作佛；假如今生無明，來果所識轉暗，則處於六道輪迴之中不得解脫。由此，他一方面指出修道前途，另一方面說明因果報應之理。具體到生命個體，他依據大乘空觀，認為「尋六尺所本，八微是構（指地、水、風、火『四大』和色、香、味、觸『四微』），析而離之，莫知其主。雖造業者身，身隨念滅」[226]。由於一念既召眾緣，眾緣各隨念起，所以「一念而暫忘，則是凡夫；萬念而都忘，則是大聖」[227]。這則是「頓悟」說。在形、神關係上，他主張「神不滅」論。這是當時思想界爭論的重大議題。齊末，本來也是西邸學士的范縝，著〈神滅論〉，批判佛教的有神論。沈約作〈神不滅論〉加以反駁。入梁，梁武帝又命朝臣論駁，沈約亦積極參與，作〈難范縝神滅論〉。他認為：「總百體之質謂之形，總百體之用謂之神」，因而從體、用關係來看，二者是不合一的：耳、眼不同形，而神用則一；形是漸滅的，但形病、神不病。據此他得出形滅而神存的結論。這種「神不滅論」成為他確立信仰的基礎。

梁武帝蕭衍曾說「江左以來，代謝之際，必相屠滅」[228]。沈約的一生不斷經歷殘殺誅戮的恐怖。前面說過，他的父親因為參與宋文帝元嘉末年劉邵、劉濬叛亂而被殺，他當時年僅十三歲，被迫「潛竄」，遇赦得免。在統治集團紛爭劫奪中，罹害的許多人是他的親朋好友。如齊武帝死後，皇族爭權，他的朋友王融即因矯詔立竟陵王而死。沈約寫了〈傷王融〉詩：

元長秉奇調，弱冠慕前蹤。眷言懷祖武，一簣望成峰。途艱行易跌，命舛志難逢。折風落迅羽，流恨滿青松。[229]

---

[225]　〈六道相續作佛義〉，陳慶元《沈約集校箋》卷六，浙江古籍出版社，1995 年，第 183 頁。
[226]　〈懺悔文〉，陳慶元《沈約集校箋》卷八，浙江古籍出版社，1995 年，第 238 頁。
[227]　〈形神論〉，陳慶元《沈約集校箋》卷五，浙江古籍出版社，1995 年，第 156 頁。
[228]　《資治通鑒》卷一四五〈梁紀一〉，第 4,519 頁。
[229]　陳慶元《沈約集校箋》卷一○，浙江古籍出版社，1995 年，第 412 頁。

次年竟陵王亦以憂憤死。蕭鸞（齊明帝）即位後，在位五年，高帝十九子、武帝二十三子中除高帝次子蕭嶷一支外，後人全被殺掉。明帝死，東昏侯即位，始安王遙光叛亂。時為左衛將軍的「沈約聞變，馳入西掖門，或勸戎服，約曰：『臺中方擾攘，見我戎服，或者謂同遙光。』」[230]他險些遇害。在這次事變中，他的朋友、詩人謝朓被殺掉了。他又作〈傷謝朓〉詩：

吏部信才傑，文鋒振奇響。調與金石諧，思逐風雲上。豈言陵霜質，忽隨人事往。尺璧爾何冤，一旦同丘壤。[231]

他的另一位朋友劉渢也因參與叛亂被殺，他寫了〈傷劉渢〉詩。包括上述三篇作品的〈懷舊詩九首〉，稱揚友人的才具，痛悼他們無辜被害，流露出人命危淺、世事飄忽的無常感。

負罪和懺悔則渴望救濟，憂懼和憐憫則祈求解脫。經歷仕途波折，更促使沈約滋長高蹈長往之想。他晚年的天監八年（西元 509 年）退居鐘山麓東田，招僧俗百人為八關齋，作〈郊居賦〉。這可看作是他一生心志的總結。他述說自己「跡平生之耿介，實有心於獨往。思幽人之軫念，往東皋而長想。本忘情於徇物，徒羈紲於天壤。應屢嘆於牽絲，陸興言於世網」。即是說自己早年已有超世「獨往」志向，但受到仕途環境羈束，不得不忘情徇物，在飽閱世情險巇、目睹殺戮劫奪之後，「觀二代之塋兆，睹摧殘之餘燼」，「傷余情之頹暮，羅憂患其相溢」，更使自己「敬唯空路邈遠，神宗遐闊，念甚驚飆，生猶聚沫。歸妙軫於一乘，啟玄扉於三達。欲息心以遣累，必違人而後豁」，結果就立志「棲余志於淨國，歸余心於道場」[232] 了。

---

[230]　《資治通鑒》卷一四二〈齊紀八〉，第 4,449 頁。
[231]　陳慶元《沈約集校箋》卷一〇，浙江古籍出版社，1995 年，第 413 頁。
[232]　陳慶元《沈約集校箋》卷一，浙江古籍出版社，1995 年，第 5 — 10 頁。

第五節 沈約

沈約作為齊、梁間的文壇宗主，著述弘富，各體兼擅，聲望很大。文的方面多詔、誥、碑、銘，詩的方面多侍從應制之作，再來就是擬古樂府，內容顯得比較貧乏，藝術上則追求典麗工贍。與佛教有關而值得提及的，有〈瑞石像銘〉、〈釋迦文佛像銘〉、〈千佛頌〉、〈彌勒讚〉等銘讚文字，鍊字鍊句，巧用事典，展現出較高的寫作技巧。又如〈棲霞精舍銘〉：

巖靈旅逸，地遠棲禪，蘭房葺蕙，嶠甍架煙。南瞻巫野，北望淮天，遙哉林澤，曠矣江田。空心觀寂，慧相淳荃，眷唯斯踐，愴屬遒年。遊仁廁遠，宅賞憑旃，頌創神苑，陪構靈椽。瞻禁拓圃，望鷲疏山，制石調響，棲理凝弦。曠移羽旆，眇別松泉，委組東國，化景西蓮。蠻隰夷改，蓬簜粗遷，重依漢遠，復逐旌懸。往辭妙幄，今承梵筵，八翻海鶴，九噪山蟬。珮華長掩，懋跡空傳，或籍雲拱，敢告祥緣。[233]

如此在山水描寫中加入佛理，顯得別具特色。但整體行文鍾鍊有餘而流暢不足。鍾嶸品詩，把沈約列入「中品」，說「於時謝朓未遒，江淹才盡，范雲名級故微，故約稱獨步」；又說他的詩「五言最優，長於清怨」[234]。沈德潛則評論他「較之鮑、謝，性情聲色，俱遜一格矣。然在蕭梁之代，亦推大家。以邊幅尚闊，詞氣尚厚，能存古詩一脈也」[235]。從他所存詩來看，直接宣揚佛理的不多，但他既懷抱那樣的信仰之心，文字背後自然隱含佛教的意味。他的名作如〈登暢玄樓詩〉、〈直學省愁臥詩〉、〈應王中丞思遠詠月詩〉、〈別范安成詩〉、〈遊沈道士館詩〉等，流露人生無常的哀愁，抒發世事滄桑的感傷，展現出「長於清怨」的特點，顯示出宗教情懷。至於當時佛教宣教流行歌唄聲讚，西邸法會裡創造「經唄新聲」，啟發了對於漢語文的「考文審音」，經過沈約、周顒等人的努力，發明了漢語四聲；運用於詩歌，創造了講究「四聲八病」的「永明體」；在此

---

[233]　陳慶元《沈約集校箋》卷六，浙江古籍出版社，1995年，第198頁。
[234]　陳延傑《詩品注》，人民文學出版社，1980年，第52－53頁。
[235]　沈德潛《古詩源》卷一二，文學古籍刊行社，1957年，第294頁。

基礎上，到唐代發展出精美的近體格律詩。作為佛教對於中國文化史的重要貢獻之一，沈約也發揮了重大作用。

第六節　楊衒之的《洛陽伽藍記》

北魏時期留下兩部文學史上占有重要地位的長篇散文鉅著——酈道元的《水經注》和楊衒之的《洛陽伽藍記》。前者是地理書，也是優秀的山水記和遊記作品，其中包含大量古代宗教、民俗資料。後者記述北魏京城洛陽佛寺興廢，本來是方志一體著作，更開創了寺塔記這一種獨特的散文體裁，也為佛教史和一般史學留下了寶貴素材。

作者楊衒之，生年、爵里、家世不可詳考。道宣《廣弘明集》卷六〈王臣滯惑篇〉記載他是「北平人」[236]，而北魏有兩個北平，分別相當於今河北遵化和滿城一帶。他在孝莊帝永安（西元 528－530 年）年間曾任奉朝請；以後做過期城（今河南泌縣）太守和撫軍府司馬等職。據其自述，《洛陽伽藍記》完成於魏孝敬帝武定五年（西元 547 年）之前[237]。

北魏立國，以拓跋族入主中原，對「夷狄之教」的佛教自有親近感。佛教在北方民眾間本已有廣泛傳播的基礎。北魏一代，除了太武帝拓跋燾一度毀佛，朝廷對於佛教一直是大力加護。孝文帝拓跋宏遷都洛陽後，進一步全盤漢化，更隆興佛教，大建塔寺，洛陽一地總計至一千餘所。至孝敬帝天平元年（西元 534 年）遷都鄴城，洛陽隨之殘破，佛寺亦遭毀棄。《洛陽伽藍記》即詳細記述了洛陽繁榮時期的塔寺盛況。

關於寫作動機，楊衒之在序文裡說：

---

[236]　參閱《正》第 52 卷第 128 頁中。
[237]　參閱曹道衡〈關於楊衒之和洛陽伽藍記的幾個問題〉，《文學遺產》2001 年第 3 期。

第六節　楊衒之的《洛陽伽藍記》

暨永熙多難，皇輿遷鄴，諸寺僧尼，亦與時徙。至武定五年，歲在丁卯，余因行役，重覽洛陽。城郭崩毀，宮室傾覆，寺觀灰燼，廟塔丘墟。牆被蒿艾，巷羅荊棘，野獸穴於荒階，山鳥巢於庭樹。遊兒牧豎，躑躅於九逵；農夫耕稼，藝黍於雙闕。〈麥秀〉之感，非獨殷墟；〈黍離〉之悲，信哉周室。京城表裡，凡有一千餘寺。今日寥廓，鐘聲罕聞。恐後世無傳，故撰斯記。[238]

由此清楚表示，作者的意圖是透過塔寺興廢來表達對於都城洛陽的興衰之感。這也決定了這一部書內容的深廣程度。關於作者對佛教的態度，是牽涉到本書思想傾向的大問題，歷來有不同看法。從書的內容來看，對於佛教確實多有嚴厲的批判。但仔細分析起來，這些批評主要是針對僧尼偽濫和塔寺靡費，並沒有從根本上否定佛教教義；另一方面卻有許多宣揚靈驗、讚揚勝蹟的文字，在塔寺描寫中更大多流露讚嘆之情，所以陳寅恪有「衒之習染佛法」[239] 之說。實際這也正是作者寫作熱情的來源。

《洛陽伽藍記》的學術價值是多方面的，就文學意義而言，在駢儷雕琢之風瀰漫文壇的形勢下，創作出如此精美的長篇散文鉅作，顯得十分難能可貴。毛晉綠竹亭本〈洛陽伽藍記跋〉說：

魏自顯祖好浮屠之學，至胡太后而濫觴焉。此《伽藍記》之所緣作也。鋪揚佛宇，而因及人文，著撰園林、歌舞、鬼神、奇怪、興亡之異，以寓其褒譏，又非徒以記伽藍已也。妙筆葩紛，奇思清峙，雖衛叔寶之風神，王夷甫之姿態，未足方之矣。[240]

《四庫提要》則評論說：

……其文穠麗秀逸，煩而不厭，可與酈道元《水經注》肩隨。其兼敘

---

[238]　范祥雍《洛陽伽藍記校注》，上海古籍出版社，1958 年，第 1－2 頁。
[239]　陳寅恪〈讀洛陽伽藍記書後〉，《金明館叢稿二編》，上海古籍出版社，1980 年，第 158 頁。
[240]　轉引范祥雍《洛陽伽藍記校注》序，上海古籍出版社，1958 年，第 15 頁。

第二章　魏晉南北朝與佛教

爾朱榮等變亂之事，委曲詳盡，多足與史傳參證。其他古蹟逸聞，及外國土風道里，採摭繁富，亦足以廣異聞。[241]

這一部作品凡五卷，分別記述洛陽城內和東、西、南、北四方寺廟，以佛寺景物為中心，兼述時事，上而追述史蹟，旁及傳說逸聞，成為一代名都洛陽極其豐贍、生動的寫照。其描寫之生動，如城內永寧寺塔：

……中有九層浮圖一所，架木為之，舉高九十丈。有剎，復高十丈，合去地一千尺。去京師一千里，已遙見之……繡柱金鋪，駭人心目。至於高風永夜，寶鐸合鳴，鏘鏘之聲，聞及十餘里……衒之嘗與河南尹胡孝世共登之，下臨雲雨，信哉不虛。時有西域沙門菩提達摩者，波斯國胡人也。起自荒裔，來遊中土，見金盤炫日，光照雲表，寶鐸含風，響出天外，歌詠讚嘆，實是神功，自云：「年一百五十歲，歷遊諸國，靡不周遍，而此寺精麗，閻浮所無也。極物境界，亦未有此。」口唱南無，合掌連日。至孝昌二年中，大風發屋拔樹，剎上寶瓶隨風而落，入地丈餘。復命工匠，更鑄新瓶。[242]

這裡有描寫，有烘托，有親身的體驗，有客觀的比較，描摹出高塔的奇麗壯觀。更由於作者胸中累積著興衰滄桑之情，敘寫間處處流露出深厚的滄桑之感。這種文字，今天讀來仍讓人感受到無窮的魅力。這裡寫到達摩，是禪宗史上有關這一位重要人物的最早資料。又卷四法雲寺記述洛陽「皇宗所居」的「王子坊」：

……而河間王琛最為豪富……琛在秦州，多無政績，遣使向西域求名馬，遠至波斯國，得千里馬，號曰追風赤驥。次有七百里者十餘匹，皆有名字。以銀為槽，金為鎖環，諸王服其豪富。

琛常語人曰：「晉室石崇乃是庶姓，猶能雉頭狐掖，畫卵雕薪。況我

---

[241] 《四庫全書總目提要》卷七〇〈史部・地理類・古蹟之屬〉，中華書局影印本，1965年，上冊第619頁。
[242] 范祥雍《洛陽伽藍記校注》，上海古籍出版社，1958年，第1—5頁。

第六節　楊衒之的《洛陽伽藍記》

大魏天王,不為華侈?」造迎風館於後園,窗戶之上,列錢金琑,玉鳳銜鈴,金龍吐佩,素奈朱李,枝條入簷,妓女樓上,坐而摘食。

琛常會宗室,陳諸寶器,金瓶銀甕百餘口,甌檠盤盒稱是。自餘酒器,有水晶鉢、瑪瑙杯、琉璃碗、赤玉巵數十枚。做工奇妙,中土所物,皆從西域而來。又陳女樂及諸名馬,復引諸王按行府庫,錦罽珠璣,冰羅霧縠,充積其內。繡、纈、鈿、綾、絲、鈚、越、葛、錢、絹等,不可數計。琛忽謂章武王融曰:「不恨我不見石崇,恨石崇不見我。」融立性貪暴,志欲無限,見之惋嘆,不覺生疾。還家,臥三日不起。江陽王繼來省疾,謂曰:「卿之財盡應得抗衡,何為嘆羨以至於此?」融曰:「常謂高陽一人寶貨多於融,誰知河陽瞻之在前?」繼笑曰:「卿欲作袁術之在淮南,不知世間復有劉備也。」融乃蹶起,置酒作樂。[243]

這裡描寫北魏王公豪奢淫逸的情形可謂淋漓盡致,有概括,有典型,用人物的語言、行為等細節加以點染,使得情境如在眼前,字裡行間的批判意味更是昭然若揭。

書中除了形容寺院的壯麗,更多有佛教史實的敘述,如當時貴族婦女出家的風俗,以及動亂中寺院風氣的敗壞,等等。如描寫景樂寺:

有佛殿一所,象輦在焉,雕刻巧妙,冠絕一時。堂廡周環,曲房連線,輕條拂戶,花蕊被庭。至於大齋,常設女樂。歌聲繞梁,舞袖徐轉,絲管寥亮,諧妙入神。以是尼寺,丈夫不得入。得往觀者,以為至天堂。及文獻王薨,寺禁稍寬,百姓出入,無復限礙。後汝南王悅復修之。悅是文獻之弟。召諸音樂,逞伎寺內。奇禽怪獸,舞抃殿庭,飛空幻惑,世所未睹。異端奇術,總萃其中。剝驢投井,植棗種瓜,須臾之間皆得食。士女觀者,目亂睛迷。自建義以後,京師頻有大兵,此戲遂隱也。[244]

這裡記述佛寺內舞樂、技藝情況,而尼寺舞樂已成為貴族的娛樂。這

---

[243]　范祥雍《洛陽伽藍記校注》,上海古籍出版社,1958年,第 206－208 頁。
[244]　范祥雍《洛陽伽藍記校注》,上海古籍出版社,1958年,第 52－53 頁。

也是當時的佛寺滋生嚴重腐敗風氣的一例。這些情形是難以在其他文獻裡見到的。

書中的描寫更多有關時代風俗的部分。例如卷二景興尼寺條記述洛陽縣門外〈洛陽令楊機清德碑〉，連帶寫到隱士趙逸的識鑑之能，表現他對當時寫作墓誌碑文溢美揚善的批評，實際上是揭露文風的敗壞；卷三報德寺條王肅事，反映當時南北分立局面下的地域、種族畛域之見，如此等等，都有相當高的史料價值。

這一部書的文學價值，更由於關於寺廟而夾敘傳說異聞，許多段落彷彿志怪小說，藝術上具有顯著特色。有些故事是佛教的，如卷二崇真寺條惠凝事：

> 惠凝具說過去之時，有五比丘同閱：有一比丘是寶明寺智聖，坐禪苦行，得生天堂。有一比丘是般若寺道品，以誦十卷《涅槃》，亦生天堂。有一比丘云是融覺寺曇謨最，講《涅槃》、《華嚴》，領眾千人。閻羅王云：「講經者，心懷彼我，以驕陵物，比丘中第一粗行。今唯試坐禪誦經，不問講經。」其曇謨最曰：「貧道立身以來，唯好講經，實不諳誦。」閻羅王敕付司。即有青衣十人送曇謨最向西北門，屋舍皆黑，似非好處。有一比丘云是禪林寺道弘，自云：「教化四輩檀越，造一切經，人中象十軀。」閻羅王曰：「沙門之體，必須攝心守道，志在禪誦，不干世事，不作有為。雖造作經象，正欲得他人財物。既得他物，貪心即起；既懷貪心，便是三毒不除，具足煩惱。」亦付司。仍與曇謨最同入黑門。有一比丘，云是靈覺寺寶明，自云：「出家之前，嘗作隴西太守，造靈覺寺成，即棄官入道。雖不禪誦，禮拜不缺。」閻羅王曰：「卿作太守之日，曲理枉法，劫奪民財，假作此寺。非卿之力，何勞說此！」亦付司，青衣送入黑門……凝亦入白鹿山，居隱修道。自此以後，京邑比丘悉皆禪誦，不復以講經為意。[245]

---

[245] 范祥雍《洛陽伽藍記校注》，上海古籍出版社，1958年，第79—81頁。

這個故事反映了當時北朝佛教重禪誦的傾向，正是唐代禪宗興起的先聲。

有些故事的寫法則與盛行的佛教靈驗報應故事類似，例如構思使用實人實事以寄託主旨的手法；敘寫則是在「事實」的框架中加以虛構。前面引述的崇真寺惠寧事「送入黑門」的描寫，留給人想像的餘地，是相當巧妙的象徵和聯想手法。再如卷三菩提寺崔涵事，寫主角死而復生說陰間事，是六朝志怪常用的題材和構思方式；又寫到父母不認已故之子，時人以為是鬼，使情節更為曲折，也更突顯其真實性。大統寺洛子淵事，寫民間流傳的洛水神傳說，塑造了與曹植〈洛神賦〉所描寫全然不同的另一個嗜血殺人的洛神形象。這些段落兼具散文和小說的文體特徵，創造出方志文的新體例和新風格。黃裳評論說：「文字雅潔，亦復炫麗，似不經意，轉多媚姿。異於漢賦之流。間有清言玄理，頗近世說。小說志怪，更開唐人蹊徑。有俾考史，尤可珍重。」[246]

《洛陽伽藍記》開創了寺塔記這一種佛教史和佛教文學的重要文體。尤其是在雕琢藻繪文風流行文壇的形勢下，出現這樣一部文風質樸的優秀散文作品，其貢獻和影響是極其巨大和深遠的。

第七節　梁、陳時期的其他文人

建立齊、梁二朝的蘭陵蕭氏是著名的奉佛世家。前面已論及文惠太子蕭長懋、竟陵王蕭子良及「竟陵八友」的活動。這個幾乎網羅了一代文人菁英的集團，佛教信仰可以說是它的精神橋梁。這些聲勢赫奕的王公貴族大幅地推動了佛教在知識階層中的傳播。梁武帝蕭衍是「竟陵八友」之

---

[246]　黃裳《來燕榭讀書記》卷一，遼寧教育出版社，2001年，第20頁。

一。他本來也信仰道教，即位後捨道事佛，竭力把梁朝建設成一個「佛教王朝」。蕭衍長子昭明太子蕭統、繼承蕭衍的第三子簡文帝蕭綱、繼承蕭綱的蕭衍第七子元帝蕭繹，還有齊豫章王蕭嶷之子蕭子顯、蕭子雲，以及建立後梁的宣帝蕭詧、明帝蕭巋等都是虔誠的佛教信徒。陳代諸帝對待佛教的態度亦因循不改。而這些人又普遍地熱衷文事，其中有些更是具有相當水準的文學家。他們的佛教信仰就在文壇上發揮了巨大的推波助瀾的作用。

蕭衍（西元 464－549 年），字叔達，博學能文，多才多藝，南齊朝歷官寧朔將軍、雍州刺史，曾出入蕭子良門下，與眾文人結交；齊和帝中興二年（西元 502 年）代齊建梁；晚年諸皇子爭奪帝位，引起東魏降將侯景叛亂，餓死臺城。他著述繁夥，有集二十六卷（或作三十二卷）、《詩賦集》二十卷、《雜文集》六卷等，均佚。蕭衍在位四十八年，注重文事，重用文學之士，本人又儒、玄、道、釋通習，善文學，精音律，是南朝貴族文化的代表人物。受齊禪後，治國敦用儒術，信仰則篤敬佛教，即位三年後有發願文說：

願使未來世中，童男出家，廣弘經教，化度眾生，共取成佛，入諸地獄，普濟群萌。寧在正法之中長淪惡道，不樂依老子教暫得昇天。[247]

他作為宗教實踐家，除了大力從事造像建寺、組織法會、親自參與講經、譯經等活動外，更有兩件事影響深遠：一是戒絕酒肉，作〈斷酒肉文〉，提倡蔬食，至此在中國佛教內部正式形成素食制度；再是四次捨身同泰寺為奴，成為後世捨身奉佛的榜樣。陸雲公有文章寫到他晚年講經盛況：

……以大同七年（西元 541 年）三月十二日講《金字般若波羅蜜三慧經》於華林園之重雲殿……凡諸聽眾，自皇太子、王侯、宗室、外戚，及尚書令何敬容、百辟卿士、虜使主崔長謙、使副湯休之及外域雜使

---

[247] 〈捨道事佛疏文〉，《全梁文》卷六，第 2,986 頁。

第七節　梁、陳時期的其他文人

一千三百六十人，皆路逾九驛，途遙萬里，仰皇化以載馳，聞大華而踴躍。頭面伸其盡理，讚嘆從其下陳。有別請義學僧一千人，於同泰寺夜覆制義……凡講二十三日，自開講迄於解座，日設遍供，普施京師，文武侍衛，並加班賚……[248]

皇帝親自主持講經法會，聲勢如此浩大，可以設想其影響之廣遠。蕭衍的護法文字存留不少，藝術上有特色的當數〈淨業賦〉，意在提倡修持淨行，其中說：

外清眼境，內淨心塵，不與不取，不愛不嗔。如玉有潤，如竹有筠，如芙蓉之在池，如芳蘭之生春。淤泥不能汙其體，重昏不能覆其真。霧露集而珠流，光風動而生芬……患累已除，障礙亦淨，如久澄水，如新磨鏡。外照多像，內見眾病，既除客塵，又還自性……唯有哲人，乃能披襟，如石投水，莫逆於心。心清冷其若冰，志皎潔其如雪，在欲結其既除，懷憂畏其亦滅……[249]

這裡效法佛典常用的「博喻」手法，使用貼切的比喻，加上簡潔的描繪，把抽象的義理表現得生動、鮮明。

以梁武帝為代表的蕭梁皇室假帝王之尊倡導佛教，更飾之以文事。蕭衍在位近半個世紀，是南朝動亂不絕中的相對安定時期，對文學的熱衷和對佛教的提倡均成為其「文治」的一部分。從這個角度來看，不只是他的文章，他崇佛的客觀作用也不全是負面的。

江淹（西元 444－505 年），字文通。他活動在宋、齊、梁三朝，仕途不得志，自敘平生「深信天竺緣果之文」[250]。他創作中最顯著的成果是抒情小賦，其中〈恨〉、〈別〉二賦傳誦千古。其中雖然沒有佛教觀念的直接

---

[248]　《全梁文》卷五三，第 3,260 頁。
[249]　《全梁文》卷一，第 2,951 頁。
[250]　〈自序傳〉，《全梁文》卷三九，第 3,178 頁。

表露，但那種無法解脫的悽苦寂寞之情卻是痛切感受人生之「苦」的自然流露。

徐陵（西元 507－583 年），字孝穆。其父徐摛曾在蕭綱幕下任職；蕭綱立為太子，他被任為東宮學士。他做文章精於駢體，詩歌創作上是蕭綱、蕭繹提倡的「宮體詩」的重要作者，被認為是一代文宗。家庭環境和所處境遇都決定他傾心佛教。據說他四歲時被家人帶領拜見「神僧」寶誌，即被許為「天上玉麒麟」。在陳代，他更與智者大師交，有上智者書狀三首，其中〈五願上智者大師書〉直接表白奉法的虔誠。他的〈諫仁山深法師罷道書〉規勸想還俗的和尚，寫到為僧有十種大利：

佛法不簡細流，入者則尊，歸依則貴，上不朝天子，下不讓諸侯，獨玩世間，無為自在，其利一也；身無執作之勞，口餐香積之飯，心不妻妾之務，身飾芻摩之衣，朝無踐境之憂，夕不千里之苦，俯仰優遊，寧不樂哉，其利二也；躬無任重，居必方城，白璧朱門，理然致敬，夜琴晝瑟，是自娛懷，曉筆暮詩，論情頓足，其利三也；假使棘生王路，橋化長溝，巷使門兒，何因仰喚，寸絹不輸官庫，升米不進公倉，庫部倉司，豈需求及，其利四也；門前擾擾，我且安眠，巷里云云，余無驚色，家休小大之調，門停強弱之丁，入出隨心，往還自在，其利五也……[251]

縷縷細數為僧之「利」，客觀上卻也真切反映了當時僧侶生活的實況。他又有〈東陽雙林寺傅大士碑〉，碑主傅大士名弘，稱雙林大士、善慧大士，自稱國主救世菩薩，梁武時居建業鐘山下定林寺。據說他曾預知梁滅，恨憐災難，燃臂供養。文章開頭說：

夫至人無己，屈體申教；聖人無名，顯用藏跡。故維摩詰降同長者之儀，文殊師利或現儒生之像。提河獻供之旅，王城趨眾之端，抑號居士，時為善宿。《大經》所說，當轉法輪；《大品》之言，皆紹尊位。斯則神通

---

[251]　《全上古三代秦漢三國六朝文・全陳文》卷一〇，第 3,455 頁。

應化,不可思議者乎!

文章極力表揚在家居士的「神通應化,不可思議」,宣揚居士思想,又歌頌說:

爾其蒸蒸大孝,肅肅唯恭,厥行以禮教為宗,其言以忠信為本。加以風神爽朗,氣調清高,流化親朋,善和紛諍,豈唯更盈毀璧、宜僚下丸而已哉![252]

這裡更明確地宣揚儒、釋調和觀念。文中還述說靈蹟,說傅大士「神現影響,示現禎祥」,「天眼所照,預睹未來」,極力誇張其方術神通,從而塑造出一個理想的在家信徒形象,也表現了當時知識階層對於佛教理解的一個面向。他塑造的傅大士形象更成為居士典型,後世影響極其深遠。

江總(西元 519－594 年),字總持。他出身豪門,早年即以才名為梁武帝所賞識,官至太常卿;入陳,為中書侍郎、尚書令;入隋,為上開府。他特別得到陳後主寵重,「當權宰,不持政務,但日與後主遊宴後庭」,為其「狎客」[253]之一,以寫作宮體豔詩著名。他自弱年即寄心佛說,年二十餘入鐘山,從靈曜寺僧法則受菩薩戒;晚年仕陳,與攝山慧布上人遊,悟人生苦、空,菜食持戒。但他雖兩度入山,卻終不能割斷俗務。他所作佛教題材作品不少。臺城陷,他入會稽,棲止龍華寺,寺為六世祖宋吏部尚書江湛所建。他在「華戎莫辨,朝市傾淪」之際,鬱結傷情,作〈修心賦〉,表示要「幸避地而高棲,憑調御之遺旨。析四辯之微言,悟三乘之妙理。遣十纏之繫縛,袪五惑之塵滓。久遣榮於勢利,庶忘累於妻子。惑意氣於疇日,寄知音於來祀」[254],等等。可是後來一旦有出仕機會,他就食言而肥了。他入棲霞山,作〈攝山棲霞寺碑〉,歷敘建寺經過和歷代

---

[252]　《全陳文》卷一一,第 3,463 頁。
[253]　《陳書》卷二七〈江總傳〉,第 347 頁。
[254]　《全隋文》卷一〇,第 4,068 頁。

住寺僧侶，雜以神異荒唐之說，寫景敘事表現出相當的技巧。又有〈入攝山棲霞寺詩〉：

> 淨心抱冰雪，暮齒逼桑榆。太息波川迅，悲哉入世拘。歲華皆採穫，冬晚共嚴枯。濯流濟八水，開襟入四衢。茲山靈妙合，當與天地俱。石瀨乍深淺，崖煙遞有無。缺碑橫古隧，盤木臥荒途。行行備履歷，步步轢威紆。高僧跡共遠，勝地心相符。樵隱各有得，丹青獨不渝。遺風佇芳桂，比德喻生芻。寄言長往客，悽然傷鄙夫。[255]

這首詩是至德元年（西元 583 年）作；至禎明元年（西元 587 年）入山見慧布，又作〈遊攝山棲霞寺詩〉。他寫這些作品有意規仿謝靈運，但不如謝詩清新生動。一個高官、狎客，不可能懷有高蹈超世的真情。到他的晚年，屢經興亡喪亂之後，作〈明慶寺詩〉：

> 十五《詩》、《書》日，六十軒冕年，名山極歷覽，勝地殊留連。幽崖聳絕壁，洞穴瀉飛泉。金河知證果，石室乃安禪。夜梵聞三界，朝香徹九天。山階步皎月，澗戶聽驚蟬。市朝沾草露，淮海作桑田。何言望鍾嶺，更復切秦川。[256]

還有〈哭魯廣達〉等詩，則頗能抒寫出更真切的感慨蒼涼之情，但仍擺脫不了濫用佛教事典的弊病。

顏之推（西元 531 － ? 年），字介。梁時蕭繹為湘東王，顏之推為其國左常侍；蕭繹稱帝，為散騎侍郎；西魏攻破江陵被俘，遂投奔北齊，仕齊二十年；後入北周、隋。他歷仕四朝，歷盡人生艱辛。晚年作〈觀我生賦〉，敘述一生遭遇，感嘆「予一生而三化（指三次遭亡國之痛），被荼苦而蓼辛。鳥焚林而鎩翮，魚奪水而暴鱗。嗟宇宙之遼曠，愧無所而容

---

[255] 《先秦漢魏晉南北朝詩・陳詩》卷八，第 2,583 頁。
[256] 《先秦漢魏晉南北朝詩・陳詩》卷八，第 2,582 － 2,583 頁。

第七節　梁、陳時期的其他文人

身」[257]，被認為是可與庾信〈哀江南賦〉並稱的感傷時事傑作。他的《顏氏家訓》被推為古今家訓之祖，「篇篇藥石，言言龜鑑」[258]，影響十分深遠。所言以儒家倫理為主旨，又「徘徊於玄、釋之間，出入於內、外兩教之際」[259]，而更畸重佛教。其中有〈歸心〉一篇，開頭就說「三世之事，信而有徵，家世歸心，勿輕慢也」，然後提出：「內外兩教，本為一體，漸積為異，深淺不同。內典初門，設五種禁；外典仁、義、禮、智、信，皆與之符：仁者，不殺之禁也；義者，不盜之禁也；禮者，不邪之禁也；智者，不酒之禁也；信者，不妄之禁也。」明確地把佛教的五戒媲配儒家的五常，統合兩者。這種觀念被後人屢屢發揮。接著，他列舉出「俗之謗者」五條，逐一為釋氏之說辯護。他告訴子弟：「汝曹若觀俗計，樹立門戶，不棄妻子，未能出家，但當兼修戒行，留心誦讀，以為來世津梁。人生難得，無虛過也。」[260] 他的這些話典型地反映了士大夫居士的佛教觀念，對以後居士佛教的發展造成推動作用。

梁、陳時期是真摯的信仰空氣瀰漫文壇的時代，幾乎所有文人都與佛教有或深或淺的關係。在易代頻仍、戰亂連年的動盪時期，佛教會引導人們走向消極和頹唐；更有一些人談空說有，卻又沉溺於頹廢享樂生活，則表現出信心的虛偽。但在廝殺劫奪不絕的環境中，佛教的慈悲之義、果報之說以及其所提倡的離欲出世的人生觀念，卻不能說沒有一定的正向意義；而一些人熱衷於推廣佛教文化並獲得一定成果，諸多文人調和儒、釋，把佛教內容融入文學創作，並獲得一定成就，更是對於文化和文學領域的貢獻。

---

[257]　《全上古三代秦漢三國六朝文・全隋文》卷一三，第4,090頁。
[258]　王鉞《讀書叢殘》。
[259]　王利器《顏氏家訓集解・敘錄》，上海古籍出版社，1980年，第4頁。
[260]　王利器《顏氏家訓集解》，上海古籍出版社，1980年，第335、339、364頁。

第二章　魏晉南北朝與佛教

第三章
六朝僧人的創作

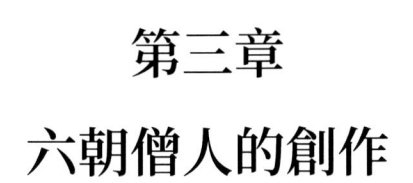

第三章　六朝僧人的創作

第一節　支遁

到兩晉之際，佛教在社會中廣泛傳播，「高門為僧」者多有其人，僧團的文化水準大為提高。一些文人虔誠地入道為僧，但文人習氣並不一定改變。在中土繁榮的文學環境中，僧團裡亦頗有熱衷文事、擅長詩文的人，其創作成為文壇表現的重要部分，在有些領域其成就是相當傑出的。徐陵談出家為僧的「十種大利」，其第三項就說到「躬無任重，居必方城，白璧朱門，理然致敬，夜琴晝瑟，是自娛懷，曉筆暮詩，論情頓足」[261]，可見當時僧人寫詩作文已成為風氣。由於出家人的特殊地位和身分，其詩文創作也就形成某些特色；因他們與世俗文人又保持密切交往，相互間也必然造成影響。

前一章提到，《世說新語》記載二十餘位僧人，其中最重要、記述最充分又十分具有代表性的當推支道林即支遁。書中涉及他的條目有五十幾條之多（據後人考證，有的條目記載有誤，如〈政事〉章「王、劉與林公共看何驃騎」條，或認為其中的「林公」為「深公」之訛），超過有關其他二十餘人記述條數的總和。關於他更有兩點值得注意：一是在先前和同時期的佛教僧團裡，著名佛教活動家主要是譯經僧即「譯師」，與他大致同時期的中土僧人釋道安也主要以主持譯事著稱，而支道林乃是在士大夫間活動的新型漢族僧人，開啟了僧團注重文事的新風尚；再一點是，他的活動範圍空前廣泛，結交眾多名公、文士，在僧團中更占有重要地位，同時代的名僧如法虔與他同學，竺法深、于法開與他交好，等等。因此，了解他的為人與活動，可以大致釐清當時名僧活動的普遍情況。

支道林（西元 314 － 366 年），名遁，或尊稱為「林公」；本姓關，陳留（今河南開封市）人（一說河東林慮，即今河南林縣），出身於士族

---

[261] 〈諫仁山深法師罷道書〉，《全上古三代秦漢三國六朝文・全陳文》卷一〇，第 3,455 頁。

第一節 支遁

家庭。他是第一位精於佛教義理並多有著述的本土僧人。他注解過《安般》、《本業》等經，著有〈即色遊玄〉、〈聖不辯知〉等論，並曾分判佛家三乘義；他還著有《道行指歸》、《學道戒》等關於戒律、修學的著作。他更才藝雙全，精詩文，善草隸，通名理，善談論，雅好當時流行的玄遠之談，論才行、談《莊子》皆有精解。這些又都成為他結交士大夫的良好條件。他可以說是披著袈裟的名士。

他所交好的多有當時名人、文壇上第一流人物。例如東晉政壇上的重要人物謝安，早年曾「寓居會稽，與王羲之及高陽許詢、桑門支遁遊處」[262]。又有書法名家王羲之：「會稽有佳山水，名士多居之⋯⋯孫綽、李充、許詢、支遁等皆以文義冠世，並築室東土，與羲之同好。」[263] 謝安出仕在四十歲（他生於大興三年，即西元 320 年）以後，而王羲之任會稽內史在永和七年（西元 351 年），據此可以推定支道林等人在會稽活動的時間。永和九年曾舉行被後人豔稱的蘭亭祓禊。王隱《晉書》上記載「王羲之初渡江，會稽有佳山水，名士多居之，與孫綽、許詢、謝尚、支遁等宴集於山陰之蘭亭」[264]。不過在不同資料裡，支道林是否參加了這一次蘭亭雅集說法不一。但他參與這些名士的交遊則是可以肯定的。而這一段時期正是佛教在貴族士大夫間廣泛流傳的時候。支道林與名士們一起講習佛典，從而也成為後者與佛教交流的津梁。支道林所講《維摩經》，被稱讚為「先聖之格言，弘道之宏標」[265]，又是宣揚在家居士思想的經典，自然會受到名士的歡迎。據傳王濛曾聽他在祇洹寺講經，他坐在高座上，手舉麈尾，侃侃談論，在坐百餘人皆結舌傾聽。王濛說他「自是缽釪後王、何人也」[266]。王、何指王弼與何晏。這裡是把支道林比作前代的玄學大師了。

---

[262] 《晉書》卷七九〈謝安傳〉，第 2,072 頁。
[263] 《晉書》卷八〇〈王羲之傳〉，第 2,098－2,099 頁。
[264] 《太平御覽》卷一九四〈居處二三〉，中華書局影印本，1960 年，第 938 頁。
[265] 支愍度〈合維摩詰經序〉，《出三藏記集》卷八，第 310 頁。
[266] 余嘉錫《世說新語箋疏》中卷下〈賞譽〉，中華書局，1983 年，第 479 頁。

第三章　六朝僧人的創作

當時正是大乘經廣泛傳譯、般若思想廣泛流行的時候。般若主性「空」，而魏、晉以來玄學的根本命題則是本末、有無問題。般若與玄學相合流，被納入為清談的內容。當時人對於般若空觀有不同理解，後人歸納為「六家七宗」，實際上其基本思想都沒有超出玄學本末、有無命題的框架。這即是所謂「玄學化的佛學」，乃是中土人士接受大乘佛教的過渡形態。支道林正是這一股潮流的重要代表人物。在「六家七宗」裡，他主「即色」義。《世說》注轉引他在〈觀妙章〉裡所述見解：

> 夫色之性也，不自有色。色不自有，雖色而空。故曰色即為空，色復異空。[267]

意思是說：萬法本身是沒有自性的；因為沒有自性，萬法就是空而不實的；所以說它就是空，但又並不等同於空，這就是所謂「即色空」義。支謙譯本《維摩經》（這是支道林能夠見到的譯本）的〈不二入品〉中愛覲菩薩論「不二法門」說：「世間空耳，作之為二：色、空。不色敗空，色之性空。」[268]

這應是支道林立論的典據。他顯然還沒有像後來的僧肇那樣深入理解「緣起性空」、「實相空」的真諦，但他已經理解色、空不一、不異的道理，比起當時普遍地糾纏在玄學「本無」、「心無」的詮釋，顯然前進了一大步。他理解般若「空」觀的這種玄理上的超越，應是他獲得名士讚賞的一大原因。

名士「談玄」的主要內容取自「三玄」，即《周易》、《老》、《莊》。支道林像早期多數名僧一樣，曾有研習《老》、《莊》的經歷。他特別熟悉《莊子》。他把般若「空」觀融入對《莊子》的理解中，做出新的發揮。《世說》記載：

---

[267]　余嘉錫《世說新語箋疏》上卷下〈文學〉，中華書局，1983 年，第 223 頁。
[268]　支謙譯《維摩詰所說不思議法門經》卷下〈不二入品〉，《正》第 14 卷第 531 頁中。

第一節 支遁

《莊子·逍遙篇》，舊有難處，諸名賢所可鑽味，而不能拔理於郭、向之外。支道林在白馬寺中，將馮太常共語，因及〈逍遙〉。支卓然標新理於二家之表，立異義於眾賢之外，皆是諸名賢尋味之所不得。後遂用支理。[269]

這裡「郭、向」指郭象與向秀。今傳《莊子注》，一般認為是二人合著（有郭竊向義之說，此不具論）。劉注引郭、向「逍遙義」說：

夫大鵬之上九萬，尺鷃之起榆枋，小大雖差，各任其性，苟當其分，逍遙一也。然物之芸芸，同資有待；得其所待，然後逍遙耳。唯聖人與物冥而循大變，為能無待而常通，豈獨自通而已。又從有待者不失其所待；不失，則同於大通矣。

這一段話在今本《莊子注》裡分兩節，是解釋〈逍遙遊〉題目和「列禦寇御風而行」一句。其內容是肯定小大雖殊，同資有待，各有定性；自足其性，則算是任性逍遙。這乃是反映東晉名士們放縱自恣的人生態度和生活實踐的理論，也是以郭、向為代表的玄學中「本有」一派學說的具體發揮。但支道林的「逍遙義」則認為：

夫逍遙者，明至人之心也。莊生建言人道，而寄指鵬、鷃。鵬以營生之路曠，故失適於體外；鷃以在近而笑遠，有矜伐於心內。至人乘天正而高興，遊無窮於放浪，物物而不物於物，則遙然不我得；玄感不為，不疾而速，則逍然靡不適，此所以為逍遙也。若夫有欲當其所足；足於所足，快然有似天真。猶飢者一飽，渴者一盈，豈忘蒸嘗於糗糧，絕觴爵於醪醴哉！苟非至足，豈所以逍遙乎？[270]

郭、向以適性為理想，認為大鵬上高天，尺鷃起榆枋，雖然所處境況不同，但都算是實現了自己的本性而「逍遙」。這種看法的前提，是承認

---

[269] 余嘉錫《世說新語箋疏》上卷下〈文學〉，中華書局，1983年，第220頁。
[270] 余嘉錫《世說新語箋疏》上卷下〈文學〉，中華書局，1983年，第220－221頁。

「有待」狀態不可改變,也就是承認相對與絕對的矛盾存在。支道林則認為,大鵬為了「營生」能夠飛得高,但高飛則消耗體力即「失適於體外」;尺鷃在榆枋叢中飛舞而自認為適性得意,因此就有了矜伐之心。牠們表面上都任性逍遙,實際上並沒有「自足」本性。「至人」則應當不為物累,玄感不為,從而超越一切客觀限制。他的這種主張的內涵,比照《高僧傳》中的一段記載可以看得更清楚:

> 遁嘗在白馬寺,與劉系之等談《莊子·逍遙篇》,云:「各適性以為逍遙。」遁曰:「不然。夫桀、跖以殘害為性,若適性為得者,彼亦逍遙矣。」[271]

也就是說,如果只強調「適性」,實際上是在替現實中豪門士族的「殘害」之行做辯護。支道林的理解則大大超越一步:他肯定的是無欲、無待的絕對的逍遙,要求掙脫「有待」的限制而得到真正的解脫。

支道林把這種理想的人格稱為「至人」。「至人」的概念本出自《莊子·逍遙遊》:「至人無己,神人無功,聖人無名。」這三種人格是同一的還是有差別的,歷來說法不一,但三者都是理想的、達到絕對境界的人格則是可以肯定的。值得注意的是,支道林曾把《莊子》「至人」的概念用於佛陀,讚揚佛陀是「至人時行而時止」,「至人全化,跡隨世微」[272];他又具體描寫「至人」的面貌說:

> 夫至人也,覽通群妙,凝神玄冥,靈虛響應,感通無方。建同德以接化,設玄教以悟神,述往跡以搜滯,演成規以啟源……故千變萬化,莫非理外,神何動哉?以之不動,故應變無窮……夫體道盡神者,不可詰之以言教;遊無蹈虛者,不可求之於形器。故以至人於物,遂通而已。[273]

---

[271] 《高僧傳》卷四〈支遁傳〉,第160頁。
[272] 〈釋迦文佛像讚〉,《廣弘明集》卷一五,《正》第52卷第196頁。
[273] 〈大小品對比要抄序〉,《出三藏記集》卷八,第299－301頁。

第一節　支遁

　　因此，他所理想的「至人」是實現了「凝神玄冥」的「神悟」，從而「體道盡神」、「遊無蹈虛」、不為一切言教所限制、進入絕對境界的人。這顯然也是與他的「即色義」相一致的。所以，支道林是以佛教的般若空觀改造了莊子和玄學的人生哲學。

　　支道林的文采、風度足以和第一流的名士相抗衡，他更以特殊的身分和學養從事文學創作，成為中土僧人中第一位留有文集的人。《隋書‧經籍志》著錄《支遁集》八卷，注曰「梁十三卷」；《高僧傳‧支遁傳》謂文集十卷，《唐書‧藝文志》著錄同。原集久佚。現存後人輯錄《支遁集二卷附補遺一卷》。逯欽立《先秦漢魏晉南北朝詩》輯錄詩十八首；嚴可均《全上古三代秦漢三國六朝文》輯錄文二十六篇（有斷章），包括十六首銘讚。依據這些有限的佚存，可以大致窺知支道林文學成就的一斑。

　　唐詩僧皎然有詩說：「山陰詩友喧四座，佳句縱橫不廢禪。」[274] 杜甫也曾有「道林才不世」[275] 的讚譽。阮元則說：「晉代沙門，多墨名而儒行。若支遁，尤矯然不群，宜其以詞翰著也。」[276] 這些都指出了支遁的文才和影響。如前已指出，當時詩壇上的著名人物孫綽、許詢等都與他有密切交誼，切磋詩歌技藝應是他們交往的重要內容。

　　余嘉錫曾指出：「支遁始有讚佛詠懷諸詩，慧遠遂撰念佛三昧之集。」[277] 這是說支遁首開以佛禪入詩的風氣。所謂「讚佛詠懷」，有〈四月八日讚佛詩〉、〈詠八日詩三首〉、〈詠壞詩五首〉等作品。支遁的這一類詩作表現佛理，不免玄言詩的偏枯之弊，但如皎然所稱讚的：

天生支公與凡異，凡情不到支公地。[278]

---

[274]　〈支公詩〉，《全唐詩》卷八二〇，第 9,251 頁。
[275]　〈大雲寺贊公房四首〉之一，《杜少陵集詳注》卷四。
[276]　《四庫未收書目提要》，《揅經室外集》卷二。
[277]　余嘉錫《世說新語箋疏》上卷下〈文學〉注（二），中華書局 1983 年，第 265 頁。
[278]　〈支公詩〉，《全唐詩》卷八二〇，第 9,251 頁。

就是說，他的詩抒寫了不同於「凡情」、高蹈的、超然的情懷，也就是他所理想的「無待」、「至人」、「聖人」的境界。這也是某些名士優遊生涯中所追求的體道境界。如〈詠懷詩五首〉之四：

閒邪託靜室，寂寥虛且真。逸想流巖阿，朦朧望幽人。慨矣玄風濟，皎皎離染純。時無問道睡，行歌將何因。靈溪無驚浪，四嶽無埃塵。余將遊其嵎，解駕輟飛輪。芳泉代甘醴，山果兼時珍。修林暢輕跡，石宇庇微身。崇虛習本照，損無歸昔神。曖曖煩情故，零零沖氣新。近非域中客，遠非世外臣。淡泊為無德，孤哉自有鄰。[279]

詩人嚮往山林水涯，與「幽人」優遊行歌，在離世絕俗的環境裡洗落凡情，度過「近非域中客，遠非世外臣」的逍遙淡泊的人生。這裡不用佛語，但那種「虛且真」的境界，顯然有佛教空觀的影子。又他的〈述懷詩二首〉之一：

翔鸞鳴昆崿，逸志騰冥虛。惚怳回靈翰，息肩棲南嵎。濯足戲流瀾，採練銜神蔬。高吟漱芳醴，頡頏登神梧。蕭蕭狩明翩，眇眇育清軀。長想玄運夷，傾首俟靈符。河清誠可期，戢翼令人劬。[280]

這一篇作品用寓言體，是魏晉詩人常用的寫法。詩裡描寫一隻遠翥高飛的鸞鳥，它食神蔬，飲醴泉，棲梧桐，而所望在靈符降臨，河清可期。由此可見支遁本是關心世道的人，這也展現出他作為出世之人的內在矛盾。

文學史上一般認為首創山水詩體的是謝靈運。但沈曾植指出：

「老、莊告退，山水方滋」，此亦目一時承流接響之士耳。支公模山範水，固已華妙絕倫；謝公卒章，多託玄思，風流祖述，正自一家。[281]

---

[279] 逯欽立《先秦漢魏晉南北朝詩・晉詩》卷二〇，第 1,081 頁。
[280] 逯欽立《先秦漢魏晉南北朝詩・晉詩》卷二〇，第 1,082 頁。
[281] 《八代詩選・跋》，《海日樓題跋》卷一。

第一節　支遁

「老、莊告退，山水方滋」是《文心雕龍・明詩》篇評論「宋初文詠」的話。而沈氏卻指出，在此之前的支遁已經「模山範水」，且已「華妙絕倫」，即認為他已開謝靈運的先河。

山居樂道乃是六朝僧侶的一種傳統。支遁與眾名士徜徉於會稽佳山水，在〈八關齋詩三首序〉裡說：

……余既樂野室之寂，又有掘藥之懷，遂便獨往。於是乃揮手送歸，有望路之想。靜拱虛房，悟身外之真；登山採藥，集巖水之娛……

他把山水之遊作為「悟身外之真」的機緣，對自然風光之美自然便有獨特的領會，因此寫出了相當優美的歌詠山水的篇章。如〈八關齋詩三首〉之三：

靖一潛蓬廬，惜惜詠初九。廣漠排林筱，流飆灑隙牖。從容遐想逸，採藥登重阜。崎嶇升千尋，蕭條臨萬畝。望山樂榮松，瞻澤哀素柳。解帶長陵岥，婆娑清川右。泠風解煩懷，寒泉濯溫手……[282]

支遁以這種清幽、寂寞的境界來寄託自己瀟灑不羈的情懷。又〈詠懷詩五首〉之三：

晞陽熙春圃，悠緬嘆時往。感物思所託，蕭條逸韻上。尚想天台峻，彷彿巖階仰。泠風灑蘭林，管籟奏清響。霄崖育靈靄，神蔬含潤長。丹砂映翠瀨，芳芝曜五爽。苔苔重岫深，寥寥石室朗。中有尋化士，外身解世網。抱樸鎮有心，揮玄撫無想。隗隗形崖頹，炯炯神宇敞。宛轉元造化，飄瞥鄰大象。願投若人縱，高步振策杖。[283]

這裡描寫水光山色，幽林響泉，在幽寂的自然風光中有「尋化士」，超越玄想，擺脫世務，成為詩人追求的榜樣。這些作品雖然表達仍欠渾

---

[282]　《先秦漢魏晉南北朝詩・晉詩》卷二〇，第 1,079 － 1,080 頁。
[283]　《先秦漢魏晉南北朝詩・晉詩》卷二〇，第 1,081 頁。

第三章 六朝僧人的創作

融,又多用「理語」(實際上「謝公卒章」亦「多託玄思」[284]),但作為以山水為題材的作品,在當時確屬創格。

在文章方面,現存支遁的長篇論文〈大小品對比要鈔序〉,是佛學史上的重要著作,文采詞華亦頗有可觀。藝術上更有價值的是銘讚類作品。如〈釋迦文佛像讚〉、〈阿彌陀佛像讚〉、〈維摩詰讚〉等,構想和辭藻均頗有創意。如〈阿彌陀佛像讚序〉:

> 夫六合之外,非典籍所摸;神道詭世,豈意者所測。故曰:人之所知,不若其所不知;每在常,輒欲以所不能見,而斷所未能了。故令井蛙有坎宅之矜,憑夷有秋水之伐。故其宜矣。余遊大方,心倦無垠,因以靜暇,復申諸奇麗。佛經紀西方有國,國名安養,迥邈迥邈,路踰恆沙。非無侍者不能遊其疆;非不疾者焉能致其速。其佛號阿彌陀,晉言無量壽。國無王制班爵之序,以佛為君,三乘為教。男女各化育於蓮花之中,無有胎孕之穢也。館宇宮殿,悉以七寶,皆自然懸構,制非人匠。苑囿池沼,蔚有奇榮。飛沈天逸於淵藪,逝寓群獸而率真。閶闔無扇於瓊林,玉響自喈於簫管。冥霄華,以闇境神風,拂故而納新;甘露徵化,以醴被蕙風,導德而芳流。聖音應感而雷響,慧澤雲垂而霈清……[285]

這裡先是說明神道之奇妙,然後描寫想像中的西方淨土景象,誇飾奇麗,令人嚮往,是後來對淨土的誇張描繪的濫觴。又〈維摩詰讚〉:

> 維摩體神性,陵化昭機庭。無可無不可,流浪入形名。民動則我疾,人恬我氣平。恬動豈形影,形影應機情。玄韻乘十哲,頡頏傲四英。忘期遇濡首,亹亹讚死生。[286]

這裡用詩語極其精闢地描述出維摩詰示疾一事的精神,展現了運用語

---

[284] 《八代詩選・跋》,《海日樓題跋》卷一。
[285] 《正》第 52 卷第 196 頁中—下。
[286] 《正》第 52 卷第 197 頁上。

言進行藝術概括的能力。

支遁生前飲譽士林,是中土新一代具有高度文化素養的僧侶典型。孫綽作〈道賢論〉,把他比作名士向秀:

> 支遁、向秀,雅尚《莊》、《老》,二子異時,風好玄同矣。[287]

他在〈喻道論〉裡又評論說:

> 支道林者,識清體順,而不對於物,玄道沖濟,與神情同任,此遠流之所以歸宗,悠悠者所以未悟也。[288]

佛門有這一類具有高度學養的人,不僅在文學上、學術上創造出多方面成就,對於推動中土佛教發展的意義也是十分重大的。

第二節　慧遠

南北朝時期戰亂連年,對立叢生,社會劇烈動盪。在社會的動亂不安與劇烈變動中,民族的交流與融合,佛、道二教的興盛與發展,文學理論與創作實務的「新變」,等等,顯示人們的精神生活也在發生巨大變化。其中佛教的傳播與繁榮對於思想、文化所造成的影響尤其巨大。這一段時期有貢獻、有影響力的中外僧人很多,而就對於文化或文學的影響而言,無論是當時抑或是後代,沒有一個人可以和慧遠相比擬。胡適談到廬山史蹟代表中國文化歷史的三大趨勢,第一個即是「慧遠的東林,代表中國『佛教化』和佛教『中國化』的大趨勢」[289]。事實上中國從來沒有真正「佛教化」;而「佛教中國化」則是一個長遠的過程,並不自慧遠始,更不至慧

---

[287]　《全上古三代秦漢南北朝文・全晉文》卷六二,第1,813頁。
[288]　《高僧傳》卷四,第163頁;此節未見《弘明集》所收〈喻道論〉。
[289]　〈廬山遊記〉,胡明編《胡適精品集》第5卷,光明日報出版社,1998年,第167頁。

第三章　六朝僧人的創作

遠終。但慧遠所開創的東林佛教確實增添了佛教發展的新內容，大幅地促進了佛教的「中國化」。尤其是他與劉遺民等人在廬山結社，開創僧、俗結社的先河，乃是當時儒、釋交流的一大盛事，後世更形成流傳廣遠的「白蓮社」傳說，對唐、宋以後文人居士佛教的發展影響十分深遠。

慧遠（西元334－416年），雁門婁煩（今山西靜樂縣西南）人，是支遁以後又一位既「高」且「名」的中土士族出身的僧人。他既不同於那些以傳翻外來佛典為主業的譯經師，也不是刻苦求法的頭陀僧，更不同於以支遁為代表的、《世說新語》裡表揚的那些「名士」型僧人。他弱而好書，穎特秀發，博綜六經，尤好《老》、《莊》。後從道安出家，聞道安講《般若經》，豁然開悟。他在致劉遺民的信中自敘所學說：

每尋疇昔，遊心世典，以為當年之華苑也。及見《老》、《莊》，便悟名教是應變之虛談也。以今而觀，則知沉冥之趣，豈得不以佛理為先？苟會之有宗，則百家同致。[290]

由此可見他廣泛研習過儒、道、釋三家，而以佛理為極致；同時又主張以佛理為基礎，會合諸家。他在廬山講經，引《莊子》為連類。又陸德明《毛詩音義》記載「周續之與雷次宗同受慧遠法師《詩》義」[291]。這說明了他不僅精於佛教義學，對於「外學」同樣修養極高。他在信仰、修持實務方面更是一代典範。他聲名卓著，在教團內外廣有聲望。後半生卜居廬山三十餘年，教養學徒，門人眾多。他在作風上也與支遁不同，堅持山居修道，不慕世務，對統治者保持高蹈、疏離的姿態，從而開創中土僧團中一種「抗禮萬乘，高尚其事，不爵王侯，而沾其惠」[292]的新傳統。這種精神和傳統更廣被文壇，沾丐後人。謝靈運的〈廬山遠法師誄〉說：

---

[290]　〈與隱士劉遺民等書〉，《廣弘明集》卷二七上，《正》第52卷第304頁上。
[291]　陸德明《經典釋文》卷五《毛詩音義》上，中華書局影印本，1983年，第53頁。
[292]　〈沙門不敬王者論・求宗不順化第三〉，《弘明集》卷五，《正》第23卷第30頁下。

第二節　慧遠

昔釋安公振玄風於關右，法師嗣沫流於江左。聞風而說，四海同歸。爾乃懷仁山林，隱居求志。於是眾僧雲集，勤修淨行，同餐法風，棲遲道門。可謂五百之季，仰合舍衛之風；廬山之崑，俯傳靈鷲之旨。洋洋乎未曾聞也。[293]

要了解佛教對中國文化、文學的影響，了解中國文人與佛教的關係，慧遠可作為典型個案。

慧遠著述宏富，有《大智度論要略》二十卷、《問大乘中深義十八科並羅什答》三卷、《法性論》二卷、文集十卷等。前三者為義學論著，今僅存《問大乘中深義》，俗稱《大乘大義章》，是中國佛教思想史上的一部重要著作。文集久已散佚，但作品在《出三藏記集》、《弘明集》等文集裡多有佚存。

慧遠對於中土佛教的重大貢獻，是根據大乘佛性思想系統地論證了「神不滅」論和據以生發的「三世報應」說。在已佚《法性論》中，他提出「至極以不變為性，得性以體極為宗」[294]的觀點，即認為法性是最高的精神實體，乃是不變之宗極，也就是涅槃。在〈沙門不敬王者論〉、〈三報論〉等論著裡，他提出神識不滅，愚智同稟，所以精神永存，三世果報。印度佛教講涅槃，使人追求不生不滅的、超脫輪迴的永恆境界，其精神是出世的；而慧遠的三世果報說，主張此世因緣來世得報，來世乃是現世的延續，其精神是入世的。這也展現了中土文化重現世的傳統特色。

為了超脫輪迴之苦，慧遠崇尚彌陀淨土信仰。這是與當時盛行的彌勒信仰不同的另一種淨土信仰。比起未來佛彌勒極其遙遠的龍華三會，來世即有可能往生的淨土顯得更為現實而親近。《高僧傳》記載，「彭城劉遺民、豫章雷次宗、雁門周續之、新蔡畢穎之、南陽宗炳、張萊民、張季碩

---

[293] 《廣弘明集》卷二三，《正》第 52 卷第 267 頁上。
[294] 《高僧傳》卷六，第 218 頁。

等,並棄世遺榮,依遠遊止。遠乃於精舍無量壽像前,建齋立誓,共期西方」。接著錄劉遺民的發願文,開頭說:

> 維歲在攝提格(元興元年,西元402年),七月戊辰朔二十八日乙未,法師釋慧遠,貞感幽奧,霜懷特發。乃延命同志息心貞信之士百有二十三人,集於廬山之陰般若臺精舍阿彌陀像前,率以香花敬薦而誓焉⋯⋯誓茲同人,俱遊絕域,其有驚出絕倫,首登神界,則無獨善於雲嶠,忘兼全於幽谷,先進之與後升,勉思策征之道⋯⋯[295]

這裡所說的元興元年那一次法會,當是慧遠結社的一次實際活動。這一次即有百餘人參加,可見結社規模之盛大。慧遠作為彌陀淨土的堅定信仰者和熱忱弘揚者,在所住廬山集結一批有素養的士大夫,使那裡成為淨土信仰的中心。廬山結社乃是中土歷史上第一個有規模、有水準的高僧與居士的結社,開創了佛教信仰的新形式,也開啟了後代文人居士信仰佛教的一種類型。值得注意的是,後人把這個結社當作典範並加以傳說化,形成有關「十八賢」結「白蓮社」和慧遠與道士陸修靜、詩人陶淵明「三賢」交好的故事。這些傳說不斷生發出新的細節,被賦予新的內涵,顯示了慧遠結社巨大、深遠的影響力及其豐富的文化史意義。

慧遠的議論文字如〈沙門不敬王者論〉、〈三報論〉和與桓玄等人就沙門禮敬王者、沙汰僧尼事論辯的書論,基本上是駁論文體。文字曉暢,析理透澈,議論滔滔,頗有氣勢,顯示出高度的論辯技巧。〈沙門不敬王者論〉共計五篇,另有一篇序。序中說明作文緣起:早在東晉初的成、康年間,就有大臣庾冰提出沙門要向王者致敬,曾引起爭論;到元興(西元402－404年)年間,太尉桓玄再提此議,文章即為此而作。僧人是否要向世俗王者致敬,表面看來只是禮儀問題,實際上卻展現了佛教教法和王權孰輕孰重的關係。因此慧遠要鄭重抗辯。文章前兩篇分別是〈在家〉、

---

[295]　《高僧傳》卷六〈慧遠傳〉,第214－215頁。

第二節　慧遠

〈出家〉，正面論述出家僧人的超脫、優越地位，不當受世俗禮法的約束；後三篇採用論辯體裁，借用設問而進行答辯，把自己的看法進一步深化。如〈求宗不順化第三〉，首先設問：「尋夫老氏之意，天地以得一為大，王侯以體順為尊。得一故為萬化之本，體順故有運通之功。然則明宗必存乎體極，求極必由於順化。是故先賢以為美談，眾論所不能異。異夫眾論者，則義無所取，而云不順化何耶？」這裡對方是從人世間共通的原則立論，指出社會上每一個人都要遵從教化，沒有例外。慧遠的回答先是以退為進，承認上述原則，然後從人的「形」（有形）和「情」（有情）兩個方面，指出出家人所追求的是宗極之道，即涅槃，因而完全不同於常人，而超越了有形和有情的境界，就此他說：

> 夫生以形為桎梏，而生由化有，化以情感，則神滯其本，而智昏其照，介然有封，則所存唯己，所涉唯動。於是靈轡失御，生塗日開，方隨貪愛於長流，豈一受而已哉！是故反本求宗者，不以生累其神；超落塵封者，不以情累其生。不以情累其生，則生可滅；不以生累其神，則神可冥。冥神絕境，故謂之泥洹。泥洹之名，豈虛構也哉！請推而實之：天地雖以生生為大，而未能令生者不化；王侯雖以存存為功，而未能令存者無患。是故前論云：達患累緣於有身，不存身以息患；知生生由於稟化，不順化以求宗。義存於此！義存於此！斯沙門之所以抗禮萬乘，高尚其事，不爵王侯，而沾其惠者也。[296]

作者不是就事論事，而是從佛教教理的更高原則論證了出家人的超然品格和高尚地位，從而有力地肯定了他們不應受到現實禮法的約束。這樣的文字當然是為僧人爭權益、作辯護。但其中展現的勇於抗衡世俗權威的精神，力圖擺脫現實統治體制的要求，在封建王權高於一切的條件下，卻有著普遍的思想意義。那種「抗禮萬乘」、「不爵王侯」的精神更給予後代

---

[296]　《正》第 52 卷第 30 頁中、上。

文人相當的鼓舞和啟發。

慧遠的銘讚體文字如〈萬佛影銘並序〉、〈晉襄陽丈六金像頌〉也可以當作相當優美的駢體文來閱讀。而真正意義上的文學創作,今佚存有〈廬山記〉和〈遊山記〉,是相當優秀的山水記。後者僅存數句,前者也是斷章。〈廬山記〉存七百餘字,以壯闊的筆墨為廬山繪影繪形,夾敘相關史蹟、傳說,把雄偉的奇山異水展現在讀者面前。如總述廬山形勢一段:

山在江州潯陽南。南濱宮亭,北對九江。九江之南為小江,山去小江三十餘里。左挾彭蠡,右傍通州,引三江之流而據其會……其山大領,凡有七重。圓基周迴,垂五百里。風雨之所攄,江山之所帶,高巖仄宇,峭壁萬尋,幽岫穿崖,人獸兩絕。天將雨,則有白氣先摶,而纓絡於山嶺下。及至觸石吐雲,則倏忽而集。或大風振巖,逸響動谷,群籟競奏,其聲駭人。此其化不可測者也。

又描寫香爐峰一段:

東南有香爐山,孤峰獨秀,起游氣籠其上,則氤氳若香煙;白雲映其外,則炳然與眾峰殊別。將雨,則其下水氣湧出如馬車蓋。此龍井之所吐。其左則翠林,青雀白猿之所憩,玄鳥之所蟄……[297]

如此用風雲、動植來渲染山水,在動態中描寫風光,從而創造出鮮明如畫的境界。這樣的描寫,實開唐代山水記的先河。如有佚存描寫廬山的五言〈廬山東林雜詩〉一首:

崇巖吐清氣,幽岫棲神蹟。希聲奏群籟,響出山溜滴。有客獨冥遊,徑然忘所適。揮手撫雲門,靈關安足闢。流心扣玄扃,感至理弗隔。孰是騰九霄,不奮沖天翮。妙同趣自均,一悟超三益。[298]

---

[297]　《全上古三代秦漢南北朝文‧全晉文》卷一六二,第 2,398 – 2,399 頁。
[298]　《先秦漢魏晉南北朝詩‧晉詩》卷二〇,第 1,086 頁。

結句裡的「三益」用《論語》典：「友直、友諒、有多聞，益矣。」[299] 這裡是說悟得佛理則會獲得超越世俗的福利。這一首詩借山水以詠志，格調類似當時流行的玄言體，但作為早期專門以山水為題材的作品還是值得注意的。慧遠當有更多的嘉什沒有流傳下來。

還值得注意的是慧遠廬山僧團積極地把詩文創作納入到佛事活動之中。他周圍的居士如劉遺民等也多是能文善藝之士。從他所作的〈念佛三昧詩集序〉可以知道，他的僧團曾利用詩歌來抒寫念佛體驗，也就是說，詩歌被他們當作修道的輔助，表達佛道感悟的手段。他的這一篇序在本書討論佛教對文學理論的影響部分將有所說明。今存廬山諸道人〈遊石門詩並序〉和廬山諸沙彌的〈觀化決疑詩〉，可窺見當時廬山僧團詩歌創作的一斑。

第三節　僧肇

僧肇（西元384－414年），京兆（今陝西長安市）人。少年家貧，以替人抄寫書籍為生，從而得以遍觀經史。他志好玄微，宗主《老》、《莊》。當時義學沙門的治學經歷大致如此。他曾讀《道德經》，慨嘆說：「美則美矣，然棲神冥累之方，猶未盡善也。」[300] 後來讀了《維摩經》，歡喜頂受，因而出家。東晉隆安二年（西元398年），鳩摩羅什來到姑臧（今甘肅武威市），他前往受業。後秦弘始三年（西元401年），姚興迎請羅什入關，他隨同來到長安。並奉朝廷之命參與羅什譯場，成為羅什弟子中的第一人。羅什譯出《大品般若》，他作〈般若無知論〉二千餘言，廬山隱士劉遺民讀後讚嘆說：「不意方袍，復有平叔。」即把他比作玄學大師何晏。他英年早

---

[299] 《論語·季氏》。
[300] 《高僧傳》卷七〈僧肇傳〉，第249頁。

逝,死時年僅三十一歲,短促的一生裡卻寫下一系列中國佛教史上影響深遠的論著。

鳩摩羅什在佛教史上的主要貢獻,是系統性地傳譯了大乘經論;另一個重要貢獻則是培養出一批學養有素的弟子。其中以僧肇、道生、道融、道恆為冠,有「四聖」之稱(還有所謂「八俊」、「十哲」等說)。羅什譯業對於中土人士了解大乘深義、擺脫玄學化的「格義」思想和方法發揮了決定性的作用。但他本人著作不多,思想、學說被弟子們所闡揚和發揮,其中以僧肇和道生成就尤大。僧肇才思敏捷,善於談說,二十歲已經名振關輔。他的代表作有〈物不遷論〉、〈不真空論〉、〈般若無知論〉、〈涅槃無餘論〉等四論,後來與〈宗本義〉合為一書,俗稱《肇論》;另有書、序等雜文並《維摩經注》。雖然作品數量並不算多,但對後世中土佛教的發展,尤其是對於三論宗和禪宗的形成,影響卻十分巨大而深遠。

僧肇的佛學思想以般若空觀為核心。他發揮了大乘中觀學派空、有不二、「三諦圓融」的辯證精神,一方面破斥小乘佛教執著三世恆有的主張,另一方面又與以「無」解「空」的格義佛教劃清界限。因而他的著作在中土大乘思想的發展中占有里程碑的地位。同時他又汲取中土傳統學術關於體用、本末的觀念,理論框架和具體應用都展現出濃厚的調和色彩。這也是他的學說得以被廣泛認同和接受的重要條件。

僧肇的作品是純粹的佛教論著。但作為論說文字,它們論證詳悉,邏輯嚴密,特別是純熟地應用當時流行的駢驪文體,辭嚴義密,精賅曉暢,達到相當高的表現水準。據說他寫出〈般若無知論〉,上呈羅什,被稱讚說:「吾解不謝子,辭當相揖。」[301] 羅什譯經,語言表達十分高超,卻如此對他的文辭甘拜下風。值得注意的是,中土先秦以來十分發達的議論文字,基本上屬於政論體,討論的主要是形而下的政治、倫理等社會現象和

---

[301] 《高僧傳》卷七〈僧肇傳〉,第 249 頁。

第三節　僧肇

問題；形而上的抽象議論比較薄弱（道家和墨家較多這一類文字，可是文學性都較弱）。而佛教的經論、尤其是部派佛教的阿毗達摩本來具有論辯的性格，中土發展起來的佛教義學同樣注重議論。所以對於六朝時期各種議論文體的發展，義學沙門的成就尤其顯著。今存《出三藏記集》、《弘明集》、《廣弘明集》，留下了這方面的獨特成果。而僧肇的議論文字，無論是從內容來看，還是從藝術技巧來看，在六朝僧人論著之中都堪稱翹楚。

僧肇議論的主要特徵，一方面是引經據典地進行演繹推理，推理中十分注重邏輯的嚴密；另一方面是熟練地使用佛教論書習用的名相分析方法，界定名相的內涵和外延，仔細辨析，闡發義理。因而他的文字不是以氣勢壓人，而是以邏輯力量服人。當然，作為宗教教義論證，他在理論上和邏輯上的根本漏洞是明顯的；但就對於具體課題的辨析而言，其邏輯卻往往是無懈可擊的。如〈不真空論〉一文，是批駁當時流行在關河地區的三種般若空觀即心無、本無、即色三宗宗義。這是對於大乘「般若空」觀三種片面、錯誤的玄學化理解，是早期格義佛學的具體展現。〈不真空論〉的開頭，首先確立基本觀點：

> 夫至虛無生者，蓋是般若玄鑑之妙趣、有物之宗極者也……萬象雖殊，而不能自異。不能自異，故知象非真象；象非真象故，則雖象而非象。然則物我同根，是非一氣，潛微幽隱，殆非群情之所盡……

這樣提出「不真故空」論題，並引出「眾論競作」的心無、即色、本無三種觀點，一一加以批駁；然後再依據一系列大乘經典，辨析大乘空觀的真意；特別是利用中觀學派的理論反覆闡明「真諦以明非有，俗諦以明非無」的道理，透過真俗、有無的詳細辨析，得出「欲言其有，有非真生；欲言其無，事象即形。象形不即悟，非真非實有。然則不真空義，於茲顯矣」的結論。最後一段，進一步引申說：

夫以名求物，物無當名之實；以物求名，名無得物之功。物無當名之實，非物也；名無得物之功，非名也。是以名不當實，實不當名，名實無當，萬物安在？……故知萬物非真，假號久矣。是以《成具》立強名之文，園林託指馬之况。如此，則深遠之言，於何而不在？是以聖人乘千化而不變、履萬惑而常通者，以其即萬物而自虛，不假虛而虛物也。故經云：「甚奇，世尊，不動真際，為諸法立處。非離真而立處，立處即真也。然則道遠乎哉？觸事而真。聖遠乎哉？體之即神。」[302]

這樣由不真故空的蕩相遣執的立場，轉向對世俗事物的肯定。所謂「立處即真」、「體之即神」的觀念與後來禪宗宗義相通，成為禪宗立宗的理論基礎。這種細密、精緻的名相辨析和絲絲入扣的推理方法，是當時文壇上一般議論文章難以見到的。而作為駢體文字，其對仗的工整、語氣的流暢也是同時代作品鮮有其比的。

〈物不遷論〉則針對小乘佛教執著於無常而不了解大乘空觀的真義立論。其中對動與靜、往與常等對立概念進行辨析。依據《放光般若經》「法無去來，無動轉者」的論斷，提出「必求靜於諸動」，「不釋動以求靜」；「靜而常往」，「往而常靜」，因而即動即靜，體、用一如，「如來功流萬世而常存，道通百劫而彌固」[303]，從而發揮了龍樹《中論》的「八不中道」思想。〈般若無知論〉同樣先引用《放光般若》「般若無所知，無所見」的論斷，根據「知」與「不知」相對待的關係，指出有所知即有所不知，聖心無知，所以無所不知；再進一步指出聖人之心「虛不失照」，「照不失虛」，「用即寂，寂即用」[304]，從而闡明動靜相即、體用一如的道理。像這樣，都是依據經典教條進行演繹，辨析概念以明義理，透過絲絲入扣的推理展開論證，真是文心之細、細如毫髮，在中土文人作品中是難以見到的。

---

[302]　《肇論》，《正》第 45 卷第 153 頁上－ 154 頁下。
[303]　《正》第 45 卷第 151 頁。
[304]　《正》第 45 卷第 153 頁上－ 154 頁下。

第三節　僧肇

僧肇作為羅什大弟子，先師圓寂後寫下長篇誄文，也是一篇很有特色的文章。文章由駢體序文和韻文銘誄兩部分構成，其中並沒有在先師事蹟上多著筆墨，主要是讚頌其顯揚大乘的業績和功德，寫到動情處熱情噴湧，如序文的最後：

……以要言之，其為弘也，隆於春陽；其除患也，屬於秋霜。故巍巍乎，蕩蕩乎，無邊之高韻！然陲運幽興，若人云暮，癸丑之年，年七十，四月十三日薨乎大寺。嗚呼哀哉！道匠西傾，神軸東摧，朝曦落曜，寶嶽崩頹。六合晝昏，迷駕九回，神關重閉，三途競開。夜光可惜，盲子可哀，罔極之感，人百其壞。

銘誄的最後一段說：

公之云亡，時唯百六，道匠韜斤，梵輪摧軸。朝陽頹景，瓊嶽顛覆，宇宙晝昏，時喪道目。哀哀蒼生，誰撫誰育，普天悲感，我增摧䏑。嗚呼哀哉！[305]

昔吾一時，曾遊仁川，遵其餘波，纂成虛玄。用之無窮，鑽之彌堅，耀日絕塵，思加數年。微情未敘，已隨化遷，如可贖兮，貿之以千。時無可待，命無可延，唯身唯人，靡憑靡緣。馳懷罔極，情悲昊天。嗚呼哀哉！

像這樣的真情傾吐，多方渲染，音節朗朗，運筆又避免流行文體的繁縟雕飾，在當時文壇上也是不可多得的高妙文字。

---

[305]　《廣弘明集》卷二三，《正》第 52 卷第 265 頁。

第四節　惠休、僧祐、慧皎、寶唱等人

　　上面介紹了南北朝僧人中對文學貢獻巨大的代表人物。實際上在南朝社會十分精緻、發達的貴族文化環境裡，僧人從事詩文創作已相當普遍，其中不少人獲得了顯著成就，有些更在文學史上占有一定地位。下面簡要介紹另外幾位成就較出色的人物。

　　南北朝時期真正專門以能詩著名的僧人當數湯惠休，事見《宋書》：元嘉二十四年（西元447年）徐湛之由中書令轉南兗州刺史，「廣陵城（今江蘇揚州市）舊有高樓，湛之更加修整，南望鐘山。城北有陂澤，水物豐盛。湛之更起風亭、月觀、吹臺、琴室，果竹繁茂，花藥成行，召集文士，盡遊玩之適，一時之盛也。時有沙門釋惠休，善屬文，詞采綺豔，湛之與之甚厚。世祖命使還俗。本姓湯，位至揚州從事史」[306]。《隋書》著錄「宋宛朐令《湯惠休集》三卷，梁四卷」[307]，已佚；逯欽立輯錄詩十一篇。從這些記述可以知道他還俗後曾任縣令、揚州從事史等職。他在宋、齊之間甚有詩名。著名文人顏延之「每薄湯惠休詩，謂人曰：『惠休制作，委巷中歌謠耳，方當誤後生。』」[308] 梁著名詩人江淹選擇自古以來五言名篇擬作〈雜體詩三十首〉，其中唯一所擬僧詩是湯惠休的〈怨別〉（蕭統《文選》作〈別怨〉；所擬應即《樂府詩集》卷四十一〈怨詩行〉）。鍾嶸《詩品》品評僧人三人，第一位是惠休上人（另外兩位是道猷上人、釋寶月，下面將論及），說：「惠休淫靡，情過其才；世遂匹之鮑照，恐商、周矣。羊曜璠云：『是顏公忌鮑之文，故立休、鮑之論。』」[309] 從這種爭論，正可以反映出湯惠休的地位。劉師培在其名著《中國中古文學史講義》中指出：

---

[306]　《宋書》卷七一〈徐湛之傳〉，第1,847頁。
[307]　《隋書》卷三五〈經籍志四〉，第1,075頁。
[308]　《南史》卷三四〈顏延之傳〉，第881頁。
[309]　陳延傑注《詩品注》，人民文學出版社，1961年，第66頁。

第四節　惠休、僧祐、慧皎、寶唱等人

「晉、宋之際，若謝混、陶潛、湯惠休之詩，均自成派。」這就把湯惠休與陶潛等人並列，當成是創立一派詩風的人物。他在論述「梁代宮體」時又具體分析：「宮體之名，雖始於梁，然側豔之詞，起源自昔。晉、宋樂府，如〈桃葉歌〉、〈碧玉歌〉、〈白紵詞〉、〈白銅鞮歌〉，均以淫豔哀音，被於江左。迄於蕭齊，流風益盛。其以此體施於五言詩者，亦始晉、宋之間，後有鮑照，前則惠休。」下面注文裡又說到「綺麗之詩，自惠休始」[310]。也就是說，湯惠休創造側豔詩風，乃是後來流行的宮體詩的源頭。

沈德潛《古詩源》錄〈怨詩行〉：

明月照高樓，含君千里光。巷中情思滿，斷絕孤妾腸。北風蕩帷帳，瑤翠坐自傷。妾心依天末，思與浮雲長。嘯歌視秋草，幽葉豈再揚。暮蘭不待歲，離花能幾芳。願作張女引，流悲繞君堂。君堂嚴且祕，絕調徒飛揚。[311]

沈德潛就這首詩評論說：「禪寂人作情語，轉覺入微。微處亦可證禪也。」[312]

這是一篇代言體情詩，其「入微」處主要在繪影繪形，頗為真切，從而述情更顯纏綿。他的〈楊花曲〉三首，是民歌風的小詩：

葳蕤花結情，宛轉風含思。掩啼守春心，折蘭還自遺。

江南相思引，多嘆不成吟。黃河西北去，銜我千里心。

深堤下生草，高城上入雲。春人心生思，思心長為君。[313]

這幾首詩確實能捕捉到江南樂府的風韻，清麗自然，情深意長，而涉想奇妙，「黃河西北去，銜我千里心」，立意更顯超絕。

---

[310]　《劉師培學術論著》，浙江人民出版社，1998年，第292、311頁。
[311]　《先秦漢魏晉南北朝詩・宋詩》卷六，中冊第1,243頁。
[312]　《古詩源》卷一一，第270頁。
[313]　《先秦漢魏晉南北朝詩・宋詩》卷六，中冊第1,244頁。

第三章　六朝僧人的創作

僧祐（西元445－518年），俗姓俞，彭城下邳（今江蘇遂寧縣西北）人，生於建業（今江蘇南京市）。他幼年出家，精研律部，通《十誦律》，是有名的律師。齊竟陵王蕭子良每請講他律，聽眾常七、八百人。文學史上著名的文論家劉勰年輕時家境清貧，曾在上定林寺投依他十餘年，得以飽覽經籍，後來寫出名著《文心雕龍》，二人的交往成為佳話，流傳後世。僧祐本人精於佛教造像、音樂，是佛教藝術家；更傾心文史，著述弘富，有《出三藏記集》十五卷、《薩婆多部相承傳》、《十誦義記》、《釋迦譜》五卷、《世界記》五卷、《法苑集》十卷、《弘明集》十四卷、《法集雜記傳銘》十卷等，本人集合為《釋僧祐法集》。八部著作今僅存《釋迦譜》、《弘明集》和《出三藏記集》三種。前者是依據經律結集的中土第一部佛傳；第二部書輯錄自東漢末至梁時僧俗頌佛、護法論著，其中也保存了一些批判佛教的作品；後者是現存最早的完整經錄。三部書都是開創體例、影響深遠的著作，後代續有撰著。

《出三藏記集》十五卷可分為四個部分。根據僧祐的說法，第一部分一卷是「緣記撰」，記述結集佛經和傳譯緣起，有關翻譯史和翻譯理論的許多內容；第二部分四卷「詮名錄」，分門別類著錄經典，是經錄的主體部分；第三部分七卷「總經序」，輯錄東漢以來傳譯佛經的經序；第四部分三卷「述列傳」，是三十二位（附記十六人）中、外譯師的傳記，也是中土現存最早的專題僧傳。作者自己敘述這一部書的內容和特點說：

> 緣記撰則原始之本克昭，名錄詮則年代之目不墜，經序總則勝集之時足徵，列傳述則伊人之風可見。並鑽析內經，研鏡外籍，參以前識，驗以舊聞。若人代有據，則表為司南；聲傳未詳，則文歸蓋闕。秉牘凝翰，志存信史，三復九思，事取實錄。有證者既標，則無源者自顯。庶行潦無雜於醇乳，燕石不亂於精玉……[314]

---

[314]　《出三藏記集》卷一，第2頁。

第四節　惠休、僧祐、慧皎、寶唱等人

由此可見作者撰述態度之認真。這一部書不僅是詳細的目錄書，更提供了有關佛教教理和佛教史豐富而重要的資料，也為後來撰作經錄和僧傳提供了範本。就文學價值而言，僧傳部分的寫法上具有相當的文采，刻劃出一批捨身求法、獻身弘法的人物形象。在三十二位正式立傳的人之中有外國人二十一人，他們分別來自中亞和印度各國。這些人在古代極其艱難的條件下，排除萬難，來到中國，書中描繪他們過雪山、越大漠的艱難長途和九死一生、不畏艱辛的執著精神，以及他們在中土陌生的環境下弘傳佛教的卓絕努力，展現出這一批向中國輸入佛教的先驅、也是早期中外文化交流使臣的卓異風貌。書中描寫的中土僧人乃是最早接受並發展外來佛教的先行者。作者滿懷崇敬之情，使用各種藝術手法，刻劃他們的才能、智慧和崇高的人格、動人的風采。尤其是道安、慧遠、竺道生、法顯等幾位中國佛教史上的重要人物，形象描繪得相當豐滿。如寫道安在襄陽一段：

習鑿齒聞而詣之。既坐而稱曰：「四海習鑿齒。」安曰：「彌天釋道安。」時人咸以為名答。鑿齒常餉安梨數十枚。正值講坐，便手自割分，梨盡人遍，無參差者。高平郗超遣使遺米千石，修書累紙，深致殷勤。安答書曰：「捐米彌覺有待之為煩。」鑿齒與謝安書曰：「來此見釋道安，故是遠勝，非常道士。師徒數百，齋講不倦。無變化伎術可以惑常人之耳目，無重威大勢可以整群小之參差，而師徒肅肅，自相尊敬，洋洋濟濟，乃是吾由來所未見。其人理懷簡衷，多所博涉，內外群書，略皆遍睹，陰陽算數，亦皆能通。佛經故最是所長，作義乃似法蘭、法祖輩，統以大無，不肯稍齊物等智，在方中馳騁也。恨不使足下見之。其亦每言思得一見足下。」其為時賢所重如此。[315]

這裡先是用幾個言語、行動細節，寫出人物的聰慧、機智；然後再用

---

[315]　《高僧傳》卷一五，第 562－563 頁。

第三章　六朝僧人的創作

側面敘述，烘托人物的才能、品格。短短的一節文字就把一位超越群論的高僧形象展現在人們面前。又如對竺道生，寫他熱心求法，南北參訪，積學多年，終於體悟淵旨，但卻受到僧眾排斥：

……守文之徒，多生嫌嫉，與奪之聲，紛然互起。又六卷《泥洹》先至京都，生剖析佛性，洞入幽微，乃說阿闡提人皆得成佛。於時《大涅槃經》未至此土，孤明先發，獨見迕眾。於是舊學僧黨，以為背經邪說，譏忿滋甚，遂顯於大眾，擯而遣之。生於四眾之中正容誓曰：「若我所說反於經義者，請於現身即表厲疾；若與實相不相違背者，願捨壽之時，據師子座。」言竟，拂衣而逝。星行命舟，以元嘉七年投跡廬嶽，銷影巖阿，怡然自得。山中僧眾，咸共敬服。俄而《大涅槃經》至於京都，果稱闡提皆有佛性，與前所說，若合符契。生既獲斯經，尋即建講。以宋元嘉十一年冬十月庚子，於廬山精舍升於法座。神色開明，德音駿發，論議數番，窮理盡妙。觀聽之眾，莫不悟悅。法席將畢，忽見塵尾紛然而墜，端坐正容，隱機而卒，顏色不異，似若入定。道俗嗟駭，遠近悲涼。[316]

這一段簡短的文字把竺道生識見的卓絕不凡、堅持真理的信心和勇氣表露無遺，字裡行間滿懷著讚嘆之情。作者所頌揚的不僅是一位堅定、熱忱的求道者，更是一種為真理敢犯眾怒、勇於獻身的偉大人格，千古以來給予人感召，成為追求和堅持真理的榜樣。

寶唱，俗姓岑，吳郡（今江蘇蘇州市）人。少精敏，經歷和僧肇類似，也曾傭書為業。後投僧祐出家，精於律學，為其入室弟子。梁武帝好佛，他受到器重，敕為新安寺主，是著名的御用義學沙門。梁武帝命眾僧撰集佛書，寶唱參與其事。著書有《續法輪論》七十卷、《法集》一百三十卷等，並佚。今存《經律異相》五十卷，是影響深廣的佛教類書，具有相當高的文學價值。

---

[316]　《高僧傳》卷一五，第 571 — 572 頁。

第四節　惠休、僧祐、慧皎、寶唱等人

關於此書的編撰，寶唱在序文裡說：

聖旨以為象、正浸末，信樂彌衰，文句浩漫，鮮能該洽。以天監七年敕釋僧旻等備鈔眾典，顯證深文，控會神宗，辭略義曉，於鑽求者已有太半之益。但希有異相，猶散眾篇，難聞祕說，未加標顯。又以十五年末敕寶唱鈔經律要事，皆使以類相從，令覽者易了。又敕新安寺釋僧豪、興皇寺釋法生等相助檢讀。於是博綜經籍，搜採祕要，上詢宸慮，取則成規，已為五十卷，又目錄五卷，分為五帙，名為《經律異相》，將來學者，可不勞而博矣。[317]

僧旻等所撰名《眾經要鈔》，八十卷，《經律異相》是寶唱領銜、出於眾人之手的輔助之作。所謂「異相」，指不同於經典正論的「差別相」，即那些具象地闡發教理、教義的譬喻、傳說等等。這正是佛教三藏中富於文學性的部分。《經律異相》就是這些譬喻、傳說故事的輯錄，因此實際是佛典翻譯文學選集。

這一部書的編排，按照佛教世界觀，始於天部，終於地獄部，分為三十九部。主要部分是佛、菩薩、聲聞、國王、太子、長者、優婆塞、優婆夷、婆羅門、仙人、居士、庶人等相關人事的各部，選取佛傳、本生、譬喻、因緣等各類故事計七百六十五則[318]。每一則故事後面均註明出處，行文中間或有夾注，或考校諸本異同，或解釋梵名意義。這些故事本都出自流行的佛典，如此按表現對象集中編排起來，不僅為閱讀提供方便，而且所選段落在主題、題材、構思、表現方法和語言修辭等方面大都比較精采，就更能突顯出各類故事的藝術特色和價值。再則所選錄的部分經典已經佚失，例如許多譬喻故事出於已佚的《十卷譬喻經》、《十八譬喻經》等譬喻類經典，有些出於名為《雜譬喻經》的也不見今本；還有些選自闕本如《善信磨祝經》、《三乘名數經》和疑偽經如《淨度三昧經》等經典的

---

[317]　《正》第 53 卷第 1 頁上。
[318]　參閱陳世強《佛典精解》第 746 頁，上海古籍出版社，1993 年。

段落，更可作為研究佛教史或校刊、輯佚的資料。

如此集中地選錄佛典裡具有強烈文學性的片段，做成一部專門的佛典翻譯文學選集，使得那些故事傳說得以更容易、更廣泛地流傳，其價值和意義是相當重大的。這一部書的編輯本身也說明當時僧、俗間對佛典中的「異相」即具有文學性部分的重視。此外，書的編撰體例也具有開拓性。後人編輯佛教類書如《法苑珠林》等，都對它有所參照。

慧皎（西元 497 — 554 年），俗家姓氏不詳，會稽上虞（今浙江上虞縣）人。他博通內、外典，尤精於律學。梁元帝蕭繹任江州刺史時，曾到他那裡「搜聚」文書[319]，可見他藏書之富。他著有《涅槃經義疏》、《梵網經疏》等，已佚。今存《高僧傳》十四卷，是現存第一部專門記載僧人生平事蹟的著作。

在慧皎以前已有各類專門僧傳多種。但除上述《出三藏記集》的〈述列傳〉部分、寶唱《名僧傳》（佚文）和《比丘尼傳》外，均已散佚。慧皎在批判地整合前人成果基礎上進行著述，在〈序錄〉裡明確表示：

……然或褒讚之下，過相揄揚；或敘事之中，空列辭費。求之實理，無的可稱。或復嫌以繁廣，刪減其事，而抗跡之奇，多所遺削。謂出家之士，處國賓王，不應勵然自遠，高蹈獨絕。辭榮棄愛，本以異俗為賢，若此而不論，忘何所紀？

他又說：

自前代所撰，多曰名僧。然名者，本實之賓也。若實行潛光，則高而不名；寡德適時，則名而不高。名而不高，本非所紀；高而不名，則備今錄。[320]

---

[319] 蕭繹在梁武帝大同六年（西元 540 年）至中大同二年（西元 547 年）任江州刺史，其所撰《金樓子・聚書》篇有「就會稽宏普惠皎道人搜聚」的記載。
[320] 《高僧傳》卷一四〈序錄〉，第 524 — 525 頁。

第四節　惠休、僧祐、慧皎、寶唱等人

這裡除了闡明自己的寫作方法和取材標準外，更表明了著書立場，就是肯定「高而不名」的高蹈隱逸之風。如上所述，齊梁時期的許多「義學沙門」活躍在王公貴族間，以名譽相誇炫，行跡已同於權門清客。慧皎有意抵制並試圖改變這種風氣，從而使得「此書之作，實為一部漢魏六朝之高隱傳，不徒詳於僧家事蹟而已」[321]。這也就決定了這一部書的整體格調。

這一部書沿襲《史》、《漢》列傳中的「類傳」體例，創制了佛傳中的類傳體。全書分十門，即譯經、義解、神異、習禪、明律、亡身、誦經、興福、經師、唱導。以後的僧傳大致上相循分門而名目不同。每門之後，系以論說，類似有關門類的史志和評論。由於作者識見精審，這些論說具有相當高的學術和史料價值。例如〈譯經〉篇的總論，實際上是一篇簡明精要的佛典傳譯史；而〈唱導〉篇的總論描寫當時流行的佛教文藝形式——唱導盛行的情形，生動呈現了佛教通俗文學發展的一段軌跡：

> 至如八關初夕，旋繞行周，煙蓋停氛，燈唯靖耀，四眾專心，叉指緘默。爾時導師則擎爐慷慨，含吐抑揚，辯出不窮，言應無盡。談無常，則令心形戰慄；語地獄，則使怖淚交零；徵昔因，則如見往業；核當果，則已示來報。談怡樂，則情抱暢悅；敘哀戚，則灑淚含酸。於是闔眾傾心，舉堂惻愴，五體輸席，碎首陳哀。各各彈指，人人唱佛。爰及中宵後夜，鐘漏將罷，則言星河易轉，勝集難留。又使人迫懷抱，載盈戀慕。當爾之時，導師之為用也……[322]

這裡活靈活現地描繪出法會上進行唱導的情景，展現了當時社會上民眾信仰的具體畫面。這一節文字作為文學史的資料而被經常引用。慧皎首創的這種著述體例不僅為後來的僧傳所因襲，也成為中土史傳作品的一體。

---

[321]　陳垣《中國佛教史籍概論》卷二，中華書局，1962 年，第 24 頁。
[322]　《高僧傳》卷一三，第 521－522 頁。

第三章　六朝僧人的創作

本書傳主自後漢至梁初凡二百五十七人，附見二百餘人。由於作者見聞所限，所述基本是江左人物。部分內容主要取材書史文獻，雖然出入諸家，但卻善於抉摘取捨，融會貫通。加之作者具有相當高的文學素養，行文流暢，辭采可觀，渾然成一家言。作為傳記文學來看，也是不可多得的好作品。

書中記述宗教人物，有兩點值得注意。一是如前所述區分「高僧」與「名僧」而肯定前者，特別注重描寫佛門中那些高蹈絕塵、超凡脫俗的人物。對於僧團組織而言，在當時上層僧眾追逐榮華勢利的風氣裡，有著整肅風氣的意義。在文學上，則樹立起一批隱逸脫俗的典型。再是描寫一些神奇怪異的人物和情節。尤其是兩卷「神異」中的佛圖澄、耆域、杯度、保誌等「神僧」，描寫他們預言、射覆、分身、隱形、化物、祕咒、交通神仙、役使鬼物、治療痼疾等等。這些情節都是玄想產物，表現手法在後世的小說、戲曲裡被普遍地使用。

僧傳作為史傳作品當然以敘事記人為主。慧皎描繪人物，善於以簡潔的文筆、清晰的脈絡敘述事實，又注意挑選具有典型意義的細節，並多引述人物自身的語言、議論、文章，從而生動地、鮮明地刻劃出人物性格，讓人直觀地理解人物的觀念、風姿。例如譯師康僧會求取舍利一段：

……（孫權）乃謂會曰：「若能得舍利，當為造塔；如其虛妄，國有常刑。」會請期七日，乃謂其屬曰：「法之興廢，在此一舉。今不至誠，後將何及？」乃共潔齋靜室，以銅瓶加几，燒香禮請。七日期畢，寂然無應。求申二七，亦復如之。權曰：「此實欺妄。」將欲加罪。會更請三七，權又特聽。會謂法屬曰：「宣尼有言曰：『文王既沒，文不在茲乎！』法靈應降，而吾等無感。何假王憲，當以誓死為期耳。」三七日暮，猶無所見，莫不振懼。既入五更，忽聞瓶中鏘然有聲。會自往視，果獲舍利……[323]

---

[323] 《高僧傳》卷一〈康僧會傳〉，第16頁。

第四節　惠休、僧祐、慧皎、寶唱等人

　　這裡寫的當然是怪異不經之事，但利用層層遞進的手法，加上對人物行為、語言的細緻描述，把一個堅定執著的布道者形象呈現在人們面前。又如對竺道潛的描寫：

　　……乃隱跡剡山，以避當世追蹤。問道者已復結侶山門。潛優遊講席三十餘載，或暢方等，或釋《老》、《莊》，投身北面者莫不內、外兼洽。至哀帝好重佛法，頻遣兩使，殷勤徵請。潛以詔旨之重，暫遊宮闕……潛常於簡文處遇沛國劉彥悰。悰嘲之曰：「道士何以遊朱門？」潛曰：「君自睹其朱門，貧道見為蓬戶。」……潛雖復從運東西，而素懷不樂，乃啟還剡之仰山，遂其先志。於是逍遙林阜，以畢餘年。支遁遣使求買仰山之側沃州小嶺，欲為幽棲之處。潛答曰：「欲來輒給，豈聞巢、由買山而隱？」遁後與高驪道人書云：「上坐竺法深，中州劉公之弟子，體德貞峙，道俗綸綜，往在京邑，維持法綱，內外具瞻，弘道之匠也。頃以道業靖濟，不耐塵俗，考室山澤，修德就閒。今在剡縣之仰山，率合約遊，論道說義，高棲皓然，遐邇有詠。」……[324]

　　書中說竺道潛是丞相王敦之弟，記載並不可靠；但這種說法作為鋪陳，卻更加突顯他山居求道的難能可貴。具體描寫則選擇兩個細節，分別用教外人劉悰和教內人支遁來襯托。與劉悰的對答取自《世說》，富於禪機；支遁買山的情節更意味深長，後來成為著名典故。

　　漢魏六朝多有才華洋溢、行為傑出的高僧，他們創造出輝煌的佛教文化，成為一代貴族文化的重要成分。這些人物經由慧皎用生動的筆墨記述下來。慧皎更為後人寫作僧傳樹立了一個範本。後來道宣寫《續高僧傳》、贊寧寫《宋高僧傳》等對他都有所參照。眾多僧傳成為研究佛教歷史以至研究歷代文史寶貴的、不可或缺的資料，慧皎的開創之功是不可磨滅的。

---

[324]　《高僧傳》卷四，第 156－157 頁。

第五節　僧人求法旅行記

唐義淨《大唐西域求法高僧傳》開端說：

觀夫自古神州之地，輕生殉法之賓，顯法師則創闢荒途，奘法師乃中開王路。其間或西越紫塞而孤征，或南渡滄溟而單逝……實由茫茫象跡，長川吐赫日之光；浩浩鯨波，巨壑起滔天之浪。獨步鐵門之外，亙萬嶺而投身；孤漂銅柱之前，跨千江而遺命。或亡飡幾日，輟飲數辰。可謂思慮銷精神，憂勞排正色。至使去者數盈半百，留者僅有幾人……[325]

這裡對歷史上所謂「西行求法運動」的壯偉與艱辛做了概括而生動的描述。佛教初傳中土，主要是依靠西來的中亞和印度僧侶。他們傳譯經籍，教授戒律，在中土發展信眾，逐漸形成中土僧團。但早期傳譯經典多經由口授，篇章不備，譯文失真，這成為中土僧人西行求法的動因。有記載第一位西行的是曹魏末年的朱士行，但他只到于闐（今新疆和田市）。自兩晉，後繼者漸多，如西晉有竺法護、東晉有康法朗、于法蘭、竺佛念、慧叡、曇猛等。但實際上真正到過天竺的，只有慧叡、曇猛二人。直到東晉末年的法顯，以六十左右高齡西行，從陸路去，從海道回，廣遊印度和南亞，訪學聖蹟，尋求經本，乃是西行求法成就卓著的第一人，更在中國佛教史上作出多方面貢獻。尤其是他記錄旅途見聞，成《法顯傳》一書，乃是有關中南亞史地和中西交通的經典著作[326]。他也成為後繼者的榜樣，從他開始，西行求法形成更大的潮流。至唐初玄奘西行，寫下更巨大的輝耀歷史、萬古流芳的成就。由其弟子辯機記錄的《大唐西域記》，則可與法顯所作相媲美。其後著名西行者還有義淨、慧超等人，都相循而

---

[325] 王邦維《大唐求法高僧傳校注》第1頁，中華書局，1988年。
[326] 《法顯傳》另有《佛國記》、《佛遊天竺記》、《歷遊天竺記傳》等多種名稱；而關於後二者是否為同一書，學術界有不同看法，可參閱章巽〈法顯傳校注序〉，《法顯傳校注》，上海古籍出版社，1985年。

第五節　僧人求法旅行記

有所著述。前者著有《南海寄桂內法傳》、《大唐西域求法高僧傳》等，後者著有《往五天竺國傳》。這些求法行記具有多方面的學術價值。尤其是法顯和玄奘所著，篇幅龐大，文采斐然，作為具有高度藝術價值的旅行記，在文學史上對於遊記文體的發展也作出了重大貢獻。

　　法顯（西元 337 年－ 422 年），俗姓龔，平陽（今山西臨汾市西南）人。三歲出家，二十受大戒，於後秦弘始元年（西元 399 年）六十歲左右從長安出發，西行求法，同行者有智嚴等十一人。經西域，越蔥嶺，進入印度。同行者有的折返，有的途中病故或凍死，到達印度的只有他和道整二人。他遍遊北、中、東印三十餘國，抄寫經律，學習梵文，收集梵本。義熙五年（西元 409 年）他渡海到師子國（今斯里蘭卡），居住兩年。回國途中又在今蘇門答臘或爪哇停留，歷盡風濤之苦，於東晉義熙八年在今山東嶗山登陸，次年到達建康（今南京市）。這一次西行求法前後歷時十五年。《法顯傳》真實、生動地記錄了這一段長途求法歷程。

　　法顯回國後從事譯經，弘揚新興的涅槃佛性學說，在佛教史上貢獻卓著；他的《法顯傳》在佛教史、中南亞史地、中西交通史等諸多領域均有重大價值，此不具述。僅就文學成就而論，這一部書作為旅行記，以質樸無華的文筆，歷歷敘寫自長安出發到浮海東還十五年之間不顧生命、艱難困苦的歷程。記述中著重詳略剪裁，以求法行跡為主線，穿插所到之處的現狀、風俗和名勝古蹟的描寫以及佛教史事和故事傳說等等，繪形繪影，使人如親臨其地。雖然只是質樸的實錄，但親身的經歷聚結成濃厚感情，流露在字裡行間，動人心扉。如寫在小雪山慧景凍死一段：

　　住此冬三月，法顯等三人南度小雪山。雪山冬夏積雪。山北陰中遇寒風暴起，人皆噤戰。慧景一人不堪復進，口出白沫，語法顯云：「我亦不復活，便可時去，勿得俱死。」於是遂終。法顯撫之悲號：「本圖不果，命

也,奈何!」復自力前,得過嶺。[327]

這一段簡短的描述,把旅途的艱辛、求法者的勇氣和相互間的深情呈現出來,頗能震撼人心。又如描寫摩竭提國巴連弗邑行像的盛況:

> 凡諸中國,唯此國城邑為大。民人富盛,競行仁義。年年常以建卯月八日行像。作四輪車,縛竹做五層,有承櫨、揠戟,高二匹餘許,其狀如塔。以白氎纏上,然後彩畫,作諸天形象。以金、銀、琉璃莊校其上,懸繒幡蓋。四邊作龕,皆有坐佛,菩薩立侍。可有二十車,車車莊嚴各異。當此日,境內道俗皆集,作倡伎樂,華香供養。婆羅門子來請佛,佛次第入城,入城內再宿。通夜然燈,伎樂供養。國國皆爾。[328]

只是樸素的白描,烘托出盛大儀式熱烈莊嚴的氣氛。特別應當指出的是,當時駢體流行,這種質樸生動的散體文字為文壇留下一股清新氣息,成為後來唐人革新文體的寶貴資源。

法顯之後,西行求法繼有其人,而且多留有行記之類的書。見於著錄的有智猛《遊行外國傳》、釋曇景《外國傳》、釋法盛《歷國傳》等[329]。而北魏孝明帝神龜元年(西元518年)比丘惠生和宋雲受胡太后派遣西行求法,經于闐,越蔥嶺,至北印烏場國等地,攜回大乘經典。宋雲撰有《行記》,惠生撰有《家紀》,二書雖久佚,但佚文存楊衒之《洛陽伽藍記》卷五凝圓寺條。楊衒之引述二人旅行記時,又參照另一個西行求法者所作《道榮傳》,以補缺文。從現存三種書的佚文來看,內容是依照旅行路線,敘寫山川形勢、社會風俗,而主要記述佛教史蹟,夾敘一些傳說,大致上與《法顯傳》類似。由於楊著本來是記敘塔寺的,因而引述遊記也注重有關塔寺的描寫,其中關於雀離浮圖的記載尤其詳悉生動。雀離浮圖或稱雀

---

[327] 章巽《法顯傳校注》,上海古籍出版社,1985年,第51頁。

[328] 章巽《法顯傳校注》,上海古籍出版社,1985年,第103頁。

[329] 參閱向達〈漢唐間西域及海南諸國古地理書敘錄〉,《唐代長安與西域文明》,三聯書店,1979年,第565—578頁。向達考釋曇景即曇無竭,見上文。

第五節　僧人求法旅行記

離大寺是著名的龜茲佛教遺跡，在龜茲故城北約 23 公里處，現存遺跡主要是唐代的。楊衒之轉述的三種遊記反映的是北朝時期的情況：

> ……至乾陀羅城，東南七里有雀離浮圖，道榮傳云「城東四里」。推其本源，乃是如來在世之時與弟子游化此土，指城東曰：「我入涅槃後三百年，有國王名伽尼色伽，此處起浮圖。」佛入涅槃後二百年來，果有國王字伽尼色伽，出遊城東，見四童子累牛糞為塔，可高三尺，俄然即失。道榮傳云：「童子在虛空中向王說偈。」王怪此童子，即作塔籠之。糞塔漸高，挺出於外，去地四百尺然後止。王始更廣塔基三百餘步。道榮傳云：「三百九十步。」從此構木，始得齊等。道榮傳云：「其高三丈。悉用文石為陛，階砌櫨拱，上構眾木，凡十三級。」上有鐵柱，高三百尺，金槃十三重，合去地七百尺。道榮傳云：「鐵柱八十八尺，八十圍，金槃十五重，去地六十三丈二尺。」施功既訖，糞塔如初。在大塔南三步。婆羅門不信是糞。以手探看，遂作一孔。年歲雖久，糞猶不爛，以香泥填孔，不可充滿，今有天宮籠蓋之。雀離浮圖自作以來，三經天火所燒，國王修之，還復如故。父老云：「此浮圖天火七燒，佛法當滅。」道榮傳云：「王修浮圖，木工既訖，猶有鐵柱，無有能上者。王於四角起大高樓，多置金銀及諸寶物，王與夫人及諸王子悉在上燒香散花，至心精神，然後轆轤絞索，一舉便到，故胡人皆云四天王助之。若其不爾，實非人力所能舉。」塔內佛事，悉是金玉，千變萬化，難得而稱。旭日始開，則金盤晃朗；微風漸發，則寶鐸和鳴。西域浮圖最為第一。[330]

其中既有神祕的傳說，又有史實的考察，有詳細的敘述，也有生動的描寫，展現出宏偉塔廟的雄姿，千年之下引人遐想。又北魏佛教造像藝術成就傑出，與來自西域的影響有關。宋雲等人的記述也正說明了當時人對西方藝術的重視。

《續高僧傳·玄奘傳》說：「前後僧傳往天竺者，首自法顯、法勇，終

---

[330]　范祥雍《洛陽伽藍記校注》卷五，上海古籍出版社，1958 年，第 327－328 頁。

第三章　六朝僧人的創作

於道邃、道生，相繼中途，一十七返，取其通言華梵，妙達文筌，揚導國風，開悟邪正，莫高於奘矣。」[331] 也就是說，在西行求法僧人的行列裡，玄奘的成就是無與倫比的。而由辯機所記錄的《大唐西域記》更是求法行記著作中的巔峰。

玄奘（西元 600？－ 664 年），俗姓陳，名褘，洛州緱氏（今河南偃師市）人。他求法和譯經兩方面的成就均輝耀史冊，人格品德更成為一代典範。他自貞觀元年（西元 627 年）西行，十九年回國，歷時十八年，遍遊五印，一路上「乘危遠邁，杖策孤征。積雪晨飛，途間失地；驚沙夕起，空外迷天。萬里山川，撥煙霞而進影；百重寒暑，躡霜雨而前縱」[332]，捨身求法，艱苦備嘗。回國後，對親踐者一百一十國、傳聞者二十八國的物產風土、習俗山川，特別是有關佛教的史蹟傳說、見聞現狀，詳為記錄，寫成《大唐西域記》十二卷。

這一部書按所經各國，依次加以記述。第二卷前面有關於印度各方面情況的總論。書的重點不在描寫求法歷程的艱苦卓絕，而是敘寫各地「物產風土之差，習俗山川之異，遠則稽之以國典，近則詳之於故老」[333]，其中特別注重對佛教史蹟和故事傳說的考辨記載，因而對於佛教史的研究具有重大意義。從文學角度來看，記錄者辯機在玄奘譯場裡本是「綴文大德」，具有相當高的文學素養，因此這一部書文采詞華遠較《法顯傳》為勝。例如書中記述佛教聖地，連帶寫到相關的佛傳或本生故事，將這些記述和翻譯佛典或早期譬喻經的文字相比較，會發現文字更為流麗鮮明。例如著名的兔王本生，書中這樣描寫：帝釋天欲驗狐、兔、猿等菩薩修行者，降靈應化為一老夫，對三獸說：「涉豐草，遊茂林，異類同歡，既安

---

[331]　《正》第 50 卷第 458 頁下。
[332]　李世民〈大唐三藏聖教序〉，《全唐文》卷一〇，中華書局，1982 年，第一冊第 120 頁。
[333]　敬播〈大唐西域記序〉，季羨林《大唐西域記校注》卷首〈序一〉，中華書局，1985 年，第 9 頁。

第五節　僧人求法旅行記

且樂。」他說自己今正飢乏，向牠們尋求食物。狐得鮮鯉，猿得花果，唯兔空無所有，受到譏議：

> 兔聞譏議，謂狐、猿曰：「多聚樵蘇，方有所作。」狐、猿競馳，啣草曳木，即已蘊崇，猛焰將熾。兔曰：「仁者，我身卑劣，所求難遂，敢以微躬，充此一飡。」辭畢入火，尋即致死。是時老夫復帝釋身，除爐收骸，傷嘆良久，謂狐、猿曰：「一何至此！吾感其心，不泯其跡，寄之月輪，傳乎後事。」故彼咸言，月中之兔，自斯而有。後人於此建窣堵波。[334]

像這樣的文字，已和晉宋以來譯經文體的質樸風格全然不同，辭藻的修飾、文情的表達都更加精美。這一段描寫中有趣的是，本生故事中包含月中有兔傳說，如果是原文如此，相關傳說很可能是從中土流傳到印度的。

從敘事技巧來看，這一部書對當時印度諸邦實況的描寫，選材各有特色，用筆繁簡得當。比如在卷五〈羯若鞠闍國〉一段，詳細描寫曲女城的繁華、戒日王的聲威，特別是寫到玄奘會見戒日王、戒日王讚嘆中華文明盛大、描繪曲女城法會壯觀等等，把中世紀印度的繁盛狀況真切地展現在人們面前。又如卷八〈摩揭陀國〉記述菩提樹垣佛成道處一段，細緻地描寫勝蹟，雜以釋迦牟尼事蹟和相關傳說，生動鮮明，充滿感情。而一些本生故事和佛傳故事以及佛教歷史上的重要事件，書中大都有相當生動的描述。特別還有一些採自當地的傳說，藝術上更達到相當高的水準。如婆羅疽斯國施鹿林東救命池傳說，又名烈士池傳說，描述數百年前有隱士欲求神仙長生，得一方術，要求築建壇場，「命一烈士，信勇昭著，執長刀，立壇隅，屏息絕言，自昏達旦。求仙者中壇而坐，手按長刀，口誦神咒，收視反聽，遲明登仙」，他訪求一人，數加重賂，潛行陰德，感激其心：

> 烈士屢求效命，以報知己。隱士曰：「我求烈士，彌歷歲時，幸而會

---

[334]　季羨林《大唐西域記校注》卷七，中華書局，1985 年，第 579 頁。

第三章　六朝僧人的創作

遇，奇貌應圖。非有他故，願一夕不聲耳。」烈士曰：「死尚不辭，豈徒屏息？」於是設壇場，受仙法，依方行事，坐持日曛。曛暮之後，各司其務。隱士誦神咒，烈士按鋘刀。殆將曉矣，忽發聲叫。是時空中火下，煙焰雲蒸，隱士疾引此人入池避難。已而問曰：「誡子無聲，何以驚叫？」烈士曰：「受命後，至夜分，惛然若夢，變異更起。見昔事主躬來慰謝，感荷厚恩，忍不報語。彼人震怒，遂見殺害，受中陰身，顧屍嘆惜。猶願歷世不言，以報厚德。遂見託生南印度大婆羅門家，乃至受胎出胎，備經苦厄。荷恩荷德，嘗不出聲。洎乎受業、冠婚、喪親、生子，每念前恩，忍而不語。宗親戚屬，咸見怪異。年過六十有五，我妻謂曰：『汝可言矣。若不語者，當殺汝子。』我時唯念，已隔生世，自顧衰老，唯此稚子，因止其妻，令無殺害。遂發此聲耳。」隱士曰：「我之過也。此魔嬈耳。」烈士感恩，悲事不成，憤恚而死。免火災難，故曰救命；感恩而死，又謂烈士池。」[335]

如果從佛教教義來看，這一篇故事當是說明情欲之難以抑制。故事發想奇特，情節曲折，用了渲染、烘托和情節遞進等手法，使得故事更加生動感人。其中涉及神仙方術觀念，與中土道教相通，值得注意。這樣的故事可以看成是相當優秀的短篇小說。唐傳奇名篇〈杜子春〉（見牛僧孺《玄怪錄》卷一）的構思大致與之相似，顯然對它有所參照。

唐代「安史之亂」以前，西行和南海旅途暢通，去印度求法的人不絕於途。義淨著《大唐西域求法高僧傳》，記錄的只是唐前期赴印僧侶有事蹟可考者，已達五十六人。義淨本人著有《南海寄歸內法傳》，也可看作是旅行記一類著作，不過內容主要記述當時印度佛教的戒律儀軌。另外還有兩部外國僧人用漢文寫的求法行記。一部是新羅人慧超（西元 700 或 704－780？年）的《往五天竺國傳》，他自天寶十一載（西元 723 年）至十五載西遊印度，所著書今存敦煌本殘卷（P.3532）；另一部是日僧圓仁

---

[335]　季羨林《大唐西域記校注》卷七，中華書局，1985 年，第 577－578 頁。

第五節　僧人求法旅行記

（西元794－864年）的《入唐求法巡禮行記》，他於開成三年（西元838年）入唐，大中元年（西元847年）回國，遍遊南北各地，中間恰逢會昌毀佛，歷經磨難，備嘗艱辛，其《行記》詳細記錄了在華旅行的經歷。前者殘缺不全，已難以認識全帙；後書作為外國人所寫有關晚唐中土佛教的唯一一部長篇旅行記，其史料價值難以估量，文字也達到相當高的水準。

古代出國旅行的人除了使臣、將士之外，主要是商旅和僧侶，而中土僧侶之中有這樣一批文化素養高超的人，懷抱著求法的熱忱，不辭艱辛，長途跋涉，去西域和印度訪求經典，尋訪勝地，他們更著書傳述見聞，尤其難能可貴。在學術上，古代對於中外史地之學作出貢獻的主要是他們。在文學上，發展早期遊記文學的也主要是他們。在這兩個領域他們的功績都是無人可以替代的。

第三章　六朝僧人的創作

第四章

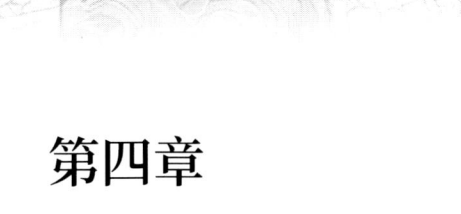

釋氏輔教

第四章 釋氏輔教

第一節 「釋氏輔教之書」的輯錄與流行

南北朝時期，教團內、外對佛理的研討形成所謂「義學」，與發達的「義學」講論相對應，深入普及到民眾間的信仰，成為當時佛教發展中的另一個強大的潮流。宗教的根基在信仰，所以這種興旺發達的信仰實踐更能展現佛教的本質，對後世佛教發展的影響也十分深遠。

隨著這一波潮流的擴展，出現了大量宣揚佛法、鼓吹信仰的故事傳說。這時正當中國小說創作的發軔期。這些傳說也成為流行的志怪小說的一部分，在文學史上具有一定的價值和意義。

魯迅指出：

……大共瑣語支言，史官末學，神鬼精物，數術波流；真人福地，神仙之中騶，幽驗冥徵，釋氏之下乘。人間小書，致遠恐泥，而洪筆晚起，此其權輿。況乃錄自里巷，為國人所白心；出於造作，則思士之結想。[336]

此處明確把包括「釋氏」、「幽驗冥徵」的「小書」看作是古小說發展的權輿，並指出這些作品有的「錄自里巷」，即出自民間；有些是「思士之結想」，即文人創作。魯迅在《中國小說史略》中稱輯錄佛教這一類傳說的書為「釋氏輔教之書」，他說：

釋氏輔教之書，《隋志》著錄九家，在子部及史部，今唯顏之推《冤魂志》存，引經史以證報應，已開混合儒釋之端矣，而餘則俱失。遺文之可考見者，有宋劉義慶《宣驗記》，齊王琰《冥祥記》，隋顏之推《集靈集》，侯白《旌異記》四種，大抵記經像之顯效，明應驗之實有，以振聳世俗，使生敬信之心，顧後世則或視為小說。[337]

---

[336] 《古小說鉤沉·序》，《魯迅全集》第 10 卷第 3 頁，人民文學出版社，1981 年。
[337] 《中國小說史略》第六篇〈六朝之鬼神志怪書（下）〉，《魯迅全集》第 9 卷，人民文學出版社，1981 年，第 54 頁。

第一節 「釋氏輔教之書」的輯錄與流行

魯迅所提到的在文學史上均屬於六朝志怪類著作,實際上在唐代以至後來,這一類「輔教」之書一直在創作、流傳。著名的如唐臨的《冥報記》,其序言說:

> 昔晉高士謝敷、宋尚書令傅亮、太子中舍人張演、齊司徒從事中郎陸杲,或一時令望,或當代名家,並錄《觀世音應驗記》,及齊竟陵王蕭子良作《宣驗記》、王琰作《冥祥記》,皆所以徵明善惡,勸戒將來,實使聞者深心感悟。臨既慕其風旨,亦思以勸人,輒錄所聞,集為此集,仍居陳所受及聞見由緣,言不飾文,事專揚確,庶人見者能留意焉。[338]

可見唐臨是在有意規仿前人的「釋氏輔教之書」而寫作的。六朝這一類作品存有佚文的,魯迅在《古小說鉤沉》中曾加以輯錄。眾所周知,唐人「始有意為小說」[339],唐傳奇作為文學體裁已與以前的志怪根本不同。但從具體作品來看,兩者界限並不是那麼清楚。唐高宗時郎餘令作《冥報拾遺》,是續《冥報記》的。而中唐戴孚的《廣異記》,則兼具志怪和傳奇的性質。晚唐傳奇集如皇甫枚的《三水小牘》、段成式的《酉陽雜俎》、五代孫光憲的《北夢瑣言》等,也都輯錄不少類似志怪的作品。就是典型的傳奇集如牛僧孺的《玄怪錄》、李復言的《續玄怪錄》等,裡面也包含不少類似的故事。唐、宋以後,佛教徒根據已有作品加以輯錄,編撰出唐慧祥的《弘贊法華傳》十卷、唐僧祥的《法華傳記》十卷、宋非濁的《三寶感應要略錄》等。佛教類書如《法苑珠林》各部的〈感應緣〉,基本上是這一類故事。「釋氏輔教之書」龐大的數量,已說明其除了宣教、護法的意義之外,在文學史和一般文化史上也占有一定地位。只是由於佛教自身和文學的發展,後來這一類作品的作用和價值逐漸削弱了。所以無論是從宗教角度,還是從文學角度,更值得注意的是六朝時期的作品。魯迅又曾指出:

---

[338] 《冥報記》,方詩銘輯校,中華書局,1992 年,第 2 頁。
[339] 《冥報記》第八篇〈唐之傳奇文(上)〉,《魯迅全集》第 9 卷,人民文學出版社,1981 年,第 70 頁。

第四章 釋氏輔教

中國本信巫,秦漢以來,神仙之說盛行,漢末又大暢巫風,而鬼道愈熾;會小乘佛教亦入中土,漸見流傳。凡此,皆張皇鬼神,稱道靈異,故自晉迄隋,特多鬼神志怪之書。其書有出於文人者,有出於教徒者。文人之作,雖非如釋、道二家,意在自神其教,然亦非有意為小說,蓋當時以為幽明雖殊途,而人鬼乃皆實有,故其敘述異事,與記載人間常事,自視固無誠妄之別矣。[340]

這一段話針對佛教輸入中國對於小說發展的影響以及南北朝佛、道小說的流行作了十分精闢的論述,也指明了「釋氏輔教之書」寫作方面的一些特點:

第一,那些宣揚佛教「靈異」的故事,是被當作「異事」來記述的,即是與「記載人間常事」「誠妄無別」的。因此傳說者和接受者絕對相信這些故事是真實可靠的,並把它們當成靈蹟來崇信和宣揚。就傳信而言,這與文學發展到了一定階段更注重藝術虛構的創作態度是全然不同的。

第二,這些作品有出自教徒和文人之手(口)的不同;而就具體作品的形成而言,情況更十分複雜。「教徒」有僧侶和一般信徒之分;文人有信仰者和非信仰者之分。有些作品本是從民眾間傳出,被僧侶所採用,或被文人記錄、加工;有的則是僧侶或文人所創造,再傳播到民間,等等。在筆錄為定型作品的過程中,義學沙門和文人的作用是很重要的。正是經過他們的提煉、加工,提高了作品的表現水準,增強了感染力,才得以更廣泛地流傳。

第三,魯迅特別提出小乘佛教的作用。前已指出,在部派佛教時期,各種佛傳、本生經、譬喻經等等創作出來,佛教文學發展極盛。尤其是說一切有部主張我空法有、三世實有,更為宣揚輪迴報應、鬼神幽明的故

---

[340]　《冥報記》第五篇〈六朝志鬼神志怪書(上)〉,《魯迅全集》第9卷,人民文學出版社,1981年,第43頁。

事提供了根據。雖然中土教理上是大乘的，但在固有的「神仙之說」、「巫風」、「鬼道」等基礎上，小乘佛教的這些內容也就易於被接受和發揮。也正因此，中土流傳的佛教故事，往往又雜糅著中土神仙、靈鬼、巫筮等觀念，而與大乘佛學的基本教義相牴觸。

「輔教」題材的作品在相當程度上既反映了佛教信仰的實際情況，又相當具體地展現了佛教輸入的早期對於文學的影響。

第二節　觀音信仰傳說

觀音（Avalokitesvara），音譯為「阿婆羅吉低舍婆羅」、「阿縛盧枳低溼伐羅」等，又有「觀世音」、「光世音」、「觀自在」、「觀世自在」等不同譯名。按玄奘所著《大唐西域記》的說法，「觀世音」本是錯認梵文的「訛謬」，按本義應譯為「觀自在」[341]。但對於中土人士來說，「觀音」或「觀世音」這個譯名更能展現「觀其聲音，求其解脫」的神通，更能表明祂作為佛與人的媒介的身分及其捷如影響的救濟功能，因此也更為流行。

中土人士觀音信仰的主要典據是《法華經》的〈普門品〉和《華嚴經》的〈入法界品〉。這兩部經都有不同譯本。前者西晉竺法護初譯《正法華經》出於太康七年（西元 286 年），後世更為流行的是鳩摩羅什譯本《妙法蓮華經》；後者東晉佛陀跋陀羅初譯於東晉義熙十四年至宋永初二年（西元 418－421 年）。就經典形成的層次而論，《華嚴經》裡的觀音信仰保持著更原始的形態；而就在中土的影響來說，〈普門品〉則更為重要。

今本《法華經》的形成有一個過程。〈普門品〉是在其主體部分結集以後附加上去的。其中的觀世音作為救濟之神的特質被十分充分地發揮，主

---

[341]　季羨林《大唐西域記校注》，中華書局，1985 年，第 288 頁。

第四章 釋氏輔教

要展現在三個方面（以下引文據鳩摩羅什譯本《妙法蓮華經》）：

第一是稱名解脫。〈普門品〉說：

佛告無盡意菩薩：善男子，若有無量百千兆眾生，受諸苦惱，聞是觀世音菩薩，一心稱名，觀世音菩薩即時聞其音聲，皆得解脫。[342]

這種「稱名」祈救，具有咒語意味。

第二是拔苦濟難。經文中指出稱觀音名號則避七難，即火、水、羅剎、刀杖、惡鬼、枷鎖、怨賊；或加上「風」為八難；念觀音則離三毒：貪、瞋、癡；禮拜觀音則滿二求：求男得男，求女得女。由此可知，觀音有迅速地救苦救難的巨大威力，又具有親近一般民眾的特質。

第三是普門示現。觀音以種種方便為眾生說法，現種種化身救濟民眾。經文列舉了三十三個化身：佛、辟支佛、聲聞、梵王、帝釋、自在天、大自在天、天大將軍、毗沙門、小王、長者、居士、宰官、婆羅門、比丘、比丘尼、優婆塞、優婆夷、長者婦女、居士婦女、宰官婦女、婆羅門婦女、童男、童女、天身、龍身、夜叉、乾闥婆、阿修羅、迦樓羅、緊那羅、摩睺羅伽、執金剛神。這是大乘佛教應化身觀念的具體發揮。值得注意的是，這裡的化身有佛、天神等，也有普通人，還有女身。

在另外一些佛典裡，觀音信仰又得以發揮。尤其是在淨土經典中，觀音成了阿彌陀佛的脅侍、引導眾生往生淨土的接引佛。淨土信仰是大乘佛教的又一個潮流。反映這一項信仰的經典《阿彌陀經》、《無量壽經》、《觀無量壽經》，在魏、晉時期先後譯為漢語，迅速得以弘傳。尤其是在《觀無量壽經》中，觀音與勢至作為阿彌陀佛的脅侍並立在蓮花座上，成為「三身佛」。經文對祂們光明具足的身相和救濟功能、對淨土的美好莊嚴做出十分誇張、生動的描繪。又有一類講觀音授記故事的經典，如失譯《大

---

[342] 鳩摩羅什譯《妙法蓮華經》卷七〈觀世音普門品〉，《正》第 9 卷第 56 頁下。

第二節　觀音信仰傳說

悲分陀利經》及其異譯北涼曇無讖所出《悲華經》、宋曇無竭所出《觀世音菩薩授記經》等，講觀音曾為王子，由如來授記，來世作佛，觀眾生苦，能生悲心，解脫其苦，故名觀世音。這仍是突顯觀音救苦救難的特質，並與阿彌陀佛淨土信仰連繫起來。後來中土形成了另外的觀音本緣故事，情節與這一類經典無關，但精神和思想是類似的。

釋迦牟尼的教法以「自力」為基點，釋迦牟尼本人是導師，是慈航，而不是像基督那樣的創始主、救世主。釋迦牟尼生前強調理性的證悟，明確表示反對古婆羅門教的神咒。根據學界的研究，觀音這一位司救濟的菩薩乃是在大乘佛教發展過程中汲取了婆羅門教和西亞宗教的內容而形成的，在中土的流傳中更被賦予了道教的神仙色彩。觀音信仰在中土迅速普及，顯示這一項信仰特別適宜於中土民眾的需求和中國傳統的思想土壤。

《法華經》初譯在西晉初，宣揚觀音信仰的〈普門品〉很快地傳播開來。晉、宋之際宗炳作《明佛論》，說到當時風氣：「有危迫者，一心稱觀世音，略無不蒙濟。」[343] 宋元嘉十二年（西元 435 年）何尚之答宋文帝讚揚佛法更說：「……且觀音大士，所降近驗，並即表身世，眾目共睹。祈求之家，其事相繼。所以為勸戒，所以為深功……」[344] 南北朝時期戰亂、災禍連年，人們處在水深火熱之中，急切需要現世救濟。作為救濟之神的觀音恰好可以滿足人們的宗教需求。這種展現救濟精神的觀音被稱為「救苦觀音」。隨之社會上陸續出現許多觀音救苦救難的應驗傳說。這些傳說起初是從以僧侶為核心的信徒之間傳出的。現存最早的一個故事是關於帛法橋。據說他少樂轉讀佛經，但聲音不夠洪亮，絕粒懺悔七日七夜，稽首觀音，終得現報。他卒於穆帝永和中，即西元 350 年前後，少年時應是在《正法華》譯出後不久[345]。又有始寧保山竺法義，於咸寧二年（西元 372

---

[343]　《弘明集》卷二，《正》第 52 卷第 16 頁上。
[344]　《廣弘明集》卷一一，《正》第 52 卷第 70 頁上。
[345]　《高僧傳》卷一三，第 497 頁。

第四章　釋氏輔教

年）忽感心疾，常存念觀音，乃夢見一人為他破腹洗腸，覺便病癒[346]。又山陰顯義寺竺法純於興元中（西元402年）在湖上遇風而船小，唯一心念觀音，口誦不輟，俄見一大船，乘之獲免[347]。這些都是以僧侶為主角的早期觀音靈驗故事。有些涉及著名僧侶的故事，影響就更大。如法顯在所作《佛國記》中，自述自南海回國，航行中兩次遇到風暴，都以誦念觀音而得救。這是義熙七、八年間（西元411－412年）的事。宋黃龍曇無竭於永初元年（西元420年）召集同志西行求法，至罽賓國，求得梵文《觀世音授記經》一部，後向中天竺界，屢經危棘，以繫念所齎經典而得救，終於譯為漢語流通[348]。另一位有名的譯師求那跋陀羅於元嘉十二年（西元435年）至廣州，在從師子國來華航行中，風止不行，淡水復竭，舉船憂惶，他勸同輩同心力念十方佛、稱觀音獲救[349]。資料中記載他一生中所遇觀音靈驗甚多。還有些傳說以顯貴名公為主角。據傳前秦苻丕為慕容永所敗，右丞相許義被俘，「械埋其足，將殺之。義誦《觀世音經》，至夜中，土開械脫，於重禁之中若有人導之者，遂奔楊佺期」[350]，其時應在前秦大安元年（西元385年）。又元嘉年間王玄謨為長沙王劉義欣鎮軍中兵將軍，北伐魏國，滑臺兵敗，輔國將軍蕭斌將斬之，而「始將見殺，夢人告曰：『誦《觀音經》千遍，則免。』既覺，誦之得千遍，明日將刑，誦之不輟，忽傳呼停刑」[351]。這些故事有名人印證，必然具有更大的感召力。

故事不斷增多，被文人所輯錄，遂形成宋劉義慶《宣驗記》、梁王琰《冥祥記》等魯迅所謂「釋氏輔教之書」。在日本還保存著國內已經佚失的三種觀音應驗故事集，收錄自東晉至齊末的觀音故事近九十則，則更全

---

[346]　《高僧傳》卷四，第172頁。
[347]　《高僧傳》卷一二，第460頁。
[348]　《高僧傳》卷三，第93－94頁。
[349]　《高僧傳》卷三，第130－134頁。
[350]　《晉書》卷一一五〈載記〉，第2,947頁。
[351]　《宋書》卷七六〈王玄謨傳〉，第1,974頁。

面、具體地反映了這一段時期觀音信仰的面貌。

三種書的第一種是宋傅亮《光世音應驗記》，其序文說：

> 謝慶緒往撰《光世音應驗》一卷十餘事，送與先君。余昔居會土，遇兵亂失之。頃還此境，尋求其文，遂不復存。其中七條具識。余不能復記其事，故以所憶者更為此記，以悅同信之士云。[352]

這一段話不只寫明成書經過，更反映了觀音信仰在士族間傳播的情形。謝敷，字慶緒，山陰（今浙江紹興市）人。「性澄靖寡欲，入太平山中十餘年，鎮軍郗愔召為主薄。」[353] 郗超與他交好之事，已見前。他少有高操，篤信佛法，精勤不倦，結交名僧於道邃、竺法曠等。後者是中土最早宣揚淨土信仰的人之一。傅亮也是東晉信佛名士。宋武帝即位，表冊多出其手。後來他輔佐少帝，少帝廢，被殺。他與竺法義、道淵等結好。謝、傅等人出身於世家大族，虔誠地信仰觀音，其信仰形態顯然與郗超、孫綽等人熱衷於探討佛教義理不同。謝把自己輯錄的《光世音應驗》送給朋友傅瑗，東晉末孫恩之亂，攻占會稽一帶，書在戰亂中遺失。傅瑗子亮憑記憶寫下七條，仍名《光世音應驗記》。

三部書的第二種是張演的續書，名《續光世音應驗記》，計十條。張氏也是著名奉佛世家。張演和堂兄弟張暢師事僧伽，其堂姪張融就是護法名著《門律》作者，有留下遺囑死後裝殮「左手執《老子》、《孝經》，右手執《小品》、《法華經》」[354] 的逸事，典型地展現了當時士大夫之間調和三教的潮流。第三種書為齊陸杲的《繫觀世音應驗記》，是續傅、張之作，六十九條。陸杲素信佛法，持戒精嚴，稟上定林寺釋法通戒法，並著有《沙門傳》三十卷。這三部書相承而出，反映了當時士族之間觀音信仰的

---

[352] 孫昌武點校《觀世音應驗記三種》，中華書局，1994 年。
[353] 《晉書》卷九四〈隱逸傳〉。
[354] 《南齊書》卷四一〈張融傳〉，第 729 頁。

第四章 釋氏輔教

普及和傳承情形。書中記錄的許多故事都有記述傳聞來源，如說事情是某某親見或耳聞，或某人所傳出，以表示其出言有據。這也是這一類「釋氏輔教之書」的特點。

這近百則故事的唯一主題是觀音救苦救難的靈蹟，鮮明展現觀音作為救濟之神有求必應、捷如影響的神祕威力。條數較多的陸杲書是按〈普門品〉「避七難」次序排列，這些故事實際上也就成為「經證」。所述說的災難，有大火、大風、大水等自然災害，更多的是戰亂、囚禁、殺戮等社會苦難。故事背景大多在北方少數民族統治地區，那裡戰亂連年，民眾慘遭饑饉、屠戮的荼毒。如《繫光世音應驗記》「張崇」條，寫晉太元中（西元376－396年）苻堅兵敗，關中千餘家歸晉，中路為方鎮所錄，男盡被殺，女被虜；「釋開達」條記隆安二年（西元398年）北方羌中大饑，捕生口食之；「僧朗」條記宋元嘉時（西元424－453年）魏攻涼，涼取僧武裝，及城破，三千人盡取作奴，等等。這一類傳說頗具現實意義，其中不少細節可補現存史料的不足。

這些傳說作為宗教文學作品，有其鮮明的特徵：故事被當作事實來傳信，虛構的情節被安排在真實（某時、某地、某個真實人物）的框架裡，故事有一定的結構方式，大多採用極端誇張的表現手法，等等。故事情節一般較單純，往往不合常理，但在「反常」的情節裡正突顯出觀音的神祕和威力。經過記錄者的加工，有些故事的表現方法顯示出一定的技巧。如《光世音應驗記》的〈鄴西寺三胡道人〉條：

> 石虎死後，冉閔殺胡，無少長，悉坑滅之。晉人之類胡者，往往濫死。時鄴西寺中有三胡道人，共計議曰：「冉家法嚴，正復逃遂，同無逸理。光世音菩薩救人免厄，今唯當至心自歸。」乃共誦經請乞，晝夜不懈。數日後，收人來至，圍寺一匝。三人拔刀入戶，欲各殺之。一道士所住講堂壁下，先有積杖。一人先來，舉刀擬之而誅。中積杖，刃曲如鉤，

第二節　觀音信仰傳說

不可得拔。次一人又前斫之，刀應手中，即一段飛在空中，一段反還自向。復餘一人，見變如此，不敢復前，投刀謝之：「不審上人有何神術，乃令白刃不傷？」道士答曰：「我實無術。聞官殺胡，恐自不免，唯歸心光世音，當是威神憐佑耳。」此人馳還白閔，具說事狀。閔即敕特原三道士。道壹在鄴親所聞見。[355]

又如前面提到的《繫光世音應驗記》的〈釋開達〉：

道人釋開達，以晉隆安二年北上壟掘甘草。時關中大餓，皆捕生口食之。開達為羌所得，閉置柵裡，以擇食等伴肥者，次當見及。開達本語《觀世音經》，既急，一心歸命。恆潛諷誦，日夜不息。羌食柵人漸欲就盡，唯餘開達與一小兒，以擬明日當食之。開達急，夜誦經，繫心特苦。垂欲成曉，羌來取之。開達臨急愈至，猶望一感。忽然見有大虎從草趨出，跳距大叫。諸羌一時怖走。虎因柵作一小穴，足得通人，便去。開達仍將小兒走出，逃叛得免。[356]

像這樣的故事，作為志怪小說來看，虛構與寫實相交織，情節比較曲折，描寫比較細緻，又有一些心理刻劃，具有一定的藝術特色。尤其是出於真摯的信仰之心，其間流露的樸素而熱烈的感情更是一般文人作品難以見到的。

觀音信仰在中土扎根而不斷衍變出新的內容，呈現出新的面貌。如果說〈普門品〉觀音是救苦的，淨土觀音則是與樂的；救苦觀音解救現世苦難，淨土觀音則許諾人以來世福報。特別由於北魏曇鸞、隋、唐之際的道綽、唐初善導等一批淨土大師弘揚簡易的淨土法門，淨土信仰在民間得以更廣泛的流行。觀音菩薩在民間本來就有巨大威望，作為淨土接引佛的觀音也就容易獲得廣大信眾。在北朝至唐初的造像之中，觀音像呈現逐漸增

---

[355]　孫昌武點校《觀世音應驗記三種》，中華書局，1994年，第 4－5 頁。
[356]　孫昌武點校《觀世音應驗記三種》，中華書局，1994年，第 47－48 頁。

第四章 釋氏輔教

多的趨勢，造像題記中往生淨土的內容也在增加。在敦煌壁畫的唐代作品裡，「淨土變」不僅數量眾多，其富麗堂皇、花團錦簇的畫面更展現出高超的藝術技巧。隨著淨土信仰的流傳，出現許多淨土觀音傳說。至唐初密教傳入，大悲觀音信仰也流傳開來。中土早在東晉時期竺難提已傳譯《請觀世音菩薩消伏毒害陀羅尼咒經》，宣揚一心稱觀世音名號並誦觀音咒一遍至七遍則消伏一切毒害惡業，前來拯濟的觀音現大力鬼等奇特形象。到七世紀，印度大乘佛教已發展到爛熟期，金剛密教或稱「金剛乘」形成，傳入中土形成密宗，興盛一時。眾多的密教變形觀音如馬頭觀音、如意輪觀音等隨之輸入中土，而以千手觀音或稱千手千眼觀音即大悲觀音最受歡迎。宣揚千手觀音的經典很多，最重要的是《千手經》，即俗稱〈大悲咒〉者所從出，譯本有十餘種，以天竺僧伽梵達摩譯《千手千眼觀世音菩薩廣大圓滿無礙大悲心陀羅尼經》最為流行。中土密典裡又有一部《大佛頂首楞嚴經》，署「唐般剌密帝」譯。但此經譯出、傳承多有疑點，晚近學界多認為是一部偽經。經中說觀世音「超越世、出世間，十方圓明，獲二殊勝：一者上合十方諸佛本妙覺心，與佛如來同一慈力；二者下合十方一切六道眾生，與諸眾生同一悲仰」；因為與佛如來同一慈力故，「令我身成三十二應，入諸國土」[357]。這三十二應則與〈普門品〉三十三化身基本上相同。經中宣揚「祕密法門」的十四施無力和四種不可思議無作妙德，極力誇張其神祕威力。漢地密教到中唐時期已經衰落，但大悲觀音信仰卻一直流傳不絕，民間也流傳許多有關大悲觀音靈驗的傳說。

在觀音信仰廣泛弘傳之後，中土民眾更制作許多偽觀音經。見於經錄的偽觀音經不少，流傳世間的更多，如《瑞應觀世音經》、《觀世音十大願經》、《觀世音詠託生經》等。伴隨著這些偽觀音經的流傳，往往形成相應的傳說，創造出一批本土變形觀音。

---

[357] 《大佛頂如來密因修證了義諸菩薩萬行首楞嚴經》卷六，《正》第19卷第128頁中。

第二節　觀音信仰傳說

《魏書》記載有盧景裕者專經為學，北魏時為國子博士，東魏天平四年（西元 537 年）初還鄉里，從兄仲禮據鄉作亂，逼其同反，以響應西魏宇文泰；次年，齊獻武王即高歡命都督賀拔仁討平之。景裕「又好釋氏，通其大義，天竺胡沙門道悕每論諸經，輒託景裕為之序。景裕之敗也，繫晉陽獄，至心誦經，枷鎖自脫。是時又有人負罪當死，夢沙門教講經，覺時如所夢，默誦千遍，臨刑刀折。主者以聞，赦之。此經遂行於世，號曰《高王觀世音》」[358]。景裕解脫後，以經明行著，驛馬特徵，被高歡迎入館舍，使教諸子。流傳的《高王經》主要是讚頌佛、菩薩的通俗經咒，文字上與「高王」即高歡沒有什麼關係。誦觀音而臨刑刀折的情節，出現在南北朝不少傳說裡。《魏書》作者魏收是盧景裕的朋友，曾為北齊中書郎兼著作郎，他把「信仰中之主宰觀世音菩薩與現實中的權威高歡相結合，遂增添此種信仰之威力，更便於廣泛傳播」[359]。高王觀世音便如此被創造出來，其信仰流傳到今天。這是偽觀音經形成的典型一例。

唐、宋以後，觀音信仰在社會各階層中更廣泛普及，觀音形象進一步被「中國化」。許多地方被當成觀音道場（如舟山群島的普陀山），並創造出更多本土的變形觀音如水月觀音、楊柳觀音、送子觀音、魚籃觀音、香山觀音、南海觀音等等。特別是觀音被「女相化」了。觀音逐漸變成救苦救難的民間善神、福神，有更多的應驗傳說形成並流傳，被記錄在小說、筆記之類作品中。如北宋李昉等編的《太平廣記》、南宋洪邁的《夷堅志》都記錄不少這一類傳說。文人作品如蒲松齡的《聊齋志異》、紀昀的《閱微草堂筆記》也有一些觀音故事。這些故事更被廣泛吸收進明、清以來的小說、戲曲之中，各種民間文藝體裁如寶卷、鼓詞、民間故事中有更多觀音傳說的詮釋。不過從整體趨勢來看，後期作品已缺乏早期傳說那種信仰的熱忱，而真摯的信仰乃是作品感召力的根源；而且無論後期作品如何修飾

---

[358]　《魏書》卷八四〈儒林傳〉，第 1,860 頁。
[359]　周一良《魏晉南北朝史札記》，中華書局，1985 年，第 115 頁。

加工，基本上沒有超越早期作品的構想和框架，所以其價值和意義就都要大打折扣了。

第三節　地獄罪罰傳說

齊、梁時期的著名道士陶弘景，區分道教與佛教對於形、神關係的不同觀點時說：

> 凡質象所結，不過形、神。形、神合時，是人是物，形、神若離，則是靈是鬼；其非離非合佛法所攝，亦離亦合仙道所依。[360]

道教追求「長生久視」或「飛昇成仙」，當然主張存在著「不滅」的「神」，俗語所謂「靈魂」，所以認為形、神「亦離亦合」，即二者相分；而依據佛教教理，人是五蘊和合而成，而從「人我空」觀念出發，作為實體的「不滅」的「靈魂」、「神識」、「精神」等等和五蘊和合的人身一樣，也是「空」的，所以形、神「非合非離，佛法所攝」。不過在中土人士的佛教理解中，一般卻是把不滅的靈魂當作輪迴果報的主體看待。早自佛教初傳，就宣揚「精靈起滅，因報相尋」，因而使得「若曉而昧者，故通人多惑焉」[361]。即使是在大乘教理被中土人士更準確地理解以後，在形、神關係上，基本上仍保持著形、神相分的概念。例如，在齊、梁時期關於「神不滅」的論爭中，議論焦點就在形、神是否合一，是否形銷神滅。護法的一方均主張形、神為二、「神不滅」。如著名文人沈約參加形、神關係辯論，寫〈神不滅論〉、〈難范縝神滅論〉等，其基本論點就是「生既可夭，

---

[360] 〈答朝士訪仙佛兩法體相書〉，《華陽陶隱居集》卷上，《道藏》，文物出版社、上海書店、天津古籍出版社，1987 年，第 23 冊第 646 頁。
[361] 《後漢書》卷八八〈西域傳論〉，第 2,932 頁。

第三節　地獄罪罰傳說

則壽可無夭；既無矣，則生不可極。形、神之別，斯既然矣」。[362] 中土佛教對於形、神關係的這種理解，可看作是其在中土環境中受到固有傳統思想、其中包括道教教理影響的一例，也是所謂佛教「中國化」的典型表現之一。

相信靈魂不死，本是中國先民早已存在的觀念。據考距今一萬九千年左右的北京山頂洞人把死者埋葬在下室，即說明當時已經有了靈魂觀念[363]。而在西元前四千五百年左右的仰韶文化遺址裡，則已發現更多信仰靈魂不死的證據。在同屬仰韶文化的河南濮陽西水坡45號墓室中央、墓主兩側，有用蚌殼排列的一龍一虎圖形，據考就是「象徵死者魂昇天上，而墓室外騎龍圖形則表示其昇天的過程」[364]。上古墓葬及對死者的祭儀制度，正是以靈魂不死觀念為基點。在以後的歷史發展中，關於不滅的靈魂是否存在，有過「未知生，焉知死」的懷疑論，也有過形銷神滅的否定論，但「神不滅」、靈魂不死觀念卻一直是中土傳統思想的重要內容。《左傳》昭公七年子產說：「匹夫匹婦強死，其魂魄猶能馮依於人，以為淫厲。」[365] 這種生生延續的靈魂觀念成為中土宗教思想的重要理論支柱。

但是中土原來卻沒有地獄觀念，也沒有靈魂在地獄接受懲罰的設想。《禮記》記載孔子說：「骨肉歸復於土，命也；若魂氣，則無不之也。」[366] 上古人又往往以為魂升於天，魄藏於地，所以《詩經》有「濟濟多士，秉文之德，對越在天」[367] 的說法。在戰國時期的帛畫（如長沙陳家大山墓和子彈庫帛畫）裡，也清楚地顯示了靈魂昇天的觀念。又《楚辭·招魂》則

---

[362]　〈神滅論〉，《全上古三代秦漢三國六朝文·全梁文》卷二九。
[363]　參閱賈蘭坡《中國大陸上的遠古居民》，天津人民出版社，1978年。
[364]　李學勤《走出疑古時代》（修訂本），遼寧大學出版社，1997年，第148頁。
[365]　楊伯峻編著《春秋·左傳注》（修訂本），中華書局，1990年，第4冊第1,292頁。
[366]　《禮記正義》卷一〇〈檀弓下〉，《十三經注疏》，中華書局，1980年，上冊第1,314頁。
[367]　《毛詩正義》卷一九〈周頌·清廟〉，《十三經注疏》，中華書局，1980年，上冊第582頁。

說:「魂兮歸來,君無下此幽都些。」據王逸注:「地下幽冥,故為幽都。」[368]《禮記·檀弓》裡也說「葬於北方,北首……之幽之故也」。《漢書·武帝紀》裡又有祭「蒿里」的記載,輓歌〈蒿里曲〉詠嘆說:「蒿里誰家地,聚斂魂魄無賢愚。鬼伯一何相催促,人命不得少踟躕。」[369]這已是漢代人的想法。到東漢時期,隨著「鬼論之興」,又形成了「泰山治鬼」之說[370],則「泰山」又被當成死後靈魂聚居之處,而「蒿里」則被認為是泰山下的小山名。但無論是泰山還是蒿里,也還都不是靈魂接受報應懲罰的處所。對於死後的境界,當然會有恐怖的設想,如〈招魂〉裡所描寫的。但在更多的記述裡,冥界並不像是殘酷可怖的罪惡世界。又中國古代有「積善之家必有餘慶,積不善之家必有餘殃」[371]的說法,這是以家族血緣關係為基礎的報應觀念,卻沒有落實到個人的輪迴業報觀念。在佛、道二教興起的初期,中土傳統的亡靈觀念仍然延續下來。晉宋以後志怪裡的不少鬼魂傳說,著名的如《搜神記》裡的「胡毋班」(卷四)、「李娥」(卷一五),《列異傳》裡「蔡支」、「蔣濟」,《幽冥錄》裡的「陳良」以及《晉書》裡戴洋等人的故事,都還沒有地獄的設想,只是把幽、明二界區分為人與鬼兩個世界而已。鬼魂會作用於人世,或致福或降災,二界也能互相交流。這一類故事展現的正是中土傳統形態的鬼魂觀念。

隨著佛教弘傳,中國人士在本土「神不滅」觀念的基礎上接受佛教的輪迴業報及地獄罪罰思想,形成中土的地獄觀念,具體而集中展現這種觀念的,則有眾多的地獄傳說。其中有關地獄巡遊的故事,無論是對於探討佛教的「中國化」過程,還是了解佛教對文學的影響,都具有典型意義。佛教教理中的地獄觀念,與中土的理解和發揮大有不同。按「六道輪迴」

---

[368]　王逸《楚辭章句》卷九。
[369]　沈德潛《古詩源》卷三,第 72 頁。
[370]　顧炎武《日知錄》卷三〇。
[371]　《周易正義》卷一〈坤·文言〉,《十三經注疏》,中華書局,1980 年,上冊第 19 頁。

第三節　地獄罪罰傳說

之說,地獄和餓鬼、畜生並列,是有情依自身業報流轉的「三惡道」之一,本來是輪迴中的不同「狀態」。但在中土人士的意識裡,卻把地獄等同於冥界,把它當成是罪惡亡靈接受懲罰的「處所」。按中國人的設想,餓鬼是在地獄裡接受懲罰的有情的一類;畜生則附屬於人間。這仍是傳統的生死、人鬼、幽明兩個世界的設想。鬼魂被當作生人生命的延續,陰間被看成是和陽世並立的另一個世界,地獄則是陰間的一部分。中國佛教的通俗教化就是這樣理解輪迴和地獄等觀念的。這實際上是佛教輪迴業報在中土固有思想土壤上的改造和發揮,是對「六道輪迴」觀念的「曲解」。另外,翻譯佛典表達地獄觀念又相當含混,往往也把地獄表現為亡靈接受處罰的恐怖場所,這樣就更容易把它和傳統的泰山、幽都等等相混同了。按佛教教理,地獄作為輪迴的一道,並不是隨意可去的地方。自由地出入三界需要有特殊的神通。如佛弟子目犍連「神通第一」,典籍中記載有他與舍利弗入定同赴地獄,與提婆達多、六師外道等相會並聽其訴說受難事[372];又失譯《鬼問目連經》寫到目連答餓鬼所問因緣[373]。設想普通人可以到地獄巡遊,再回到人世,這是一種奇妙的構思,是基於中土幽、明二界觀念的想像。

　　據傳漢末江南琪亭神廟蟒身神本是著名譯師安世高同學,以瞋恚故「身滅恐墜地獄」[374]。這是有關佛教地獄傳說年代最早的記載。三國時康僧會曾對吳主孫皓說:「周孔雖嚴,略示淺近,至於釋教,備極幽遠。故行惡則有地獄長苦,修善則有天堂永樂。」[375]在經典傳譯方面,按出經年代,東漢安世高譯有《佛說十八泥犁經》,三國吳維祇難所出《法句經》裡有〈地獄品〉;西晉法力共法炬所出《大樓炭經》有〈泥犁品〉(勘同《長阿

---

[372]　《根本說一切有部毗奈耶破僧事》卷一〇,《正》第 24 卷第 150 頁中－ 151 頁上。
[373]　《鬼問目連經》,《正》第 17 卷第 535 頁中－ 536 頁中。
[374]　僧祐《出三藏記集》卷一三〈安世高傳〉,第 509 頁。
[375]　僧祐《出三藏記集》卷一三〈康僧會傳〉,第 514 頁。

第四章　釋氏輔教

含經·四分世紀品〉），西晉竺法護所出《修行道地經》有〈地獄品〉，《方等般泥洹經》有〈度地獄品〉等，這些都是專門描寫地獄的經典。東晉以後，寫到地獄的經典傳譯更多。其中東晉曇無蘭集中譯出一批地獄經。鳩摩羅什所出《十住毗婆娑論》、《大智度論》等大、小乘論書中，也有許多地方講到地獄情景和輪迴報應。僧祐《出三藏記集》著錄了許多地獄經，其中有些他「未見其本」，另有些今已佚失[376]。這些經典有一部分當是中土偽撰的。對地獄的恐怖描寫極具震撼力，在對群眾的宣教中發揮重要作用，是這一類經典得以流傳的重要原因之一。梁慧皎講到寺院唱導的情形說：「談無常，則令心形戰慄；語地獄，則使怖淚交零；徵昔因，則如見往業；劾當果，則已示來報。」[377] 可見地獄傳說廣泛流行的情形和信眾接受的心態。

　　為了令人信服地宣揚地獄罪報，構想出生人前往巡遊的故事，歐洲文學中從維吉爾（Publius Vergilius Maro）到但丁（Dante Alighieri）有許多名著寫到這一類內容。而在中土傳統中，上古的巫筮擔負著人、神交流的功能，又曾有神仙家和辭賦家幻遊它界的設想，戰國、秦、漢時期活躍一時的方士更以溝通仙、凡來炫惑人主，在這樣的傳統中冥遊故事也就容易形成了。其具體構想之一，就是設想某人死而復生，向人世傳達另一個世界的情景。如三國吳戴洋年十二，遇病死，五日而蘇，天使曾命為藏酒吏，上蓬萊、崑崙諸山，既而遣歸[378]。這個故事裡還沒有明確的地獄觀念。西晉時有故事說僧人竺叔蘭無病暴亡，三日而蘇，自云死後被驅入竹林中，見獵伴為鷹犬所齧，流血號叫；又值牛頭人，欲叉之，由於他是佛弟子，得以救免[379]。這裡雖然沒有指明地獄，但業報罪罰觀念已很清楚

---

[376]　參閱《出三藏記集》卷四〈新集續撰失譯雜經錄〉。
[377]　《高僧傳》卷一三〈唱導論〉，第 521 頁。
[378]　參閱《晉書》卷九五〈戴洋傳〉，第 2,469 頁。
[379]　《出三藏記集》卷一三〈竺叔蘭傳〉，第 520 頁。

第三節　地獄罪罰傳說

了。又傳說東晉時王坦之與沙門竺法師甚厚，每共論幽明報應，後竺死經歲，忽然來報罪福不虛[380]。這其中同樣沒有點出地獄，但卻已清楚表現了冥界報應觀念。這一類故事可以看作是後來地獄巡遊傳說的雛形。

完整的地獄巡遊傳說初見於宋劉義慶的《幽明錄》，其中以趙泰的傳說最為詳細、生動。故事使用當時志怪小說常見的把虛構傳說安排到事實框架之中的做法。這顯示出當時在觀念上無根的傳聞還沒有和歷史事實完全分離，另一方面也是為了使所述情節更容易取信於人。故事說趙泰以太始五年七月十三日夜半忽然心痛而死，停屍十日後復活，自說初死時被捉入鐵鍚大城勘問，以無惡犯，被任為水官監作吏，後轉水官都督總知地獄事，從而得以按行地獄，倍諳地獄之苦：

給馬，東到地獄按行，復到泥犁地獄，男子六千人，有火樹，縱廣五十餘步，高千丈，四面皆有劍，樹上燃火，其下十十五五，墮火劍上，貫其身體，云：「此人詛咒罵詈，奪人財物，假傷良善。」泰見其父母及一弟在此獄中涕泣。見二人齎文書來，敕獄吏，言有三人，其家事佛，為有寺中懸幡蓋燒香，轉《法華經》，咒願救解生時罪過，出就福舍……

然後又訪問了佛度人的「開光大舍」和經地獄考治、受更變報的「受變形城」。在開光大舍見泰山府君對佛作禮，這是把「泰山治鬼」說融入故事之中了。在受變形城又看到男女分別以善惡事狀分別託生為蟲豸、鳥獸和鬼趣：

泰按行畢還，主者問：「地獄如法否？卿無罪，故而相浼為水官都督；不爾與獄中人無異。」泰問：「人生何以為樂？」主者言：「唯奉佛弟子，精進，不犯禁戒為樂耳！」又問：「未奉佛時罪過山集，今奉佛法，其過得除否？」曰：「皆除。」[381]

---

[380]　許嵩《建康實錄》卷九，中華書局，1987年，第196頁。
[381]　魯迅《古小說鉤沉》第3集，《魯迅輯錄古籍叢編》第1卷第256—258頁，人民文學出版社，1999年。

第四章 釋氏輔教

而召都錄使者檢其紀年之籍，發現他尚有算三十年，遂被遣還魂。

類似的還有康阿得的故事。內容是康阿得死，三日還蘇，說死後被捉入幾重黑門，見府君，以尚有餘算三十五年被放還：

> 府君曰：「今當送卿歸，欲便遣卿按行地獄。」即給馬一匹，及一從人，東北出，不知幾里，見一城，方數十里，有滿城上屋，因見未事佛時亡伯、伯母、亡叔、叔母，皆著杻械，衣裳破壞，身體膿血。復前行，見一城，其中有臥鐵床上者，燒床正赤。凡見十獄，各有楚毒，獄名「赤沙」、「黃沙」、「白沙」，如此「七沙」，有刀山劍樹，飽赤銅柱，於是便還……[382]

然後他又到「福舍」，見佛弟子福多者昇天，福少者住其中；又見到事佛後親屬。這裡「七沙」地獄的名目是中土杜撰的（竺法護譯經裡有「雨黑沙地獄」）；「福舍」也是佛典中不見的虛構；昇天則是神仙觀念；「府君」應是指中土傳說的泰山府君；地獄官府的面貌，從建築到吏役，則都是按現世官府情形設想的。

在《幽明錄》關於舒禮的故事中，舒禮病死被送詣泰山，因為他曾佞神殺生，罪應上熱熬地獄。太山府君「使吏牽著熬所，見一物，牛頭人身，捉鐵叉，叉禮著熬上，宛轉，身體焦爛，求死不得。已經一宿二日，被極冤楚」，後以其仍有餘算八年，被放生還，「遂不復作巫師」[383]。這裡描寫主角受刑罰，情節已超出巡遊；明確地獄就是「太山」，也是「中國化」的展現；對「巫神」嚴加抨擊，則反映了當時佛、道對立的激烈。

王琰《冥祥記》關於釋慧達的故事更為曲折生動。慧達於《高僧傳》卷十三有傳，記載說：「釋慧達，姓劉，本名薩河，并州西河離石人。少好

---

[382] 魯迅《古小說鉤沉》第 3 集，《魯迅輯錄古籍叢編》第 1 卷第 266 頁，人民文學出版社，1999 年。

[383] 《魯迅輯錄古籍叢編》第 1 卷第 201 頁，人民文學出版社，1999 年。

第三節　地獄罪罰傳說

畋獵，年三十一，忽如暫死，經日還蘇，備見地獄苦報。見一道人，云是其前世師，為其說法訓誨，令出家，往丹陽、會稽、吳郡覓阿育王塔像，禮拜悔過，以懺先罪。既醒，即出家學道，改名慧達。精勤福業，唯以禮懺為先……」[384] 以下記述阿育王塔像靈蹟和慧達尋覓、禮拜事。而《冥祥記》則特別對地獄情景進行了詳細描繪，寫他「暴病而死。體尚溫柔，家未殮，至七日而蘇」，自述死後經歷，見到地獄：

……因隨沙門俱行。遙見一城，類長安城，而色甚黑，蓋鐵城也。見人身甚長大，膚黑如漆，頭髮曳地。沙門曰：「此獄中鬼也。」其處甚寒，有冰如席，飛散著人，著頭，頭斷；著腳，腳斷。二沙門云：「此寒地獄也。」荷便識宿命，知兩沙門，往維衛佛時，並其師也。作沙彌時，一犯俗罪，不得受戒。世雖有佛，竟不得見從。再得人身，一生羌中，一生晉中。又見從伯，在此獄裡。謂荷曰：「昔在鄴時，不知事佛。見人灌像，聊試學之；而不肯還直，今故受罪。猶有灌福，幸得生天。」次見刀山地獄。次第經歷，觀見甚多。獄獄異城，不相雜廁。人數如沙，不可稱計。楚毒科法，略與經說相符。

以下寫他親聆觀音說法，說法的內容是為亡人設福、懺悔罪過、建造塔寺、禮拜經像等，並受囑出家作沙門，至洛陽、臨淄、建業、鄴陰、成都禮拜阿育王塔，至吳中禮拜育王使鬼神所造石像。因為他曾射殺鹿、雉、燕，所以又受湯鑊之罰；但以罪輕，又有福力所扶，終得附形蘇活，遂精勤奉法，出家為沙門，法名慧達。最後說「太元末尚在京師。後往許昌，不知所終」[385]。關於慧達的傳說流傳很廣，唐道宣《集神州三寶感通錄》有記載，在敦煌寫卷裡保存有《劉薩訶和尚因緣記》（P.3570，P.2680，P.3727），敦煌第 98 號窟、61 號窟有描繪他的壁畫，第 72 號窟

---

[384]　《高僧傳》卷一三〈晉竺慧達傳〉，第 477 頁。
[385]　魯迅《古小說鉤沉》第 3 集，《魯迅輯錄古籍叢編》第 1 卷，人民文學出版社，1999 年，第 351 — 354 頁。

第四章 釋氏輔教

有他的瑞相變。

在王琰《冥祥記》、劉敬叔《異苑》、唐臨《冥報記》、張讀《宣室志》等作品中，有許多情節類似的地域罪罰故事。其框架大致上是：

(1) 暫死「入冥」——這種設想本是中土傳統中所固有的；

(2) 經過「冥判」——設想冥間有與人世相類似的統治機構，這直接或間接地保留有「泰山治鬼」觀念的痕跡；但確信生前作業，身後受報，則是佛教觀念；

(3) 巡遊地獄——故事中人物由於不同原因獲得這種機會；地獄的描寫基本上根據佛典記述加以敷衍；

(4) 復活還魂，回到陽間——往往是因為陽壽未盡或做福得報；

(5) 說明故事傳說緣由——這是取信於人的方法，也是當時傳奇作品的通用公式。

這樣的故事往往獨自成篇，也有時作為情節安排在作品之中。它們典型地展現了中土人士對於佛教輪迴報應之說的獨特理解和發揮。而由於它們被賦予了文藝形式，具有藝術欣賞的意味，在宣教中就會發揮更大的作用。

後來的傳奇小說、筆記小說同樣收錄不少這一類題材的故事。透過士大夫的手筆，更增強了藝術性，也得以更廣泛地傳播。唐代如唐臨《冥報記》、張鷟《朝野僉載》、牛僧孺《玄怪錄》、戴孚《廣異記》、段成式《酉陽雜俎》、宋代如蘇軾《東坡志林》、張邦基《墨莊漫錄》、洪邁《夷堅志》，還有宋初所編小說總集《太平廣記》等，都廣泛收錄這一類作品。後出的文人創作（有些是經由他們記錄）故事情節更為生動，往往被賦予更正面的意義。如牛僧孺的《玄怪錄》是唐傳奇鼎盛時期具有代表性的作品集，其中有典型的地獄巡遊故事〈崔環〉，描寫主角元和五年五月遇疾身亡，

第三節　地獄罪罰傳說

被追入冥府判官院。判官原來是他的父親,傳語曰:「何故不撫幼小,不成家務,廣破莊園,但恣酒色。又慮爾小累無掌,且為寬恕,輕杖放歸……」在冥吏送歸途中,過一大林,冥吏乘機往取賄賂。在等待中,崔環誤入「人礦院」,見其中柢械枷鎖者數千人,有付碓獄者、付火獄者、付湯獄者。崔環被誤拽受鍛,臥大石上,大錘錘之,骨肉皆碎。經冥吏來尋,知是判官之子,主獄將軍及諸鬼皆懼,乃請濮陽霞以藥末摻於礦上團抹,成人形送回,時濮陽霞:

以手承其項曰:「起!」遂起來,與立合為一,遂能行。大為二吏所貴。相與復南行。將去,濮陽霞撫肩曰:「措大,人礦中搜得活,然而去不許一錢?」環許錢三十萬。霞笑曰:「老吏身忙,當使小鬼梟兒往取,見即分付。」遂行。[386]

像這樣的作品,地獄罪罰只是情節的一部分,內容遠遠超出「輔教」的意義。其中描寫陰間官吏賄賂公行、諂上驕下,明顯具有諷世意味,表達上也很有幽默感。另一篇有名的故事〈杜子春〉更為曲折生動,前已指出與《大唐西域記》裡的「烈士池」傳說有關係。故事寫的是杜子春在道人指點下於華山雲台峰下煉丹,被囑「慎勿語,雖尊神、惡鬼、夜叉、猛獸、地獄,及君之親屬為所囚縛,萬苦皆非真實,但當不動不語耳,安心莫懼,終無所苦。當一心念吾所言」。他守著丹爐,見到身長丈餘的將軍催斬爭射、毒蛇猛獸爭攫於前、流電吼雷山川開裂、妻子被鞭撲燒煮寸寸銼碓,以至自己被殺下地獄:

斬訖,魂魄被領見閻羅王。王曰:「此乃雲台峰妖民乎?」促付獄中。於是鎔銅、鐵杖、碓搗、磑磨、火坑、鑊湯、刀山、劍林之苦,無不備嘗。然心念道士之言,亦似可忍,竟不呻吟。

獄卒告受罪畢,被配送到宋州單父縣丞王勤家為女,生而多病瘖啞,

---

[386]　《玄怪錄》卷二,中華書局,1982年,第28—30頁。

第四章　釋氏輔教

後與進士盧珪成婚，生一男；一日，盧抱兒與言，以其無語，乃持兒兩足，「以頭撲於石上，應手而碎，血濺數步。子春愛生於心，忽忘前約，不覺失聲云：『噫！』噫聲未息，身坐故處，道士者亦在其前」[387]，煉丹終於失敗了。在這一篇故事裡，地獄恐怖被當作構成情節的元素，主題顯然是另有寓意的。

　　從上引慧皎《高僧傳・唱導論》所說，可以知道地獄故事在佛教通俗宣傳中的作用。古往今來，許多民間文學作品裡大量使用地獄巡遊情節，明、清廣泛流行的小說、戲曲中也往往穿插地獄巡遊的故事或情節。具體作品的思想內容當然各式各樣，它們都以奇特的想像和誇飾的描寫來表達主題。值得注意的是，這一類故事在流傳中不斷地「世俗化」，即被賦予更多的人生內容和生活情趣，又和本土道教教理與信仰相融合。在道教的幽、明二界或天上（仙界）、人間、「冥界」、「三界」觀念中，佛教的地獄觀念也被積極地吸收和發揮。作為佛、道二教地獄觀念相融合的典型產物，唐代出現「道明和尚神遊地府，見十王分治亡人」[388]的傳說，並形成了《佛說十王經》那樣的中土偽經。在這一類傳說和「經典」裡，設想地獄有著十分嚴密的組織機構，施行著嚴格的罪罰制度，完全是現實統治秩序的縮影。某些地獄題材的創作實際展現了佛、道二教合流的趨勢，又融入儒家倫理。這一方面的典型例子有目連救母傳說，後面將加以論述。

第四節　經像、塔寺、舍利靈驗傳說

　　在佛教傳播過程中，形成了經像、塔寺、舍利崇拜之風。這些印度佛教信仰的表現形態在中土得以發展，當然與中土的實際條件直接相關。中

---

[387]　《玄怪錄》卷一，中華書局，1982年，第3－4頁。
[388]　《佛祖統紀》卷三三〈法門光顯志・十王供〉，《正》第49卷第322頁上－中。

第四節　經像、塔寺、舍利靈驗傳說

土自古就有尊重經典的傳統，佛教更把經典的流通、奉行視為重要功德。而與印度和西域經典主要靠口誦相傳不同，中國的文化環境主要經由書寫和書卷流通。由於僧侶和民眾之間文化相當普及，讀經、寫經也就成為風氣。又在中土經濟條件下，形成了獨特的寺院制度，建築寺塔提供佛教發展的客觀環境，信徒們同樣也把興建、禮拜塔寺當作功德。佛舍利信仰也流傳到中土。因此，從魏、晉直到唐代，寫經、造像、建築塔寺（包括大量的石窟寺）、供養舍利的風氣流行於社會中。帝王、顯貴有更大的實力，搞得規模十分盛大；普通百姓也盡其力所能及而為之。在民眾結社的社邑裡，更依靠團體力量從事這方面活動。正是反映這種風氣，社會上流傳許多崇拜經像、塔寺、舍利等靈驗故事。王琰所作《冥祥記》序中記載他幼年時在交趾遇到賢法師，授予五戒，並給他一軀觀世音金像；「琰奉以還都。時年在齠齓，與二弟常盡勤至，專精不倦」；後來因為修理住房，把像寄存在南澗寺，以後數十年間，他幾經遷徙，金像旋得旋失，而屢現靈異，終於歸還，「像今常自供養，庶必永作津梁。循復其事，有感深懷；沿此徵覿，綴成斯記。夫鏡接近情，莫逾儀像；瑞驗之發，多自此興」[389]。這是士大夫經像崇拜的具體事例，從中可以看到信仰者的宗教體驗。這種事例本身就成為傳說，而有了這種體驗也會更積極地創造和宣揚這些傳說。

　　後代結集、整合許多專門故事集，如隋王邵《舍利應驗記》一卷、唐道宣《集神州三寶感通記》三卷、慧祥《弘贊法華傳》十卷、僧祥《法華傳記》十卷、盧求《金剛經報應記》三卷、孟憲忠《金剛般若經集驗記》三卷、段成式《酉陽雜俎》裡的〈金剛經鳩異〉一卷、佚名《金剛經靈驗記》三卷、法藏《華嚴經傳記》五卷、惠英、胡幽貞《大方廣佛華嚴經感應傳》一卷等等。敦煌寫卷裡也保存了一批這一類作品，如 P.2094 號《持誦金剛

---

[389]　魯迅《古小說鉤沉》第 3 集，《魯迅輯錄古籍叢編》第 1 卷第 313－314 頁，人民文學出版社，1999 年。

經靈驗功德記》；還有單篇的如 S.6035 號〈金光明經冥報驗傳記〉、S.462 號〈金光明經果報記〉等。記錄和流傳這一類作品的目的十分明確，就是鼓吹信仰；因此這一類作品內容更單純，情節也更簡單，文學意味因而也比較淡薄。

　　某一類傳說的創作與流傳，和相關經典與信仰的流行狀況有密切關係。晉宋以後，《觀音經》（即《法華經》的〈普門品〉，作為單經流行又稱《普門品經》）流行，創造和流傳出大量觀音傳說，前面已經介紹，其中有許多是表現觀音經或觀音像的靈驗。在南北朝，《法華經》受到僧、俗重視，義學沙門寫作大量《法華經疏》，有關這一部經典的傳說也逐漸增多。唐代南宗禪重視《金剛經》，據說慧能在廣州，「忽聞一客讀《金剛經》，惠能一聞，心明便悟」[390]。許多《金剛經》靈驗故事和南宗禪盛行有關係。有關經像的傳說也反映了佛教發展的實際狀態。

　　受到題材限制，有關經像靈驗的故事內容比較單調，結構更多是公式化的。絕大多數故事的情節是某人遇難，災難可能是現實的患病、遭劫、陷獄、遇水、火災等，也可能是幻想的地獄、羅剎之害等，或是因為以前（包括前世）禮拜經像的功德，或是臨時祈求經像的救助，終於得救而解脫。描述患難往往極力加以誇飾，表現得救又極其輕易、直接，以突顯經像的神祕威力。故事更常常用違背常理的情節造成聳動人心的效果。在宗教心態下，這種表現方式當是有一定感染力的。如《冥祥記》裡的〈史世光〉條，說晉代的史世光死後還來聽支法山和尚轉經，並對婢女張信說：自己本來應墮地獄，因為支和尚為轉經，已被迎到第七梵天快樂處了。接著是一段玄想描寫：

　　世光生時，以二幡供養；時在寺中，乃呼張信：「持幡送我。」信曰：「諾。」便絕死。將信持幡，俱西北飛上一青山，如琉璃色。到山頂，望見

---

[390]　郭朋《壇經校釋》第 4 頁，中華書局，1983 年。

第四節　經像、塔寺、舍利靈驗傳說

天門,世光乃自持幡,遣信令還;與一青香如巴豆,曰:「以上支和尚。」信未還,便遙見世光直入天門。信復道而還,倏忽乃活;亦不復見手中香也;幡亦在故寺中。世光與信去時,其家有六歲兒見之,指語祖母曰:「阿爺飛上天,婆為見否?」世光後復與天人十餘,俱還其家,徘徊而去。每來必見簪帢,去必露髻。信問之。答曰:「天上有冠,不著此也。」後乃著天冠,與群天人鼓琴行歌,徑上母堂。信問:「何用屢來?」曰:「我來,欲使汝輩知罪福也;亦兼娛樂阿母。」琴音清妙,不類凡聲;家人悉聞之。然其聲,如隔壁障,不得親察也。唯信聞之,獨分明焉。有頃去,信自送。見世光入一黑門,尋即出來,謂信曰:「舅在此,日見搒撻,楚痛難勝,省視還也。舅生犯殺罪,故受此報。可告舅母:會僧轉經,當稍免脫。」舅即輕車將軍報終也。[391]

像這樣,想像相當豐富、奇特,敘寫相當鮮明、細緻,氣氛的渲染也很好,把人情、世態表現得十分親切、生動。主題本是宣揚轉經功德,但讀起來別有趣味,又處處流露出濃厚的人情味。這是較好的篇章。再有唐代《異物誌》裡〈李元平〉的傳說:說李元平本是睦州刺史李伯誠之子,大曆五年,客居東陽佛寺,薄暮,見一美麗女子來入僧院,元平求見,不許;但後來女子主動會見元平:

既相悅,經七日,女曰:「我非人。頃者大人曾任江州刺史,君前身為門吏長直。君雖貧賤,而容色可悅。我是一小女子,獨處幽房,時不自思量,與君戲調。蓋因緣之故,有此私情。才過十旬,君隨物故。余雖不哭,殆不勝情。便潛以硃筆塗君左股,將以為志。常持〈千眼千手咒〉,每焚香發願,各生富貴之家,相慕願為夫婦。請君驗之。」元平乃自視,實如其言。及曉將別,謂元平曰:「託生時至,不可久留。後身之父,見任刺史。我年十六,君即為縣令。此時正當與君為夫婦。未間,倖存思

[391]　《太平廣記》卷一一二,中華書局,1981年,第三冊第 771－772 頁。

第四章　釋氏輔教

戀，慎勿婚也。然天命已定，君雖別娶，故不可得。」悲泣別去。他年果為夫婦。[392]

這本來寫的是〈大悲咒〉靈驗，實際上又是一篇幻想的愛情故事，表揚一個弱女子對愛情超越生死的追求，其意義遠遠超越對於具體經典的頌揚。

還有一些傳說客觀上反映了一定的社會內容，甚至可補史料的缺失。例如《紀聞》裡的〈普賢社〉條，記述了開元年間同州民間數百家結普賢社的情況，這是當時的法社，表現的是民眾信仰的實況；《北夢瑣言》的〈僧義孚〉條，講到西川僧侶盜賣寫經以生財，是寺院腐敗情形的一面；還有一些故事講破壞佛寺、經像而遭受報應，如描述破壞佛像鑄錢，反映了當時的經濟問題，等等，都具有一定的史料價值。

但整體看來，從文學層面來說，這一類具有更單純的宣教目的的作品難以達到更高的藝術成就。而且越是到後來越是如此。例如明、清時期仍不斷創造出不少這一類老套故事，就只是愚民宣傳罷了。

第五節　輪迴報應傳說

業報輪迴是佛教的基本觀念，經典裡有許多論證，而對於一般民眾來說，最有說服力的還是實事。因此在輔教傳說裡，宣揚罪福報應的占有相當大的比重。實際上，前面討論的幾類作品大多是談論報應，不過題材集中於具體某個主題上。本節則討論一般的報應故事。

報應展現了作為佛教基本教義的因緣觀念。結合中土的祖靈信仰、神魂不滅的傳統，便更落實了佛教的精靈起滅、因報相尋觀念。按佛教本來

---

[392]　《太平廣記》卷一一二，中華書局，1981 年，第三冊第 779 頁。

第五節　輪迴報應傳說

教義，業報只及於行為者自身，即所謂「自作孽，自遭殃」；但依據中土以家族血緣關係為橋梁的報應觀，佛教的業報觀念也被改造了。此外，報應的依據是行為的善惡，佛教倫理的善惡則以佛陀所制經戒為標準，比如「五戒」的不殺、不盜、不淫等等，但在中土又依傳統儒家倫理如忠、孝等等觀念加以補充和改造。在流行的這一類傳說中，更多展現的是中土的思想觀念。它們除了宣揚教義之外，更發揮了一般的倫理教化作用。

從歷史發展情況來看，東晉初年干寶撰《搜神記》，意在「發明神道之不誣」[393]，有些故事已把因果報應作為主題，因此後來一直被佛教徒所稱道。例如其卷二十弘農楊寶故事，說他九歲時救過一隻黃雀，原來是西王母使者，得贈白環四枚，並預言「子孫潔白，位登三事」。歷史上的楊寶一家所謂「四世三公」，成為這一則傳說的「證明」。後來吳均《續齊諧記》裡同樣記載了這個傳說。這已具有後來佛教報應故事的格局。前述謝敷撰輯《光世音應驗記》，實際上也是現存第一部專門輯錄報應傳說的書。以後這一類作品被陸續編輯起來。除了前已論及的劉義慶的《宣驗記》、王琰的《冥祥記》、唐臨的《冥報記》等之外，還有東晉荀氏的《靈鬼志》三卷（已佚）、署名陶淵明的《搜神後記》（又名《搜神錄》）十卷、宋劉義慶的《幽明錄》三十卷（已佚）、王延慶的《感應傳》八卷（已佚）、南齊蕭子良的《宣驗記》三卷（已佚）、梁王曼穎的《續冥祥記》十一卷（已佚）、朱君台的《徵應傳》二卷（已佚）、任昉的《述異記》二卷、北齊顏之推的《冤魂志》三卷、北周釋亡名的《驗善知識傳》一卷（已佚）、隋侯白的《精異傳》（又名《旌異傳》）十卷（已佚）、淨辯的《感應傳》十卷（已佚）、彥琮的《鬼神錄》（已佚）、《道宣律師感通錄》一卷、懷信的《釋門自鏡錄》二卷，等等。唐、宋的志怪、筆記類著作中也多記載報應故事。後代這一類作品仍不斷編撰出來。出於釋氏之手的如遼非濁的《三寶感應要略錄》三

---

[393]　《搜神記·序》。

第四章　釋氏輔教

卷、明智旭的《見聞錄》一卷、清戒顯的《現果隨錄》四卷、弘贊的《六道集》五卷等。

如上所述，報應傳說的主旨是宣揚信仰，招致果報的善惡主要以佛教戒律為標準。有兩個經常呈現的主題：一個是戒殺，一個是崇佛。唐臨在《冥報記》序言裡說到「事專揚確」[394]，即記錄的故事是現實中發生過的實事。許多故事主角更是歷史上的著名人物。這是樹立信仰的方便做法，也是這些作品被視為志怪而與傳奇小說不同的地方。傳說篇幅長短不同，所述情節基本上仍是「粗陳梗概」。例如關於戒殺，就講某某殺害某人，後來得到報應，自己或家人或患上惡病、或莫名其妙地死掉了；也有的說由於信佛追福而得寬免了。戒殺故事不限於對人，更擴展到一切生物，甚至蟲豸蚊蠅以至胞卵。例如有不少關於好畋獵以至好吃雞蛋而得惡報的傳說：

隋鷹揚郎將天水姜略，少好田獵，善放鷹犬。後遇病，見群鳥千數，皆無頭，圍繞略床，鳴叫曰：「急還我頭來！」略輒頭痛氣絕，久之乃蘇，曰：「請為諸鳥追福。」許之，皆去。既而得愈，遂終身絕酒肉，不煞生命。臨在隴右夏見姜也，年六十許，自臨說云爾。[395]

對這一類故事應作具體分析。有些全然是荒唐的迷信，例如表現殺毛蟲得到惡報，但有一部分揭露權勢者濫殺無辜，對他們加以詛咒，說冥冥中有力量給以報復；又有的故事抨擊捕殺生物，如劉義慶《宣驗記》的吳唐傳說，他靠打獵致富，春天射殺母鹿和所攜幼鹿，結果當他再次射鹿時「發箭反擊，還中其子」[396]，這在客觀上已透露出朦朧的環境保護意識。

對於宣揚拜佛、齋僧、修建、保護塔寺的故事，客觀意義也應加以具

---

[394]　《冥報記》卷上，方詩銘輯校，中華書局，1992年，第2頁。
[395]　《冥報記》卷下，方詩銘輯校，中華書局，1992年，第53頁。
[396]　魯迅《古小說鉤沉》，人民文學出版社，1999年，下冊第438頁。

第五節 輪迴報應傳說

體分析。例如前面已提到劉義慶《幽明錄》關於巫師舒禮的傳說，是從佛教角度抨擊道教，反映了當時佛、道二教對立的情形；而有關毀佛叛教遭惡報的故事，則往往從客觀上呈現了對宗教迷信的批判和衝突的現實情形。

有許多報應故事描寫惡人歹徒為非作歹、貪盜劫掠、濫殺無辜，尤其是帝王和當權者依靠權勢、貪贓枉法、仗勢欺人、凶殘暴虐等等，表現這些惡德惡行得到報應，一方面反映了社會現實的黑暗殘暴，另一方面也表達了民眾懲治貪暴的願望。尤其是當現實中是非顛倒，作惡者得福、行善者遭殃的情況下，報應故事往往也表達了弱勢民眾無可奈何的幻想。而在現實中，這種報應故事作為民眾樸素的道德觀念和現實要求的展現，讓人們相信「善有善報，惡有惡報」，對於宣揚懲惡勸善、規範社會行動、樹立倫理信條發揮了某種潛移默化的作用。

報應故事的構思特點是把邏輯上的因果律普遍化、道德化，虛擬出人世間因果報應關係的「規律」。多樣的事件被納入到報應關係之中，也為發揮想像留出了空間。所以報應故事的題材和內容比較豐富，表現方法也多種多樣。不少作品篇幅較長，情節較複雜，人物形象較鮮明，也顯示出較高的藝術技巧。簡短的，如任昉《述異記》：

漢宣城郡守封邵，一日忽化為虎，食郡民。呼之曰封使君，因去不復來。故時語云：「無作封使君，生不治民死食民。」夫人無德而壽則為虎。虎不食人，人化虎而食人，蓋恥其類而惡之。[397]

這裡說人無德則化為虎，顯然是影射「苛政猛於虎」的現實，是對盤剝百姓的官吏的揭露和抨擊。後來楊升庵記載：「張禹山詩曰：『昔者漢使君，化虎方食民。今日使君者，冠裳而食人。』又曰：『昔日虎使君，呼之即慚止。今日虎使君，呼之動牙齒。』又曰：『昔時虎伏草，今日虎坐衙。

---

[397] 《述異記》卷上。

第四章 釋氏輔教

大則吞人畜，小不遺魚蝦。』」[398] 可見這段故事影響之深遠。

顏之推《冤魂志》記錄的多是事主無辜被殺、害人者終得惡報的傳說。其中〈弘氏〉一條，說梁武帝替尊為文帝的父親造寺，派曲阿人弘氏往湘州尋訪木材。弘氏多有財物，被南津校尉孟少卿誣陷，結正處死，財物充寺用。一個月後，少卿嘔血而死，凡參與獄事的人相繼亡歿，寺廟建成後被大火燒毀，柱木入地成灰[399]。這個報應故事，客觀上暴露了梁武造寺的耗財害人，顯然對大肆造寺的行為採取批評態度。又另一篇：

江陵陷時，有關內人梁元暉，俘獲一士大夫，姓劉。此人先遭侯景喪亂，失其家口，唯餘小男，始數歲。躬自擔負，又值雪泥，不能前進。梁元暉監領入關，逼令棄兒。劉甚愛惜，以死為請。遂強奪取，擲之雪中，杖捶交下，驅蹙使去。劉乃步步回顧，號叫斷絕。辛苦頓弊，加以悲傷，數日而死。死後，元暉日見劉伸手索兒，因此得病，雖復悔謝，來殊不已。元暉載病，到家而卒。[400]

這個故事的背景是承聖三年（西元 553 年）西魏攻破梁都江陵，梁元帝被俘遇害，西魏選男女百姓數萬口為奴婢，驅還長安，小弱者皆殺之。故事寫的即是一個典型事件。所述報應結局不過是人們伸張正義的幻想。

到唐代，尤其是中、晚唐時期，傳奇小說的藝術手法豐富多彩，佛教因果報應的結構方式對於推動傳奇小說發展發揮了一定的作用。值得注意的是，唐代的這一類故事許多是寫上層人物的，包括一些歷史上著名的高官顯宦以至帝王將相，有些故事更以重要的歷史事件為背景。玄宗晚年李林甫專政、中唐藩鎮叛亂、黃巢起義、五代割據等等，都被納入報應故事中。如《逸史》所記宋申錫事：宋為宰相，欲除去竊取威柄的鄭注，謀之京兆尹王璠，反被出賣，貶謫憂憤而卒，後王璠終於遭到報應，得罪腰斬

---

[398] 《楊升庵全集》卷六〇〈封使君〉。
[399] 參閱《太平廣記》卷一二〇錄〈還魂記〉，中華書局，1961 年，第 3 冊第 845 頁。
[400] 參閱《太平廣記》卷一二〇錄〈還魂記〉，中華書局，1961 年，第 3 冊第 842 頁。

第五節　輪迴報應傳說

於市；又《三水小牘》所記宋柔事：黃巢之亂，僖宗奔蜀，丞相王鐸東出三峽討伐，觀軍容使、宦官西門季玄下有都押衙何群志氣驕逸，肉視其從，只因為孔目官宋柔不先禮謁，就殺而肢解，納之溷廁；但他由此神情恍惚，漸不自安，終於挾眾叛亂被殺。像這樣的故事，利用報應不爽的情節，對權奸專政、強藩割據、驕兵悍將草菅人命、禍國殃民等罪行進行揭露和抨擊，也展現了懲惡勸善的道義觀念。

中唐以後的不少志怪作品受到傳奇小說寫法的影響，情節更複雜，寫法也更細緻、講究。如《玄怪錄》中尼妙寂事：她是江州潯陽人，姓葉，嫁給商人任華，貞元十一年其夫與父親去潭州貿易被殺。父親和丈夫先後託夢，以隱語告知凶手名字，遂四處尋訪；後來到上元縣瓦官寺服勞役，以期認識能解隱語者，恰好遇到從嶺南來遊的李公佐，幫助她識破隱語，知道凶手名申蘭、申春；她遂化妝作男傭，流落江湖數年，終於找到凶手報仇，後來出家為尼，號妙寂[401]。這個故事情節相當曲折，人物性格刻劃也比較鮮明。李公佐是當時著名的傳奇小說作者，他寫過〈謝小娥傳〉，情節同於上述。但謝小娥姓謝，丈夫名段居貞。對比兩篇作品，〈謝小娥傳〉文筆更精練，結構也更嚴謹。而從這二者的關聯，可知唐代志怪與傳奇二者的密切關係。如《宣室志》貞元中「李生」事，他是深州錄事推官，美風儀，善談笑，時王武俊為成德帥，恃功負眾，不顧法度，派遣其子士真巡屬郡，太守畏士真，不敢以僚佐招待，讓李生侍談笑，結果士真把他莫名其妙地殺掉了。原來李生少年時為強盜，劫財殺一少年，已過了二十七年，正是託生的王士真，所以士真一見就憤激於心，有戮之之意[402]。這樣的故事情節過於離奇，而正是透過這不可思議的事件證明果報之真實不虛，所描述藩鎮將帥的驕橫跋扈、草菅人命的暴行，又正是當時真實情況的反映。

---

[401]　《玄怪錄》卷二，第 23 頁。
[402]　張讀《宣室志》卷三。

第四章　釋氏輔教

從整體發展來看，在各類「輔教」傳說中，因果報應一類在藝術表現上是更為成熟的。又如上所述，佛教業報觀念經過中土民眾的長期消化、理解並加以發揮，特別是這種觀念與儒家倫理、與對社會正義的追求和信仰、與事實的因果邏輯相結合，就更富於感召力和說服力。千百年來，業報觀念已深入人們的思想感情，以至形成慣性思考。就民眾佛教信仰的實況而言，佛教義學煩瑣的名相、高深的教義歷來難於被理解，一般人往往是透過通俗的善惡報應傳說來接觸和接受佛教的，所以這種觀念十分深刻地影響著整個中國佛教發展的歷程。

至於在文學歷史上，這些報應傳說在小說以至一般敘事文學發展史上占有相當重要的地位。陳寅恪在為敦煌本《懺悔滅罪金光明經冥報傳》所作跋中說：

……至《滅罪冥報傳》之作，意在顯揚感應，勸獎流通，遠託《法句譬喻經》之體裁，近啟《太上感應篇》之注釋，本為佛教經典之附庸，漸成小說文學之大國。蓋中國小說雖號稱富於長篇鉅制，然一察其內容結構，往往為數種感應冥報傳記雜糅而成。若能取此類果報文學詳稽而廣證之，或亦可為治中國小說史者之一助歟。[403]

至於報應故事中鮮明的善、惡對比，作者或傳說者在其中流露的強烈愛憎，「善有善報，惡有惡報」觀念演化成道義必勝的「大團圓」結局，這些都是報應故事的鮮明藝術特徵，也賦予歷代文學創作深遠的影響。

以上根據內容討論了四種類型的釋氏輔教傳說。實際上還有一些重要類型，如靈鬼、宿命等主題的傳說，也有相當數量，藝術上同樣具有特色和價值。觸類可以旁通，不必一一討論了。

---

[403]　陳寅恪〈懺悔滅罪金光明經冥報傳跋〉，《金明館叢稿二編》第 257 頁，上海古籍出版社，1980 年。

第五章

隋唐與佛教

第五章　隋唐與佛教

第一節　隋、唐文人的信佛習禪之風

　　到隋、唐時期，佛教傳入中土已六百年左右，佛典傳譯相當完備，佛教義學高度發展，中國的佛教律儀制度亦已大致定型，佛教信仰更普及到社會各階層。尤其是經過與中土傳統思想和宗教的長期衝突、交流與融合，佛教已實現了「中國化」。湯用彤指出：「且自晉以後，南、北佛學風格，確有殊異，亦係在隋、唐之際，始相綜合，因而其後中國佛教勢力乃達極度。隋、唐佛教，因亦可稱為極盛時期也。」[404]

　　隋、唐佛教之臻於極盛，首先表現在宗派佛教的形成和發展。一般說來，中國佛教宗派的形成乃是佛教「中國化」的成果，也是「中國化」完成的象徵。然而不同宗派內容和特徵不同，對文化各領域的影響也不同。對於文人與文學創作的影響而言，作用巨大的當數淨土宗和禪宗。這兩個宗派都是新興的實踐法門，當初都不以「宗」立名，宗義都比較單純。淨土信仰在中土流傳久遠，但直到北魏至隋、唐的曇鸞、道綽、善導等提倡簡易的淨土念佛法門，才為它的發展注入了更強大的活力；習禪則是佛教傳統教學的「三學」（戒、定、慧）之一，到唐初，有道信、弘忍等一批「楞伽師」創立「楞伽宗」即「東山法門」，才開創出禪學發展的新局面。淨土法門是一種典型的「它力信仰」，而禪宗主張「明心見性」，是所謂「心的佛教」。早期的禪宗更是從正面批判淨土信仰。但二者又有共同點：它們都具有顯著的實踐性和群眾性；它們都揚棄煩瑣的義學；它們又都是相對簡易的成佛法門，展現出對於眾生心性完善的信心。「明心見性」是要實現當下解脫，淨土則為人提供方便的「來生之計」，二者所要解決的都是人生的現實課題。因此，淨土宗與禪宗大不同於六朝義學沙門和貴族文人的專門學問，也不像同時期的天台、法相、華嚴那樣側重宗義的探討。它

---

[404]　湯用彤《隋唐佛教史稿》，中華書局，1982年，第1頁。

們更容易融入文人生活，貫徹到其日常踐履之中，從而作用於文人的思想及其創作。

雖然隋、唐時代佛教對文化領域的影響更為廣泛和深刻，但就文人對佛教的態度而言，南北朝好佛文人那種真摯、熱誠的信仰卻已很少見到了。更多的人把佛教當作安頓身心的依託，並更關注其文化內涵。這樣的佛教可以說是一種人生的佛教，文化的佛教。這當然也與佛教自身的發展狀況有關係。到隋、唐時期，本是外來的佛教已調整好與專制國家世俗政權的關係，被更協調地納入現實統治體制之下，並強化了輔助教化、求福消災、禮虔報本的功能。隨之僧團也急遽地「世俗化」：僧人更廣泛地參與社會文化生活，文人結交僧徒、參與宗教活動更形成風氣。通都大邑那些有規模的寺院成為當地文化活動的中心，各個文化領域也更積極地吸收佛教內容。正是在這樣的條件下，文學成了僧、俗相互交流、共同耕耘的領域。而由於文人對佛教的接受和理解更為拓展和加深，一些人或許並沒有堅定、誠摯的信仰，但在感情、情緒、生活方式、處世態度等人生踐履的諸多方面卻受到熏習，佛教遂成為他們生活和意識的組成要素。如此一來，不只是以佛教為題材和主題的創作顯示出佛教的影響，佛教的觀念或感情往往更深隱在作品深層；這種影響不只反映在內容或言詞上，更廣泛地展現在美學觀念、藝術風格等藝術表現諸方面。因而隋、唐時期成為佛教對文學的影響空前巨大、對文學發展的推動空前有力的時期。

第二節　隋及初唐文人

楊堅代周立隋，距滅佛的周武帝去世僅三年。他以得天下仰賴佛教佑護之力，即位後大興佛教，廣度僧尼；繼承他的隋煬帝對佛教崇重亦相沿

第五章　隋唐與佛教

不改,從而使佛教在隋代短短幾十年間得以大幅發展。隋末農民戰爭中佛教曾受到嚴重打擊,但唐室初建後即逐步恢復。唐王朝繼承南北各王朝「三教齊立」政策,初唐諸帝對佛教均予以保護和尊崇。前一節論及的徐陵、江總、顏之推都活動到隋代。隋代有成就的文人盧思道、楊素等亦均好佛。唐初文壇活躍的多是陳、隋遺老,沿襲六朝餘習,好佛風氣相沿不衰。代表人物如虞世南,他酷慕徐陵,多為側豔之詩,也是佛教的虔誠信徒。

繼而變革文壇風氣並作出重大成效的是主要活躍在高宗朝的王(勃)、楊(炯)、盧(照鄰)、駱(賓王)等所謂「初唐四傑」。從創作成果來看,王、駱二人更為傑出,而他們都與佛教有密切因緣。

王勃(西元 649？－676？年),字子安,絳州龍門(山西河津市)人。他才華早著,對策高第,乾封初(西元 666 年)為沛王李賢侍讀,兩年後因作〈檄英王雞〉文被逐出;從總章二年(西元 669 年),滯留巴蜀二載;後補虢州(今河南靈寶市)參軍,因擅殺官奴被除名;上元年間,南下探訪貶官交趾的父親,渡海落水,驚悸而死。如他那樣才高命蹇,自然容易滋生宗教感情。他自敘說「我辭秦、隴,來遊巴蜀,勝地歸心,名都憩足」[405]。六朝時期,巴蜀佛教大幅發展。王勃來蜀,正當遭遇打擊之後,遂「歸心」佛教。王勃寫散文仍用駢體,楊炯稱讚他「西南洪筆,咸出其詞,每有一文,海內驚瞻」[406]。這些使「海內驚瞻」的作品主要是釋教碑,如〈益州綿竹縣武都山淨慧寺碑〉、〈益州德陽縣善寂寺碑〉、〈梓州兜率寺浮圖碑〉、〈梓州慧義寺碑銘〉、〈梓州玄武縣福會寺碑〉、〈彭州九隴縣神懷寺碑〉等。這些作品典麗工贍,藝術表現堪稱上乘;而記錄巴蜀佛教興衰,更有重大史料價值。他又作有〈四分律宗記序〉,是晚年南下前為

---

[405] 〈梓州郪縣兜率寺浮圖碑〉,蔣清翊《王子安集注》卷一七,上海古籍出版社,1995 年,第 519 頁。

[406] 〈王勃集序〉,《全唐文》卷一九一,第 1,930 頁。

懷素《開四分律記》所作[407]，其時懷素已是律學權威，王勃為他的著作寫序，可知其佛學修養和名聲。他的《釋迦如來成道記》則是中土文人所作的佛傳作品。

盧照鄰（西元636？－695？年），字升之，幽州范陽（今河北涿縣）人。他自幼博學能文，出仕為鄧王府典籤；乾封初，出為益州新都尉，秩滿，遊蜀中；後寓居洛陽，曾被橫禍下獄，為友人營救獲免；晚年染風疾，不堪病痛，投潁水而死。他的一生同樣多遭不幸。他在蜀中與王勃相識，當時即傾心佛教，作有〈石鏡寺詩〉、〈遊昌化山精舍〉、〈益州長史胡樹禮為亡女造畫讚〉、〈相樂夫人壇龕讚〉等讚佛文字。他體弱多病，相通道教，曾訪求、服食丹藥，但「晚更篤信佛法」[408]。所作〈五悲文〉，最後一篇批駁儒、道二家「高論」說：

若夫正君臣，定名色，威儀俎豆，郊廟社稷，適足誇耀時俗，奔競功名，使六藝相亂，四海相爭，我者遺其無我，生者哀其無生；孰與乎身肉手足，濟生人之塗炭，國城府庫，恤貧者之經營，捨其有愛以至於無愛，捨其有行以至於無行。若夫呼吸吐納，全身養精，反於太素，飛騰上清，與乾坤合其壽，與日月齊其明，適足增長諸見，未能永證無生；孰與夫離常離斷，不始不終，恆在三昧，常遊六通。不生不住無所處，不去不滅無所窮，放毫光而普照，盡法界與虛空，苦者代其勞苦，蒙者導其愚蒙。施語行事，未嘗稱倦，根力覺道，不以為功……[409]

在此明確表示佛法高於儒、道，他是全心皈依了。

陳子昂（西元661－702年），字伯玉，是唐代詩文革新運動的先驅者。他年輕時愛黃、老言，耽味《易象》，並曾學神仙之術，從著名的嵩山處

---

[407] 據王勃〈序〉，謂為「西京太原寺索律師」作，此「索律師」姓氏、籍貫與懷素合；又據《宋高僧傳》，懷素「至上元三年丙子歸京，奉詔住西太原寺」，則〈序〉中「索」為「素」之訛。
[408] 〈寄裴舍人遺衣藥直書〉，任國緒《盧照鄰集編年箋注》卷七，黑龍江人民出版社，1989年，第442頁。
[409] 任國緒《盧照鄰集編年箋注》卷四，黑龍江人民出版社，1989年，第284－285頁。

士田遊巖遊，作〈酬田逸人見尋不遇題隱居禮壁〉、〈題田洗馬遊巖桔槔〉等詩。他雖被武后拔擢，但受到權臣排擠壓抑，心懷憂鬱，也傾心佛教。他在〈夏日暉上人房別李參軍崇嗣〉詩序裡說自己「討論儒、墨，探覽真玄，覺周、孔之猶述，知老、莊之未悟。遂欲高攀寶座，伏奏金仙，開不二之法門，觀大千之世界」[410]。他的〈秋園臥疾呈暉上人〉詩裡又說：「宿昔心所尚，平生自茲畢。願言誰見知，梵筵有同術。」[411]而他登幽州臺慷慨懷古，發出「前不見古人，後不見來者」的呼號，亦流露出世事無常的情懷。

　　武后至玄宗朝，新興的禪宗傳播於作為政治、文化中心的兩京，是中國佛教發展的重大轉變，也大為擴展了它對於知識階層、尤其是文人的影響。禪宗「五祖」弘忍弟子法如住嵩山少林寺，武周垂拱中有名德就請開法；弘忍另一位弟子神秀於久視元年（西元700年）被武則天迎請入東都洛陽，武則天說「若論修道，更不過東山法門」[412]。當這個被稱為「楞伽宗」、「東山法門」的新興法門征服兩京道、俗的時候，弘忍的另一個弟子慧能又在南海對師門傳授作出重大新發展。開元年間，慧能弟子神會北上中原，樹立所謂「南宗」宗旨，批判神秀所傳為「北宗」，遂開創禪宗發展的新局面。這一門新宗派把對「涅槃」、「佛性」等外在絕對境界的追求轉化為「明心見性」的實踐，否定繁難的經綸研習而代之以「無念」、「見性」的心性修養功夫，尤其是當時整個思想學術界關注的中心已由探討「天人之際」轉向人的「心性」探索，新興的禪宗正適應了這一股潮流，因而得到廣大知識階層的歡迎並很快地普及開來。朱熹曾慨嘆「人才聰明，便被他（禪宗）誘引將去」[413]。明人胡應麟則說：

---

[410] 徐鵬校《陳子昂集》卷二，中華書局，1960年，第37頁。
[411] 徐鵬校《陳子昂集》卷二，中華書局，1960年，第43頁。
[412] 淨覺《楞伽師資記》，柳田聖山《禪語錄・初期の禪史Ⅰ》，築摩書房，1985年，第298頁。
[413] 黎靖德編《朱子語類》卷一二六〈釋氏〉，中華書局，1986年，第3,011頁。

第二節　隋及初唐文人

世知詩律盛於開元，不知禪教之盛，實自南嶽（懷讓）、青原（行思）兆基。考之二大士，正與李、杜二公並世。嗣是列為五宗，千支萬委，莫不由之。韓、柳二公，亦與大寂（道一）、石頭（希遷）同時。大顛即石頭高足也。世但知文章盛於元和，而不知爾時江西、湖南二教，周遍寰宇……獨唐儒者不競，乃釋門熾盛如是，焉能兩大哉！[414]

在此指出了唐代禪宗發展與文學發展的密切關係。

如果說唐初文人習佛還是延續南北朝遺風的話，那麼到武周時期新禪宗興起，情況發生了巨大轉變。一方面，作為新型僧侶的禪師更直接、普遍地參與社會生活，對文化領域各部門也發揮著更大作用；另一方面，文人喜禪、習禪空前地興盛，他們更熱衷這一門新宗派的宗義與活動。

五祖弘忍弟子神秀住荊州玉泉寺，名聲傳至北方。他被武則天迎請進入東都，宋之問曾代東都諸僧草表，請與都城士庶以法事至龍門迎接；張說描寫他入都盛況則說：

久視年中，禪師春秋高矣，詔請而來。趺坐觀君，肩輿上殿。屈萬乘而稽首，灑九重而宴居。傳聖道者不北面，有盛德者無臣禮。遂推為兩京法主，三帝國師。[415]

神秀圓寂於神龍二年（西元706年），僧傳上記載：

……士庶皆來送葬，詔賜諡大通禪師，又於相王舊邸造報恩寺。岐王範、燕國公張說、徵士盧鴻各為碑誄。服師喪者名士達官不可勝紀。門人普寂、義福並為朝廷所重，蓋宗先師之道也。[416]

這裡的岐王李範，是睿宗四子，「好學工書，雅愛文章之士，士無貴

---

[414]　《少室山房筆叢》卷四八癸部〈雙樹幻鈔〉。
[415]　〈唐玉泉寺大通禪師碑銘〉，《全唐文》卷二三一，第2,335頁。
[416]　《宋高僧傳》卷八〈唐荊州當陽山度門寺神秀傳〉，范祥雍點校，中華書局，1987年，第178頁。

賤，皆盡禮接待」[417]。他以王侯之尊，又是文壇後援，其行為當然會在社會上發揮帶動作用。張說（西元 667－731 年），字道濟，一字說之。他出身寒門，武后朝策賢良方正，對策第一，後以善文辭為天下宗主，是武后提拔起來的新進人物。神秀入都那一年，他預修《三教珠英》，同時參加者有李嶠、閻朝隱、劉知幾、沈佺期、宋之問、富嘉謨等人，皆一時之選。這些人都諳熟佛、道二教。他向神秀問道應即是在這個時候。

神秀的弟子普寂同樣受到朝野普遍推重。晚年住長安興唐寺，「聞者斯來，得者斯止，自南自北，若天若人，或宿將重臣，或賢王愛主，或地連金屋，或家蓄銅山，皆轂擊肩摩，陸聚水咽，花蓋撫日，玉帛盈庭」[418]。死後及葬，「河南尹裴寬及其妻子，並縗麻列於門徒之次，傾城哭送，里巷為之空焉」[419]。為普寂作碑銘的李邕（西元 678－747 年），字泰和，是著名《文選》學者李善之子。他少知名，則天朝以詞高行直為李嶠等薦舉；曾任左拾遺，以附宋璟舉奏權佞張易之兄弟奸邪，又與張柬之厚善，被貶官；玄宗朝，以其不拘細行，矜誇躁急，屢遭貶抑，但名望更高；天寶初，為汲郡、北海太守，六載，被李林甫殺害。一家師事普寂的裴寬，景雲中為潤州參軍，以拔萃出身，在朝與張說相善。後徙為河南尹，不避權貴，河南大治。他哭送普寂應是在這個時候，後來也是以不附李林甫被陷害。

神秀的另一位弟子義福，也於開元十年（西元 722 年）被道俗迎請入都，往來兩京，生榮死哀和普寂差不多，死後「制諡號曰大智禪師，葬於伊闕之北，送葬者數萬人。中書侍郎嚴挺之躬行喪服若弟子焉，又撰碑文。神秀禪門之傑，雖有禪行，得帝王重之無以加者，而未嘗聚徒開法也。洎乎普寂，始於都城傳教二十餘載，人皆仰之。初，福住東

---

[417] 《舊唐書》卷九五〈睿宗諸子傳〉，第 3,016 頁。
[418] 〈大照禪師塔銘〉，《全唐文》卷二六二，第 2,659 頁。
[419] 《宋高僧傳》卷九〈唐京師興唐寺普寂傳〉，第 199 頁。

洛，召其徒戒其經期，兵部侍郎張均、太尉房琯、禮部侍郎韋陟常所信重……」[420]。嚴挺之（西元 673 － 742 年）亦是寒門進士出身，神龍年間被宋璟所汲引，直言敢諫，與張九齡相善。開元末年為尚書右丞，不附權臣李林甫，「薄其為人，三年，非公事竟不私造其門」[421]。張九齡罷相，出為外州刺史；後被李林甫陷害，責令於東都養疾。他歸心釋氏，死後葬於大照禪師塔側。他為義福所作碑銘裡提到的房琯，為則天朝宰相房融之子，為張說所汲引，屢任內外官，不得大用。他在歷史上有名，是因為「安史之亂」中扈從玄宗奔蜀有功拜相，肅宗稱帝後統兵失策敗於陳淘斜。他熱衷禪宗，師事義福，並從神會請益。他又和杜甫友好，在習佛上二人當為同調。韋陟是武后朝宰相韋安石之子，早年風華峻整，獨立不群，「於時才名之士王維、崔顥、盧象等，常與陟唱和遊處」；張九齡為中書令，「引陟為中書舍人，與孫逖、梁涉對掌文誥，時人以為美談」[422]；天寶年間，他也遭到李林甫、楊國忠陷害；後於平定「安史之亂」中屢建功勳。

從以上諸人與新興禪門的關係，可見這一門新宗派在朝野、尤其是在文人間流行的盛況，更表明佛教這一股新潮流特別受到出身庶族的新進階層和被統治階級當權派排擠、打擊的人物的歡迎。這也是他們的社會地位決定的。他們要反對士族權貴的品級特權，爭取更大的活動空間，而禪宗主張「品均凡聖」、「行無前後」[423]，宣揚「道在心不在事，法由己不由人」[424]，要求發揚個人的主觀心性；又主張「佛性在煩惱之中，佛身即眾生之體，大法平等，無所不同」[425]，泯合佛與眾生的界限，把絕對的佛

---

[420]　《宋高僧傳》卷九〈唐京兆慈恩寺義福傳〉，第 197 頁。
[421]　《舊唐書》卷九九〈嚴挺之傳〉，第 3,105 頁。
[422]　《舊唐書》卷九二〈韋安石傳附韋陟傳〉，第 2,958 頁。
[423]　張說〈唐玉泉寺大通禪師碑銘〉，《全唐文》卷二三一，第 2,335 頁。
[424]　嚴挺之〈大智禪師碑銘〉，《全唐文》卷二八〇，第 2,843 頁。
[425]　李華〈潤州天鄉寺故大德雲禪師碑〉，《全唐文》卷三二〇，第 3,243 頁。此碑主法雲是普寂弟子。

性落實到平凡的人生踐履之中,如此等等,都表現出鮮明的反傳統、反權威、反品級特權的特色,客觀上展現了庶族階層的要求。也正是在他們的支持之下,這一門新的佛教宗派才得以迅速發展起來。

第三節　孟浩然和王維

　　孟浩然(西元689－740年),字浩然,襄州襄陽(今湖北襄樊市)人。他的經歷比較簡單:三十六、七歲以前一直在家鄉過隱居生活;曾短期到洛陽、長安、蜀中活動;晚年曾進入貶為荊州長史的張九齡幕府。他是真正的布衣詩人,但名聲很大,一代文壇巨擘李白、王維、李頎、王昌齡等都與之結交。他創作的主要成就是表現隱逸之志的山水田園詩,繼承和發展陶、謝傳統,境界清空淡遠,語言簡淨明麗,創立盛唐詩壇的重要一派。在隱逸生活中,他多結交僧、道和隱士,對佛教更情有獨鍾。他以佛教為題材的優秀作品不少,如〈尋香山湛上人〉、〈宿終南翠微寺〉、〈遊明禪詩西山蘭若〉、〈登總持寺浮屠〉、〈過融上人蘭若〉等,對佛教徒的清淨生活、高蹈品格以及心性修持功夫流露出仰慕之情。他往往把僧人表現為隱逸的典型,顯示出對於佛教的獨特理解,這也是唐代以降好佛文人相當普遍的一種風氣。如名作〈晚泊潯陽望香爐峰〉:

掛席幾千里,名山都未逢。泊舟潯陽郭,始見香爐峰。嘗讀遠公傳,永懷塵外蹤。東林經捨近,日暮空聞鐘。[426]

　　詩人遙望香爐峰,追憶東晉高僧慧遠不事王侯的風範,表示無限嚮往。王士禎評論說:「詩至此,色相俱空,政如羚羊掛角,無跡可求,畫

---

[426]　　徐鵬《孟浩然集校注》,人民文學出版社,1989年,第66頁。

第三節　孟浩然和王維

家所謂逸品是也。」[427] 孟浩然多有與僧侶贈答唱和之作，直接表達對佛教生活的讚賞。如〈題大禹寺義公禪房〉：

義公習禪寂，結宇依空林。戶外一峰秀，階前眾壑深。夕陽連雨足，空翠落庭陰。看取蓮花淨，方知不染心。[428]

這一首詩從風物著筆，突顯出人物的風格，寫得清幽恬靜，結句更直接表明對禪門所追求的清淨心性的讚美。他的詩集編者王士源總結其生平說：「浩然文不為仕，佇興而作，故或遲；行不為飾，動以求真，故似誕；遊不為利，其以放性，故常貧；名不繫於選部，聚不盈於擔石，雖屢空不給而自若也。」[429] 他是真正極力放縱真性靈的人，他親近佛教的緣由也在於此。

王維（西元 701？－ 761 年），字摩詰，太原祁（今山西祁縣）人。其母崔氏，「師事大照禪師三十餘歲，褐衣蔬食，持戒安禪，樂住山林，志求寂靜」[430]。王維開元九年（西元 721 年）及進士第，受到諸王駙馬、豪右貴勢的器重，「寧王、薛王待之如師友」[431]，而岐王李範乃是神秀門徒。他進入仕途，正是「東山法門」興盛的時候。他生逢「開元盛世」，有志於以政能文才效力當世。這種豪情壯志，展現在他早年所寫的那些踔厲風發的作品裡。可是他仕途並不順利，尤其是對他有拔擢知遇之恩的張九齡於開元二十四年（西元 736 年）罷相，成為他人生的轉捩點。此後雖然他官職屢屢遷轉，但思想觀念卻趨向消極、超脫。他說「中年頗好道」[432]，更熱衷地習佛當始於這一段時期。開元二十五年，他奉使赴河西，節度副大使（駐節涼州，今甘肅武威市）崔希逸幕為書記，而崔氏一

---

[427] 張宗柟纂集《帶經堂詩話》，夏閎點校，人民文學出版社，1963 年，第 71 頁。
[428] 徐鵬《孟浩然集校注》，人民文學出版社，1989 年，第 158 頁。
[429] 徐鵬〈孟浩然集序〉，《孟浩然集校注》卷首，人民文學出版社，1989 年。
[430] 王維〈請施莊為寺表〉，陳鐵民校注《王右丞集箋注》卷一一，第 1,085 頁。
[431] 《舊唐書》卷一九〇下〈王維傳〉，第 5,052 頁。
[432] 〈終南別業〉，《王維集校注》卷二，第 191 頁。

第五章　隋唐與佛教

家是虔誠的佛教信徒。開元末年，他以殿中侍御使知南選，在南陽遇見神會並向其請益。後來他受神會請託寫〈能禪師碑〉，這是有關慧能現存最早的可靠文獻之一。天寶年間，王維亦官亦隱，與世浮沉。他住家於終南山，後來又得到宋之問在藍田輞川的別業，和友人裴迪等優遊閒放，賦詩酬唱。他表示「平生幾許傷心事，不向空門何處銷」[433]。「安史之亂」中叛軍占領長安，他被迫受偽職。兩京收復後被定罪，其弟王縉請削官為之贖罪，使他得以貶降為太子中允，後累遷至給事中。這時他的意志更加消沉，奉佛也更加精進，以至終老。

王維對於佛教是真摯的實踐家。《舊唐書》描寫他的奉佛生涯說：

維弟兄俱奉佛，居常蔬食，不茹葷血，晚年長齋，不衣文采。得宋之問藍田別墅，在輞口，輞水周於舍下，別漲竹洲花塢，與道友裴迪浮舟往來，彈琴賦詩，嘯詠終日。嘗聚其田園所為詩，號《輞川集》。在京師日飯十數名僧，以玄談為樂。齋中無所有，唯茶鐺、藥臼、經案、繩床而已。退朝之後，焚香獨坐，以禪誦為事。妻亡不再娶，三十年孤居一室，屏絕塵累，乾元二年七月卒。臨終之際，以縉在鳳翔，忽索筆作別縉書，由於平生親故作別書數幅，多敦勵朋友奉佛修心之旨，捨筆而絕。[434]

可見他多麼認真地度過修道生活。他禮佛、讀經、坐禪、齋僧、施莊為寺，等等，奉佛十分虔誠。他寫過一些讚佛（如〈讚佛文〉，《王維集校注》卷八）、讚觀音（如〈繡如意輪像讚〉，同上卷一二）、讚淨土（如〈給事中竇紹為亡弟故駙馬都尉於孝義寺浮圖畫西方阿彌陀變讚〉，同上卷一〇）等文字。而他更為熱衷的還是新興的禪宗。他的友人苑咸曾稱讚他是「當代詩匠，又精禪理」[435]。他與諸多禪門僧侶有著十分密切的關係。他作〈大唐大安國寺故大德淨覺師碑銘〉（《王維集校注》卷一二），碑主淨

---

[433] 〈終南別業〉，《王維集校注》卷六，第 522 — 523 頁。
[434] 《舊唐書》卷一九〇下〈王維傳〉，第 5,052 — 5,053 頁。
[435] 苑咸〈酬王維〉，《全唐詩》卷一二九，中華書局，1960 年，第 1,317 頁。

第三節　孟浩然和王維

覺，是神秀弟子玄賾門人、北宗禪史《楞伽師資記》的作者。他有〈過福禪師蘭若〉詩（同上卷七），「福禪師」應是神秀門人義福或惠福，他們二人在開元年間活躍一時，王維當與之相識。後來唐肅宗為神秀、普寂題寫塔額，王維作〈為舜闍黎謝御題大通大照和尚塔額表〉，中有「御札賜書，足報本師之德」[436]等語，可知這位舜闍黎為北宗弟子。而他在朝的開元末年到天寶年間正是南宗確立宗旨的時候，因而有機會與南宗門人發生更密切的接觸。前面提出他與神會有長期交往。《神會錄》裡記載王維在南陽臨湍驛與神會一見相契，稱讚「南陽郡有好大德」，和慧澄禪師一起「語經數日」，神會教以「眾生本自心淨，更欲起心有修，即是妄心，不可得解脫」。慧澄大概是北宗學人，主張以定發慧，神會則提出了「定慧等」的新見解[437]。後來神會請他寫〈能禪師碑〉。王維有〈同崔興宗送衡嶽瑗公南歸詩序〉，作於天寶十二載（西元752年），其中說到「滇陽有曹溪學者，為我謝之」，「曹溪學者」當是指南宗弟子；詩的結句是「一施傳心法，唯將戒定還」[438]。而崔興宗原唱則說「歸南見長老，且為說心胸」[439]，此長老應即是神會。王維詩文裡涉及的僧人甚多，金陵鐘山元崇於「安史之亂」後「於輞川得右丞王公之別業，松生石上，水流松下，王公焚香靜室，與崇相遇，神交中斷」[440]，二人是學佛法侶。

王維有許多詩文直接表現他的佛教思想，如在河西為崔希逸夫人作〈淨土變畫讚〉，主旨是宣揚「心淨土淨」的唯心淨土觀念。在他看來，淨土只是一種施設方便，是引導人達到「無生」境界的手段。他的〈薦福寺光師房花藥詩序〉則要求凝然守心，不滯於物，意識到有、無皆幻，從而

---

[436] 《王維集校注》卷一一，第1,078頁。
[437] 參閱〈神會語錄第一卷殘〉，胡適校敦煌唐寫本《神會和尚遺集》，中央研究院胡適紀念館，1982年，第137－139頁。
[438] 《王維集校注》卷四，第334－335頁。
[439] 〈同王右丞送瑗公南歸〉，《全唐詩》卷一二九，第1,316頁。
[440] 《宋高僧傳》卷一七〈唐金陵鐘山元崇傳〉。

第五章　隋唐與佛教

雖混跡於世,卻做超然世外的「至人」。而晚年所作〈與魏居士書〉則更清楚地表達了自己的人生觀。他表示不滿於許由、嵇康、陶潛等人,認為他們還都有計較分別,有所追求,自己的態度是:

> 孔宣父云:「我則異於是,無可無不可。」可者適意,不可者不適意也。君子以布仁施義、活國濟人為適意;縱其道不行,亦無意為不適意也。苟身心相離,理事俱如,則何往而不適?此近於不易。願足下思可不可之旨,以種類俱生、無行作以為大依,無守默以為絕塵,以不動為出世也。[441]

在此王維標舉孔子,顯示出儒生本色,而他所發揮的身心相離、理事俱如的觀念則是禪宗的。據此他要求擺脫一切分別計較,去住自如,混世隨俗,以內心的解脫達到現實的解脫。他在〈能禪師碑〉中轉述慧能的話:

> ……乃教人以忍,曰:忍者無生,方得無我,始成於初發心,以為教首。至於定無所入,慧無所依,大身過於十方,本覺超於三世。根塵不滅,非色滅空;行願無成,即凡成聖。舉足下足,長在道場;是心是性,同歸性海……」[442]

《壇經》裡要求「自性不染著」,「心但無不淨」,與這裡的意思一致。他認為做到「忍」即不起心動念,才能體認無生而達到無我,成就超越十方、三世的覺悟,從而六根不受六塵汙染,也就「即凡成聖」,個人的淨心就匯入佛性的海洋了。

王維的作品從主要方向來說,並沒有把心中的不平發展為對現世矛盾的揭露、抨擊和批判,而是採取消極退避、委順隨緣的姿態。這和他的教養、地位、性格有關係,佛教特別是禪宗的影響也是重要決定因素。相對於思想觀念方面,禪宗對王維的詩歌藝術造成了更為正向的作用。如上所

---

[441]　《王維集校注》卷一一,第 1,095－1,096 頁。
[442]　《王維集校注》卷九,第 817－818 頁。

第三節　孟浩然和王維

述，王維對待佛教不只是接受其教理，度過長期、認真的修道生活，佛教信仰已經化為他的人生踐履，尤其是他所親近的南宗禪，已融入他的人生體驗和感受之中，從而可能自然地轉化為詩情和美感，展現在詩作中，也就開創出抒情寫意的新領域、新境界。

王維有些作品直接宣揚佛說，如〈與胡居士皆病寄此詩兼示學人二首〉，發揮《維摩經》「從痴有愛則我病生」[443]的「蕩相遣執」觀念，說明作意住心、趣空取淨並是虛妄的道理，全篇彷彿偈頌。紀昀曾說「詩欲有禪味，不欲著禪語」[444]。王維的這一類詩正缺乏詩的韻味。前述六朝文人佛教內容的作品往往如此。他的優秀詩作卻善於把禪意轉化為詩情，描摹出充滿禪趣、意境渾融的境界。如〈終南別業〉：

中歲頗好道，晚家南山陲。興來每獨往，勝事空自知。行到水窮處，坐看雲起時。偶然值林叟，談笑無還期。[445]

元人評論說：「此詩造意之妙，至與造化相表裡，豈直詩中有畫哉！觀其詩，知蟬蛻塵埃之中，浮游萬物之表者也。」[446]詩中除第一句點出「好道」之外，全篇不用理語，但那種安逸自得、毫無羈束的情趣，正是一種禪悅境界。特別是「行到水窮處，坐看雲起時」一聯，白雲、流水成為象徵，表達出物我無間、隨遇而安的樂道情懷，成為後來禪門參悟的話頭。

王維詩歌創作的主要成就是山水田園詩。而他的這一類詩在藝術上最為成功之處，在其所描繪的自然風景具有靜謐恬淡的獨特格調，流露出蕭散閒逸的意趣。他有詩明確說：「一悟寂為樂，此生閒有餘。」[447]這種詩境正與他的悟境有關係。王士禛指出：

---

[443]　僧肇《注維摩詰所說經》卷五〈文殊師利問疾品〉，上海古籍出版社，1990年，第96頁下。
[444]　方回《瀛奎律髓》卷四七，鄭谷〈宿澄泉蘭若〉批語。
[445]　《王維集校注》卷二，第191頁。
[446]　佚名《南溪詩話後集》。
[447]　〈飯覆釜山僧〉，《王維集校注》卷五，第451頁。

第五章　隋唐與佛教

　　嚴滄浪以禪喻詩，余深契其說，而五言尤為近之。如王、裴輞川絕句，字字入禪。他如「雨中山果落，燈下草蟲鳴」，「明月松間照，清泉石上流」，以及太白「卻下水精簾，玲瓏望秋月」，常建「松際露微月，清光猶為君」，浩然「樵子暗相失，草蟲寒不聞」，劉眘虛「時有落花至，遠隨流水香」，妙諦微言，與世尊拈花，迦葉微笑，等無差別。通其解者，可語上乘。[448]

　　這裡連繫李白等人的作品，說明王維詩「字字入禪」的特徵。值得注意的是，在高簡閒淡的整體風格之下，他的具體作品又表現出多樣化的藝術特色。如〈山居秋暝〉：

　　空山新雨後，天氣晚來秋。明月松間照，清泉石上流。竹喧歸浣女，蓮動下漁舟。隨意春芳歇，王孫自可留。[449]

　　這裡的境界清新自然，景物如畫。又如〈過香積寺〉：

　　不知香積寺，數里入雲峰。古木無人徑，深山何處鐘。泉聲咽危石，日色冷青松。薄暮空潭曲，安禪制毒龍。[450]

　　這裡的景色幽寂清冷，一片蕭瑟。尤其是王維那些五言絕句，短短二十個字描摹一個景象片段，情景交融，明麗自然，如〈皇甫岳雲溪雜題五首・鳥鳴澗〉：

　　人間桂花落，夜靜春山空。月出驚山鳥，時鳴春澗中。[451]

《輞川集・辛夷塢》：

　　木末芙蓉花，山中發紅萼。澗戶寂無人，紛紛開且落。[452]

---

[448]　張宗柟纂集《帶經堂詩話》，夏閎點校，卷三，人民文學出版社，1963 年，第 83 頁。
[449]　《王維集校注》卷五，第 451 頁。
[450]　《王維集校注》卷七，第 594 頁。
[451]　《王維集校注》卷七，第 637 頁。
[452]　《王維集校注》卷五，第 425 頁。

這樣的詩如胡應麟所評論的,是「五言絕之入禪者」,「讀之身世兩忘,萬年俱寂」[453]。

唐代禪宗的禪已經成為一種心靈的境界,成為人生的體驗和感受。而無論是對禪意、禪趣的領會,還是表達上的技巧,王維都是成功的。宋人黃庭堅是對詩與禪都有深刻了解並親身實踐的人,他有詩說:

丹青王右轄,詩句妙九州。物外常獨往,人間無所求。袖手南山雨,輞川桑柘秋。胸中有佳處,涇渭看同流。[454]

這就指出王維詩句之妙,是因為胸中有「佳處」。整體看來,無論是思想意識還是人生態度層面,佛教信仰、禪的觀念帶給王維的消極影響都相當明顯,但它們卻成就了他的詩歌藝術,促成他詩歌的獨特表現形式、藝術風格的形成。他也因此成為佛教滋養的中國詩人的典型。

第四節　李白與杜甫

李白(西元701－762年),字太白,生於中亞碎葉城(今托克馬克),神龍(西元705－707年)初,隨父潛回蜀中。他被認為是典型的道教詩人,與「詩聖」杜甫、「詩佛」王維鼎足而三,俗稱「詩仙」。李白性格豪放不拘,一生熱心求仙訪道,擊劍任俠,思想深處更潛藏著堅定的儒家經世之志,對佛教也有密切的接觸和相當的了解。唐代「三教調和」思潮在他身上鮮明地展現出來。宋人葛立方說:

李白跌宕不羈,鍾情於花酒風月則有矣,而肯自縛於枯禪,則知淡泊之味賢於啖炙遠矣。白始學於白眉空,得「大地了鏡徹,迴旋寄輪風」之

---

[453]　《詩藪內編》卷六〈近體下・絕句〉。
[454]　〈摩詰畫〉,《山谷外集詩注》卷八。

旨；中謁太山君，得「冥機發天光，獨照謝世氛」之旨；晚見道崖，則此心豁然，更無疑滯矣，所謂「啟閉八窗牖，托宿掣電霆」是也。後又有談玄之作云：「茫茫大夢中，唯我獨先覺。騰轉風火來，假合作容貌。問語前後際，始知金仙妙。」則所得於佛氏者益遠矣。[455]

李白確實對佛說頗下一番功夫。他早年出川遊佛教聖地廬山，寫了〈廬山東林寺夜懷〉詩：

我尋清蓮宇，獨往謝城闕。霜清東林鐘，水白虎溪月。天香生虛空，天樂鳴不歇。宴坐寂不動，大千入毫髮。湛然冥真心，曠劫斷出沒。[456]

由此可見，青年時期的李白對禪已有相當深刻的體會。天寶初年在當塗作〈化城寺大鐘銘〉，讚頌「天以震雷鼓群動，佛以鴻鐘驚大夢」[457]。他的〈金銀泥畫西方淨土變相讚〉，是為湖州刺史韋景先的未亡人作。韋景先於天寶十二載（西元 753 年）任湖州刺史[458]，其中宣揚淨土信仰。他結交禪侶，談禪論道，有更多詩作，如〈自梁園至敬亭山見會公談陵陽山水兼期同遊因有此贈〉、〈贈宣州靈源寺仲濬公〉、〈秋夜宿龍門香山寺奉寄王方城十七丈奉國瑩上人從弟幼成令問〉、〈別東林寺僧〉、〈將遊衡嶽過漢陽雙松亭留別族弟浮屠談皓〉、〈別山僧〉、〈送通禪師還南陵隱靜寺〉、〈答族弟僧中孚贈玉泉仙人掌茶〉、〈尋山僧不遇作〉等。而他自號為「青蓮居士」，亦可見佛教在他的意識中的地位。唐人范傳正論及他求仙，說「好神仙非慕其輕舉，將不可求之事求之，欲耗壯心、遣餘年也」[459]，指出他求仙活動的內心隱衷，他的好佛也有同樣的意趣。

中唐詩人楊巨源有詩說：

---

[455]　《韻語陽秋》卷一二，何文煥輯《歷代詩話》，中華書局，1981 年，下冊第 576 頁。
[456]　王琦注《李太白全集》卷二三，中華書局，1977 年，第 1,075 頁。
[457]　王琦注《李太白全集》卷二九，中華書局，1977 年，第 1,339 頁。
[458]　郁賢皓《唐刺史考》，江蘇古籍出版社，1987 年，第 4 冊第 1,705 頁。
[459]　〈唐左拾遺翰林學士新墓碑〉，《李太白全集》卷三一〈附錄〉，第 1,464 頁。

第四節　李白與杜甫

叩寂由來在淵思，搜奇本自通禪智。王維證時符水月，杜甫狂處遺天地。[460]

這裡說的是詩、禪一致的道理，用王維、杜甫作證明。杜甫（西元712－770年），字子美，祖籍襄陽，生於河南鞏縣（今河南鞏義市）。他在歷史上被看作是儒家詩教的代表人物。晚唐人孟棨即曾評論說：「杜逢祿山之難，流離隴蜀，畢陳於詩，推見至隱，殆無遺事，故當時號為『詩史』。」[461]「詩史」之說作為一種定評，概括了杜詩豐富的社會內容和現實精神，後人更把他當作儒家道德理想的典型。他生活在朝政日趨敗壞、對立叢生的肇亂期，又處在佛、道二教盛行的環境下，不能不受後二者的薰染。尤其是如上所述，新興的禪宗在客觀上展現了當時具有先進意義的思想潮流，像杜甫這樣熱衷於精神探索的人，更不能不加以重視。對於道教，他曾求仙訪道，此不俱論；對於佛教，他一生保持著持久的熱情，佛教對他的思想和創作也產生了不容忽視的影響。而從更開闊的視野來看，這也從一個面向顯示了他精神世界的博大精深。

杜甫晚年在夔州作〈秋日夔府詠懷奉寄鄭監李賓客一百韻〉詩，曾說到「身許雙峰寺，門求七祖禪」。這裡的「雙峰」、「七祖」具體何指，關係到南、北宗法統之爭，歷來有爭論；但說明了他的禪宗信仰則是明確的。接著又寫道「本自依迦葉，何曾藉偓佺」。「偓佺」為仙人名，這後一句詩的意思是「雖然也信仰道教，但並沒有入道籍」[462]；而連繫前一句，則表示自己更傾心單傳直指的禪宗，也有「仙不如佛」的意思。後面又寫道「晚聞多妙教，卒踐寨前愆……勇猛為心極，清羸任體孱」[463]，進一步表明晚年更加熱衷佛說、精進努力。

---

[460]　〈贈從弟茂卿〉，《全唐詩》卷三三三，第 3,717 頁。
[461]　〈本事詩‧高逸第三〉，《歷代詩話續編》，上海古籍出版社，1983 年，上冊第 15 頁。
[462]　郭沫若《李白與杜甫》，人民文學出版社，1971 年，第 191 頁。
[463]　《杜少陵集詳注》卷一九，文學古籍出版社，1955 年，第Ⅷ－42－43 頁。

第五章　隋唐與佛教

杜甫在乾元元年（西元 758 年）所作〈因許八奉寄江寧旻上人〉詩說：

不見旻公三十年，封書寄與淚潺湲……棋局動隨幽澗竹，袈裟憶上泛湖船。[464]

這裡記載的是他在開元十九年（西元 731 年）遊吳越時事，他當時已和旻上人結交。同時期作有〈送許八拾遺歸江寧覲省甫昔時嘗客遊此縣於許生處乞瓦棺寺維摩圖樣志諸篇末〉，江寧瓦棺寺的維摩詰像是顧愷之名作，杜甫詩的結句說「虎頭金粟影，神妙獨難忘」[465]。「虎頭」是愷之小字，維摩詰據傳是「金粟如來」化身，可見畫像為杜甫留下了多麼深刻的印象。〈巳上人茅齋〉詩一般係於開元二十四年求舉落第遊齊、趙時期，結句是「空忝許詢輩，難酬支遁詞」[466]，用的是《世說新語‧文學》篇支遁在山陰講《維摩經》、許詢為都講的典故，表示他曾和巳上人一起研討佛理，自謙之詞也說明其佛學已達到一定水準。

杜甫天寶年間在長安，仕途不利，度過極其困頓的生活。當時士大夫間奉佛習禪的風氣盛行，杜甫周圍的人如前面提到的李邕、房琯、王維等人均習佛。杜甫〈飲中八仙歌〉讚賞當時佯狂傲世、以酒澆心中磊塊的八位名人，其中的崔宗之曾向神會問道；而「蘇晉長齋繡佛前，醉中往往愛逃禪」[467]，也是向神會問道者之一。杜甫與張垍友善，張垍是張說之子，與其弟張均都信仰禪宗[468]。當道教在玄宗倡導下聲勢正隆的時候，這些人卻熱心習佛，是深可玩味的。

杜甫在長安結交大雲寺贊公。他在至德二年（西元 757 年）身陷安、史叛軍占領的長安，作〈大雲寺贊公房四首〉詩，稱讚贊公「道林才不世，

---

[464] 《杜少陵集詳注》卷六，文學古籍出版社，1955 年，第 III—107 頁。
[465] 《杜少陵集詳注》卷六，文學古籍出版社，1955 年，第 III—106 頁。
[466] 《杜少陵集詳注》卷二，文學古籍出版社，1955 年，第 II—10 頁。
[467] 《杜少陵集詳注》卷二，文學古籍出版社，1955 年，第 II—47 頁。
[468] 張均是鶴林玄素的俗弟子，見李華〈潤州鶴林寺故徑山大師碑銘〉，《全唐文》卷三二〇。

惠遠德過人」，把贊公比擬為支遁和慧遠；又說「把臂有多日，開懷無愧辭……湯休起我病，微笑索題詩」[469]，又把贊公比擬為南朝善詩僧人湯惠休。後來到乾元二年（西元759年），杜甫棄官流落秦州（甘肅天水市），就是投奔在那裡的贊公。又贊公是房琯門客，杜甫與房有深交，杜甫結交贊公可能是房琯為媒介。

杜甫逃難到蜀中，投奔西川節度使嚴武，嚴武就是前面提到的禪門弟子嚴挺之之子，也是信佛世家出身的人。當時的西川又正是禪宗十分發達的地方。五祖弘忍弟子智詵受到武則天禮重，後來住資州德純寺傳法，形成聲勢浩大的「淨眾宗」、「保唐宗」一系。杜甫於乾元二年（西元759年）冬入蜀，永泰元年（西元769年）春夏間離成都，南下戎、渝，正是保唐宗大盛的時候。身處患難中的杜甫對佛教、尤其是禪宗表現出很高的熱忱是很自然的。

他在寫給時為彭州刺史的友人高適的〈酬高使君相贈〉詩中說到「雙樹容聽法，三車肯載書」[470]。娑羅雙樹是釋迦入滅處，「三車」用《法華經》牛車、羊車、鹿車典，比喻三乘佛法。他的〈贈蜀中閭丘師兄〉詩裡又說：

……窮秋一揮淚，相遇即諸昆……飄然薄遊倦，始與道侶敦……漠漠世界黑，驅驅爭奪繁。唯有摩尼珠，可照濁水源。[471]

這一位俗姓閭丘的僧人是武后朝太常博士閭丘均之孫，杜甫的祖父當年和他交好，所以杜甫視他如兄弟。詩中直接表明遭受離亂之後的杜甫更需要到佛教中求取安慰。他在蜀中遊覽佛教勝蹟，結交僧人，寫下不少相關詩作。寶應元年（西元762年）冬在梓州作〈謁文公上方〉詩：

野寺隱喬木，山僧高下居。石門日色異，絳氣橫扶疏。窈窕入風磴，

---

[469] 《杜少陵集詳注》卷四，文學古籍出版社，1955年，第Ⅲ－42頁。
[470] 《杜少陵集詳注》卷九，文學古籍出版社，1955年，第Ⅳ－104頁。
[471] 《杜少陵集詳注》卷九，文學古籍出版社，1955年，第Ⅳ－126頁。

長蘿紛卷舒。庭前猛虎臥,遂得文公廬。俯視萬家邑,煙塵對階除。吾師雨花外,不下十年餘。長者自布金,禪龕只晏如。大珠脫玷翳,白月當空虛。甫也南北人,蕪蔓少耘鋤。久遭詩酒汙,何事忝簪裾。王侯與螻蟻,同盡隨丘墟。願聞第一義,迴向心地初。金篦刮眼膜,價重百車渠。無生有汲引,茲理儻吹噓。[472]

這一首詩表示羨慕文公的出世修道生活,傾訴自己追求佛教精義、叩問心法的願望。「『汲引』、『吹噓』,皆傳法之意」[473],即表示皈依的志願。廣德元年(西元 763 年),杜甫在梓州,遊歷牛頭、兜率、惠義諸寺,寫下〈望兜率寺〉、〈上兜率寺〉詩;大曆二年(西元 767 年)在夔州,作〈謁真諦寺禪師〉;次年秋,杜甫順江東下,至公安,作〈留別公安太易沙門〉詩。直到臨終前一年的大曆四年在長沙,作〈岳麓山道林二寺行〉,仍表示:

飄然斑白身奚適,傍此煙霞茅可誅……久為謝客尋幽慣,細學何顒免興孤。[474]

「謝客」指謝靈運,他曾和僧人們一起浪遊山水、尋幽探勝;「何顒」為周顒之訛,也是劉宋時期的信佛名士,這都是用以自比的。蜀中以後的杜甫經常表白投身佛門的願望。雖然他並沒有認真地實行,但其思想深處確實時時湧動著佛教出世意念。

杜甫習禪,對淨土也流露熱衷。天寶十四載的〈夜聽許十一誦詩愛而有作〉詩中說:

許生五台賓,白業出石壁。余亦師粲可,身猶縛禪寂。何階子方便,謬引為匹敵。離索晚相逢,包蒙欣有擊……[475]

---

[472] 《杜少陵集詳注》卷一一,文學古籍出版社,1955 年,第 V — 81 頁。
[473] 張戒《歲寒堂詩話》卷下,《歷代詩話續編》,上海古籍出版社,1983 年,上冊第 471 頁。
[474] 《杜少陵集詳注》卷二二,上海古籍出版社,1983 年,第 IX — 39 頁。
[475] 《杜少陵集詳注》卷三,上海古籍出版社,1983 年,第 II — 134 頁。

第四節　李白與杜甫

　　許生到五台山求法，曾到石壁寺，這裡自北魏曇鸞以來是淨土法門道場。「白業」指感得清白樂果的善行，淨土法門中把修習淨土叫做白業。「包蒙」是《易經》「蒙卦」語，指包容愚昧之人。杜甫在這裡說曾師法二祖惠可和三祖僧璨，但為禪所縛，許生以淨土相啟迪。這表現出杜甫對淨土的熱衷[476]。

　　杜甫作為儒家詩教忠實的實踐者，在創作中把儒家傳統的政治原則、道德理想、現實精神和諷喻比興藝術手法發揚到了極致。而佛教思想則成為他儒家積極用世之道的補充，又是他困頓失意時的安慰。就前一方面來說，佛教的慈悲觀念、「平等」意識、為實現道而奮鬥義的大無畏犧牲精神，都帶給他支持和鼓舞；佛家高蹈超越的人生風格，對世俗權威的鄙視，以至禪宗實現心性自由的要求，又使他能夠懷疑和批判正統觀念和習俗，從而發出「紈褲不餓死，儒冠多誤身」[477]的呼號。就後一方面來說，杜甫受到打擊後往往也要追求心理上的安慰，維護心靈那一片自由清淨的天地。尤其是在蜀中那幾年，經過流離失所的逃難生涯，得到比較安定的環境，作為心境的自我開脫，他咀嚼人生事理，體察內心委曲，寫下不少瀟灑閒淡、趣味悠然的小詩。這些詩特別反映了在藝術思想和美學趣味方面受到佛教、尤其是禪宗的影響。

　　杜甫寫了許多佛教題材作品，前面已經提到一些。有的作品如〈同諸公登慈恩寺塔〉，一向被看作是感傷時事的傑作，而其中不但有「方知象教力，卒可追冥搜」的體會，那種時運變幻、命運莫測的蒼涼情懷也透露出濃重的宗教色彩。有的作品則更直接地表達佛教的觀念和感情，如〈遊龍門奉先寺〉：

　　已從招提遊，更宿招提境。陰壑生虛籟，月林散清影。天闋象緯逼，

---

[476]　呂澂先生認為由此可知杜甫已由習禪轉修淨土，見所作〈杜甫的佛教信仰〉，《哲學研究》1986年第4期。
[477]　〈奉贈韋左丞丈二十二韻〉，《杜少陵集詳註》卷一，上海古籍出版社，1983年，第Ⅱ-42頁。

第五章　隋唐與佛教

雲臥衣裳冷。欲覺聞晨鐘，令人發深省。[478]

浦起龍分析說：「題曰遊寺，實則宿寺詩也。『遊』字只首句了之，次句便點清『宿』字。以下皆承次句說。中四，寫夜宿所得之景，虛白高寒，塵府已為之一洗。結到『聞鐘』、『發省』，知一霄清境，為靈明之助者多矣。」[479]宋人韓元吉則認為：「杜子美〈遊龍門詩〉：『欲覺聞晨鐘，令人發深省。』子美平生學道，豈至此而後悟哉！特以示禪宗一觀而已。是於吾儒實有之，學者昧而不察也。」[480]無論是「靈明之助」還是「禪宗一觀」，都是肯定詩中的心性涵養境界與禪相通，韓元吉則更指出杜甫身上儒、禪相通的一面。

如果說前詩近乎直敘禪解，那麼下面這一首〈江亭〉表達上就更為含蓄：

坦腹江亭暖，長吟野望時。水流心不競，雲在意俱遲。寂寂春將晚，欣欣物自私。故林歸未得，排悶強裁詩。[481]

此詩結句流露出故園之思，表明不能忘情世事，但全篇抒寫的是暫避戰亂的閒適情懷，「水流」一聯更表現出物我一如的超曠境界。理學家張九成說：

陶淵明辭云：「雲無心而出岫，鳥倦飛而知還。」杜子美云：「水流心不競，雲在意俱遲。」若淵明與子美相易其語，則識者往往以謂子美不及淵明矣。觀其云「雲無心」、「鳥倦飛」，則可知其本意；至於「水流」而「心不競」，「雲在」而「意俱遲」，則與物初無間斷，氣更混淪，難輕議也。[482]

---

[478]　〈奉贈韋左丞丈二十二韻〉，《杜少陵集詳註》卷一，上海古籍出版社，1983年，第Ⅱ－1頁。
[479]　《讀杜心解》卷一之一〈五古〉，中華書局，1961年，第2頁。
[480]　〈深省齋記〉，《南澗甲乙稿》卷一六。
[481]　《杜少陵集詳註》卷一〇，上海古籍出版社，1983年，第Ⅴ－3頁。
[482]　蔡夢弼《杜工部草堂詩話》卷二，《歷代詩話續編》，上海古籍出版社，1983年，上冊第209頁。

第四節　李白與杜甫

葉夢得也評論說：

> 杜子美云：「水流心不競，雲在意俱遲。」吾嘗三復愛之。或曰：子美安能至此？是非知子美者。方至德、大曆之間，天下鼎沸，士固有不幸罹其禍者。然乘間蹈利，竊名取寵，亦不少矣。子美聞難間關，盡室遠去，乃一召用，不得志，辛飢寒轉徙巴峽之間而不得，終不肯一引頸而西笑。非有「不競」、「遲留」之心安能然？耳目所接，宜其瞭然自會於心，此固與淵明同一出處之趣也。[483]

這種閒適作品雖然沒有蹈勵風發的奮鬥意志，但那種處患難不懼不餒，竭力保持心靈平靜和諧的精神卻不無正向意義，又顯然與禪的心性修養有一定關係。如果說杜甫那些沉鬱頓挫的諷世刺時之作以其深刻豐富的思想內涵令人感動，那麼抒寫人情物理、表達內心隱微的小詩則以深婉的情致和精巧的藝術表現打動人心。羅大經舉例說：

> 杜少陵絕句云：「遲日江山麗，春風花草香。泥融飛燕子，沙暖睡鴛鴦。」或謂此與兒童之屬對何以異。余曰不然。上二句見兩間莫非生意，下二句見萬物莫不適性。於此而涵詠之，體認之，豈不足以感發吾心之真樂乎？大抵古人好詩，在人如何看，在人把做什麼用。如「水流心不競，雲在意俱遲」，「野色更無山隔斷，天光直與水相逢」，「樂意相關禽對語，生香不斷樹交花」等句，直把做景物看亦可，把做道理看，其中以盡有可玩索處。大抵看詩，要胸次玲瓏活絡。[484]

這就指出，杜甫的這一類詩表達上明淨透脫，玲瓏自然，不用理語而真正做到情景交融，創造出安適和諧的藝術境界。這種境界給予人美感和慰藉，藝術上是有感染力的。

杜甫如所有藝術大家一樣，在形成鮮明的個人風格的同時，藝術手法

---

[483]　《避暑錄話》卷上。
[484]　《鶴林玉露》乙編卷二，王瑞來校點，中華書局，1983 年，第 149 頁。

第五章 隋唐與佛教

和格調又是多種多樣的。在其多種多樣的藝術表現中,這種愜理適心、平順自然的一類,明顯反映出禪的意趣。范溫曾指出:「老杜〈櫻桃〉詩云:『西蜀櫻桃也自紅,野人相贈滿筠籠。數回細寫愁仍破,萬顆勻圓訝許同。』此詩如禪家所謂信手拈來,頭頭是道者,直書目前所見,平易委曲,得人心所同然。但他人艱難,不能發耳。」[485] 禪門主張觸事而真,當下即是。這種思考方式展現在藝術裡,就是即興而發,不事雕琢,走簡易平順一途。杜甫在蜀中,寫了不少這樣的詩。有的直接用禪語,表佛理,如〈望牛頭寺〉:

牛頭見鶴林,梯徑繞幽深。春色浮山外,天河宿殿陰。傳燈無白日,布地有黃金。休作狂歌老,回看不住心。[486]

這裡不但用了祇陀太子為釋迦牟尼建立園林、黃金布地的典故,最後又直接宣揚《金剛經》「應無所住而生其心」的觀念。而同樣是寺院題材的〈後遊(修覺寺)〉:

寺憶曾遊處,橋憐再渡時。江山如有待,花柳更無私。野潤煙光薄,沙暄日色遲。客愁全為減,捨此復何之。[487]

這裡則完全不用佛家語,但那種不忮不求、不黏不滯的心態,讓人體會到自心與萬物契合如一的境界,所以難解的「客愁」也得以消解了。「江山」一聯為後來的禪師們所讚賞,也曾拿來作談禪的話頭。這一類詩就思想意義來說,意境顯得狹小以至卑俗,但作為心境的反映,特定環境下的感受、體驗、情緒以及內心矛盾等等的表達,卻給予人啟迪和美感,有著一定的藝術價值。

---

[485] 《潛溪詩眼》,郭紹虞《宋詩話輯佚》上冊,人民文學出版社,1980 年,第 314 頁。
[486] 《杜少陵集詳注》卷一二,上海古籍出版社,1983 年,第 V－101 頁。
[487] 《杜少陵集詳注》卷九,上海古籍出版社,1983 年,第Ⅳ－136 頁。

第五節　韋、劉和「大曆十才子」

「安史之亂」象徵著唐王朝各種社會對立的總爆發。經過九年的慘淡經營，戰亂勉強平定，但往昔的盛勢已難以振起。代、德兩朝的四十餘年間，國家基本上在走因循衰敗的下坡路。文人間已難以見到經國的理想、奮鬥的熱情、豪邁的氣度，作品也失去了盛唐那種昂揚奮發的精神和絢爛奪目的光彩。這一段時期也出現一批有成就的作家如韋應物、劉長卿等，還有代表一時風氣的「大曆十才子」[據《新唐書·盧綸傳》，「十才子」為盧綸、吉中孚、韓翃、錢起、司空曙、苗發、崔洞（或作「峒」）、耿湋、夏侯審、李端等十人，異說甚多，或把李嘉祐、郎士元、李益等包含在內]。這些人大多是失意士大夫，或沉跡下僚，或作權門清客，精神境界都比較窄狹，作品雖有些富於現實內容和真情實感，但主要是抒寫鄉情旅思、描繪自然風光或是應酬唱和之作。這又正是佛、道二教大發展的時代，朝廷崇佛，禪、淨土和密教廣為流行，這種情勢正適應境界低迷的文人們的精神需求。因此，結交僧侶，遊居佛寺、談禪問道就成為文人生活的重要內容，也是他們作品表現的主要題材之一。在宋初所編《文苑英華》卷二一九〈釋門〉三百七十四篇作品中，大曆時期作品占四分之一以上，「寺院」類四百零九篇作品之中比例也大致相同，可見佛教在當時文人生活與創作中的地位。

這一段時期創作成就最高的當數韋應物和劉長卿。韋應物（西元733？—約793年）出身於式微的顯赫世家，以門蔭補三衛，侍從玄宗。安史之亂改變了他的命運。代宗朝他轉徙各地為微官，屢遭貶黜；德宗時期為滁州、江州刺史、尚書左司郎中、蘇州刺史。「天寶後，詩人多為窮苦流寓之思，及寄興於江湖僧寺」[488]，寺院成為文人們寄居、習業、

---

[488]　《新唐書》卷三五〈五行二〉，第921頁。

第五章　隋唐與佛教

遊覽場所。韋應物先後寓居洛陽同德寺、灃上善福精舍、蘇州永定寺等處。他對寺院顯然有著特殊的感情，更習慣於佛家清修生活。他「立性高潔，鮮食寡欲，所居焚香掃地而坐」[489]，生活方式以至性格都受到佛教薰習。按朱熹的看法，「韋蘇州詩高於王維、孟浩然諸人，以其無聲色臭味也」[490]。就是說，他更善於創造那種高簡閒淡、澄清精緻的藝術境界。這當然與他習染佛禪有關係。如〈聽嘉陵江水聲寄深上人〉詩：

> 鑿崖瀉奔湍，稱古神禹跡。夜喧山店門，獨宿不安席。水性自雲靜，石中本無聲。如何兩相激，雷轉空山驚。貽之道門舊，了此物我情。[491]

這一首詩被認為是「默契禪宗」之作，「不得嵩謂之詩」[492]。他長期寄住僧院，寫有許多相關題材的詩，如〈起度律師同居東齋院〉、〈移疾會詩客元生與釋子法朗因貽諸袆曹〉、〈慈恩伽蘭清會〉、〈夜偶詩客操公作〉等，它們情致悠遠，淡而有味，展現出獨特的風格。值得注意的是，韋應物對道教也相當熱衷，結交道士，熟悉道典，寫了一些表現神仙信仰的詩。他對佛、道二教採取融通無礙的態度，這一點在當時文人也是典型的。

劉長卿（約西元 726 — 790 年），字文房。他和韋應物同樣活動於玄宗至德宗四朝這一段時期，經歷同樣十分坎坷：年輕時屢試不第；出仕後又兩遭貶黜；晚年為隨州刺史，逢「建中之亂」，隨州被叛軍占領，屈抑而終。他本來「有吏幹」，但不斷被迫隱逸山林或退居閒職，內心有所不平，遂親近佛、道，尋求安慰。他的詩以近體為佳，風格恬淡清秀，頗有韻致，有「五言長城」之譽。貶睦州時結交詩僧靈澈，有〈送靈澈上人〉詩云：

---

[489]　李肇《國史補》卷下，古典文學出版社，1957 年，第 55 頁。
[490]　黎靖德編《朱子語類》卷一四〇〈論文下〉，中華書局，1986 年，第 3,327 頁。
[491]　陶敏、王友勝《韋應物集校注》卷二，上海古籍出版社，1998 年，第 65 頁。
[492]　李鄴嗣〈慰弘禪師集天竺語詩序〉，《杲堂文鈔》卷二。

第五節　韋、劉和「大曆十才子」

蒼蒼竹林寺，杳杳鐘聲晚。荷笠帶夕陽，青山獨歸遠。[493]

短短二十字，言簡意長，有王維輞川詩風味。在睦州有〈喜鮑禪師自龍山至〉詩：

故居何日下，春草欲芊芊。猶對山中月，誰聽石上泉。猿聲知後夜，花髮見流年。杖錫閒來往，無心到處禪。[494]

詩中流露對禪師超然生活的神往，結句則直呈禪解。

被歸入「大曆十才子」的詩人經歷不同，成就不一，但其藝術特色有相似之處，而親近佛、道則更是共通的。其中如吉中孚做過道士，戴叔倫則在晚年入道了。「十才子」都經常在佛禪脫俗的境界裡尋找精神家園，並把這種心態集中地表現在作品裡。其中錢起（西元 710－780 年）年事較長，詩名亦大，有「前有沈（佺期）、宋（之問），後有錢、郎（士元）」之說。他的〈東城初陷與薛員外王補闕暝投南山佛寺〉詩，寫「安史之亂」中與王維等人避亂的經歷：

日昃石門裡，松聲山寺寒。香雲空靜影，定水無驚湍。洗足解塵纓，忽覺天形寬。清鐘揚虛谷，微月深重巒。噫我朝露世，翻浮與波瀾。行運邁憂患，何緣親盤桓。庶將鏡中象，盡作無生觀。[495]

結句的「鏡中象」，本是著名的「大乘十喻」之一，是比喻我、法兩空的境界。喪亂的經歷使詩人更體會到世事無常之理，因此要到「無生」法中求取安慰。司空曙的〈過錢員外〉詩描寫錢起晚年生活：

為郎頭已白，跡向市朝稀。移病居荒宅，安貧著敗衣。野園隨客醉，雪寺伴僧歸。自說東峰下，松蘿滿故扉。[496]

---

[493]　儲仲君《劉長卿詩編年箋注》下冊，中華書局，1996 年，第 435 頁。
[494]　儲仲君《劉長卿詩編年箋注》下冊，中華書局，1996 年，第 458－459 頁。
[495]　《全唐詩》卷二三六，第 2,615 頁。
[496]　《全唐詩》卷二九二，第 3,314 頁。

錢起官終考功郎中，因此有首句的慨嘆。詩中描寫他在困頓落寞的境遇中，與僧侶結伴，奉佛求道，度過寂寞的生活。

當時眾多文人的經歷與感受是相類似的。如韓翃，天寶十三載（西元754年）進士，長期轉徙幕職，直至德宗朝始入朝官中書舍人。他的〈題玉山觀禪詩蘭若〉詩說：「掖垣揮翰君稱美，遠客陪遊問真理。薄宦深知誤此心，迴心願學雷居士。」[497] 雷居士次宗，是與慧遠結社祈求往生西方的名士。耿湋一生未致通顯，晚年由拾遺貶許州司法參軍，他的〈春日遊慈恩寺寄暢當〉詩說：「浮世今何事，空門此諦真。死生俱是夢，哀樂詎關身。」[498]〈尋覺公因寄李二端司空十四曙〉詩說：「少年嘗味道，無事日悠悠。及至悟生死，尋僧已白頭。」[499] 這些贈答之作表現的是他們的共同感受。

李端，字正己，大曆五年進士，曾為郭子儀子郭曖門下清客，初授校書郎，移疾江南，官杭州司馬，卒。他的〈書志寄暢當並序〉說：

余少尚神仙，且未能去。友人暢當以禪門見導。余心知必是，為得其門，因寄詩以誇焉。

詩云：

少喜神仙術，未去已蹉跎。壯志一為累，浮生事漸多。衰顏不相識，歲暮定相過。請問宗居士，君其奈老何。[500]

由此可見，李端本學神仙術，轉而從暢當習禪。他把暢當比擬為劉宋著名居士宗炳。李端也寫了許多佛教題材的作品。如〈贈南嶽隱禪師〉：

舊住衡州寺，隨緣偶北來。夜禪山雪下，朝汲竹門開。半偈傳初盡，群生意未回。唯當與樵者，杖錫入天台。[501]

---

[497] 《全唐詩》卷二四三，第2,730頁。
[498] 《全唐詩》卷二六八，第2,985頁。
[499] 《全唐詩》卷二六八，第2,991頁。
[500] 《全唐詩》卷二八五，第3,255頁。
[501] 《全唐詩》卷二八五，第3,247頁。

第五節　韋、劉和「大曆十才子」

南嶽慧隱是著名禪師神秀弟子降魔藏法嗣,他有〈送皎然上人歸山〉詩:

> 適來世上豈緣名,適去人間豈為情。古寺山中幾日到,高松月下一僧行。雲際鳥道苔方合,雪映龍潭水更清。法主欲歸須有說,門人流淚厭浮生。[502]

這一首詩是寫給詩僧皎然的。從上面的作品,可以知道李端在與這些僧人密切交往中受到的啟迪。

盧綸,字允言,大曆初累舉進士不第,仕途不達,貞元中得到德宗器重,拜戶部郎中。他也經歷坎坷,對佛、道均表熱衷,有〈洛陽早春憶吉中孚校書司空曙主簿因寄清江上人〉詩:

> 值迴峰高駐馬頻,雪晴閒看洛陽春。鶯聲報遠同芳信,柳色邀歡似故人。酒貌昔將花共豔,鬢毛今與草爭新。年來百事皆無緒,唯與湯師結淨因。[503]

這裡投寄詩篇的清江是著名詩僧,詩人把他比擬為劉宋的湯惠休。從詩中

的描寫,同樣可以了解當時文人們與僧人交往,共同遊賞、唱和的具體情形。

對宗教的熱烈關切成為以「大曆十才子」為代表的一代文人精神生活的一項重要特徵。他們在宗教世界裡寄託自己的願望和理想,求得對於苦難現實和不平際遇的安慰,昇華為詩情的宗教情懷乃是宣洩內心苦悶和矛盾的表現。但也正是因為宗教意識的虛幻和褊狹,必然導致意念的消極、頹唐和境界的窘狹、低沉,從而造成大曆詩風的顯著弱點。

---

[502]　《全唐詩》卷二八六,第 3,270 頁。
[503]　《全唐詩》卷二七八,第 3,158 頁。

第六節　白居易

白居易（西元 772－846 年），字樂天，晚號香山居士、醉吟先生。他以和李紳、元稹等人提倡和創作「新樂府」而著名史冊；所作「諷喻詩」代表唐代現實主義詩歌的又一個高峰。但他又傾心宗教。他曾熱衷於求仙訪道，親自煉過丹，長期服用雲母散等仙藥。他形容自己是「白衣居士紫芝仙，半醉行歌半坐禪」[504]，把所嚮往的神仙生活與佛教的修持等同看待。而實際上他更為熱衷的是佛教，主要是禪與淨土。白居易代表了唐代文人佛教信仰的又一種典型。

白居易不是如王維那樣熱誠進行習禪修道的宗教實踐，也不是如柳宗元那樣認真鑽研教理、宗義。佛教主要為他提供一種理想的人生方式、精神境界和美感理念。對他來說，佛教主要不是展現為信仰，而是作用於人生踐履和詩歌創作之中。也正因此，佛教的觀念、情緒、感受等等滲透到精神深層，成為他自己劃分的「閒適詩」、「感傷詩」和「雜律詩」的主要內涵之一。

白居易早年為準備制科考試作《策林》，有〈議釋教〉一篇，對佛教的蠹國害民提出批評。這雖然是儒生的常談，但也表示他意識到佛教的過分膨脹在倫理上、經濟上的弊害。但他卻又終生習佛，老而彌篤。這一情況也反映當時文人對待佛教矛盾心態的一面。

貞元十五年（西元 799 年）他二十八歲，由宣城北歸洛陽，曾師事聖善寺凝公；十九年凝公圓寂，次年他作〈八漸偈〉紀念，其序言說：

> 居易常求心要於師，師賜我八言焉，曰觀、曰覺、曰定、曰慧、曰明、曰通、曰濟、曰捨。繇是入於耳，貫於心，達於性，於茲三四年矣。[505]

---

[504]　〈自詠〉，朱金城《白居易集箋校》卷三一，上海古籍出版社，1988 年，第 2,130 頁。
[505]　朱金城《白居易集箋校》卷三九，上海古籍出版社，1988 年，第 2,641 頁。

第六節　白居易

可見他這時對禪已有相當深入的領會。他在元和二年（西元807年）入翰林院，所作〈答崔侍郎錢舍人書問因繼以詩〉中有「我有二道友，藹藹崔與錢」[506]的句子，崔指崔群，錢為錢徽，都是他習佛的「道友」。後來他在〈答戶部崔侍郎書〉裡回憶說：「頃與閣下在禁中日，每視草之暇，匡床接枕，言不及他，常以南宗心要互相誘導。」[507]這是在朝為官時的事。他於元和十五年作〈錢虢州以三堂絕句見寄因以本韻和之〉詩，錢虢州即錢徽，曾回憶說：

同事空王歲月深，相思遠寄定中吟。遙知清淨中和化，只用金剛三昧心。[508]

下有注曰：「與早歲與錢君同習讀《金剛三昧經》，故云。」陳寅恪考證《金剛三昧經》是當時流行的一部偽經。

白居易早年立志頗高，鬥志甚盛，但忠言見忌，不斷受到排擠打擊。他在服母喪退居下邽時作〈渭川退居寄禮部崔侍郎翰林錢舍人詩一百韻〉感慨說：

漸閒親道友，同病事醫王。息亂思禪定，存神入坐忘。[509]

元和十年（西元815年）他被貶到江州，那裡的廬山是佛、道二教聖地，他更迫切地希求得到宗教慰藉。他親自合煉丹藥就是在這個時期。他的〈郡齋暇日憶廬山草堂兼寄二林僧社三十韻多敘貶官以來出處之意〉詩中說：

諫諍知無補，遷移分所當。不堪匡聖主，只合事空王。[510]

---

[506]　朱金城《白居易集箋校》卷七，上海古籍出版社，1988年，第389頁。
[507]　朱金城《白居易集箋校》卷四五，上海古籍出版社，1988年，第2,806頁。
[508]　朱金城《白居易集箋校》卷一八，上海古籍出版社，1988年，第1,196頁。
[509]　朱金城《白居易集箋校》卷一五，上海古籍出版社，1988年，第876頁。
[510]　朱金城《白居易集箋校》卷一八，上海古籍出版社，1988年，第1,151頁。

世路倚伏，仕途失意，又感到對於現世無力俾補，不得不走消極的「獨善」之路。他在與友人元稹敘說心曲的長篇書信中說：

……古人云：「窮則獨善其身，達則兼濟天下。」僕雖不肖，常師此語。大丈夫所守者道，所待者時。時之來也，為雲龍，為風鵬，勃然突然，陳力以出；時之不來也，為霧豹，為冥鴻，寂兮寥兮，奉身而退。進退出處，何往而不自得哉！故僕志在兼濟，行在獨善。奉而始終之則為道；言而發明之則為詩。[511]

而佛、道正是他「獨善」之志的寄託。他當然並沒有完全放棄「兼濟」理想，但佛教和道教確實為他提供了一種人生理想和生活方式。尤其當時正是馬祖道一一系「洪州禪」興盛的時候，他與這一系禪宗有著密切關係。

馬祖於貞元四年（西元788年）圓寂，眾多弟子弘傳其禪法於四方，鵝湖大義、章敬懷暉、興善惟寬先後進京，迅速擴大了這一派禪法的影響。元和九年（西元814年）冬，白居易授太子左贊善大夫，曾四次到興善寺向惟寬問道，作〈傳法堂碑〉，胡適說是「十九世紀的一種禪宗史料」，「正合道一的學說」[512]。次年，白居易貶江州司馬，其時馬祖法嗣歸宗智常在江州傳法，他有〈晚春登大雲寺南樓贈常禪師〉詩，中有「求師治此病，唯勸讀《楞伽》」[513]之句。他在江州結交的興國神湊、東林上宏等也是洪州或曹溪弟子。他晚年寓居洛陽龍門，與嵩山如滿為空門友，這位如滿也是道一法嗣。洪州禪主張「平常心是道」、「非心非佛」，把南宗早期見性、頓悟的禪發展為隨緣應用、肯定「平常心」的禪，從而認為穿衣吃飯、揚眉瞬目的日常營為就是道，更肯定「自性本來具足」，所以「道

---

[511]　〈與元九書〉，朱金城《白居易集箋校》卷四五，上海古籍出版社，1988年，第2,774頁。
[512]　〈白居易時代的禪宗世系〉，(日)柳田聖山編《胡適禪學案》，日本中文出版社，1981年，第94、97頁。
[513]　朱金城《白居易集箋校》卷一六，上海古籍出版社，1988年，第986頁。

第六節　白居易

不屬修」[514]。南宗禪的「無念」、「無相」之說本來與老、莊有密切關聯，洪州禪更與莊、禪進一步結合。馬祖所謂「平常心是道」[515]，正和《莊子》道「無所不在」、「物物者與物無際」[516]思想相通；馬祖提倡無造作、無是非、無取捨、無斷常、無凡無聖的人生態度，也與《莊子》等是非、齊物我的觀念相一致。白居易在〈病中詩十五首序〉裡說：「余早棲心釋梵，浪跡老、莊，因疾觀身，果有所得。」[517]他把老、莊與「釋梵」等同看待，又是從解決人生「疾患」的角度來對待二者。白居易的「感傷詩」主要是感傷人事，「閒適詩」則抒寫超脫閒適之情，正有洪州禪的觀念為底蘊。他在江州作〈睡起晏坐〉詩說：

淡寂歸一性，處閒遺萬慮。瞭然此時心，無物可譬喻。本是無有鄉，亦名不用處。行禪與坐忘，同歸無異路。

下有注曰：「道書云無何有之鄉，禪經云不用處，二者殊名而同歸。」[518]晚年所作〈拜表回閒遊〉詩說：

達摩傳心乞息念，玄元留語遣同塵。八關淨戒齋銷日，一曲狂歌醉送春。酒肆法堂方丈室，其間豈是兩般身。[519]

像這樣，佛、道一致，禪、教一致，真諦與世法一致，把樂天無為、優遊自在的生活等同於修道實踐。這當然顯得謙退、柔弱，是受到打擊之後的退避慰安之道，是在複雜險惡的環境中求得容身自保，但卻也不是完全消極的。

早期禪宗主張「心淨土淨」，反對西方淨土信仰。但白居易晚年對淨

---

[514]　《古尊宿語錄》卷一〈馬祖大寂行狀〉。
[515]　(日)入矢義高編《馬祖の語錄》，日本禪文化研究所，1984年，第32頁。
[516]　《莊子·應帝王》。
[517]　朱金城《白居易集箋校》卷三五，上海古籍出版社，1988年，第2,386頁。
[518]　朱金城《白居易集箋校》卷七，上海古籍出版社，1988年，第373頁。
[519]　朱金城《白居易集箋校》卷三一，上海古籍出版社，1988年，第2,185頁。

第五章　隋唐與佛教

土也十分熱衷。他的〈重修香山寺畢題二十二韻以紀之〉詩中說：

> 南祖心應學，西方社可投。生宜知止足，死要悟浮休。[520]

這裡的「西方社」指東晉慧遠在廬山與僧俗所結淨土社。在他看來，南宗心法和西方信仰並不矛盾。中唐時出現十八高賢結「白蓮社」故事，白居易在宣揚這一則傳說中發揮了相當的作用。他官太子少傅時作〈畫西方幀記〉，又表示願為「一切眾生」修彌陀淨土業，有偈說：

> 極樂世界清淨土，無諸惡道及眾苦。願如老身病苦者，同生無量壽佛所。[521]

他的淨土信仰，顯然也展現了普度眾生的理想。晚年的白居易受八關齋戒，更曾從事修持實踐。但他終不能忘情於世俗享樂，作文說，洛陽西郊山水之盛龍門為首，龍門遊觀之盛香山為首，自己作為「山水主」，做到了「足適」、「身適」、「心適」。在〈香山寺二絕〉裡他描寫自己的生活：

> 空門寂靜老夫閒，伴鳥隨雲往復還。家醞滿瓶書滿架，半移生計入香山。[522]

他的淨土觀念顯然傾向於心淨土淨的唯心淨土思想，淨土修持也就展現為知足保和、優遊自在的人生。

白居易的創作中最有價值的當然是那些「惟歌生民病」的諷喻詩篇，但占他作品絕大部分的抒寫「感傷」、「閒適」情致的篇章，也有些思想和藝術價值頗高的。其中不少作品抒寫放捨身心、超絕萬緣的曠達胸懷，表達心有所守、不慕榮利的高蹈情致，有時又流露出現實壓迫下內心矛盾的隱微，如此等等，既不完全是灰心滅志的悲觀，也不是無所用心的頹廢，無論作為一種精神境界，還是作為藝術表現，都有一定的意義和價值。劉

---

[520]　朱金城《白居易集箋校》卷三〇，上海古籍出版社，1988年，第2,123頁。
[521]　朱金城《白居易集箋校》卷七一，上海古籍出版社，1988年，第3,802頁。
[522]　朱金城《白居易集箋校》卷三一，上海古籍出版社，1988年，第2,142頁。

禹錫稱讚他說：

> 散誕人間樂，逍遙地上仙。詩家登逸品，釋氏悟真詮……吏隱情兼遂，儒玄道兩全。[523]

這是說，白居易儒、釋、道兼用，無不適其情；以之指引人生，為官，作詩，無不通達無礙。他處患難不懼不餒，對名位不忮不求，也就不會與世浮沉，同流合汙。而進退不縈於懷，苦樂不滯於心，百鍊鋼化為繞指柔，隨時等待實現濟世利人理想的時機，這又是「以退為進」的手段。在這一方面，禪的修養發揮了一定的作用。

白詩在表達上走平易淺顯一路，做到所謂「老嫗能解」。這種藝術風格和語言表達方式實際上也展現了禪的精神。所謂「性海澄渟平少浪，心田灑掃淨無塵」[524]、「身覺浮雲無所著，心同止水有何情」[525]，這樣的精神境界展現為美學觀念，表達為詩情，必然走平淡、清明一路。至於在詩歌創作的形式、語言等具體表現技巧上，他顯然對當時流行的禪宗詩偈和語錄也有所參照。

第七節　劉禹錫、元稹等中唐其他詩人

元和年間短暫的「中興」之後，藩鎮變亂又起，朝廷內部則宦官干政，朋黨相爭，政出多門，整個國家對立叢生，危機四伏。社會危機為宗教的擴展提供了良好的環境。官僚士大夫出於不同原因普遍地習佛學禪。

---

[523] 〈酬樂天醉後狂吟十韻〉，卞孝萱校訂《劉賓客集》卷三四，中華書局，1990年，第501頁。
[524] 〈狂吟七言十四韻〉，朱金城《白居易集箋校》卷三七，上海古籍出版社，1988年，第2,555頁。
[525] 〈答元八郎中楊十二博士〉，朱金城《白居易集箋校》卷一七，上海古籍出版社，1988年，第1,107頁。

第五章　隋唐與佛教

劉禹錫有詩說：「鍾陵八郡多名守，半是西方社中友。」[526] 所謂「鍾陵八郡」，指洪州都督府所轄洪、饒、撫、吉、虔、袁、江、鄂八州，劉詩是說這八個州的刺史一半以上是淨土結社成員。這可以說是當時官僚士大夫好佛的典型情況。實際習禪則更為普遍。前面已介紹了白居易，以下簡單介紹另一些重要詩人。

劉禹錫（西元 772 — 842 年），字夢得，早年即在吳興陪侍詩僧皎然、靈澈吟詩。他少有經世之志，與柳宗元友好，出仕後共同參與「永貞革新」；失敗後同遭貶黜，得朗州（今湖南常德市）司馬。在朗州，土風弊陋，舉目殊俗，遭受挫抑，心情憂鬱不樂，更傾心佛說。他在〈送僧元暠南遊〉詩引裡說：

余策名二十年，百慮而無一得，然後知世所謂道無非畏途，唯出世間法可盡心耳。由是在席硯者多旁行四句之書，備將迎者皆赤髭白足之侶。深入智地，靜通還源，客塵觀盡，妙氣來宅。內視胸中，有煎煉然。[527]

這一段自述說明他當時「事佛而佞」的心態。他遭受嚴酷打擊，雖然經世的理想並沒有消泯，但佛教總是帶給心靈寄託和安慰。而較之因果報應之類信仰，他更注重的是「性理」。他在〈贈別君素上人〉詩引裡說：

曩予習《禮》之〈中庸〉，至「不勉而中，不思而得」，懍然知聖人之德，學以至於無學。然而斯言也，猶示行者以室廬之奧耳，求其徑術而布武，未易得也。晚讀佛書，見大雄念佛之普，級寶山而梯之。高揭慧火，巧鎔惡見；廣疏便門，旁束邪徑。其所證入，入舟沿川，未始念於前而日遠矣，夫何勉而思之邪？是余知突奧於〈中庸〉，啟鍵關於內典，會而歸之，猶初心也。[528]

---

[526]　〈送鴻舉師遊江西〉，《劉禹錫集》卷二九，第 400 頁。
[527]　《劉禹錫集》卷二九，第 392 頁。
[528]　《劉禹錫集》卷二九，第 389 頁。

第七節　劉禹錫、元稹等中唐其他詩人

〈中庸〉所謂「不勉而中，不思而得」，講的是聖人「致誠返本」之說[529]。劉禹錫認為佛說正開闢出達到這一項目的的途徑。這清楚說明了他傾心佛教的立意所在。他在為神會弟子乘廣所作〈袁州萍鄉縣楊岐山故廣禪師碑〉裡又說：「儒以重道御群生，罕言性命，故世衰而寖息；佛以大慈救諸苦，廣啟因業，故濁劫而益尊。自白馬東來，而人知象教；佛衣始傳，而人知心法。弘以權實，示其攝修。味真實者，即清淨以觀空；存相好者，布威神而遷善。厚於求者，植因以覬福；罹於苦者，證業以銷冤。革盜心於冥昧之間，泯愛緣於死生之際。陰助教化，總持人天。所謂生成之外，別有陶冶；刑政不及，曲為調柔。其方可言，其旨不可得而言也。」[530] 這也十分清楚地闡述了佛教有助於心性教化的見解。

劉禹錫的詩風簡練沉著，委順自然，不同於白居易、元稹的辭繁言激，也不同於韓愈、孟郊的刻意高古，這與他的佛教修養有關係。其〈秋日過鴻舉法師寺院便送歸江陵〉詩引說：

> 梵言沙門，猶華言去欲也。能離欲則方寸地虛，虛而萬景入，入必有所洩，乃形乎詞。詞妙而深者，必依於聲律。故自近古以降，釋子以詩聞於世者相踵焉。因定而得境，故倏然以清；由慧而遣辭，故粹然以麗。信禪林之花萼，而戒河之珠璣耳。[531]

這就指出以禪的虛淨之心體察清靜明麗的境界，乃是僧詩的特徵。而他的一些作品正具體實現了這種觀念。

元稹（西元 779－831 年），字微之，與白居易齊名，是「新樂府運動」的倡導者。貞元十年十六歲，寓居西京開元觀，緊鄰永樂南街寺廟，就已

---

[529] 《禮記正義》卷五三〈中庸〉孔穎達疏，《十三經注疏》下冊，中華書局，1980 年，第 1,632 頁。
[530] 《劉禹錫集》卷四，第 57 頁。
[531] 《劉禹錫集》卷二九，第 394 頁。

「盡日聽僧講,通宵詠月明」[532]。元和五年(西元810年),白居易作〈和夢遊春詩一百韻〉序裡說:「況與足下外服儒風,內宗梵行者有日矣。而今而後,非覺路之返也,非空門之歸也,將安反乎?將安歸乎?」詩的結句說:「《法句》與《心王》,期君日三復。」有注曰:「微之常以《法句》及《心王頭陀經》相示,故申言以足其之志也。」[533] 可見元、白二人不僅是政治上的同志、思想上的同道,也是習佛的法侶。這一年元稹以觸怒專權的宦官被貶到江陵,更加熱衷於佛說,一是希圖心理安慰,再是求得「來生之計」。元稹的後半生,依附權閹,頗受譏評,但其內心糾纏著難以解脫的矛盾痛苦,傾心宗教也是尋求慰藉之道。所以他的〈悟禪三首寄胡果〉第二首說:

百年都幾日,何事苦囂然。晚歲倦為學,閑心易到禪。病宜多宴坐,貧似少攀援。自笑無名字,因名自在天。[534]

又〈寄曇嵩寂三上人〉詩說:

長學對治思苦處,偏將死苦教人間。今因為說無生死,無可對治心更閑。[535]

詩人對佛教採取的顯然是非常現實的態度。前述白居易〈和夢遊春〉詩結句說到「《心王》與《頭陀》」,據陳寅恪考證,都是「淺俗偽造之經。夫元白二公自許禪梵之學,叮嚀反覆於此二經。今日得見此二書,其淺陋鄙俚如此,則二公之佛學造詣,可以推知矣」[536]。而這正可以說明,元、白習佛並不以義理見長,既不如東晉名士的玄辯,也不及南朝文人的講學,他們採取的是更平庸的態度:用顯俗的佛說做為人生實踐的指引。而

---

[532] 〈答姨兄胡靈之見寄五十韻〉,冀勤點校《元稹集》卷一一,中華書局,1982年,第124頁。
[533] 朱金城《白居易集箋校》卷一四,上海古籍出版社,1988年,第2冊第863－866頁。
[534] 《元稹集》卷一四,第158頁。
[535] 《元稹集》卷一九,第222頁。
[536] 《元白詩箋證稿》,上海古籍出版社,1978年,第99頁。

第七節　劉禹錫、元稹等中唐其他詩人

如此浸漬於創作之中，卻能發揮出更鮮明、深刻的影響。

李紳（西元 772 — 864 年），字公垂，早年與元、白友善，是「新樂府運動」倡導者之一。他年輕時與僧鑑玄「同在惠山（寺）十年」[537]。這種經歷培養了他終生懷抱對佛教的親近感。他居官所至，到蘇州虎丘、報恩寺，杭州天竺、靈隱寺，常州建元寺，潤州鶴林寺等寺院，都曾遊賞題詠，抒發感慨。如所謂「官備散寮身卻累，往來慚謝二蓮宮」[538]，「自嘆秋風勞物役，白頭拘束一閒人」[539] 等等，抒寫出宦途煩擾、希求解脫之感。

對寺院有特殊感情的還有張祜。他舉進士不第，奔走權門，與世浮沉，詩作受到杜牧、陸龜蒙等人的推崇。又「性愛山水，多遊名寺，如杭之靈隱、天竺，蘇之靈巖、楞伽，常之惠山、善權，潤之甘露、招隱，往往題詠唱絕」[540]。如〈題潤州金山寺〉詩：

一宿金山寺，超然離世群。僧歸夜船月，龍出曉堂雲。樹色中流見，鐘聲兩岸聞。翻思在朝市，終日醉醺醺。[541]

佛寺的清幽生活使他生發出奔競市朝的感慨。

宋人張耒說：「唐之晚年，詩人類多窮士，如孟東野、賈浪仙之徒，皆以刻琢窮苦之言為工。」[542]

賈島（西元 779 — 843 年），字浪仙，是著名的「苦吟」詩人。他早年為僧，還俗後，「談玄抱佛，所交悉塵外之人」[543]。他所抒發的愁苦幽獨之情和枯寂清峭的詩風和這種生活有密切關係。其〈青門里作〉詩說：

---

[537]　〈重到惠山〉，《全唐詩》卷四八二，第 5,485 頁。
[538]　〈蘇州不住遙望武丘報恩兩寺〉，《全唐詩》卷四八二，第 5,483 頁。
[539]　〈望鶴林寺〉，《全唐詩》卷四八二，第 5,487 頁。
[540]　傅璇琮主編《唐才子傳校箋》卷六，中華書局，1990 年，第 3 冊第 174 頁。
[541]　《全唐詩》卷五一〇，第 5,818 頁。
[542]　胡仔《苕溪漁隱叢話前集》卷一九〈孟東野賈浪仙〉。
[543]　傅璇琮主編《唐才子傳校箋》卷五，中華書局，1989 年，第 2 冊第 332 頁。

第五章　隋唐與佛教

燕存鴻已過,海內幾人愁。欲問南宗理,將歸北嶽修。若無攀桂分,祇是臥林休。泉樹一為別,依稀三十秋。[544]

青門里在長安,詩應是作者屢舉不第困居時所作,「南宗理」是他精神依託所在。與賈島並稱為「姚、賈」的姚合(西元約779－約864年),詩風與賈島近似,但比較平淺。他同樣喜歡遊歷或寓居佛寺僧社,多與僧人結交、酬唱,對佛家超然出世的風格表示嚮往或讚賞。他在武功主簿任上作〈武功縣中作三十首〉,其中有句曰「淨愛山僧飯,閒披野客衣」,「從僧乞淨水,憑客報閒書」[545]。他有〈閒居〉詩:

不自識疏鄙,終年住在城。過門無馬跡,滿宅是蟬聲。帶病吟雖苦,休官夢已清。何當學禪觀,依止古先生。[546]

這都清楚顯示了他傾心佛說的心路歷程。「姚、賈」在當時詩壇上影響甚大。同時或稍後的馬戴、喻鳧、李群玉、李頻、曹松、薛能、李洞等創作大致上同樣走奇僻清峭一路,而這種風格正和他們所處蕭條寂寞的處境與這種處境造成的落寞悽苦感情有關。這也是他們都不同程度地心儀佛說的緣由。

第八節　唐代「古文運動」與佛教

唐代「古文運動」是革正文體、文風和文學語言的運動,也是革新散文創作的運動。它從根本上改革了文壇上晉宋以來流行幾百年的浮靡空洞的駢儷文體,使散文創作走上更加健康的發展道路。倡導「古文運動」的主要人物之一韓愈是文化史上著名的闢佛健將,後起的古文家之中也有一

---

[544]　黃鵬《賈島詩集箋注》卷六,巴蜀書社,2002年,第212－213頁。
[545]　《全唐詩》卷四九八,第5,658頁。
[546]　《全唐詩》卷四九八,第5,660頁。

第八節　唐代「古文運動」與佛教

批反佛者，所以人們往往強調文體復古與儒學復古的關聯。但實際上在佛教昌盛的唐代，更多的古文家與佛教有密切關係；而且從一定意義上來說，古文創作也從佛教獲得滋養和參照。與韓愈並稱的柳宗元就是主張「統合儒、釋」，下面有專節另述。

韓、柳以前，對「古文運動」有開拓之功的陳子昂、張說、蕭穎士、李華、元結、獨孤及、梁肅、權德輿等人，大多與佛教有密切關係，多少寫過讚揚佛說或記錄佛事的所謂「釋氏文字」。他們的有關文章也是改革散文實踐的一部分。

李華（西元715－766年），字遐叔，天寶年間入仕。早歲習儒，又喜讀佛書。「安史之亂」中受偽職貶官，以後即一蹶不振，只短期擔任幕僚。他對唐代佛教各宗派均有相當的了解。他的〈東都聖善寺無畏三藏碑〉，碑主是中土密教創始人之一的善無畏。而其〈潤州天鄉寺故大德雲禪師碑〉，碑主法雲，是大照普寂弟子；〈潤州鶴林寺故徑山大師碑銘〉，碑主則是牛頭宗徑山道欽。他晚年從天台九祖荊溪湛然受業，被視為天台宗人[547]。他作〈故左溪大師碑〉，碑主就是天台八祖玄朗。他對儒、釋交流十分讚賞：「昔支遁與謝公為山水之遊，竺法師與王度為生死之約，古今同道，如見其人。」[548] 他又說：「五帝三王之道，皆如來六度之餘也。」[549]「儒、墨者，般若之笙簧；詞賦者，伽陀之鼓吹。」[550] 明確主張辭章是宣揚佛說的工具。他本人更身體力行，以文章「傳佛教心要」，是唐代文人中寫作釋教碑眾多者之一。

獨孤及（西元725－777年），字至之，「體黃老之清淨，苞大雅之明

---

[547]　志磐《佛祖統紀》卷七〈東土九祖第三之二〉、卷四一〈法運通塞志第八〉，《正》第49卷第189頁中、第379頁中。
[548]　〈潤州天鄉寺故大德雲禪師碑〉，《全唐文》卷三二〇，第3,243頁。
[549]　〈台州乾元國清寺碑〉，《全唐文》卷三一八，第3,224頁。
[550]　〈杭州餘姚縣龍泉寺大律師碑〉，《全唐文》卷三一九，第3,232頁。

哲」[551]，宗道家，又相容佛說。他晚年為舒州刺史，曾贊助替禪宗三祖僧璨建塔，親書〈舒州山谷寺覺寂塔隋故鏡智禪師碑銘〉。僧璨在早期禪籍中情況不明，獨孤及表揚他，是南宗禪確立法系的重要行動。他概括僧璨的禪觀：「其教大略以寂照妙用攝群品，流注生滅觀四維上下，不見法，不見身，不見心，乃至心離名字，身等空界，法同夢幻，亦無得無證，然後謂之解脫禪門。」[552] 這也表示他個人的禪解相當精審。他與詩僧靈一交好，在〈唐故揚州慶玄寺律師一公塔銘〉裡稱之為「善友」，讚揚他「吻合詞林，與儒、墨同其波流」[553]。他還寫過〈金剛經報應述〉、〈佛頂尊勝陀羅尼幢讚〉等護法文章。

梁肅（西元 753－793 年），字敬之，一字寬中，在「古文運動」中是承先啟後的人物。他就學於獨孤及，而韓愈、李翱從之受業。貞元八年（西元 792 年）陸贄以兵部侍郎知貢舉，梁肅佐之，推舉韓愈、李觀等及進士第。他學天台之道於荊溪湛然，又是湛然法嗣元浩的俗弟子。他對天台教理研習有得，以智者大師的《摩訶止觀》文義弘博，覽者費日，成《止觀統例》一書，這是闡揚天台止觀的重要文獻。他還有〈天台法門議〉、〈天台智者大師修禪道場碑〉、〈天台智林寺碑〉、〈荊溪大師碑〉、〈常州建安寺止觀院記〉、〈維摩經略疏序〉等作品，都是闡述天台教理的。後來天台宗人著僧史，也把他列入天台傳法統序之中。

權德輿（西元 761－818 年），字載之，在貞元、元和年間是文壇宗主式人物，對於韓、柳是先輩，有提攜獎掖之恩。他的創作實踐和「尚理、尚氣、有簡、有通」的文論，對「古文運動」的發展均有所推動。他周流三教，代表了當時文人的普遍傾向。貞元二年，他以大理評事兼監察御使任江西觀察

---

[551]　梁肅〈朝散大夫使持節常州諸軍事常州刺史賜紫金魚袋獨孤公行狀〉，胡大浚、張春雯校點《梁肅文集》卷六，甘肅人民出版社，2000 年，第 199 頁。
[552]　《全唐文》卷三九〇，第 3,973 頁。
[553]　《全唐文》卷三九〇，第 3,963 頁。

第八節 唐代「古文運動」與佛教

使李兼判官,在洪州(今江西南昌市)遊於馬祖道一門下;馬祖圓寂,他作〈唐故洪州開元寺石門道一禪師塔銘〉,這是宣揚「洪州禪」的重要文獻。他也是唐代文人中寫作釋氏文字較多的人。他在晚年為百巖禪師所作碑銘裡說:「嘗試言之,以〈中庸〉之自誠而明以盡萬物之性,以《大易》之寂然不動感而遂通,則方袍、褒衣其極致一也。向使師與孔聖同時,則顏生、閔損之列歟?釋尊在代,其大慧、綱明其倫歟?」[554] 十分明確地表述了統合儒、釋的觀念。

情況比較複雜的是韓愈及所謂「韓門弟子」李翱等人。韓愈(西元768－824年),字退之,與柳宗元一起是「古文運動」的旗手和領袖。他們二人不僅在創作上成績斐然,更提出了系統性的理論主張,又團結和指導同道與後學,從根本上扭轉了文壇風氣,對古文的發展作出了決定性的貢獻。韓愈一生力闢佛、老,以弘揚儒道為己任。尤其是後來宋人講理學,更大力表揚他對儒道的起衰濟溺之功。但如果仔細分析,韓愈闢佛立志頗高,出言頗壯,而理論方面並不相稱。他指斥佛教以夷亂華、敗壞綱常、不事生產等等,基本上是六朝以來反佛人士的常談,不過針對性更強、態度更為堅定而已。而他生活在佛教思想籠罩的社會環境下,當時的佛教特別是禪宗已浸潤到士大夫階層的精神深處,個人不能不受到薰染。韓愈特別推崇孟子,發揮〈中庸〉、〈大學〉的正心誠意、修、齊、治、平之說,以為恢復儒道、整頓紀綱的關鍵,因而他重視心性問題。而當時在這方面用力最多、貢獻最大的是禪宗,他因而不能不與之發生糾葛。韓愈論人性,嚴分「性」與「情」,說「性也者,與生俱生也;情也者,接於物而生也」[555],已和禪宗的性淨情惑說相通。無論是他提出還是解決心性問題的思想,都明顯有與禪宗一致之處。他貶潮州,結識石頭法嗣大顛,在寫給友人孟簡的信裡說:

　　……有人傳愈近少信奉釋氏,此傳之者妄也。潮州時,有一老僧號大

---

[554]　〈唐故章敬寺百岩大師碑銘〉,《全唐文》卷五〇一,第5,104頁。
[555]　馬其昶《韓昌黎文集校注》卷一,上海古籍出版社,1986年,第20頁。

第五章 隋唐與佛教

顛,頗聰明,識道理,遠地無可與語者,故自山召至州郭,留十數日,實能外形骸以理自勝,不為事物侵亂。與之語,雖不盡解,要自胸中無滯礙;以為難得,因與來往。及祭神至海上,遂造其廬;及來袁州,留衣服為別,乃人之情,非崇信其法,求福田利益也。[556]

這本是自我辯解的話,但其中所讚揚的「外形骸以理自勝」、「胸中無滯礙」云云,正是禪宗所提倡的「自性清淨」的境界;而所謂「求福田利益」等等也是禪宗所反對的。至於他提出堯、舜、禹、湯、文、武、周公一脈相承的儒家道統秩序,更是參照了禪宗建立祖統的做法。陳寅恪曾精闢地指出:

退之從其兄會謫居韶州,雖年頗幼小,又歷時不甚久,然其所居之處為新禪宗之發祥地,復值此新學說宣傳極盛之時,已退之之幼年穎悟,斷不能於此新禪宗學說濃厚之環境氣氛中無所接受感發,然則退之道統之說表面上雖由孟子卒章之言所啟發,實際上乃因禪宗教外別傳之說所造成,禪學於退之之影響亦大矣哉!

又說:

……新禪宗特提出直指人心見性成佛之旨,一掃僧徒煩瑣章句之學,摧陷廓清,發聲振聵,故吾國佛教史上一大事也。退之生值其時,又居其地,睹儒家之積弊,效禪侶之先河,直指華夏之特性,掃除賈、孔之繁文,原道一篇中心旨意實在於此……[557]

在此透過現象,分析思想本質,指出了在時代大環境下韓愈與佛教的複雜關係。

李翱(西元 774－836 年),字習之,是韓愈姪婿,為學為文皆宗韓愈。韓愈後學分化為尚理、尚文兩種傾向。李翱致力於弘揚儒道,是前一

---

[556] 馬其昶《韓昌黎文集校注》卷三,上海古籍出版社,1986 年,第 212 頁。
[557] 〈論韓愈〉,陳寅恪《金明館叢稿初編》,上海古籍出版社,1980 年,第 286、287 頁。

派人的代表人物。他作〈去佛齋〉文，借批判當時流行的「七七齋」喪儀，指斥佛教傳入中國使得「禮法遷壞」，揭露佛道「非聖人之道」，並警告「溺於其教者，以夷狄之風而變乎諸夏，禍之大者也」[558]。他所提出的反佛根據與韓愈看法相同。而他的心性學說則發展了韓愈的觀點，明顯地汲取了禪宗內容，甚至語言也是禪宗的。他作〈復性書〉上、中、下三篇，開頭就依據韓愈的思想，嚴分「性」與「情」，提出「情既昏，性斯匿矣」的論點；進而論述「百姓之性與聖人之性弗差」，指出問題是「人之昏也久矣」，所以關鍵在「復其性」。而復性的方法，第一步要做到「弗慮、弗思，情則不生；情既不生，乃為正思」，也即是「齋戒其心」；進一步要「知本無有思，動靜皆離，寂然不動者，是至誠也」，最後達到「視聽昭昭，而不起於見聞」[559]。這實際上是依據禪的觀念對儒家「正心誠意」、「致誠返本」之說的發揮，把儒、釋兩家的心性說統合起來，從而為宋代新儒學「性理」之說開了先河。《燈錄》上記載李翱曾問道於藥山惟儼，並傳出他寫給惟儼的兩首贈詩。這作為實事難以憑信。但他與禪僧如惟儼等人有交往，受其思想的薰陶則是肯定的。

綜上，從文化史的廣闊視角來看，「古文運動」乃是儒、釋交流和融合的結果。值得注意的還有，若從文體發展史來看，佛典翻譯和六朝僧俗釋氏文字也為「古文」創作提供了參照。

第九節　柳宗元

　　柳宗元（西元 773 － 819 年），字子厚，是唐代「古文運動」的另一位領袖，在詩歌、辭賦等方面也有傑出的成就。他又是傑出的革新政治家和

---

[558]　郝潤華點校《李翱集》卷四，甘肅人民出版社，1992 年，第 25 － 26 頁。
[559]　〈復性書〉（上）、（中），郝潤華點校《李翱集》卷二，甘肅人民出版社，1992 年，第 6、10 頁。

進步思想家,是對中唐社會造成重大影響的「永貞革新」領導人之一。革新失敗,他被貶官南方,一斥不復,終老於柳州任所。

將他與唐代另外兩位與佛教關係甚深的作家王維、白居易相比較,則顯示出明顯的不同之處。王維受南宗禪影響較深,白居易則更多地接受洪州禪和淨土信仰,佛教對於他們主要是提供一種不同於儒家傳統的人生態度、生活方式,成為苦難人生的安慰與慰藉。而柳宗元具有思想家善於思辨、長於論理的特質,他曾對於佛學義理進行認真探討並有相當深入的理解,從而成為文人習佛的另一種典型。

柳宗元曾說:「吾自幼好佛,求其道,積三十年。」[560] 這一番話寫在元和六年(西元 811 年)四十歲前後,就是說他幼年已接觸佛教。他的父親柳鎮於建中年間(西元 780 年)曾在鄂、岳、沔三州節度使李兼處做幕僚,李兼遷江西,柳鎮帶領宗元赴洪州任所。其時正值馬祖道一在洪州開法,李兼「勤護法之誠,承最後之說」[561],作為一方守臣,為護法檀越。李兼門下人才濟濟,其中有楊憑,後來是柳宗元的岳父,也是佛教信徒。應是在這一段時期,柳宗元對佛教,尤其是洪州禪,已有所了解。

「永貞革新」失敗後,柳宗元貶永州(今湖南永州市)司馬,既無職守,又無居所。初到永州,他寄居龍興寺,住持僧重巽是天台九祖湛然的再傳弟子,柳宗元稱讚他對佛教「窮其書,得其言,論其意」,是「楚之南」「善言佛」的第一人[562]。他從重巽研習天台教理,所結交僧人覺照、琛上人等也都應是天台學人。天台九祖湛然(西元 711 - 782 年)發揮智者大師宗義,又接受華嚴教理的某些內容,倡「無情有性」說,造成天台「中興」之勢。如前所述,李華曾從學於湛然;梁肅也是學養甚深的天

---

[560] 〈送巽上人赴中丞叔父召序〉,《柳河東集》卷二五,上海人民出版社,1974 年,第 423 頁。
[561] 權德輿〈唐故洪州開元寺石門道一禪師塔銘〉,《權載之文集》卷二八。
[562] 〈送巽上人赴中丞叔父召序〉,《柳河東集》卷二五,上海人民出版社,1974 年,第 423 - 424 頁。

第九節　柳宗元

台學者，而柳宗元視為思想導師、在「永貞革新」中發揮重大作用的《春秋》學者陸質也親近天台宗。後者在貞元末年任台州刺史時曾供養湛然弟子道邃，請他講《法華》止觀學說[563]。天台教學本來具有統合儒、釋的性質，對於「心性」問題又特別重視，受到柳宗元等業儒文人的歡迎是有緣由的。

如果說柳宗元在學理上更多地接受了天台教理，那麼實踐上則更傾心禪與淨土。柳宗元結交不少禪師，如他所寫〈南嶽彌陀和尚碑〉的碑主承遠，即「始學於成都唐公，次資川詵公」[564]，「唐公」是資州德純寺處寂，「詵公」則是弘忍弟子智詵，均屬於「保唐宗」一系。他到柳州後有來往的荊州文約、龍安如海等也都是禪宗弟子。元和十年柳宗元任柳州刺史，嶺南節度使、廣州刺史馬總疏請朝廷追褒六祖慧能，朝廷賜諡大鑑禪師，宗元應請作〈曹溪第六祖賜諡大鑑禪師碑〉，這是王維〈能禪師碑〉之後唐代文人所寫的又一篇慧能碑文，俗稱「第二碑」；前述劉禹錫碑作「第三碑」。在碑文中，柳宗元轉述馬總的看法說：

> 自有生物，則好鬥奪相賊殺，喪其本質，悖乖淫流，莫克返於初。孔子無大位，沒以餘言持世，更楊、墨、黃、老益雜，其術分裂。而吾浮圖說後出，推離還源，合所謂生而靜者。梁氏好作有為，師達摩譏之，空術益顯。六傳至大鑑……其道以無為為有，以空洞為實，以廣大不蕩為歸；其教人，始以性善，終以性善，不假耘鋤，本其靜矣。[565]

這實際上也是柳宗元自己的理解：他一方面指出儒、釋一致，認為後出的佛說可為儒術的補充；另一方面又強調所重在「心性」，認為佛教的空觀可以引導實現「性善」的目標。馬祖道一的洪州禪肯定「平常心」，

---

[563] 日本入唐僧最澄《顯戒論緣起》錄有〈天台道邃和尚形跡〉、〈陸淳印信〉、〈最澄入唐牒〉、〈台州刺史陸淳送最澄闍黎還日本詩〉等資料可證，見（日）戶崎哲彥《唐代中期の文學と思想》，滋賀大學經濟學部，1990年，第 1－26 頁。

[564] 《柳河東集》卷六，上海人民出版社，1974年，第 94 頁。

[565] 《柳河東集》卷六，上海人民出版社，1974年，第 91－92 頁。

第五章 隋唐與佛教

由「即心即佛」發展到「非心非佛」，純任主觀，破斥傳統，導引出呵佛罵祖、毀經滅教一派禪風。柳宗元本是從完善心性、有益世用的角度來肯定佛教，因而對這種禪風的流蕩忘返表示反對，提出批評，在〈送琛上人南遊序〉中說：

> 今之言禪者，有流蕩舛誤，迭相師用，妄取空語而脫略方便，顛倒真實，以陷乎己而又陷乎人；又有能言體而不及用者，不知二者之不可斯須離也，離之外矣——是世之所大患也。[566]

他強調體、用一致，顯然更重視「用」的方面。他有〈東海若〉一文，也批評那種「無善無惡，無因無果，無修無證，無佛無眾生」因而安於幽穢之說，要求達到「去群惡，集萬行，居聖者之地，同佛知見」[567]的目標。這都說明了柳宗元佛教思想的現實精神。

而柳宗元作為積極的政治家，以章明「大中」、「輔時及物」為職志，其佛教思想的主導方面還是從「統合儒、釋」，「有益於世用」的理解出發，突顯其文化的、教化的意義。他在〈送元十八山人南遊序〉一文中批評儒、道相攻，認為「老子亦孔氏之異流」，進而肯定楊、墨、申、商、刑名、縱橫等百家雜說都「有以佐世」，並把「釋氏」列為其中之一，主張「悉取向之所以異者，通而同之，搜擇融液，與道大適，咸伸其所長，而黜其奇衺」[568]。他與韓愈針對佛教問題進行過激烈爭論。他的〈送僧浩初序〉說：

> 儒者韓退之與余善，嘗病余嗜浮圖言，訾余與浮圖遊。近隴西李生礎自東都來，退之又寓書罪余，且曰：「見〈送元生序〉，不斥浮圖。」浮圖誠有不可斥者，往往與《易》、《論語》合，誠樂之，其於性情奭然，不與孔子異道⋯⋯退之所罪者其跡也。曰髡而緇，無夫婦父子，不為耕農桑蠶而

---

[566] 〈送巽上人赴中丞叔父召序〉，《柳河東集》卷二五，上海人民出版社，1974年，第428頁。
[567] 〈送巽上人赴中丞叔父召序〉，《柳河東集》卷二〇，上海人民出版社，1974年，第365頁。
[568] 《柳河東集》卷二五，上海人民出版社，1974年，第419頁。

第九節　柳宗元

活乎人,若是,雖吾亦不樂也。退之忿其外而遺其中,是知石而不知韞玉也。吾之所以嗜浮圖者以此,與其人遊者,未必能通其言也。且凡為其道者,不愛官,不爭能,樂山水而嗜閒安者為多。吾病世之逐逐然唯印組為務以相軋也,則舍是其焉從?吾之好與浮圖遊以此。[569]

他明確表示對於佛教徒無視倫理、不事生產也是反對的,所讚賞的是佛說與《易》、《論語》相合的一面,並特別強調其心性觀念與實踐方面的優長。他顯然並不信仰檀施供養、因果報應的佛教。在這裡也表現了他的佛教思想的積極用世、理性批判的一面。

柳宗元在思想史上的主要貢獻,是他發展了自然哲學的唯物主義思想,批判唯心主義的「天命」觀,反對鬼神、符瑞、封禪之類迷信,從而替先秦以來作為理論核心的關於「天、人之際」的爭論作了總結;他又和韓愈一樣重視「心性」問題,為宋儒建構以「性理」為核心的「新儒學」開了先河。在這些方面,他都從佛教汲取了養分。而他的「統合儒、釋」觀念和對待學術、宗教的批判態度和方法,則代表著唐代思想學術領域融會「三教」的潮流,對於後代影響深遠。

柳宗元初到永州所居住的龍興寺淨土院已經殘破,他與刺史馮敘等施資修整,在迴廊壁上書寫傳為智顗所作的〈淨土十疑論〉。他在〈永州龍興寺修淨土院記〉中說:

中州之西數萬里,有國曰身毒,釋迦牟尼如來示現之地。彼佛言曰:西方過十兆佛土,有世界曰極樂,佛號無量壽如來。其國無有三惡八難,眾寶以為飾;其人無有十纏九惱,群聖以為友。有能誠心大願歸心是土者,苟念力具足,則往生彼國。然後出三界之外,其於佛道無退轉者——其言無所欺也。[570]

---

[569] 〈送巽上人赴中丞叔父召序〉,《柳河東集》,上海人民出版社,1974年,第425頁。
[570] 《柳河東集》卷二八,上海人民出版社,1974年,第466頁。

第五章　隋唐與佛教

他如此對淨土表示信仰之心，則反映了其佛教觀念龐雜、矛盾的一面。

柳宗元的創作從佛教得益甚多。他的議論文字以精賅細密見長，不同於韓愈的氣勢雄健，猖狂恣睢，顯然得力於效法佛典論書的議論技巧。他所作卓越的寓言文確立了這一類文體在中國散文史上的獨立地位，則明顯繼承了佛典譬喻故事的傳統。他的有些詩歌禪意盎然，如〈巽公院五首〉的〈禪堂〉：

發地結菁茅，團團抱虛白。山花落幽戶，中有忘機客。涉有本非取，照空不待析。萬籟俱緣生，窅然喧中寂。心境本同如，鳥飛無遺跡。[571]

表現了空有雙亡、心物一如、清淨愉悅的禪境，是詩人超越痛苦、擺脫塵垢的體會。他更善於把佛教灑脫超越的人生觀和清寂愉悅的藝術趣味滲透到構思和表達之中，如〈晨詣超師院讀禪經〉：

汲井漱寒齒，清心拂塵服。閒持貝葉書，步出東齋讀。真源了無取，妄跡世所逐。遺言冀可冥，繕性何由熟。道人庭宇靜，苔色連深竹。日出霧露餘，青松如膏沐。淡然離言說，悟悅心自足。[572]

宋人范溫評論說：「識文章者，當如禪家有悟門。夫法門千差萬別，要須自有一轉語悟。如古人文章直入須先悟得一處，乃可通其他妙處。向因讀子厚〈晨詣超禪師院讀禪經〉，一段至誠潔清之意，參然在前。」[573] 也就是說，在這樣的詩中，出於對禪悅真正的領悟，發而為感情的境界，從而造成蘇軾所謂「青勁紆餘」[574] 的藝術風格。再如他的名作〈與浩初上人同看山寄京華親故〉：

海畔尖山似劍鋩，秋來處處割愁腸。若為化得身千億，散在峰頭望故鄉。[575]

---

[571]　《柳河東集》卷四三，上海人民出版社，1974年，第 732 — 733 頁。
[572]　《柳河東集》卷四二，上海人民出版社，1974年，第 687 頁。
[573]　《潛溪詩眼》，郭紹虞輯《宋詩話輯佚》上冊，中華書局，1980年，第 328 頁。
[574]　《東坡題跋》卷二〈書柳子厚南澗詩〉。
[575]　《柳河東集》卷四二，上海人民出版社，1974年，第 692 頁。

這裡把受到貶黜、有家難歸的痛苦表達得更是十分痛切，其中所利用的化身觀念、劍鋒割人的構思都取自佛典，是效法其寫作技巧的傑出一例。

柳宗元散文最重要的成就是山水遊記。他描寫山水，不同於「留連光景」的「模山範水」，而賦予自然景物以生命和感情，使得文章表現出「靜氣」、「畫理」和「詩情」[576]。在他的筆下，被棄置於南荒的美好景物具有象徵意味，而作者與山水更在感情上互相交流。他對山水的遭遇寄以同情，山水則給予他精神上的安慰。他在自然景物中體會到「心凝形釋，與萬化冥合」[577]，「悠然而虛者與神謀，淵然而靜者與心謀」[578]的意境，顯然也是與超然禪悟的境界相通。

第十節　李商隱和杜牧等

晚唐詩壇最重要的人物是被稱為「小李杜」的李商隱和杜牧。佛教在他們身上的影響都相當顯著，但表現形態則有所不同。

李商隱（西元813？－858年），字義山，號玉溪生，又號樊南生。他早年曾在玉陽山學道，一生中與男女道士密切交往，其飄渺豔麗的詩風與道教神仙幻想有密切關係。而經歷過仕途坎坷，長期在黨爭夾縫中掙扎，又促使他親近佛說。他的〈酬崔八早梅有贈兼見示之作〉結聯說：「維摩一室雖多病，要舞天花做道場。」下有自注曰：「時余在惠祥上人講下，故崔落句云：『梵王宮地羅含宅，賴許時時聽法來。』」[579]大中元年（西元

---

[576]　林紓《柳文研究法》，臺灣廣文書局，1980年，第120－121頁。
[577]　〈始得西山宴遊記〉，《柳河東集》卷二九，上海人民出版社，1974年，第471頁。
[578]　〈鈷鉧潭西小丘記〉，《柳河東集》卷二九，上海人民出版社，1974年，第466頁。
[579]　馮浩《玉溪生詩箋注》卷五。

847 年）他赴桂林鄭亞處做幕僚，有〈自桂林奉使江陵途中感懷寄獻尚書〉詩說：

> 白衣居士訪，烏帽逸人尋。佞佛將成縛，耽書或類淫。[580]

「白衣居士」典出《維摩》，《維摩經》裡說到「貪著禪味是謂菩薩縛」。大中五年（西元 850 年）妻子王氏亡故，他更「喪失家道，平居忽忽不樂，始刻意事佛，方願打鐘掃地，為清涼山行者」[581]。隨後他作為東川節度使柳仲郢的幕僚入蜀。他形容幕僚生活是「雖在幕府，常在道場」[582]。東川節度駐節梓州（今四川三台縣），李商隱自出俸財，在那裡的惠義寺經藏院創石壁五間，金字勒《妙法蓮華經》，並囑柳為記。柳仲郢也是「備如來之行願」的虔誠佛教徒，二人在信仰上正有相互激勵之處。惠義寺本是梓州名寺，當年楊炯、王勃來遊，均留有碑記[583]。李商隱來到這裡的時候，已是禪宗重鎮，有四證堂，供養淨眾無相、保唐無住和洪州宗馬祖道一及其弟子西堂智藏四人。李商隱作「四證微筌」的〈唐梓州慧義精舍南禪院四證堂碑〉。這是有關中唐禪宗的一篇重要文獻。大中八年，著名禪師溈山靈佑圓寂，「盧簡求為碑，李商隱題額」[584]。在蜀中他還與名僧智玄國師交往。智玄是眉州人，入京為唐文宗所重，圖畫禁中，賜國師號，大中八年乞歸鄉里，商隱與之交好即在此時。

李商隱是棄道逃禪的典型，所作佛教題材占全部作品的 5%（信佛著稱的白居易也不過 8%）。所以佛教對他的影響不可低估。錢謙益引述石林道源的話說：「詩至於義山，惠極而流，思深而蕩，流旋蕩覆，塵影落謝，則情瀾障而欲薪燼矣。春蠶到死，蠟燭灰乾，香銷夢斷，霜降水涸，斯亦

---

[580] 馮浩《玉溪生詩箋注》卷三。
[581] 〈樊南乙集序〉，馮浩《樊南文集詳注》卷七。
[582] 〈上河東公啟二首〉，馮浩《樊南文集詳注》卷四。
[583] 楊炯〈梓州惠義寺重閣銘〉，《全唐文》卷一九一；王勃〈梓州惠義寺碑銘〉，《全唐文》卷一八四。
[584] 《宋高僧傳》卷一一〈唐大溈山靈佑傳〉，第 264 頁。

篋蚊樹猴之善喻也。」[585] 商隱詩表達的那種纏綿的情思、悽惻的心懷，與佛教觀念有明顯關聯。

杜牧（西元 803－853 年），字牧之，是德宗朝宰相杜佑孫。他繼承家學傳統，富於經世之志，為學闢佛老而尊儒術。他有名文〈杭州新造南亭子記〉，寫於武宗廢佛時，借杭州刺史李子烈以廢寺材造南亭子事，揭露佛教的虛妄和「吾民尤困於佛」[586] 的現實，大力鼓吹廢佛。可是他仕途不順利，長期任幕職，「三守僻左（刺黃、池、睦三州），十換星霜」，遭受挫辱之後，流連詩酒，又結交僧、道求超脫。他有〈將赴吳興登樂遊原一絕〉詩曰：

清時有味是無能，閒愛孤雲靜愛僧。欲把一麾江海去，樂遊原上望昭陵。[587]

「望昭陵」是表示對太宗君臣致治的嚮往，但大志難伸，只好去品味僧人的超脫情致。因此，杜牧寫作佛教題材的詩，主要是讚賞僧人的高潔生活和超邁情趣，追求解脫苦悶的出路，如〈將赴京留贈僧院〉詩：

九衢塵土遞追攀，馬跡軒車日暮間。玄髮盡驚為客換，白頭曾見幾人閒。空悲浮世雲無定，多感流年水不還。謝卻從來受恩地，歸來依止叩禪關。[588]

這是經歷了人生波折後的反省：對世事紛爭感到厭倦，對年華飛逝表示感傷，「禪關」不過是息心之地而已。杜牧的佛教是心理寄託的佛教，是人生解脫的佛教。他的詩整體風格清麗俊爽，情韻跌宕，但有一類卻觸境傷懷，情致纏綿，流露出淡淡的哀愁。那種人生無常的感傷，世事難料

---

[585]　〈注李義山詩集序〉，《有學集》卷一五。
[586]　《全唐文》卷七五三，第 7,810 頁。
[587]　馮集梧《樊川詩集注》卷二。
[588]　《全唐詩》卷五二六，第 6,028 頁。

的慨嘆，正展現出宗教的情懷，也流露出佛教的意趣。紀昀說「言禪詩欲有禪味，不欲有禪語」[589]。杜牧的詩正能展現這一點。這也是當時禪思想深入人心，轉化為美學趣味的結果。

唐末社會對立更加尖銳，文人間普遍存在著危機感和沒落感。咸通年間「東南多才子，如許棠、喻坦之、劇燕、吳罕、任濤、周繇、張蠙、鄭谷、李棲遠，與（張）喬亦稱『十哲』，俱以韻律馳聲」[590]。這些人生逢亂世，屈抑偃蹇，多懷隱逸之志，常發悽苦之音。鄭谷詩說：「琴有澗風聲轉淡，詩無僧字格還卑。」[591]「誰知野性真天性，不叩權門叩道門。」[592] 張喬詩說：「乳毛松雪春來好，直夜清閒且學禪。」[593] 而許棠形容張喬是「心同孤鶴靜，行過老僧真」[594]。這都代表了一時風氣。而這種隱遁意識、宗教情緒，也是造成唐末詩格卑弱的重要原因。

司空圖（西元 837－908 年），字表聖，自號耐辱居士、知非子，是典型的末世詩人，也是當時藝術水準最高的作家。他官至知制誥、中書舍人，目睹政局不可挽救，遂歸居中條山王官谷。他的詩多述隱逸之趣或感傷情懷，格調精緻澄淡。他寫有〈觀音讚〉、〈觀音懺文〉、〈今相國地藏讚〉等護法文字。在〈觀音讚〉裡他說：「某早堅信受，頻致感通。夢則可徵，足見未萌之戒；行而必稟，冀無入晨之虞。用建虔誠，永貽來裔。」[595] 表露出真摯的信仰。他又棲心禪門，是溈山靈佑法嗣香嚴智閒俗弟子。其詩作也富於清輕愉悅的禪趣。他的詩論名作《二十四詩品》，提倡高妙清遠、含蓄深沉的詩風，也和他的佛教修養有一定關係。司空圖又熱衷道教

---

[589]　方回編《瀛奎律髓》卷四七盧綸〈題雲際寺上方〉批語。
[590]　傅璇琮《唐才子傳校箋》卷一〇，中華書局，1990 年，第 4 冊第 302－303 頁。
[591]　〈自貽〉，嚴壽澂《鄭谷詩集箋注》卷三，上海古籍出版社，1991 年，第 345 頁。
[592]　〈自遣〉，嚴壽澂《鄭谷詩集箋注》卷三，上海古籍出版社，1991 年，第 347 頁。
[593]　〈省中偶作〉，《全唐詩》卷六三九，第 7,333 頁。
[594]　〈題張喬升平里居〉，《全唐詩》卷六〇三，第 6,967 頁。
[595]　《全唐文》卷八〇八，第 8,496 頁。

神仙之說，創作和詩論也與道家、道教思想有關。這也展現了當時文人相容釋、道的共同思想傾向。

　　唐末期還有一批關心民隱的文人，如杜荀鶴、皮日休、陸龜蒙、羅隱等。在當時的社會環境下，他們同樣處在出世、入世的矛盾中，大多也有隱逸求道的經歷，對佛、道也表現出相當濃厚的感情。終唐一代，在百花紛呈的文壇上，不同時期、不同流派、不同風格的文人都與佛教結下或深或淺的因緣，佛教自始至終成為影響唐代文學發展十分重要的因素。

第五章　隋唐與佛教

第六章
唐宋的禪文學

第六章　唐宋的禪文學

第一節　禪文學及其特徵

在佛教諸宗派裡，自詡為「教外別傳」的禪宗可以說是「中國化」最為徹底的宗派。禪宗的宗義更充分和協調地融入儒、道二家的思想內容，發揮了適應時代要求的「心性」說，因而特別受到知識階層的歡迎，成為所謂「適合中國士大夫口味的佛教」[596]。禪宗異軍突起，很快在文人士大夫間造成一家獨盛之勢。而從更廣闊的背景來看，禪宗的發展不只是佛教的革新運動，更形成為影響深遠的思想和文化運動，推動文化史發生一系列重大變化。

禪宗與文學的關聯，大致可分為兩個層次：一方面是禪門以文學形式來表現宗義，這就是所謂「禪文學」，其主要形式是偈頌和語錄；另一方面是禪宗對文人及其創作產生影響。唐、宋時期是中國禪宗大幅發展的時期，是其最有生命力的時期，也是禪文學最為發達、成就最為輝煌的時期。唐、五代的情況前面已有說明，宋代以後的情況另有專章介紹。

禪宗宗義的核心是所謂「見性」說，即眾生自性清淨，本來圓滿具足；自見本性，直了成佛；「自身自性自度」[597]，不需向外馳求。這是自部派佛教以來的「心性本淨」說演化為大乘佛教「涅槃佛性」說、「如來藏」思想等外來佛教「佛性說」的進一步發展，也是佛家「心性」學說與中土傳統的儒家、道家與道教「心性」理論相結合的產物。佛家講「心性」，實際上講的是「人性」問題，即人的本性是否能與超越、絕對的「佛性」相統一和如何統一的問題。禪宗的「心性」說比起歷來佛家、儒家以至道家與道教的「心性」理論有著大幅的突破，就是絕對地肯定每一個平凡人心性不假外鑠，本來圓滿。不是平凡的眾生改造自己的心性去向絕對的精神本體看

---

[596] 范文瀾《中國通史簡編》(修訂本)，人民出版社，1965年，第三編第二冊第613－614頁。
[597] 《南宗頓教最上大乘摩訶般若波羅蜜經六祖慧能大師於韶州大梵寺施法壇經》(敦煌本)，郭朋《壇經校釋》，中華書局，1983年，第44頁。

第一節 禪文學及其特徵

齊，他們只需要自己發現自己；也不是眾生因為具有清淨自性可能成佛，而是這種清淨自性決定了他們本來就是佛。禪史上記載許多學人請教禪師什麼是佛、什麼是佛法大意、什麼是祖師西來意等等，往往遭到拳打棒喝；有時對方直呼發問人的名字，讓他們截斷常識情解，回頭猛醒，體會到「當下即是」，佛法本來「一切見成」，「真佛內裡坐」。因此，禪不再是傳統的「四禪」、「八定」，也不再是透過心注一境、審正思慮來導以正觀或獲得神通，而是對「自性」的發現和體認。這就是所謂「了解自我本來面目」的「禪的立場」[598]。到這裡，本來是宗教修持的禪在一定意義上已演變為人的精神體驗和理解方法了。文學是透過作者的主觀世界來反映客觀世界，從根本上來說也是表達作者的心靈感受，即所謂「抒寫性靈」。如此一來，禪與文學也就息息相關了。

禪宗的基本宗義決定了它的三個重要特徵，進一步密切了它與文學的關聯。

第一，禪是實踐的，即不但習禪是一種修持實踐，對禪理的體悟更全靠人的實際踐履。禪師們經常說「如人飲水，冷暖自知」[599]，對禪的體認是所謂「默契」。《壇經》裡記載弘忍向神秀和慧能傳法的故事是有象徵意義的。神秀已經是「上座」、「教授師」、「少覽經史，博綜多聞」[600]，而慧能不過是南方僻遠之地以打柴為生的「獦獠」，「不識字」，在黃梅弘忍東山門下做「踏碓」行者。可是在題偈呈禪解的時候，慧能卻獨能「見性」，禪悟遠遠超過神秀。禪宗比起佛教其他學派、宗派有一個重要特點，就是更加富於入世的、肯定現實的精神。它主張「見性成佛」，即人的清淨自性的實現不在彼岸，而是「立處即真」、「觸事而真」[601]。我們看禪籍的記

---

[598] （日）西谷啟治《宗教論集Ⅱ·禪の立場》，創文社，1986年，第7頁。
[599] 宗密《禪源諸詮集都序》卷上之二，《正》第48卷第404頁中。
[600] 《宋高僧傳》卷七〈唐荊州當陽山度門寺神秀傳〉，中華書局，1987年，上冊第177頁。
[601] 這本是僧肇在《肇論》裡的提法，後來被禪宗引為典據並加以發揮。

載，往往是人生的偶然際遇，如過水、觀花以至除草、摘菜、拾柴等勞作成為悟道的機緣。而與一般僧侶相比，禪僧在社會上的身分和地位也有了很大轉變：他們與其說是受人供養的「僧寶」，更像是普通人。百丈懷海法嗣大慈寰中上堂示法說：「說取一丈，不如行取一尺；說取一尺，不如行取一寸。」[602] 這就直接說明了對「行」的重視。雪峰義存門下保福從展說：「舉得一百個話，不如揀得一個話；揀得一百個話，不如道取一個話；道取一百個話，不如行取一個話。」[603] 這裡的「話」指「話頭」，禪門裡把古德的言句、行事加以揀練，後學問答商量來體悟禪機。從展是說不論如何熟悉這些「話頭」，都不如能夠身體力行之。正因此，禪門中有人對讀經看教、墨守言句的做法大加抨擊，有「承言者喪，滯句者迷」、「一句合頭語，千載繫驢橛」之類的說法。禪宗的這種觀念使它更接近生活。而生活本是文藝的泉源，禪因此也必然更接近文學藝術。

　　第二，禪是獨創的。禪悟是每個人的獨特理解，是其他人不可替代的。佛教傳入中土，所謂「中國化」的過程迄未間斷，但直到禪宗出現，才終於以中國人所造的「論」、「語錄」等等代替了外國傳來的「三藏」，從而在根本上打破了外來經典的羈絆。早期禪宗還借四卷《楞伽》講「如來禪」，仍把禪的來源推到釋迦心法；到馬祖道一則改講「祖師禪」，即放棄印度佛教的宗祖關係而樹立起中土祖統。在禪門內部，較研讀經典、研習文句更注重師資傳授；而師弟子之間的傳承採取問答商量的方式，更提倡學人超越師說，勇創新解。禪籍裡記載百丈懷海的一句話：「見與師齊，減師半德；見過於師，方堪傳授。」[604] 由「東山法門」到「五家七宗」，新態百出，從觀念到方法，都在不斷創新。禪宗的這種創造性也是與文學藝

---

[602]　《祖堂集》卷一七〈大慈和尚〉，日本禪文化研究所影印本，1994年，第621頁。
[603]　《祖堂集》卷一一〈保福和尚〉，日本禪文化研究所影印本，1994年，第420頁。
[604]　《五燈會元》卷三〈馬祖一禪師法嗣〉，蘇淵雷點校，中華書局，1984年，第1冊第132頁。《祖堂集》卷七〈岩頭全奯章〉因「古德」語作「智慧過師，方傳師教；智慧若與師齊，他後恐減師德」。

第一節　禪文學及其特徵

術創作相通的。

　　第三，禪宗宗義的表現是象徵性的。禪門自詡唯傳「佛心」。神會說：「六代祖師，以心傳心，離文字故。」[605] 這個特點後來又被概括為「教外別傳」，「不立文字」。這樣講的意義，一方面說明已經擺脫對於外來經論的依附，另一方面也是要求人們破除常識經解，打破「文字障」。佛教求「般若智」、「無分別智」，本來是「言語道斷，心行滅處」。但「佛說般若，即非般若，是名般若」，又並不完全否定言句的作用。禪宗求「見性」，重「證悟」，語言文字的作用就被進一步限制了。禪師們上堂、示法、鬥機鋒、說公案以及參訪請益、問答商量，創造出眾多的歌讚、偈頌、語錄、燈錄等等，被稱為是「不立文字的文字」。禪在文字之中，又在文字之外。禪門經常用「指月」作比喻。就是說，指月的「指」和被指的「月」是一而二、二而一的。作為語言文字的「指」只是象徵。顧隨說：「禪者何？創造是。禪者何？象徵是。何以謂之創造？試看作家為人，縱然千言萬語，比及要緊關頭，無一個不是戛然而止，一任學人自己疑去悟去，死去活去……何以謂之象徵？祖師開口無一句一字不是包八荒而鑠四天，絕不是字句所能限。所以者何？象徵也。是故棒不可作棒會，罵不可作罵會，一喝亦且不可作一喝會。遺貌取神，正復大類屈子〈離騷〉之美人香草，若其言近而指遠，語短而心長，且又過之。」[606] 禪文字本身具有鮮明的象徵性，即是濃厚的文學性的展現。

　　禪門文字在性質和表達上與文學有眾多相通之處，從而其許多作品即使從文學角度來看也已達到相當高的水準。這也是禪宗對當時和以後的文壇發揮重大影響的重要原因之一。不過胡適已經指出：「佛教的革新，雖

---

[605]　〈南陽和尚頓教解脫禪門直了性壇語〉，《胡適校敦煌唐寫本神會和尚遺集》，胡適紀念館，1982年，第232頁。
[606]　〈揣籥錄〉，《顧隨說禪》，上海古籍出版社，1998年，第47頁。

然改變了印度禪，可以仍然是佛教。」[607] 諸多禪籍雖然具有濃厚的文學性質，有一部分更可以當作「宗教文學」來接受，但它們本質上仍然是宗教文獻，不能完全等同於文學創作。然而，也正是這種「宗教文學」的性質，又決定了它們獨特的文學價值及其對於影響文壇的巨大作用。

第二節　禪宗詩頌

禪籍中文學性質最為濃厚的當推禪偈。宗密說：

> 教也者，諸佛、菩薩所留經論也；禪也者，諸善知識所述句偈也。但佛經開張，羅大千八部之眾；禪偈撮略，就此方一類之機。羅眾則莽蕩難依，就機即指的易用。[608]

這裡把禪、教加以區別，歸結為經論與偈頌的區別，並肯定偈頌的作用高於一般經論。所謂「此方」當然是指中土，即是說，偈頌是適應中土佛教需要的表現形式。晚唐、五代是禪偈創作十分興盛的時期，法眼文益指出：

> 宗門歌頌，格式多般，或短或長，或今或古，假聲色而顯用。或託事以伸機，或順理以談真，或逆事而矯俗。雖則趣向有異，其奈發興不殊。總揚一大事之因緣，共讚諸佛之三昧。激昂後學，諷刺先賢，皆主意在文，焉可妄述。[609]

這在突顯禪偈的多種方式及其作用的同時，又指出其「主意在文」的特色，即特別注重文采。

---

[607] 〈禪宗史的一個新看法〉，姜義華主編《胡適學術文集・中國佛教史》，中華書局，1997年，第 152 頁。
[608] 《禪源諸詮集都序》卷一，《正》第 48 卷第 399 頁下。
[609] 《宗門十規論》。

第二節　禪宗詩頌

佛教本來有使用偈頌的傳統。而唐、宋正是詩歌普遍繁榮的時期。在這種種機緣之中，其中重要的一點是禪門不只集中了一批具有詩歌創作經驗的人，更普遍進行創作偈頌的訓練。因此禪林創作和使用偈頌的風氣十分興盛，而且其中不少作品已達到相當高的表達水準。

禪門偈頌收錄在眾多禪籍裡。《祖堂集》較集中，錄存二百五十首左右；《景德傳燈錄》收錄約二百首。二者有五十幾首相重複。但即使是重複的文字也多有不同。這也顯示禪籍富於「流動性」的普遍特色。這些多種多樣的禪偈大致上可劃分為兩大類：一類是闡明禪理的，它們大多採取佛典偈頌和中土玄言詩的表現方法；另一類是禪師們開悟、示法、明志、勸學、順世等機緣所作或後來的投機、頌古、宗綱等類偈頌。先討論前一類作品。

禪宗初興，這一門新興宗派的宣揚者們另造許多論書，包括今存的一批《達摩論》。它們是這一門革新教派的新經典。而為了向群眾宣傳，也採取語言通俗、容易上口的韻文形式，尤其是利用民間俗曲體裁，如陳、隋以來在民間廣泛流傳的〈五更轉〉、〈十二時〉、〈行路難〉等曲辭形式。這也是當時佛教宣傳採用的一般形式。後來被定為二祖的慧可得法後即「從容順俗，時惠清猷，乍託吟謠」[610]。敦煌寫卷中保存不少禪門所作俗曲，如〈十二時・佛性成就〉（S.2679）[611]、〈十二時・禪門〉（P.3604；P.3116；P.3821；S.5567）、〈五更轉・禪師各作一更〉（S.5996；S.3017；P.3409）和題為釋寰中的〈悉曇頌（佛說楞伽經禪門悉曇章）〉（P.2204；P.2212；S.4583；P.3099；P.3082）等，均是宣揚早期楞伽宗的住心看心觀念；又如〈行路難・無心律〉（S.6042）表達的是牛頭宗的「無心」觀念；還有一些表現南宗思想，如〈五更轉・南宗讚〉（P.2963；S.4173；S.5529；P.2984；周70；列1363）、〈歸常樂・證無為〉（P.3065；P.3061）、〈失調名・

---

[610]　《楞伽師資記》，《續藏經》卷一六，第552頁上。
[611]　敦煌曲辭校釋據任半塘《敦煌歌辭總編》，上海古籍出版社，1987年。

一室空〉（S.2651）、〈失調名・勸諸人一偈〉（S.3017；P.3409）等。值得特別提出的是神會的兩首〈五更轉〉，是早期南宗的重要作品，也是相當優秀的禪文學創作。

神會「年方幼學，厥性惇明，從師傳授五經，克通幽賾；次尋《莊》、《老》，靈府廓然」[612]，對世俗文化具有高度素養。他運用詩歌體裁已相當圓熟。他的〈南宗定邪正五更轉〉（或題為〈五更轉〉、〈大乘五更轉〉、〈南宗定邪五更轉〉）今傳十多個抄本[613]。所謂「定邪正」，即他在《定是非論》裡說的「為天下學道者定宗旨，為天下學道者辨是非」。胡適校寫本如下：

一更初，妄想真如不異居。迷則真如是妄想，悟則妄想是真如。念不起，更無餘，見本性，等空虛。有作有求非解脫，無作無求是功夫。

二更催，大圓寶鏡鎮安臺。眾生不了攀援病，有斯障蔽不心開。本自淨，沒塵埃，無繫著，絕輪迴。諸行無常是生滅，但觀實相見如來……[614]

直到「五更分」的五段，是一首相當整齊的哲理詩。表達上基本是中土玄言詩和佛典偈頌的風格；但把新的禪觀加以概括，納入到民間俗曲之中；三、三、七節奏的民間曲調曲折多變化，表述更為自由。胡適評論說：神會的兩首〈五更轉〉「詞都不算美，但這個〈五更調〉唱起來必是很哀婉動人的」[615]，他又把它們稱為「有趣味的諷刺文學」[616]。

以後禪門中有更多的人模仿這種俗曲形式。更著名、技巧也更為

---

[612] 《宋高僧傳》卷八〈唐洛京荷澤寺神會傳〉，上冊第 179 頁。
[613] S.2679；S.4634（2）；S.6083；S.6923（7）（103）；P.2045；P.2270；咸 18；露 6 等。
[614] 〈神會和尚語錄的第三個敦煌寫本〉，《中央研究院歷史語言研究所季刊外編》第四本；《神會和尚遺集》，第 461－462 頁。
[615] 〈神會和尚語錄的第三個敦煌寫本〉，《中央研究院歷史語言研究所季刊外編》第四本；《神會和尚遺集》，第 455 頁。
[616] 〈新校定的敦煌寫本神會和尚遺著兩種〉，《中央研究院歷史語言研究所季刊》第二十九本；《神會和尚遺集》，第 254 頁。

第二節 禪宗詩頌

純熟的當數署為永嘉玄覺所作的〈永嘉證道歌〉。這是一篇六十三段、三百四十四句、以三、三、七、七、七字為基本句式組織起來的長歌，語言相當精美，表達富於詩情，精練暢達，朗朗上口，文學價值遠比神會的〈五更轉〉為高。它與眾多禪門流傳的作品一樣，應經過長時期修訂成為定本，其定型應在晚唐[617]。這篇長歌每一段有獨立的意義，許多段落都像精美的小詩；合起來又有統一的主題。如：

入深山，住蘭若，岑崟幽邃長松下。優遊靜坐野人家，闃寂安居實瀟灑……

江月照，松風吹，永夜清宵何所為。佛性戒珠心地印，霧露雲霞體上衣。

這裡描摹清幽靜謐的境界，以環境襯托山居生活的優遊自在，展現一種超脫塵俗的精神追求。歌裡更多用比喻，又如：

一性圓通一切性，一法遍含一切法。一月普現一切水，一切水月一月攝。

這是著名的水月之喻，生動、貼切，顯然受到華嚴事理圓融觀念的影響。後來宋儒屢屢借用這個水月之喻來說明「理一分殊」、「事理不二」的道理。

禪師們也往往採用普通詩歌體裁。如普寂所作〈夜坐號〉：

端坐寂無事，斂思入禪林。妄花隨落動，迢迢天籟心。[618]

---

[617] 玄覺有《禪宗永嘉集》，未收〈證道歌〉；《宋高僧傳》的玄覺傳也沒有提到它。楊億的〈無相大師行狀〉說「……〈證道歌〉一首，並盛行於世」；他參與編撰的《景德傳燈錄》始收錄今存完整的文本。敦煌寫卷中僅存幾個片段（S.4037；S.2165；S.6000；P.2105）。據僧傳，玄覺遍探三藏，尤精天台止觀，所以其《永嘉集》將禪宗思想與天台教旨相調和，而〈證道歌〉則明顯地融入了華嚴教理；又其中的「二十八代西天記」、「六代傳衣天下聞」之類說法，也是中唐以後二十八代傳承說形成後的觀念。在敦煌寫卷中〈證道歌〉又稱〈禪門密要訣〉（P.2014）。參閱胡適《海外讀書雜記》，《胡適文存》第三集。

[618] 敦煌寫卷 P.3559，冉雲華點校本，〈敦煌卷子中的兩份北宗禪書〉，《中國禪學研究論集》，

第六章　唐宋的禪文學

這一則是相當工整的五絕。此外署為傅大士〈心王銘〉、僧璨〈信心銘〉和牛頭法融〈心銘〉等三篇重要作品，也都採用傳統詩體。〈心王銘〉講即心即佛、放心自在之理，顯然是託名之作；〈信心銘〉應是南宗學人所作，經過長期流傳而逐漸形成[619]；牛頭法融的文集為佛窟遺則所編[620]，〈心銘〉應寫定於中唐。這一類作品與適合群眾的民間曲辭體裁之作不同，目的在表達禪解，文學趣味比較淡薄。但是它們在錘鍊語言、藝術概括等方面卻可見功夫。如〈信心銘〉的前十六句：

> 至道無難，唯嫌揀擇。但莫憎愛，洞然明白。毫釐有差，天地懸隔。欲得現前，莫存順逆。違順相爭，是為心病。不識玄旨，徒勞念靜。圓同太虛，無欠無餘。良由取捨，所以不如。[621]

十分簡練地表達了蕩除計度分別、無念無相、直契大道的思想。以下進一步說明一切違順之念皆是「心病」，而不體認這樣的「玄旨」，坐禪「念靜」也是徒勞無益的，因此關鍵在體悟自性的圓滿具足、無所欠缺。這十六句銘讚體四言詩簡潔凝重，將禪理表述得極其精確顯豁。

石頭希遷的〈參同契〉是另一篇著名的禪理詩，題目借用傳為東漢魏伯陽所作道典《周易參同契》。相傳希遷受《肇論》「會萬物為己，其為聖人乎」一句所啟發，體悟到「吾與祖師同乘靈智遊性海」[622]的道理。這一篇偈頌取其「參同」之義：「參」謂諸法各守其位；「同」謂萬殊統於一元；「契」謂修證者領此玄旨，證之以日用行事，靈照不昧，體悟事理交融、宛轉無礙、如環無端的宗義。全詩五言四十四句，二百二十字，用談玄的思辨語

東初出版社，1991年，第171頁。

[619]　今本〈信心銘〉的文句最初見於《百丈廣錄》，在「三祖云」下引用三次；華嚴澄觀在《華嚴經隨疏演義鈔》卷三十七，臨濟義玄、洞山良价等人語錄也一再引用，但只限於今本的前四句。敦煌寫卷中發現四個文本，只有今本一百四十六句中的二十四句（前一六句、中間六句、結尾二句），大概即是當時流行的本子。今本應是逐漸增飾，至宋初才形成今存全篇。

[620]　參閱《宋高僧傳》卷一〇〈唐天台山佛窟岩遺則傳〉，上冊第229頁。

[621]　《景德傳燈錄》卷三〇。

[622]　《祖堂集》卷四〈石頭和尚章〉，第145頁；參閱《五燈會元》卷五，上冊第255頁。

第二節　禪宗詩頌

言，輔以比喻，說明一心是「靈源明皎潔」，又「支派暗流注」，萬法被它統合，各自「依位」而住，事、理「回互」相涉。因而「事存涵蓋合，理應箭鋒拄」，依此而「歸宗」、「會道」[623]。這一篇作品論理深微，言辭精密，辭旨幽浚，後世頗有注解，大行於世。

從發展來看，上述作品的表現形式還是襲用佛典偈頌傳統，又和魏晉以來玄言詩、六朝時期的道教仙歌有淵源關係。到了中唐，另外兩類明禪的韻文形式興盛起來：一類是抒寫修道生活的歌謠體作品；還有一類是以詩明禪的偈頌體作品。

南、北分宗以後，慧能一系南宗禪顯著地發展。南宗禪中又以南嶽懷讓和青原行思兩系特盛。懷讓傳馬祖道一，行思傳石頭希遷。大致說來，馬祖門下重言句；石頭門下重偈頌。這與二者宗風的不同有直接關係：道一的洪州禪興起伊始就獲得官僚士大夫的支持，其弟子百餘人傳法四方，鵝湖大義、嵩山如滿、章敬懷暉、興善惟寬等更北上京師，受到朝廷禮重，因此留下更多傳法紀錄，成為「語本」、「廣語」等，即後來的「語錄」；而石頭一系學人多度過山居樂道生活，在超脫凡俗的隱逸境界裡體悟禪機，把玄思和禪情用如歌如頌的形式表現出來，流傳出許多樂道逍遙的歌行。即以《祖堂集》和《景德錄》所收作品為例，詩歌體作品被收錄五篇以上的，馬祖一系僅三人，即居士龐蘊、長沙景岑和香嚴智閑；而石頭一系則有丹霞天然、雪峰義存、玄沙師備、鏡清道怤、般若啟柔、臨溪龍脫、龍牙居遁、南嶽玄泰、清涼文益、同安常察等十人。

馬祖弟子龐蘊（西元 740？－ 808 年）後來被視為居士典型。據傳他的父親是衡陽太守。從留下的文字來看，他出身於士大夫家庭、具有較高文化素養是可以肯定的。他在馬祖門下得法後，居止襄陽，被山南東道節度使于頔所禮重。今存《龐居士語錄》署于頔編，分上、中、下三卷，

---

[623]　《祖堂集》卷四〈石頭和尚章〉，第 151 頁。

中、下二卷是詩偈集。《祖堂集》、《景德錄》所述行跡與《語錄》相合,《宗鏡錄》所引龐居士詩偈亦見於《語錄》,所傳作品大致上應當是可靠的。他有一首著名的詩偈:

日用事無別,唯吾自偶諧。頭頭非取捨,處處沒張乖。朱紫誰為號,丘山絕點埃。神通並妙用,運水與搬柴。[624]

據說他得法後,北遊襄漢,度過雲水生涯,有妻和一男一女,市鬻竹器為生。這一首詩偈抒發解脫名韁利鎖、無忮無求的瀟灑情懷,禪悟展現在人生日用之中,無論是生活形態還是人生情趣,都讓後世許多士大夫嚮往。從蘇軾、黃庭堅到董其昌、焦竑、李卓吾、袁宏道等名高一代的人物都對他表示羨慕之情。

長沙景岑是南泉普願法嗣,《祖堂集》、《景德錄》中錄存詩偈二十四首。或認為今傳〈永嘉證道歌〉即寫定於他。香嚴智閑嗣法溈山靈佑,和司空圖交往,也是很有文學才能的人。

石頭一門善詩偈的學人更多,文學成就也更為傑出。

石頭弟子藥山惟儼與李翱、崔群、殷堯藩等一時文壇名流均有交往。他避居朗州芍藥山,相傳李翱曾入山問道,他答以「雲在天,水在瓶」,意味極其迥永,李翱因而述偈曰:「練得身形似鶴形,千株松下兩函經。我來問道無餘說,雲在青天水在瓶。」[625] 就事而論,這可能出於禪門附會,但反映的情境應是具有真實性的。

石頭的另一個弟子丹霞天然善偈頌,留下〈玩珠吟〉、〈弄珠吟〉、〈驪龍珠吟〉等著名作品[626]。佛典中經常提到如意珠、摩尼珠,在禪門則往往用來比喻心性的圓滿皎潔。如馬祖法嗣慧海本姓朱,作《頓悟入道要門

---

[624]　(日) 入矢義高編《龐居士語錄》,築摩書房,1985年,第15頁。

[625]　《景德傳燈錄》卷一四〈澧州藥山惟儼禪師〉,《正》第51卷第312頁中。

[626]　見《祖堂集》卷四〈丹霞和尚〉;《景德錄》卷三〇收錄前二首,題名〈丹霞和尚玩珠吟〉,敦煌寫卷 P.3591 亦錄有《景德錄》的第二首。下引文據《祖堂集》卷四,並據敦煌本校勘。

第二節　禪宗詩頌

論》，被玄晏竊出江外呈馬祖，祖覽訖，告眾曰：「越州有大珠，圓明光透，自在無遮障處也。」[627] 這裡以「珠」諧「朱」，稱讚慧海心性明淨皎潔。丹霞的詩頌則描寫寶珠，以比喻立意，表現上更有特色的是〈驪龍珠吟〉：

驪龍珠，驪龍珠，光明燦爛與人殊。十方世界無求處，縱然求得亦非珠。珠本有，不升沉，時人不識外追尋。行盡天涯自疲極，不如體取自家心。莫求覓，損功夫，轉求轉覓轉元無。恰如渴鹿趁陽焰，又似狂人在道途。須自體，了分明，了得不用更磨瑩。深知不是人間得，非論六類及生靈。虛用意，損精神，不如閒處絕纖塵。停心息意珠常在，莫向途中別問人。自迷失，珠元在，此個驪龍終不改。雖然埋在五陰山，自是時人生懈怠。不識珠，每拋擲，卻向驪龍前作客。不知身是主角，棄卻驪龍別處覓。認取寶，自家珍，此珠元是本來人。拈得玩弄無窮盡，始覺驪龍本不貧。若能曉了驪龍後，只這驪龍在我身。

這裡使用七言歌行體裁，加入三、三、七民間曲辭句法，行文流利暢達，又保持了民間通俗詩格調，反覆詠唱，具象地說明清淨自性本自具足，不勞外鑠，「此珠原是本來人」，自身即是主角，表達得相當生動、貼切。

當時禪門作品十分流行以寶珠作喻。今存即有馬祖弟子石鞏慧藏的〈弄珠吟〉、鹽官齊安法嗣關南道常的〈獲珠吟〉（《祖堂集》作〈樂道歌〉）、夾山善會法嗣韶山寰普的〈心珠歌〉、法眼文益的〈僧問隨色摩尼珠頌〉等，題旨大致相同。同樣以比喻立意的，還有以鏡（洞山良价〈寶鏡三昧歌〉、清涼泰欽〈古鏡歌三首〉、南嶽惟勁〈讚鏡燈頌〉）、以劍（樂普元安〈神劍歌〉）、以浮漚（樂普元安〈浮漚歌〉）等為喻體的。這些作品的根本立意在解說禪理，基本上保持「玄思」的特質，如錢鍾書所評論：「偈語每理聲於詞，質而不韻，雖同詩法，或寡詩趣。」[628]

更富詩情的是抒寫山居樂道情趣的作品。它們可以視為真正的抒情

---

[627]　《景德傳燈錄》卷六〈越州大珠慧海禪師〉，《正》第 51 卷第 246 頁下。
[628]　錢鍾書《談藝錄》（修訂本），中華書局，1984 年，第 227 頁。

第六章 唐宋的禪文學

詩。石頭一系多歌詠山林隱逸中放捨身心的超脫境界。這一類作品俗稱「樂道歌」。如《祖堂集》記載龐蘊「平生樂道偈頌,可近三百餘首」[629];伏牛和尚詩頌中有「樂道逍遙三不歸」[630]之句;貫休詩中也對友人說「子愛寒山子,歌唯樂道歌」[631]。有不少作品即以「樂道」為題。石頭希遷的〈草庵歌〉雖不以「樂道」為題,卻是具有典型意義、開風氣的作品:

> 吾結草庵無寶貝,飯了從容圖睡快。成時初見茅草新,破後還將茅草蓋。住庵人,鎮常在,不屬中間與內外。世人住處我不住,世人愛處我不愛。庵雖小,含法界,方丈老人相體解。上乘菩薩信不疑,中下聞之必生怪。文此庵,壞不壞,壞與不壞主元在。不居南北與東西,基上堅牢以為最。青松下,明窗內,玉殿珠樓未為對。衲帔蒙頭萬事休,此時山僧都不會。住此庵,休作解,誰誇鋪席圖人買。迴光返照便歸來,廓達靈根非向背。遇祖師,請訓誨,結草為庵莫生退。百年拋卻任縱橫,擺手便行且無罪。千種言,萬般解,只要教君長不昧。欲識庵中不死人,豈離而今遮皮袋。[632]

這一篇作品歌詠隱居草庵、不涉外緣、擺脫人間一切束縛的自由自在的生活,抒寫住庵人的清淨心性,展現了與世俗相對立的人生價值。所住草庵雖有成壞,但基礎牢固,隱喻靈明不昧的心性是不會敗壞的。歌中賦予草庵以象徵意義,將比喻與寫實相結合,說理和描寫相結合,顯示豐富的創意。

表現出更強烈的主觀抒情特色的有署名懶瓚和尚和騰騰和尚的〈樂道歌〉。在《祖堂集》卷三中二人名下僅各錄有一篇作品,別無其他記述。懶瓚本是北宗普寂弟子;騰騰嗣法弘忍門下慧安國師。可是從作品風格和內

---

[629]　《祖堂集》卷一五〈龐居士〉,第 584 頁。
[630]　《祖堂集》卷五〈伏牛和尚〉,第 557 頁。
[631]　〈寄赤松舒道士二首〉,《全唐詩》卷八三〇,中華書局,1960 年,第 9,360 頁。
[632]　《景德傳燈錄》卷三〇,《正》第 51 卷第 461 頁下。

第二節　禪宗詩頌

容來看，兩篇作品完全是中唐南宗禪的觀念，應是當時山居修道的禪僧所作。署名懶瓚的〈樂道歌〉如下：

> 兀然無事無改換，無事何須論一段。真心無散亂，它事不須斷。過去已過去，未來更莫算。兀然無事坐，何曾有人喚。向外覓功夫，總是痴頑漢。糧不蓄一粒，逢飯但知餐。世間多事人，相趁渾不及。我不樂昇天，亦不愛福田。飢來即吃飯，睡來即臥瞑……世事悠悠，不如山丘。青松蔽日，碧澗長流。臥藤蘿下，塊石枕頭。山雲當幕，夜月為鉤。不朝天子，豈羨王侯。生死無慮，更復何憂。水月無形，我常只寧。萬法皆爾，本自無生。兀然無事坐，春來草自青。[633]

作品用雜言歌行體，寫法自由舒展，把山居生活無為無事的心境抒發得淋漓盡致，展現了洪州禪興盛後眾多禪師的人生取向。一方面否定「教下」輪迴福報的追求，另一方面對功名利祿表示鄙棄，遣除一切向外「須索」、「計較」之心，保持「父母未生時本來面目」的清淨自性，從而獲得精神上的絕對自由。這種境界與老、莊思想顯然有密切關聯。

藥山門下有船子德誠，契藥山密旨後，隱於澧源深邃絕人煙處，避世養道為生，他的生活方式本身就富於詩情。他有禪語說：「竿頭絲線從君弄，不犯輕波意自殊。」[634] 表達隨緣度日、如如自在的心情。船子門下夾山善會、夾山門下樂普元安都發揚乃師傳統，善於利用詩境表禪解，一門之下詩頌創作十分興盛。如有僧問善會：「如何是夾山境？」答曰：「猿抱子歸青嶂後，鳥銜花落碧巖前。」[635] 如此出語、造境情意盎然，堪稱警句。後來宋代禪文學的名著《碧巖錄》即依此取名。藥山的另一位弟子雲

---

[633]　《祖堂集》卷三〈懶瓚和尚〉，第 106 — 108 頁。

[634]　《祖堂集》卷五〈華亭和尚〉，第 202 頁。北宋時期傳出船子和尚詩頌四十餘首，見於釋惠洪《冷齋夜話》、普濟《五燈會元》等道、俗諸書，並有呂益柔石刻的三十九首（見吳聿《觀林詩話》），流傳甚廣。但所出情況不明，當係偽託。錄文見陳尚君輯校《全唐詩續拾》卷二六，陳尚君《全唐詩補編》中冊，中華書局，1992 年，第 1,054 — 1,057 頁。

[635]　《祖堂集》卷七〈夾山和尚〉，第 263 頁。

第六章　唐宋的禪文學

巖曇晟，曇晟弟子洞山良价，作有前面提到的〈寶鏡三昧歌〉；對前面已提到的洞山弟子龍牙居遁，詩僧齊己評論說：

> 洎咸通初，有新豐（洞山良价）、白崖（香嚴智閑）二大士，所作多流散於禪林。雖體同於詩，厥旨非詩也。迷者見之，而為撫掌乎……龍牙之嗣新豐也，凡託像寄妙，必含大意，猶夫驪頷蚌胎，炟耀波底。試捧玩味，但覺神慮澄蕩，如遊遼廓，皆不若文字之狀矣。[636]

今存龍牙名下的詩偈見於宋釋子升、如祐所編《禪門諸祖師偈頌》卷上之上計九十五首，和今傳船子和尚偈頌一樣，大部分出於偽託。齊己說洞山和香嚴的偈頌「厥旨非詩」，即指它們旨在明禪；又透過對比稱讚龍牙作品的長處。藥山門下另一弟子道吾圓智，圓智門下石霜慶諸，均善偈頌。著名詩僧貫休就出於石霜之門。石霜弟子南嶽玄泰，「平生所有歌行偈頌，遍於寰海道流耳目」[637]。終南慧觀說：

> 南嶽泰公著五讚十頌，當時稱之以美談。及樂浦、香嚴猶長厥頌，斯則著道之端耳。[638]

玄泰還寫過〈畬山謠〉，描寫山民畬山開田情景，反映古代的環境保護意識。

石頭的又一弟子天皇道吾，道吾下有龍潭崇信，崇信下有德山宣鑑，宣鑑下有雪峰義存，一門昌盛。這一系學人禪解超群，雲門、法眼二宗皆出其下，同樣有制作偈頌的傳統。如雪峰門下的雲門文偃、南嶽惟勁、翠巖令參、玄沙師備等，都多有制作。惟勁「著五字頌五章，覽之者悟理事相融」[639]，還作有《續寶林傳》、《南嶽高僧傳》行世，是禪門著作家。雲門下臨溪龍蛻，玄沙下羅漢桂琛，桂琛下清涼文益，也都有不少偈頌傳

---

[636]　〈龍牙和尚偈頌序〉，《續藏經》。
[637]　《祖堂集》卷九〈南嶽玄泰和尚〉，第 364 頁。
[638]　敦煌寫卷 S.1635〈泉州千佛新著諸祖師頌序〉。
[639]　《景德傳燈錄》卷一九〈南嶽惟勁禪師〉，《正》第 51 卷第 360 頁中。

世。不過晚唐、五代的大量偈頌作品大部分已經佚失了。

禪門五家分宗之後,「文字禪」興起,眾多學人已不在禪解上下功夫。代替這一類「禪理詩」的,是下面所述另外一類禪偈;而一些有才能的禪師則轉而從事詩歌創作,從而有眾多詩僧湧現出來。

第三節　以詩明禪

禪宗發展到晚唐,分化為不同派別,理論上已鮮有創造,各派都在接引學人的方式上爭新鬥異。禪宗本來主張「不立文字」、「以心傳心」,因而忌直陳,忌說教,禪宿引導後學則要「不落言詮」、「意在言外」,靠啟發、提示、誘導等間接方式。這樣迤邐發展到晚唐,「文字禪」逐步興盛起來,禪門「不立文字的文字」在技巧上也更加講究;加之宗門中又形成了獨特的教學制度,師弟子在示法傳心和問答商量中力求使用獨特奇險的表達方式,從而要特別講究語言修辭技巧。在這種種機緣之下,形成了以偈頌表禪機的風氣。顧隨說「禪是象徵」,特別切合這一類詩偈。錢鍾書曾指出:

唯禪宗公案偈語,句不停意,用不停機,口角靈活,遠邁道士之金丹詩訣。詞章家雋句,每本禪人話頭。如《五燈會元》卷三忠國師云:「三點如流水,曲似刈禾鐮」;卷五大同禪師云:「依稀似半月,彷彿若三星」;皆模狀心字也。秦少游〈南歌子〉云:「天外一鉤殘月帶三星」,《高齋詩話》謂是為妓陶心兒作;《泊宅編》卷上極稱東坡贈陶心兒詞:「缺月向人舒窈窕,三星當戶照綢繆」,以為善狀物;蓋不知有所本也。《五燈會元》卷十六法因禪師云:「天上月圓,人間月半」;吾鄉鄒程村祇謨《麗農詞》卷下〈水調歌頭・中秋〉則云:「剛到人間月半,天上月團圓」;死灰槁木人語,可成絕妙好詞。[640]

---

[640]　錢鍾書《談藝錄》(修訂本),中華書局,1984年,第226頁。

第六章 唐宋的禪文學

　　國忠禪師利用象形方式表「心」字，又是利用五言詩句來表達，已經頗富情韻；世人藉以創造出「絕妙好詞」，則成為禪語演化為詩語的一例。這裡提到的投子大同（西元 819 － 914 年）嗣翠微無學，曾對學人說：

> 汝諸人來遮裡，擬覓新鮮語句、攢華四六，口裡貴有可道……[641]

　　這說明在當時禪林尋章覓句已成風氣。中晚唐許多禪師表達禪解，語言是詩意的、藝術化的。如馬祖弟子泐潭常興，有僧問：「如何是曹溪門下客？」答曰：「南來燕。」云：「學人不會。」又答：「養羽候秋風。」[642] 又藥山惟儼問道吾圓智：「子去何處來？」回答說：「遊山來。」藥山曰：「不離此室，速道將來。」回答說：「山上鳥兒白似雪，澗底游魚忙不徹。」[643] 又杭州佛日參夾山善會，夾山問：「子未到雲居已前在什麼處？」回答說：「天台國清。」夾山說：「天台有潺潺之瀑，淥淥之波，謝子遠來，子意如何？」回答說：「久居巖谷，不掛松蘿。」夾山說：「此猶是春意，秋意如何？」佛日良久未答，夾山說：「看君只是撐船漢，終歸不是弄潮人。」[644] 如此等等，都是借用富於詩情的語句來表達禪解，對答是形象、象徵的、如詩如歌的。

　　這一類禪偈在禪門中興盛起來，成為禪宿和學人談禪的工具，其體制與前述明禪理的一般偈頌有所不同。它們或是出現在對答商量的言句裡，或是產生於一定時節因緣中，是語錄的重要組成元素。此外，這一類禪偈作為「不可說」禪的表現，許多意旨全靠揣摩，人們只能在可解、不可解之間去作領會，而由於所表現的情境是具體的、形象的，就為讀者留下了更廣闊的想像天地。這正符合文學創作具象性的特徵。

　　依據創作機緣不同，這一類禪偈的具體內容和表達方式多種多樣。

---

[641]　《景德傳燈錄》卷一五〈舒州投子大同禪師〉，《正》第 51 卷第 319 頁上。
[642]　《景德傳燈錄》卷七〈洪州泐潭常興禪師〉，《正》第 51 卷第 252 頁上。
[643]　《景德傳燈錄》卷一四〈潭州道吾圓智禪師〉，《正》第 51 卷第 314 頁上。
[644]　《景德傳燈錄》卷二〇〈杭州佛日和尚〉，《正》第 51 卷第 362 頁上。

第三節　以詩明禪

開悟偈：

南宗禪的「頓悟」，需要一定的時節、機緣。或是得到禪宿的啟示，或是由於某一境遇的啟發。一悟之後，心靈即展現出全新的境界。以詩偈誦出個人的領會，就是所謂「開悟偈」。開悟過程本來類似詩歌創作中的靈感激發，表達出來則特別富於詩意。在禪籍中，開悟偈穿插在具體人物的發悟故事裡。由於「悟」的內容是個人心得，記錄下來往往被有意地神祕化，這一類禪偈大多索解為難，也就更增添了一分情趣。

洞山良价在雲巖曇成處，問：「和尚百年後，有人問還邈得師真也無，向他作摩生道？」雲巖回答說：「但向他道，只這個漢是。」他許久不能理解這一回答的意思，總是心存疑惑。有一次過水睹影，忽然領悟，因述一偈曰：

切忌隨他覓，迢迢與我疏。我今獨自往，處處得逢渠。渠今正是我，我今不是渠。應須與摩會，方得契如如。[645]

前面說的「真」指寫真、肖像。洞山問是否可以畫出先師肖像，意謂能否真正傳承先師禪法。雲巖答說「只這個漢是」，洞山不解所謂。後來過水看見水中影像，忽然開悟：水裡的影子和本人不是一碼事，當然描摹老師的肖像不等於老師，因此「切忌從他覓」；但影像「是」本人又「不是」本人，從禪宿學習也是同樣。由此他體會到禪悟不即不離的道理。禪門經常用水中影像來說明禪悟。如有座主來謁大珠慧海，說：「某甲擬申問禪師義，得不？」大珠答：「清潭月影，任意撮摩。」又問：「如何是佛？」答說：「清潭對面，非佛而誰？」[646] 說的同樣是「只這是」的道理。

香嚴智閑博學利辯，才學無當，在溈山眾中問難，對答如流，但未契根本。有一次溈山問：「如初從父母胞胎中出，未識東西時本分事。」他遍

---

[645]　《祖堂集》卷五〈雲巖和尚〉，第 194 頁。
[646]　《景德傳燈錄》卷一四〈大珠慧海〉，第 526 頁。

揀冊子,無一言可對;遂燒盡冊子,決心作長行粥飯僧。禮辭溈山後,到香嚴山慧忠國師遺跡棲心憩泊,一天因除草木、擊瓦礫開悟,乃作偈曰:

一擊忘所知,更不自修持。處處無蹤跡,聲色外威儀。十方達道者,鹹言上上機。[647]

所謂「出從父母胞胎中出,未識東西時本分事」,即禪門常說的「本地風光」、「本來面目」,就是未受凡情汙染的本來清淨心。擊瓦礫的一聲響動,使香嚴截斷常識情解,忘卻「所知」,也就恢復了「從父母胞胎中出」的狀態,一切「蹤跡」、「聲色」都被排遣在外,從而也就除去了向外馳求之心。

還有溈山另一位法嗣靈雲志勤見桃花而悟道的故事。據傳他一造大溈,聞其教示,晝夜忘疲,一次偶睹春時桃花繁盛,喜不自勝,忽然發悟,作偈說:

三十年來尋劍客,幾逢花發幾抽枝。自從一見桃花後,直至如今更不疑。[648]

他遂被溈山稱讚「隨緣悟達,永無退失」。這一首偈裡的「尋劍」,意謂追求絕對的禪解。禪門常常把禪法比喻為「神劍」,取義能夠斬斷凡情。花開花落本是宇宙間永恆規律的展現,正如禪理是如如不動的,可是以前卻視而不見,是因為被常情所阻;透出凡情,體悟禪理,從而疑念頓消了。

禪門流傳的開悟機緣,特別顯示出禪富於實踐性的特點。對禪的體悟在一機一境之中,因此一些開悟偈往往禪思與詩情相交融,如哲理詩,含義深厚,耐人尋味。

---

[647]　《景德傳燈錄》卷一九〈香嚴和尚〉,第 700 — 701 頁。
[648]　《祖堂集》卷一九〈靈雲和尚〉,第 714 頁。

第三節　以詩明禪

示法偈：

中、晚唐禪林中禪宿上堂示法，師資間商量問答，互鬥禪機，棒喝交馳，往往使用象徵的、模稜兩可的語句或奇特的動作表達禪解。示法偈即在這樣的情況下興盛起來。

洞山良价問馬祖法嗣潭州龍山和尚：「和尚見什麼道理，便住此山？」這是問他禪悟的境界。龍山回答說：「我見兩個泥牛鬥入海，直至如今無消息。」這是比喻自己已悟解萬法性空的道理，進而作頌說：

三間茅屋從來住，一道神光萬境閒。莫作是非來辨我，浮生穿鑿不相關。[649]

這像是一首抒寫山居樂道情趣的小詩。「一道神光」本指陽光，又象徵忽然開悟、豁然開朗的心境。詩偈是說多年山居，一旦開悟，對一切人間是非、浮生穿鑿都不再掛懷。洞山問「道理」，而禪是「不涉理路」的，所以只能用兩個比喻來表達悟境。

南泉普願法嗣長沙景岑以善詩偈著稱，他的示法偈特別有名：

百尺竿頭不動人，雖然得入未為真。百尺竿頭須進步，十方世界是全身。

時有三聖和尚問：「承師有言：『百尺竿頭須進步。』百尺竿頭則不問，百尺竿頭如何進步？」景岑答：「朗州山，澧州水。」進曰：「更請和尚道。」景岑說：「四海五湖王化裡。」[650] 景岑用古代雜技緣橦作比喻：已毫無畏懼地爬上百尺高竿，但這還不算達到絕對境界，因為仍有所執著，應當更進一步，讓自身與宇宙合一。三聖問「如何進步」，表明他仍擺脫不了執著；回答說「朗州山，澧州水」，意謂絕對境界就在具體的一機一境之中；

---

[649]　《景德傳燈錄》卷八〈潭州龍山和尚〉，《正》第 51 卷第 263 頁。
[650]　《祖堂集》卷一七〈岑和尚〉，第 644 頁。

第六章　唐宋的禪文學

當要求再進一步說明時，又用五湖四海皆在王化之中作譬喻，以表明事事物物皆與絕對境界相契合。這一首禪偈不但禪理深刻，所展現的不斷精進、永不滿足的精神也是很感人的。

有僧問河中公畿和尚：「如何是道？如何是禪？」公畿以偈答曰：

有名非大道，是非俱不禪。欲識此中意，黃葉止啼錢。[651]

北本《涅槃經》卷二十有佛說天上之樂果以止眾惡，猶如以楊葉為金錢誑小兒止啼。有的禪宗學人把佛陀全部說法都比喻為「黃葉止啼」，正展現破除一切語言執著的否定精神。公畿和尚的這個偈說一切名相、是非，講「道」說「禪」，都是「黃葉止啼錢」，讓人到名相、是非之外去體悟禪機。

子湖巖利縱禪師有示眾偈曰：

三十年來住子湖，二時齋粥氣力粗。無事上山三五轉，問汝時人會也無？[652]

這是說三十年來山居修道，實際上每天過的是無為無事的閒適生活，即表示禪就在平凡的人生日用之中。這一篇偈與大珠慧海所謂禪就是「飢來吃飯，困來即眠」同一意趣，展現了洪州禪「平常心是道」的精神。最後一問，表明自己的見解遠超「時人」，充滿了自信與自負。

從上述幾例可以看出，不同示法偈風格頗有不同：有比喻、暗示的「理語」，也有富於情趣的「詩語」。而且越是到後來，越是講究表達技巧，富於「詩情」。有一段北宋時圜悟克勤參五祖法演的逸事：

……方半月，會部使者解印還蜀，詣祖問道。祖曰：「提刑少年，曾讀小豔詩否？有兩句頗相近：『頻呼小玉元無事，只要檀郎認得聲。』」提

---

[651]　《景德傳燈錄》卷九〈公畿和尚〉，《正》第 51 卷第 270 頁上。
[652]　《景德傳燈錄》卷一〇〈衢州子湖利縱禪師〉，《正》第 51 卷第 279 頁上。

刑應：「喏喏。」祖曰：「且仔細。」師適歸，侍立次，問曰：「聞和尚舉小豔詩，提刑會否？」祖曰：「他只認得聲。」師曰：「『只要檀郎認得聲』，他既認得聲，為什麼卻不是？」祖曰：「如何是祖師西來意？庭前柏樹子輩！」師忽有省，遽出。見雞飛上欄杆，鼓翅而鳴，復自謂曰：「此豈不是聲？」遂袖香入室，通所得，呈偈曰：「金鴨香銷錦繡幃，笙歌叢裡醉扶歸。少年一段風流事，只許佳人獨自知。」祖曰：「佛祖大事，非小根劣器所能造詣，吾助汝喜。」祖遍謂山中耆舊曰：「我侍者參得禪也。」由此，所至推為上首。[653]

這裡用來示法的是世俗的豔詩。偈裡用情人間心心相印的「認得聲」，來比喻禪悟全靠感悟，不可言說，也不可替代。如果不用在談禪裡，這樣的作品已和一般情詩毫無區別了。

投機偈：

學人參訪禪宿，測驗對方禪解，主要是利用言句來問答商量，即所謂「鬥機鋒」；有時投以詩偈，譬如投石入水，測其淺深，稱「投機偈」。

南泉普願有〈久住投機偈〉：

近日還鄉入大門，南泉親道遍乾坤。法法分明皆祖父，回頭慚愧好兒孫。

景岑答曰：

今日投機事莫論，南泉不道遍乾坤。還鄉盡是兒孫事，祖父從來不入門。[654]

這裡所謂「還鄉」、「入門」，比喻對清淨自性的回歸；「祖父」、「兒孫」則是指古德和後輩學人。南泉普願的意思是說古德悟解萬法歸於一心，並

---

[653]　《五燈會元》卷一九，下冊第 1,254 頁。
[654]　《景德傳燈錄》卷一〇〈湖南長沙景岑禪師〉，《正》第 51 卷第 276 頁上。

以此來啟發後輩兒孫。長沙景岑的回答則用宋人所謂「梵志翻著襪法」，把普願的「親道」翻案為「不道」，指出「還鄉」全靠兒孫自己，不可徒然模仿、追隨前人。後者的見解顯然又進一步。

國清師靜睹教中幻義，乃述一偈以問學流：

若道法皆如幻有，造諸過惡應無咎。云何所作業不忘，而藉佛慈興接誘。

這是提出佛教教理上一大矛盾：如果諸法全部如幻如化，那麼業報何在？佛法何用？時有小靜上座答曰：

幻人興幻幻輪圍，幻業能召幻所治。不了幻生諸幻苦，覺知如幻幻無為。[655]

這個回答首先肯定大乘空觀諸法如幻的基本觀念，又據以生發，認為幻人、幻事招來如幻的業報，這正是人生之苦的所在；因而要覺悟如幻的真諦，達到無為無事的禪境。這種看法是富於辯證色彩的。

明志偈：

禪德以偈頌明志，作品已接近「言志」詩了。

伏牛自在放小師行腳時有頌曰：

放汝南行入大津，碧潭深處弄金鱗。等閒莫與凡魚伴，直透龍門便出身。

這是用中土傳說鯉魚跳龍門典故，指示弟子要立大志，成大事。小師回答：

魚龍未變志常存，變時還教海氣渾。兩眼不曾窺小水，一心專擬透龍

---

[655] 《景德傳燈錄》卷二一〈天台國清師靜上座〉，《正》第 51 卷第 374 頁上。

第三節　以詩明禪

門。千回下網終難繫，萬度垂鉤誓不吞。待我一朝鱗甲備，解將雲雨灑乾坤。[656]

回答襲用老師的比喻，表示自己決心要通過龍門，超凡成聖，實現以法雨弘濟天下的悲願。這一篇作品運用七律形式，押韻、對仗均較工穩，從中可以看出詩的技巧對於禪門的影響。

曹山本寂住曹山（江西臨川縣吉水山），割據江西的「鍾陵大王」（南平王）鍾傳再三遣使迎請。第三次遣使時，使者說如不赴王旨，弟子一門便見灰粉，時本寂附上古人偈一首：

摧殘枯木倚青林，幾度逢春不變心。樵客見之猶不顧，郢人那得苦追尋。[657]

這一篇偈像是託物詠志的七絕。古人以松柏之後凋比喻人的志節，這一篇偈的立意即由之脫胎：枯木逢春而不花，表示不為榮華所誘，耐得起枯淡，這是對迎請堅決表示拒絕。所謂「古人偈」，是指禪門流行的作品。據說使回通偈，王遙望山頂禮拜。

越州觀察使差人問五洩靈默：「依禪住持？依律住持？」靈默以偈答曰：

寂寂不持律，滔滔不坐禪。釅茶三兩碗，意在钁頭邊。[658]

這同樣像一首詠志五絕，說明自己在喝茶、作務的平常生活中，淡泊安閒，無所追求，達到任運隨緣、禪而非禪的境界。這也是洪州禪觀的典型展現。

唐武毀佛，大批僧侶被迫還俗，有些還俗或避居民間的禪師保持志節，這對後來禪門的復興發揮了重要作用。有的人在毀佛中述偈言志，如

---

[656]　《祖堂集》卷一五〈伏牛和尚〉，第 5,556 － 5,557 頁。
[657]　《祖堂集》卷八〈曹山和尚〉，第 309 頁。
[658]　《祖堂集》卷一五〈五洩和尚〉，第 564 頁。

龜山智真有二偈：

明月分形處處新，白衣寧墜解空人。誰言在俗妨修道，金粟曾為長者身。

忍仙林下坐禪時，曾被歌王割截肢。況我聖朝無此事，只令休道何可悲。[659]

第一首用禪門流行的「一月普現一切水」典故，說明禪無處不在，因此在俗不妨修道。第四句用了維摩居士典故。後一首用佛典裡歌利王害忍辱仙人的本生故事：歌利王為了試驗忍辱仙人是否還有貪著，割其耳，更刵鼻削手，但仙人能夠忍辱，相好圓滿，無少變化。偈裡說雖然被迫還俗，但還沒有遭受酷刑，仍然可以修道。這是帶有諷刺意味的反語，表示對迫害的蔑視和堅定不移的意志。

這些明志偈頌主要有兩方面的意義：一是表白信仰之心，不只是其堅定的信仰，那種不為權勢所屈的求道意志更有著普遍的倫理意義；再一方面是發露禪解，主要是表現修道習禪重在自心的禪理。

勸學偈：

洪州禪講「道不要修」，因為「修」道本身已是一種馳求、知見；但禪宗學人奔競於禪宿門下，以求得到啟發、印可。因此，禪門「教學」就形成特殊的、不拘一格的形式。禪宿指點學人修習和悟解方法，形成「勸學偈」。

長沙景岑的〈勸學偈〉：

萬丈竿頭未得休，堂堂有路少人遊。禪師欲達南泉去，滿目青山萬萬秋。[660]

---

[659]　《景德傳燈錄》卷九〈福州龜山智真禪師〉，《正》第 51 卷第 269 頁；第一首亦見《祖堂集》卷一七。
[660]　《祖堂集》卷一七〈岑和尚〉，第 643 頁。

第三節　以詩明禪

這是發揮他示法偈「百尺竿頭不動人」的主旨：說到了萬丈竿頭，前面仍然有路，只是很少有人去走；這是指示學人去追求超越相對的絕對境界，也是他的老師南泉普願的境界。結句指出到達那種境界才算見到滿目青山的無限風光。後來天台德韶有偈說：「通玄峰頂，不事人間。心外無法，滿目青山。」[661] 即從這一篇偈脫化而來。

香嚴智閑的〈勸學偈〉：

出家修道莫求安，失念求安學道難。未得直需求大道，覺了無安無不安。[662]

這一篇勘辨玄理，在如何「安心」上立意。早期的「楞伽宗」求「安心」。依洪州禪的觀念，「求安」仍有所求，並沒有達到「無心是道」的境界，所以被說成是「失念」；只有超越「安」與「不安」，才算真正做到「無不安」。這也是指示斷絕向外馳求的禪理。

雪峰義存初出家時，有「儒假大德」送給他三首偈，實際上是託名的勸學偈：

光陰輪謝又逢春，池柳亭梅幾度新。如別家鄉須努力，莫將辜負丈夫身。

鹿群相受豈能成，鸞鳳終須萬里征。何況故園貧與賤，蘇秦花錦事分明。

原憲守貧志不移，顏回安命更誰知。嘉禾未必春前熟，君子從來用有時。[663]

這三篇偈勉勵學人要立志高遠、努力不懈，並預言將來的遠大前程。在表達方式上，這種偈不只風格已與一般七絕無別，更用孔門弟子顏回和

---

[661]　《景德傳燈錄》卷二五〈天台山德韶禪師〉，《正》第 51 卷第 408 頁中。
[662]　《祖堂集》卷一九〈香嚴和尚〉，第 710 頁。
[663]　《祖堂集》卷七〈雪峰和尚〉，第 293 頁。

原憲、「掛六國相印」的縱橫家蘇秦為榜樣，符合「儒假大德」的口吻，也說明了當時儒、禪觀念上相通的趨勢。

雪峰弟子翠巖令參的勸學偈寫法和風格都很特別：

苦哉甚苦哉，波裡覓乾灰。勸君收取手，正與摩時徠。[664]

這裡諷刺向外馳求如「波裡覓乾灰」，永無得時；讓人「收取手」，指出放下馳求之心，才是得道之時。「正與摩時徠」就是當下即是的意思。全篇二十個字，構思奇崛，純用口語，展現了奇僻的禪風。

順世偈：

禪宿在去世時往往說偈付法，留下遺偈，這也是傳法偈一類。這種臨終付法事蹟多出於後人傳說，多數遺偈應是弟子神化先師的偽託。

順世偈的創作與禪宗建立祖統有關。在敦煌本《壇經》裡，已記載有法海所述自達摩至六祖慧能的傳法付心頌。如達摩頌曰：「吾本來唐國，傳教救迷情。一花開五葉，結果自然成。」這是預記其後五祖傳承。而慧能頌是：「心地含情種，法雨即花生。自悟花情種，菩提果自成。」[665] 同時還記載了慧能的兩首順世偈。據考應成立於貞元十六年（西元 801 年）的《寶林傳》更整理出西天二十八祖傳承的祖統，每一位祖師都有傳法偈。如釋迦傳迦葉的偈曰：「法本法無法，無法法亦法。今付無法時，法法何曾法。」[666] 到後來的《祖堂集》中，過去七佛也各有偈傳出。其寫法都循一定格式；取五言二十字韻文體，結合心、法、境、菩提、無生、因緣等觀念，又用種、花、果等作比喻，以說明基本禪理。這也就樹立起一個傳統，即禪宿往往有一首總結性的傳法偈留給後人，從而形成了臨終遺偈的習俗。不過後來的遺偈內容廣泛得多，形式也自由得多。

---

[664]　《祖堂集》卷一〇〈翠巖和尚〉，第 292 頁。
[665]　《壇經校釋》，第 103 頁。
[666]　《雙峰山曹侯溪寶林傳》卷一，中文出版社影印《宋藏遺珍》本。

第三節　以詩明禪

如歸宗智常弟子五台智通遺偈：

舉手攀南門，轉身倚北辰。出頭天外見，誰是我般人。[667]

這完全可以看成是一首富於浪漫精神的抒情小詩。其中表現的頂天立地的巨人形象，和李白「欲上青天攬明月」[668]的氣概頗有相通之處。

洞山良价弟子疏山光仁的遺偈同樣用了想像、誇張手法，表達面對死亡的態度：

我路碧天外，白雲無處閒。世有無根樹，黃葉送風還。[669]

這裡把人生比喻為無根樹，寒風一吹則葉黃枝枯；但自己作為風中樹葉卻永遠在天空中遨遊，猶如天上白雲一樣。唐代詩歌中的白雲常常作為隨緣人生和自由意志的象徵。禪師們談禪也喜歡借白雲為喻，如長慶慧稜法嗣靈隱廣嚴院咸澤，有僧問：「如何是廣嚴家風？」答曰：「一塢白雲，三間茅屋。」[670]光仁的詩偈把落葉和白雲兩個意象貫穿起來，構想更為奇突，也更顯深意。

白水本仁弟子重雲智暉善偈頌，「誨人之暇，撰歌頌千餘首」，有遺偈說：

我有一間舍，父母為修蓋。住來八十年，近來覺損壞。早擬移住處，事涉有憎愛。待他摧毀時，彼此無相礙。[671]

經典中往往利用房舍的成壞來說明人我空觀念。石頭希遷〈草庵歌〉曾從另一個角度作比喻，說草庵堅牢，內有真主，比喻常駐不變的靈明自性。智暉的偈立意更樸素，只是說身體如房舍一樣已經破損，自己以灑脫

---

[667]　《景德傳燈錄》卷一〇〈五台山智通禪師〉，《正》第 51 卷第 281 頁上。
[668]　〈宣州謝朓樓餞別校書叔雲〉，王琦注《李太白全集》卷一八，中華書局，1977 年，第 861 頁。
[669]　《祖堂集》卷八〈疏山和尚〉，第 330 頁。
[670]　《景德傳燈錄》卷二一〈杭州廣嚴咸澤和尚〉，《正》第 51 卷第 376 頁上。
[671]　《景德傳燈錄》卷二〇〈京兆重雲智暉禪師〉，《正》第 28 卷第 883 頁下。

的態度看待生死,對人間愛憎全取超然姿態。最後一聯的設想更十分詭異:把自己的人身看作外物,完全作超然遺世之想。

同樣,保福清豁的遺偈也表達生死面前的通達姿態:

世人休說路行難,鳥道羊腸咫尺間。珍重苧蘿溪畔水,汝歸滄海我歸山。[672]

他不但把死亡看作如百川歸海那樣本是自然歸宿,對人生患難也全取坦然姿態,毫無患得患失之念。

以上舉出的幾類禪偈,風格上有側重談玄和側重抒情的不同,寫法上則有直截和隱諱的不同,但都意在明禪,即是「意在言外」。其中的優秀作品詩情相當濃厚,置之當時詩壇上也堪稱佳作。

第四節　禪偈的衍變 —— 宗綱頌、頌古偈等

晚唐五家分燈後,各家形成接引學人的不同方法,如曹洞宗的「五位君臣」,臨濟宗的「四賓主」、「四料簡」、「四照應」,雲門宗的「雲門三句」等等,又形成不同的「宗綱」。用偈頌來形容這些宗綱,就是所謂「宗綱頌」。

宗綱頌的形成有一個過程。本來禪宿以具象的言詞來表達對於禪境的特殊體驗,意義含蓄,耐人尋味,作為詩來看大抵也相當優美、生動。如有僧問慧觀行修:「如何是南源景緻?」「南源」本是他所住之地,這裡是探問他的禪境如何。答曰:「幾處峰巒猿鳥嘯,一帶平川遊子迷。」[673] 這描寫的是南源實景,但回答者意在言外。由於景象的內涵並不確定,正適合互鬥機鋒的要求,語句也很富詩意。同樣地,有僧問伏龍山延慶院奉:

---

[672]　《五燈會元》卷八,中冊第 492 頁。
[673]　《景德傳燈錄》卷一七〈吉州南源山行修禪師〉,《正》第 51 卷第 342 頁中。

第四節　禪偈的衍變—宗綱頌、頌古偈等

「如何是伏龍境？」答曰：「山峻水流急，三春足異花。」[674] 問開先圓智：「如何是開先境？」答曰：「最好是『一條界破青山色』。」[675] 後者是借用徐凝詠廬山瀑布的著名詩句[676]。到晚唐，禪林宗派觀念逐步形成，辨別宗門法系也成為問答勘辨的重要內容。石頭一系多問「如何是和尚家風」，洪州一系則多問「師唱誰家曲，宗風嗣阿誰」。學人同樣多用如歌如詩的形容詞來作答。如有僧問吉州禾山：「如何是和尚家風？」答曰：「滿目青山起白雲。」[677] 又有僧同樣問欽山文遂，答曰：「錦帳銀香囊，風吹滿路香。」[678] 這很像豔詩的句子。有僧問風穴延昭：「師唱誰家曲，宗風嗣阿誰？」答曰：「超然迥出威音外，翹足徒勞讚底沙。」[679] 這都是利用象徵性的詩語來表達不同宗風的特色。

以詩句答問在善偈頌的石頭一系學人中更為流行。如有僧問夾山善會弟子洛浦元安：「瞥然便見時如何？」這問的是「見」道。答曰：「曉星分曙色，爭似太陽輝。」又問：「如何是本來者？」問的是「自性」如何。答曰：「一粒在荒田，不耘苗自秀。」是說如一粒種子，不需任何作用，自會發芽、成長。又進一步問：「若一向不耘，莫草埋卻去也無？」對曰：「肥骨異芻蕘，稗終難映。」這是進一步說明好的種子不能埋沒的道理。又問：「如何是西來意？」這是禪門勘驗的常談。答曰：「颯颯當軒竹，經霜不自寒。」僧擬再問，答曰：「只聞風擊響，不知幾千竿。」[680] 這實際是「西來無意」的傳統回答，四句話組合起來恰是一首意境渾融的五絕。

南嶽一系也有善詩頌的人物。前面提到風穴延昭，有僧問：「如何是

---

[674]　《景德傳燈錄》卷二〇〈延州延慶奉禪師〉，《正》第 51 卷第 368 頁中。
[675]　《景德傳燈錄》卷二一〈廬山開先圓智禪師〉，《正》第 51 卷第 375 頁。
[676]　〈廬山瀑布〉，《全唐詩》卷四七四，第 5,377 頁。
[677]　《景德傳燈錄》卷一七〈吉州禾山和尚〉，《正》第 51 卷第 339 頁上。
[678]　《景德傳燈錄》卷一七〈澧州欽山文邃禪師〉，《正》第 51 卷第 340 頁中。
[679]　《景德傳燈錄》卷一三〈汝州風穴延昭禪師〉，《正》第 51 卷第 302 頁下。
[680]　《祖堂集》卷九〈洛浦和尚〉，第 341 頁。

第六章 唐宋的禪文學

佛？」答曰：「嘶風木馬緣無絆，背角泥牛痛下鞭。」又問：「隨緣不變者忽遇知音人時如何？」答曰：「披蓑側笠千峰裡，引水澆蔬五老前。」[681] 對於前一問「如何是佛」，回答的意思是，正如木馬、泥牛不能奔走，求佛者絆木馬、打泥牛也是徒然。接著問習禪者隨緣不變，遇到真正知音人應如何對待？答話裡「披蓑側笠」是說將要下雨，但這時仍要繼續引水灌園，是說不能消極等待，而要主動、積極地參訪、學習。

再進一步，師資間鬥機鋒全用詩語，如聯句做詩。遵布衲問韶山寰普說：「鳳凰直入煙霄路，誰怕林中野雀兒。」對曰：「當軒畫鼓從君擊，試展家風似老僧。」遵曰：「一句迥超今古格，松蘿不與月輪齊。」對曰：「饒君直出威音外，猶較韶山半月程。」[682] 兩個人以詩句相互測度，試圖以難以索解的語句壓倒對方。這與其說在較量禪解高下，不如說是在鬥語言技巧了。更簡單的辦法，則是用現成的詩「斷章取義」，如常用「枯桑知天風，海水知天寒」（〈古詩十九首〉）、「行到水窮處，坐看雲起時」（王維）、「水流心不競，雲在意俱遲」（杜甫）等等做參悟的對象。

正是在這種禪風下，宗綱頌的創作也形成了風氣。其中以曹洞和臨濟二宗綱領更為系統化，創作也更為豐富。

中唐後禪門逐漸形成宗派，隨著「五家」分宗，諸家都利用詩語來表達各自的主張。如臨濟義玄與弟子涿州紙衣和尚的一段對話：

（紙衣和尚）初問臨濟：「如何是奪人不奪境？」臨濟曰：「春煦發生鋪地錦，嬰孩垂髮白如絲。」師曰：「如何是奪境不奪人？」曰：「王令已行天下遍，將軍塞外絕煙塵。」師曰：「如何是人境俱不奪？」曰：「王登寶殿，野老謳歌。」師曰：「如何是人境俱奪？」曰：「並汾已信，獨處一方。」師於言下領旨。[683]

---

[681]　《景德傳燈錄》卷一三〈汝州風穴延昭禪師〉，《正》第 51 卷第 302 頁下。
[682]　《景德傳燈錄》卷一六〈洛京韶山寰普禪師〉，《正》第 51 卷第 333 頁上。
[683]　《景德傳燈錄》卷一二〈涿州紙衣和尚〉，《正》第 51 卷第 295 頁下－296 頁上。

第四節 禪偈的衍變—宗綱頌、頌古偈等

所謂奪境、奪人，是指破除對於人我和法我的執著，這裡指示禪解全用詩語說明。臨濟所說「春煦」句形容春光爛漫，草木萌發，是「不奪境」；「嬰兒」句說小兒髮白如絲，未老先衰，是「奪人」，等等。這就是後來所說的「四料簡」。曹洞宗有所謂「五位君臣」之說，說明時也常常利用詩語。

這一類問答，意在樹立自宗宗旨。後來作為各宗綱領的公式形成，解說「宗綱」的偈頌也就被創作出來。它們採取組詩的形式，大量出現於五代、北宋時期，這也是「五家七宗」定型的時期。如佛鑑惠勤「四料簡」：

甕頭酒熟人皆醉，林上煙濃花正紅。夜半無燈香閣靜，垂在月明中。（奪人不奪境）

鶯逢春暖歌聲滑，人遇時平笑臉開。幾片落花隨水去，一聲長笛出雲來。（奪境不奪人）

堂堂意氣走雷霆，凜凜威風掬霜雪。將軍令下斬荊蠻，神劍一揮千里血。（人境俱奪）

聖朝天子坐明堂，四海生靈盡安枕。風流少年倒金樽，滿院桃花紅似錦。（人境俱不奪）

總頌：千溪萬壑歸滄海，四塞八蠻朝帝都。凡聖從來無二路，莫將狂見逐多途。[684]

像這樣的偈頌，所寫的是詩的意境，禪意完全經由暗示、聯想展現出來。

「以詩明禪」的另一種格式，也是偈頌的新體裁，是「頌古」。由於禪門中祖師傳燈統緒確立，先賢的言句、行為以至佛門中掌故等等就成為後學參學的資料。所謂「頌古」，就是捻出古德的言行，加以評唱，藉以表

---

[684] 《人天眼目》卷一；括弧文字為筆者所加，《正》第 28 卷第 301 頁中。

第六章　唐宋的禪文學

達禪解。這類偈頌在晚唐已經出現。如馬祖弟子石鞏接待大顛弟子三平義忠有一則公案：三平到石鞏處參學，石鞏卻架起弓箭，叫道：「看箭。」三平擘開胸受；石鞏拋下弓箭云：「三十年在者裡，今日射得半個聖人。」三平住持後云：「登時將謂得便宜，如今看卻輸便宜。」[685]後來羅山道閒法嗣灌州靈巖頌云：

解擘當胸箭，因何只半人。為從途路曉，所以不全身。[686]

石鞏射出一箭，意謂要奪取對方性命，即斬斷他的凡情；三平明白他的用意，擘胸接受。但在石鞏看來，三平這個行動表示他仍存有知解，雖悟卻不透澈，因此只能算是半個聖人。靈巖所頌也是這個意思。

這種取古德為題材加以歌頌的寫法，顯然受到中唐以來詩壇上「詠古」、「懷古」詩發達的影響。而禪門的「頌古」是為了明禪解，和詠古、懷古詩比較起來，更能展現偈頌的「象徵」特色。

第一位大量寫作頌古詩偈的是北宋初年的汾陽善昭。他少而習儒，「願力勇猛，學解淹博」[687]。弟子慈明楚圓編輯語錄為三卷傳世。中卷是頌古一百首和「代別」二百條，下卷是詩、歌、偈、頌。他是當時具有代表性的禪文學家，頌古體在他的手中定型。下面是兩則：

二祖問達摩：「請師安心。」摩云：「將心來，與汝安。」祖云：「覓心了不可得。」摩云：「與汝安心竟。」九年面壁待當機，立雪齊腰未展眉。恭敬願安心地法，覓心無得始無疑。

僧問趙州：「如何是祖師西來意？」州云：「庭前柏樹子。」云：「和尚莫將境示人？」云：「我不將境示汝。」云：「如何是祖師西來意？」云：「庭前柏樹子。」

---

[685]　《祖堂集》卷一四〈石鞏和尚〉，第 533 頁。
[686]　《景德傳燈錄》卷二三〈灌州靈巖和尚〉，《正》第 51 卷第 393 頁下。
[687]　楊億〈汾陽無德禪師語錄序〉，《汾陽無德禪師語錄》卷首，《續藏經》本。

第四節　禪偈的衍變—宗綱頌、頌古偈等

庭前柏樹地中生，不假犛牛嶺上耕。正示西來千種路，鬱密稠林是眼睛。[688]

這裡前一則是達摩與慧可安心公案，「九年面壁」和「立雪齊腰」是禪史所傳二人著名事蹟，詩頌的意思是明顯的。後一則是趙州從諗公案，「祖師西來意」是禪門著名話頭，趙州看似答非所問，大概意思是禪如庭前柏樹，自然長成，不靠耕耘扶植，即不需馳求；最後一句的「眼睛」指「頂門眼」：傳說摩醯首羅天有三眼，其頂門一隻豎眼超於常眼，偈中喻見道之特識。汾陽的一百則頌的都是禪門著名公案，從中可以看出當時禪林公案流行的具體情形。兩個例子代表他的風格：表達比較質樸直率，內容也較淺顯，易於揣摩。

進一步發展頌古一體的是造成所謂「雲門中興」的雪竇重顯。他是雲門三世智門光祚法嗣，早年遊方，後住明州雪竇山資聖寺，是一代著名禪匠，卒諡「明覺大師」。他著述甚富，有《頌古百則》、《祖英集》和《語錄》等多種。雲門宗風險峻高古，有所謂「涵蓋乾坤」、「截斷眾流」、「隨波逐浪」等雲門三種句，追求以簡潔含蓄的言句顯示大機大用。他的頌古正展現了這種風格。其題材更加開闊，除了禪宗公案外，還有取自《維摩》、《金剛》、《楞嚴》等流行經典的內容。取自公案的，關於雲門文偃的十四則，趙州從諗的十一則，其次是百丈懷海四則，馬祖道一、雪峰義存、南泉普願各三則，大多是晚唐禪門流行故事。以雲門為多，因為他本是雲門宗人。他的頌古更講究語言修辭和表現技巧，象徵意味也更為濃厚。

雪竇頌古流傳禪林，到北宋末，有楊岐派的圜悟克勤，他宿習儒業，博通能文，廣參東林常總、黃龍晦堂等人，在五祖法演門下得法。徽宗政和中，在荊州遇到著名官僚居士張商英，經其勸請，對雪竇頌古加以評唱，門人記之。因為書成於夾山靈泉院，取夾山善會「猿銜花落碧巖

---

[688]　《汾陽無德禪師語錄》卷中，《續藏經》本。

第六章　唐宋的禪文學

前」句意,名其書為《碧巖錄》。書的體例是在雪竇頌古的每一則公案和偈頌前加「垂示」,引錄公案和頌詩中間夾批「著語」,然後加上評唱以為解說。雪竇頌古借《碧巖錄》而更廣泛地流行。下面是一則簡單的例子(黑體字是公案,楷體是頌古,小字分別是垂示和著語,評唱省略)。

第七則:

舉:僧問法眼:道什麼擔枷過狀。**「慧超諮和尚,如何是佛?」**道什麼,眼睛突出。**法眼道:「汝是慧超。」**依模脫出,鐵餕餡,就身打劫。

江國春風吹不起,盡大地那裡得這消息,文采已彰。鷓鴣啼在深花裡。喃喃何用,又被風吹別調中,豈有恁麼事。三級浪高魚化龍,通這一路,莫謾大眾好,踏著龍頭。痴人猶戽夜塘水。扶犁摸壁,挨門傍戶,衲僧有什麼用處,守株待兔。[689]

《碧巖錄》是為弟子提唱制作的,即是講解公案的紀錄。以後同類的書續有撰作。如曹洞宗的投子義青、丹霞子淳、宏智正覺等均有《頌古百則》之作,其後分別有人模仿《碧巖錄》加以提唱。如南宋末萬松行秀提唱正覺《頌古》而為《萬松老人評唱天童覺和尚頌古從容庵錄》(《從容錄》),元代行秀弟子林泉從倫評唱子淳《頌古》而為《林泉老人評唱丹霞淳禪師頌古虛堂集》(《虛堂集》),又評唱義青《頌古》而為《林泉老人評唱投子青和尚頌古空谷集》(《空谷集》)等。但既說公案,再就公案作頌古,已落入文字障;對頌古再加解說,則又加上一層文字障。這就與禪「不立文字」的精神大相逕庭了。這一類書的某些機鋒俊語和詩情畫意的表現為喜好禪籍的人提供了文字參考,但一般說來,對文壇的影響是有限的。這也是因為禪宗的鮮活生命力已消失殆盡,這些書從內容到形式也都嚴重地形式化了。南宋淳熙二年(西元1175年),法應寶鑑編頌古總集《禪宗頌古聯珠通集》四十卷,收宗師112人,公案325則,頌2,100餘首。

---

[689]　《碧巖錄》卷一,《正》第48卷第147頁上—下。

元魯庵普泰加以增集，公案達493則，頌3,050首。到清代，集雲堂性音編《宗鑑法林》七十三卷，集拈頌之大成，收公案2,564則，頌詩近萬。這些書都進入禪宗十分龐大的文字累積之中，文獻意義之外，已沒有多大價值了。

第五節　禪史、燈錄和語錄

　　禪語錄和禪史、燈錄是另一大類禪文學作品。尤其是語錄，在散文史上具有值得注意的成就。胡適曾說：「六朝以下，律師宣律，禪師談禪，都傾向白話的講說；到禪宗大師的白話語錄出來，散文的文學上遂開一生面了。」[690]

　　早期禪宗「藉教悟宗」，無論是內容還是方法，都與傳統教法緊密相關。如注重對《楞伽經》、《金剛經》等經典的研習和詮釋，著論（如各種《達摩論》）來闡發禪理等。但隨著「不立文字，教外別傳」的觀念越加明晰，禪的表達方式也全盤翻新。於是偈頌被大量創作出來，另一種就是散文體的禪史、燈錄和語錄。

　　禪史和燈錄是屬於僧史一類的歷史書。禪史隨著祖統的形成而撰集，記錄的是歷代祖師的行跡、言論；由禪史逐漸演變出燈錄，主要記述歷代禪德傳承的統緒、「傳燈」的言句，大量公案、話頭、偈頌就記載在其中。由於是宗門文獻，後輩弟子要對祖師或先德加以美化、神化，所述事蹟和言句必然有相當多的創造成分。尤其是有些禪師行跡多有不明之處，就更為後人留下了想像餘地。另外從撰集禪史和燈錄的目的來看，主要不在寫出信史，而是透過對歷代禪德的記述來表達禪解。從這個意義上來說，它

---

[690]　胡適《白話文學史》（上）第十章〈佛教的翻譯文學〉（下），上海古籍出版社，1999年，第131頁。

第六章　唐宋的禪文學

們與其說是史書，不如說是禪門的創作。其中表現的人物在相當程度上是憑想像創造的藝術形象。當然就具體作品而言，其真實成分多寡是不同的。大致上說來，越是涉及早期的記載，虛構的成分就更多一些。

南宋時期編撰的《五燈會元》中有二祖慧可嗣法的完整故事：

……時有僧神光者，曠達之士也。久居伊、洛，博覽群書，善談玄理。每嘆曰：「孔、老之教，禮術風規；《莊》、《易》之書，未盡妙理。近聞達摩大士住止少林，至人不遙，當造玄境。」乃往彼，晨夕參承。祖常端坐面壁，莫聞誨勵。光自唯曰：「昔人求道，敲骨取髓，刺血濟飢，布髮掩泥，投崖飼虎。古尚若此，我又何人？」其年十二月九日夜，天大雨雪。光堅立不動，遲明，積雪過膝。祖憫而問曰：「汝久立雪中，當求何事？」光悲淚曰：「唯願和尚慈悲，開甘露門，廣度群品。」祖曰：「諸佛無上妙道，曠劫精勤，難行能行，非忍而忍。豈以小德小智，輕心慢心，欲冀真乘，徒勞勤苦。」光聞祖誨勵，潛取利刀，自斷左臂，置於祖前。祖知是法器，乃曰：「諸佛最初求道，為法忘形；汝今斷臂吾前，求亦可在。」祖遂與易名曰「慧可」。可曰：「諸佛法印，可得聞乎？」祖曰：「諸佛法印，匪從人得。」可曰：「我心未寧，乞師與安。」祖曰：「將心來，與汝安。」可良久曰：「覓心了不可得。」祖曰：「我與汝安心竟。」……[691]

這是安插在達摩傳裡的傳法因緣，經由立雪、斷臂、易名、安心四個情節，塑造了慧可堅忍不拔、捨身求法的祖師形象。但在最早完整記述達摩故事的道宣《續高僧傳》中描寫慧可，說「年登四十，遇天竺沙門菩提達摩遊化嵩、洛。可懷寶知道，一見恰之，奉以為師」等，並無「立雪」事，只是有那禪師弟子慧滿居洛陽南會善寺「四邊五尺許雪自聚集，不可測也」；而關於「斷臂」則是「遭賊斫臂，以法御心」[692]，而非自斷其臂。道宣又寫到慧可後來「埋形河」、「縱容順俗」，對他求法的堅定性似有微

---

[691]　《五燈會元》卷一〈東土祖師〉，蘇淵雷點校，中華書局，1984年，第1冊第44頁。
[692]　《續高僧傳》卷一六〈慧可傳〉，《正》第51卷第552頁上－中。

第五節　禪史、燈錄和語錄

詞。在開元初編成的杜朏《傳法寶記》裡有簡單的斷臂故事，而無立雪事。到《楞伽師資記》，才有慧可自述：「吾未發心時，截一臂，從初夜雪中立，直至三更，不覺雪過於膝，以求無上道。」[693] 但這裡卻又沒有說明為什麼斷臂。直到大曆末年的《歷代法寶記》，故事的線索才清楚了：「初事大師，前立，其夜大雪，至腰不移。大師曰：『夫求法不貪軀命。』遂截一臂，乃流白乳……」[694] 從這些資材可以看出慧可形象的形成過程：人物是經過想像、加工而逐步完整、生動起來的。

達摩形象的情況也同樣如此。現存典籍裡最早記載達摩的是北魏楊衒之的《洛陽伽藍記》和道宣《續高僧傳》卷十六〈達摩傳〉，二者記述大不相同。這表示到初唐達摩已是真相相當朦朧的人物。後來流傳禪門的達摩故事，如他於普通年間來梁、梁武問法、一葦渡江、少林面壁、付法說偈、隻履西歸等充滿傳奇色彩的「事蹟」，實際上是經過唐、五代數百年間一代代禪門中人創造出來的。所以從一定意義說，不是達摩創造了禪宗，而是禪宗創造了達摩。就禪史而言，祖師形象的形成反映了宗門發展的過程；就禪文學而言，這也是文學典型被創造的過程。

早期禪史現存者有敦煌寫本、北宗學人杜朏所撰《傳法寶記》、淨覺所撰《楞伽師資記》和屬於保唐宗的《歷代法寶記》等；到宋代還有慧洪所撰《禪林僧寶傳》三十卷、石室祖琇所撰《僧寶正續傳》七卷等。

在南宗禪的發展中，形成了主要是記述禪宿言行的新的著述形式——語錄。

六祖慧能的《壇經》是祖師個人說法的記載。被胡適定名為《神會錄》的神會著作，如〈南陽和尚頓教解脫禪門直了性壇語〉、〈菩提達摩南宗定是非論〉也同樣；而〈南陽和尚問答雜徵義〉則已是有問有答的語錄。典型意義的語錄普及於中唐以後開放的禪門風氣之中，表達方式不但和中土諸

---

[693]　（日）柳田聖山編《禪語錄》2〈初期の禪史Ⅰ楞伽師資記〉，築摩書房，1985年，第162頁。
[694]　（日）柳田聖山編《禪語錄》3〈初期の禪史Ⅱ歷代法寶記〉，築摩書房，1984年，第77頁。

第六章　唐宋的禪文學

子百家的語錄不同,也和神會的作品不同。當時禪宗已確立「教外別傳」的格局,禪門師資教學也形成了全新的方式。學人們遊方參訪,來往於禪宿門下。師資間扣問商量,相互探詢禪解高下。為了不落言詮,問答之間,就要破除常識情解,使用機鋒俊語。在上堂、示法制度形成以後,禪宿的言句更成了學人研習的對象。如此等等,累積下一大批風格特殊的言句。把這些言句記錄下來,就是禪宗的「語錄」。

當時石頭一系重偈頌,馬祖一系則特重言句,現存最初的語錄也是馬祖的。不過當初不叫「語錄」,而叫「語」、「語本」、「廣語」等等。有記載說「自大寂禪師去世,常病好事者錄其語本,不能遺筌領意」[695],表示後人採錄的馬祖語錄還不止一種。馬祖弟子一輩如南泉普願、大珠慧海、居士龐蘊等也均留有語錄,應是較忠實地保留著原來面貌。到晚唐,禪林間各種「冊子」已流傳很廣。但在眾口流傳之中,不會定型。現在所能見到的晚唐語錄只有《鎮州臨濟慧照禪師語錄》是唐慧然編輯起來的,其他都是入宋以後甚至更後來編寫的。宋代以後的語錄則多是有意的創作了。

如上所述,許多禪師都是具有高度文化素養之人,而禪門又有其獨特的思想觀念和教學方法,再經過一代代傳承累積,談禪「言句」的技巧得以不斷提高,並形成了一定的規範和特色,就是從表達藝術上來看也達到了相當高的水準。晁公武評論說:

> ……五宗學徒,遍於海內,迄今數百年,臨濟、雲門、洞下日益愈盛,嘗考其世,皆出於唐末五代兵戈極亂之際。意者亂世聰明賢豪之士,無所施其能,故憤世嫉邪,長往不返。而其名言至行,譬猶聯珠疊璧,雖山淵之高深,終不能掩覆其光彩,而必輝於外業。故人得而著之竹帛,罔有遺軼焉。[696]

---

[695]　《祖堂集》卷一五〈東寺和尚〉,第 569 頁。
[696]　《郡齋讀書志》卷一六,《中國歷代書目叢刊》,現代出版社,1987 年,第一輯下冊第 717 頁。

第五節　禪史、燈錄和語錄

　　語錄和禪史相結合,形成獨特的禪宗史書——「燈錄」。這是依照禪門傳法統緒所作的記載,內容以禪宿的言句和偈頌為主。因此這也是綜合性的禪文獻。唐智炬的《寶林傳》十卷(佚存六卷),據考寫作於德宗建中年間,記載西土二十八祖和東土六祖等人行事、言論,已具有燈錄格局。五代南唐泉州招慶寺靜、筠二禪師於保大十年(西元952年)編著的《祖堂集》二十卷,內容包括釋迦牟尼、迦葉到唐末、五代凡二百四十六位(另有著錄名字的六位)祖師的事蹟、言句。該書於二十世紀初在韓國海印寺被發現,是現存第一部完整詳實的燈錄。歷來受到重視的是北宋真宗景德元年(西元1004年)道原所編《景德傳燈錄》三十卷。這一部書是在廣取前人成果的基礎上編寫的,敘述禪宗世系五十二世,一千七百零一人事蹟,附錄有言句的九百五十一人,並附有神會、慧忠至法眼文益等人的語錄和輯錄的一批詩、頌、歌、讚等。這一部書本是受朝命編撰,有著名文人楊億等參與撰寫,辭章文采相當講究,但卻在相當大的程度上失去了對答商量中使用口語的原貌。在這一方面《祖堂集》展現出更高的價值。《景德錄》流行以後,續有李遵勖撰《天聖廣燈錄》、惟白撰《建中靖國續燈錄》、南宋悟明撰《聯燈會要》、正受撰《嘉泰普燈錄》,各三十卷。鑒於上述五燈多有重複,普濟於理宗淳祐十二年(西元1252年)加以刪繁就簡,博貫綜要,合五燈為一,成《五燈會元》二十卷,是為後來最為流行的燈錄書。以後同類著作續有撰著。但因為禪宗本身的發展已經式微,後人所作徒增篇幅,已沒有更大的價值。流行較廣的有明瞿汝稷撰《水月齋指月錄》三十九卷和朱時恩撰《居士分燈錄》二卷等。

　　禪史、語錄、燈錄體制不同,但其重在記錄祖師言句的特點則一致。從發展狀況來看,不同時期著述表現形態是不一致的。大致說來,中唐以前,即洪州、石頭所代表的南宗禪極盛以前,寫法比較質樸,還是多作正面的陳述。洪州、石頭之後到晚唐、五代,參問請益之風盛行,學人往來憧憧,朝參昔聚,激揚宗要;禪門間形成派系,相互爭勝;禪客較量禪解,

第六章　唐宋的禪文學

互鬥機鋒。這是禪門學風十分活潑、富於創造力的時代。師弟子間對答商量，相互測度，相互爭勝，努力勝出對方。入宋以後，禪門則嚴重地貴族化，禪的表現也逐漸形式化。雖然仍流行貌似前人的機鋒語句，但多已徒具形骸，失去了活潑的創造精神。以後佛門中幾乎人人有語錄，動輒數十卷，大多只是徒災梨棗而已。

從禪文學角度來看，禪史、語錄和燈錄是獨特的白話散文。其中的優秀之作藝術上具有鮮明特徵，獲得了相當高的成就，在散文發展史上造成了深遠影響。總括這三種體裁的作品，成就主要表現在如下三個方面：

首先，這些文獻描繪出一系列生動的人物形象。自詡為「教外別傳」的禪宗，尤其是南宗禪本是以傳統佛教的改革者、甚至是叛逆者的面目出現的。中唐到北宋初這二百餘年間，是禪思想新見迭出、十分自由活潑的時期。禪門中多有才智過人、個性鮮明的人物。他們身上不只表現出作為求道者、傳道者的熱忱和堅定，其卓越人物的性格更普遍具有兩個特點：一是創新的、叛逆的個性，不為傳統所拘，具有大膽懷疑精神，行動上多有驚世駭俗之舉；再是他們多具有濃厚的藝術氣質，言語行動間表現出強烈的藝術情趣。因此，把他們描寫出來，就形成一批鮮明、生動的藝術形象。如臨濟義玄的一段示眾：

問：「如何是心心不異處？」師云：「爾擬問早異了也……乃至三乘十二分教皆是拭不淨故紙，佛是幻化身，祖是老比丘。爾還是娘生已否？爾若求佛，即是被佛攝；爾若求祖，即被祖魔縛。爾若有求皆苦，不如無事……道流，真佛無形，真法無相。你祇麼幻化上頭作模作樣，設求得者，皆是野狐精魅，並不是真佛，是外道見解。夫如真學道人，並不取佛，不取菩薩、羅漢，不取三界殊勝，迥然獨脫，不與物拘。乾坤倒覆，我更不疑。十方諸佛現前，無一念心喜；三途地獄頓現，無一念心怖……道流，爾欲得如法見解，但莫受人惑。向裡向外，逢著便殺：逢佛殺佛，

292

第五節　禪史、燈錄和語錄

逢祖殺祖，逢羅漢殺羅漢，逢父母殺父母，逢親眷殺親眷，始得解脫，不與物拘，透脫自在……」[697]

以上只節錄示眾的一段，全文三千餘字，大膽激烈，雄辯滔滔，展現了南宗慢教破相一派批判懷疑、訶佛罵祖的精神。在這樣的文字裡，臨濟鮮明的叛逆個性被清晰地呈現出來。再看馬祖弟子丹霞天然的行跡：

鄧州丹霞天然禪師……才見馬大師，以手托幞頭額。馬顧視良久，曰：「南嶽石頭是汝師也。」遽抵南嶽，還已前意投之。石頭曰：「著槽廠去。」師禮謝入行者房，隨次執爨役，凡三季。忽一日，石頭告眾曰：「來日剷佛殿前草。」至來日，大眾諸童行各備鍬钁剷草。獨師以盆盛水淨頭，於和尚前胡跪。石頭見而笑之，便與剃髮，又為說戒。法師乃掩耳而出，便往江西，再謁馬師。為參禮，便入僧堂內，騎聖僧頸而座。時大眾驚愕，遽報馬師。馬躬入堂視之，曰：「我子天然。」師即下地禮拜曰：「謝師賜法號。」因名天然……唐元和中，至洛京龍門香山，與伏牛和尚為莫逆之友。後於慧林寺遇天大寒，師取木佛焚之。人或譏之。師曰：「我燒取舍利。」人曰：「木頭何有？」師曰：「若爾者，何責我乎？」……[698]

天然這些奇特詭異的言語、行動，不但表現其思致的機敏、見解的深刻，更突顯出他滿懷自信、蔑視傳統、勇於挑戰權威的性格。

禪史、語錄、燈錄中描寫的人物形象具有相當大的藝術創造成分。如聰慧機敏、活潑大膽的馬祖道一，機智深沉、綿密親切的石頭希遷，機鋒峻峭、恃才佯狂的德山宣鑑，還有這裡說到的丹霞天然、臨濟義玄等等，都具有鮮明的個性，不僅展現出一定的典型意義，更顯現出特殊的藝術魅力。這些形象被廣泛傳頌，它們被歷代文人所認識和親近，它們展現的性格和觀念，它們的表現方法，都為後人的思想和藝術方面提供了參照。

---

[697]　《鎮州臨濟慧照禪師語錄》，《古尊宿語錄》卷四。
[698]　《景德傳燈錄》卷一四〈鄧州丹霞天然禪師〉，《正》第 51 卷第 310 頁中－下。

第六章　唐宋的禪文學

　　禪史、語錄、燈錄作為文學散文的另一個鮮明特色和傑出成就表現在語言運用上。如上所說，問答商量不但是禪宗學人請益的主要途徑，也是宣揚禪解的主要手段。往往因為一句機鋒俊語就被確定為宗統繼承人，確立起在禪林中的地位。著名的言句流傳禪林，成為學人研習的「教材」。因此，講究言句就成了宗門的重要技術。禪文獻記載下的那些言句，則可作為後學的典範。

　　朱自清說：「……禪家卻最能夠活用語言。正像道家以及後來的清談家一樣，他們都否定語言，可是都能識得語言的彈性，把握著，運用著，達成他們的活潑無礙的說教。」[699]禪林師弟子們問話駁難，如臨大敵，努力在禪語的機巧上壓倒對方。值得注意的是，禪門的師弟子間是平等關係，這就決定了禪家的語錄和儒家的語錄如《論語》、《孟子》等等口吻語氣大不相同，也和漢魏以來「載昔人一時問答之辭，或設客難以著其意」[700]的「問對」體文章不同。又禪宿和參訪學人對談時，無論是提問還是答話，又力求不落窠臼，不循舊轍，靈活多變，花樣翻新，這就是所謂「參活句」。馬祖對弟子說「石頭路滑」，就是指石頭希遷善於使用模稜兩可的曖昧言句，使前來參訪的學人顛墜失利。這實際上也是一時禪宿的共同風格。而且越是到後來，這種方法越加發展，所謂「繞路說禪」，成了表達禪解的普遍形式。禪門對答，消極方面要避免承言者喪，滯句者迷；積極方面則要求創造出靈活的言句——活句。從而禪林間歸納出所謂「透法身句」、「臨機一句」、「蓋天括地句」、「絕滲漏底句」、「提宗一句」、「直示一句」、「當鋒一句」、「為人一句」等等，也就是要所謂「死蛇弄活」，「活潑潑的」。早期的對談大致上意義還算分明，雖然往往故意答非所問，但整體說來還比較質樸。如馬祖弟子大珠慧海：

---

[699]　朱自清〈禪家的語言〉，《朱自清古典文學論文集》上冊，上海古籍出版社，1987年，第141頁。
[700]　吳訥《文章辨體·序說》，於北山點校，人民文學出版社，1982年。

第五節 禪史、燈錄和語錄

有源律師來問:「和尚修道,還用功否?」師曰:「用功。」曰:「如何用功?」師曰:「飢來吃飯,困來即眠。」曰:「一切人總如是,同師用功否?」師曰:「不同。」曰:「何故不同?」師曰:「他吃飯時不肯吃飯,百種須索;睡時不肯睡,千般計校,所以不同也。」律師杜口。[701]

而越是到後來,不但答話力求超絕,問話也常常奇突難解了。如南泉弟子趙州從諗:

問:「如何是祖師西來意?」師云:「庭前柏樹子。」僧云:「和尚莫將境示人。」師云:「我不將境示人。」僧云:「如何是祖師西來意?」師云:「庭前柏樹子。」

師問僧:「還曾到這裡麼?」云:「曾到這裡。」師云:「吃茶去!」師云:「還曾到這裡麼?」對云:「不曾到這裡。」師云:「吃茶去!」又問僧:「還曾到這裡麼?」對云:「和尚問作什摩?」師云:「吃茶去!」[702]

這是《祖堂集》的記載,後來有更離奇的對話:

問:「承聞和尚親見南泉,是否?」師曰:「鎮州出大蘿蔔頭。」

問:「萬法歸一,一歸何所?」師曰:「老僧在青州作得一領布衫重七斤。」[703]

著名禪宿這一類莫名所以或模稜兩可的話流傳禪林,成為學人參悟的話頭,也成為前面討論過的頌古題材。其中當然有故弄玄虛或東施效顰的意味,但問答中表現的思致的機敏、見識的超絕以及使用象徵、暗示、聯想等修辭手法的獨創與嫻熟,都顯示出語言運用的創造性。梁啟超說:

自禪宗語錄興,宋儒效焉,實為中國文學界一大革命。然此殆可謂為翻譯文學之直接產物也。蓋世尊只是說法,並無著書,其說法又皆用

---

[701] 《景德傳燈錄》卷六〈越州大珠慧海禪師〉,《正》第 51 卷第 247 頁下。
[702] 《祖堂集》卷一八〈趙州和尚〉,第 661、663 頁。
[703] 《五燈會元》卷四〈趙州從諗禪師〉,上冊第 200、205 頁。

第六章　唐宋的禪文學

「蘇漫多」。弟子後學汲其流，即皆以喻俗之辯才為尚。入中國後，翻譯經典，雖力謝雕飾，然猶未敢徑廢雅言。禪宗之教，既以大刀闊斧，抉破塵藩，即其現於文字者，亦以極大膽的態度，調臂遊行，故純粹的「語體文」完全成立。然其動機實導自翻譯。[704]

胡適當年提倡白話文，高度評價禪門語錄的價值，他說：

這種白話，無論從思想上看或從文字上看，都是古今來絕妙的文章。我們看了這種文章，再去看韓愈一派的古文，便好像看了一個活美人之後再去看一個木雕美人了。這種真實的價值，久而久之，自然總有人賞識。後來這種體裁成為講學的正體，並不是因為儒家有意模仿禪宗，只是因為儒家抵抗不住這種文體的真價值。[705]

禪語展現了一種舒捲自如、殺活無方、趨奇走險、大膽潑辣的文風，無論是其思考方式，還是語言運用，都獲得了特殊的成就，因而也被許多文人欣賞、效法和汲取。

再一方面是禪文獻中口語、俗語的使用。祖師作為宗教偶像，其言談要保持本來面貌，又要有意避開經典的陳舊語言和經過修飾的文言，因此記錄下來，就要盡可能傳達其聲情口吻。因此，禪文獻就更多地保存了中古漢語口語、俗語資料，無論在文學史上還是在語言史上都具有不可替代、不可估量的價值。當然如前所述，後出的資料或者經過修飾、加工，或者作者本人講究辭藻文章，在不同程度上已改變了口語的本來面目。

近人劉師培是從批判角度評論語錄：

若六朝之時，禪學輸入，名賢辯難，間逞機鋒，超以象外，不落言詮，善得言外之旨，然此亦屬於語言。而語錄之文，蓋出於此。且所言不外日用事物，與辭旨深遠者不同。其始也，講學家口述其詞，弟子欲肖其

---

[704] 梁啟超《佛學研究十八篇》，〈翻譯文學與佛典〉，臺灣中華書局，1976 年，第 29 頁。
[705] 胡適〈禪宗的白話散文〉，《國語月刊》第 1 卷第 4 期，1922 年。

第五節　禪史、燈錄和語錄

口吻之真，乃以俗語筆之書，以示徵實。至於明代，凡自著書者，亦以語錄之體行之，而書牘序記之文，雜以俚語。觀其體制，與近世演說之稿同科，豈得列之為文哉！[706]

　　劉師培是古文家，新「文筆論」的倡導者，因此從文體立論，乾脆不承認語錄為「文」。但這一段話中所說的現象，正說明了禪宗語錄作為新文體的巨大影響。在中國文學史上，言與文、口語和書面語言一直存在對立，並關係到藝術表現的諸多重要問題。先秦兩漢的諸子散文和史傳、唐宋「古文」，還有樂府詩、唐詩、宋詞、元曲等等重大藝術成就，都和其語言不同程度地更貼近口語、從民間吸收語言養分有直接關係。禪文獻包括前面討論過的禪詩、偈頌，作為通俗的口語作品，不僅包含著大量的新鮮詞語、句式、修辭方式，更展現一種全新的文字表現風格，對於推動當時和以後文學創作在語言、表現方法和文體等方面的創造與革新都發揮了巨大的作用。禪宗在這一方面的貢獻也是很顯著的。

---

[706]　劉師培〈論近世文學之變遷〉，舒蕪等編《中國近代文論選》，人民文學出版社，1981年，下冊第579頁。

第六章　唐宋的禪文學

第七章

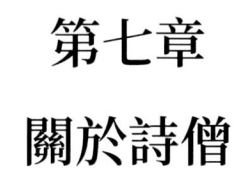

關於詩僧

第七章　關於詩僧

第一節　詩僧與禪宗

　　東晉以降，儒、釋交流成為風氣，一批士大夫棲身佛門，僧眾的教育程度也大幅提高，南北朝僧侶中多有能詩善文者。聲名卓著並留有文集的，即有支遁、慧遠、湯惠休、惠琳等人。到唐代，更有一批才華卓著的「詩僧」出現。他們以獨具特色的詩歌創作豐富了詩壇，其行為和作風更影響一代僧團和文壇風氣。

　　劉禹錫在〈澈上人文集紀〉中說：

世之言詩僧多出江左。靈一導其源，護國襲之；清江揚其波，法振沿之。如么弦孤韻，瞥入人耳，非大樂之音。獨吳興晝公能備眾體。晝公後，澈公承之。至如〈芙蓉園新寺詩〉云：「經來白馬寺，僧到赤烏年。」〈謫汀州〉云：「青蠅為弔客，黃犬寄家書。」可謂入作者閫域，豈獨雄於詩僧間邪！[707]

　　這一段話概括了中唐時期自靈一到靈澈等主要活動在江左的詩僧的情況。這也是真正意義上的「詩僧」活動的開始。

　　雖然以前能詩的僧人不少，但嚴格意義上的「詩僧」應是到中唐才出現的。被稱為「詩僧」，不僅因為這些人能詩，更重要的是他們在佛教發展的特殊情況下被培養出來，具有獨特的活動方式，呈現出特殊的創作風格，獲得了特殊的成就。白居易〈題道宗上人十韻詩序〉說：

……予始知上人之文為義作，為法作，為方便智作，為解脫性作，不為詩而作也。知上人者云爾。恐不知上人者，謂為護國、法振、靈一、皎然之徒與？[708]

---

[707]　卞孝萱校訂《劉禹錫集》卷一九，中華書局，1990 年，上冊第 240 頁。
[708]　朱金城《白居易集箋校》卷二一，上海古籍出版社，1988 年，第 3 冊第 1,445 頁。

第一節　詩僧與禪宗

這裡點出寫詩的僧侶有兩種基本類型。白居易意在表揚道宗，所以強調對方為宣揚佛法而作詩；相對應地則把護國等四人劃歸另一類，指出其作品是「為詩而作」。這實際上正是護國等後起詩僧與支遁、慧遠以至道宗等善詩文的僧人的區別。除了個別例外，這些人對於佛教義學不感興趣，也不重修持，對於佛法的發揮也沒做出什麼努力。錢鍾書指出：「僧以詩名，若齊己、貫休、惠崇、道潛、惠洪等，有風月情，無蔬筍氣；貌為緇流，實非禪子，使蓄髮加巾，則與返初服之無本（賈島）、清塞（周朴）、惠銛（葛天民）輩無異。」[709] 這種人物出現並活躍一時，乃是佛教史和文學史上的新現象，反映了佛教發展中僧團結構變化的一面。

《唐才子傳》裡記載詩僧中「喬松於灌莽，野鶴於雞群者」八人：靈一、靈澈、皎然、清塞、無可、虛中、齊己、貫休，並說「皆東南產秀，共出一時」[710]，即全都出於江左。其中前四位就是前面劉禹錫舉出的。被他讚揚「導其源」的靈一卒於寶應元年（西元 762 年）；而靈澈卒於元和十一年（西元 816 年）。這大約是「安史之亂」後半個世紀的時期。無可的活動年代更靠後，直到文宗朝（西元 827 － 840 年）。虛中、齊己和貫休則屬於晚唐、五代了。所謂「江左」，指長江下游江南地方，即潤州（今江蘇鎮江市）、常州（今江蘇常州市）、蘇州（今江蘇蘇州市）、湖州（今浙江湖州市）、杭州（今浙江杭州市）、越州（今浙江紹興市）、台州（今浙江臨海市）一帶。「安史」亂後，一批詩僧活躍於這一帶。他們開創的風氣被延續下來，直到五代、北宋，這裡仍是詩僧十分活躍的地區。

詩僧在這一段時期出現於「江左」，有其社會和教團內部的具體條件。「安史」動亂，中原凋敝，江左基本上保持安定，亂後更成為中原財賦仰賴之地。從而那裡的經濟、文化得以發展，有大批文人聚集。有些人是為

---

[709]　錢鍾書《談藝錄》（修訂本），中華書局，1984 年，第 226 頁。
[710]　傅璇琮主編《唐才子傳校箋》，中華書局，1987 年，第 1 冊第 534 頁。

第七章　關於詩僧

了躲避戰亂而流寓；另一些人則把那裡當作營生或棲身之地；再是由於朝廷倚重江左財賦，多派遣有政能文才的能臣幹吏出任地方官，他們之中不少人結納文士，倡導詩文，等等。僅從代、德、順、憲、穆、敬、文七朝被稱為「中唐」的近八十年（西元 763 — 840 年）來看，在江左各州任刺史的著名文人即有（按到任時間先後為序）李棲筠、顏真卿、獨孤及、韋應物、韋夏卿、孟簡、錢徽、李德裕、白居易、元稹、韓泰、劉禹錫、李紳、楊虞卿、姚合、李宗閔等。其中李德裕任浙西觀察史，刺史是兼職。至於沒有在江左任職而活動在那裡的文人則更多。有關上述諸人更有兩點值得提出。一是他們之中有些人在任職江左時有意識地提倡文藝。如顏真卿在湖州，廣聚「三教」能文之士，編輯大型辭書《韻海鏡源》，是當地文化界的盛事；元、白在蘇、杭、越州任刺史，以詩壇領袖身分，接納友朋，詩文唱和，大大活躍了當地詩歌創作，等等。再一點是這些人多與佛門，尤其是與禪宗有關係。這從前面所介紹的唐代文人情況可以了解。

就佛教僧團自身情況而論，當時禪宗正發展到極盛階段，而江左則是禪宗的重要中心。禪宗把繁難的修持簡化為自心體悟功夫，從而破除煩瑣戒律的束縛，並進一步打破僧、俗界限。禪師們離開僧院，走向社會，出現了孝僧、藝僧等畸形人物。而更開放的禪門也有可能吸納更多文人。這都使得禪門內部形成更興盛的寫詩作文風氣。有的文人曾出家為僧，如錢鍾書提到的賈島法名無本，周朴法名清塞；而有學識的僧人則出入官場、文壇，甚至專門以詩文寫作為務。尤其是宗門大興創作禪偈之風，更對推動詩歌創作發揮了巨大作用。

江東禪宗的牛頭一系對於發展禪林詩歌創作傳統發揮了一定作用。當初五祖弘忍弟子江寧法持傳禪法於江東，經牛頭智威到牛頭慧忠、鶴林玄素、徑山道欽，臻於極盛。牛頭宗宗義的核心是「無心」、「絕觀」，顯然較多接受了老、莊和玄學的內容，並與江東的文化傳統有密切關係。牛頭慧

第一節　詩僧與禪宗

忠（西元 638－769 年）居牛頭山，「州牧明賢，頻詣山禮謁，再請至郡，施化道俗。天寶（西元 742－756 年）初年，始出止莊嚴」[711]。莊嚴寺是金陵南朝舊寺。他著有《見性序》和《行路難》，精旨妙密，盛傳於世。《見性序》已佚；《行路難》疑即今傳署名傅大士的〈行路難〉。其弟子有繼主莊嚴寺的慧涉，《宋高僧傳》稱讚說「若考師之藝文，則草堂、廬嶽各美於當代矣」[712]。草堂指宗密，廬嶽指慧遠，都以文學知名。由此可見慧忠一門的文學氣氛。鶴林玄素（西元 668－752 年）有名於開元（西元 713－741 年）中，死後，當時的文壇領袖、也是他的俗弟子李華為作〈碑銘〉，其中記載從其受菩薩戒的有「故吏部侍郎齊澣、故刑部尚書張均、故江東採訪使潤州刺史劉日正、故廣州都督梁昇卿、故採訪使潤州刺史徐嶠、故採訪使常州刺史劉同昇、故潤州刺史韋昭理、故給事中韓延賞、故御史中丞李丹、故涇陽縣令萬齊融、禮部員外郎崔令欽，道流人望，莫盛於此」[713]。這些人都是一時名流。玄素弟子徑山法欽（西元 714－792 年），約當天寶末年開法於杭州徑山，從學者眾；大曆三年（西元 768 年），代宗召請入京，賜號國一大師。晚年回徑山，杭州刺史王顏請至龍興寺供養。《宋高僧傳》說他「在京及回浙，令僕公王、節制州邑名賢執弟子禮者，相國崔渙、裴晉公度、第五琦、陳少遊等」；死後，「刺史王顏撰碑述德，比部郎中崔元翰、湖州刺史崔玄亮、故相李吉甫、丘丹各有碑碣焉」[714]。牛頭慧忠有弟子佛窟遺則（西元 754－830 年），南遊天台，至佛窟巖而居，影響頗大。他「善屬文，始授道於鍾山，序集《融祖師文》三卷，為寶誌〈釋題〉二十四章、〈南遊傳大士遺風序〉，又無生等義，凡所著述，辭理燦然，其他歌詩數十篇，皆行於世」。由此可知，署名牛頭法融和寶

---

[711]　《宋高僧傳》卷一九〈唐昇州莊嚴寺惠忠傳〉，下冊第 495 頁。
[712]　《宋高僧傳》卷二九〈唐金陵莊嚴寺慧涉傳〉，下冊第 735 頁。
[713]　〈潤州鶴林寺故徑山大師碑銘〉，《全唐文》卷三二〇，第 3,243 頁。
[714]　《宋高僧傳》卷九〈唐杭州徑山法欽傳〉，上冊第 211－212 頁。

第七章　關於詩僧

誌、傅大士的作品，都是經他傳出的。他隱居天台的時候，「蓋薜茘、薦落葉而尸居，飲山流、飯木實而充虛。虎豹以為賓，麋鹿以為徒，兀然如枯」[715]，加之又兼善詩歌，因此有人認為他就是寒山的原型，甚或是寒山詩的作者之一。上述諸人展現了牛頭一派學人的文學氣質。他們對推動當時、當地禪林的詩頌創作發揮了相當大的作用。

唐代詩僧較密集地出現於兩個時期：一批在中唐，有前述靈一、清江等人，其中以皎然最為傑出；另一批在晚唐、五代，以貫休、齊己為中心，包括處默、修睦、尚顏、棲一、虛中、自牧、玄泰等人。以下分別加以討論。

第二節　皎然

皎然（西元720？年－？），字清晝，湖州長城（今浙江長興縣）人。俗姓謝，郡望陳郡陽夏（今河南太康縣），自稱是謝靈運十世孫，為謝安後裔。大約在開元、天寶之際應進士舉不第，失意出家。有〈效古〉詩，題下注曰「天寶十四年」；又〈答李侍御問〉詩：「入道曾經離亂前，長干古寺住多年。」[716] 他於天寶前曾住江寧長干寺。天寶後遊方各地，到過長安，與公卿士大夫交遊。至德（西元756－758年）後定居湖州，先後住白萍洲草堂、苕溪草堂、龍興寺和杼山妙喜寺等處。他作佛川惠明〈塔銘〉，惠明事慧能弟子東陽玄策法嗣，其中說到「菩薩戒弟子刺史盧公幼平、顏公真卿、獨孤公問俗、杜公位、裴公清，惟彼數公，深於禪者也」[717]，這些也都是他所交往的人。《宋高僧傳》則說：

---

[715]　《宋高僧傳》卷一〇〈唐天台山佛窟遺則傳〉，上冊第229頁。
[716]　《全唐詩》卷八二〇、八一六，第9,246、9,193頁。
[717]　〈唐湖州佛川寺故大師塔銘〉，《全唐文》卷九一七，第9,558頁。〈塔銘〉中有「方岩即佛川大師也」的記述，「大」字衍，參閱賈晉華《皎然年譜》第101頁，廈門大學出版社，1992年。

第二節　皎然

……觀其文也，而不厭，合律乎清壯，亦一代偉才焉。晝公常與韋應物、盧幼平、吳季德、李萼、皇甫曾、梁肅、崔子向、薛逢、呂渭、楊逵，或簪組，或布衣，與之交結，必高吟樂道，道其同者，則然始定交哉。[718]

當時江左乃文人薈萃之地。除上述諸人外，與皎然交往唱和的還有著名詩人劉長卿、張志和、李端、顧況、李嘉佑、秦系、朱放、權德輿、詩僧靈澈、道士吳筠、女道士李季蘭、隱士陸羽等。大曆七年（西元772年）顏真卿任湖州刺史，曾集和僧、俗修訂大型工具書《韻海鏡源》，次年移席杼山寺。〈妙喜寺碑〉裡列出參加者名單，都是一時名流。孟郊和劉禹錫早年都曾從皎然學詩，李端也自稱是皎然門人，曾從之問詩法。

福琳作〈唐湖州杼山皎然傳〉，說他「及中年，謁諸禪祖，了心地法門，與虎丘山元浩、會稽靈澈為道交」[719]。皎然初從律師守真受具足戒，習律學，後來轉而習禪。禪、律交融乃是當時江左佛教的特色。于頔為湖州刺史時曾為朝廷徵集皎然文集作序，並有〈郡齋臥疾贈晝上人〉詩，其中稱讚皎然「吻合南北宗，晝公我禪伯。尤明性不染，故我行貞白」[720]；皎然留有〈達摩大師法門義讚〉、〈二宗祖師讚〉、〈能、秀二師讚〉、〈唐大通和尚法門義讚〉等讚頌禪祖文字，表示他對南、北二宗是並重的。皎然又作有〈唐鶴林和尚法門義讚〉，可見與牛頭禪的關係。實際上當時禪門派系並不像後來燈史記述的那樣分明，而他更熱衷文事，對宗義的分別也不會那麼認真、明晰。

宋人嚴羽論詩，取法甚高，主意興、興趣，他曾稱讚「皎然之詩，在唐諸僧之上」[721]，肯定皎然在唐詩僧中成就最為傑出。這也是文學史上的普遍看法。皎然創作頗豐，有《杼山集》十卷傳世。其中直接宣揚佛法

---

[718]　《宋高僧傳》卷二九〈唐湖州杼山皎然傳〉，下冊第729頁。
[719]　《全唐文》卷九一九，第9,273頁。
[720]　《全唐詩》卷四七三，第5,366頁。
[721]　郭韶虞《滄浪詩話校釋・詩評》，人民文學出版社，1961年，第172頁。

第七章　關於詩僧

的只占一小部分，大多是遊賞山水、酬答友朋之作，也不乏以現實和詠史為題材的作品，如〈從軍行五首〉、〈詠史〉等。他有詩說：「吾高鴟夷子，身退無瑕摘。吾嘉魯仲連，功成棄珪璧。」[722] 表示羨慕救危濟難、不慕名利的范蠡和魯仲連，流露出用世之志和俠士意識。他的〈讀張曲江集〉是頌揚開元年間賢相張九齡的詩作。他在顏真卿幕參與修訂《韻海鏡源》，工作完成後寫詩向眾人表示：「王言欲致君，研精業已就。」[723] 意思是說這一部書宣達王言，可以發揮致君堯舜的作用。他對民生也相當關心，如〈贈烏程李明府伯宜沈兵曹仲昌〉詩：

> 水國苦凋瘵，東皋豈遺黍。雲陰無盡時，日出常帶雨。昨夜西溪漲，扁舟入簷廡。野人同鳥巢，暴客若蜂聚。歲旱無斗粟，寄身欲何所。空羨鸞鶴姿，翩翩自輕舉。[724]

這種痛陳民間疾苦之作在大曆詩壇上是並不多見的。不過最能展現其創作風格的還是那些抒情、應酬之作。僧人獨特的社會地位和生活環境養成他特殊的精神世界，而這種境界必然自覺或不自覺地在詩作中表現出來。韋應物〈寄皎然上人〉詩云：

> 吳興老釋子，野雪蓋精廬。詩名徒自振，道心常晏如……願以碧雲思，方君怨別餘。茂苑文華地，流水古僧居。何當一遊詠，倚閣吟躊躇。[725]

皎然答詩則說：

> 詩教殆淪缺，庸音互相傾。忽觀〈風〉、〈騷〉韻，會我夙昔情。蕩漾學海資，鬱為詩人英。格將寒松高，氣與秋江清……[726]

---

[722] 〈苕溪草堂自大曆三年夏新營汨秋及春彌覺境勝因記其事簡潘丞述湯評事衡四十三韻〉，《全唐詩》卷八一六，第 9,187 頁。
[723] 〈奉陪顏使君修韻海畢東溪泛舟餞諸文士〉，《全唐詩》卷八一九，第 9,228 頁。
[724] 《全唐詩》卷八一五，第 9,179 頁。
[725] 陶敏、王友勝《韋應物集校注》，上海古籍出版社，1998 年，第 199 頁。
[726] 〈答蘇州韋應物郎中〉，《全唐詩》卷八一五，第 9,172 － 9,173 頁。

第二節　皎然

韋應物讚賞皎然詩風格之「清」，皎然又反過來用以稱讚韋應物。而蘇軾也以「清」字評價皎然詩：

沽酒獨教陶令醉，題詩誰似皎公清。[727]

黃宗羲曾說：「詩為至清之物。僧中之詩，人、境俱奪，能得其至清者。故可與言詩，多在僧也。」[728] 皎然的優秀作品正展現「人、境俱奪」的靜謐、超逸、灑脫境界。所以辛文房評價他「公性放逸，不縛於常律……外學超然，詩興閒適……」[729] 例如名作〈尋陸鴻漸不遇〉：

移家雖帶郭，野徑入桑麻。近種籬邊菊，秋來未著花。扣門無犬吠，欲去問西家。報導山中去，歸來每日斜。[730]

這一首五言律通篇作散語，渾樸自然，不露一絲雕琢之痕，但構想極其精密：寫「不遇」、不見，更突顯出人物的飄忽、神祕，再加上景物襯托，描摹出隱士陸羽的超然風神，表白自己的傾慕之意。再如〈送劉司法之越〉：

蕭蕭鳴夜角，驅馬背城濠。雨後寒流急，秋來朔吹高。三山期望海，八月欲觀濤。幾日西陵路，應逢謝法曹。[731]

謝靈運族弟謝惠連曾為彭城王劉義康的法曹參軍，有名作〈西陵遇風獻康樂詩〉五章，抒寫客遊的悲慨。劉姓友人是同樣職務，這一首詩結尾用作出典；而描寫旅途的寂寞、淒涼，運筆簡括，可以上追惠連。又〈懷舊山〉：

一坐西林寺，從來未下山。不因尋長者，無事到人間。宿雨愁為客，寒花笑未還。空懷舊山月，童子念經閒。[732]

---

[727]　〈與舒教授張山人參寥師同遊戲馬台書西軒壁兼簡顏長老二首〉之二，《東坡集》卷一〇。
[728]　〈平陽鐵夫詩序〉，《南雷文定三集》卷三。
[729]　《唐才子傳校箋》卷四，第 2 冊第 204－205 頁。
[730]　《全唐詩》卷八一五，第 9,178 頁。
[731]　《全唐詩》卷八一八，第 9,223 頁。
[732]　《全唐詩》卷八一五，第 9,178 頁。

第七章　關於詩僧

紀昀批這首詩是「吐屬清穩，不失雅音」[733]。胡應麟評論說：「皎然《杼山集》清機逸響，閒淡自如。讀之覺別有異味，在咀嚼之表。當繇雅慕曲江，取則不遠爾。」[734]。

皎然也寫了不少古體詩，但遠不如這些五言近體精美。白珽與友人論唐詩僧，以皎然、靈澈為稱首；具體論及皎然的〈戛銅碗為龍吟歌〉，引「萬籟無聲天境空」，作者自注：「專聽一境，則眾音不聞，非萬籟之無聲也。」接著評論說：「皎然此說更精到，事亦不凡，詩家未見有引用者。」[735]皎然詩格的「清」正有得於他心境的專注，而這又正與他的禪解有關。他在《詩式》裡提倡「取境」說：

夫詩人之詩思初發，取境偏高，則一首舉體便高；取境偏逸，則一首舉體便逸……。[736]

這就是說，「取境」乃是決定創作成敗的關鍵。但這個「境」並不是主觀反映客觀的實境，他又說：

如何萬象自心出，而心澹然無所營。[737]

他的詩正是這種觀念的實踐。清人馮繼聰《論唐詩絕句·皎然》說：

刺史編來《韻海》成，高僧論著亦從容。詩篇獨有清超處，十里松聲萬壑鐘。[738]

這裡也是表揚皎然近體，稱讚其「清超」的風格。這是他創作上的主要特色和成就，但也正是四庫館臣指出的「弱」的方面：局面較狹小，內

---

[733]　紀曉嵐批點《瀛奎律髓》卷四七，中國書店影印掃葉山房本，1990年。
[734]　胡震亨《唐音癸籤》卷八，古典文學出版社，1957年，第69頁。
[735]　《湛淵靜語》卷二，皎然詩見《全唐詩》卷八二一。
[736]　《詩式·辨體有一十九字》，張伯偉《全唐五代詩格彙考》第241頁，江蘇古籍出版社，2002年。
[737]　〈奉應顏尚書真卿觀玄真子置酒張樂舞破陣畫洞庭三山歌〉，《全唐詩》卷八二一，第9,255頁。
[738]　郭紹虞等編《萬首論詩絕句》，人民文學出版社，1991年，第3冊第1,191頁。

容較平淡，格調較單薄，表達也較單調。這當然也和他較枯淡的生活有關係。但從詩歌史整體發展趨勢來看，中唐時期韋、柳的高簡閒淡一派詩風，正與皎然的創作風格有相通之處。而思致的閒淡轉而為理致的追求，則又開以後宋詩重性理的先河。

皎然文學成就傑出的一方面，還有撰作《詩式》一書。唐代詩歌創作繁榮，但系統性的詩論著作不多，皎然這一部書是最為完整、詳盡的一部，本卷討論文學理論時將予論及。

第三節　貫休

晚唐、五代是又一個詩僧輩出並十分活躍的時期。經過黃巢起義大動亂，朝廷元氣已喪失淨盡；割據強藩紛紛獨立，終於形成「五代十國」的分裂局面。這一段時期中原地區戰亂不絕，而江南和兩川則比較安定。江東的錢鏐、江陵的成汭、兩川的王建等在其割據地區都採取一些保境安民、發展生產的措施；同時又比較注重文事，容納文人。文化包括文學在這些地區都得到一定的發展。例如後來蔚為大觀的「曲子辭」就是在這一段時期、在這些地區發展起來的。就佛教而論，唐武宗毀佛以後，不重經戒、又與世俗社會結合緊密的禪宗恢復較易。禪宗本來與士大夫階層有密切關係，動亂時期更有不少文人習佛逃禪。這種種條件都促成詩僧大量出現，其中心人物是貫休和齊己。

貫休（西元 832－912 年），字德隱，有《禪月集》傳世。他七歲在家鄉蘭溪（今浙江蘭溪縣）和安寺出家，勤奮好學，「與鄰院童子法號處默偕，年十餘歲，同時發心念經，每於精修之暇，更相唱和。漸至十五六

第七章 關於詩僧

歲，詩名益著，遠近皆聞」[739]。青年時期的貫休山居修道，已結交詩人方干和李頻，並曾上書處州（今浙江麗水縣）刺史、著名文人段成式。約在咸通四、五年（西元 863 — 864 年）移居洪州（今江西南昌市）開元寺，結交詩人陳陶。陶「不求進達，恣遊名山，自稱『三教布衣』」[740]。其時詩僧棲隱亦住洪州開元寺，「平常與貫休、處默、修睦為詩道之遊，沈顏、曹松、張凝、陳昌符皆處士也，為唱酬之友。隱為群士響臻，淡然若水」[741]。後遊吳越，訪方干於舊居，並結識詩人周朴。時鎮海軍節度使（治潤州，今江蘇鎮江市）錢鏐割據江東，乾寧三年（西元 896 年）領鎮海（浙西，今浙江杭州市）、鎮東（浙東、今浙江紹興市）兩鎮。貫休前往拜謁並獻詩曰：

貴逼人來不自由，龍驤鳳翥勢難收。滿堂花醉三千客，一劍霜寒十四州。鼓角揭天嘉氣冷，風濤動地海山秋。東南永作金天柱，誰羨當年萬戶侯。[742]

但與錢氏不契，匆匆離去。西至鄂渚，會見詩僧棲一。復至江陵，依荊南節度使（治荊州，今湖北江陵市）成汭。當時荊州是又一個文人薈萃之地，貫休在那裡結交了吳融、令狐渙、姚洎、王溥、韓偓等人。吳融為其初編詩集《西嶽集》作序說：

---

[739] 曇域〈禪月集序〉，《全唐文》卷九二二，第 9,604 頁。
[740] 《唐才子傳校箋》卷八，第 3 冊第 415 頁。
[741] 《宋高僧傳》卷三〇〈唐洪州開元寺棲隱傳〉，第 746 頁。
[742] 〈獻錢尚父〉，《全唐詩》卷八三七，第 9,436 頁；又收錄《唐僧弘秀集》卷六。此詩《禪月集》未收。《宋高僧傳》卷三〇〈梁成都府東禪院貫休傳〉載：「乾寧初，齎志謁吳越往錢氏，因獻詩五章，章八句，甚愜旨，遺贈亦豐。」而計有功《唐詩紀事》卷七五〈僧貫休〉條下載：「錢自稱吳越國王，休以詩投之曰：『貴逼人來不自由，幾年辛苦蹋林丘。滿堂花醉三千客，一劍霜寒十四州。萊子衣裳宮錦窄，謝公篇詠綺霞połu。他年名上凌煙閣，豈羨當時萬戶侯。』鏐諭改為『四十州』，乃可相見。曰：『州亦難改，詩亦難改。然閑雲孤鶴，何天而不可飛。』遂入蜀。」《唐詩紀事》卷七五〈僧貫休〉，上海古籍出版社，1987 年，下冊第 1,089 頁。這裡不僅詩的字句有出入，且錢晉爵吳越王在天復二年（西元 902 年），與貫休行事不符。

第三節 貫休

……止於荊門龍興寺。余謫官南行，因造其室。每談論，未嘗不了於理性，自是（旦）而往，日入忘歸，邈然浩然，使我不知放逐之感。此外商榷二〈雅〉，酬唱循環，越三日不相往來，恨疏矣。如此者凡朞有半。上人之作，多以理勝，復能創新意。其語往往得景物於混茫之際，然其旨歸，必合於道。太白、樂天既沒，可嗣其美者，非上人而誰？[743]

可見當時貫休作為禪師和詩人的聲望。但貫休不久即離開荊州。關於原因，史料記載不一。據《十國春秋》，他因為得罪成汭被遞解到黔中；而據《五代史補》，是不得意而自動離去。此後他曾遊黔中、南嶽，在長沙會見詩僧齊己。天復二年（西元 903 年）前後貫休至蜀，正是王建醞釀到實行稱帝的時候。他和前蜀重臣、也是著名詩人的韋莊、著名文人毛文錫、歐陽炯等往還唱和，對王建亦多有頌美之作。貫休生在亂世，作為僧人，奔走在豪門權貴之間，形如俳優、清客；但他又相當地關注世事，具有正義感。據說王建僭位後遊龍興寺，有諸王貴戚陪侍，召貫休，令誦近詩，休讀〈公子行〉：

錦衣鮮華手擎鶻，閒行氣貌多輕忽。稼穡艱難總不知，五帝三皇是何物。[744]

由此可知，貫休雖然依附權勢，卻以自恃為「閒雲野鶴」的身分，在一定程度上堅持其批判的姿態。

齊己稱讚貫休是「南宗一句印靈台」[745]，他們二人都是南宗禪師。日本寬元二年（西元 1244 年）信瑞撰〈泉湧寺不可棄法師傳〉裡提到「唐代禪月大師」有注曰：「後素得名，曾在石霜和尚會下，掌知客職。」[746] 他與士大夫結交，以談禪為樂。他的〈酬韋相公見寄〉詩，是在西川贈給韋莊

---

[743]　〈禪月集序〉，《全唐文》卷八二〇，第 8,643 頁。
[744]　《全唐詩》卷八二六作〈少年行〉，此為三首之一，第 9,305 頁。
[745]　〈荊門寄題禪月大師影堂〉，《全唐詩》卷八四五，第 9,362 頁。
[746]　參閱（日）小林太市郎《禪月大師の生涯と藝術》，淡交社，1974 年，第 50 頁。

第七章 關於詩僧

的,其中又說到「秦客弈棋拋已久,《楞嚴》禪髓更無過」[747]。他平居習禪修道十分認真,在〈山居詩二十四首〉描寫自己的志趣和生活:「終須心到曹溪叟,千歲櫧根雪滿頭。」[748] 表示自己一生追求南宗禪的心跡。

按四庫館臣說法,貫休詩寫法顯得「粗」,表現技巧不及前面的皎然和後來的齊己。但就題材的廣闊和思致的高遠而論,貫休則遠超過二人。貫休比齊己年長三十歲左右,經歷過黃巢起義的戰亂,目睹割據強藩的紛爭劫奪和民眾所受苦難,一些作品相當真實地反映了現實的黑暗和嚴酷。如他有〈陽春曲〉說:

畏口莫學阮嗣宗,不言是非非至公。為手須似朱雲輩,折檻英風至今在。男兒結髮是君親,須學前賢多慷慨。歷數雍熙房與杜,魏公、姚公、宋開府,盡向天上仙宮閒處坐。何不卻辭上帝下下土,忍見蒼生苦苦苦。[749]

這一首詩題下有注「江東廣明初作」。廣明元年(西元880年)春黃巢起義軍攻下江東,同年入長安。詩中表示反對像詩人阮籍那樣空作無謂慨嘆,希望出現漢代朱雲那樣直言敢諫、肅清朝廷的大臣,又諷刺當政者自比為唐初能臣房(玄齡)、杜(如晦)等人卻尸位素餐,無視民間疾苦。詩的結句更傾訴對於民生苦難的痛切感受。他入蜀後向王建獻〈堯銘〉、〈舜頌〉,當然有頌諛意味,又顯然所望匪人,但卻也表現了他希望政治清明的理想。他更寫出直接批評時政的詩如〈富貴曲二首〉、〈陳宮詞〉、〈行路難〉等,對權幸的倒行逆施和世道的腐敗黑暗加以揭露和抨擊。如〈偶作五首〉其一:

誰信心火多,多能焚大國。誰信鬢上絲,莖莖出蠶腹。嘗聞養蠶婦,

---

[747]　《全唐詩》卷八三五,第9,410頁。
[748]　《全唐詩》卷八三七,第9,426頁。
[749]　《全唐詩》卷八二六,第9,302－9,303頁。

第三節　貫休

未曉上蠶樹。下樹畏蠶飢,兒啼亦不顧。一春膏血盡,豈止應王賦。如何酷吏酷,盡力搜將去。蠶蛾為蝶飛,偽葉空滿枝。冤梭與恨機,一見一沾衣。[750]

唐人頗有寫蠶婦題材者,但寫得如此痛切、深刻是不多見的。又如〈酷吏詞〉,對酷吏的控訴更是尖銳激烈。其中指出天下滔滔,逃避無所,正是當時的真實形勢。貫休的一些描寫戰事軍旅的詩寫得也很有氣勢。宋代的詩僧智圓稱讚說:「屬性難忘水與山,救時箴戒出其間。讀終翻恨吾生晚,不得私人一往還。」[751]當然他作為詩僧,最多的作品還是禪悟修道和贈答應酬之作。

與貫休同時代的詩人李咸用有詩說:

李白亡,李賀死,陳陶、趙睦等相次。須知代不乏騷人,貫休之後唯修睦而已矣。[752]

這是把貫休和另一位詩僧修睦看作李白、李賀的流亞。一個有趣的事實是,今傳《李白集》裡有〈贈懷素草書歌〉、〈笑矣乎〉等篇,據蘇軾說是曾鞏編輯《李太白集》纂入的,「皆貫休、齊己詩格」[753]。貫休有〈讀離騷經〉等對屈原表示敬仰,又有詩說「常思李太白,仙筆驅造化」[754],還有〈觀李翰林寫真二首〉等讚美李白的詩。他在精神上和李白有契合之處。而他作詩更欣賞孟郊、賈島的風格。他的〈讀孟郊集〉詩說:「清劌霜雪髓,吟動鬼神司。舉世言多媚,無人師此師。」[755]孟、賈詩風悽苦寒儉,更以「苦吟」著稱,追求構思奇僻,注重造句、練字的功夫。貫休讚賞他

---

[750]　《全唐詩》卷八二八,第 9,329 頁。
[751]　〈讀禪月集〉,《閒居篇》卷四六,《續藏經》第 56 卷第 934 頁上。
[752]　〈讀修睦上人歌篇〉,《全唐詩》卷六四四,第 7,386 頁。
[753]　《東坡志林》卷一。
[754]　〈古意九首〉之八。
[755]　《全唐詩》卷八二九,第 9,343 頁。

第七章　關於詩僧

們，與他本人追求奇僻的藝術趣味有關。他身處晚唐、五代黑暗衰敗的時代，不再可能具有李白那種盛世培養出來的激昂奮進精神，心理上自然走向幽僻偏枯一途，作詩境界比較窄狹，所描寫多為瑣細幽僻景物，這就頗與孟、賈有類似之處了。范晞文批評說：

「楓根支酒甕，鶴蝨落琴床。」貫休詩也。「鶴蝨」兩字，未有人用。又「童子念經深竹裡，獼猴拾蝨夕陽中」，亦生。[756]

這一類句子還可以舉出很多，如「乳鼠穿荒壁，溪龜上淨盆」(〈桐江閒居作十二首〉)，「浮蘚侵蚕穴，微陽落鶴巢」(同上)，「石獺銜魚白，汀茅侵浪黃」(〈秋末入匡山船行八首〉)，「印缺香崩火，窗疏蠍吃風」(〈寄懷楚和尚二首〉)，等等，都是描寫涉想不凡、難以入詩的景物，造成的意境生僻怪誕。

貫休也有在藝術上相當精緻的詩作，如代表作〈山居詩二十四首〉。這篇組詩是咸通年間在南昌開始創作的，中和元年 (西元 881 年) 避亂於山寺，修改定稿。其第一、二首：

休話喧譁事事難，山翁只合住深山。數聲清磬是非外，一個閒人天地間。綠圍空階雲冉冉，異禽靈草水潺潺。無人與向群儒說，巖桂枝高亦好扳。

難是言休即便休，清吟孤坐碧溪頭。三間茆屋無人到，十里松陰獨自遊。明月清風宗炳社，夕陽秋色庾公樓。修心未到無心地，萬種千般逐水流。[757]

這一組詩表面是抒寫山居之樂，表達自己的處境和心情。與他同時的著名詩人吳融評論他的詩說「多以理勝，復能創新意，其語往往得景物

---

[756] 《對床夜語》卷五，《歷代詩話續編》，上冊第 446 頁。
[757] 《全唐詩》卷八三七，第 9,425 頁。

第三節　貫休

於混茫自然之際，然其旨歸，必合於道」[758]，〈山居詩〉正切合這樣的評價。

貫休的有些小詩也寫得簡淨透脫，意象鮮明。如〈招友人宿〉：

銀地無塵金菊開，紫梨紅棗墮莓苔。一泓秋水一輪月，今夜故人來不來。[759]

又〈馬上作〉：

柳岸花堤夕照紅，風清襟袖轡瓏璁。行人莫訝頻回首，家在凝嵐一點中。[760]

這樣的作品，展現了貫休創作精緻、雋永的一面。

貫休亦是一位成就獨特的書法家和畫家。唐末五代，兩川佛、道二教盛行，寺觀多有壁畫，培養出一批善佛、道題材的畫家，《益州名畫錄》中記載五十多人。貫休「善草書圖畫，時人比諸懷素。師閻立本畫羅漢十六幀：龐眉大目者，朵頤隆鼻者，倚松石者，坐山水者，胡貌梵相，曲盡其態。或問之，云：『休自夢中所睹爾。』又畫〈釋迦十弟子〉，亦如此類，人皆異之，頗為門弟子所寶，當時卿相皆有歌詩」[761]。他畫的羅漢「悉是梵相，行骨古怪」[762]，奇形異貌，如「夷獠異類」[763]，歐陽炯表揚是「逸藝無人加」，「人間為第一」[764]。羅漢形象正反映了他精神上孤傲絕俗的一面，風格上與他的詩作也有相通之處。

---

[758]　〈禪月集序〉，《全唐文》卷八二〇，第 8,643 頁。
[759]　《全唐詩》卷八三六，第 9,424 頁。
[760]　《全唐詩》卷八三五，第 9,411 頁。
[761]　《益州名畫錄》卷下〈能格下品〉，陳高華《宋遼金畫家史料》，文物出版社，1984 年，第 86 頁。
[762]　《圖畫見聞志》卷二〈紀藝上〉，湖南美術出版社，2000 年，第 96 頁。
[763]　《宣和畫譜》卷三〈道釋三〉，湖南美術出版社，1999 年，第 82 頁。
[764]　〈禪月大師應命羅漢歌〉，《全唐詩》卷七六一，第 8,638 頁。

第七章　關於詩僧

第四節　齊己

　　齊己（西元 864－943 年），俗姓胡，字得生，益陽（今湖南益陽市）人，自號「衡嶽沙門」，有《白蓮集》傳世；又今傳《風騷指格》一卷，是否齊己所作尚有疑問。他幼孤貧，居家近大潙山（在潭州，今湖南長沙市），據說七歲為寺院放牛，就用竹枝畫牛背作小詩，老僧異之，遂共推輓授戒。出家後，遊歷江、湘一帶，曾居於長沙道林和廬山東林等寺，後入京城長安，遍覽名勝，詩名漸高。他曾到襄州，拿自己的作品請教大詩人鄭谷，據說其〈早梅〉詩有句曰：「前村深雪裡，昨夜數枝開。」鄭谷說：「數枝非早也，未若一枝佳。」當時齊己不覺下拜說：「我一字師也。」鄭谷有贈詩讚揚他：「格清無俗字，思苦有蒼髭。諷味都忘倦，拋琴復捨棋。」[765] 他又到豫章（江西南昌市）西山，訪問施肩吾、陳陶故居。天復（西元 901－904 年）年間，後來的楚國國主馬殷割據湖南，招納文士，有沈彬、廖寧、劉昭禹、李宏杲、許中雅、詩僧虛中、尚顏等，齊己儼然為盟主。應是在這個時候他和貫休見過面。成汭之後，高季興割據荊南，搜聚四方名節之士，齊己前往依附。龍德元年（西元 921 年）禮於龍興寺，淨院安置，給其月俸，名為僧正。時孫光憲亦在江陵，他於後晉天福三年（西元 935 年）為《白蓮集》作序說：

　　江之南，漢之北，緇侶業緣情者，靡不希其聲採。自非雅道昭著，安能享茲大名。敝以旅宦荊臺，最承寬狎，較風人之清致，賾大士之旨歸，周旋十年，互見閫域。[766]

　　可見齊己當時的聲望。他在荊州日久，交往的還有歐陽炯、貫休弟子曇域、可準等人。見於其詩作、與之往還的有陸龜蒙、司空圖、李洞和詩僧修睦、自牧等。齊己晚年曾入長安。胡震亨談到詩僧們涉世而受

---

[765]　孫光憲〈白蓮集序〉，《全唐文》卷九〇〇，第 9,391 頁。
[766]　孫光憲〈白蓮集序〉，《全唐文》卷九〇〇，第 9,391 頁。

第四節 齊己

到迫害，舉出「齊己附明宗東宮談詩，與宮僚高輦善，東宮敗，幾不保首領」[767]。「東宮」指後唐明宗李嗣源第二子從榮，長興四年（西元933年）明宗病危時起兵欲奪取皇位被殺。而「從榮為詩，與從事高輦等更相唱和，自謂章句獨步於一時，有詩千餘首，號曰《紫府集》」[768]。齊己被他接納，結果從榮敗死，齊己險些罹禍。

齊己在各地參學、修習中廣泛結交禪門學人，樹立起自己的聲望；同時也接觸社會，對世事有更多了解。他和貫休一樣，以「閒雲野鶴」的姿態奔走於強權豪勢之間，內心是充滿矛盾的。他有詩說：

禪外求詩妙，年來鬢已秋。未嘗將一字，容易謁王侯。[769]

他生活在亂世之中，不得已而投靠權勢，而對統治者的殘暴、腐敗又有一定的了解。他有〈看金陵圖〉詩說：

六朝圖畫戰爭多，最是陳宮計數訛。若愛蒼生似歌舞，隋朝自合恥干戈。[770]

這一首詩影射現實，指斥統治者驕奢淫逸，不恤民命，又暗示社會動亂的責任在他們身上。

齊己也寫了不少揭露社會黑暗、同情民間疾苦的詩。其中有些用樂府體，如〈猛虎行〉、〈苦熱行〉、〈西山叟〉等，頗能發揚中唐「新樂府運動」的諷喻精神。又如〈耕叟〉詩：

春風吹蓑衣，暮雨滴箬笠。夫婦耕共勞，兒孫飢對泣。田園高且瘦，賦稅重復急。官倉鼠雀群，共待新租入。[771]

---

[767]　《唐音癸籤》卷二九〈叢談五〉，古典文學出版社，1957年，第253頁。
[768]　《舊五代史》卷五一〈秦王從榮傳〉，第253頁；又參閱卷四四〈明宗紀第十〉，第609－610頁。
[769]　〈自題〉，《全唐詩》卷八四三，第9,530頁。
[770]　《全唐詩》卷八四六，第9,580頁。
[771]　《全唐詩》卷八四七，第9,584頁。

第七章　關於詩僧

像這樣的作品，以質樸的語言揭露苛政暴賦對民眾的殘害，與晚唐杜荀鶴、皮日休、聶夷中的同類詩歌相似。他的〈亂後經西山寺〉詩寫道「松燒寺破是刀兵，谷變陵遷事可驚」[772]，抒寫親身經歷戰禍帶給他的沉痛印象；他的〈謝炭〉詩寫寒冬珍惜炭火：「必願吞難盡，唯愁撥易銷。」沒有切身體驗恐怕難以寫出這樣曲折的心情；而結尾說「豪家捏為獸，紅迸錦茵焦」[773]，以鮮明的對比，揭露了貧富不均的實況；他的〈讀峴山碑〉更是立意新穎，不是正面歌頌當年羊祜的功德如何受到民眾愛戴，而說「何人更墮淚，此道亦殊時……那堪望黎庶，匝地是瘡痍」[774]，在今昔對比中揭露世道的黑暗。這一類作品清楚說明齊己雖依附豪門，卻並非被豢養的奴僕，而能持比較清醒的批判態度，代民眾抒寫不平和憤慨。

齊己同樣推重賈島、孟郊。他的〈經賈島舊居〉詩說：「若有吟魂在，應隨夜魄回。地寧銷志氣，天忍罪清才。」[775]〈覽延棲上人卷〉詩則說：「賈島苦兼此，孟郊清獨行。」[776] 他讚賞孟、賈，首先是因為同樣懷才不遇而引為同調；並且又和貫休同樣，有意效法孟、賈作詩的苦吟功夫。他曾說「覓句如覓虎」[777]。寫到自己的創作體驗時說：「詩在混茫前，難搜到極玄。有時還積思，度歲未終篇。」[778] 他的不少作品專求雕琢字句，如「霜殺白草盡，蛩歸四壁根」[779]、「影亂衝人蝶，聲繁繞塹蛙」[780]、「鶴歸尋僧去，魚狂入海回」[781] 等等，也和貫休所作相似，意境顯得窘狹。

---

[772]　《全唐詩》卷八四五，第 9,553 頁。
[773]　《全唐詩》卷八四一，第 9,498 頁。
[774]　《全唐詩》卷八三九，第 9,466 頁。
[775]　《全唐詩》卷八三八，第 9,443 頁。
[776]　《全唐詩》卷八三九，第 9,469 頁。
[777]　〈寄鄭谷郎中〉，《全唐詩》卷八四〇，第 9,478 頁。
[778]　〈寄謝高先輩見寄二首〉之二，《全唐詩》卷八四一，第 9,504 頁。
[779]　〈永夜感懷寄鄭谷郎中〉，《全唐詩》卷八三八，第 9,449 頁。
[780]　〈殘春〉，《全唐詩》卷八三八，第 9,453 頁。
[781]　〈嚴陵釣臺〉，《全唐詩》卷八三九，第 9,462 頁。

第四節 齊己

但四庫館臣評論說：

齊己七言律詩不出當時之習，其七言古詩以盧仝、馬異之體縮為短章，佶屈聱牙，尤不足取。唯五言律詩居全集十分之六，雖頗沿武功一派，而風格獨遒，如〈劍客〉、〈聽琴〉、〈祝融峰〉諸篇，猶有大曆以還遺意。[782]

齊己的五言律確實寫得清潤平淡，兼有冷峭之致，所以後人稱讚其仍保有唐調。如前面提到的〈劍客〉詩：

拔劍繞殘尊，歌終便出門。西風滿天雪，何處報人恩。勇死尋常事，輕仇不足論。翻嫌易水上，細碎動離魂。[783]

這一首詩描寫義士反抗強暴、不畏犧牲、隻身慷慨赴敵的情景，顯露出作者精神世界的另一個面向。當然作為詩僧，齊己的更多作品抒寫修道體驗，或描寫自然風光，或表現交際應酬，這後面幾類作品中也頗有可讀篇章。如〈秋夜聽業上人彈琴〉：

萬物都寂寂，堪聞彈正聲。人心盡如此，天下自和平。湘水瀉寒碧，古風吹太清。往年廬嶽奏，今夕更分明。[784]

這樣的作品清通嫻雅，而寄託遙深。又〈登祝融峰〉：

猿鳥共不到，我來身欲浮。四邊空碧落，絕頂正清秋。宇宙知何極，華夷見細流。壇西獨立久，白日轉神州。[785]

這一首詩意境更是相當高遠，在晚唐、五代詩之中是不可多見的。清人許奉恩《蘭苕館論詩》說：

---

[782] 《四庫全書總目提要》卷一五一〈集部・白蓮集十卷〉，中華書局，1965 年，下冊第 1,304 頁。
[783] 《全唐詩》卷八三八，第 9,452 頁。
[784] 《全唐詩》卷八四一，第 9,495 頁。
[785] 《全唐詩》卷八四一，第 9,489 頁。

第七章　關於詩僧

《杼山》、《禪月》足隨肩，不染塵氛唯《白蓮》。絕妙〈早梅〉深雪裡，前村開見一支先。[786]

這裡把齊己的成就置於貫休之上。其中提到的〈早梅〉詩，是前面已經提到的名篇：

萬木凍欲折，孤根暖獨回。前村深雪裡，昨夜一枝開。風遞幽香出，禽窺素豔來。明年如應律，先發望春臺。[787]

古人擷取這一首詩的前四句，成為精美的絕句。紀昀評論說「不失格韻」，「起四句極有神力」；方回則說「五六亦幽致」[788]。全篇意趣深遠，情景鮮明，特別是寫出「早」梅的神韻，在盎然生趣中暗示出一種強韌、積極的風格，在古今詠梅詩中堪稱佳作。

第五節　唐、五代其他詩僧

前面引錄《唐才子傳》論詩僧，先列出靈一等八人，接著又列出四十五個名字，說這些人「其或雖以多而寡稱，或著少而增價」，又指出他們「名既隱僻，事且微冥」[789]。但僅僅這些名字就足可見一時詩僧的眾多及其創作之繁盛。其中有些人有或多或少的作品流傳至今，可以藉以大致窺知其創作面貌。有些人的生平行事則儲仲君有考訂，見傅璇琮《唐才子傳箋校》第一冊。

「江左詩僧」之中行年最早的是靈一（西元 727 － 762 年）。靈一俗姓張，廣陵（今江蘇揚州市）人。九歲出家，十三削髮。據李華〈揚州龍興

---

[786] 郭紹虞等編《萬首論詩絕句》，人民文學出版社，1991 年，第 3 冊第 1,382 頁。
[787] 《全唐詩》卷八四三，第 9,528 頁。
[788] 《瀛奎律髓》卷二〇〈梅花類〉。
[789] 傅璇琮主編《唐才子傳箋校》卷三，中華書局，1987 年，第 1 冊第 534 頁。

第五節　唐、五代其他詩僧

寺經律院和尚碑〉，他是龍興寺律師懷仁弟子。懷仁禪、律雙修，展現了江東佛教的特色，又「以文字度人，故工於翰墨；法皆佛法，兼採儒流」[790]，帶有濃厚的文人色彩。獨孤及所作靈一〈塔銘〉說：

> 公智刃先覺，法施無方，每禪誦之隙，輒賦詩歌事，思入無間，興含飛動。潘、阮之遺韻，江、謝之闕文，公能綴之。蓋將吻合詞林，與儒、墨同其波流，然後循循善誘，指以學路。由是與天台道士潘清、廣陵曹評、趙郡李華、潁川韓拯、中山劉穎、襄陽朱放、趙郡李紓、頓丘李湯、南陽張繼、安定皇甫冉、范陽張南史、清河房從心等相與為塵外之交，講德味道，朗詠終日……[791]

和他為詩友的，還有劉長卿、嚴維、陸羽等人。

高仲武評靈一詩：

> 自齊、梁以來，道人工文多矣，罕有入其流者。一公乃能刻意精妙，與士大夫更唱迭合，不其偉歟！「泉湧階前地，雲生戶外峰。」則道猷、寶月何嘗及此？[792]

這裡所引詩句出〈宿天柱觀〉：

> 石室初投宿，仙翁喜暫容。花源隔水見，洞府過山逢。泉湧階前地，雲生戶外峰。中宵自入定，非是欲降龍。[793]

「泉湧」一聯不僅得體物之妙，而且從流泉、白雲的變化透露出無拘無礙的精神，全篇意境更清和高妙，瀟灑透脫。靈一住杭州宜豐寺時，作著名的〈宜豐新泉〉詩，劉長卿、嚴維均有和作。詩云：

---

[790] 〈揚州龍興寺經律院和尚碑〉，《全唐文》卷三二〇，第 3,245 頁。
[791] 〈唐揚州慶雲寺律師一公塔銘〉，《全唐文》卷三九〇，第 3,963 頁。
[792] 《中興間氣集》卷之下。
[793] 《全唐詩》卷八〇九，第 9,123－9,124 頁。

第七章　關於詩僧

泉源新湧出，洞澈映纖雲。稍落芙蓉沼，初淹苔蘚文。素將空意合，淨與眾流分。每到清宵月，冷冷夢裡聞。[794]

這樣的作品也是意境鮮明，清新淡雅。靈一詩特別善於以簡潔的筆觸描摹生動的物態，如〈溪行即事〉的「野岸煙初合，平湖月未生」，〈春日山齋〉的「晴光拆紅萼，流水長青苔」，〈酬陳明府舟中見贈〉的「稻花千頃外，蓮葉兩河間」，等等，神清氣爽，表露出方外之士抖落塵埃的情懷。所以辛文房評論其風格為「氣質淳和，格律清暢」[795]。靈一雖然只活了三十多歲，但在詩歌創作上他卻走出詩僧創作的先路。

靈澈（西元746？－816年），一作靈徹，俗姓湯，字源澄，又字名泳，會稽（今浙江紹興市）人。幼年出家於雲門寺，是左溪玄朗門下越州焦山大曆寺神邕弟子，本屬天台宗；年輕時曾從嚴維學詩，即以詩名聞於江南。約在大曆末年至吳興，住何山寺，與皎然結交，廣受時人讚譽。他往來南北各地，廣泛與文壇名流如盧綸、陳羽、竇庠、柳宗元、韓泰、呂溫等交遊。劉禹錫為他的文集作序評論說：

……以文章接才子，以禪理說高人，風儀甚雅，談笑多味。貞元中，西遊京師，名振輦下，緇流疾之，造飛語激動中貴人，因侵誣得罪，徙汀州。[796]

關於此次被謫事件，有的學者認為與結交劉、柳和「八司馬」被貶事件有關，但難於確證。元和初年，他棲泊廬山，後又至湖、越、宣州等地，結交李肇、韋丹、熊孺登、范傳正、李翱、李遜等人。

靈澈平生作詩兩千餘首，門人秀峰刪取三百首，編成《澈上人文集》十卷；又有五十年間與人唱和詩十卷，均已散佚；佛學著作《律宗引源》

---

[794]　《全唐詩》卷八〇九，第9,124頁。
[795]　傅璇琮主編《唐才子傳箋校》卷三，中華書局，1987年，第1冊第531頁。
[796]　〈澈上人文集紀〉，《劉禹錫集》卷九，上冊第239頁。

第五節　唐、五代其他詩僧

二十一卷亦佚。在唐詩僧中他存詩較多，歷代評價也較高。如楊慎評論說：

> 僧靈澈有詩名於中唐，〈古墓〉詩云：「松樹有死枝，塚上唯莓苔。石門無人入，古木花不開。」〈天台山〉云：「天台眾山外，歲晚當寒空。有時半不見，崔嵬在雲中。」〈九日〉云：「山僧不記重陽節，因見茱萸憶去年。」諸篇為劉長卿、皇甫冉所稱。余獨取〈天台山〉一絕，真絕唱也。[797]

〈天台山〉一詩全稱〈天姥岑望天台山〉，短短二十字，以虛實相生的筆法寫出天台山磅礴氣勢，遺世獨立的高山風姿更展現出一種高蹈絕塵的精神。

他的〈初到汀州〉詩曰：

> 初放到汀州，前心詎解愁。舊交容不拜，臨老學梳頭。禪室白雲去，故山明月秋。幾年猶在此，北戶水南流。[798]

這是他在流放中所作。雖被流言中傷，身處困境，卻心境達觀，表現了超然物外的情懷。

江左詩僧護國、清江、法振等均有時名，今存作品不多，卻頗有可讀篇章。

護國（生卒年不詳）大約與靈一同時，詩名盛於一時，應卒於大曆年間。詩人張謂有〈哭護國上人〉詩，結句是「支公何處在，神理竟茫茫」[799]，把他比擬為東晉名僧支遁。今存詩多為憶舊懷人、贈答應酬之作。如〈題王班水亭〉：

---

[797]　《升庵詩話》卷一四，《歷代詩話續編》，中冊第 933 頁。
[798]　《全唐詩》卷八一〇，第 9,131 頁。
[799]　《全唐詩》卷一九七，第 2,002 頁。

第七章　關於詩僧

湖上見秋色，曠然如爾懷。豈唯歡塵齓，兼亦外形骸。待月歸山寺，彈琴坐暝齋。布衣閒自貴，何用謁天階。[800]

最後的結句表達出蔑視權勢的精神，頗有氣度。

法振（生卒年不詳），一作「法震」，行年與護國大致相當。曾遊歷江南各地，住長安慈恩寺。善近體詩，與王昌齡、皇甫冉、李益等相友好。今存主要是題贈送別之作。如〈送友人之上都〉：

玉帛徵賢楚客希，猿啼相送武陵歸。潮頭望入桃花去，一片春帆帶雨飛。[801]

送友人赴朝應徵召，以景物相烘托，尤其是三、四兩句，神思飛動，情趣盎然。法振關心世事，詩中常有所表現。如〈送韓侍御自使幕巡海北〉的「因說元戎能破敵，高歌一曲隴關情」[802]，〈丹陽浦送客之海上〉的「如君豈得空高枕，只益天書遣遠求」[803] 等等，都流露出慷慨用世情懷，在詩僧作品之中並不多見。

清江（生卒年不詳），會稽（今浙江紹興市）人。《宋高僧傳》記載他「有禪觀之學」，並從慧忠國師「密傳心要」。慧忠國師是南宗慧能弟子。又說他「善篇章，儒家筆語，體高辭典，又善一隅之美，少所倫擬」[804]。他詩名聞於江南，先後與詩人盧綸、朱灣、嚴維、耿湋、章八元等人相唱和。與皎然齊名，被稱為「會稽二清」。今存〈秋日晚泊〉詩斷句「萬木無一葉，客心悲此時」[805]，短短十個字，客居寂寞的意境全出。他的作品題材比較廣泛，境界也比較開闊。如〈早發陝州途中寄嚴祕書〉：

---

[800] 《全唐詩》卷八一一，第 9,139 頁。
[801] 《全唐詩》卷八一一，第 9,143 頁。
[802] 《全唐詩》卷八一一，第 9,142 頁。
[803] 《全唐詩》卷八一一，第 9,143 頁。
[804] 《宋高僧傳》卷一五，上冊第 368－369 頁。
[805] 《全唐詩》卷八一二，第 9,148 頁。

第五節　唐、五代其他詩僧

　　此身雖不繫，憂道亦勞生。萬里江湖夢，千山雨雪行。人家依舊壘，官路閉層城。未盡交河虜，猶屯細柳兵。艱難嗟遠客，棲托賴深情。貧病吾將有，精修許少卿。[806]

　　這是寄嚴維的詩。嚴維在大曆末年曾任祕書郎，其時河北三鎮割據之勢已經形成，時局動盪，兵連禍結。這一首詩得自旅途真實感受，反映了離亂中的世態人情。

　　詩僧中存詩較多的還有無可（生卒年不詳）。無可俗姓賈，范陽（今河北涿縣）人。他是賈島從弟，少年出家，居長安著名的密宗道場青龍寺，與賈島、姚合等相唱和。後來雲遊越州、湖州、廬山等地。他廣交文人，以雕章琢句為務。詩人張籍、馬戴、喻鳧等都和他交往。他工五言律，詩風與姚、賈相近，追求清奇簡淡的境界，注重句律文辭的推敲。釋惠洪說：

　　唐僧多佳句，其琢句法，比物以意，而不指言某事，謂之象外句。如無可上人詩曰：「聽雨寒更盡，開門落葉深。」是以落葉比雨聲也。又曰：「微陽下喬木，遠燒入秋山。」是以微陽比遠燒也。[807]

　　「聽雨」一聯出〈秋寄從兄賈島〉，全篇是：

　　暝蟲喧暮色，默思坐西林。聽雨寒更徹，開門落葉深。昔因京邑病，並起洞庭心。亦是吾兄事，遲迴共至今。[808]

　　詩的前四句描摹物態相當真切，以景物烘托出落寞寂寥的情懷。又〈同劉秀才宿見贈〉：

　　浮雲流水心，只是愛山林。共恨多年別，相逢一夜吟。既能持苦節，勿謂少知音。憶就西池宿，月圓松竹深。[809]

---

[806]　《全唐詩》卷八一二，第 9,144 頁。
[807]　《冷齋夜話》卷六。
[808]　《全唐詩》卷八一三，第 9,152 頁。
[809]　《全唐詩》卷八一四，第 9,162 頁。

第七章 關於詩僧

方回評論這一首詩「中四句苦淡，末句灑脫高妙」[810]。無可善於用情景交融的手法描寫「清苦」情境，正與他個人的生活體驗有關，也是詩僧創作具有代表性的風格。

供奉朝廷的廣宣（生卒年不詳）是另一種類型的詩僧。他是交州（今越南河內市）人，貞元年間居蜀，與著名女詩人薛濤相唱和。元和（西元806－820年）年間來到長安，初住大興善寺，又詔住安國寺，作為供奉僧人應制唱和，直至文宗（西元827－840年在位）朝。其間除一度得罪遣歸，長時間侍奉內廷。由於他的特殊地位，著名文人如元稹、劉禹錫、白居易、李益、張籍、雍陶，甚至包括以反佛著名的韓愈等皆與之交遊。他住在紅樓院，因稱「紅樓廣宣」，集名稱《紅樓集》。今存他的作品基本上是應制之作。如〈駕幸天長寺應制〉：

天界宜春賞，禪門不掩關。宸遊雙闕外，僧引百花間。車馬喧長路，煙雲淨遠山。觀空復觀俗，皇鑑此中閒。[811]

如此把佛教觀念和詞語用於歌功頌德之中，正顯示了他作為內廷供奉的御用身分。

晚唐棲白（生卒年不詳）居越中。早年結識姚合、賈島、無可，後與李洞、曹松等相贈答。嘗居長安薦福寺，宣、懿、僖三朝為內供奉，賜紫。作詩亦多近體，尚苦吟，受到姚、賈影響。有〈經廢宮〉詩：

終日河聲咽暮空，煙愁此地畫。錦帆東去沙侵苑，玉輦西來樹滿宮。魯客望津天欲雪，朔鴻離岸葦生風。那堪獨立思前事，回首殘陽雉堞紅。[812]

這一首詩寫黃巢義軍焚毀長安後的殘破景象，表現今昔滄桑之感。

---

[810] 方回《瀛奎律髓》卷一五〈暮夜類〉。
[811] 《全唐詩》卷八二二，第9,270頁。
[812] 《全唐詩》卷八二三，第9,278頁。

第五節　唐、五代其他詩僧

同樣是文章供奉的子蘭（生卒年不詳），活動在昭宗（西元 889 – 904 年在位）朝。他所處時代衰亂動盪，也頗寫些具有現實內容的作品。如〈悲長安〉：

何事天時禍未回，生靈愁悴苦寒灰。豈知萬頃繁華地，強半今為瓦礫堆。[813]

同樣是描寫黃巢之亂後長安一帶殘破情形。同類作品還有〈長安早秋〉、〈長安傷春〉等，都較真實地反映了現實中的一些衝突面向。他的名作是樂府古題的〈飲馬長城窟〉：

遊客長城下，飲馬長城窟。馬嘶聞水腥，為浸征人骨。豈不成流泉，終不成潦。洗盡骨上土，不洗骨中冤。骨若比流水，四海有還魂。空流嗚咽聲，聲中疑是言。[814]

這不僅是形式上的擬古，因為有身經戰亂的體驗，寫得相當沉痛。

晚唐、五代還有一位知名的供奉僧可止（西元 860 – 934 年），俗姓馬，范陽人。幼年出家，住長安大莊嚴寺。乾寧三年（西元 896 年）獻詩朝廷，詔賜紫袈裟，應制內廷，也是一位備受榮寵的名僧。可止學識廣博，詩歌長於近體，與當代文人孫樵、趙鳳、李詳等相唱和。有詩集《三山集》，又《頓漸教義抄》一卷，均佚。他的〈贈樊川長老〉詩傳誦一時：

瘦顏顴骨見，滿頭雪毫垂。坐石鳥疑死，出門人謂痴。照身潭入楚，浸影檜生隋。太白曾經夏，清風涼四肢。[815]

這一首詩描寫一位老僧孤高超凡的風格，設想奇僻，寫形造境頗有新意，琢句上更見功夫。

---

[813] 《全唐詩》卷八二四，第 9,289 頁。
[814] 《全唐詩》卷八二四，第 9,286 頁。
[815] 《全唐詩》卷八二五，第 9,291 頁。

第七章　關於詩僧

尚顏（生卒年不詳）也是供奉僧，俗姓薛，字茂盛。乾符（西元 874 — 879 年）年間在徐州依節度使、詩人薛能；景福（西元 892 — 893 年）年間至長安，後雲遊荊州、廬山、峽州、潭州等地；光化（西元 898 — 901 年）年間為文章供奉、賜紫。與同時詩人方干、鄭谷、陳陶、李洞、吳融、司空圖、陸龜蒙等交遊。他也長於五言律，有詩曰「被吟牽，因師賈浪仙」[816]，其專意琢句亦與賈島類似，詩情也同樣悽苦。如〈夷陵即事〉：

不難饒白髮，相續是灘波。避世嫌身晚，思家乞夢多。暑衣經雪著，凍硯向陽呵。豈謂臨歧路，還聞聖主過。[817]

這一首詩表現旅途窮窘，第三、四句寫心情，第五、六句寫境況，極盡誇飾、雕琢之能事，結句更流露諷刺之意。他有詩句如「合國諸卿相，皆曾著布衣」（〈與王嵩隱〉）、「遠行無處易，孤立本來難」（〈送劉必先〉）、「芳草失歸路，故鄉空暮雲」（〈述懷〉）等等，對人情世態都有較深刻的體察和描寫。

唐末、五代在南方有更多的詩僧活動。他們大多與貫休、齊己有交誼，共同推動了僧侶間的創作風氣。

處默（生卒年不詳），活動時期與貫休大致同時。幼年出家於蘭溪某寺，結識貫休；後遊歷江南各地，入長安，住慈恩寺。與羅隱、鄭谷交好。有〈織婦〉詩：

蓬鬢蓬門積恨多，夜闌燈下不停梭。成縑猶自陪錢納，未直青樓一曲歌。[818]

織婦是晚唐詩人習用的題材，這一首詩無論是內容還是手法都與晚唐皮日休、聶夷中、羅隱等人同類諷喻之作相近。又〈憶廬山舊居〉：

---

[816] 〈言興〉，《全唐詩》卷八四八，第 9,598 頁。
[817] 《全唐詩》卷八四八，第 95,98 — 9,599 頁。
[818] 《全唐詩》卷八四九，第 9,615 頁。

第五節　唐、五代其他詩僧

粗衣糲食老煙霞，勉把衰顏惜歲華。獨鶴只為山客伴，閒雲常在野僧家。叢生嫩蕨黏松粉，自落乾薪帶蘚花。明月清風舊相得，十年歸恨可能賒。[819]

這一首則是著意刻劃幽僻靜謐的境界，表現寂寞超然的追求。

修睦（？－西元918年），字楚湘，光化（西元898－901年）年間為洪州（今江西南昌市）僧正，與貫休、處默、虛中、齊己為詩友。後應楊吳之召至金陵。時兗州節度使朱瑾由於不滿徐溫、徐知訓父子專政而被排擠，乃設計殺知訓，後自刎而死。「修睦赴偽吳之辟，與朱瑾同及於禍」[820]，他應是朱瑾的同黨。他有〈賣松者〉詩：

求利有何限，將松入市來。直饒人買去，也向柳邊栽。細葉猶黏雪，孤根尚惹苔。知君用心錯，舉世重花開。[821]

詩中流露出懷才不遇的感慨，並對浮華世風加以諷刺。修睦有意保持高潔品格，卻又依附權勢，終於捲入政爭而惹下殺身之禍。這也是一些「方外之人」身處亂世的悲劇。

虛中（生卒年不詳），袁州宜春（今江西宜春市）人。少出家，住玉笥山（在江西峽江縣）二十餘年，讀書吟詠不輟。後遊湖湘、越中。天祐（西元904－907年）年間北上中條山，會見在那裡隱居的司空圖，未果，贈「詩云：『道裝汀鶴識，春醉野人扶。』言其操履檢身，非傲世也；又云：『有時看御札，特地掛朝衣。』言其尊戴存誠，非邀君也。故圖詩云：『十年泰華無知己，只得虛中兩首詩。』言得其意趣」[822]。回到江西後，住湘西宗成寺。馬殷據湖南稱楚國王，其長子馬希振延之閣中，時在後唐明宗天成（西元926－930年）年間。他與詩人鄭谷、方干、詩僧貫休、齊己、

---

[819]　《全唐詩》卷八四九，第9,614頁。
[820]　《唐音癸籤》卷二九〈談叢五〉，古典文學出版社，1957年，第253頁。
[821]　《全唐詩》卷八四九，第9,618頁。
[822]　《全唐詩》卷六三四〈句〉注，第7,289頁。

第七章 關於詩僧

修睦、棲蟾為友,相互唱和。有詩集《碧雲集》和論詩著作《流類手鑑》一卷,皆佚。其〈贈屏風巖棲蟾上人〉:

> 巖房高且靜,住此幾寒暄。鹿嗅安禪石,猿啼乞食村。朝陽生樹罅,古路透雲根。獨我閒相覓,淒涼碧洞門。[823]

這一首詩三、四兩句寫禪僧入定,鹿、猿不覺所在,被人稱道;五、六兩句描摹境況荒寂亦佳。虛中論詩推重賈島、齊己。像這一首詩,也是力圖在詞句上求出新,露出刻意雕琢的痕跡。又〈經賀監舊居〉詩:

> 不戀明主寵,歸來鏡湖隅。道裝汀鶴識,春醉釣人扶。逐朵雲如吐,成行雁侶驅。蘭亭名景在,蹤跡未為孤。[824]

這是懷古人、歌頌賀知章的詩。賀在天寶年間不滿朝政混亂,歸隱會稽鏡湖,詩裡描寫他瀟灑的風姿,顯然另有寓意。

棲蟾(生卒年不詳),俗姓胡,一說姓顧,曾住廬山屏風疊,遊歷江南各地,並曾遠遊邊疆。與詩人沈彬、詩僧齊己、虛中、玄泰友善。作品境界在同時流輩間較為開闊,如〈牧童〉:

> 牛得自由騎,春風細雨飛。青山青草裡,一笛一蓑衣。日出唱歌去,月明撫掌歸。何人得似爾,無是亦無非。[825]

這樣的詩感情濃厚,也比較清新自然,與一般詩僧崇尚幽僻清奇的風格不同。

可朋(生卒年不詳),眉州丹稜(今四川丹稜縣)人。「少與盧延讓為風雅之友,有詩千餘篇,號《玉壘集》。曾題洞庭詩云:『水涵天影闊,山拔地形高。』贈友人曰:『來多不似客,坐久卻垂簾。』歐陽炯以此比孟郊、賈島。言其好飲酒,貧無以償酒債,以詩酬之。可朋自號『醉髠』。〈贈方

---

[823] 《全唐詩》卷八四八,第 9,606 頁。
[824] 《全唐詩》卷八四八,第 9,605、9,610 頁。
[825] 《全唐詩》卷六三四〈句〉注,第 7,289 頁。

第五節　唐、五代其他詩僧

干〉詩云：『月裡豈無攀桂分，湖中空賞釣魚休。』〈杜甫舊居〉云：『傷心盡日有啼鳥，獨步殘春空落花。』〈寄齊己〉云：『雖陪北楚三千客，多話東林十八賢。』」從這些例句可見他運思的技巧。「（後蜀）孟昶廣政十九年（西元 956 年）賜詩僧可朋錢十萬，帛五十匹。孟蜀歐陽炯與可朋為友，是歲酷暑中，歐陽命同僚納涼於淨眾寺，依林亭，列樽俎，眾方歡適，寺之外有耕者曝背烈日中耘田，擊腰鼓以適倦，可朋遂作〈耘田鼓詩〉以贄歐陽，眾賓閱已，遽命撤飲。詩曰：『農舍田頭鼓，王孫筵上鼓。擊鼓兮皆為鼓，一何樂兮一何苦。上有烈日，下有焦土。願我天翁，降之以雨。令桑麻熟，倉箱富。不飢不寒，上下一般。』言雖淺近，而極於理。」[826] 由此可見可朋為人和創作風格的一斑。

　　留有可讀詩作的僧人還有不少。篇幅所限，不能一一介紹。縱觀這些詩僧的創作，可以看出，雖然他們創作的整體風格大致上已和一般文人作品接近，但無論是題材還是寫法仍都展現出明顯的特色。由於他們具有清修生活的體驗，自然善於描繪枯寂、脫俗的境界，表現高蹈、超世的情懷；又由於他們雲遊四方，能較多接觸和了解社會問題，因此頗能寫出反映民生疾苦的篇章。在寫作手法上，他們或追求淺俗，這和禪宗語錄的寫作風格有關係；或追求奇僻，熱衷「苦吟」，則和他們處境侷促有關係。而這些都豐富了詩壇創作，是對詩歌史的貢獻；尤其是在晚唐、五代詩壇上，他們占有一定的地位。當然由於才能和境界所限，詩僧中沒有出現十分傑出的人物；另外，如果按白居易所謂「道人」之詩和「文人」之詩來區分，唐、五代詩僧的創作中沒有多少真正的「道人」之詩。也就是說，他們的創作已經相當接近一般文人創作了。從而作為詩僧這一個特殊群體的創作也逐漸失去了獨立的價值和地位。這也是後來的詩僧難於在創作上有所開拓、文學史上詩僧創作很少得到重視的原因。

---

[826]　王仲鏞《唐詩紀事校箋》卷七四，下冊第 1,949 頁。

第七章　關於詩僧

第六節　宋代詩僧

　　入宋以後，就佛教的整個發展形勢而論，已經逐漸趨於式微；而就其對於文化諸多領域的影響而論，卻又在逐步深入。例如理學的形成就接受了佛學的大量成果。而這一段時期居士佛教持續盛行，僧人和文人階層的交流也仍然十分密切。佛教對文壇的影響下面將具體討論。此後歷代僧人善詩者也不少，也仍有不少詩僧活動，在詩壇上也是值得注意的。不過儘管出現眾多詩僧，幾乎人人有詩集流傳，但無論是從作品的思想和藝術來看，還是從對於詩壇的影響來看，都不可和唐、五代情形同日而語。主要是宋代以降的詩僧們創作的多是「文人之詩」，已經鮮有獨創的特色。不過歷代都出現一些品格和成就相當傑出的人物，更有許多作品是值得一讀的。

　　宋初以寫詩著名的僧人有九位，即淮南惠崇、劍南希晝、金華保暹、南越文兆、天台行肇、汝州簡長、青城維鳳、江東宇昭、峨眉懷古，被稱為「九僧」，其合集名《九僧集》，久佚不傳。王士禎說：「大抵九僧詩規模大曆十子，少窘邊幅……」[827] 九人中以惠崇最為傑出。惠崇生卒年不詳，不但能詩，又多才多藝，以繪「惠崇小景」聞名。他的作品善於表現高蹈放達的情致，幽而不僻，深有意趣。如〈訪楊雲卿淮上別墅〉：

　　地近得頻到，相攜向野亭。河分崗勢斷，春入燒痕青。望久人收釣，吟餘鶴振翎。不愁歸路晚，明月上前汀。[828]

　　方回評論說：「九僧之中惠崇最為高音。三、四句雖斷取前人兩句，合成此聯，為人所訛，然善詩者能合二人之句為一聯亦可也。」[829] 這裡

---

[827]　《帶經堂詩話》卷二〇，人民文學出版社，1963 年。
[828]　方回《瀛奎律髓》卷四七〈釋梵類〉，《四庫全書》本。
[829]　方回《瀛奎律髓》。

第六節　宋代詩僧

三、四句用唐人成句,有「河分崗勢司空曙,春入燒痕劉長卿」之譏,但把古人兩句詩鑲嵌得十分妥貼,如出己作,也是一種技巧。全詩則寫出了友人別墅清淨寂寥的風光和自己超逸的情懷。

　　北宋最著名的詩僧是道潛和惠洪。道潛(西元1043年－?),字參寥,賜號總妙大師,居杭州智果寺,善詩文,為時推重,與詩人蘇軾、秦觀、陳師道等諸文士交,與蘇軾過從尤密。徽宗崇寧末,歸老江湖。他有〈秋江〉詩曰:「赤葉楓林落酒旗,白沙洲渚陽已微。數聲柔櫓蒼茫外,何處江村人夜歸?」又〈東園〉詩曰:「曲渚回塘誰與期,杖藜終日自忘機。隔林彷彿聽機杼,知有人家在水西。」惠洪《冷齋夜話》說:「道潛作詩追法淵明,其語逼真處:『數聲柔櫓蒼茫外,何處江村人夜歸。』又曰:『隔林彷彿聞機杼,知有人家住翠微。』京師士大夫以書抵坡曰:『聞與詩僧相從,真東山勝遊也。』坡以書示潛,誦前句,笑曰:『此吾師十四字師號耳。』」[830] 後來蘇軾被貶官,他也受到牽連,謫居兗州(今山東兗州市)。直到建中靖國初年(西元1101年)方才放還。晚年歸老於江湖。有《參寥子詩集》傳世。道潛的詩風格多樣,而大致上走高簡閒淡一路。他特別工於描繪田園風光、自然景物,頗得陶淵明、儲光羲的神髓,構思精練而含蓄,描寫往往入微。如〈夏日龍井書事〉四首之二:

　　雨過千巖爽氣新,孤懷入夜與誰鄰?風蟬故故頻移樹,山月時時自近人。禮樂汝其攻我短,形骸吾已付天真。露華漸冷飛蚊息,窗裡吟燈亦可親。[831]

　　這一首詩是寫杭州龍井夏夜景色,刻劃景物,烘托感情,富有創意。紀昀評論說:「四詩皆音節高爽,無齷齪酸餡之氣。」又〈梅花寄汝陰蘇太守〉:

---

[830]　《冷齋夜話》卷四。
[831]　《參寥子詩集》。

第七章 關於詩僧

湖山搖落歲方悲,又見梅花破玉蕤。一樹輕明侵曉岸,數枝清瘦耿疎籬。良辰易失空回首,習氣難忘尚有詩。所向皆公舊題墨,肯辜魚鳥卻來期。[832]

方回說:「……道潛師在西湖智果,八月,坡為賈易等所彈,出為龍學潁州,此詩其年冬所寄也。蓋猶有望於坡之復來。紹聖元年甲戌,坡南行,而師亦下平江獄,屈具服編管兗州……」[833]

惠洪(?—西元1128年),字覺範,學識、文才均相當傑出。他得到丞相也是著名居士張商英的器重。張得罪,受牽連流放崖州(今海南黎族苗族自治州)。放還後,曾再次被誣入獄。他生平坎坷,但處之泰然,用心於文章,有《石門文字禪》、《冷齋夜話》、《天廚禁臠》等傳世。他的詩詞意挺秀,在當時詩壇上別具一格,如〈上元宿百丈寺〉:

上元獨宿寒巖寺,臥看篝燈映絳紗。夜久雪猿啼嶽頂,夢迴清月在梅花。十分春瘦緣何事,一掬鄉心未到家。卻憶少年閒樂處,軟紅香霧噴京華。[834]

黃庭堅謫宜州,過長沙,惠洪在湘西作此詩,寫得深情綿渺。但其中流露對俗情的眷戀,沒有僧詩的清雅,為人們所詬病。又〈次韻謁子美祠堂〉:

顛沛干戈際,心常繫洛陽。愛君臣子分,傾日露葵芳。醉眼蓋千古,詩名動八荒。壞祠湘水上,煙樹晚微茫。[835]

像這樣的詩,藝術手法上沒有多少可取之處,但可以說明惠洪這樣的詩僧,雖處方外,卻仍懷抱著經世之職。這也是他們熱衷結交士人的原因。又〈早行〉:

---

[832]　《參寥子詩集》卷七。
[833]　方回《瀛奎律髓》卷二〇〈梅花類〉。
[834]　《古今禪藻集》卷一一,《四庫全書》本。
[835]　《古今禪藻集》卷一〇。

第六節 宋代詩僧

失枕驚先起，人家半夢中。聞雞憑早晏，占斗辨西東。蠻澀知行露，衣單怯曉峰。秋陽弄光影，忽吐半林紅。[836]

這樣的作品則真正得自行腳的體驗，頗能表現出人情物態。

代表宋詩風格特色的是所謂「江西詩派」。這一派詩人中有「三僧」：如璧、善權和祖可。如璧，本名饒節，字德操，有《倚松老人集》。陸游說：「饒德操詩為近時僧中之冠。早有大志，既不遇，縱酒自晦。」[837] 可見他在詩僧中的地位，也可知他是因仕途不得意而為僧。呂本中又說：「德操為僧後，詩更高妙，殆不可及。」[838] 其〈次韻答呂居仁〉詩曰：

向來相許濟時功，大似頻伽餉遠空。我已定交木上座，君猶求舊管城公。文章不療百年老，世事能排雙頰紅。好貸夜窗三十刻，胡床趺坐究幡風。

這是規勸友人呂本中學道的詩。使典用事，十分新穎、精密，正是江西詩派的特點。同樣如〈題宗子趙明叔盤車圖後〉：

跌宕平生萬里程，盤車一展老心驚。溪昏樹老牛爭力，似聽當年風雨聲。[839]

這是透過描寫老牛拉盤車（磨）的畫面來隱喻人生，意味深長。

又詩僧善權，字巽中，俗姓高，人物清臞，人目為瘦權，落拓嗜酒，有《真隱集》。善權五古自然閒淡。其〈寄致虛兄〉詩曰：

避寇經重險，懷君屢陟岡。空餘接淅飯，無復宿舂糧。衣袂饒霜露，柴荊足虎狼。春來何所恨，棣萼政含芳。[840]

---

[836] 《古今禪藻集》卷一〇。
[837] 《老學庵筆記》卷二，《叢書集成初編》本。
[838] 《紫微詩話》，《歷代詩話》上冊第363頁。
[839] 《宋史紀事》卷九二，《四庫全書》本。
[840] 方回《瀛奎律髓》卷四七〈釋梵類〉。

第七章　關於詩僧

《真隱集》中律詩僅三二首,這一首避寇寄兄,頗得杜甫風神,只是缺乏杜甫的細潤工緻。他有些長篇頗為可讀,如〈王性之得李伯時所作歸去來圖並自書淵明詞刻石於琢玉坊為賦長句〉:

> 王郎言語妙天下,眉宇清揚聚風雅。道山延閣歸有時,吐霧珠綃已無價。乃翁勳業誰與儔,惠愛宛同陳太丘。胡床夜聚興不淺,江波漲月明江樓。鄴侯牙籤三萬軸,玉川五千貯枯腹。掌上雙珠照戶庭,人間爽氣侵眉目。愛君義獻來乃昆,草聖真行事逼真。是家此癖古不少,奇書異畫元通神。龍眠解說無聲句,時向煙雲一傾吐。戲拈禿筆臨冰紈,寫出淵明賦歸去。林端飛鳥倦知還,陌上征夫識前路。因君勒石柴桑里,便覺九原人可起。廬山未是長寂寥,挽著高風自君始。[841]

這一首詩借題畫行議論,運筆自如,波瀾起伏,頗有氣勢。

祖可字正平,俗姓蘇,「伯固之子,養直之弟也。作詩多佳句。如〈懷蘭江〉云『懷人更作夢千里,歸思欲迷雲一灘』,〈贈端師〉云『窗間一榻篆煙碧,門外四山秋葉紅』等句,皆清新可喜。然讀書不多,故變態少。觀其體格,亦不過煙雲、草樹、山水、鷗鳥而已。而徐師川作其詩引,乃謂自建安七子、南朝二謝、唐杜甫、韋應物、柳宗元、本朝王荊公、蘇、黃妙處,皆心得神解,無乃過乎!」[842] 從這一段話,可見他當時的聲望。他住廬山,被惡疾,人號癩可,有《東溪集》、《瀑泉集》。《西清詩話》評論說:「可詩得之雄爽。如『清霜群木落,盡見西山秋』,又『古口未斜日,數峰生夕陰』,皆佳句也。」[843] 又有〈絕句〉詩曰:

> 坐見茅齋一葉秋,小山叢桂鳥聲幽。不知疊嶂夜來雨,清曉石楠花亂流。[844]

---

[841] 《宋史紀事》卷九二。
[842] 《韻語陽秋》卷四,《歷代詩話》下冊第 514 頁。
[843] 《苕溪漁隱叢話》前集卷五七,《叢書集成初編》本。
[844] 《宋史紀事》卷九二。

又〈秋屏閣〉：

袖手章江淨淼然，舞風殘葉舞翩翩。霜鷗睡渚白勝雪，霧雨含沙輕若煙。楊柳一番南陌上，梅花三弄遠運變。匣鳴雙劍忽生興，我欲因從東去船。[845]

這些詩都展現出他的清淡格調和琢詞鍊句的功夫。

第七節　元代以後詩僧

元代以後，著名僧人能詩者甚多，如元代的中峰明本、蒲室大訢，明代的楚石梵琦、天界宗泐、憨山德清，明末的戒顯、澹歸、擔當、大錯，清代的蒼雪、天然、借庵、笠雲、寄禪、道木陳、覺浪道盛等人，詩作創作均訓練有素。這些人禪修之餘，都熱衷創作。他們之中許多人是因為身處亂世，或為前朝遺民，或有其他緣由為現實所迫而逃禪出家，避居禪林，因而對世事不能忘情。他們的經歷、學養不同，作品內容和風格也多樣，作品往往各有一定特色。他們創作的有些篇章比起同時世俗文人的作品亦未肯多讓，在詩壇上占有一定地位。

偈頌創作本來是禪門傳統，寫作偈頌也是禪宗教學的基本功。南宋已降，臨濟宗的「看話禪」盛行，「文字禪」形成一時潮流。禪林中人幾乎人人有語錄，頌古、提唱成為風氣。上堂、示法，往往是韻語、詩句聯翩，而其表現形式又已經和一般詩歌作品十分接近。宋末元初有高峰原妙（西元 1238－1295 年），活動在江南，一門甚盛，弟子數百，受戒者數萬，而他正以「看話禪」為根本。門下盛行詩頌創作，其成就傑出的是第一高足中峰明本。

---

[845]　《宋史紀事》卷九二。

第七章　關於詩僧

　　明本（西元 1263 — 1323 年），俗姓孫，號中峰（以住天目山中峰得名），錢塘（今浙江杭州市）人。年輕時雲遊四方，隨從者眾，宰相大臣曾以五山主席交聘，俱力辭；延祐五年（西元 1318 年）回到天目山。元仁宗欲召見闕廷，終不一至。終謚智覺，塔曰法雲，有《中峰廣錄》三十卷。一時著名文人趙子昂、馮海粟皆與之交好。藝文監丞揭徯斯為之序，謂其提倡激揚，如四瀆百川，千盤萬轉，沖山激石，鯨吞龍變，不歸於海不已。其大機大用，見於文字有如此者。中鋒屢辭名山，屏跡自放。時或住一船，或僦居城隅土屋，若入山脫笠，即束茅而棲，俱名曰「幻住」，自作《幻住庵記》。名作有「四居」詩，即〈船居十首・己酉舟中作〉、〈山居十首・六安山中作〉、〈水居六首・東海州作〉、〈塵居十首・汴梁作〉，皆為避地時所作，寫景述情，妙句聯翩。如〈船居〉之一：

　　一瓶一缽寓輕舟，溪北溪南自去留。幾逐斷雲藏野壑，或因明月過滄州。世波汩汩難同轍，人海滔滔孰共流。日暮水天同一色，且將移泊古灘頭。

　　又〈山居〉之一：

　　頭陀真趣在山林，世上誰人識此心？火宿篆盤煙寂寂，雲開窗檻月沉沉。崖懸有軸長生畫，瀑響無弦太古琴。不假修治常具足，未知歸者謾追尋。[846]

　　如此抒寫自己閒雲野鶴的情懷，對於汩沒在名利紛爭中的生活表達無言的鄙棄。它如〈船居〉：「隨情繫纜招明月，取性推蓬看遠山。煙蓑帶雨和船重，學衲衝寒似紙輕。」「主張風月蓬三葉，彈壓江湖艫一尋。」〈山居〉：「雪澗有聲泉眼活，雨崖無路蘚痕深。」「偷果黃猿搖綠樹，銜花白鹿臥青莎。」「白髮不因栽後出，青山何待買方歸。」〈水居〉：「波底月明天不夜，爐中煙透室長春。」〈塵居〉：「錦街破曉鳴金蹬，繡巷迎猿擁翠鈿。」

---

[846]　顧嗣立《元詩選》二集，中華書局，1987 年，第 5 冊第 1,372、1,273 頁。

第七節　元代以後詩僧

「月印前街連後巷，茶呼連舍與西鄰。」「玩月樓高門巷永，賣花聲密市橋多。」如此等等，並頗有意境，精美可讀。又〈省庵〉詩：

一聲幽鳥到窗前，白髮老僧驚畫眠。走下竹床開兩眼，方知屋外有青天。[847]

〈田歌（留天童寺作）〉詩：

村南村北春水鳴，村村布穀催春耕。手捧飯盂向天祝，明日插秧還我晴。[848]

明本繼承臨濟傳統，提倡「看話禪」，反對機鋒、棒喝之類狂放作風。這大有助於他的詩歌創作。像上面兩首小詩，都清新自然，禪意盎然，意味特別深長。他又有〈梅花百詠和蔡學士海粟作〉，在古今眾多的詠梅詩中也算傑出的作品，其中之一：

橫影伶仃似有神，半清淺處獨呈真。數枝沖淡晚唐句，一種孤高東晉人。上苑清房誰耐雪，盧山玉峽肯蒙塵。是中天趣那能識，惜神東風漏洩春。[849]

大訢（西元1284－1344年），字笑隱，江洲（今江西九江市）陳氏子。家世業儒，去而學佛。元文宗天曆元年（西元1328年）以金陵潛邸為龍翔集慶寺，召之主寺事，設官隸之。所著有《蒲室集》十五卷，虞集為之作序；趙孟頫、袁桷等人皆委心而納交。所作頗有氣勢，一變南宋末年疲弱詩風。如〈月支王頭飲器歌〉：

呼韓款塞稱藩臣，已知絕漠無王庭。馳突猶誇漢使者，縱馬夜出居延城。我有飲器非飲酒，開函視之萬鬼走。世世無忘冒頓功，月支強王頭在手。帳下朔風吹酒寒，凝酥點血紅闌斑。想見長纓繫馬上，髑髏見血如奔

---

[847]　顧嗣立《元詩選》二集，中華書局，1987年，第5冊第1,376頁。
[848]　顧嗣立《元詩選》二集，中華書局，1987年，第5冊第1,387頁。
[849]　顧嗣立《元詩選》二集，中華書局，1987年，第5冊第1,377頁。

第七章　關於詩僧

湍。手麾欲回斗柄轉，河決崑崙注尊滿。酒酣劍吼浮雲悲，使者辭歡歸就館。古稱尊俎備獻酬，孰知盟誓生戈矛。斬取樓蘭懸漢闕，功臣猶數義陽侯。[850]

這裡是歌頌漢將軍衛青經營西域的武功，寫得慷慨激昂，意氣昂揚。大訢特別善於歌行，以磊落的長句抒寫懷抱，又如〈太白觀瀑布圖〉：

我本白雲人，見山每回首。披圖得松泉，感我塵埃久。我家只在九江口，從此扁舟到牛斗。翻愁天上雲濤堆，石轉雲崩萬雷吼。水行地底不上天，龍泓豈與滄溟連。風葉無聲飛鳥絕，月光雲影天茫然。丈人何來自空谷，謫仙招隱當不辱。林梢噴雪舞飛華，尚想隨風唾珠玉。馬首青山如喚人，歸來好及松華春。泉香入新釀，解公頭上巾。今者孰不樂，荒墳委荊榛。遂令畫師意，萬古留酸辛。酸辛復何益，東海飛紅塵。[851]

這是一首題畫詩，借畫中人物抒寫自己的感慨，筆致豪放，頗得幾分李白風神。又〈駿馬圖〉：

世無伯樂亦久矣，駿馬何由千里至。披圖猶似得權奇，豈伊畫師知馬意。何人致此鐵色驪，鬈毛繞腹新鑿蹄。帝開遠謫天駟下，馳來月窟浮雲低。古王有土數千里，八極周遊寧用爾。方今萬國效奔命，合遣龍媒獻天子。颷馳電沒爭辟易，萬里所向無前敵。男兒馬上定乾坤，腐儒詩書果何益。幾愁骨折青海煙，黃沙野血穹廬前。幸逢好事寫真傳，似向長鳴誰與憐。嗟我身如倦飛鳥，十年繭足愁山川。安得千金購神駿，攬轡欲盡東南天。[852]

從這樣的作品看來，作為出家人的大訢顯然不能忘卻世情。這也是他能寫出值得一讀的作品的原因。

---

[850]　顧嗣立《元詩選》初集《蒲室集》，中華書局，1987 年，第 3 冊第 2,454－2,455 頁。
[851]　顧嗣立《元詩選》初集《蒲室集》，中華書局，1987 年，第 3 冊第 2,458 頁。
[852]　顧嗣立《元詩選》初集《蒲室集》，中華書局，1987 年，第 3 冊第 2,459 頁。

第七節　元代以後詩僧

清珙（西元 1272 － 1352 年），字石屋，常熟溫氏子。亦出高峰門下，與明本為師兄弟。退居溪之西日天湖，吟諷其間以自適。所作名《山居稿》。有七言絕句云：「天湖水湛琉璃碧，霞霧山圍錦障紅。觸目本來成現事，何須插手問禪翁。」[853] 頗能反映他的為人風格。有〈山居詩〉五十六首，他自說是「山林多暇，瞌睡之餘，偶成偈語自娛」，以下是其中的四首：

柴門雖設未嘗關，閒看幽禽自往還。尺璧易求千丈石，黃金難買一時閒。雲消曉嶂聞寒瀑，葉落秋林見遠山。古柏煙銷清晝永，是非不到白雲間。

優遊靜坐野人家，飲啄隨緣度年華。翠竹黃花閒意思，白雲流水淡生涯。石頭莫認山中虎，弓影休疑盞裡蛇。林下不知塵世事，夕陽常見送歸鴉。

茅屋青山綠水邊，往來年久自相便。數株紅白桃李樹，一片青黃菜麥田。竹榻夜移聽雨坐，紙窗晴啟看雲眠。人生無出清閒好，得到清閒豈偶然。

歷遍乾坤沒處尋，偶然來住此山林。茅庵高插雲霄碧，蘚徑斜過竹影森。人為名利驚寵辱，我因禪寂老光陰。蒼松怪石無人識，猶更將心去覓心。[854]

實際上這些作品作為偈頌，更像是格律精嚴的近體詩，寫景述情亦展現相當的詩情。詩中抒寫隱居求道、優遊閒適的情趣，隱含著深刻的人生哲理。

大圭，號夢觀，字恆白，元初僧，有《夢觀集》。為文簡嚴古雅，詩作尤有風致。晉江有金釵山，所作〈慕修石塔疏〉云：「山勢抱金釵，聳一

---

[853] 《石屋清珙禪師語錄》卷下，《續藏經》第 70 卷第 668 頁下。
[854] 《石屋清珙禪師語錄》卷下，《續藏經》第 70 卷第 665 頁中－ 667 頁中。

第七章　關於詩僧

柱擎天之偉觀；地靈俽玉幾，睹六龍回日之高標」，一時傳誦。其詩頗能表現民間疾苦，如〈築城曲〉：

> 築城築城胡為哉？使君日夜憂賊來。賊來尤隔三百里，長驅南下無一跬。吏胥督役星火催，萬杵哀哀互雲起。賊來不來城且成，城下人語連哭聲。官言有錢僱汝築，錢出自我無聊生。收取人心養民力，萬一猶能當盜賊。不然共守城者誰？解體一朝救何得。吾聞金湯生禍樞，為國不在城有無。君不見泉州不納宋天子，當是有城乃如此。[855]

此外還有〈夜聞水車〉、〈僧兵守城行〉等，風格類似。

值得一提的還有元叟行端，有《寒拾里人稿》，其中〈擬寒山詩四十一首〉，傳頌禪林。如：

> 權門有貪恨，掠脂又剜肉。一己我喜歡，千家盡啼哭。溢窖堆金銀，盈箱疊珠玉。只知丹其轂，不知赤其族。[856]

言辭的犀利，感情之激憤，都確能得寒山詩的神似。

明初名僧梵琦（西元 1296－1370 年），字楚石，象山人，居海鹽天寧寺，也是臨濟宗人，歷住杭州、嘉興等地大寺，受到元、明兩代帝王器重。明洪武初年，朝廷兩次大做法事，均由他主持，稱「國初第一宗師」。他善詩頌，對一代僧壇風氣頗有影響。朱彝尊說：「楚石，僧中龍象，筆有慧刃，《淨土詩》累百，可以無譏。和寒山、拾得、豐干韻，亦屬遊戲。讀其《北遊》一集，風土物候，畢寫無遺，志在新奇，初無定則。假令唐代緇流見之，猶當瞠乎退舍，矧癲可、瘦權輩乎！愚庵智及鞾章云：『麻鞋直上黃金殿，鐵錫時敲白下門。』誦之足以豪矣。」[857] 其〈漠北懷古〉組詩之二：

---

[855]　顧嗣立《元詩選》二集，中華書局，1987 年，第 5 冊第 1,396 頁。
[856]　《元叟行端禪師語錄》卷六，《續藏經》第 71 卷第 537 頁中。
[857]　《靜志居詩話》卷二三，黃君坦點校，人民文學出版社，1998 年，下冊第 733 頁。

第七節　元代以後詩僧

曠野多遺骨，前朝數用兵。烽連都護府，柵繞可敦城。象膽隨時轉，駝蹄入夜明。卻因班定遠，牽動故鄉情。

北入窮荒野，人如曠古時。天山新有唱，耶律晚能詩。共說羊堪種，誰知繭作絲。漫漫風雪裡，南望是京師。[858]

這一組詩是早年在元朝時北遊所作，正是「風土物候，畢寫無遺，志在新奇，初無定則」的典型作品。同時還有〈居庸關〉：

天畔浮雲雲表峰，北遊奇險見居庸。立排劍戟三千士，門掩關河百二重。渠達自今收戰馬，兜鈴無復置邊烽。上都避暑頻來往，飛鳥猶能識袞龍。[859]

這樣的作品也寫得意氣豪放，慷慨蒼涼。又〈曉過西湖〉詩曰：

船上見月如可呼，愛之且復留斯須。青山倒影水連郭，白藕作花香滿湖。仙林寺遠鐘已動，靈隱塔高燈欲無。西風吹人不得寐，坐聽魚蟹翻菰蒲。

沈德潛評論說：「釋子詩取無蔬筍氣者，寥寥數章，已盡其概。」[860]

又一位明初名僧宗泐（西元1318－1391年），字季潭，號全室，天台宗人。洪武初舉高行沙門，居首，十年（西元1377年）被遣往西域求遺經，十五年返回，命住金陵天界寺，掌理天下僧教。有《全室集》。朱彝尊說：「洪武十四年六月，開設僧錄司，掌天下釋教事，曰善世，曰闡教，曰講經，曰覺義，左右各一員。府設僧綱司、都綱，有副。州設僧正司、僧正，縣設僧會司、僧會。明年四月，以戒資為左善世，宗泐為右善世……來復為左覺義……先是九年春，孝陵幸天界，泐公主持斯寺，賞其識儒書，知禮儀，命蓄髭髮，髮長數寸矣。欲授以官，固辭。帝親作〈免

---

[858]　沈德潛《明詩別裁》卷一二。
[859]　錢謙益《列朝詩集·王集》卷一，《續修四庫全書》本。
[860]　沈德潛《明詩別裁》卷一二。

第七章　關於詩僧

官說〉。時宋學士景濂好佛，帝目為宋和尚；泐公好儒，帝呼以泐秀才。嘗奉詔制讚佛樂章，帝嘉嘆，賜和平日所作詩。晚奉旨佚老，歸奉陽之槎峰。帝降書曰：『寂寞觀明月，逍遙對白雲。汝其往哉！』其後僧智聰坐胡惟庸黨，詞連泐及來復，謂『泐西域取經，唯庸令說土番舉兵為外應』，有司奏當大辟，詔免死。孝陵御頒《清教錄》，僧徒坐胡黨者六十四人，咸服上刑，唯泐得宥，蓋受主知之深矣。止庵讀其《西遊集》，賦詩云：『一字一寸珠，一言一尺玉。』其推重若此。」[861]四庫館臣評其詩：「宗泐雖託跡緇流，而篤好儒術，故其詩風骨高騫，可抗行於作者之間。徐一夔作是集序，稱其如霜晨老鶴，聲聞九皋，清廟朱弦，曲終三嘆，彷彿近之。皎然、齊己，固未易言，要不在契嵩、惠洪下。」[862]其詩多語近情遙，意味深長。如〈江南曲〉：

泛舟出晴溪，溪回抱山轉。欲採芙蓉花，亭亭秋水遠。心非橋上帆，隨風起舒捲。但得紅芳遲，何辭歲年晚。

這一首詩寫得清新婉約，流露出對於美好事物的賞愛和追求，正是其人格的表露。而如〈採芹〉：

深渚芹生密，淺渚芹生稀。採稀不足濡，採密畏沾衣。清晨攜筐去，及午行歌歸。道逢李將軍，馳獸春正肥。

這裡是以比興手法表達所謂「獻芹」之志，表示作者雖然已經出家棄世，卻未能忘情世事，而最後一結，諷刺權豪庸腐，更具深意。又〈送徐伯廉歸南陵〉：

把酒城南道，離懷去住同。烏啼紅樹裡，人在翠微中。山雨添秋色，溪雲渡晚風。倚樓相憶處，明日各西東。

---

[861]　《靜志居詩話》卷二三，黃君坦點校，人民文學出版社，1998年，下冊第734頁。
[862]　《四庫全書總目》卷一七〇《全室外集》九卷《續集》一卷，中華書局，1965年，下冊第1,479頁。

第七節　元代以後詩僧

這一篇送別詩，格調相當豪壯，中間兩聯描寫送行景緻，很有特色。又〈登相國寺樓〉：

冬日大梁城，郊原四望平。雲開太行碧，霜落蔡河清。欲問征西路，兼懷弔古情。夷門名尚在，無處覓侯嬴。

這是登北宋京城汴梁（今河南開封市）相國寺樓的抒情懷古之作，境界開闊，結句更是寄託感慨無限。

來復（西元 1315－1391 年），字見心，號竺曇叟。洪武初，曾召見京師，詩作受到明太祖朱元璋的稱讚。後來牽連到胡惟庸案，被凌遲處死。有《蒲庵》、《澹遊》二集。早年與元代著名文人虞集等人交遊，是典型的詩僧，時人推崇其創作說：「……見心復公所為文，以敏悟之資，超卓之才，禪學之暇，發為文辭，抑揚頓挫，開合變化，藹乎若春雲之起於空也，皎乎若秋月之印於江也。溯而上之，卓然並趨於（契）嵩、（懷）璉諸師無愧也。」他善近體，如〈遊石湖蘭若二首〉：

荷花蕩西湖水深，上有蘭若當高岑。客吟時見猿鳥下，僧定不聞鐘磬音。雨香秋林橘子熟，雲落空礑棠梨陰。閒來掃石坐竹裡，靜與山人論素心。

五龍之峰雲作屏，雙崖削出芙蓉青。何人礑裡拾瑤草，有客松間尋茯苓。林風不驚虎穴石，山雨忽來龍聽經。吳王臺榭今寂寞，秋香薜荔花冥冥。[863]

這樣的詩鍛鍊字句，造境奇僻，寫無人之境，抒超逸之情。又〈西湖雜詩〉四首之二：

寶網金幢變劫灰，瞿曇寺裡盡蒿萊。烏窠無樹山靈泣，不見談禪太傅來。

---

[863]　《列朝詩集・閏集》卷一。

第七章　關於詩僧

荷鋤耕叟餉蒸梨，家在官塘九曲西。白髮強談兵後事，眼枯無淚向人涕。[864]

以短小的篇幅描寫元、明易代之際西湖亂後景象。前一首用鳥窠禪師和白居易談禪典故，表現寺院殘毀破落；後一首寫民間疾困，感傷無限。來復的長歌也頗有氣勢，如〈題廬山瀑布圖〉：

廬山瀑布天下聞，白河倒瀉千丈雲。長風吼石吹不斷，一洗浩劫消塵氛。我昔潯陽看五老，探湫直上青龍璈。六月飛濤噴雨來，灑作冰花滿晴昊。是時謫仙邀我錦疊屏，山瓢共酌誇中。冷光直疑山骨裂，清味不作蛟涎腥。爾來漫遊身已倦，歸老芝巖寄淮甸。枕流三峽杳莫期，高寒每向圖中見。可憐問津之子徒紛紜，高深誰得窮真源。大千溟渤斂一滴，汙瀦絕港焉足論。我知山中有泉無，若此便欲臨淵濃清。是非不到煙蘿關，兩耳塵空何必洗。

這是一首題畫詩，發揮誇張、想像的筆法，把圖畫與實境、神遊與懷古結合起來，描繪出迷離徬徨的意境，抒寫出豪壯的情思。

守仁，字一初，號夢觀。有《夢觀集》。洪武中，被徵為僧錄司右講經，升右善世。相傳南粵貢翡翠，進詩曰：「見說炎州貢翠衣，網羅一日遍東西。羽毛亦足為身累，那得秋林靜處飛。」因而獲罪。〉楨有〈送蘭、仁二上人歸三竺序〉，蘭指古春如蘭，仁即守仁，其略云：「余在富春時，得山中兩生，曰蘭，曰仁，皆用世之才，授之以《春秋》經史學。兵興，潛於釋。」可見他們是迫於時事，逃禪出家的。其〈題方壺畫〉：

方壺老人年九十，醉把金壺傾墨汁。染得蓬萊左股青，煙霧空樹猶溼。危橋過客徐徐行，白石下見溪流清。仙家樓館在何處，雲中彷彿聞雞聲。古臺蒼蒼煙景暮，藥草春深滿山路。招取吹笙兩玉童，我欲凌風從此去。[865]

---

[864]　《列朝詩集・閏集》卷一。
[865]　《列朝詩集・閏集》卷二。

第七節　元代以後詩僧

這一篇作為僧詩，描寫的實際上是神仙幻想，篇幅雖然簡短，但寫得波瀾起伏，想像十分壯麗，境界極其開闊。同樣的〈題畫二首〉之二：

積雨平原煙樹重，翠崖千丈削芙蓉。招提更在秋雲外，只許行人聽晚鐘。[866]

又〈懷友二首〉：

湖草青青上客舟，辛夷花老麥初秋。一春多少懷人夢，半在鄉山雨外樓。

送盡梨花雪滿林，坐來桐樹綠成陰。十年故舊如雲散，一夜春愁似海深。[867]

這樣的作品都做到語近情遙，頗有韻味。

德祥（西元 1332－1394 年），號止庵，朱彝尊謂：「止庵詩，原出東野，意主崛奇，而能斂才就格，足與楚石季潭巾瓶塵拂，鼎立桑門，蒲庵以下，要非其敵。」[868] 其〈湖上〉詩云：

六橋山色裏湖光，柳傍桃隨十里長。無限紅香多少絮，並將春恨與劉郎。[869]

三、四兩句情致綿長，極委婉之至。又〈小築〉詩：

日涉東園上，余將卜此居。草生橋斷處，花落燕來初。避俗何求僻，容身不願餘。堂成三畝地，只有一床書。[870]

以極其閒淡、安詳的筆觸，抒寫出超脫的心境。〈聽雨蓬〉：

溪邊茅屋兩三椽，寬窄其如一釣船。幾樹暮鴉蓬底看，一瓢春酒雨中

---

[866]　《列朝詩集·閏集》卷二。
[867]　《列朝詩集·閏集》卷二。
[868]　《靜志居詩話》卷二三，黃君坦點校，人民文學出版社，1998 年，下冊第 739 頁。
[869]　《列朝詩集·閏集》卷二。
[870]　《列朝詩集·閏集》卷二。

第七章 關於詩僧

眠。舊愁無復來心上，新夢何由到枕邊。我亦江湖釣竿手，菰蒲叢裡住多年。[871]

同樣是抒寫悠然自得、樂道逍遙的境界。

宗衍，字道源，字石林。好讀儒書，嘗類纂子史百家為《小碎集》，又以餘力注《李義山詩》三卷，其言曰：「詩人論少陵忠君愛國，一飯不忘，而目義山為浪子，以其綺靡華豔，極《玉臺》、《金樓》之體而已。第少陵之志直，其詞危；義山當南北水火，中外鉗結，不得不紆曲其旨，誕謾其詞，此風人〈小雅〉之遺，推原其志義，可以鼓吹少陵。」[872] 說明他對李詩確實有個人獨特理解。書未刊行，朱長儒箋李詩，多取其說。其〈早梅〉詩曰：

萬樹寒無色，南枝獨有花。香聞流水處，影落野人家。雪後留雲淡，籬邊待月斜。床頭看舊曆，知欲換年華。[873]

這一首詩取意齊己，描寫更加細密委婉。又〈對菊有感〉：

百草競春色，唯菊以秋芳。豈不涉寒暑，本性自有常。疾風吹高林，木落天雨霜。誰知籬落間，弱質懷剛腸。不怨歲月瞑，所悲迫新陽。永歌歸去來，此意不能忘。[874]

這同樣是一首詠物詩，借詠菊來抒發自己剛正不阿的懷抱。

「明末四高僧」雲棲祩宏（西元 1535－1615 年）、紫柏真可（西元 1543－1603 年）、憨山德清（西元 1546－1623 年）、蕅益智旭（西元 1599－1655 年），在佛教衰敝的形勢下，對於振興一代佛教做出相當貢獻。他們都廣交士人，具有一定的社會聲望，多有海內知名之士為俗弟子。如雲棲

---

[871] 《列朝詩集‧閏集》卷二。
[872] 《靜志居詩話》卷二三，黃君坦點校，人民文學出版社，1998 年，下冊第 753 頁。
[873] 《靜志居詩話》卷二三，黃君坦點校，人民文學出版社，1998 年，下冊第 753 頁。
[874] 《列朝詩集‧閏集》卷二。

第七節　元代以後詩僧

袾宏門下有宋應昌、張元、馮夢禎、陶望齡等；紫柏真可有陸祖光、瞿汝稷、王肯堂等，著名戲曲家湯顯祖亦曾從之受記；憨山德清有汪德育、吳應賓、錢謙益、董其昌等。其中文學成就最高的當屬德清。

德清，俗姓蔡，安徽全椒人，臨濟宗人。年輕時雲遊四方，廣有聲譽；萬曆年間，住東海嶗山（今山東青島市）；二十三年（西元 1595 年）明神宗不滿於皇太后佛事靡費，遷罪於他，充軍雷州，至四十二年始遇赦還僧服；後示寂於曹溪。他學養甚高，論學、論詩有精到語，如說：

嘗言為學有三要：所謂不知《春秋》，不能涉世；不精《老》、《莊》，不能忘世；不參禪，不能出世。此三者，經世、出世之學備矣。[875]

由此可見他統合三教的立場。又論詩說：

昔人論詩，皆以禪比之。殊不知詩乃真禪也。陶靖節云：「採菊東籬下……」此等語句，把作詩看，猶乎蒙童讀「上大人丘乙己」也。唐人獨李太白語，自造玄妙，在不知禪而能道耳。若王維多佛語，後人爭誇善禪。要之，豈非禪耶？特文字禪耳。非若陶、李造乎文字之外。[876]

這裡表達的關於詩、禪關係的看法頗有見地。他的詩也頗有可讀篇章。如〈將之南嶽留別嶺南法社諸子十首〉的最後三首：

時把綸竿見素心，竹枝唱罷幾知音。扁舟歸去霜天夜，明月蘆花何處尋。

寒空歷歷雁聲孤，蹤跡從今落五湖。無限煙波寄愁思，片帆天際是歸途。

為法寧辭道路賒，豈云瘴海是天涯。頻將一滴曹溪水，灌溉西來五葉花。[877]

---

[875]　〈學要〉，《憨山大師夢遊集》卷三九，《續藏經》第 73 卷第 746 頁中。
[876]　〈雜說〉，《憨山大師夢遊集》卷三九，《續藏經》第 73 卷第 745 頁下。
[877]　〈雜說〉，《憨山大師夢遊集》卷三八，第 738 頁上。

第七章 關於詩僧

這樣的作品禪情、詩意相交織，抒寫出雲遊四方的心境，真誠求道的堅定意志、超然物外的灑脫情懷溢於言表。他又有〈山居詩六言〉二十首，下面是第一、四兩首：

松下數椽茅屋，眼前四面青山。日月升沉不住，白雲來去常閒。

一片寒心雪夜，數聲破夢霜鐘。爐內香銷宿火，窗前月上孤峰。[878]

只是以簡括的筆墨，質樸地勾畫出眼前景緻，把自己安閒自如的心境發露無餘。他南貶雷州，有〈從軍詩〉十七首，有引曰：「余以弘法罹難，蒙恩發遣雷陽，丙申春二月入五羊，三月十日抵雷陽戍。時值其地飢且癘，已三歲矣。經年不雨，道相望，兵戈滿眼，疫氣橫發，死傷蔽野，悲慘之狀，甚不可言。余經行途中，觸目興懷，偶成五言律詩若干首。久耽枯寂，不親筆硯，其辭鄙俚，殊不成章，而情境逼真，諒非綺語，聊記一時之事云。」從這一篇引，可以看出他感時傷世的情懷。下面是第三和第十一首：

舊說雷陽道，今過電白西。萬山嵐氣合，一錫瘴煙迷。末路隨蓬累，殘生信馬蹄。那堪深樹裡，處處鷓鴣啼。

旅宿悲寒食，兵戈老歲年。身經九死後，心是未生前。北伐思山甫，南征憶馬淵。梅花何處笛，聽徹不成眠。[879]

將含冤負累、奔走長途的淒涼，身經動亂、九死一生的感慨，透過鮮明的景緻表現出來。又〈庚子歲即事〉四首之三：

滿目黃塵暗，披肩白髮垂。江湖歸路杳，鷗鷺傍人疑。康濟思當日，安危望此時。從來貂珥重，寧不愧恩私。[880]

庚子是西元1601年，在雷州作，對於流貶命運抒發感慨之餘，又寄託了對世事的關心。

---

[878] 《憨山大師夢遊集》卷四九，《續藏經》第73卷第801頁上、中。
[879] 《憨山大師夢遊集》卷四七，《續藏經》第73卷第791頁下—792頁上。
[880] 《憨山大師夢遊集》卷四七，《續藏經》第73卷第792頁中。

第七節　元代以後詩僧

「四高僧」之中，其他三人也留下許多詩頌，頗有值得一讀的作品。如真可〈吳氏廢圖〉二首：

汾陽門第晉風流，飄渺吳山感勝遊。今日松蘿誰是主，斷雲殘月鎖江樓。

築成金屋貯嬋娟，草魅花迷知幾年。愁見向來歌舞地，古槐疏柳起寒煙。[881]

在發思古之幽情之中，預示了權豪富貴的末路。又雲棲袾宏〈跛腳法師歌自嘲〉：

跛腳法師胡以名，良繇能說不能行。我今行說兩俱拙，不應無實當斯稱。春王正月才過十，午間隨例入浴室。失足俄沉百沸湯，不起床敷五十日。瘡痍甫平筋力疲，左長右短行參差。東行夾輔二童子，西行交倚雙筇枝。是故此師名跛腳，跛去跛來人笑殺。笑殺平生好放生，善因惡果理難合。頗有行肆旃陀羅，刲羊擊牛烹鳧鵝。鱉鱔蟹蛤殺無數，而反康豫無纖痾。放生誠有長壽理，因果無差休亂擬。我昔殺業今須償，身痛心生大歡喜。旁人問我喜者何，我以此腳成蹉跎。趨奔無始至今日，步步趁入無明窠。或趨名兮據高位，衝寒踏遍金階地。或趨利兮走天涯，歷盡燕秦並楚魏。或趨豪勢侯門牆，不減立雪之遊樣。或趨女色越垣間，繇此暮夜遭傷亡。或趨檀施求無已，匍匐泥塗沒其趾。或趨友朋時往來，破夏踐殞諸蟲蟻。或趨五嶽及三山，南馳北騖芒鞋穿。所以如來苦呵責，舉足動足皆怨懟。幸哉今跛損成益，思欲閒行行不得。潛行斂跡守林巒，多種狂心一朝息。客來恕我不起延，兀兀似入磨磚禪。閉門無事且高枕，欲學翠色巒煙眠。只愁此腳不終疾，趨奔萬境仍如昔。願君不跛如跛人，勝彼長年掩關客。[882]

---

[881]　《紫柏尊者全集》卷二八，《續藏經》第 73 卷第 383 頁中。
[882]　《雲棲法匯》第 4 集《山房雜錄》卷二，和裕出版社，1999 年，第 4,387－4,388 頁。

第七章　關於詩僧

雲棲袾宏的作品多採取唐人偈頌的風格。像這一篇長歌，本來是用以自嘲，充滿幽默情趣，意在說明因果報應之理，對奔走利祿、財色的風氣卻有尖銳的諷刺、批評。

明、清之際，方外之人裹挾在動亂之中，詩僧中多有性情之人，慷慨詠懷，抒寫興亡之感。其最為傑出者為讀徹蒼雪和櫟庵擔當。

蒼雪（西元 1588 － 1656 年），名讀徹，雲南人，出家在雞足山，萬里巡遊，住吳（今江蘇蘇州市）之中峰。江南本來是文人薈萃之地，南明王朝時期這裡更曾一度成為抗清復明的中心，清室定鼎北京之後，又有許多前朝遺民會集在這裡。與蒼雪交誼深厚的有錢謙益、吳偉業、毛子晉、陳繼儒、朱彝尊、姚希孟、朱鶴齡等一代著名人物。

蒼雪的詩「氣盛骨勁，想幽語雋」[883]。王漁洋評論說：

南來蒼雪法師名讀徹，居吳之中峰，嘗夜讀《楞嚴》，明月如水，忽語侍者：庭心有萬曆大錢一枚，可往撿取，視之果然。師貫穿教典，尤以詩名。嘗有句云：「斜枝不礙經行路，落葉全埋入定身。」「一夜花開湖上路，半春家在雪山中。」此類甚多。乙未二月，師弟子秋梟過訪，說此。秋梟有句云：「鳥啼殘雪樹，人語夕陽山。」亦有家法。[884]

這裡所引的第二首詩〈別九玉徐公訂鐵山看梅〉全篇是：

我欲求閒不得閒，君詩刪過又重刪。燈前預定看梅約，歲暮遙憐破凍換。一夜花開湖上路，半春家在雪中山。停舟記取溪橋外，望見茅庵直叩關。[885]

這一首詩典型地展現了蒼雪的風格：格律工穩，語麗情深，餘意無限。

中年以後的蒼雪聲名愈隆，在教內外已有相當崇高的地位。但他一

---

[883]　陸汾〈南來堂詩集序〉。
[884]　《帶經堂詩話》卷二〇。
[885]　《南來堂集》卷三上。

直不忘民生疾苦。他描寫民生的詩也是情真語切,甚為難得。如〈雜木林百八首〉中的三首:

> 青天犬吠雲,白日花無語。農心那得月,償租似求雨。
> 今秋山下田,莫問收幾許。愁課不愁飢,那得上倉米。
> 斗水賣十錢,掘井深何底。而我山中人,猶幸富於此。[886]

這是描寫大旱之年農民無以為生的苦況。又〈贈蜀僧撾鼓篇〉:

> 打鼓發船船下灘,灘回石轉幾千盤。掉頭撥尾鼓為令,爾自蜀來非所難。輕衫短袖單搭帽,腰繫絲縧三五道。勢如擒虎不放鬆,初下一椎驚鐵跑。一椎漸急一椎催,驟雨狂風大作雷。天門谽谺三十六,古宮鐵樹頓花開。腕無力兮心亦苦,宮商變盡聲悽楚。滿座聞之涕淚哼,不見彌橫三撾鼓。[887]

這是描寫長江上的縴夫生活,得自他出川時的見聞,可見他民胞物與的情懷。這一類題材是古今少有人描寫的。蒼雪生逢明、清易代之際,對王朝末代的痛惜,鼎革後的故國情思,感時傷世,在作品中都有十分痛切的表現。這與當時遺民間的抗清思潮相呼應,成為他詩作中最激動人心的部分之一。其中最著名的是〈金陵懷古四首〉:

> 倚樓何處聽吹笙,二十四橋空月明。斷岸青山京口渡,江翻白浪石頭城。長生古殿今安在?餓死荒臺枉受名。最是勞勞亭上望,不堪衰柳動秋聲。

> 天子何年下殿走,蕭蕭變起事先徵。挺戈一卒當洪武,罵賊孤臣泣孝陵。青草天涯無限路,白頭宮禁有歸僧。乾坤莫大袈裟角,覆得雲山到幾層。

---

[886] 《南來堂集》卷四。
[887] 《南來堂集》卷一。

第七章　關於詩僧

　　浪打山根斷鐵繩，降帆曾見出金陵。三軍天塹如飛渡，六月江流忽凍冰。剪尺杖頭懸寶誌，山河掌上照圖澄。可憐白帽逢人賣，道衍終是未了僧。

　　石頭城下水淙淙，水繞江關合抱龍。六代蕭條黃葉寺，五更風雨白門鐘。鳳凰已去臺邊樹，燕子仍飛磯上峰。抔土當年誰敢盜，一朝伐盡孝陵松。[888]

　　這是用傳統的懷古為題，寫明初惠帝朱允和成祖朱棣的帝位之爭，來寄託對於明室滅亡的感慨。因為明王朝本在金陵立國，南明王朝又在金陵失敗，對比的意味就更為明顯。第一首借詠南朝蕭梁的敗滅，以江山依舊表達世事變幻的悲哀，特別是用梁武帝「餓死臺城」的典故，批判惠帝腐敗無能而喪家滅國。第二首寫燕王破金陵，惠帝君臣回天無力的境況。孝陵是明太祖朱元璋陵墓，在今南京東北鍾山南。後來趙翼〈過前明故宮基〉詩曰：「孝陵靈爽如重過，應有滄桑涕淚流。」也是以哭孝陵來寄託明社既亡的悲哀。第三首詠道衍事，這也切合作者自己僧人的身分。

　　道衍（西元 1335－1418 年），俗名姚廣孝，《明史》卷一四五有傳，年十四度為僧，博學多才，能詩善畫，元末兵亂，深自韜晦，參徑山愚庵智及得法。洪武中，以宗泐之薦，隨燕王赴北京，燕王起兵有天下，用力為多，論功居第一，賜復俗姓，復命蓄髮。冠帶而朝，退則緇衣，曾監修《太祖實錄》，參與編纂《永樂大典》。作者以道衍來表達自己終於未能忘記世情的感慨。第四首描寫金陵一地時移世易的景象，結以明室的殘破荒涼，抒寫朝代更易的悲憤。這一組詩沉鬱蒼涼，慷慨凝重，頗得老杜風神，歷來受到推重。

　　陳垣評論蒼雪說：「僧能詩不奇，為當時僧中第一，或竟為當時詩中

---

[888]　《南來堂集》卷三下。

第七節 元代以後詩僧

第一,則奇矣。」[889]

擔當今存《擔當遺詩》。其詩作得到當代名公極高評價,如李維楨〈園集序〉說:「……自獨能作開元、大曆以前人語,清而不薄,婉而不蕩,法古而不襲跡,卑今而不弔詭,後來之彥如子詩典雅溫淳,指不數僂也……」[890]董其昌〈園集引〉說:「……讀其詩,溫淳典雅,不必賦〈帝京〉而有四傑之藻,不必賦〈前後出塞〉而有少陵之法……」[891]今傳《擔當遺詩》裡「悲歌慷慨觸時忌者」已經刪落。不過集中許多作品仍能反映他高臥蒼山、持守節操的風範,如〈山居二首〉之一:

高處誰能到,拳奇我欲探。濤翻新潑墨,雨洗舊堆藍。舍宅真無累,買山亦是貪。拾得雲幾片,常在杖頭擔。[892]

又〈感懷〉:

一身何散淡,兩眼遍創意。水國魚龍鬥,山城虎豹窺。逃往誰肯問,老大獨堪悲。且保頭顱拙,從他雪亂垂。[893]

大錯(西元 1600－1673 年),俗姓錢,名邦苴,丹徒人。本萬曆進士,崇禎年間官雲南巡撫,輔佐南明王朝,守戰有功,授僉都御史,永曆帝奔緬甸,扈從不及,入雞足山,削髮為僧。他學品俱高,禪餘吟哦,適性自悅。

近代詩僧中成就最為傑出的當屬寄禪。寄禪名敬安,以字行,湘潭(今湖南湘潭市)人。曾參禮阿育王寺,曾割臂燃指,因自號「八指頭陀」,後遊江浙名藍,聲動四方。特別是詩才卓著,一時名流皆與之往還。民國初,在上海設中華佛教總會,被選為會長。有《八指頭陀詩集》

[889]　《明季滇黔佛教考》卷三,第 102 頁。
[890]　《擔當遺詩》卷首。
[891]　《擔當遺詩》卷首。
[892]　《擔當遺詩》卷三。
[893]　《擔當遺詩》卷四。

第七章 關於詩僧

等。陳曾〈讀近人詩〉曰:「為儒為佛兩相宜,世外詩心闢一奇。如此才華銷受得,宣尼不學學牟尼。」[894] 譚嗣同稱讚他的詩是「當代之秀」[895]。梁啟超則說:「寄禪者,當世第一流詩僧,而笠雲之徒也。詩曰:『每看大海蒼茫月,卻憶空林臥對時。忍別青山為世苦,醉遊方外更誰期。浮生斷梗皆無著,異國傾杯且莫辭。此地南來鴻雁少,天童消息待君知。』『知君隨意駕扁舟,不為求經只浪遊。大海空煙亡國恨,一湖青草故鄉愁。慈悲戰國誰能信,老兵同胞尚未瘳。此地從來非極樂,中原回首眾生憂。』」[896] 他的詩不主故常,宗法六朝,追求自然古樸;又軌模中唐姚合、賈島,走枯淡閒適一路。作品備受清末諸大家稱許,在詩壇上占有一席地位。其〈鄭州河決歌〉:

嗚呼!聖人千載不復生,黃河之水何時清。濁浪排空倒山岳,須臾淪沒七十城。蛟龍吐霧蔽天黑,不聞哭聲聞水聲。天子宵衣起長嘆,詔起師臣出防捍。帑金萬鎰添洪流,黃河之工猶未半。精衛含愁河伯怒,桃花水訊益汗漫。明庭下詔罪有司,有司椎胸向天悲。籲嗟乎時事艱難乃如此,余獨何心惜一死。捨身願入黃流中,抗濤速使河成功。[897]

這是寫西元1888年黃河決口的慘狀。〈感懷疊前韻〉二首之二:

我亦哀時客,事成有哭聲。寒暄看世態,生死見交情。野鶴愁將侶,閒雲悔入城。會須冥物我,妙善豈能名。[898]

西元1898年作〈書胡志學守戎牛莊戰事後五絕句並序〉,所寫為甲午中日戰爭的牛莊之役,有序曰:

胡君志學從左文襄,積功至守備,乙未牛莊之役,胡君負營主尸,

---

[894]　郭紹虞等編《萬首論詩絕句》,人民文學出版社,1991年,第4冊第1,604頁。
[895]　〈論詩絕句六篇〉之三,蔡尚思等編《譚嗣同全集》(增訂本),中華書局,1981年,第77頁。
[896]　梁啟超《飲冰室詩話》,人民文學出版社,1959年,第118－119頁。
[897]　《八指頭陀詩集》卷四。
[898]　《八指頭陀詩集》卷七。

第七節　元代以後詩僧

力殺數賊，中炮折足，遂擒羈海城六月。和議成始還至上海，西人續以木足。戊戌秋，晤余長沙，出木足及身上槍痕以示，為之泣下，感為五絕句：

折足將軍勇且豪，牛莊一戰陣雲高。前軍已報元戎死，猶自單刀越賊濠。

海城六月久羈留，誰解南冠客思憂。夜半啾啾聞鬼語，一天霜月晒骷髏。

一紙官書到海濱，國仇未報恥休兵。回首部卒今何在，滿目新墳是舊營。

收拾殘旗入漢關，陰風吹雪滿松山。路逢野老牽衣泣，不見長城匹馬還。

彈鋏歸來舊業空，只留茅屋惹秋風。淒涼莫問軍中事，身滿槍痕無戰功。[899]

牛莊失陷在西元 1895 年 2 月，當時湘軍苦戰，死傷近兩千，日軍進入牛莊後大肆殺掠。這一首詩歌頌抗敵壯舉，慷慨蒼涼。

近代佛門繼承自古以來「以文字為佛事」的傳統，許多僧人皆能詩。其中高僧如宗仰（西元 1865 － 1921 年）、弘一（西元 1880 － 1942 年）、圓瑛（西元 1878 － 1953 年）等不僅是一代佛門龍象，詩歌創作亦有相當傑出的成就。如宗仰早年出家，遍遊南北名山，後積極投身革命，曾任中國教育會會長，成立愛國學社，主編《蘇報》。以《蘇報》案亡命日本，結識孫中山，參加同盟會，後隱居山林，閉戶讀經。梁啟超說：「宗仰上人，可謂中國佛教界第一流人物也。常慕東僧月照之風，欲為祖國有所盡力。海內志士，皆以獲聞說法為欣幸。吾友湯覺頓禮之歸，呈三詩以表景仰，讀之可以想見上人之道行矣。詩云：『不離佛法不離魔，出世還憑入世多。

---

[899]　《八指頭陀詩集》卷一〇。

第七章 關於詩僧

好是音雲演真諦,八千里下瀉黃河。』『縱浪朱華道自存,心內淵淵有活源。六月霜飛冬自暖,一生從不異寒暄。』『不言施報亦施報,不落言詮亦言詮。山僧自有山僧相,那得人間再與言。』覺頓之詩,亦淵淵有道心矣。上人好為詩,詩肖其為人,屢見《世界潮音集》中,自署烏目山僧者是也。」[900]

　　源遠流長、碩果纍纍的僧人詩歌創作,無論在佛教歷史上還是在文學歷史上,都是重要成果。這是宗教史上的特殊現象,是中國佛教文化高度發達的一部分結晶。眾多僧詩的創作展現了中國歷代佛教徒「莊嚴國土,利樂有情」,關注世事、關心民隱的優良傳統。而把詩歌這種藝術形式轉變為弘揚佛法的手段,也顯示了中國佛教的弘通特質。僧人的詩作以其獨具特色的內容和風格豐富了歷代詩壇,詩僧的活動更有力地擴大了佛教在世間的影響,推動了儒、釋間的交流。僧人詩歌創作的意義和貢獻是多方面的。

---

[900]　　梁啟超《飲冰室詩話》,人民文學出版社,1959 年,第 45 — 46 頁。

第八章
唐與五代佛教通俗文學

第八章　唐與五代佛教通俗文學

第一節　唐、五代佛教通俗文學的繁榮

　　唐、五代是民間通俗文學十分興盛發達的時代。通俗文學的發展當然有前代成就作基礎。無論是韻文的民歌（樂府），還是散文的「說話」（說書），秦、漢以來都已有長足的發展，累積了豐碩的成果。而到隋、唐時代，在南北長期分裂之後建立起統一的大帝國，國勢強盛，經濟繁榮，為教育的發展創造了堅實的現實基礎。尤其是唐王朝立國後，即建立起從中央國學、州縣官學至私家講學、家庭教育等相輔相成、相當完整的教育體系。當時社會不但重視應付科舉、出仕的經學教育，還重視讀書識字的普及教育。敦煌歌詞裡就留下一些勸學內容的作品，例如說：「奉勸有男須入學，莫推言道我家貧……縱然未得一官職，筆下方圓養二親。」[901]「三更半，到處被他筆頭算。縱然身達得官職，公事文書爭處斷。」[902] 可見當時的民眾已經把教育當作個人營生和教養的必要手段了。民眾教育程度的提高，為民間文學創作提供了重要的客觀條件。

　　而唐代民間文學的發展又與佛教有密切關聯。從前面的介紹可以清楚看到，佛教本來就具有利用文藝形式對民眾進行宣教的傳統，唐代佛教的興盛更促使宣教內容和手段的不斷發展變化。當時通都大邑的大小寺院成為文化活動中心，眾多僧侶活躍在各文化領域，他們之中的部分人成為佛教通俗文學創作的核心力量與推動者。因此，唐、五代就成為中國古代佛教通俗文學最繁榮、成就最傑出的時期。

　　不過所謂「通俗文學」，原本是個含混的概念。文人作品有些是相當淺俗的；禪門偈頌更多利用口語；新興的曲子詞也源於民間。這些內容，本書都在另外的章節討論。本章主要介紹署名王梵志和寒山的通俗詩與敦煌寫本裡的變文、曲辭等作品。

---

[901]　〈十二時・勸學〉，任半塘《敦煌歌辭總編》卷五，上海古籍出版社，1987年，下冊第1,556頁。
[902]　〈五更轉（識字）〉，任半塘《敦煌歌辭總編》卷五，上海古籍出版社，1987年，下冊第1,284頁。

第二節　王梵志詩

南北朝時期以來已出現眾多宣揚佛教觀念的通俗詩。到中唐時期，一批署名傅大士、寶誌、王梵志、寒山的作品流傳於教內外。這些作品的內容、形式很龐雜，藝術水準和語言技巧也很不相同。齊梁時期的著名居士傅翕（大士）和義學沙門寶誌到唐代已經成為具有傳奇色彩的人物。今傳他們名下的詩頌多數應是後代偽託，而且那些作品基本上是偈頌風格，較少文學意味[903]。具有文學價值的真正的通俗詩是今存王梵志和寒山名下的作品。

關於王梵志，最早的記載見於晚唐嚴子休（馮翊子）的《桂苑叢談》：

王梵志，衛州黎陽（今河南浚縣）人也。黎陽城東十五里有王德祖者，當隋之時，家有林檎樹，生癭大如斗。經三年，其癭朽爛，德祖見之，乃撤其皮，遂見一孩兒，抱胎而出，因收養之。至七歲能語，問曰：「誰人育我？」及問姓名，德祖具以實告：「因林木而生，曰梵天，後改曰志，我家長育，可姓王也。」作詩諷人，甚有意旨，蓋菩薩示化也[904]。

這顯然是後出的傳說，不可信為事實。故事應是在王梵志名下的詩作廣泛流傳之後編造出來的。現存資料裡最早引述王梵志詩的是保唐宗禪史《歷代法寶記》，其中記載保唐無住（西元714－774年）說法時曾引用「王梵志詩」：「慧眼近空心，非關髑髏孔。對面說不識，饒你母姓董。」[905] 前蘇聯所藏敦煌寫本中的一個卷子卷末有題記：「大曆六年（西元771年）五

---

[903]　今存傅翕《善慧大師語錄》四卷，題唐樓穎編，宋紹興十三年（西元1143年）經樓炤改編刊行，其中的詩頌多表現禪宗觀念，當為後人所作；今存寶誌作品，《隋書‧五行志》、《南史‧梁武帝紀》、《梁史‧侯景傳》錄入的「讖詩」計四首，又《景德傳燈錄》卷二十九收錄〈大乘讚〉十首，後者也應是禪門作品。
[904]　《桂苑叢談‧史遺》，中華書局上海編輯所，1958年，第75頁。
[905]　（日）柳田聖山校注《初期の禪史Ⅱ歷代法寶記》，日本築摩書房，1984年，第270頁。

月某日抄王梵志詩一百一十首沙門法忍寫之記。」[906] 這是王梵志詩結集流傳時代的最早實證。著名詩僧皎然在其論詩名著《詩式》中論「跌宕格二品」，其中「駭俗」品舉出郭璞、王梵志、賀知章、盧照鄰四人的詩為例，王梵志〈道情詩〉是：「我昔未生時，冥冥無所知。天公強生我，生我復何為？無衣使我寒，無食使我飢。還你天公我，還我未生時。」[907] 可知「王梵志詩」當時已相當流行，以至被當作某種創作風格的典範看待。前面已經提到，中唐著名佛教學者宗密在其《禪源諸詮集都序》最後，說到「達摩宗枝之外」的禪道，舉出「志公、傅大士、王梵志之類」[908]。可知當時禪門對王梵志詩相當重視。宗密說這些人「降其跡而適性」，說明當時已有王梵志等乃是菩薩顯化的傳說，即已經不被當作現世的普通人看待了。又一個值得深思的情況是，在現存王梵志詩之中，有幾首詩是和北周釋亡名的作品、署為寶誌所作的〈大乘贊〉相同（字句有改動）。這也可作為理解「王梵志詩」形成狀況的參考。

從前面提到的前蘇聯所藏法忍抄本殘卷，可以知道在大曆年間已流傳有一百一十首的《王梵志詩集》。在西陲敦煌留下來多種王梵志詩寫本，也說明王梵志詩在晚唐、五代流傳的興盛狀況。晚唐范攄《雲溪友議》卷下〈蜀僧喻〉條錄有王梵志詩十二首，其中一首即是皎然《詩式》中引用的〈道情詩〉。〈蜀僧喻〉是講南宗禪師玄朗（馬祖道一弟子南泉普願法孫），其中說：「……或由愚士昧學之流，欲其開悟，別吟以王梵志詩。梵志者，生於西域林木之上，因以梵志為名。其言雖鄙，其理歸真，所謂歸真悟道，徇俗乖真也。」[909] 就是說，當時南宗禪師已經以王梵志詩作為啟發學人的工具。這也合於前述宗密「警策群迷」的說法。到宋代，王梵志詩流

---

[906] 前蘇聯科學院東方學研究所列寧格勒分所所藏敦煌第1,456號寫卷，見陳慶浩〈法忍抄本殘卷王梵志詩初校〉，《敦煌學》第12輯，1987年。
[907] 何文煥《歷代詩話》，中華書局，1980年，上冊第32頁。
[908] 《禪源諸詮集都序》卷四。
[909] 范攄《雲溪友議》，古典文學出版社，1957年，第73頁。

第二節　王梵志詩

傳更為廣泛。黃庭堅曾引用過兩首王梵志詩：

> 梵志翻著襪，人皆道是錯。乍可刺你眼，不可隱我腳。
>
> 城外土饅頭，餡草在城裡。一人吃一個，莫嫌沒滋味。[910]

南宋費袞《梁溪漫志》卷十〈王梵志〉條說：「山谷以茅季偉事親，引梵志梵襪之句，人喜道之。余嘗見梵志數頌，詞樸而理到，今記於此……。」[911] 接著轉錄詩八首，其中六首見於《雲溪友議》，但章節長短、分合有所不同。宋人的《庚溪詩話》等作品中還錄有另一些王梵志詩或斷句。王梵志詩在宋代如此流行，顯然與禪宗的提倡不無關係。值得注意的是，文獻中佚存的這些王梵志詩全都不見於現存敦煌寫本王梵志詩集，由此證明，在當時流傳著不同的「王梵志詩」寫本。

清人所編總集《全唐詩》中沒有收錄王梵志詩。直到敦煌寫卷發現，一批卷子出世，王梵志詩方引起人們的注意。先後有劉復（《敦煌掇瑣》，1925）、鄭振鐸（《世界文庫》第五冊《王梵志詩》一卷即《王梵志詩拾遺》，1935）、孫望（《全唐詩補逸》，1936）、童養年（《全唐詩續補遺》，1980）等人根據所見寫卷進行輯錄；法國學者戴密微（Paul Demiéville）編譯的《王梵志詩集》與《太公家教》合集於 1982 年出版，是為王梵志詩的第一個別集輯本；張錫厚在前人基礎上對所見到的資料做了全面的整理、校輯工作，著《王梵志詩校輯》，1983 年由中華書局出版，根據寫本和文獻記載，釐定作品 336 首。這是王梵志詩的第一個「全集」。但在當時條件下，所見寫卷並不完全。陳尚君作《全唐詩續拾》，在前人輯錄的基礎上，參照學界研究成果（校訂意見主要是郭在貽的，引錄諸家有項楚、袁賓、蔣紹愚、周一良、黃征、松尾良樹、戴密微等人）加以校定、轉

---

[910]　黃庭堅《詩話總龜後集》卷四三〈釋氏門〉，人民文學出版社，1987 年，下冊第 236、237 頁。
[911]　費袞《梁溪漫志》卷一〇〈梵志詩〉，上海古籍出版社，1985 年，第 117 頁。

錄[912]，特別是輯錄了前蘇聯科學院東方學研究所列寧格勒分所所藏《法忍抄本王梵志詩殘卷》。該書1988年編成，1992年出版。大約在同一段時期，項楚根據所知的三十五個卷子加以校訂、辨偽、分篇，釐定王梵志詩為331首詩，在出版過程中又增補法忍抄本所存，共計得390首，於1991年由上海古籍出版社出版《王梵志詩校注》，庶可作為迄今所知王梵志詩集的定本。

關於王梵志詩的創作年代，關係到人物虛實問題，學界歷來分歧較大。現存王梵志名下的詩，除散見於文獻者外，敦煌三十六個寫本可分為三卷本、法忍抄本和一卷本三個系統。其中三卷本內容和形式豐富多樣，藝術上也更具特色；法忍抄本大致上與之相似；一卷本是九十二首五言四句的小詩，表現方法類似訓世格言，比較起來缺乏思想與藝術上的深度。因此一般判定三卷本乃是王梵志詩的主體部分。從內容所涉及的歷史事件、典章制度、社會風俗等各方面綜合考察、分析，三卷本王梵志詩的創作不會晚於唐玄宗開元（西元713－741年）年間。法忍抄本之中已多有南宗禪觀念，產生年代應稍後，尤其因為有大曆六年的記載，大概形成於盛唐後期；又據項楚考證，一卷本王梵志詩應是唐時流行的童蒙讀本，有些篇章是根據《太公家教》改編的，應編寫於晚唐時期[913]。至於散見於禪籍、筆記小說、詩話裡的王梵志詩，情況更為複雜，應是王梵志詩流行過程中不斷制作並附會到名下的。有些甚至可能是宋人的擬作。這種情況，也反映了這一類通俗詩形成過程的流動性。所以項楚說：「所謂『王梵志詩』，從初唐直到宋初，陸續容納無數白話詩人的作品於自己的名下；同時，其中的某些部分又分化出去，乃至成為廣泛流傳於民間的俗語。」[914]

[912] 收錄《全唐詩續拾》的《全唐詩補編》1992年由中華書局出版，但付梓在1988年，因此編者不及見下述項楚1991年所出書。
[913] 項楚《王梵志詩校注》前言，上海古籍出版社，1991年，上冊第17－21頁。
[914] 「『但存方寸地，留與子孫耕』考」，項楚《王梵志詩校注》附錄，上海古籍出版社，1991年，下冊第894頁。

第二節 王梵志詩

關於作者,除了可以根據以上歷史背景、作品體制等方面加以判斷外,一些作品從具體內容來看顯然出自貧民、農夫、府兵、逃戶、地主、官吏、僧侶等不同階層的人之手。從體制來看,王梵志詩基本上是五言古詩,只有少數七言、六言、雜言(長短句)的篇章。這正是自漢樂府以來民間流行的詩歌體裁。

最有價值、能夠代表「王梵志詩」思想和藝術特色與成就的是三卷本。學術界討論的重點也是三卷本。由於它們是長期出於眾人之手的創作,僅直觀看即可以發現,其題材和主題相當駁雜。大致說來,內容可分為具有宗教性和全然世俗性的兩部分,在這兩部分之間看不出什麼關聯。但作為一個時代的產物,顯然是反映了人們精神面貌的不同面向。所以又應當把王梵志詩看作是一個整體,相當全面、真實地展現其產生時期的下層士大夫、一般僧侶和普通民眾的思想觀念,是他們利用民間通俗詩體裁抒發的對於社會和人生的理解。這個三卷本中佛教題材的作品,還沒有禪宗觀念的直接表露。但在大曆年間抄寫的法忍抄本裡卻已有多篇直接表現禪宗思想。這正展現了新興的禪宗思想逐步深入到民間的實際過程。

王梵志詩表現世俗內容的部分,大致上又可以分為兩類:一類是暴露民間疾苦,另一類是進行倫理訓誨。自唐初到開元年間,唐王朝逐步走向繁榮昌盛,社會上瀰漫著樂觀向上的氣氛。在這一段時期的文人創作中,表現民間疾苦的作品很少;而王梵志詩卻有不少篇章大膽揭露社會對立,訴說民眾苦難,揭示出許多社會問題。這一類詩無論是作為文學創作,還是作為社會史料都彌足珍貴。如:

貧窮田舍漢,庵子極孤悽。兩共前生種,今世作夫妻。婦即客舂擣,夫即客扶犁。黃昏到家裡,無米復無柴。男女空餓肚,狀似一食齋。里正追庸調,村頭共相催。幞頭巾子露,衫破肚皮開。體上無褌袴,足下復無鞋。醜婦來惡罵,啾唧搦頭灰。里正被腳蹴,村頭被拳搓。驅將見明府,

打脊趁回來。租調無處出,還須里正倍。門前見債主,入戶見貧妻。舍漏兒啼哭,重重逢苦災。如此硬窮漢,村村一兩枚。[915]

天下惡官職,不過是府兵。四面有賊動,當日即須行。有緣重相見,業薄即隔生。逢賊被打煞,五品無人諍。[916]

前一首詩相當生動地描寫了唐初均田制下農民所受租調之苦,其中寫到走投無路的「硬窮漢」毆打催租的里正、被逮捕到縣府懲處、里正被迫代出租賦等情節,都是一般史料沒有記載的社會實態;寫餓肚如齋戒、夫婦爭吵,抒寫苦難情狀不無幽默。後一首詩寫府兵制下的府兵終日生活在死亡邊緣的痛苦處境。又如〈夫婦生五男〉、〈富饒田舍兒〉等篇生動地展現出農村差科繁重、官吏橫暴、農民無以聊生的場面;而〈父母生兒身〉、〈你道生勝死〉、〈相將歸去來〉等篇則描寫府兵制下出征戰士出生入死的艱辛,比當時一般邊塞詩所表現的遠為生動、真切。由於王梵志詩多產生於社會下層,因此能夠相當廣泛地描寫貧農、逃戶、工匠、商人、府兵、鄉頭、小吏、和尚、道士等普通民眾的生活情景,生動地展現了文人筆下難以見到的社會實際生活的畫面,替民眾發出了「生時有苦痛,不如早死好」[917]、「死即長夜眠,生即緣長道」[918]的痛不欲生的呼聲。而這種狀況正是佛教信仰得以普及的社會基礎。

王梵志詩中表現道德訓諭內容的作品,宣揚安貧樂天、恪守孝道、知恩圖報的倫理,揭露和批評貪財、吝嗇、愚痴、不慈不孝、嫌貧愛富等惡行,表達的多是當時民間流行的平常道理。有的表面上看似乎庸俗淺顯,和宗教信仰無關;但如果深入考察就會發現,其中有些對於人事的諷喻,讓人痛感人生的苦難和黑暗,正是誘導人們傾心於宗教。如這樣的詩:

---

[915] 項楚《王梵志詩校注》卷五,上海古籍出版社,1991年,下冊第651頁。
[916] 項楚《王梵志詩校注》卷二,上海古籍出版社,1991年,上冊第186頁。
[917] 項楚《王梵志詩校注》卷一,上海古籍出版社,1991年,上冊第24－25頁。
[918] 項楚《王梵志詩校注》卷二,上海古籍出版社,1991年,上冊第216頁。

第二節　王梵志詩

　　吾家昔富有，你身窮欲死。你今乍有錢，與我昔相似。吾今乍無初，還同昔日你。可惜好靴牙，翻作破皮底。[919]

　　這裡是說，過去我家富有，你家窮得要死，忽然間卻翻轉過來，你家有錢，我卻像你過去一樣窮困不堪，就像鞋幫和鞋底翻著穿一樣。這樣的詩極其冷峻地揭示了世情翻覆的事實，實際上也是道出了人世間榮華富貴不能持久的規律，而「破鞋底」的比喻十分顯豁、生動，也只能出自窮苦人之口。這樣的作品暗示，正是人們自身無法把握的命運，造成了人生難以解脫之「苦」。又如：

　　吾富有錢時，婦兒看我好。吾若脫衣裳，與吾疊袍襖。吾出經求去，送吾即上道。將錢入舍來，見吾滿面笑。繞吾白鴿旋，恰似鸚鵡鳥。邂逅暫時貧，看吾即貌哨。人有七貧時，七富還相報。圖財不顧人，且看來時道。[920]

　　這一首詩揭露嫌貧愛富，十分生動、逼真，更對那種重財輕義的行為進行了極其辛辣的譏刺。另如〈心恆更願取〉諷刺老夫娶少妻，〈當官自慵懶〉揭露官員失職被處分，〈父母是怨家〉表現不孝子「阿爺替役身，阿娘氣病死」，〈夫婦擬百年〉寫續娶造成的家庭糾紛，〈童子得出家〉諷刺小沙彌愚頑不靈、不守戒律，等等，都是刻劃人情之常，透過生活中的一些具體事件或場景，在冷峻的幽默中表達深沉的思索，又充滿了人生的睿智和豁達的見識。所以像這一類表面上是表現世俗訓諭的詩，內涵確實也有宗教的意趣。

　　王梵志詩中佛教題材的作品，內容也相當駁雜。唐代佛教發展疾速，前後變化很大。尤其是禪宗的興盛對於傳統的大、小乘教法造成重大衝擊。王梵志詩是從初唐到晚唐之間長期形成的，所表現的佛教思想和信仰

---

[919]　項楚《王梵志詩校注》卷五，上海古籍出版社，1991年，下冊第718頁。
[920]　項楚《王梵志詩校注》卷一，上海古籍出版社，1991年，上冊第14頁。

第八章 唐與五代佛教通俗文學

必然很不相同。有些是直接宣揚一般佛教觀念，這一類作品又可以分為兩類。一類是宣揚佛教義理，例如〈身強避卻罪〉：

> 身強避卻罪，修福只心勤。專意涓涓念，時時報佛恩。得病不須卜，實莫浪求神。專心念三寶，莫亂自家身。十念得成就，化佛自迎君。若能自安置，拋卻帶囚身。[921]

這是相當典型的作品，用淺俗的語言來解說佛教義理。另如〈一身元本別〉、〈以影觀他影〉、〈非相非非相〉等。從這些被擬作題目的句子就可以知道它們是在說明佛教的基本觀念，所宣揚的是傳統大、小乘教理。另有一類表現民間的通俗信仰，如〈沉淪三惡道〉、〈受報人中生〉、〈生住無常界〉、〈愚夫癡朳朳〉、〈出家多種果〉、〈有錢不造福〉、〈福門不肯修〉等，宣揚六道輪迴、罪福報應的不爽，鼓吹地獄的恐怖和對西方淨土的嚮往，勸人行善興福、出家修道等等。這都展現了當時一般民眾對佛教教義的通俗理解，也相當真實地反映了民間信仰的情況。如：

> 暫出門前觀，川原足故塚。富者造山門，貧家如破甕。年年並舍多，歲歲成街巷。前死後人埋，鬼樸悲聲送。縱得百年活，還入土孔籠。[922]

> 饒你王侯職，饒君將相官。娥眉珠玉珮，寶馬金銀鞍。錦綺嫌不著，豬羊死不飡。口中氣新斷，眷屬不相看。[923]

這些作品宣揚人命危淺，生死無常，實際上是對那些自恃榮華富貴的王侯將相發出詛咒，也是對沉溺世間享樂之人的警醒。此外，還有些宣揚戒酒、戒肉、戒殺等題材的作品。

而較後出的法忍抄本的某些篇章則明顯表現出新興的禪宗觀念，如〈吾有方丈室〉：

---

[921]　項楚《王梵志詩校注》卷五，上海古籍出版社，1991年，下冊第613－614頁。
[922]　項楚《王梵志詩校注》卷二，上海古籍出版社，1991年，上冊第234頁。
[923]　項楚《王梵志詩校注》卷三，上海古籍出版社，1991年，上冊第327頁。

第二節 王梵志詩

吾有方丈室,裡有一雜物。萬象俱悉包,參羅亦不出。日月亮其中,眾生無得失。三界湛然安,中有無數佛。[924]

這裡「方丈室」包羅萬象,光亮明澈,無得無失,佛在其中,顯然是清淨自性的比喻。又〈若欲覓佛道〉:

若欲覓佛道,先觀五陰好。妙寶非外求,黑暗由心造。善惡既不二,元來無大小。設教顯三乘,法門奇浩浩。觸目即安心,若個非珍寶。明識生死因,努力自研考。[925]

這裡說到「觀五陰」即傳統的禪觀,又說到「三乘」法門,但整體觀念歸結到境由心造,觸目「安心」,則是新的禪宗觀念。又有題為王梵志〈回波樂〉的六言詩,這本是唐代流行的民間樂調:

回波爾時大賊,不如持心斷惑。縱使誦經千卷,眼裡見經不識。不解佛法大意,徒勞排文數黑。頭陀蘭若精進,希望後世功德。持心即是大患,聖道何由可。若悟生死之夢,一切求心皆息。[926]

這裡所說的「佛法大意」不在經卷裡,也不是精進修行可得,更反對心有所求,而只求自心的覺悟。又〈心本無雙無隻〉:

心本無雙無隻,深難到底淵洪。無來無去不住,猶如法性虛空。復能生出諸法,不遲不疾融融。幸願諸人思忖,自然法性通同。[927]

這一則可看作是對於「自性清淨心」的通俗解說。當然,這些作品裡所表現的禪宗觀念還不是那麼純粹。實際上,即使是在禪宗已經成為佛教主導潮流的形勢下,對於普通民眾來說,檀施供養、因果報應的通俗信仰仍然具有更大的吸引力。所以,如果綜觀全部王梵志詩,正可以了解禪宗

---

[924] 項楚《王梵志詩校注》卷七,上海古籍出版社,1991 年,下冊第 786 頁。
[925] 項楚《王梵志詩校注》卷七,上海古籍出版社,1991 年,下冊第 790 頁。
[926] 項楚《王梵志詩校注》卷七,上海古籍出版社,1991 年,下冊第 817 頁。
[927] 項楚《王梵志詩校注》卷七,上海古籍出版社,1991 年,下冊第 823 頁。

第八章　唐與五代佛教通俗文學

逐漸興盛的趨勢和民間一般的信仰狀況。

而值得注意的是，王梵志詩中有不少篇章表達對於現實、人生的感慨、激憤之情，流露的態度已和禪宗的「無相」、「無念」觀念有相通之處。例如前面提到的黃庭堅欣賞的「城外土饅頭」一首，對生死採取通脫姿態，由人生無常的觀感生發出對於「富者」的詛咒，言語極其冷峻。再如〈饒你王侯職〉：

饒你王侯職，饒君將相官。娥眉珠玉珮，寶馬金銀鞍。錦綺嫌不著，豬羊死不湌。口中氣新斷，眷屬不相看。[928]

這裡是說即使你身為王侯將相，有無數美女戴著珠寶，有好馬佩有金鞍，連綢緞都嫌棄不穿，豬羊也嫌棄不吃，但一朝死掉，就是親屬都不來看你。〈榮官亦赫赫〉一首又說到「死王羨活鼠，寧及尋常人」[929]，揭示人生無常的現實規律，對那些自恃榮華富貴的王侯將相發出詛咒。這些都是對於沉溺於世間享樂之人的警醒。也有的作品對業報輪迴採取漠不關心的姿態，如〈我家在何處〉：

我家在何處，結宇對山阿。院側狐狸窟，門前烏鵲窠。聞鶯便下種，聽雁即收禾。悶遣奴吹笛，閒令婢唱歌。兒即教誦賦，女即教調梭。寄語天公道，寧能那我何。[930]

從作品的描寫來看，作者家裡有奴婢服侍，生活無虞，是地主階層中人，表達一種無為自然的人生觀，對生死果報無所畏懼。又如〈前業作因緣〉：

前業作因緣，今身都不記。今世受苦惱，未來當富貴。不是後身奴，來生作事地。不如多溫酒，相逢一時醉。[931]

---

[928]　項楚《王梵志詩校注》卷三，上海古籍出版社，1991年，上冊第327頁。
[929]　項楚《王梵志詩校注》卷三，上海古籍出版社，1991年，上冊第341頁。
[930]　項楚《王梵志詩校注》卷三，上海古籍出版社，1991年，上冊第382－383頁。
[931]　項楚《王梵志詩校注》卷三，上海古籍出版社，1991年，上冊第284頁。

第二節　王梵志詩

這裡抒寫任運自然的心態，對宗教修持採取漠視態度。這些作品精神上已和達摩的「四行」十分接近。〈少年何必好〉、〈無常元不避〉、〈造化成為我〉、〈觀此身意相〉等篇也流露出類似的思想傾向。這種對於傳統信仰和修持的否定與批判，實際上也是接受新禪觀的前提。

王梵志詩中還有一部分作品是針對佛教進行抨擊和批判，如：

寺內數個尼，各各事威儀。本是俗人女，出家掛佛衣。徒眾數十個，詮擇補綱維。一一依佛教，五事總合知。莫看他破戒，身自牢主持。佛殿元不識，損壞法人衣。常住無貯積，家人受寒飢。眾廚空安灶，粗飯當房炊。只求多財富，餘事且隨宜。富者相過重，貧者往還希。但知一日樂，忘卻百年飢。不採生緣瘦，唯願當身肥。今日損卻寶，來生更若為。[932]

唐初朝廷優待僧、道，免除賦役，吸引一些沒有生計的窮苦人避入寺、觀，也有些腐化墮落的宵小之徒借出家人身分安享供養布施，成為嚴重的社會問題。這一篇諷刺「俗人女」，「出家」只求衣食豐足，安樂度日，描繪出當時寺院腐敗的一個面向。「常住」指寺院僧眾共有的資產，詩中說「常住」空虛了，家人也不能沾光避免飢寒，完全是從平民的立場而言。又如〈道人頭兀雷〉，描寫一些和尚「每日趁齋家，即禮七拜佛。飽吃更索錢，低頭著門出。手把數珠行，開肚原無物」[933]等等，也是揭露僧眾不重修持、只圖錢財的窳敗風氣。有人論定這一類作品表面上是批判佛教，實際上指出部分僧尼的墮落行徑，揭露教團內部戒律毀壞的現象，正是為了整肅佛教內部風氣，所以並非是反佛。但從另一個角度來看，揭露佛教僧侶的腐敗墮落，修持的虛偽，內心的汙濁，又正表示經教戒律的無益，為宣揚禪宗「明心見性」的新宗教開闢道路。所以，在觀念上這些「佛教問題」詩和部分士大夫闢佛的言行是相呼應的，構成當時社會思想

---

[932]　項楚《王梵志詩校注》卷三，上海古籍出版社，1991 年，上冊第 109 頁。
[933]　項楚《王梵志詩校注》卷五，上海古籍出版社，1991 年，上冊第 104－105 頁。

潮流的一個重要成分。

一卷本寫卷包括五言四句小詩九十二首。前七十二首是一般的訓世格言，後二十首是佛教內容，同樣是格言式的作品。佛教內容的詩如：

世間難捨割，無過財色深。丈夫須達命，割斷暗迷心。

布施生生富，慳貪世世貧。若人苦慳惜，劫劫受辛勤。[934]

從這些警句格言式的作品，可以了解當時民間的信仰和習俗。

從整體來看，王梵志詩中表現禪宗思想內容的僅占很少一部分，而且從時代層次來看，出現在全部詩作形成較晚的時期。也就是說，王梵志詩的主要內容反映了六朝以來民間佛教信仰的普遍情形。但其中少數表現新的禪觀的篇章卻說明，在禪宗初興的盛唐時期，影響已經擴展到一般民眾之間。這正展現了禪宗發展起來的整體趨勢。而另一些所謂揭露「佛教問題」的詩則反映了民眾對於佛教腐敗衰落風氣的不滿和批判。對於傳統佛教的懷疑和否定，則為接受禪宗新的信仰開拓出空間，創造了條件。

王梵志詩展現了鮮明的藝術特色：語言樸素無華，多用口語；表達力求淺俗，基本上不作修飾；富於哲理性，多有說理的警句，道理往往出自切身的人生體驗；對世態人情有清楚的了解，用一種冷峻的眼光加以審視；面對人生苦難，懷抱一種內在的樂觀態度，表現出幽默感，等等。這都是一般民間文學的特色。而這些特色在禪宗的偈頌和語錄中往往也表現出來。這些藝術特色是在一般文人作品中難以見到的。這也成為其在藝術上的可貴之處。

---

[934]　項楚《王梵志詩校注》卷五，上海古籍出版社，1991年，下冊第538、553頁。

第三節　寒山詩

寒山詩的情況，與王梵志詩類似：同樣是一批基本上為五言的通俗詩，作者同樣難於考訂，內容同樣龐雜而佛教內容的篇章占有相當大的比重。但寒山詩的創作顯然較王梵志詩為晚，並幸運地有宋人輯成的詩集流傳。

現存最早有關寒山的記載也出於晚唐。較完整的是杜光庭《仙傳拾遺》中的記載：

> 寒山子者，不知其姓氏，大曆（西元766－779年）中，隱居天台翠屏山……好為詩，每得一篇一句，輒題於樹間、石上，有好事者隨而錄之，凡三百餘首……桐柏徵君徐靈府序而集之，分為三卷，行於人間。十餘年忽不復見。咸通（西元860－874年）十二年，毗陵道士李褐……忽有貧士詣褐乞食……忽語褐曰：「子修道未至其門，而好凌人侮俗，何道可冀？子頗知有寒山子邪？」答曰：「知。」曰：「即吾是矣。吾始謂汝可教，今不可也。修生之道，除嗜去欲，嗇神抱和，所以無累也；內抑其心，外檢其身，所以無過夜；先人後己，知柔守謙，所以安身也；善推於人，不善歸諸身，所以積德業；功不在大，立之無怠，過不在大，去之不二，所以積功也。然後內行充而外丹至，可以冀道於彷彿耳……」[935]

杜光庭是唐末五代著名道士，興盛的唐代道教教理的總結者，所以這裡描繪的是道教色彩的寒山子。又杜光庭早年曾入天台山學道，善詩文；文中提到的徐靈府，也是道士，曾應唐武宗徵辟，也曾活動在天台山，同樣善詩。原始的寒山子傳說由杜光庭傳出，《寒山子詩集》由徐靈府採編，甚或參與創作，是合乎情理的。又晚唐詩人李山甫、詩僧貫休、齊己詩中都寫到寒山，他們都用「寒山子」的稱呼，也是道士的名字。但在佛教中，曹洞宗祖師曹山本寂（西元840－901年）曾注解過《寒山詩》：

---

[935]　杜光庭《仙傳拾遺》，轉引《太平廣記》卷五五，第2冊第338頁。

第八章　唐與五代佛教通俗文學

……復注《對寒山子詩》，流行宇內，蓋以寂素修舉業之優也。[936]

而五代禪宗燈錄《祖堂集》卷十六〈溈山和尚〉章有溈山靈祐（西元771－853）見到寒山的記載，則又明確把他當作佛門人物。寒山子「身分」的轉變，正反映了禪宗興盛的時代風氣。後來有更多的禪宗燈錄則把寒山詩句當作參悟的話頭。從這些情況推測，晚唐、五代應已有《寒山詩集》流行。大概在這一段時期，託名貞觀年間台州刺史閭丘胤的〈寒山子詩集序〉被創作出來。其中說寒山是隱居天台山上寒岩的「貧人風狂之士」，經常到國清寺止宿；拾得則在國清寺「知食堂」；二人是朋友，叫呼快活，形似瘋狂；閭丘胤前來尋訪，寒山退入岩穴，其穴自合，拾得亦跡沉無所；「乃令僧道翹尋其往日行狀，唯於竹木石壁書詩，並村墅人家庭壁上所書文句三百餘首，及拾得於土地堂壁上書言偈，並纂整合卷」。文中還說閭丘胤問豐干禪師，後者回答說「寒山文殊，遁跡國清；拾得普賢，狀如貧子」[937]，則又把他們說成是菩薩顯化了。這也就是後來流傳的寒山及其同道拾得傳說的主要情節。到宋初應已編集有完整的《寒山詩集》，並有刻本傳世；與傳說恰好相合，收詩三百餘首。

有關寒山的上述傳說顯係無稽之詞，從今傳三百餘首寒山詩的內容和風格來看，不會是一人、一時所作。穩妥的看法是，不能完全否定存在過寒山其人，也不能排除這個人是寒山詩的作者之一，但今存寒山詩應是自初唐到中唐時期眾人創作成果的結集。有人認為其主體結成年代應在開元以後，胡適推測遲至在西元8世紀初，即西元800年至780年。現存寒山詩有一部分風格與王梵志詩類似，所以胡適說「寒山、拾得的詩是在王梵志之後，似是有意模仿梵志的」[938]。從作品實際內容來看，和王梵志詩相比較，寒山詩的多數篇章所表現的觀念顯然更為後期。例如有更多的篇章

---

[936]　《宋高僧傳》卷一三〈撫州曹山本寂傳〉，上冊第308頁。
[937]　《全唐文》卷一六二，第1,662－1,663頁。
[938]　參閱胡適《白話文學史》，上海古籍出版社，1999年，第146－151頁。

第三節　寒山詩

反映南宗禪觀念，應是南宗禪興盛以後所作。此外，寒山詩有相當一部分經過較多修飾。如王應麟指出，其中「施家兩兒，事出《列子》；公羊鶴，事出《世說》；又如子張、卜商，如侏儒、方朔，涉獵廣博，非但釋子語也」[939]；其他還有使用《詩經》、《莊子》、〈古詩十九首〉、《文選》以及陶淵明詩的典故。因此可以推測作者群之中有一些具有較高教育程度的士大夫，這也是與王梵志詩重大的不同之處。又寒山、拾得詩中有些篇章直接說到創作意圖，顯然是其主體部分形成以後的陸續創作，這一點二者是相同的。如所謂「家有寒山詩，勝汝看經卷」、「有人笑我詩，我詩合典雅。不煩鄭氏箋，豈用毛公解」、「都來六百首，一例書岩石」，以及拾得詩的「我詩也是詩，有人喚作偈。詩偈總一般，讀時須仔細」等等，像是對既有作品的解說和總結。

寒山詩的內容同樣有世俗的和宗教的兩部分。世俗內容的篇章主要諷刺世相，勸喻世人，和王梵志詩大致類似，同樣具有濃厚的倫理說教色彩。二者不同之處在寒山詩多有傾訴下層士人的遭遇和不平、宣揚隱逸高蹈觀念。這顯示作者群的層次二者有所不同。寒山詩應多出自下層文人之手。上述一類作品往往對社會現實表現出驚人的洞察力和尖銳的批判態度，刻劃也相當生動、真切。如：

　　我見百十狗，個個毛鬇鬡。臥者渠自臥，行者渠自行。投之一塊骨，相與咥喍爭。良由為骨少，狗多分不平。[940]

這是一首諷刺詩，以狗群爭骨來影射人世利祿紛爭。像這樣的詩，對人情世態觀察之細微，體會之痛切，是一般文人作品少見的。又如：

　　賢士不貪婪，癡人好爐冶。麥地占他家，竹園皆我者。努膞覓錢財，切齒驅奴馬。須看郭門外，磊磊松柏下。[941]

---

[939]　王應麟《困學紀聞》卷一八〈評詩〉。
[940]　項楚《寒山詩注》，中華書局，2000年，第158頁。
[941]　項楚《寒山詩注》，中華書局，2000年，第255頁。

第八章　唐與五代佛教通俗文學

這一首對豪奪兼併加以揭露、譏刺。「努膊」、「切齒」，用語極其真切、生動。其中得出的結論看似消極，但作為對貪得無厭的富人的無情詛咒，批判意義是很明顯的。

寒山詩有一個經常表現的主題，就是訴說貧窮或對貧困表示同情；相應地則批判貪欲，對榮華富貴表示鄙棄、憎惡。這反映的顯然也是社會下層的價值觀念和道德意識。由此則進一步把整個人世間看得十分醜惡，流露出悲觀態度、厭世情緒。如這樣形容人生：

人生在塵蒙，恰似盆中蟲。終日行繞繞，不離其盆中。[942]

三界人蠢蠢，六道人茫茫。貪財愛淫欲，心惡若豺狼。[943]

如此漠視人生的正向意義，一個後果是欣賞高蹈隱逸，進而則嚮往出世，到佛教中尋求安慰。寒山詩中有不少歌頌隱逸生活的篇章：

登陟寒山道，寒山路不窮。溪長石磊磊，澗闊草濛濛。苔滑非關雨，松鳴不假風。誰能超世累，共坐白雲中。[944]

如此對於解脫名韁利鎖的束縛、樂道逍遙的生活加以讚美、追求，與南宗禪的人生觀念相通，詩的境界也與禪門〈樂道歌〉類似。而如：

世間何事最堪嗟，盡是三途造罪楂。不學白雲岩下客，一條寒衲是生涯。秋到任它林葉落，春來從你樹開花。三界橫眠閒無事，明月清風是我家。[945]

這一則是把出家修道看作是理想的人生了。

寒山詩直接表現佛教義理的作品內容相當龐雜，也可分為兩大類。一類是勸導人出家修道、造福行善，大多與一般的佛教宣傳一樣，懼之以輪

---

[942]　項楚《寒山詩注》，中華書局，2000年，第608頁。
[943]　項楚《寒山詩注》，中華書局，2000年，第604頁。
[944]　項楚《寒山詩注》，中華書局，2000年，第79頁。
[945]　項楚《寒山詩注》，中華書局，2000年，第512頁。

第三節　寒山詩

迴報應，誘之以來世福利。如：

> 世有多解人，愚癡徒苦辛。不求當來善，唯知造惡因。五逆十惡輩，三毒以為親。一死入地獄，長如鎮庫銀。[946]

「鎮庫銀」是鎮壓府庫的銀錠，用在這裡，比喻身在地獄，永無出頭之日。王梵志詩中也有和這一首的主題相類似的作品，顯然產生在同樣背景之下。寒山詩的獨特部分是那些表達南宗禪「心性」觀念的篇章，它們顯然和南宗禪的興盛有直接關係。如這樣的詩：

> 岩前獨靜坐，圓月當天耀。萬象影現中，一輪本無照。廓然神自清，含虛洞玄妙。因指見其月，月是心樞要。[947]

如此以水、月關係來說明自性清淨心，與〈永嘉證道歌〉所用的比喻相一致。但後者所謂「萬象森羅影現中，一顆圓光非內外」、「一月普現一切水，一切水月一月攝」[948]展現的是華嚴事理圓融觀念，寒山詩則有所不同。另有一些詩更一再說到「吾心似明月，碧潭秋皎潔」、「心意不生時，內外無餘事」、「明珠元在我心頭」等等，都是表現南宗禪的心性觀念，「明珠」之喻也是禪宗常用的。

寒山詩中同樣有一批「佛教問題詩」。與王梵志詩不同的是，除了有揭露教團內部風氣弊壞的篇章之外，還有一些從禪宗立場對「教下」進行批判，如宣揚「不要求佛果，識取心中寶」、「天真元具足，修證轉差回」等等。有一些作品則直接揭露僧團風氣的敗壞：

> 語你出家輩，何名為出家。奢華求養活，繼綴族姓家。美舌甜唇嘴，諂曲心鉤加。終日禮道場，持經置功課。爐燒神佛香，打鐘高聲和。六時學客舂，晝夜不得臥。只為愛錢財，心中不脫灑。見他高道人，卻嫌誹謗

---

[946]　項楚《寒山詩注》，中華書局，2000 年，第 245 頁。
[947]　項楚《寒山詩注》，中華書局，2000 年，第 733 頁。
[948]　《正》第 48 卷第 396 頁。

第八章　唐與五代佛教通俗文學

罵。驢屎比麝香，苦哉佛陀耶。[949]

還有的篇章在對富人虛求福報極盡譏刺之能事的同時，鼓吹南宗禪所謂「不動」的「真心」：

我見凡愚人，多畜資財穀。飲酒食生命，謂言我富足。莫知地獄深，唯求上天福。罪業如毗富，豈得免災毒。財主忽然死，爭共當頭哭。供僧讀文疏，空見鬼神祿。福田一個無，虛設一群禿。不如早覺悟，莫作黑暗獄。狂風不動樹，心真無罪福。寄語兀兀人，叮嚀再三讀。[950]

這裡一方面對貪婪斂財的「愚人」加以揭露，又對以佛事行騙的庸僧肆意咒罵，結尾處則要求「覺悟」、「心真」，正與當時呵佛罵祖的禪風相呼應。

寒山詩形成期間較長，作者群更為複雜，再加上宋人編輯時有所修飾，作品風格更為多樣。比如其中有個別騷體篇章，還有些精緻的近體詩。但代表其獨特風格和傑出成就的還是那些白話通俗詩。它們與王梵志詩在形成上有時代前後的差異，而社會背景和思想潮流則基本上相同，所以面貌也大致相似：它們多採取五言古體，韻律較自由；表達力求淺俗，樸野無華，奪口而出；多有訓諭，富於理趣；對世態人情的摹寫體察入微，真切生動；富於諷刺、幽默意味；更多地使用民間口語、俗諺和比喻、象徵、聯想、諧音、雙聲疊韻、歇後等手法。這些表現方法和語言運用方面的鮮明特色，創造出文學史上影響深遠的「寒山體」。與王梵志詩比較，寒山詩具有更強烈的主觀色彩。例如寒山詩以「我」字開頭的就有三十首，中間又多用「勸你」、「勉你」、「願君」、「寄語」、「為報」等主觀勸諭的句式。這種以個人為視角的、個性化的表達方式，使諷喻、教訓口氣更為鮮明。另一方面，寒山詩作者之中確實有一批落第士

---

[949]　項楚《寒山詩注》，中華書局，2000 年，第 720 頁。
[950]　項楚《寒山詩注》，中華書局，2000 年，第 593 頁。

第三節　寒山詩

人。他們更為積極的用世意識在一些篇章裡鮮明地表現出來。寒山詩常常諷刺那些自以為是的「聰明」、「利智」之人，暗示自己才是真正的「智者」，如說：

下愚讀我詩，不解卻嗤誚。中庸讀我詩，思量云甚要。上賢讀我詩，把著滿面笑。楊修見幼婦，一覽便知妙。[951]

「楊修見幼婦」是《世說新語‧捷悟》篇中的典故，「絕妙好辭」的意思。由此可見，作者對自身、對自己的詩表現出強烈的自信。他是在試圖用自己的詩歌來教育人群、改變世風。

拾得是作為寒山的配角被創造出來的。同時被創造出來的人物還有豐干，據說也是天台山和尚，閭丘胤去訪問他，了解到寒山、拾得的情況。這樣就形成了富於戲劇性的三人交往傳說。現存拾得名下的詩計有五十七首（包括佚詩二首）。寫法、風格與寒山詩完全一致。

寒山詩因為有集流傳，影響更為廣遠。宋代的蘇軾、王安石、黃庭堅等文壇耆宿普遍重視寒山詩，他們都曾擬作「寒山體」。後代不少人一直把寒山詩當作通俗詩、說理詩的典範，有意模仿者亦代有其人。宋代和以後詩壇及禪門中擬寒山詩的大有人在。

寒山詩早已流傳到海東的三韓和日本。在朝鮮半島今存元貞丙申年（西元 1296 年）據杭州錢塘門裡車橋南大街郭宅紙鋪印本的復刻本。日本所存最早的刻本有正中二年（西元 1352 年）宗澤禪尼刊本五山版《寒山詩》一卷。日本江戶時期更有注解本多種。1960 年代以來，西方更重新「發現」了寒山詩，各種文字的譯本紛紛出版，並有眾多研究論著問世。尤其是二十世紀中葉風行一時的「垮掉的一代」把寒山當作典範，在寒山詩中找到了精神上的同調。如何解釋和評價當代西方的理解和詮釋是值得

---

[951] 項楚《寒山詩注》，中華書局，2000 年，第 357 頁。

認真探討的問題，但這一些現象證明了寒山詩確實包含著永恆的思想、藝術價值，也展現了其在中、外文化交流上的意義。

第四節　變文

敦煌寫卷中包含一大批「俗文學」抄本。這些抄本不只是古代民間文學的寶貴遺產，更是研究中國文學史的新資料。前面介紹的王梵志詩就是其中的一部分。由於這些資料的發現，大幅度地改變了中國文學史的面貌。其中涉及佛教的占很大一部分，因此他們的發現也為佛教史研究、尤其是佛教文化（包括文學）的研究開闢了新天地。

這一批資料有敘事體和詩歌體兩大類。韻文詩歌體屬於民間通俗文學的作品，除上述王梵志詩，還有民間曲辭兩千餘首。學術界對這一部分作品的理解沒有多少分歧。對於敘事體作品的理解則經歷了較長的過程。起初王國維把當時發現的講唱體敘事作品稱為「通俗詩」和「通俗小說」。後來羅振玉在《敦煌零拾》中整理、刊布〈佛曲三種〉，稱為「佛曲」。還有把它們稱為「演義」、「俗文」等等的。1931年鄭振鐸在《小說月報》上發表〈敦煌的俗文學〉一文，根據一些寫卷的原有標題，確定了「變文」這一個概念。在其後所作《插圖本中國文學史》、《中國俗文學史》等論著中更對「變文」加以詳細論述。此後，中、外學術界就這一批文獻的名稱、體制、起源、內容和表現形式等諸多方面進行了廣泛、深入的研究，對有關問題大致上有了較一致的看法。

對於「變文」有廣義和狹義兩種不同的理解。廣義上，人們把敦煌發現的韻、散結合的講唱體敘事作品統稱為「變文」。潘重規認為：「變文是一時代文體的通俗名稱，它的實質便是故事；講經文、因緣、緣起、詞

第四節 變文

文、詩、賦、傳、記等等不過是它的外衣……變文之所以有種種的異稱，正因為它說故事時用種種不同文體的外衣來表達的緣故。」[952] 但這些作品僅從體制劃分就顯然可以分出不同類型。周紹良區分出變文、講經文、因緣（緣起，附押座文、解座文）、詞文、詩話、話本、賦七類[953]。1989年，美國學者梅維恆（Victor H. Mair）發表變文研究的力作《唐代變文》[954]一書，對於敦煌這一批敘事作品分類進行了更細緻的研究。他歸納「變文」定義為五類，即「最狹義定義」、「狹義定義」、「廣義定義」、「最廣義定義」和「無意義的定義」，從而把變文與其他類型的作品，尤其是與容易相混淆的講經文嚴格區分開來。對於理解和研究曾被稱為「變文」的這些敦煌俗文學作品，上述兩類看法都值得重視。後一類看法除了周先生和梅維恆（兩個人的具體看法有重大區別）為代表的兩種，也有在分類上略有變動的[955]。以下即參考這兩種見解，各取所長，對這一部分作品加以介紹。

講經文

這是俗講法師「俗講」的文字。

俗講是由正式講經演化而來。佛教傳入中土，形成講經制度，後來又發展出具有藝術表演性質的轉讀和唱導。轉讀即誦讀佛經，包括轉梵為漢的讚唄。間以歌唱的轉讀是後來講唱文體的源頭之一。唱導則是更通俗、更形象的說唱敘事方式，慧皎描述說：

……至如八關初夕，旋繞行周，煙蓋停氛，燈帷靖耀，四眾專心，叉

---

[952] 潘重規《敦煌變文集新書》下冊後記，中國文化大學中文研究所，1984年。
[953] 〈唐代變文及其它〉，《敦煌文學作品選》代序，中華書局，1987年。
[954] *T'ang Transformation Texts: A Study of Buddhist Contribution to the Rose of Vernacular Fiction and Drama in China*, Harvard-Yenching Institute Monograph Series 28, Cambridge, Massachusetts: Harvard University Council on East Asian Studies, 1989.
[955] 如張鴻勳分為六類，詳見〈敦煌講唱文學的體制及類型初探〉，《敦煌俗文學研究》第1—27頁，甘肅教育出版社，2002年。

第八章　唐與五代佛教通俗文學

指緘默,爾時導師則擎爐慷慨,含吐抑揚,辯出不窮,言應無盡。談無常則令心形戰慄,語地獄則使怖淚交零,徵昔因則如見往業,當果則已示來報,談怡樂則情抱暢悅,敘哀感則灑泣含酸。於是闔眾傾心,舉堂惻愴,五體輸席,碎首陳哀,個個彈指,人人唱佛。爰及中宵後夜,鐘漏將罷,則言星河易轉,勝集難留,又使人迫懷抱,載盈戀慕。[956]

在唱導中,導師在宣講佛經時引入一些世俗故事,以加強宣教效果。正是依此方向發展,形成了以演說故事為主的「俗講」。俗講保留了講經的形式:也是由兩個人(法師和都講)共同主持,都講宣誦經文,法師加以敷衍;一般在寺院裡進行,有一定的儀式;演出中二人合作,有相互呼應的語句如「高著聲音唱將來」、「依文便請唱將來」等等。中、晚唐時期京師的俗講由朝廷主持,規模盛大。《資治通鑑》記載:敬宗寶曆二年(西元826年)「(六月)己卯,上幸興福寺,觀沙門文溆俗講。」[957]日僧圓仁在其旅行記中多處記載長安俗講的情況。當時培養出一些技藝超群的俗講法師,名為文溆者即是其中著名的一位。時人趙璘有記載說:

有文淑(溆)僧者,公為聚眾譚說,假託經論,所言無非淫穢鄙褻之事。不逞之徒轉相鼓扇扶樹,愚夫、冶婦樂聞其說。聽者填咽寺舍,瞻禮崇奉,呼為「和尚」。教坊效其聲調以為歌曲。其氓庶易誘,釋徒苟知真理及文義稍精,亦甚嗤鄙之……[958]

由此可見如文溆這樣的俗講沙門講說的內容、水準及其影響。

敦煌寫卷中發現的講經文,以講《維摩詰經》的最多,還有講《阿彌

---

[956]　《高僧傳》卷一三〈唱導論〉,《正》第50卷第418頁上。
[957]　《資治通鑑》卷二四三〈唐紀〉五九,中華書局,1956年,第7,850頁。
[958]　趙璘《因話錄》卷四,古典文學出版社,1957年,第94—95頁。關於文溆和文淑是否是同一個人,學術界有不同看法。日本學者那波利貞在〈中晚唐時代俗講僧文溆法師釋疑〉(《東洋史研究》第4卷第6期,1939年7—8月)一文裡詳加辨析,認為文溆乃是進行俗講的名僧,文淑是以淫褻歌曲娛樂群眾的藝人。就諸多學者把文溆或文淑說成是表演變文的僧人,梅維恆斷定他與這種口頭文學形式沒有任何關係。因此,這裡把他當作俗講沙門的典型。

第四節 變文

陀經》、《法華經》、《父母恩重經》、《金剛經》、《佛報恩經》、《彌勒上升經》等流行經典的，此外還有〈長興四年中興殿應聖節講經文〉、〈說三歸五戒講經文〉（周紹良擬題）等。胡適曾說「《維摩經》為大乘經典中的一部最有文學趣味的小說」[959]。由於居士思想在中土一直十分流行，這一部經典也更受重視。現存七件〈維摩經講經文〉都是長篇作品的片段，而且其內容只限於經文前五品中的四品。從寫法、風格來看，它們分屬兩個系統，顯然分別是由不同的大德寫定，並在不同地區、經由不同途徑流傳下來的。如一切群眾性的創作一樣，它們在流傳過程中不斷地被加以增飾、改變。而且即使是屬於同一系統的，流傳中也由於不斷加工而在風格、寫法上有所不同。

這些講經文應形成於中、晚唐時期。寫本中避唐諱也證明了這一項推斷。完整的《維摩經》講經文規模應相當龐大，從現存片段推測，全部應在八十卷以上。一般說來一個人掌握起來是很困難的，所以被分割成單元，各自獨立。俗講法師在講說時以這些單元為單位。又如 X.101 號卷尾題〈維摩碎金一卷〉，說明這原來本是一個片段。

這些講經文內容之所以集中在經文的前五品，大概是因為這五品裡描述人物的尖銳交鋒，特別富於戲劇性，而且情節已達到全經的高潮；尤其是如「心淨則佛土淨」、「不斷煩惱而得涅槃」之類觀念與當時盛行的禪宗頓教思想相合，因而這一部分的寫本傳播得更廣。

講經文雖然採取「講經」形式，但卻可以透過重新組織情節、渲染場面來表達講說者的思想，藝術創造上也為發揮想像留下了相當廣闊的空間。例如《維摩經》中表現的一系列極富戲劇性的故事本是佛陀導演出來的，維摩作為佛陀在人世間的代言人，其言論、行動都展現佛陀的教義；但在講經文中，主要卻突顯表現維摩，特別強調他與佛陀及其弟子的對

---

[959] 《海外讀書雜記》，胡明主編《胡適精品集》，光明日報出版社，1998 年，第 5 卷第 370－371 頁。

第八章 唐與五代佛教通俗文學

峙、對抗。經文中維摩在第二品〈方便品〉出場,從而全部維摩故事也就被編制在佛陀說法的大框架裡;而敦煌寫卷 S.4571 號、即宣講〈佛國品〉的講經文中,卻已經讓維摩提前上場,還編造了維摩入宮教化五百太子並引導他們歸心向佛的情節,這就把他在整個作品中的地位提高了。在經文中,維摩示疾,「佛知其意」,佛陀派弟子問疾是讓「維摩詰為諸問疾者,為應說法」,佛陀顯示神通,主動權在佛陀手中。可是在講經文裡,是維摩「知道我佛世尊,在庵園說法」[960],使五百長者相隨同往,中途詐染疾患,遂引出問疾情節;在〈維摩碎金〉中,則是「居士知佛入於毗耶,緣我於此國教化眾生,佛要共我助成大教,我須今日略用神通……」[961],避去了關於佛陀神通力的說明,而突顯了維摩的神通與作用。在散 682 號〈文殊問疾〉中,文殊問疾「全須仗托我如來」[962]。而且「問疾」顯然不是簡單的「對談」,講經文裡不斷地出現佛陀大弟子「遭挫辱」、「遭摧挫」、「懷憂懼」之類字樣。在一次次論爭中,維摩都是勝利者。在眾弟子和諸菩薩失敗的潛臺詞中,佛陀實際上也就成了被批判者了。形成這樣的狀況,與講經文繁榮時期正當南宗禪大幅發展的形勢有關係。講經文中常常出現表現禪宗觀念的詞句,也證明了這一點。

如上所述,在〈維摩詰經講經文〉中居士思想特別受到推重。這也是因為講經文的宣講對象主要是在家信徒。講經文特別強調與世俗生活和傳統倫理相調和的一面。如 S.3872 號卷發揮經文中形容維摩「若在大臣,大臣中尊,教以正法。若在王子,王子中尊,示以忠孝」,接著以偈頌宣揚教忠教孝之義:

---

[960] 敦煌寫卷 S.3872 號,擬題〈維摩詰經講經文〉(一),黃征、張湧泉校注《敦煌變文集》,中華書局,1997 年,第 767 — 768 頁。

[961] 趙匡華錄、周紹良校〈蘇聯所藏壓座文及講唱佛經故事五種〉,周紹良、白化文編《敦煌變文論文錄》,上海古籍出版社,1982 年,下冊第 855 頁。

[962] 擬題〈維摩詰經講經文〉(七),黃征、張湧泉校注《敦煌變文集》,中華書局,1997 年,第 916 頁。

第四節 變文

為人不得多愚奧，認取真常神妙教。若悟永不受沉淪，真（直）須在意行忠孝。

忠不施，孝不展，神道虛空皆總見，須臾致得禍臨身，妻男眷屬遭除剪。

忠既行，孝既展，必見官高名位顯，善神密護鎮隨身，自然災行常除遣。

事須依勸莫因循，且要修持此個身，凡有行藏平穩作，低防禍幻使心神。

常孝順，每忠貞，必遂高遷得顯榮，倘若欺謾小子事，當時迍厄便施行。

蒙化後，轉情開，節勒之心斂意懷，行孝行忠無少闕，修仁修德無所哈。

然福祐，息迍載，各願歸依近法臺，總待周旋行化後，現身有病唱將來。[963]

這樣就把佛教的因果報應觀念和儒家的忠孝倫理完全調和起來。又S.4571號卷解說維摩「為大醫王」一段，則是一篇父母之愛的頌歌：

若論菩薩修持行，喜捨功能堪讚詠，三大僧祇捨愛憎，四弘願力難相併。

愛慈悲，嫌諂佞，救療眾生終未定，愍恤長時繫在心，恰如父母憂憐病。

在凡夫，長暗暝，鎮染貪嗔難制整，事事貪婪似線牽，頭頭忘（妄）念如針釘。

縱教有漏姿（恣）狂迷，鬥騁無明挎抝硬，菩薩慈悲繫在心，恰如父母憂憐病……[964]

---

[963] 黃征、張湧泉校注《敦煌變文集》，中華書局，1997年，第831頁。
[964] 黃征、張湧泉校注《敦煌變文集》，中華書局，1997年，第761頁。

第八章　唐與五代佛教通俗文學

這樣，在對經文進行通俗化、世俗化的過程中，純中土倫理的訓諭色彩大為加強了。

講經文在文學史上的重大意義，特別展現在新文體的創造上。陳寅恪認為可以由講經文「推見演義小說文體原始之形式，及其嬗變之流別，故為中國文學史絕佳資料」[965]。

俗講使用了韻、散結合的文體，這是後來中國民間文學講唱體的濫觴。使用韻文的情況，多數是就散文敘述部分加以重複或發揮，有時是插入的偈頌（或稱為「斷詩」，簡稱為「斷」）。多是七言，也夾雜有三、三、七的句式。而如 P.2292 號卷和〈文殊問疾品〉中則已有整齊的三、三、七、七、七句式段落，這也是後來民間說唱中占主導地位的形式。有時還夾帶五字句或八字句。八字句應是演唱中在七言裡加了一個襯字。四個節奏、七言為主的韻文句式適於敘述，早在漢、魏樂府詩中已經出現，唐詩的歌行體也大量使用。有些長篇唱詞四句或八句為一段，而每一段的結尾二句或其中的一句相重複。這種重複句有時在用詞上又有所變化。這表示當時的唱詞有一定的樂調，一曲樂調是反覆歌唱的。韻文中又運用一些中國詩歌常用的修辭方法，如比喻、重複等等。又如 S.3872 號卷描寫彌勒菩薩對答佛陀派遣時的一段話，採用了代言體，以「我」的口吻來歌唱。如此等等，都顯示出民間文學的特色。

講經文的散文部分基本上採用通俗的駢體文，並多有華麗的辭藻和誇飾的表現。這和部分傳奇小說使用駢體的情況一樣，一方面是由於駢體流行，另一方面也是適應教育程度較低民眾的藝術趣味、便於記憶。例如 P.2292 號卷持世菩薩敘說魔波旬從一萬二千天女出場一段：

---

[965]　〈敦煌本維摩詰經文殊師利問疾品演義跋〉，陳寅恪《金明館叢稿二編》第 180 頁，上海古籍出版社，1980 年。

第四節　變文

……其魔女者，一個個如花菡萏，一人人似玉無殊。身柔軟兮新下巫山，貌娉婷兮才離仙洞。盡帶桃花之臉，皆分柳葉之眉。徐行時若風颯芙蓉，緩步處似水搖蓮亞。朱唇旖旎，能赤能紅；雪齒齊平，能白能淨。輕羅拭體，吐異種之馨香；薄掛身，曳殊常之翠彩。排於坐右，立於宮中。青天之五色雲舒，碧沼之千般花發……於是魔王大作奢花，欲出宮城，從天降下。周迴捧擁，百匝千遭，樂韻絃歌，分為二十四隊。步步出天門之界，遙遙別本住宮中。波旬自乃前行，魔女一時從後。擎樂器者喧喧奏曲，響聒清宵；香火者淡淡煙飛，氤氳碧落。竟作奢華美貌，各申窈窕儀容。擎鮮花者共花色無殊，捧珠珍者共珠珍不異。琵琶弦上，韻合春鶯；簫笛管中，聲吟鳴鳳。杖敲揭（羯）鼓，如拋碎玉於盤中；手弄秦箏，似排雁行於弦上。輕輕絲竹，太常之美韻莫偕；浩浩唱歌，胡部之豈能比對。妖容轉盛，豔質更豐。一群群若四色花敷，一隊隊似五雲秀麗。盤旋碧落，菀（宛）轉清宵。遠看時意散心驚，近睹者魂飛目斷。從天降下，若天花亂雨於乾坤；初出魔宮，似仙娥芬霏於宇宙。天女咸生喜躍，魔王自己欣歡……[966]

像這樣的表現手法，雖然有羅列陳辭之嫌，但對於一般聽眾來說，卻頗能造成鮮明的印象。文中說到「太常之美」，指的是唐代宮廷中太常寺太樂署的舞樂；而「胡部」則指自六朝後期流入中原、隋唐時納入燕樂的北方少數民族的「新聲」。這表示講經沙門對於宮廷樂舞是很熟悉的。這整個歌舞隊的描寫，彷彿再現了唐代宮廷舞樂的宏偉場面。

講經文無論在文體、表達方法還是語言技巧上，都為以後的文學創作，尤其是說唱文藝提供了寶貴的參照。

因緣（緣起，附押座文、解座文）

僧侶宣揚教義，有講經與說法的不同：講經由法師和都講兩個人進

---

[966]　黃征、張湧泉校注《敦煌變文集》，中華書局，1997年，第884頁。

行,說法則是法師一人開示。周紹良說「相對俗講方面也有兩種,一種即韻、白相間之講經文,也是由法師與都講合作的;至於與說法相應的,則是說因緣,由一人講說,主要擇一段故事,加以編制敷衍,或逕取一段經文或傳記,照本宣科,其旨總不外明因果……」[967]又按周紹良的看法,依據佛教儀軌,講經文應用於大型法會,說因緣則適用於較小型的法會。敦煌寫卷中現存因緣計十二篇,即〈難陀出家緣起〉(《敦煌變文集》校者擬題)、〈悉達太子修道因緣〉、〈太子成道經〉、〈太子成道因緣〉、〈歡喜國王緣〉、〈醜女緣起〉、〈四獸因緣〉、〈十吉祥〉、〈佛圖澄和尚因緣記〉、〈劉薩訶和尚因緣記〉、〈隋淨影寺沙門慧遠和尚因緣記〉、〈靈州史和尚因緣記〉等。從題目就可以知道,因緣所演說的故事主要取自佛經片段,也有些採自僧傳或民間傳說。

〈難陀出家緣起〉演說《佛本行集經》卷五十七〈難陀出家因緣品〉,是一個相當幽默的故事。說釋迦牟尼異母弟難陀,眷戀美妻,雖經種種教化,不肯出家,釋迦牟尼示現神通,又把難陀帶到天堂、地獄,終於使難陀領悟出家福利。故事很簡單,用意顯得庸俗,但描寫卻富於情趣。例如描寫一日難陀和妻子飲酒,忽然釋迦牟尼到來,難陀狼狽出迎:

世尊直到難陀門前,道三兩聲「家常」。難陀歡飲之次,忽然聞門外世尊語聲,向妻道:「娘子!娘子!」

吟 「有事諮聞娘子,請籌暫起卻回。伏緣師兄到來,現在門前化飯。

欲擬如今不出,又緣知我在家。走到門前略看,即便卻來同飲。」

斷 歡喜巡還卻飲杯,恐怕師兄乞飯來。「各請萬壽暫崎嶇,見了師兄便入來。

飲滿勻巡一兩杯,徐徐慢怕(拍)管絃催。各(攔)盞待君下次勻,見了抽身便卻回。」

---

[967] 周紹良〈唐代變文及其他〉,《敦煌文學作品選・代序》第 17 頁,中華書局,1987 年。

第四節　變文

吟　難陀出門見佛，便乃陽作喜歡。合長（掌）禮拜起居：「不審師兄萬福……」[968]

像這一段情境描繪入畫，世態人情曲盡其妙。

敦煌寫卷中有一批「押座文」。周紹良替 S.2440 號卷擬題為〈押座文匯鈔〉（包括〈八相押座文〉等），此外還有〈故圓鑑大師二十四孝押座文〉、〈阿彌陀經押座文〉、〈悉達太子修道因緣押座文〉等。按俗講儀軌，在開講或說因緣以前要轉讀七言句組成的詩篇，間或夾雜一些說白，是為押座文。「押座」取鎮壓之意，意謂讓聽眾安靜，準備情緒聽講。宋代話本小說家數有「說參請」，講有關參禪悟道內容的佛教故事，即直接繼承了說因緣的方式；押座文用在俗講之前，則是後來宋元話本「入話」的濫觴。俗講完了，同樣要讀誦一種詩篇，是為「解座文」，取解散聽眾之意。〈破魔變文〉和〈醜女緣起〉後面的詩句就是解座文。

變文

由講經文進一步發展，脫離經典而專門講說故事，則形成狹義的「變文」；又由講說佛教故事發展到講說世俗故事，則成了普通講唱文學體裁。

「變文」一語的意義，是學術界長期爭論的問題。按孫楷第的意見：

……更以影像考之，釋、道二家凡繪仙佛像及經中變異之事者，謂之變相。如云「地獄變相」、「化胡成佛變相」等是。亦稱曰變；如云〈彌勒變〉、〈金剛變〉、〈華嚴變〉、〈法華變〉、〈天請問變〉、〈楞伽變〉、〈維摩變〉、〈淨土變〉、〈西方變〉、〈地獄變〉、〈八相變〉等是……其以變標名立目，與變文正同。蓋人物事蹟以文字描寫之，則謂之變文，省稱曰變。以影像描寫之，則謂之變相，省稱亦曰變。其義一也。然則變文得名，當由於其文述佛諸菩薩神變及經中所載變異之事……[969]

---

[968]　黃征、張湧泉校注《敦煌變文集》，中華書局，1997 年，第 590 頁。
[969]　〈讀變文二則〉，《現代佛學》第 1 卷第 10 期（1951.6），轉引《敦煌變文論文錄》，上海古籍出

第八章　唐與五代佛教通俗文學

周紹良進一步解釋說：「所謂『變』，應該解釋為『故事』之意，所謂故事影像就是『變相』，而故事文就是『變文』。」[970]

變文作為更成熟的講唱文學體裁，發展到後來已有專業化的藝人吟唱講說，又有專門的表演地點稱「變場」，即演出已不限於寺院。其文體韻、散交錯，行文中有「處」（如〈大目乾連冥間救母變文〉「目連向前問其事之處」，「騰空往至世尊處」）、「若為」（如〈降魔變文〉「舍利弗共長者商度處，若為……」，「合國人民咸皆瞻仰處，若為……」）、「若為陳說」（〈漢八年楚滅漢興王陵變〉「二將斫營處，若為陳說」，「說其本情處，若為陳說」）相照應，或用「道何言語」（如〈破魔變文〉「魔王當爾之時，道何言語」，「姊妹三個，道何言語」）、「若為陳說」（如〈昭君變〉「乃哭明妃處，若為陳說」，「遂出祭詞處，若為陳說」）來提示，周紹良認為後面兩點可作為辨識變文文體的依據。

對某些具體卷子的歸類，學者間尚有分歧。周紹良列出明確標出「變」或「變文」的有九種，即〈漢八年楚滅漢興王陵變〉、〈舜子至孝變文〉、〈八相變〉、〈破魔變〉、〈降魔變文〉、〈大目乾連冥間救母變文〉、〈頻婆娑羅王後宮綵女功德意供養塔生天因緣變〉、〈醜變〉、〈劉家太子變〉。另有的卷子或缺標題，或所存即是殘卷，沒有留下「變」或「變文」題目，但從體例看是變文，有以下幾種：〈伍子胥變文〉、〈李陵變文〉、〈王昭君變文〉、〈張議潮變文〉、〈張淮深變文〉、〈目連變文〉。這些題目皆是後擬的。從現存這十五篇題材來看，屬於世俗內容的計八篇，占總篇數的一半多。就是說，本來性質是佛教文學的變文在發展中逐步世俗化，即已獨立為一般的講唱文學體裁了。

美國學者梅維恆的名著《唐代變文》對於變文的體裁、「變文」一詞的

　　　　　版社，1982 年，上冊第 241 頁。
[970]　　周紹良〈唐代變文及其他〉，《敦煌文學作品選・代序》卷首第 3 頁，中華書局，1987 年。

第四節　變文

含義、變文的形式、套語和特徵，變文的演藝人、作者和抄手做了細緻的研究。他不但廣泛利用了中土資料，更參照世界各國、各民族民間通俗文藝的資料，許多結論是十分精闢的。他按所謂「狹義定義」所辨別的變文篇目，與周紹良的看法相同。關於變文的特徵，他提出五點，即「獨特的引導韻文的套用語，與故事畫的密切聯繫，韻散相間的形式，由七言句組成的韻文，通俗化的語言」[971]。他據此明確區別變文和講經文之間的關係。[972]

世俗題材的變文之中，六篇是講歷史故事，兩篇是講當世情事。張議潮於大中年間驅逐吐蕃鎮將，率領早已脫離中央統轄的瓜、沙等河西十一州內附，被朝廷任命為歸義軍節度使；後來其姪張淮深繼守歸義，是晚唐歷史上的重要事件。當地文人以此重大事件為題材寫成變文，展現出強烈的現實性。古代題材的變文如上述題目所示，則是選取歷史上著名人物和事件加以演繹。描寫佛教題材的有些內容出自佛傳，有些敷衍經典中的故事。如〈破魔變〉取材《佛所行讚》，〈降魔變文〉取材《賢愚經》卷十〈須達起精舍品〉，〈頻婆娑羅王後宮綵女功德意供養塔生天因緣變〉取材《撰集百緣經》卷六〈功德意供養塔生天緣〉；兩種〈目連變文〉講的則是中土創造的目連傳說。

流傳廣遠、影響巨大的是目連救母變文。其中〈大目乾連冥間救母變文〉現存有九件之多，可見其受到歡迎的程度。目連救母故事初見於《盂蘭盆經》。這一部經典一般認為是中土偽經，至遲形成（或傳譯）於齊、梁時期。在佛典中，目連在佛弟子中「神通第一」，有關於他出入三界、和餓鬼交往的記述。然而在《盂蘭盆經》裡，目連盡其誠孝、千方百計地去解救轉生為餓鬼的母親；其母親得到解救並不是由於自身修善得福，而

---

[971]　楊繼東、陳引馳譯《唐代變文》，中國佛教文化出版有限公司，1999年，上冊第75頁。
[972]　關於變文和講經文的關係，梅維恆做出明確的劃分，認為二者沒有任何關聯。但依常情而論，同為流行於民間的講唱體裁，相互間不會沒有影響。

第八章　唐與五代佛教通俗文學

是依靠孝子目連的努力。人子「孝心」的外在力量使亡母得以解脫地獄之苦，這就把中土倫理和佛教的業報觀念結合在一起，從而使地獄冥報故事的基本精神轉化了。到唐代，目連傳說進一步發展、變化。在敦煌文書中有一部《淨土盂蘭盆經》。這一部經中的救母故事已和現存變文的情節相似，是根據《盂蘭盆經》衍化出的新一代偽經。其中敘述目連母子過去世本事，即往昔五百劫前定光佛出世時羅陀國婆羅門家小兒羅卜解救墜為餓鬼的母親青提夫人故事，這也是變文所敘述的內容。不過變文作為民間的講唱文學作品，情節更為複雜，描寫更加細緻，內容更加世俗化，作為藝術創作也更為完整了。

在詳略不同的〈目連救母〉變文裡已把故事轉移到現世：說在俗目連名為羅卜，父母雙亡，終三年之喪後，出家為佛弟子，得阿羅漢果，以道眼尋訪雙親；先到天堂訪問亡父，從父親那裡得知亡母平生慳吝造惡，墜入地獄；他遂到地獄尋訪，在冥路上得到閻王指點，遍歷十王廳，知道生母現在阿鼻地獄；他遍巡包括刀山劍樹地獄、銅柱鐵床地獄等處，目睹種種罪罰恐怖景象；後藉助在娑羅林接受的世尊所賜十二環錫杖，打破地獄之門，直赴阿鼻地獄，終於和母親相會；但因為他自己並沒有力量超度亡母，遂請佛施行救濟，使母親免地獄之苦而轉生餓鬼道；目連受世尊教示，設盂蘭盆齋，以此功德使母親轉生畜生道；然後又恢復女人身，最後終於滅罪修福，往生忉利天。在曲折細緻的敘寫中，地獄巡遊是重點部分。其中極力渲染懲罰折磨的慘毒和受刑者的痛苦與恐怖，突顯表現目連那種為尋母、救母而不畏艱辛、百折不撓的精神。其中不乏相當煽情的描寫，如寫目連到阿鼻地獄一隔一隔地尋找，終於在第七隔裡找到母親，描寫母子相見，有一段韻文：

……獄卒擎叉左右遮，牛頭把鎖東西立，一步一倒向前來，目連抱母號咷泣。

第四節 變文

哭曰:「由如不孝順,殃及慈母落三途,積善之家有餘慶,皇天只沒殺無辜。

阿娘昔日勝潘安,如今憔悴頓摧殘,曾聞地獄多辛苦,今日方知行路難。

一從遭禍耶娘死,每日墳陵常祭祀,娘娘得食吃已否,一過容顏總憔悴。」

阿娘既得目連言,嗚呼怕搁淚交連:「昨與我兒生死隔,誰知今日重團圓。

阿娘生時不修福,十惡之愆皆具足。當時不用我兒言,受此阿鼻大地獄。

阿娘昔日極芬榮,出入羅帷錦障行,那堪受此泥梨苦,變作千年惡鬼行。

口裡千回拔出舌,凶(胸)前百過鐵犁耕。骨節筋皮隨處斷,不勞刀劍自凋零。

一向須臾千過死,於時唱道卻回生,入此獄中同受苦,不論貴賤與公卿。

汝向家中勤祭祀,只得鄉閭孝順名,縱向墳中澆歷酒,不如抄寫一行經……。」

目連哽咽啼如雨……[973]

這裡的描寫雖然有些公式化,運用典故不夠得當,但從整體來看,情境渲染細膩、生動,人物感情也抒發得淋漓盡致。可以設想,在「變場」的表演裡,這樣的段落是有巨大感染力的。由此可見,在變文中救母故事的主題被進一步深化了:在宣揚因緣業報、地獄罪罰的本來的意義之外,更突顯強調了仁孝救濟觀念。也就是說,目連的誠摯孝心終能戰勝業報的

---

[973] 黃征、張湧泉校注《敦煌變文集》,中華書局,1997年,第1,033—1,034頁。

第八章 唐與五代佛教通俗文學

規律,成為不可抵擋的、巨大的救濟力量,從而熱情地謳歌了母子親情,頌揚了儒家倫理,這個古老的傳說從而也就演變成美好人性的頌歌。這也是唐、宋以後目連故事在民間、在各類文學形式中廣為流傳的理由。

〈破魔變〉和〈降魔變文〉都取材佛傳,是分別根據《佛所行讚》和《賢愚經》的相應段落加以生發。〈破魔變〉表現釋迦「八相成道」「降魔」一段。變文說釋迦太子雪山修道,六載苦行,當臘月八日之晨下山於熙連河沐浴,接受牧女獻乳供養,此時震動魔宮,魔王恐懼如來出世,遂設計鬧亂釋迦。先是派遣魔軍,施行神變,但「魔王神變總騁了,不能動搖我如來」,不得不抽軍返回魔宮;但憤怒之情猶未止息,又派遣三魔女前往誘惑。這個情節也是一般佛傳著力描寫的。變文中把魔女誘惑的情節變化為對話:第一女「情願將身作夫妻」;第二女願為「欲擬伴住山中,掃地焚香取水」,「看家守舍」;第三女「情願長擎座具」[974],而都被釋迦牟尼拒絕。魔女不信世尊之言,謾發強詞,輕惱於佛;佛垂金色臂,指魔女身,魔女化為醜陋老母。在佛、魔的激烈衝突中表現釋迦牟尼求道的堅強意志,歌頌他與邪惡對抗,無所畏懼、不屈不撓的精神。〈破魔變〉首尾齊全,前有押座文,後有解座文,最後記錄是「天福九年」(西元 944 年)淨土寺沙門願榮寫。當時統治沙洲一帶的是繼張氏任歸義軍節度使的曹氏曹元深。從這一篇押座文可以知道當時變文的表演有祝頌之意,或許就是在祝賀當地統治者的禮儀上表演的。講唱「破魔」、「降魔」故事,有象徵被祝頌者威鎮四方、戰無不勝的意味。

〈降魔變文〉講述給孤獨長者須達購得祇陀太子園林請釋迦牟尼前來安居說法的非常富於戲劇性的故事。這個故事見於多種經典,而以《賢愚經》的〈須達起精舍品〉最為生動、精采。變文篇幅在一萬字左右,情節多加增飾,敘述和描寫也更為細緻、詳悉。故事最為生動之處,是六師外

---

[974] 黃征、張湧泉校注《敦煌變文集》,中華書局,1997 年,第 533 — 535 頁。

道遣弟子勞度差與佛弟子舍利弗二人施幻術鬥法事。變文中勞度差先後變化為高山、水牛、水池、毒龍、二鬼、大樹，舍利弗則相應地變化為金剛、師子、象王、金翅鳥王、毗沙門、風神戰勝之。變文中的變化順序與原來經典裡的描寫有所不同，形容、渲染也更加細緻、熱鬧。如鬥法的第一回合：

舍利弗徐步安詳，升師子之座；勞度差身居寶帳，捧擁四邊。舍利弗即升寶座，如師子之王，出雅妙之聲，告四眾言曰：「然我佛法之內，不立人我之心，顯政摧邪，假為施設。勞度差有何變現，即任施張。」

六師聞語，忽然化出寶山，高數由旬。欽岑碧玉，崔嵬白銀，頂侵天漢，叢竹芳新。東西日月，南北參辰。亦有松樹參天，藤蘿萬斷，頂上隱士安居。更有諸仙遊觀，駕鶴乘龍，仙歌聊亂。四眾誰不驚嗟，見者咸皆稱嘆。

舍利弗雖見此山，心裡都無畏難。須臾之傾（頃），忽然化出金剛。其金剛乃作何形狀？其金剛乃頭圓像天，天圓祇堪為蓋；足方萬里，大地才足為鑽。美鬱翠如青山之兩崇（重），口蝦蝦猶江海之廣闊。手執寶杵，杵上火焰沖天。一擬邪山，登時粉碎。山花萎悴飄零，竹木莫知所在。百僚齊嘆希奇，四眾一時唱快。故云金剛智杵破邪山處，若為：

六師憤怒情難止，化出寶山難可比，嶄巖可有數由旬，紫葛金藤而覆地。

山花鬱翠金文成，金石翠微碧雲起，上有王喬丁令威，香水浮流寶山裡。

飛仙往往散名華，大王遙見生歡喜，舍利弗見山來入會，安詳不動居三昧。

應時化作大金剛，眉高額闊身軀磊，手執金杵火沖天，一擬邪山便粉碎。

外道哽咽語聲嘶，四眾一時齊唱快。

於時帝王驚愕，四眾忻忻。此度既不如他，未知更何神變？[975]

如此邊講邊唱，一共六個段落，把鬥法情景重複渲染，想像誇張、熱鬧非凡，表現出魔高一尺、道高一丈、正義摧毀邪惡而必然勝利的對抗，對於吸引聽眾是有吸引力的。

變文創造了古代講唱文學的一個高峰，雖然它作為文學體裁由於種種因緣早已沉埋在歷史塵埃中，但作為藝術遺產卻具有巨大價值，並曾潛移默化地影響到後來諸多形式的文學創作。

話本

敦煌寫卷中發現的話本，是繁榮的宋代話本小說的先期產物，是唐代「說話」文學的實證。「說話」作為藝術形式起源很早。考古發現的漢代說書俑即是當時已有發達的說書藝術的實證。隋、唐時期這一類藝術形式更加繁榮。隋侯白的《啟顏錄》記載他曾為楊玄感「說話」[976]。唐人郭湜記載「安史之亂」後唐玄宗回到長安，高力士為他「更講經、論議、轉變、說話，雖不近文律，終冀悅聖情」[977]。但是早期說話的底本卻不見流傳。而在現存敦煌寫卷卻佚存多篇話本，而且題材多種多樣，有歷史故事（如〈韓擒虎話本〉、〈蘇武李陵執別詞〉等）、民間傳說（如「秋胡」故事），也有宗教故事。宗教故事中內容有道教的（〈葉淨能詩〉）；也有佛教的。這成為小說史上話本的實物資料。

佛教故事有〈廬山遠公話〉和「唐太宗入冥」傳說。

〈廬山遠公話〉敘說具有傳奇色彩的慧遠生平，全篇結構緊湊，首尾完整，是相當成熟的話本。其情節多有神異成分，又夾雜佛理宣傳，基本

---

[975] 黃征、張湧泉校注《敦煌變文集》，中華書局，1997年，第563－564頁。
[976] 《太平廣記》卷二四八，第5冊第1,919頁。
[977] 《高力士外傳》。

第四節　變文

上是出於虛構，遠離歷史真實。這也正表現了作者豐富的想像力。劉銘恕說：「此為遠公古傳，說者謂如《廬山蓮宗寶鑑》所指〈廬山成道記〉偽纂惠遠神變故事，向來以為必非出自古記，但今以本卷證之，知遠公七狂中所謂：出廬放浪白莊三十年，不應晉帝之召，為崔相公家奴，臂有肉釧等神變故事，並早已膾炙人口，寧得謂為晚出。抑考此遠公傳，以體近小說，命名為〈話〉，亦猶李娃小說之命名為〈一枝花話〉，此亦考小說史之寶貴資料。」[978] 可以設想，這種高僧傳說形成「說話」，在當時的廣泛流傳。

又敦煌寫卷 S.2630 號、王國維等定名為〈唐太宗入冥記〉的殘卷，經今人考訂也是一篇早期話本。唐太宗到冥府遊歷的傳說，唐初張鷟《朝野僉載》已有記載。話本對於情節又有所發揮，其中寫到唐太宗生魂被拘入冥，閻王使人勘問武德三年至五年殺六十四人之罪（這是武德九年六月四日「玄武門之變」殺太子建成、齊王元吉及其諸子的訛傳），判官崔子玉是陽間的輔陽縣尉，讓他審問當朝皇帝，他十分憂懼；這崔子玉原來是著名術士李淳風的朋友，他本為皇帝所司，太宗又帶了李淳風的書信，經請求，蒙允不與建成、元吉對質；判官則以自己在陽間位卑，遂討好太宗更改了名錄，讓他再歸陽道做十年天子，因而得到陽間蒲州刺史兼河北廿四道採訪使之職，官至御史大夫，賜紫金魚帶，仍賜輔陽縣，等等。現存殘卷只是一部分情節，從中可以看出，地獄描寫已不重在渲染恐怖，而流露出強烈的諷世色彩；人物兼治陰、陽二界的構想十分奇特，在後來小說、戲曲中被廣泛運用；唐太宗和崔子玉這一對人物在陰、陽二界地位反差懸殊，對其處境、心理、行為的矛盾描寫得相當細膩、真切。唐太宗入冥故事後來被納入到小說《西遊記》裡，並衍變為《唐王遊地府》章回小說。

敦煌寫卷中的民間敘事文學還有詞文、詩話、俗賦等題材，應當同樣有描寫佛教題材的作品，不過目前尚未發現，這裡不再討論。

---

[978]　黃征、張湧泉校注《敦煌變文集》，中華書局，1997 年，第 269－270 頁。

第五節　敦煌曲辭

　　敦煌曲辭主要是當時民間流行的歌唱詞文。據今人整理，總數有兩千餘首。其中僧、俗具名的有二百餘首。它們大部分應是唐代流行的民間俗曲。標有作者名字的大部分也曾流傳民間。這些曲辭相當一部分是描寫佛教內容。

　　佛教題材的曲辭有一部分留有作者姓名，如南宗祖師神會、淨土大師法照、詩僧貫休和寰中、真覺、圓鑑、智嚴等，但多數佚失作者名字。這後一類多應是下層僧侶和民間創作的。這一類曲辭體裁與一般曲辭一樣，形式多種多樣。有單調的所謂「雜曲」，有復調的套曲；有些有調名，有些沒有。有調名的如〈五更轉〉、〈十二時〉等是南朝流傳下來的傳統曲式，更多的是唐朝流行的新曲。大致說來，套曲形式包容量大，便於敘述故事；單調「雜曲」則適於表達一般感受或抒情。

　　從內容分析，佛教題材的曲辭大致可分為兩種類型：一種是宣教型，是僧侶或信仰者向他人說教的作品，主要是通俗地演說輪迴報應之類基本教理、教義，鼓吹修善向佛、皈依善道，等等，這一類作品在現存曲辭中占多數；另一種則是抒情型，或表達對佛陀、佛法的讚美，或抒發個人修道的決心和體驗。由於作品大部分來自民間或為民眾而作，主要表達的也是普通大眾的信仰之心。例如〈求因果·修善〉十一首的兩段：

　　有福之人登彼岸，免受三途難。無福之人被棄遺，未有出緣期。努力迴心歸善道，地獄無人造。輪迴煩惱作菩提，生死離阿鼻。

　　普勸閻浮世界人，修善莫因循。切須欽敬自家身，莫遣受沉淪。今生果報前生種，慚愧生珍重。來生更望此生身，修取後來因。[979]

---

[979]　任半塘《敦煌歌辭總編》，上海古籍出版社，1987 年，中冊第 870 頁。

第五節　敦煌曲辭

這裡完全使用勸誡、訓諭的語氣。像這樣的曲辭在法會上、在民眾之間歌唱，能發揮相當的規勸作用。

唐代宗派佛教發達，在曲辭中也有明顯的表現。曲辭中表現淨土信仰和禪宗觀念的不少。如被定名為〈三歸依〉的四首作品，就是在宣揚皈依淨土。第一、二兩首是：

皈依佛，大聖釋迦化主。興慈願，救諸苦。能宣妙法甚深言，聞者如沾甘露。慈悲主，接引眾生，同到淨土。

到淨土，五色祥雲滿路。雙童引，頻伽舞。一迴風動響珊珊，聞者輕擂階鼓。慈悲主，接引眾生，同到淨土。[980]

中唐時期淨土大師法照活動於朝野。他提倡「五會念佛」，把歌詠讚佛當作修道的重要手段。他本人也是優秀的佛教詩人，寫過不少曲辭，在敦煌寫卷中存有他的兩組〈歸去來〉。其中一組十首，題目是〈歸西方讚〉；另一組六首，擬題為〈寶門開〉。以他的身分和影響力創作這一類歌詞，對寫作、傳唱佛教曲辭的風氣必然發揮推動作用。

表達禪宗觀念的如〈無相珠〉十首。禪宗祖師多歌頌「如意珠」、「驪龍珠」等等，以比擬自性清淨的明淨透澈、圓融無礙，這在前面已經提到。〈無相珠〉的前面有七言四句詩一首，像是總序或提綱：

念珠出自王宮宅，曠劫年來人不識。有人識得難凡夫，隱在中山舍衛國。

接著十首從不同角度對明珠進行描繪和形容，如第三、四首：

智慧珠，明皎潔，上下通明四維徹。念念常思無相珠，須臾滅盡恆沙業。

奉勸人，勤念珠，念珠非有亦非無。非空非實非來去，來去中間一物無。[981]

---

[980]　任半塘《敦煌歌辭總編》，上海古籍出版社，1987年，中冊第963－964頁。
[981]　任半塘《敦煌歌辭總編》，上海古籍出版社，1987年，中冊第924頁。

第八章　唐與五代佛教通俗文學

這完全是利用「珠」的比喻來表現南宗禪的「頓悟見性」觀念。

還值得一提的是，敦煌曲辭中有些民間曲調，如〈楊柳枝〉、〈回波樂〉等，是後來興盛的「曲子詞」的詞牌。這表示佛教通俗曲辭對於推動「詞」這一種新的韻文體裁的形成和發展發揮了一定作用。

長篇連章的敘事作品之中，擬調名為〈證無為〉的曲子二十七首演說悉達太子出家修道因緣，從初學道寫到破魔，是相當連貫的故事情節。體例是每段四句，用「五、五、七、五」言格式，每一段後面有「釋迦牟尼佛」讚佛聲。雖然篇幅不算長，但描寫中頗能捕捉衝突的細節加以生發，也具有相當情趣。如敘說太子出家、離別耶輸陀羅幾段，述說角度不斷變換，情景表述得相當生動：

……耶輸焚香火，太子設誓言：三世共汝結因緣。背我入雪山。釋迦牟尼佛。

不念買花日，奉獻釋迦前。買花設誓捨金錢，相約過百年。釋迦牟尼佛。

作女如花捻，百國大王求。誓共太子守千秋，同衾亦同丘。釋迦牟尼佛。

雪山成正覺，教我沒依頭。看花腸斷淚交流，榮華一世休。釋迦牟尼佛……

而說到太子雪山修道，渲染環境，描摹景物，又很富詩情：

……寂淨青山好，猛獸共同緣。石閣與天連，藤蘿繞四邊。釋迦牟尼佛。

孤山高萬仞，雪嶺入層霄。寒多樹葉土成條，太子樂逍遙。釋迦牟尼佛……

第五節　敦煌曲辭

只見飛蟲過，夜叉萬餘多。石壁斑點繡紋窠，樹動吹法螺。釋迦牟尼佛。

嶺上煙雲起，散蓋覆山坡。彩畫石壁奈人何，太子出婆娑……[982]

這樣的描寫辭采比較精美，又頗能表現出詩語凝練、概括的特點。

任半塘依據敦煌寫卷 S.2454 號〈維摩五更轉〉、S.6631 號〈維摩五更轉十二時〉一篇和 P.3141 號一個殘卷，加以校訂、整理為〈五更轉兼十二時〉凡二十八首（「五更」各一首，「十二時」各二首，其中缺子時一首），把體例定名為「複合聯章」，認為是金、元「帶過曲」（如元喬夢符〈雁兒落帶得勝令〉等例）的濫觴。至於歌辭的創作年代，任半塘初步認定「在初唐之四十年間」[983]。考察歌辭內容，大致與講經文相合。講經文的韻文部分應與歌辭創作有密切關聯。兩種作品的產生時間距離不應太遠。在與禪宗的關係上，歌辭的情況也與講經文同樣，都是利用《維摩經》來表現禪宗新的修道觀和居士思想。由此可以推斷歌辭應形成於禪宗發達的中、晚唐時期。任半塘整理本「五更轉」部分內容主要相當於經文的〈佛國品〉，類似全部歌辭的序語。以下將十大弟子、四位菩薩受維摩呵難和文殊問疾的情節概括在一天「十二時」之中。但其順序已經變亂原來的經文。二大士對談則夾在中間的午時，然後是天女散花在未時，申時又回來寫光嚴童子和阿難，酉時是須菩提，戌時是阿那律和彌勒，最後亥時是全部歌辭的終結。這樣一來，二大士對談就和眾弟子被譏呵放在同樣位置上了。由於十二時的順序是固定的，歌辭的這種順序就不會是抄寫錯誤。歌辭這種結構安排顯然反映了作者的觀念，即是有意以維摩與佛弟子的對立來展開主題。這裡表現的譏彈精神也是與講經文相一致的。歌辭裡也不斷地強調「折服大聲聞」，聲聞弟子則「被呵嗔」、「呵令去」，等等。如任二北所說：

---

[982]　任半塘《敦煌歌辭總編》，上海古籍出版社，1987年，中冊第 801－802 頁。
[983]　任半塘《敦煌歌辭總編》，上海古籍出版社，1987年，下冊第 1,556 頁。

第八章 唐與五代佛教通俗文學

「設『問疾』奇局,欲肆彈呵,盡折如來諸大弟子,即以折如來。」[984] 因此,宣揚維摩也有著批判傳統佛教的意味。如結尾一段歌辭說:

> 辭渴愛,歸妙海,取捨之心俱窒礙,不空不有不處中,若能如此真三昧。[985]

又正如任半塘所說,歌辭裡「充滿頓旨」即南宗禪觀念。至於歌辭的表達,主要是哲理式的,具有更大的概括性,語言也更多地經過修飾和提煉,因此又可以看作是一種佛教哲理詩。寫法上,對於弟子被譏呵的一個個故事,都是用幾句歌辭加以概括,有些並具有一定的形象性,如:

> 日映未,日映未,居士室中天女侍。聲聞神變不知他,舍利懷慚花不墜。

> 花不落,心有畏,無明相中妄生二。將知未曉法性空,滯此空花便為恥。[986]

這裡是利用了經文中天女散花、至大弟子便著不墜的情趣相當幽默的典故,但與經文相較,則更為通俗、簡略,也更為具象。陳寅恪曾指出:「舍利弗者,佛弟子中智慧第一之人。維摩詰宅神之天女以智辯窘之,甚至故違沙門戒法,以香花散著其身,雖以神力去之而不得去,復轉之使為女身。然則淨名之宅神,與釋迦之大弟子,其程度高下有如是者。」[987] 歌辭中用兩節來演說他的故事,正表明其譏呵的思想傾向。

失調名〈五台山讚〉十八首,分別描繪五台山東、南、中、西、北臺的壯麗,夾寫佛光寺、清涼寺勝蹟,特別表現文殊菩薩的靈應以及新羅王子等求法事蹟,相當全面而生動地反映了唐代五台山信仰的實況。

---

[984] 任半塘《敦煌歌辭總編》,上海古籍出版社,1987 年,下冊第 1,494 頁。
[985] 任半塘《敦煌歌辭總編》,上海古籍出版社,1987 年,下冊第 1,550 頁。
[986] 任半塘《敦煌歌辭總編》,上海古籍出版社,1980 年,下冊第 1,524－1,529 頁。
[987] 〈敦煌本維摩詰經文殊師利問疾品演義跋〉,陳寅恪《金明館叢稿二編》,上海古籍出版社,1980 年,第 181 頁。

第五節　敦煌曲辭

敦煌寫卷中最長的套曲是署名智嚴的〈十二時·普勸四眾依教修行〉。任半塘根據四個寫卷整理為一個套曲一百三十四首。在一個寫卷後面有「學子薛安俊」書寫題記，題為「同光二年」（西元 924 年）。但根據作品內容考訂，其祖本必出於宣宗大中年間（西元 847－860 年）以前。作者智嚴是鄜州開元寺觀音院主，曾西行求法，東歸後，願焚身五台山，供養文殊。民間傳唱的作品本具有流動性質，今本與智嚴創作的祖本有多大距離已難以考訂。全套作品按十二時加上收尾共分十三段。除收尾六首外，其他各段八首至十三首不等。每一首的格式是五句二十七字，句式是「三、三、七、七、七」，三仄韻。這是唐代民歌流行的曲式。這一套主旨為「普勸四眾依教修行」的歌辭篇幅長、容量大，除了宣揚輪迴果報、勸人修行、讚揚佛法等內容之外，更對人情世態進行了精確、詳細的描繪，相當真實地展現了當時社會生活的某些面向，刻劃出不同階層人們的精神面貌。如第一段：

　　雞鳴丑，雞鳴丑，曙色才能分戶牖。富者高眠醉夢中，貧人已向塵埃走。

　　或城隍，或村藪，矻矻波波各營構。下床開眼是欺謾，舉意用心皆過咎。

　　或刀尺，或秤斗，增減那容誇眼手。只知勞役有為身，不曾戒約無厭口。

　　吃腥羶，飲釀酒，業障痴心難化誘。也知寺裡講筵開，卻趁尋春玩花柳。

　　命親鄰，屈朋友，撫掌高歌飲釀酎。為言恩愛永團圓，將謂榮華不衰朽。

　　妻子情，終不久，只是生存詐親厚。未容三日病纏綿，隁地憎嫌百般有。[988]

---

[988]　任半塘《敦煌歌辭總編》，上海古籍出版社，1987 年，下冊第 1,596－1,597 頁。

像這樣的段落，主旨當然在宣傳佛教信仰，但它既揭露了社會上的貧富不均，又批評了人情的貪婪、冷酷，客觀上暴露了社會倫理的墮落，尤其是宗教信仰敗壞的實情。

唐代可以說是中國歷史上民間俗文學最為興盛、發達的時代。特別由於敦煌文獻的發現，使一大批這個領域的寶貴遺產重見天日，體裁、題材、風格多姿多彩的眾多作品讓人們大開眼界。儘管佛教俗文學存在著各種的缺陷和局限，但它們在一定程度上相當真切地表達了民眾的心聲，反映了當時的社會面貌，展現出一般文人文學所沒有的思想上和藝術上的特點和長處，不僅對後世的民間文學造成了廣泛而深遠的影響，就是對於文人創作也提供了寶貴的素材，作為社會史料對於歷史研究包括佛教史研究更具有重大的意義和價值。

第九章
宋代之後的佛教與文人

第九章　宋代之後的佛教與文人

第一節　佛教走向式微與居士佛教的發展

　　從佛教在中國發展的整體形勢來看，自兩宋之際已逐漸走向式微了。當時印度佛教已經衰落，中土佛教從而失去了外來的滋養泉源；在唐代宗派佛教極度繁榮之後，各宗派在教理、教義方面已鮮有新的發展；尤其是自中唐以後，前有以韓愈、李翱為代表的文人「闢佛」，接著又有朝廷主持的會昌「法難」，雖然這些反佛的言論和措施並沒有貫徹到底，但佛教所受打擊卻是相當沉重的。尤其是在思想、學術領域，經過儒、道、釋「三教」長期的對立與交流，在佛、道二教極盛之後，中土人士的精神世界終於再度向理性主義復歸，導致儒學在吸收釋、道理論成果的基礎上發展出「新儒學」——理學。宋代理學的形成進一步剝奪了佛、道二教的思想、理論陣地。而經過歷代王朝在相續奉行相容「三教」而以儒學為主導的思想統治政策的前提下，已牢固地確立了對於宗教神權的統轄，唐、宋以後更嚴格地限制佛、道二教在朝廷管制下發展。然而佛教在走向衰落的整體趨勢下，就思想文化層面而言，其在長期發展中累積的成果仍在發揮巨大影響，前代文人好佛習禪的傳統也繼續在發揮作用，佛教作為民眾普遍的信仰實踐也仍然是社會生活的重要因素。因而佛教對於文學藝術領域也繼續產生相當龐大、深廣的影響。

　　五代十國的分裂局面是唐代藩鎮割據的延續。這一段時期除了北方後周再度毀佛，南北各王朝均採取保護佛教的政策。尤其是南方諸國，社會相對安定，更為佛教的發展提供了有利條件。江西鍾傳、湖南馬殷等都崇佛好禪；而吳越錢氏自武肅王錢鏐以下，均熱心樹塔建廟，廣禮佛徒，天台宗和禪宗在其保護下都得以發展；南唐李氏亦崇重佛教，法眼宗在其直接庇護下形成龐大聲勢。這些都為宋代江南佛教的發展奠定了基礎。

　　宋王朝由篡奪後周皇位而建立。立國之後，一反後周限制、打擊佛教

第一節　佛教走向式微與居士佛教的發展

的做法。據說宋太祖趙匡胤見後周毀佛，即以為「大非社稷之福」；即位後，更敬僧禮佛，扶植佛教。宋太宗趙光義亦相沿不改。太平興國元年（西元976年）曾一次度童行達十七萬人。他在位時期重設譯經院，恢復自唐元和六年（西元811年）中斷一個半世紀的官營譯經事業。宋真宗趙恆「並隆三教，而敬佛重法過於先朝，故其以天翰撰述，則有〈聖教序〉、〈崇釋論〉、《法音集》，並注《四十二章》、《遺教》二經，一歲度僧至二十三萬」[989]。兩宋除徽宗一朝崇通道教外，各朝均採取優容佛教政策。在朝廷大力維護下，寺院經濟大幅發展。蘇轍〈和子瞻宿臨安淨土寺〉詩說：「四方清淨居，多被僧所占。既無世俗營，百事得豐贍。」[990] 可見當時佛教發展的大致形勢。

　　北宋初立，汴京兩街諸寺所傳主要是南山律宗和法相宗。南方吳越的錢弘曾遣使向高麗求取天台教典，促進了天台宗的「中興」，江東從而成為天台宗的中心。而宋代最為興盛的宗派當數禪和淨土。五代時禪宗大盛於南方。至仁宗皇祐元年（西元1049年）汴京建禪院，請雲門五世大覺懷璉（西元1009－1090年）主持，後又有這一系的明教契嵩（西元1007－1072年）入京活動。特別由於雲門一派具有濃厚的文化特色，因而受到官僚文人的歡迎，在朝廷上下盛行一時。臨濟宗則分化為黃龍、楊岐兩派，特別興盛於南方；至南宋，楊岐派且成為臨濟正統。兩宋之際的楊岐派宗師大慧宗杲（西元1089－1163年）提倡看話禪，影響尤為深遠。曹洞宗的傳承亦綿延不絕，經丹霞子淳（西元1064－1117年）傳宏智正覺（西元1096－1156年），提倡默照禪，與看話禪並行於世。淨土信仰本來為眾多宗派所弘揚，經中唐法照等人大力提倡，唐末毀佛後恢復又較迅速，入宋後淨土念佛、淨土結社流行一時。至南宋，四明宗曉編《樂邦文類》，把淨土與禪、教、律並稱，以善導、法照、少康、省常上承慧遠為歷代祖

---

[989]　志磐《佛祖統紀》卷四四，《正》第49卷第406頁下。
[990]　蘇轍《欒城集》卷四。

第九章　宋代之後的佛教與文人

師；後經志磐改訂，在省常前加永明延壽，為七祖傳承，淨土法系從而確定。禪與淨土兩個宗派本來都是佛教各宗派普遍遵行的簡易修行法門，宗義都比較簡單，又注重個人修行，尤其是都與中土傳統倫理更相契合，有如此諸多因緣，也就更易於在士大夫和一般民眾之間傳播。

　　兩宋居士佛教進一步興盛。宋初百廢待興，朝廷大力提倡儒學。士大夫中有孫復、石介等，直到仁宗朝的歐陽脩等人，繼承唐代韓愈的反佛傳統，張揚闢佛。但到這個時期，儒、釋調和已成為悠久、強大的潮流，前述佛教自身的發展對於推動這一股潮流也發揮了巨大作用。而眾多活躍在社會上層的僧侶則更積極地向世俗政權靠攏。如明教契嵩，曾「攜所業三謁泰伯（李覯），以儒、釋吻合，且抗其說。李愛其文之高，理之勝，因致書譽嵩於歐陽（脩）」[991]。他更親自往謁歐陽脩，獻《輔教編》，大獲讚譽。當時的宰相韓琦亦尊禮之。晚年他居杭州佛日禪院，杭帥蔡君謨優禮甚厚。蘇軾對他也十分推重。同是雲門宗的圓通居訥（西元1010－1071年）住廬山，歐陽脩慶曆五年（西元1045年）左遷滁州路經九江，曾上廬山拜訪他。據說他的見解出入百家而折中於佛法，使歐陽脩肅然心服[992]。後來應仁宗之召，入汴京任十方淨因禪院住持。他是梓州中江人，當時蘇洵父子入京，與他有鄉誼，曾有密切交往。大覺懷璉（西元1009－1090年）也是雲門學人。皇祐元年（西元1049年），應圓通居訥的薦舉代掌十方淨因禪院，與文壇名流亦廣有交往。蘇軾說「璉獨指其（禪）妙與孔、老合者，其言文而真，其行峻而通，故一時士大夫喜從之遊」[993]。其詩得到歐陽脩、王安石的讚賞。也是雲門宗的佛印了元（西元1032－1098年）前後居江州承天寺、淮上斗方寺、廬山開先寺和金、焦二山等名寺，名動士林。他與道學家周敦頤有交誼；王安石晚年居金陵

---

[991]　《佛祖歷代通載》卷一九，《正》卷49卷第668頁下。
[992]　參見志磐《佛祖統紀》卷四五，《正》第49卷第412頁上。
[993]　〈宸奎閣碑〉，《東坡集》卷三三，《四庫備要》本。

第一節　佛教走向式微與居士佛教的發展

半山，度居士生活，結交禪侶，也曾與他往還；他與蘇軾的交誼，後世更流傳為佳話。其他如汾陽善昭、昭覺常總、黃龍慧南、圓通法秀、投子修顒、圜悟克勤等人，直到兩宋之際的大慧宗杲，都內、外學兼擅，並喜歡結交士人。當時許多僧侶具有相當高的學養，成為他們在士大夫間活躍的條件。這些人也成為士大夫親近佛門的津梁。陳善說：

世傳王荊公嘗問張文定公曰：「孔子去世百年，生孟子亞聖後絕無人，何也？」文定言：「豈無？只有過於孔子者。」公問：「誰？」文定言：「江南馬大師、汾陽無業禪師、雪峰、巖頭、丹霞、雲門是也。」公暫聞，意不甚解，乃問曰：「何謂也？」文定曰：「儒門淡薄，收拾不住，皆歸釋氏耳。」荊公忻然嘆服。[994]

這很可以代表當時士大夫對佛教及佛教僧侶的一般看法。一批高官顯貴位居通顯而熱衷佛禪，「外為君子儒，內修菩薩行」，更帶動了一代社會風氣。典型的如張方平（西元 1007－1091 年），字安道，號樂全居士。神宗初拜相，以極論王安石變法被排斥，出使南院、判應天府，後以太子太師致仕。有《樂全集》傳世。他出身貧寒，躋身高位，雖然反對新法，卻以立身方嚴著稱。他家世業儒，所作〈芻蕘論〉把「漢以兼並，唐則釋、老，我朝加以兵馬」視為天下之「蠹」[995]，但他感情上又喜好佛、老，又好道、喜服食。自號「樂全」。他有〈題樂全堂〉詩，題下自注：「莊子云『樂全之謂得志』，古人之所謂得志者，非軒冕之謂也，謂其無以益其樂而已矣。」詩曰：

「樂全」得意自《莊》書，靜閱流光樂有餘。四句幻、泡明《般若》，一篇〈力命〉信沖虛。[996]

---

[994]　陳善《捫蝨新話》卷三〈儒釋迭為盛衰〉，《叢書集成》本。
[995]　張方平〈芻蕘論・原蠹下篇〉，《樂全集》卷一五，《四庫全書》本。
[996]　張方平《樂全集》卷三。

第九章　宋代之後的佛教與文人

這裡「四句」指《金剛經》「一切有為法，如夢、幻、泡、影，如露亦如電，應作如是觀」的「六如偈」；〈力命〉則是《列子》的一篇。王鞏在為其所作〈行狀〉稱讚他說：

……每曰：「儒之誠明，道之正一，釋之定慧，其致一也。君子之道，求諸己以正性命而已矣。」公即兼內、外之學，由是天下以通人推之。故頗辟詭邪不接於心術，愛惡哀懼無自入矣……[997]

這清楚說明他是統合「三教」而有得於性命之理。方平早年守蜀，曾識拔三蘇父子，結下交誼。後來蘇軾以「烏臺詩案」下制獄，他抗章為請，故蘇軾終身敬事之。方平身處新、舊黨爭激烈之時，樂道和習禪都是保持樂全無虧的辦法。他的〈西齋偶書〉詩說：

祖錄（指《傳燈錄》）忘筌後，丹爐住火時。浮生更無事，燕坐復何思。暖日移棋局，寒風促酒卮。世間樂全法，不獨淨名知。[998]

由此可見，他的身上儒、佛、道融通無礙，一身而兼為達官、居士也就不顯得矛盾了。

又張商英（西元 1043－1121 年），字天覺，號無盡居士。他也活動在新、舊黨爭激烈時期，身為高官，依委於革新、守舊兩派之間。他曾受知於王安石；而守舊派復辟的「元祐更化」時期又移書蘇軾求進，有「老僧欲往烏寺呵佛罵祖」之語；後來哲宗親政，新黨重新當政，以與蔡京善，得以升遷；但又因為與蔡京政見不合，列入「元祐黨籍」而被斥；京敗，復為相。他是典型的行無持操的官僚。據說他早年本不信佛，曾欲著〈無佛論〉，以其妻向氏勸阻而止。後來偶然在寺院見到《維摩經》，倏然心會，因借歸細讀，始悟佛法深邃。他熱衷於禪，黃庭堅贈詩中有「公家有閒

---

[997]　張方平《樂全集》附錄。
[998]　張方平《樂全集》卷二。

日，禪窟問香燈」[999]之語。他的身上典型地反映了宋代官僚士大夫習禪的貴族特色。

張九成（西元 1092 － 1159 年），字子韶，號橫浦居士，又號無垢居士，是宋代又一位具有代表性的官僚居士。有《橫浦集》、《橫浦心傳》傳世。他是著名的理學家，是當時思想學術領域具有影響力的人物。他忤秦檜被劾落職，欽慕著名楊岐派禪師、也是積極主張抗金的愛國者大慧宗杲，認為後者「議論超卓可喜」，與之結交；又明確表示「佛事一法，陰有以助吾教甚深，未可遽薄之」[1000]。在學術史上，他被評價為理學中程顥、程頤一派向陸九淵心學一派過渡的中間環節，論學以心為根本，又主張「定性識仁」、「一明皆明」，顯然都是汲取了佛學內容。他論學而入於禪，南宋事功派的學者陳亮曾批評說：

近世張給事學佛有見，晚從楊龜山（楊時）學，自謂能悟是非，駕其說以鼓天下學者，靡然從之。家置其書，人習其法，幾纏縛膠固，雖世之所謂高明之士，往往溺於其中而不能以自出，其為人心之害，何止於戰國之楊、墨也。[1001]

朱熹同樣對他給予譏評。但四庫館臣說：

……其立身自有本末：其邦試對策，極陳恢復大計，規戒高宗安於和議之非；又指陳時弊，言皆深切；於閹宦干政，尤反覆申明，其在當時，可稱讜論。劉安世喜言禪，蘇軾喜言禪，李綱亦喜言禪，言禪不可以為訓，要不以是掩其大節也。[1002]

這裡所謂「言禪不可以為訓」，乃儒生之常談。張九成在激烈的政爭中浮沉，流落荒外十四載，一直堅持操守，安於寂寞，不為勢力所屈，不

---

[999] 〈送張天覺得登字〉，《豫章黃先生文集》卷四，《四部叢刊》本。
[1000] 《橫浦心傳》卷中、上。
[1001] 〈與應仲實書〉，《龍川文集》卷一九，《四庫全書》本。
[1002] 《四庫全書總目提要》卷一五八，中華書局，1965 年，下冊第 1,362 頁。

能不承認有得於佛禪修養的助力。他取號無垢,這是維摩的另一譯名。他有〈午窗坐睡〉詩說:

> 年老目飛花,心化柳生肘。萬事元一夢,古今復何有⋯⋯有夢尚有思,無夢真無垢。欲呼李太白,醉眠成二叟。[1003]

他如此體悟到人間如夢如幻,企圖以沉醉求安慰,則走向消極了。

其他人如楊億、李遵勖、夏竦、富弼、趙、王韶、沈遼、吳則禮、鄒浩、曹勳、李光、王庭、周紫芝等,都是朝廷顯宦,又是著名居士。這些人經歷不同,政治傾向不同,信仰的形態和程度不同,但都奔競仕途而熱衷佛禪。他們代表著當時士大夫的普遍傾向。由此可知,居士階層已逐漸成為推動佛教發展的主力;而佛教對思想文化的影響也依靠居士階層得以發揮。這種影響在文學領域有十分顯著的表現。以下是幾位著名文人的情況。

第二節　蘇軾和蘇轍

蘇軾(西元 1037－1011 年),字子瞻,一字仲和,號東坡居士,眉州眉山(今四川眉山縣)人。他詩、文、詞等各體兼擅,又精於書法、繪畫,儒學方面則有《易傳》等著作。他不僅在文學創作上成就卓著,並領袖文壇、引導後進,帶動了一代文壇風氣。他並且像當時一般文人官僚一樣,以儒術立身,又旁通百家雜學,老、莊、仙、俠亦所用心,而對佛禪尤其熱衷。

蘇軾族出寒門,信佛有家族傳統。仁宗嘉祐元年(西元 1056 年)張方平領益州,其父蘇洵得到張的推薦,帶領蘇軾和蘇轍兄弟來到汴京,拜謁

[1003]　《橫浦集》卷三,《四庫全書》本。

第二節　蘇軾和蘇轍

翰林學士歐陽脩，深得器重。蘇軾於嘉祐六年（西元 1061 年）制科入仕，為鳳翔府簽判，始在友人王大年影響下研讀佛書。同年王安石為知制誥。兩年後神宗即位，進入變法的政局動盪時期。蘇軾政治主張持重保守，受到排擠，自熙寧四年（西元 1071 年）至元封（西元 1078－1085 年）初，外放至杭州、密州、徐州、湖州等地為地方官。蘇轍描寫蘇軾在杭州的生活說：

> 昔年蘇夫子，杖履無不之。三百六十寺，處處題清詩。麋鹿盡相識，況乃比丘師。辯、淨二老人，精明吐琉璃。笑言每忘去，蒲褐相依隨。[1004]

這裡「辯、淨」指當時杭州僧正海月慧辯和天竺觀音道場辯才元淨，蘇軾對他們均禮敬如師友。與他交往的還有名僧梵臻、懷璉和孤山惠勤、惠思，詩僧清順、可久等人。他自詡「吳越名僧與余善者十八九」。他於元封二年（西元 1079 年）在湖州被捕入獄，乃是人生重大轉折。當時新黨中人對其詩文深文周納，羅織罪名，彈劾他「指斥乘輿」、「包藏禍心」，這就是有名的「烏臺詩案」。他飽受幾個月的折磨和屈辱後，被流貶黃州（今湖北黃岡市）。初到黃州，他寄居佛寺，隨僧蔬食，慘痛際遇使他進一步探求佛理，從中尋求慰藉。蘇軾後來總結這一段習佛心得說：

> ……道不足以御氣，性不足以勝習，不鋤其本而耘其末，今雖改之，後必復作。盍歸誠佛僧，求一洗之。得城南精舍曰安國寺，又茂林修竹，陂池亭榭，間一二日輒往。焚香默坐，深自省察，則物我兩忘，身心皆空，求罪始所從生而不可得。一念清淨，染汙自落，表裡翛然，無所附麗，私竊樂之。旦往而暮還者，五年於此矣。[1005]

他在給兄弟蘇轍的詩裡也說道：

[1004] 〈偶遊大愚見餘杭明雅照師舊識子瞻能言西湖舊遊將行賦詩送之〉，《欒城集》卷一三，《四部叢刊》本。
[1005] 〈黃州安國寺記〉，《東坡集》卷三三。

第九章 宋代之後的佛教與文人

憑君借取《法界觀》，一洗人間萬事非。來書云近看此書，余未嘗見也。[1006]

《法界觀》即宗密《注華嚴法界觀門》，這是闡述華嚴法界緣起思想的重要著作。華嚴學說中事理相即、圓融無礙的觀念是宋代理學的部分內容。蘇軾注重佛理研究，成為他對待佛教態度上的重要特點。時有詩僧參寥和禪師佛印了元來到黃州。這兩個人和他談禪論文，此後長期與他保持親密關係。在黃州，他取號東坡居士。「東坡」一語取自白居易詩，此後他也常常以樂天自比。他羨慕和仿效白居易經患難不懼不餒、樂天安命的精神，也和白居易一樣結交方外，傾心佛說。

神宗死，王安石變法失敗，保守派當政，這即是所謂「元祐更化」時期。蘇軾被召回朝，但他遇事不隨，又與執政者多齟齬，被斥再度通判杭州。至哲宗紹聖（西元1094－1098年）年間，新黨重新執政，蘇軾又再遭流貶，由英州（今廣東英德縣）、惠州（今廣東惠州市）而遠至儋州（今海南儋州市）。其時飲食不具，藥石無有，食芋飲水為生，極端艱苦。這一段時期他更熱衷佛禪。其妾朝雲也學佛，和他一起到惠州，紹聖三年（西元1096年）死在那裡，彌留時詠《金剛經》「六如偈」，死後蘇軾為制銘，並作〈悼朝雲詩〉云：

傷心一念償前債，彈指三生斷後緣。歸臥竹根無遠近，夜燈勤禮塔中仙。[1007]

這些都可見蘇軾家中的宗教氣氛。

他北歸時，路過禪宗著名道場南華寺，有詩題曰〈昔在九江與蘇伯固唱和其略云我夢扁舟浮震澤雪浪橫江千頃白覺來滿眼是廬山倚天無數開青壁蓋實夢也昨日又夢伯固手持乳香嬰兒示予覺而思之蓋南華賜物也豈復與

[1006]〈和子由四首‧送春〉，《東坡集》卷七。
[1007]《東坡後集》卷五。

第二節　蘇軾和蘇轍

伯固相見於此耶今得來書已在南華相待數日矣感嘆不已故先寄此詩〉。這個題目本身就是一篇精美、短小的散文。詩說：

> 扁舟震澤定何時，滿眼廬山覺又非。春草池塘惠連夢，上林鴻雁子卿歸。水香知是曹溪口，眼淨同看古佛衣。不向南華結香火，此生何處是真依。[1008]

他就這樣表達了垂暮之年歸誠佛教的心境。

蘇軾在祭祀友人龍井辯才法師時又說過：

> 嗚呼！孔、老異門，儒、釋分宮，又於其間，禪、律相攻。我見大海，有北南東，江河雖殊，其至則同。雖大法師，自戒、定通，律無持破，垢、淨皆空。講無辯訥，事理皆融，如不動山，如常撞鐘，如一月水，如萬竅風。八十一年，生雖有終，遇物而應，施則無窮。吾初適吳，尚見五公，禪有辯（惠辯）、臻（梵臻），禪有璉（懷璉）、嵩（契嵩）。後二十年，獨餘此翁。[1009]

表示他不但對於禪、律各派取融通態度，對儒、釋、道也相容並蓄。他熟悉《金剛》、《維摩》、《圓覺》等大乘經，對於禪和華嚴宗義也有十分深刻的領會。禪的自性情淨、「明心見性」，華嚴的事理圓融、無礙自如，以及大乘佛法我法兩空、人生如夢等基本觀念，被他化為詩思抒寫出來，表現出深刻的思致和特殊的理趣。例如他早年所寫〈和子由澠池懷舊〉詩：

> 人生到處何所似，應似飛鴻踏雪泥。泥上偶然留指爪，鴻飛那復計東西。老僧已死成新塔，壞壁無由見舊題。往日崎嶇還記否，路長人困蹇驢嘶。[1010]

[1008] 〈昔在九江與蘇伯固唱和其略云我夢扁舟浮震澤雪浪橫江千頃白覺來滿眼是廬山倚天無數開青壁蓋實夢也昨日又夢伯固手持乳香嬰兒示予覺而思之蓋南華賜物也豈複與伯固相見于此耶今得來書已在南華相待數日矣感歎不已故先寄此詩〉，《東坡後集》卷七。
[1009] 〈祭龍井辯才文〉，《東坡後集》卷一六。
[1010] 《東坡後集》卷一。

第九章　宋代之後的佛教與文人

白居易〈觀幻〉詩有句曰「更無尋覓處，鳥跡印空中」[1011]，這裡變化為「雪泥鴻爪」的比喻，寫出在變幻不定、難以追尋的人生旅途中兄弟親情的溫馨和可貴。意境近似、更直接地表現「人生如夢」觀念的還有〈正月二十日與潘郭二生出郊尋春忽記去年是日同至女王城作詩乃和前韻〉詩：

東風未肯入東門，走馬還尋去年春。人似秋鴻來有信，事如春夢了無痕。江城白酒三杯釅，野老蒼顏一笑溫。已約年年為此會，故人不用賦〈招魂〉。[1012]

這裡也是用「秋鴻」的意象，更直接地表現出「事如春夢」、人生無常的惆悵。文如〈赤壁賦〉、詞如〈念奴嬌·赤壁懷古〉等等，也流露出同樣的感慨。蘇軾的這一類作品雖然時時表達出無可奈何的哀愁，但更隱含著人情的溫馨和對於人生的依戀。他把一種消極觀念化腐朽為神奇了。

禪追求一念清淨、身心灑脫、無所罣礙的境界。蘇軾〈書焦山綸長老壁〉詩曰：

法師住焦山，而實未嘗住。我來輒問法，法師了無語。法師非無語，不知所答故。君看頭與足，本自安冠履。譬如長鬣人，不以長為苦。一日或人問，每睡安所措。歸來被上下，一夜著無處。展轉遂達晨，意欲盡鑷去。此言雖鄙淺，故自有深趣。持此問法師，法師一笑許。[1013]

這是典型的「借禪以為詼」[1014]之作，趣味盎然地表現了禪的「無念」、「無相」、無所執著的道理，也同於莊子的齊物逍遙精神。他的〈泗州僧伽塔〉詩表達了同樣意念：

[1011]　《白居易集箋校》卷二六，第1,813頁。
[1012]　《東坡集》卷一二。
[1013]　《東坡集》卷六。
[1014]　〈聞辯才法師復歸上天竺以詩戲問〉，《東坡集》卷九。

第二節　蘇軾和蘇轍

……至人無心何厚薄，我自懷私欣所便。耕田欲雨刈欲晴，去得順風來者怨。若使人人禱輒遂，造物應須日千變。今我身世兩悠悠，去無所逐來無戀……[1015]

這也象徵地抒寫了對世間矛盾的想法：只要內心清淨，無所執著，那麼對一切患難都無怨無悔、以平常心處之了。

蘇軾對佛理不只從感情上體悟，同樣注重義解。他研習華嚴宗義有得，頗能用其萬法一如、凡聖等一、理事無礙的道理來觀察人生、安頓身心。如另一首同樣幽默風趣的小詩〈贈眼醫王生彥若〉，說的是這一位醫生談笑自若間為人挑出眼翳，既不用幻術，也不用符咒，是由於把握了「形骸一塵垢，貴賤兩草木」的道理，因而能夠「鼻端有餘地，肝膽分楚蜀」[1016]。這使人們聯想起《莊子》「庖丁解牛」的故事。庖丁的技藝「依乎天理」，掌握天理的關鍵在重內不重外，即保養精神。蘇詩寫的眼醫則更能夠體認事理一如、破執去縛之道，因而內心無有等差，樹立起萬物等一的平等觀，從而治療眼疾也就得心應手了。曾季曾評論這一首詩說：「東萊（呂居仁）喜東坡〈贈眼醫王彥若〉詩，王履道亦言東坡自負此詩，多自書與人。予讀其詩，如佛經中偈讚，真奇作也。」[1017] 這裡更指出其寫法也參照了佛經偈頌。

同樣巧妙地表達禪機佛理的還有〈泛穎一首〉。「元祐更化」時期，蘇軾受到排斥，由知杭州移刺穎州，詩曰：

我性喜臨水，得穎意甚奇。到官十日來，九日河之湄。吏民相笑語，使君老而痴。使君實不痴，流水有令姿。繞郡十餘里，不駛亦不遲。上流直且清，下流曲而漪。畫船俯明鏡，笑問汝為誰。忽然生鱗甲，亂我須與眉。散為百東坡，頃刻覆在茲。此豈水薄相，與我相娛嬉。聲色與臭味，

[1015] 〈聞辯才法師復歸上天竺以詩戲問〉，《東坡集》卷三。
[1016] 《東坡集》卷一五。
[1017] 《艇齋詩話》，《歷代詩話續編》上冊第 289 頁。

第九章　宋代之後的佛教與文人

顛倒眩小兒。等是兒戲物，水中少磷淄。趙、陳、兩歐陽，同參天人師。觀妙各有得，共賦泛潁詩。[1018]

這裡所謂「觀妙」，謂觀察宇宙妙理。楊慎指出：「東坡〈泛潁〉詩：『散為百東坡，頃刻覆在茲。』劉須溪謂本《傳燈錄》。按《傳燈錄》，良价禪師因過水睹影而悟，有偈曰：『切忌從它覓，迢迢與我疏。我今獨自往，處處得逢渠。渠今正是我，我今不是渠。』」[1019] 這是說蘇詩的觀念通於曹洞禪。實際上詩中的觀念更多地展現了華嚴總別相攝、一多無礙的宗義的影響，也包含老、莊的內容。他的作品富於理趣，正得力於善於把佛、道等義理化為詩思文情而巧妙地表現出來。

蘇轍（西元 1039－1112 年），字子由，號潁濱遺老。有《欒城集》。他於嘉祐二年（西元 1057 年）與蘇軾同舉進士；六年同中制科。兄弟二人思想觀念相似，進退出處也大致相同。蘇軾以「烏臺詩案」入獄，他上書請以己官贖兄罪，牽連被貶，監筠州（今江西高安縣）酒稅。這個時期他開始用心學佛，他說：

予元豐中以罪謫高安，既涉世多難，知佛法之可以為歸也。是時，洞山有文（洞山克文，黃檗慧南法嗣），黃檗有全（黃檗道全，泐潭克文法嗣），聖壽有聰（聖壽省聰，慧林宗本法嗣），是三老人皆具正法眼，超然無累於物，予稍從之遊，既久而有見也。[1020]

他也和乃兄一樣，學佛同時好道，又不失儒生本色。在〈卜居賦〉裡他說：

我師孔公，師其致一，亦入瞿曇、老子之室。此心皎然，與物皆寂，身則有盡，唯心不沒。[1021]

[1018]　《東坡後集》卷一。
[1019]　《升庵詩話》卷三，《歷代詩話續編》中冊第 697 頁。
[1020]　〈逍遙聰禪師塔碑〉，《欒城後集》卷二四。
[1021]　《欒城三集》卷五。

他顯然是把學佛當作治氣養心的重要手段。後來舊黨當政，他被召還朝，得以超遷，一度執掌朝政。但哲宗親政，新黨得勢，他連續被貶黜至汝州、袁州，更至雷州、循州等遠惡之地。晚年定居潁州，度過隱居生活。他後半生頻遭挫折艱辛，從佛、道得到了安慰。

蘇轍的創作同樣兼擅各體。其文秀傑深醇，其賦淡雅詳密，而其詩詠物寫景，更多抒寫心靈細緻體驗，與蘇軾唱和尤多。如這樣的詩：

> 冷枕單衣小竹床，臥聞秋雨滴心涼。此間本淨何須洗，是病皆空豈有方。示疾維摩元自在，放身南嶽離思量。病根欲去真元在，昨夜夢遊何有鄉。[1022]

他把自己比喻為示疾的維摩，在困頓中求超脫，抒寫體道的悠遊自在、瀟灑自如的境界。又如這樣的小詩：

> 幽居一室少塵緣，妻子相看意自閒。行到南窗修竹下，恍然如見舊溪山。[1023]

這裡全然不見禪語，但那種閒淡的意境，悠遠的情趣，卻表明詩人已得無我一如的真諦。

「三蘇」的道德文章傳頌千古，善於繼承和發揚古代文化優秀傳統是他們得以成功的重要因素，而佛禪在其中所起的作用是不可低估的。

第三節　王安石

王安石（西元 1021－1086 年），字介甫，號半山，封荊國公，世稱王荊公。有《王文公文集》。王安石是著名的革新政治家。他活動的時期

[1022]　〈病退〉，《欒城集》卷一四。
[1023]　〈南齋竹三絕〉，《欒城三集》卷二。

第九章　宋代之後的佛教與文人

大約與蘇軾同時，二人對「變法」的立場是對立的，因此在朝中進退正好相反。但實際上他們的分歧更多地表現在施政方針和行事緩急方面，在思想、學術觀點上則多有相通之處。他們都以儒術立身，都富有經國之志，又都能廣泛汲取百家雜說，對佛教都相當熱衷。在文學創作方面，王安石所受佛教影響同樣相當深刻。

王安石自詡「不思其力之不任也，而唯孔子之學」[1024]。但他提倡的是作為革新依據的所謂「新學」。他少好讀書，學術視野十分開闊。蘇軾的〈王安石贈太傅制〉說他「少學孔、孟，晚師瞿曇，網路六藝之遺文，斷以己意；糠百家之陳跡，作新斯人」[1025]。他給曾鞏的信裡說：「方今亂俗不在於佛，乃在於學士大夫沉沒利欲，以言相尚，不知自治而已。」[1026]佛書乃是他所研習的重要部分，他說：

……聖人之大體，分裂而為八九。博聞該見有志之士，補苴調，冀以就完而力不足，而無可為之地，故終不得。蓋有見於無思無為、退藏於密、寂然不動者，中國之老、莊，西域之佛也。既以此為教於天下而傳後世，故為其徒者，多寬平而不忮，質靜而無求。不忮似仁，無求似義，當世之誇漫盜奪、有己而無物者多於世，則超然高蹈、其為又似乎吾之仁義者，豈非所謂賢於彼而可與言者邪？若通之瑞新、閩之懷璉，皆今之為佛而超然、吾所謂賢而與之遊者也。此二人者，既以其所學自脫於世之淫濁，而又皆有聰明辯智之才，故吾樂以其所得者間語焉，與之遊，忘日月之多也……[1027]

他早年即結交黃龍瑞新、大覺懷璉等著名禪師。神宗去世，變法失敗，安石辭去相位，更加專心於學術研究和詩文創作，也更熱衷佛禪，從

[1024]　〈答王該秘校書〉，《臨川先生文集》卷七七，《四部叢刊》本。
[1025]　〈王安石贈太傅制〉，《東坡外制集》卷上。
[1026]　〈答曾子固書〉，《臨川先生文集》卷七三。
[1027]　〈漣水軍淳化院經藏記〉，《臨川先生文集》卷八三。

第三節　王安石

金山寶覺、蔣山覺海遊。蘇軾由貶所黃州奉調汝州團練副使，過金陵，曾訪問安石，在給滕達道的信裡說「某到此時見荊公，甚喜，是誦詩說佛也」[1028]。這時安石又「作《字說》……流入於佛、老」[1029]；他晚年更施所居園屋為寺，即半山報寧禪寺，並將田地割入蔣山為常住。時有俞子中者，早年與黃庭堅同學，安石勸其住半山寺為僧，並命名紫琳，字清老。他還註解過《金剛經》、《維摩詰經》等佛教經典。黃庭堅對於王安石學佛有評論說：

> 荊公學佛，所謂吾以為龍又無角，吾以為蛇又有足者也。然余嘗熟觀其風度，真視富貴如浮雲，不溺於財利酒色，一世之偉人也。暮年小詩，雅麗精絕，脫去流俗，不可以常理待之也。[1030]

龍無角、蛇有足，是說不循常軌，獨闢蹊徑；而稱讚其有得於佛說者，則在超脫利欲，心性淡泊。後來陸象山為其祠堂作記，也讚揚他「聲色利達之習，介然無毫毛得以入於其心，潔白之操，寒於冰雪」[1031]。安石生前死後受到各種攻擊，但超脫利欲的品德是舉世公認的。

安石晚年的創作特別著力於抒寫超脫心境。如〈次韻張得甫奉議〉：

> 知君非我載醪人，終日相隨免汗茵。賞盡高山見流水，唱殘白雪值陽春。中分香積如來缽，對現毗耶長者身。誰拂定林幽處壁，與君圖寫繼吾真。[1032]

從這種流連山水的高蹈生活的描寫中，可以感受到詩人超然物外的情趣。他的有些作品更直接表露禪機，如〈即事二首〉：

[1028]〈與滕達道書〉，《東坡後集》。
[1029]《宋史》卷三二七〈王安石傳〉，第 10,550 頁。
[1030]〈跋王荊公禪簡〉，《豫章黃先生文集》卷三〇。
[1031]〈荊國王文公祠堂記〉，《象山先生全集》卷一九，《四部叢刊》本。
[1032]《臨川先生文集》卷一七。

第九章　宋代之後的佛教與文人

雲從鐘山起，卻入鐘山去。借問山中人，雲今在何處。

雲從無心來，還向無心去。無心無處尋，莫覓無心處。[1033]

這一類詩「全類禪家機鋒語，而獨無其慌忽」[1034]。他更有〈擬寒山拾得〉二十首，是詩人相當得意的作品，下面是第四首：

風吹瓦墮屋，正打破我頭。瓦亦自破碎，豈但我血流。我終不嗔渠，此瓦不自由。眾生造眾惡，亦有一機抽。渠不知此機，故自認怨尤。此但可哀憐，勸令真正修。豈可自迷悶，與渠作冤仇。[1035]

在後人眾多擬寒山之作之中，這些作品不僅風格近似，精神更得其神似。詩中那種對世情的激憤和冷峻的諷刺，顯然有得於學佛的體驗。

一代進步思想家和革新政治家與佛教的這種複雜糾葛，是佛教在中國文化中的影響和複雜作用的例證。

第四節　「蘇門弟子」和「江西詩派」

宋代新儒學的建立有力地抵制了興盛幾百年的佛、道二教，從而扭轉了思想、學術發展的大方向。但在文學領域，深刻浸淫佛說的蘇軾卻造成十分巨大的影響。直接受其沾溉的是「蘇門四學士」：黃庭堅、秦觀、晁補之、張耒。其中黃庭堅更是「江西詩派」的開創者，成為宋詩風格的主要代表人物。

黃庭堅（西元 1045 – 1105 年），字魯直，號山谷，又號涪翁。有《豫章先生文集》。山谷外甥洪朋評論乃舅說：

[1033]　《臨川先生文集》卷三。
[1034]　蔡上翔《王荊公年譜考略》，《王安石年譜三種》，中華書局，1994 年，第 560 頁。
[1035]　《臨川先生文集》卷三。

第四節 「蘇門弟子」和「江西詩派」

詩家今獨步,舅氏大名稀。屈、宋堪奴僕,曹、劉在指揮。禪心元詣絕,世事更忘機。[1036]

這裡高度評價他的詩作和禪學。吳之振等編《宋詩鈔》,說黃庭堅「唯本領為禪學,不免蘇門習氣,是用為病耳」[1037],這是從否定角度而論,意思是相同的。

黃庭堅是洪州分寧(今江西修水縣)人,這一帶正是臨濟宗分化出來的黃龍派興盛之地。黃龍派也以濃厚的文化特質見長。黃庭堅年輕時已和黃龍派祖師慧南交好。尤其是分寧又是慧南法嗣晦堂(寶覺)祖心傳法之地。元祐(西元1086－1094年)年間,黃庭堅丁母憂回鄉,館其庵旁二年,視之為「方外之師」[1038],稱讚他是「法中龍象,末世人天正眼」[1039]。山谷後半生受到晦堂啟迪甚多。又晦堂嫡傳死心悟新,算是山谷同門,二人間也保持長久交誼。紹聖(西元1094－1098年)年間,山谷以黨籍謫黔州(今四川彭水縣),有〈與死心道人書(一)〉曰:

往日常蒙苦口提撕,常如醉夢,依稀在光影中。今日昭然,明日昧然,蓋疑情不盡,命根不斷,故望涯而退耳。謫官在黔州道中,晝臥覺來,忽然廓爾,尋思平生被天下老和尚謾了多少,唯有死心道人不相背,乃是第一慈悲。[1040]

在分寧,他還結交慧南的另一弟子靈源惟清,有〈寄黃龍清老〉詩三首,說明二人交情的篤厚。和他交好的還有泐潭克文、中際可遵、投子普聰、五祖法眼等一代名宿。他又喜讀禪錄,後人評論說:「本朝士大夫與當代尊宿撰語錄序,語句斬絕者,無出山谷、無為(楊傑)、無盡(張商

[1036] 〈黃太史〉,《洪龜父集》卷下,《四庫全書》本。
[1037] 《宋詩鈔》卷二八,《四庫全書》本。
[1038] 史季溫《別集詩注》卷下〈贈法輪齊公〉題注引〈重書法輪古碑跋〉,《四庫全書》本。
[1039] 〈跋心禪師與承天監院守環手誨〉,《山谷別集》卷一二。
[1040] 《山谷別集》卷二〇。

第九章　宋代之後的佛教與文人

英）三大老。」[1041] 今存山谷所撰雲居元祐（嗣黃龍慧南）、翠巖可真（嗣石霜楚圓）及其弟子大潙慕哲等人的語錄序。

山谷涉及佛禪題材的作品頗多，有些直接張揚佛理，而藝術上更成熟的是那些把對佛理的體會和禪機、禪趣化為詩情的作品。如晚年所寫的〈自巴陵略平江臨湘入通城無日不雨至黃龍奉謁清禪師繼而晚晴邂逅禪客戴道純款語作長句呈道純〉：

山行十日雨沾衣，幕阜峰前對落暉。野水自添田水滿，晴鳩卻喚雨鳩歸。靈源大士人天眼，雙塔老師諸佛機。白髮蒼顏重到此，問君還是昔人非。[1042]

這裡「靈源大士」即他謁見的黃龍惟清法號，是寶覺祖心法嗣。同是晚年之作的〈題落星寺〉四首之一：

落星開士結深屋，龍閣老翁來賦詩。小雨藏山客坐久，長江接天帆到遲。宴寢清香與世隔，畫圖妙絕無人知。蜂房各自開戶牖，處處煮茶藤一枝。[1043]

後一首結句用黃龍晦堂詩語：「生涯三世衲，故舊藤一枝。」[1044] 兩篇詩的境界都頗為開闊，人世滄桑之感、心地悠然之情流露在字裡行間，實際上這也是他的習禪心得。

在宋詩史上蘇、黃並稱，黃又出自蘇門，但二人的創作風格卻有所不同。這也和二人習禪態度、所得不一有密切關係。何良俊說：「唐、宋諸公，如李文正（翱）、黃山谷於教中極有精詣處；白太傅、蘇端明只是個灑脫，然灑脫卻是教中第一妙用。」[1045] 也就是說，蘇軾學佛，更能體

[1041]　道融《叢林盛事》，《續藏經》第 86 冊，第 700 頁下－ 701 頁上，白馬精舍印經會印本。
[1042]　《豫章黃先生文集》卷一一。
[1043]　《山谷外集詩注》卷九，《四庫全書》本。
[1044]　《苕溪漁隱叢話‧後集》卷三七引《許彥周詩話》。
[1045]　何良俊《四友齋叢說》卷二一，中華書局，1997 年，第 192 頁。

第四節 「蘇門弟子」和「江西詩派」

得佛教蕩相遣執、遺世超俗的精神,而黃庭堅則更精於佛理禪機。所以有人說蘇軾是「士大夫禪」,黃庭堅是「祖師禪」。蘇軾自稱是「借禪以為詼」[1046],劉熙載評論他的詩「善於空諸所有,又善於無中生有,機括實自禪悟中來」[1047]。他重視對禪理、禪趣的領會,以之為陶冶性靈、解脫憤鬱之具。而山谷則更注重參悟,對言句更有特嗜,因此更能發揮禪的思考方式和表現方法。李屏山論山谷詩說:

　　黃魯直天資峭拔,擺出翰墨蹊徑,以俗為雅,以故為新,不犯正位,如參禪,著沒後句為具眼。江西諸君子翕然推重,別是一派。[1048]

當時或後來人總結他的詩歌技法,有「脫胎換骨」、「點鐵成金」諸說,也都展現他在創作中參照禪的言句、機鋒的成果。朱弁說他深悟禪家「死蛇弄活」之理,「乃獨用崑體功夫,而造老杜渾成之地,今之詩人少有及者。此禪家所謂『更高一著』也。」[1049]所謂「崑體功夫」指宋初楊億、劉筠等的西崑體,專事模擬李商隱的辭藻典故,改頭換面,揉扯成篇。如他的名作〈登快閣〉「落木千山天遠大,澄江一道月分明」一聯,分別使用杜甫〈登高〉和謝朓〈晚望三山還望京邑〉語;另一首〈雨中登岳陽樓望君山〉「投荒萬死鬢毛斑,生入瞿塘灩澦關」一聯,又分別用柳宗元〈別舍弟宗一〉和李白〈長干行〉語,都點化陳語而另鑄新詞,創造出新的詩語詩境。山谷詩的成就和局限都與他禪的修養有直接關係。

「蘇門四學士」的另外三個人——秦觀、晁補之、張耒在創作方面都有相當成就,也都與佛教有密切關係。

秦觀(西元 1049－1100 年),字少游,一字太虛,號淮海居士。有《淮海集》。元祐年間以黨同蘇軾兄弟一再遠貶,直到徽宗即位始北返,中

[1046] 〈聞辯才法師復歸上天竺以詩戲問〉,《東坡集》卷九。
[1047] 《藝概》卷二〈詩概〉,上海古籍出版社,1978 年,第 66 頁。
[1048] 《翰苑英華中州集》卷二〈劉西汲小傳〉,《四部叢刊》本。
[1049] 《風月堂詩話》卷下,《四庫全書》本。

第九章　宋代之後的佛教與文人

途死於滕州。他的家庭「世崇佛氏」[1050]。元豐七年（西元 1084 年）蘇軾向王安石推薦他，稱讚他博綜史傳，通曉佛書；王安石回信則說「聞秦君嘗學至言妙道，無乃笑我與公嗜好過乎」[1051]。他的〈心說〉一文曰：

> 有心者累物，眾人之事也；虛心者遺實，賢人之事也；無心者忘有，聖人之事也；見心之真在而無所取捨者，死生不得與之變，神人之事也。嗚呼！安得神人而與之說心哉！[1052]

這裡所讚揚的「神人」結習都盡、無所繫縛的境界，正通於禪宗的「無念」、「無相」觀念。

晁補之（西元 1153 — 1110 年），字無咎，號知歸子。有《雞肋集》。早年受知於蘇軾，後亦被列入元祐黨籍被貶；徽宗初召還，崇寧（西元 1102 — 1106 年）年間再度被貶；後任知河中府等。李光有〈補之以煉養之說勉德循眷眷之意並見二詩若懼其不我從者……〉[1053] 詩，可知他熱心於道術。但他晚年更傾心釋氏，自敘說：

> ……晚得釋氏外生死說，始盡屏舊習，皇皇如堂室如四達無所依，方寸之地虛矣。[1054]

所作〈白蓮社圖記〉，是淨土教名文。他主張以佛說調息身心。其〈敘舊感懷呈提刑毅父並再和六首〉之四說：

> 須彌納芥事堪驚，千歲聊堪一日評。世上相逢俱夢寐，古來何處是功名。簿書聽我依稀了，雲水陪君浩蕩行。便與此山同不朽，不應惆悵復牽情。[1055]

[1050]　〈五百羅漢圖記〉，《淮海集》卷三八，《四部叢刊》本。
[1051]　〈回蘇子瞻簡〉，《臨川王先生文集》卷七三。
[1052]　《淮海集》卷二五。
[1053]　《莊簡集》卷四，《四庫全書》本。
[1054]　〈歸來子名緡城所居記〉，《雞肋集》卷三一，《四部叢刊》本。
[1055]　〈歸來子名緡城所居記〉，《雞肋集》卷一七。

第四節 「蘇門弟子」和「江西詩派」

須彌納芥子典出《維摩經》，以世界本相如故，萬物相即相入。詩人由此體會到人生如夢、功名利祿都毫無價值，希望和友人一起徜徉山水，寄託餘生。晁詩長於議論。像這一類作品，雖無多新意，卻也頗見理趣。

張耒（西元 1054－1114 年），字文潛，號柯山。有《柯山集》。曾受知於蘇氏兄弟，亦於紹聖年間被貶；徽宗立，出知汝、潁二州；後以言官彈劾再次遭貶，晚居陳州。他有〈贈僧介然〉詩說：

> 寒窗寫就碧雲篇，客至研茶手自煎。儒、佛故應同是道，《詩》、《書》本是不妨禪。長松千尺巢雲鶴，寒嶠三更嘯月猿。請以篇章為佛事，要觀半偈走人天。[1056]

他同樣也熱心道術，取儒、墨、佛、道相容並蓄的立場。張耒和晁補之好道，當與徽宗朝風氣有關係。

蘇軾友人中有李之儀（？－西元 1117 年），字端叔，號姑溪老農。有《姑溪居士前、後集》。他從蘇軾於定州幕，蘇軾得罪，牽連被停職；後以得罪蔡京被除名，編管太平州；遇赦復官，即卜居其地。他有好禪名，與金山寶覺、慈受懷深、聖壽省聰等名宿交好。詩中自敘「比來重作坐禪僧，日語虛空相悟語」[1057]，可見溺好之深。蘇軾評論他的詩更說「暫借好詩消永夜，每逢佳句輒參禪」[1058]，是說明詩禪相通之理的警句。

宋代詩壇創作成就本以蘇軾為最高，黃庭堅乃是他的後學，但從一定意義說後者的影響卻較蘇軾為大。後來形成以他為楷模的江西詩派。黃是江西人，被列入此詩派的卻並不全是江西人。這一派的名目出於北宋末年呂本中所作《江西詩社宗派圖》，以黃庭堅為宗派之主，以下列出二十五人：陳師道、潘大臨、謝逸、洪芻、饒節、僧祖可、徐俯、洪朋、

[1056] 《柯山集》卷一六，《四庫全書》本。
[1057] 〈再次韻並寄寧州孫子發〉，《姑溪居士後集》卷三，《四庫全書》本。
[1058] 〈夜直玉堂攜李之儀端叔詩百餘篇讀至夜半書其後〉，《集注分類東坡先生詩》卷二五，《四庫全書》本。

林敏修、洪炎、汪革、李錞、韓駒、李彭、晁沖之、江端本、楊符、謝薖、夏倪、林敏功、潘大觀、何顗、王直方、僧善權、高荷等[1059]。被後人歸入江西詩派的還有呂本中、曾幾、陳與義等人。宋末方回把杜甫和黃庭堅、陳師道、陳與義並稱為江西詩派的「一祖三宗」。這一派作品多抒寫身邊瑣事和個人情懷，境界比較狹小；藝術上則追求言辭句律、注重使典用事，典型地表現出「以文字為詩」的特色。這些都與他們習禪有一定關係。江西詩人成就不一，下面是幾位創作成果較傑出、對後世影響較大者。

陳師道（西元 1053 — 1102 年），字履常，一字無已，號後山居士。有《後山集》。元祐二年，得蘇軾等人薦舉，任徐州州學教授，以此紹聖年間被目為蘇黨，罷職還家；晚年曾任祕書省正字。他的母親「修淨土行，自疾至終，臨必西向，病不知人，誦彌陀不絕」[1060]；他本人也是「平生西方願，擺落區中緣」[1061]，篤信淨土法門。他在〈別圓澄禪師〉詩裡說：

……平生準擬西行計，老著人間此何意。他年佛會見頭陀，知是當年老居士。[1062]

在禪宗興盛的環境下，他也熱心習禪。如他的名篇〈別寶講主〉：

此地相逢晚，他鄉有勝緣。咒功先服猛，戒力得扶顛。暫息三支論，重參二祖禪。夜床鞋腳別，何日著行纏。[1063]

這裡「三支論」指因明宗、因、喻三支論法，代指佛教義學；「二祖禪」指晚唐的趙州和臨濟，趙州、臨濟，曹人也。可見他更專注於修禪實踐。方回評論這一首詩是「語簡而意博……愈細而奇，與晚唐人專泥景物而求

[1059] 這是現存最早、見於南宋胡仔《苕溪漁隱叢話前集》卷四〇的記載。
[1060] 〈先夫人事狀〉，《後山集》卷一六，《四庫全書》本。
[1061] 〈寄參寥〉，《後山集》卷一。
[1062] 《後山集》卷三。
[1063] 《後山集》卷四。

第四節 「蘇門弟子」和「江西詩派」

工者不同也」[1064]。

韓駒（？－西元1135年），字子蒼，號牟陽，學者稱陵陽先生。有《陵陽先生集》。他年輕時於許下從蘇轍學，後坐此謫官；南宋初出知江州。他以禪學知名，曾幾贈詩中有句曰「聞到少林新得髓，離言語次許參否」[1065]。他又自述說：

中歲厭凡子，結交唯道人。況此喪亂中，益信空門真。[1066]

他也心儀維摩，給友人詩說：

聞道久閒金騕褭，有時高臥繡芙蓉。年來自說無尤物，已結維摩案兩重。[1067]

可見他十分羨慕居士的閒散生活。

陳與義（西元1090－1138年），字去非，號簡齋居士。有《簡齋集》。徽宗朝入仕，南渡後官至參知政事。他本來與呂本中有交往，但呂作《宗派圖》卻沒有列入他的名字。南渡後，他寫詩轉學杜甫，因而被方回列為杜甫下的「三宗」之一。他好禪，喜與僧人結交，自稱「陳居士」。他描寫自己的生活是「諸公自致青雲上，病客長齋繡佛前」[1068]。他的〈甘泉吳使君使畫史作簡齋居士像居士見之大笑如洞山過水睹影時也戲書二十三（四）字〉說：

兩眉軒昂，意像無寄，而服如此，又不離世。鑑中壁上，處處皆是，簡齋雖傳，文殊無二。[1069]

當年洞山良价過水睹影而題悟得「處處皆是」的道理，簡齋用以自比。

[1064]《瀛奎律髓》卷四七。
[1065]〈撫州呈韓子蒼待制〉，《茶山集》卷五。
[1066]〈送深老住芭蕉寺〉，《陵陽先生集》卷二，《四庫全書》本。
[1067]〈次韻錢遜叔侍郎見簡〉三首之二，《陵陽先生集》卷四。
[1068]〈題小室〉，《贈廣箋注簡齋詩集》卷五，《四部叢刊》本。
[1069]《贈廣箋注簡齋詩集》卷二七。

第九章　宋代之後的佛教與文人

呂本中（西元1084－1145年），字居仁，號紫微，世稱東萊先生。有《東萊先生詩集》。紹興六年（西元1136年）進士，擢起居舍人，遷中書舍人兼權直學士院。屢上疏言恢復大計，終因觸怒秦檜而被罷職。他是宰相呂公著的曾孫，門第高華，又是道學家。但他又好佛，結交大慧宗杲等禪宿。他的〈寄璧公道友〉詩是與如璧酬唱之作：

符離城裡相逢處，酒肉如山放手空。已見神透過鷲子，未應鮮健勝龐公。且尋扇子舊頭角，一任杏花能白紅。破箬笠前江萬里，無人曾識此家風。[1070]

「鷲子」是維摩詰的另一個稱呼，「龐公」指馬祖弟子居士龐蘊，詩中用以比擬對方和自己。像這樣的詩，表現了詩人與僧侶的交誼及其傾心佛教的思想傾向，也突顯出江西詩派追求言句斬絕新奇的創作特色。

曾幾（西元1084－1166年），字吉甫，號茶山居士。有《茶山集》。高宗朝，以主張抗金得罪秦檜被免官，秦檜死後再起，官至權禮部侍郎。他早年從舅氏孔文仲、武仲學，後從胡安國遊，精理學。免職時寓居上饒茶山寺，學禪有心得。其〈寄泉南守趙表之〉詩說：

天遣高人下別峰，諒無官事汩胸中。香來海外沉煙碧，果熟林間荔子紅。曹植詩篇疏入社，裴休參問遠同風。蕭然丈室維摩詰，何日文殊對此翁。[1071]

這又把對方比擬為維摩詰，是把居士生活當作人生理想境界了。

此外如謝逸、謝薖兄弟，洪朋、洪芻、洪炎、洪羽兄弟，都能詩，也有習禪名。後面的四個人是黃庭堅外甥，無論寫詩還是學禪都受到乃舅的影響。

[1070]　《東萊先生詩集》卷一，《四部叢刊》本。
[1071]　《茶山集》卷五。

到南宋，佛教從整體來看已經衰敗了，但對於文壇卻持續發揮影響。南宋初年所謂「中興四詩人」尤袤、楊萬里、范成大、陸游，以及後來以戴復古、劉克莊等人為代表的江湖派，還有姜夔、張孝祥、周必大等有成就和影響的作家，也都不同程度地親近佛禪，並在創作中有所表現，此不贅述了。

第五節　遼、金、元居士文人

遼自太祖耶律阿保機置龍化州（今內蒙翁牛特旗）已建佛寺，取得燕雲十六州後，那裡本是佛教盛行之地，更支持佛教的發展。建立金王朝的女真人入主中原前已從高麗、渤海國傳入佛教，後來更以禮佛敬僧為國策。元代尊崇藏傳佛教即喇嘛教，顯教諸宗亦餘緒未絕。契丹、女真和蒙古人都是來自北方的游牧族，佛教本是他們所吸納的中原文化的重要內容，又是他們接受中原文化的津梁。佛教對於這幾個民族的發展、對於中華諸民族的融合都發揮了正向的作用。遼、金、元三代都出現了一些久負盛名的文人居士，對於佛教和文學的發展都有所貢獻。

李純甫（西元 1177 — 1223 年），字之純，號屏山居士，是金代著名居士。晚年自定文集，論性理和佛、老者為《內稿》，碑誌詩賦為《外稿》，詩並被收入《中州集》。章宗承安二年（西元 1197 年）進士，仕至尚書右司都事。他初習詩賦，後攻經義，仕途不利，遂與僧人往來，篤志佛禪。他師事一代禪宿萬松行秀，撰《鳴道集說》，提倡三教調和，反對宋儒的排佛主張；並作有《楞嚴經解》、《金剛經解》等佛學著作。耶律楚才有詩讚揚說：

第九章　宋代之後的佛教與文人

……大覺空生一漚起，悟斯獨有屏山李。穿透《楞嚴》第一機，方信庵中人不死……[1072]

有注曰：「屏山居士李之純嘗作《楞嚴別解》，為禪客所重。」可見他的佛學修養。

趙秉文（西元1159－1232年），字周臣，號閒閒。有《閒閒老人滏水文集》。金世宗大定十五年（西元1175年）進士，官至翰林侍讀學士、禮部尚書。他詩、文、書、畫俱工，是金後期文壇盟主。他的禪學也獲得萬松行秀的稱讚。

耶律楚才（西元1190－1244年），字晉卿，號湛然居士。有《湛然居士文集》。他是契丹貴族後裔，金章宗泰和六年（西元1206年）中進士，曾任開州同知。蒙古大軍南下，他留守燕京，得到成吉思汗重用，隨同西征；太宗窩闊臺定都和林（西元1229年），他曾任中書令。在燕京被圍困期間，他皈依佛教，拜萬松行秀為師。他在〈琴道喻五十韻以勉忘憂進道〉詩序自述說：「予幼而喜佛，蓋天性也。壯而涉獵佛書，稍有所得……謁萬松老人，旦昔不輟，叩參者且三年，始蒙見許。」詩中有云：

……當年嗜佛書，經論窮疏箋。公案助談柄，賣弄滑頭禪。一遇萬松師，駑駘蒙策鞭。委身事灑掃，摳衣且三年。圓教攝萬法，始覺擔板偏。回視平昔學，尚未及埃涓。漸能入堂奧，稍稍窮高堅。疑團一旦碎，桶底七八穿。洪爐片雪飛，石上栽白蓮……[1073]

縱觀其一生立身行事，一方面奉行儒家之道，亂世中有志於治平之術，又堅持宣揚佛說。其〈題西歸一堂〉詩說：

[1072] 〈和南賈張學士敏之見贈七首〉之四，《湛然居士文集》卷一，謝方點校，中華書局，1986年，第12頁。

[1073] 《湛然居士文集》卷一二，謝方點校，中華書局，1986年，第256－257頁。

三聖真元本自同，隨時應物立宗風。道、儒表裡明墳典，佛祖權宜透色空。曲士寡聞能異議，達人大觀解相融。長沙賴有蓮峰掌，一撥江河盡入東。[1074]

明確表達了調和三教的立場。他的詩不以研練為工，平順自然，時時出入內典，多用機鋒俊語，得力於習佛者不渺。

第六節　宋濂

明、清兩朝，佛教衰微的整體趨勢沒有改變，而朝廷崇佛依舊，士大夫為主體的居士佛教也仍然盛行不衰，且在新的時代條件下表現出新的形態。由於這兩個朝代理學統治嚴密，更多的人取「陽儒陰釋」或「儒、釋相容」姿態；而隨著時代發展，更有些具有革新意識的人從佛教中尋求變革或維新的思想武器。

宋濂（西元 1310 — 1381 年），字景濂，號潛溪，他自幼聰穎好學，是明代「開國文臣之首」。元末召為翰林編修，不就，隱居著書。明室立，受到朱元璋重用，曾主修《元史》，累官至學士承旨知制誥，朝廷文誥多出其手。洪武十年（西元 1377 年）辭官還家，後因長孫宋慎牽涉到胡惟庸案[1075]，全家徙茂州，病逝於途中。有《宋學士文集》。

明代以理學立國，宋濂受業於道學家柳貫、黃縉，是許白雲再傳弟子，這些人都是有名的朱子學者。他在學術、思想上也都堅持理學主張。比如論文，就認為「文外無道，道外無文」。但他又崇信釋氏，廣交僧侶，好為佛事。他自述說「自幼至壯，飽閱三藏諸文，粗識世雄氏所以見

[1074] 《湛然居士文集》卷二，謝方點校，中華書局，1986 年，第 34 頁。
[1075] 胡惟庸（？－西元 1380 年），明初任中書省參知政事、丞相，以謀逆罪被殺。後太祖認為其有通倭、通元罪狀，窮究黨羽，株連者至三萬餘人。

第九章 宋代之後的佛教與文人

性明心之旨,及遊仕中外,頗以文辭為佛事」[1076]。後人評論他說:

> 宋景濂一代儒宗,然其文大半為浮屠氏作。自以為淹貫釋典,然而學術為不純矣。不特非孔、孟之門牆,抑亦倒韓、歐之門戶。八大家一派,宋景濂絕其防矣。[1077]

這是從否定角度評論的。袁宏道則說他是紫陽(朱熹)和圭峰(宗密)分身入流者[1078],即把他看作是統合理學和佛學傳統的人。

明太祖朱元璋年輕時在家鄉鳳翔皇覺寺當過和尚,對佛教自有感情;立國後,又延續歷代三教齊立的策略;而鑒於元代崇信喇嘛教的流弊,更積極地支持、恢復諸宗。時有禪師梵琦,備受禮重,稱「國初第一宗師」。宋濂與他交往,為他寫過〈六會語錄序〉和〈塔銘〉等。

宋濂稱讚柳宗元「真乘法印與儒典並用」的觀點,推崇宋代契嵩東、西大聖人其教一致的說法:

> 天生東魯、西竺二聖人,化導蒸民,雖設教不同,其使人趨於善道則一而已。為東魯之學者,則曰我存心養性也;為西竺之學者,則曰我明心見性也。究其實雖若稍殊,世間之理其有出一心之外者哉。[1079]

他把儒的「存心養性」和佛的「明心見行」統一起來,宗儒典以探義理之真奧,慕真宗以蕩名相之粗跡,從而把理學與佛學相貫通了。理學中的心學和佛學中的禪學,都走避煩瑣而求直接的道路。宋濂說:「心者萬理之原,大無不包,小無不攝,能充之則為賢知,反之則愚不肖矣。」[1080]他所理解的佛學,就是這樣的「明心」之學。而在信仰層面上,宋濂的觀

[1076] 〈佛性圓辯禪師淨慈順公逆川瘞塔碑銘〉,《宋學士文集》卷一九,《四部叢刊》本。
[1077] 陸世儀《思辨錄輯要》後集,卷一三。
[1078] 參閱〈識篆書金剛經後〉,《袁宏道集箋校》卷五一,錢伯誠點校,上海古籍出版社,1981年,第1,486頁。
[1079] 〈夾註輔教篇序〉,《宋學士文集》卷二九。
[1080] 〈夾註輔教篇序〉,《宋學士文集》卷二九。

念十分駁雜。他推崇虛靈的心性，又宣揚對菩薩、觀音的信仰。他認為言心性的禪和言性相的教是一致的，只是表達方式不同而已。

在文字上，宋濂認為宣揚象教之懿和鋪揚帝德之廣可以統一起來，顯示了他的文人本色。所以他寫了許多護法文字，同樣也寫了不少張揚世俗倫理道德的文章。他的〈贈清源上人歸泉州觀省序〉，宣揚佛法與儒道並用是天彝之正理，因而明心見性之士也要有報本返始之誠；〈沖默齋記〉則宣揚「人生而靜」的虛靜境界，而歸結到佛的「大覺」[1081]；〈觀心亭記〉主張「古先哲王相傳心法，所謂精一執中之訓」[1082]，也是儒、釋合一。如此一來，宗教修持和作賢成聖事業也就相一致了。

宋濂是文壇盟主，更是開一代學術風氣的人。他以心性為核心整合儒、釋的思想，他統合佛教諸宗的立場，他以文章為佛事的實踐，對當代和後世都產生了巨大影響。

第七節　李贄

明代自洪武三年（西元 1370 年）設科取士，十七年頒為定制，一以朱子之學為根本。建學立師，亦用朱子之說，天下學者咸推朱子為大宗。從而理學不但統治了思想界，同樣也制約著文學界。但萬曆以後，社會形勢發生了重大變化。由於手工業、商業發達，城市繁榮，商品經濟開始發展，封建生產關係下的諸多問題也就突顯出來。到明代後期，朝內黨爭激烈，地方吏治敗壞，閹宦橫行，貪暴成風，造成「民變」蜂起。思想界也出現了異端潮流。其代表人物是發展了理學中王陽明「心學」一派的所謂「王學左派」泰州學派的王艮、何心隱等人。理學本來從佛學汲取了思

[1081]〈夾註輔教篇序〉，《宋學士文集》卷三。
[1082]《宋學士文集》卷四。

第九章　宋代之後的佛教與文人

想理論，王陽明一系則更多地汲取佛家心性學說。王艮、何心隱等人同樣深受佛家影響。正是在這種背景下，文壇上出現了李贄和「公安三袁」等人。他們乃是文壇上異端思潮的代表人物，他們在文學創作上的成果正與佛教有密切關係。

李贄（西元 1527 — 1602 年），原姓林，名載贄，嘉靖三十一年（西元 1552 年）通過鄉試為舉人，改姓李；後為避明穆宗諱，去載單名贄；號卓吾、宏甫、溫陵居士，又號龍湖叟。著述頗多，重要者有《藏書》、《續藏書》、《焚書》、《續焚書》、《明燈道古錄》等。他祖籍河南，先世為鉅商，信奉伊斯蘭教，至祖輩家世漸衰。李贄生長在泉州，那裡自唐代以來就是東南國際貿易巨港，是培養新思想的良好環境。他中舉後不再參加進士試，先後任河南共城教諭、南北兩京國子監博士、禮部司務、南京刑部員外郎、雲南姚安知府等職。萬曆五年（西元 1577 年）任姚安（今雲南姚安縣）知府後開始集中精力學佛。其時正是雲棲袾宏、紫柏真可等「明末四高僧」活躍的時候，佛教復興之象亦遠被滇、黔。他「為守，法令清簡，不言而治，每至伽藍，判了公事，坐堂皇上，或置名僧其間，簿書有隙，即與參論虛玄，人皆怪之，公亦不顧，俸祿之外，了無長物。久之，厭圭組，遂入雞足山閱《龍藏》不出。御史劉維奇其節，疏令致仕以歸」[1083]。萬曆八年他回到湖北黃安（今湖北紅安縣），十三年移居麻城龍潭芝佛院，開始度亦儒亦僧的修道生活，終於遣妻別嫁，斷然剃髮為僧形。在芝佛院，他「日獨有僧深有、周司空思敬（友山）語。然對之竟日，讀書已，復危坐，不甚交語也」[1084]。無念深有居麻城芝佛院為住持，與李贄一見相契。順便指出，無念深有後來又結交「公安三袁」、焦竑、陶石簣、鄒南皋、李夢白、梅國楨等人，在晚明文壇上是個相當活躍的人物。

[1083]　袁中道〈李溫陵傳〉，《珂雪齋近集》卷一七，錢伯誠點校，上海古籍出版社，1989 年，第 720 頁。

[1084]　劉侗、于奕正《帝京景物略》卷八。

第七節 李贄

至萬曆二十八年（西元 1600 年），李贄終因麻城士紳官憲的迫害，避難流落到北通州（今北京市通縣），住在友人馬經綸處。禮部給事中張問達上書參劾，李贄被逮繫獄，因不堪困辱而自殺身亡，時在萬曆三十年三月。

李贄思想上接受「王學左派」影響，不被道學傳統所羈束，治學博覽群書，縱橫百家，原情論勢，擇善而從。王學本從佛學、尤其是禪學汲取養分。李贄中年後在學佛上更用功夫，形成了批判的、叛逆的、反傳統的性格。他抨擊道學，不以孔子是非為是非，為「異儒」；他學佛，但又不棄世為僧，為「異僧」。他的思想、行事、作品貫穿著異端性格。他說：「儒、道、釋之學，一也，以其初皆期於聞道也。」[1085] 他明確地對「三教大聖人」加以肯定。他的作品裡有關儒學的不少，也講忠講孝，並作有專著《易因》。他反對的是「鄙儒」、「俗儒」、「迂儒」、「名儒」、「酸道學」、「假道學」。他認為「天生一人，自有一人之用，不待取給於孔子而後足也」[1086]，行為上特立獨行，不避權，無所顧忌，思想上更是激進、開放，文學創作上也大放異彩。

李贄文學創作的成果主要是收錄在《藏書》、《焚書》及二書續集裡的書、序、論、說等諸體雜文，此外詩作也不少。他在創作上主張所謂「童心」說，並認為「童心」即是「真心」。這種觀點與禪宗的心性學說有密切關聯，本書論及佛教對文學理論影響時將加討論。與「童心」相對的是「以聞見道理為心」。「以聞見道理為心」則言「聞見道理之言」，就會「以假人言假事」[1087]。當時「聞見道理」的準則是就孔子、朱子等聖賢之言。他的文字潑辣大膽，新鮮活潑，充滿了批判的熱情。例如他說：「德性之來，莫知其始，是吾心之故物。」據此他認為「堯、舜與途人一，聖人與

[1085] 〈三教歸儒說〉，《續焚書》卷二。
[1086] 〈答耿中丞〉，《焚書》卷一。
[1087] 〈童心說〉，《焚書》卷三。

第九章　宋代之後的佛教與文人

凡人一」[1088]，男女平等無二，從而肯定了一般人的個性價值。他借用禪宗「即心即佛，人人是佛」之說，提出「人人之皆佛而善與人同」，推導下來，則「佛之世界亦甚多。但有世界，即便有佛；但有佛，即便是我行遊之處，為客之場」[1089]，這也是對人的主觀心性的肯定。他大膽宣揚「夫私者，人之心也。人必有私，而後其心乃見」，「若無私，則無心矣」[1090]，從而肯定人的情欲的正當性，反對禁欲主義，與儒家所主張的禮之大防正相反對。他認為「穿衣吃飯，即是人倫物理」[1091]，「道之在人，猶水之在地也」[1092]，更充分展現了關注現實人生的精神。他更要求「率性而為」，提倡「為己」之學，發揚禪宗呵佛罵祖、毀經慢教之風，以凌厲風發的姿態無所畏懼地向傳統挑戰。

他寫詩同樣展現抒寫「真心」的主張，用語通俗，少用事典，多效法禪偈和王梵志、寒山通俗詩寫法，往往取得語盡情遙的效果。例如萬曆二十三年六十九歲時的〈哭黃宜人〉六首，是悼念他七年前離棄的妻子的詩，四、五、六三首是：

慈心能割有，約己善持家。緣予貪佛去，別汝在天涯。
近水觀魚戲，春山獨鳥啼。貧交猶不棄，何況糟糠妻。
冀缺與梁鴻，何人可比蹤。丈夫志四海，恨汝不能從。[1093]

李贄和妻子黃宜人感情甚好，為解脫人世間束縛而離棄，感情上的矛盾和痛苦是可以想見的。這一組詩真摯地寫出了這種心情。又如他的〈讀書樂〉、〈富莫富於常知足〉等篇，也是用樸素的語言道出人生體驗，別有

[1088]　《明燈道古錄》卷上，《李氏文集》卷一八。
[1089]　〈與李惟清〉，《焚書》卷二。
[1090]　《藏書》卷三四〈德業儒臣後論〉。
[1091]　〈答鄧石陽〉，《續焚書》卷一。
[1092]　《藏書》卷三二〈德業儒臣前論〉。
[1093]　《焚書》卷六。

一種理趣。他的近體詩也相當可觀。如他去世前遊盤山極樂寺，其時袁宏道自江南北上京城任順天教授，他有〈九日至極樂寺聞袁中郎且至因喜而賦〉七律：

> 世道由來未可孤，百年端的是吾徒。時逢重九花應醉，人至論心病亦蘇。老檜深枝喧暮鴉，西風落日下庭梧。黃金臺上思千里，為報中郎速進途。[1094]

這裡不只表達了志同道合的真摯情誼，更寫出歷盡坎坷的衰暮之年對於一生事業的堅強自信。

李贄的一生以悲劇終。但他的人格、思想、文章卻代表著晚明進步的思想潮流，在當代和後世都造成了廣泛而深刻的影響。

第八節　「公安三袁」

繼承李贄的思想傳統而在文學上創造更大成就的是「公安三袁」，即袁宗道（字伯修，號石浦，西元 1560－1600 年，有《白蘇齋類集》）、袁宏道（字中郎，又字無學，號石公，西元 1568－1610 年，有《袁宏道集》）、袁中道（字小修，一字少修，西元 1575－1630 年，有《珂雪齋集》）三兄弟。以其為湖廣公安（今湖北公安縣）人，俗稱「公安三袁」。「三袁」中以中郎成就最著。錢謙益評論說：

> ……中郎之論出，王（世貞）、李（攀龍）之雲霧一掃，天下之文人才士始知疏瀹心靈、搜剔慧性，以盪滌摹擬塗澤之病，其功偉矣。[1095]

但考之實際，「三袁」在思想理論上遠不如李贄那樣系統和激進，由

[1094]　《焚書》卷六。
[1095]　錢謙益《列朝詩集小傳》丁集中，中華書局，1983 年，第 567 頁。

第九章 宋代之後的佛教與文人

於其成就主要展現在文學領域，在文學創作上獲得了更大成就，在文學史上也占有更重要的位置。三人都信仰佛教，並受到李贄的直接影響，其中以中郎創作成就最高。

袁宏道為萬曆二十年（西元1592年）進士，二十三年選為吳縣令，此後在官場上屢進屢退，先後授順天府教授、禮部儀制司主事、吏部主事、考功員外郎、稽勳郎中等職。晚年請假歸里，定居沙市（今湖北荊州市）。為官非其所志，數度辭職，度過呼朋挾娼、優遊山水的輕狂生活，成為新一代名士的典型。但他自早年就「屈指悲時事」[1096]，如魯迅所說他「是一個關心世道，佩服『方巾氣』人物的人」[1097]。他有〈聞省城急報〉詩說：

> 天長閽永叫不聞，健馬那堪持朽轡。書生痛哭倚蒿籬，有錢難買青山翠。[1098]

可見他面對世路艱難的痛苦，放蕩的名士生涯中自有難言的苦衷。

「三袁」之好佛，也是時代風氣使然。宗道萬曆十五年（西元1587年）會試第一，在京任翰林院庶吉士、編修，接近泰州學派焦竑、瞿汝稷等人，從之習得「性命之學」。萬曆十七年，宗道奉命冊封楚府歸里，焦竑囑其到麻城往見李贄。次年，李贄遊公安，「三袁」相攜往謁，自此定交。其時李贄已六十餘歲，名滿天下；而「三袁」中年齡最大的宗道也不過三十歲。與李贄結交對袁氏三兄弟影響甚大。此後宗道方「首倡性命之說，涵蓋儒、釋，時出其精語一二示人，人人以為大道可學，三聖人之大旨，如出一家」[1099]。而中郎更特別得到李贄的器重。中道在〈中郎行狀〉裡說：

[1096] 〈登高有懷〉，《袁中郎集箋校》卷二，第94頁。
[1097] 〈招貼即扯〉，《魯迅全集》第6卷，人民文學出版社，1981年，第228頁。
[1098] 《袁中郎集箋校》卷三二，第1,032頁。
[1099] 〈募建青門庵疏〉，《袁中郎集箋校》卷四〇，第1,201頁。

第八節 「公安三袁」

先生既見龍湖,始知一向掇拾陳言,株守俗見,死於古人語下,一段精光不得披露。至是浩浩焉如鴻毛之遇順風,巨魚之縱大壑,能為心師,不師於心,能轉古人,不為古轉,發為語言,一一從胸襟流出,蓋天蓋地,如象截急流,雷開蟄戶,浸浸乎其未有涯也。[1100]

此後,「三袁」還結交龍湖芝佛院主持無念深有等諸多僧人,更與焦竑、陶石簣、管東溟等熟悉佛學的學者往還,論道講學,學佛也更加精進。

然而「三袁」親見李贄被殺的慘劇,現實迫害的慘烈使得他們不再取「狂禪」、「異端」的姿態。在佛學上則走更加穩健的禪淨合一之路。萬曆二十六年,宗道官春坊,宏道為順天府教授,中道入太學,三兄弟在京城西崇國寺結蒲桃社。次年,宏道著《西方合論》十卷,以論合經,主禪、淨合一,他說:

禪、教、律三乘,同歸淨土海。一切法皆入,是無上普門。[1101]

萬曆二十八年長兄宗道去世。三十二年宏道又與僧寒灰、雪照、冷雲及友人張明教等,避暑德山塔院,潛心道妙,著《德山塵譚》,後增補為《珊瑚林》。他有詩自述人生企向說:

覺路昏羅穀,禪燈黑絳紗。早知嬰世網,悔不事袈裟。[1102]

可見這時他對佛教更加傾心。對於中郎晚年的思想發展,中道〈中郎行狀〉透露說:

踰年(指結蒲桃社之次年),先生之學復稍稍變,覺龍湖等所見,尚欠穩實。以為悟、修猶兩轂也,嚮者所見,偏重悟理,而盡廢修持,遺棄倫物,僞背繩墨,縱放習氣,亦是膏肓之病。夫智尊則法天,禮卑而象

[1100] 〈吏部驗封司郎中中郎行狀〉,《珂雪齋集》卷一七,中冊第 756 頁。
[1101] 《西方合論》卷三〈部類門〉,《續藏經》第 61 冊,第 796 頁中。
[1102] 〈宿僧房〉,《袁宏道集箋校》卷二,第 95 頁。

第九章　宋代之後的佛教與文人

地，有足無眼，與有眼無足者等，遂一矯而主修。自律甚嚴，自檢甚密，以淡守之，以靜凝之。[1103]

可見「三袁」已有意識地改變了李贄的「狂禪」之風，而更注重靜修。中郎晚年由禪向淨土的轉變，表明他由參究禪的宗旨轉向「平實」、「穩妥」的修持，已與李贄等人生龍活虎的「狂禪」分道揚鑣。當時已是明王朝末世，時事令人憤發裂眥，他們心中充滿了痛苦與矛盾，但又感到自己無能為力，只好到留戀光景的名士生活中尋求安慰。這是社會問題大爆發的前夕，統治者極力施用高壓來挽救危機，思想界的生機也被扼殺了。袁氏兄弟的思想狀態正說明了這一點。

「三袁」的文學成就，主要在書、序、記、傳、雜感等散文，大都緣事而發，不拘格套，短小精悍，意盡言止，俗稱「小品文」；中郎留詩達一千七百餘首。他們創作上主「性靈」，求「興趣」，力求「情真語直」，這種觀念與李贄的「童心說」相通。但「性靈」、「興趣」是空泛的理念，具體內容可以有種種不同。有感於現實問題和災難，「性靈」可以發為激憤、抗議的呼聲；逃避現實苦難，「性靈」則會留戀光景、玩物喪志。「三袁」的作品正表現了這種矛盾。他們的優秀作品富於思想性，題材多樣，立意新穎，表達上清新明暢，簡括活潑，情致盎然。涉及佛教影響，禪的批判精神也頗為某些篇章注入了活力，如〈致聶化南〉一札：

……敗卻鐵網，打破銅枷，走出刀山劍樹，跳入清涼佛土，快活不可言，不可言！投冠數日，逾覺無官之妙。弟已安排頭戴青笠，手捉牛尾，永作逍遙纏外人矣。朝夕焚香，唯願兄長不日開府楚中，為弟刻袁先生三十集一部，兄爾時勿作大貴人，哭窮套子也。不妄語者，兄牢記之。[1104]

[1103]　《珂雪齋集》卷一七，中冊第 758 頁。
[1104]　《袁宏道集箋校》卷六，上冊第 311 頁。

像這樣的文章，無論是觀念，還是用語，都新鮮潑辣。但「三袁」的多數作品主要抒發個人情趣，境界狭小，現實意義有限。而仿效他們的「公安派」後繼者則更發展了後一方面，局限就更明顯了。

第九節　清代前期文人與佛教

明、清易代之際，「桑海之交，士之不得志於時者，往往逃之二氏」[1105]。明末遺民或抗拒新朝，或逃避徵辟，多有出家者。僧侶中如戒顯、澹歸、擔當、大錯等，均善詩。文人更有許多人熱衷於佛說。滿人入主中原，大力弘揚佛教。從發展形勢來看，在清王朝統治的近三百年間，雖然諸宗皆有傳人，禪與淨土且頗為興盛，名僧代有，寺廟遍區宇，但社會上流行的主要是檀施供養、講報應、求福佑的佛教。一般僧侶多是尋求衣食的貧苦人，教育程度低下；寺廟主要依靠法事、施捨支持。在這種情況下，對於延續佛教慧命，居士階層發揮著更大的作用。清初居士著名者有宋文森、彭少升等人；清中葉有錢伊庵、江沅等人。鴉片戰爭以後，中國逐漸淪入半封建、半殖民地狀態。尤其是十九、二十世紀之交，維新變法和民主革命興起，一批啟蒙思想家尋求救國救民的道理，也注意到佛學。前有龔自珍，繼有譚嗣同、章太炎、梁啟超諸人，都熱心研究佛說，並在著作裡多所參照和發揮。還有居士歐陽竟無、楊文會等提倡法相唯識之學，造成唯識學的「復興」局面。這也為進入二十世紀用現代科學方法研究佛學打下了基礎。此外值得注意的是，清代僧人中善藝者很多。如八大山人、石濤、石溪、漸江，被稱為「四大畫僧」；如蒼雪、天然、借庵、笠雲、寄禪等，均以詩名。這些人對支持佛教及其文化的存續也作出了貢獻。

[1105]　黃宗羲〈鄧起西墓誌銘〉，《南雷文定後集》卷二，《四部備要》本。

第九章　宋代之後的佛教與文人

明末清初的黃宗羲和王夫之在文壇上占有重要地位，對一代思想和文學的發展貢獻尤大。他們都對佛學相當熱衷並研習有得。

黃宗羲（西元 1610 — 1695 年），字太仲，號梨洲，又號南雷，思想家，學者，詩文創作成就亦相當可觀。著有《明儒學案》、《宋元學案》、《明夷待訪錄》等，詩文結集為《南雷文定》五集。黃宗羲明末為復社成員，積極參與反對閹宦權貴的鬥爭；清兵南下，曾組織起兵抗清，依魯王於海上；明亡後隱居著述，堅不出仕。他學問淵博，對經史百家皆有相當精深的研究，兼治佛、老。黃宗羲本來生長在崇佛家庭中。他治學以陽明為宗，而陽明學本已融入禪學，其師劉宗周亦與佛教關係密切。他又生活在社會大動盪時代，重視經世致用之學，著作裡一再明確儒、釋之大防，但他卻濡染佛說，深於佛學的作用。他說：

> 昔明道（程頤）氾濫諸家，出入於老、釋者幾十年，而後返求諸六經；考亭（朱熹）於釋、老之學，亦必究其歸趣，訂其是非。自來求道之士，未有不然者。蓋道非一家之私。聖賢之血路，散殊於百家，求之愈艱，則得之愈真。[1106]

可見他把釋氏看作是百家中的一家，肯定其有功於道的一面。他既意識到儒、釋之淆亂，卻又主張穿透而出，實際上是要在深通佛學之後操戈入室。他又說過這樣意思的話：昔賢闢佛，不嫻佛書，但施謾罵，譬如用兵，不能深入其險，剿絕鯨鯢。他認為只有細閱佛藏，深通其說，才能得其核要。他本人則熱心結交僧徒，研究佛典，作品中涉及佛教題材的甚多。當初王陽明根據「致良知」的綱領，主張「知為行之始」、「無身外之物」，錢謙益說是得禪門之精，改頭換面，自出手眼。黃宗羲更一再為王辯護，說他是由佛而歸之六經，並沒有陷沒於禪。但他理解的陽明之學

[1106]〈朝議大夫奉敕提督山東學政布政司右參議兼按察司僉事清溪錢先生墓誌銘〉，《南雷文定三集》卷二。

第九節　清代前期文人與佛教

是「以默坐澄心為學問」、「知之真切篤實處即是行，行之明覺精察處即是知」。他遵循劉宗周的思想講「慎獨」，說「指情言性，非因情見性也；即心言性，非離心言善也」[1107]。一方面分情與性，另一方面合心與性，基本上仍是禪家的思想。他又曾說，儒、釋二者的交流如肉之受串，學儒乃能知佛，知佛而又反求諸儒。這也是要取佛為我所用。明末清初正當社會大變動之時，又正是士大夫挺身報國之日，而他們其中許多人封己守殘，蒙於治國安邦，徒以道學迂論炫耀天下。黃宗羲是希望透過治「心」來改變時風，因而對佛學的心性論採取融通態度。

王夫之（西元 1619 － 1692 年），字而農，號薑齋，晚年隱居衡陽石船山，人稱船山先生。著述甚眾，後人彙編為《船山遺書》。明亡時曾在家鄉衡山起兵抗清，兵敗後退居肇慶，任職於南明；又從瞿式耜抵抗清兵。瞿殉難後，以為事不可為，輾轉湘西、廣東，隱居著述四十餘年。他親經「天崩地解」的時代鉅變，思想、學術富於愛國精神和現實意識。他對待佛學的態度與黃宗羲又有所不同。他學術上自覺承續張載。張載哲學上主理氣說，不離器而言道，不離氣而言理，具有唯物主義傾向。基於這種觀念，王夫之痛斥釋、老，對禪宗拒之尤甚，對李贄的「狂禪」更抨擊甚力，說是「導天下於邪淫，以釀中夏衣冠之禍，豈非逾於洪水、烈於猛獸者乎」[1108]。但他對於佛學，卻又並不採取一概排斥態度，而主張「通而因之」，以之豐富、發展自己的思想。所以譚嗣同後來說：「佛之精微，實與吾儒無異。偶觀佛書，見其不可為典要；唯變所適，往往與船山之學宗旨密合。知其必得力於此。」[1109] 王夫之對佛說主要有取於法相唯識之學的認識論和方法論。他有專著《相宗絡索》，梁啟超在《中國近三百年學術史》上說這一部書和另一篇〈三藏法師八識規矩論讚〉是王夫之著作裡最

[1107]　〈先師蕺山先生文集序〉，《南雷文定後集》卷一。
[1108]　《讀通鑒論》卷末〈敘論〉三。
[1109]　〈上歐陽中鵠書（十）〉，《譚嗣同全集》，中華書局，1981 年，第 464 頁。

第九章 宋代之後的佛教與文人

為特別的，是自唐代以來發展法相宗學說僅見的著作。他對唯識學理的研究和發展，為清末唯識「中興」開了先河。

清自嘉慶以後，封建統治日漸衰朽，西方帝國主義入侵步步加深，清政府政治腐敗，階級矛盾和民族矛盾更加尖銳。鴉片戰爭以後，中國逐步淪為半殖民地半封建狀態。在日益深重的社會危機中，一批啟蒙思想家、革新政治家起來，號召救亡圖存，力求變革維新。一批啟蒙和革新人物也熱衷從佛學中尋求思想武器。

龔自珍（西元 1792 — 1841 年），字爾玉，又字璱人；更名易簡，字伯定；又更名鞏祚，號定盦，又號羽山民。近人編輯作品為《龔自珍全集》。嘉慶二十五年（西元 1820 年）為內閣中書；道光九年（西元 1829 年）中進士，後任宗人府主事等低階官職；道光十九年辭官南歸，兩年後去世。龔自珍學術上有家學淵源。其外祖父是著名經學家段玉裁，自幼就教育他「博聞強記，多識蓄德，努力為名儒、為名臣，勿願為名士」[1110]。良好的教育環境培養龔自珍掌握了淵博學識。小學方面，他得到段玉裁親傳，精《說文》；史地方面，長於西北輿地；經學受業於今文大家劉逢祿，通《公羊》學；金石方面則蒐羅精勤，創立義類，見解新穎；對佛學他更有相當深入的理解。魏源說他的學問「以朝章國故、世情民隱為質幹，晚尤好西方之書，自謂深造微云」[1111]。

龔自珍自稱「幼信轉輪，長窺大乘」[1112]。他幼年已接觸佛教，二十九歲作〈驛鼓三首〉詩中已有「我欲收狂漸向禪」[1113]之句，在此前後並向著名居士江沅請益。三十二歲丁母憂，學佛更加精進。這一段時期他參與許多佛事活動，整理、刊布許多佛教典籍。他有〈知歸子贊〉一文。「知歸

[1110] 段玉裁〈與外孫龔自珍劄〉，《經韻樓集》卷九。
[1111] 〈定盦文錄序〉，《龔自珍全集》附錄，上海人民出版社，1975 年，第 651 頁。
[1112] 〈齊天樂序〉，《龔自珍全集》第十一輯，上海人民出版社，1975 年，第 575 頁。
[1113] 《龔自珍全集》第九輯，上海人民出版社，1975 年，第 444 頁。

第九節　清代前期文人與佛教

子」是彭紹升的號，是江沅的老師，他算是再傳弟子。其中說：

……且求諸外，且索諸內，皆不厭吾意。於斯時也，猝焉而與其鄉者靈異智慧之心遇，遇而不逝，乃決定其心，蓋三累三折之勢，知有佛矣。[1114]

他更潛心研讀天台著作，用天台統一佛家各種異說是他晚年佛學思想的特色。

龔自珍一生關注現實。在他對佛說浸漬日深的時候，仍寫出許多具有強烈現實性的詩文，表示他學佛並沒有流於消極。創作方面，他的詩、詞、文俱佳。議論文字則傷時言事，不避忌諱，尖銳犀利，多有痛切透闢之論。李慈銘說：「閱《定盦文集》……文章瑰詭，本孫樵、杜牧，參之《史》、《漢》、《莊》、《列》、《楞》、《華》之言。」[1115] 柳亞子則評龔自珍詩是「三百年間第一流」。他又被認為是「中國封建社會最後一位浪漫主義詩人，又是民主主義革命前夕第一位啟蒙主義詩人」[1116]。他的詩意境鮮明，語言瑰麗，構想奇妙，情趣濃厚，自成一家。其中感時傷事，揭露、批判現實的黑暗、腐敗，呼喚破舊立新的變革，表現了大無畏的抗爭精神。有人指出：「昔人謂詩雜仙心，又謂得句先呈佛，如定盦公當之，可以無愧。」[1117] 龔自珍談仙的詩且不論，他曾明確說到「以詩通禪古多有」[1118]。他的《己亥雜詩》七絕三百一十五首是文學史上前所未有的大型組詩，作於道光十九年（西元 1839 年）辭官返家途中。透過大半生的仕宦經歷、師友交遊、所聞所見，抒寫國情民隱、遠憂近慮，夾述風華綺麗的男女情思，而佛教內容亦貫穿其中。其第一句就是「著書何似觀心賢」；最

[1114] 〈知歸子贊〉，《龔自珍全集》第六輯，上海人民出版社，1975 年，第 396 – 397 頁。
[1115] 李慈銘《越縵堂讀書記》，商務印書館，1956 年，下冊第 876 頁。
[1116] 陳銘《龔自珍評傳》，南京大學出版社，1998 年，第 240 頁。
[1117] 邱煒萲《五百石洞天揮麈》卷一二。
[1118] 〈題鷺津上人書冊〉，《龔自珍全集》第九輯，上海人民出版社，1975 年，第 480 頁。

第九章　宋代之後的佛教與文人

後一首說:「吟罷江山氣不靈,萬千種話一燈青。忽然閣筆無言說,重禮天台七卷經。」[1119] 所謂「天台七卷經」指《法華經》。組詩中說:

狂禪鬧盡禮天台,掉臂琉璃屏上回。不是瓶笙花影夕,鳩摩枉譯此經來。[1120]

歷劫如何報佛恩,塵塵文字以為門。遙知法會靈山在,八部天龍禮我言。

他更善於把信仰化為幽思麗情表達出來,極富浪漫情趣。例如〈能令公少年行〉,是詩人「自禱祈之所言」[1121],描寫出一個多才多藝的狂放才人的形象,在投入佛乘的志願中,抒寫出內心的苦悶和矛盾。又如〈西郊落花歌〉,借西方淨土的想像,表達對美好理想境界的神往,在極其誇張地描繪了落花的綺麗景象後,結尾說:

先生讀書盡三藏,最喜《唯摩》卷裡多清詞。又聞淨土落花深四寸,瞑目觀想神亦馳。西方淨國未可到,下筆綺語何漓漓。安得樹有不盡之花更雨新好者,三百六十日長是落花時。

把禪思化成美好的詩情,創造出動人的理想境界。龔自珍的詞作也很有特色,同樣有表現佛教內容的作品。

龔自珍去世的時候,鴉片戰爭正在進行之中。他是道光二十一年(西元 1841 年)八月去世的。這一年三月,虎門炮臺被英軍攻陷;五月,中、英簽訂「廣州條約」;八月,廈門失陷。道光十八年,林則徐銜命出使廣州查禁鴉片,龔自珍曾有〈送欽差大臣侯官林公序〉,為林則徐出謀劃策,並殷殷期待林則徐出使成功:「我與公約,期公以兩期期年,使中國十八

[1119] 《龔自珍全集》第十輯,上海人民出版社,1975 年,第 509、538 頁。
[1120] 《龔自珍全集》第十輯,上海人民出版社,1975 年,第 517 頁。
[1121] 〈題鷺津上人書冊〉,《龔自珍全集》第九輯,上海人民出版社,1975 年,第 452 頁。

第九節　清代前期文人與佛教

行省銀價平，物力實，人心定，而後歸報我皇上。」[1122] 看起來龔自珍和當時的許多人一樣，還是瞢於天下大勢，對世情設想得太樂觀了。這種美好的願望不久就落空了。和他的期望相反，自此以後，清王朝統治的帝國內、外問題暴露無遺，連連慘敗於帝國主義國家的圍攻之下而走下坡路，中國從而墮入半殖民地、半封建的境地。但陷入苦難深淵的中國人民卻堅韌不拔地為挽救國家危亡進行持久不衰的努力抗爭，眾多有識之士貢獻出各式各樣的救國方略，並為之不屈不撓地奮鬥。在這種形勢下，中國佛教的發展也面臨新的挑戰和機遇。教內外都有些人試圖振興佛教、弘揚佛法，以作為拯救世風、挽救危亡的手段。有關情形下面將有專章討論。

[1122]　〈題鷺津上人書冊〉，《龔自珍全集》第二輯，上海人民出版社，1975 年，第 171 頁。

第九章　宋代之後的佛教與文人

第十章
對古典小說、戲曲的影響

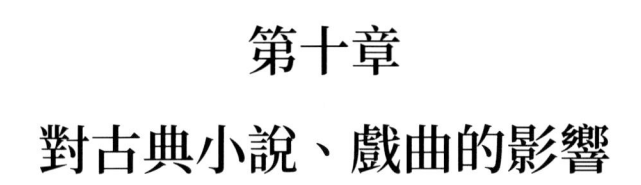

第十章　對古典小說、戲曲的影響

第一節　小說、戲曲發展與佛教的關聯

　　中國文學發展到宋、元時代，進入通俗白話小說、戲曲的繁榮期。這不只是單純的文體（文學形式）的轉變，也是創作主體、接受主體以及思想內容和藝術表現方式等方面的全面轉變。這種轉變有兩個方面與宗教有密切關聯，佛教在其中發揮著巨大的作用。

　　一方面是宋、元以後的白話小說（從發展來看，與唐傳奇以及後來的文言小說屬於不同系統）和戲曲本來產生自民間，並被下層民眾（尤其是城鎮市民）所接受。儘管它們在發展中逐漸融入社會主流文化之中，但它們總是更多地展現一般民眾的思想觀念和藝術趣味。也就是說，這一段時期的宗教，尤其是民眾的宗教信仰必然會廣泛而深入地展現在這些文學形式之中。特別是由於宋代「新儒學」形成，經學統治加強，佛、道二教自身逐步失去其思想理論方面的優勢，從而基本上退出高層次的思想理論領域，而作為信仰實踐活動卻在民間相當廣泛地普及。就佛教而論，屬於佛教中較粗淺簡陋的關於六道輪迴、善惡報應、天堂地獄的通俗說教廣為流行，甚至形成「家家阿彌陀，戶戶觀世音」的局面。這種信仰一方面與儒家說忠說孝的倫理道德相融合，另一方面又與道教神仙長生的幻想相混淆，具有濃厚的「三教調和」色彩，極易於在民間普及。明、清以來，那些謀取衣食之資的庸僧所宣揚的主要是這樣的佛教，統治者一般也支持這種宗教。流傳在民眾間的通俗小說、戲曲表現的也主要是這樣的佛教。所以梁啟超指出：「然自元明已降，小說勢力入人之深，漸為識者所共認。蓋全國大多數人之思想業識，強半出自小說。」[1123] 這樣的判斷雖然不免誇大，但確實道出了小說影響民眾之巨大而深遠。又署名黃人者曾指出：

[1123]　梁啟超〈告小說家〉，《中華小說界》第 2 卷第 1 期（1915 年）。

第一節　小說、戲曲發展與佛教的關聯

促成小說流傳的有三個條件，第一就是宗教[1124]。戲曲的情況也同樣。小說、戲曲裡所表現的宗教觀念和信仰，正是當時宗教存在的實踐形態的重要一種。它們表現上與正規的教理、教義不同，往往採取更通俗的、歪曲的形式，但卻更真實地反映著民眾間的宗教理解，因此也更容易呈現在民間的小說、戲曲之中。

還有一點是值得注意的，即在中國儒、釋、道「三教調和」的整體潮流中，宋、元以後流行在民間的佛教、道教以及各種民間宗教，無論是內容還是形態都相互交融以至相「合一」了。反映在文學創作裡的佛、道二教的內容，尤其是在通俗的小說、戲劇作品之中，往往也是「三教」相混淆。比如人物塑造方面，菩薩和神仙往往沒有什麼區別；又如構思方面，悟道和成仙也被當作一回事。這同樣也是當時宗教發展形態的具體反映。

另一方面，從藝術表現角度而論，如吉川幸次郎曾指出的，小說和戲曲「都是虛構的文學」，它們與正統詩文不同，「使文學從以真實的經歷為素材的習慣限制中解放出來」[1125]。而宗教的本質就決定其表現上具有玄想特質。尤其是佛教，從內容到表達都更富於想像，恰與小說和戲曲藝術的虛構方式相通。因此，無論是內容還是表現方法，佛教都為小說和戲曲提供了寶貴的滋養和參照。

唐傳奇是成熟的文言小說，從唐、宋民間「說話」發展出以後繁榮的長、短篇白話小說；戲曲則從宋南戲、元雜劇發展到明、清傳奇，這些都相當普遍地受到佛教的影響。但這種影響已和六朝時期「輔教」作品的情況大不相同：已不再是簡單地透過故事傳說來宣說教義、鼓吹信仰，而是相關的觀念滲透在作品的題材、主題、結構、情節、人物、語言等諸領域。也就是說，佛教的相關內容和形式已深浸到作品的思想內容、藝術表

[1124]　黃人〈小說小話〉，《小說林》第 1 卷（光緒三十三年）。
[1125]　吉川幸次郎〈中國文學論〉，《我的留學記》，錢婉約譯，光明日報出版社，1999 年，第 176 頁。

第十章　對古典小說、戲曲的影響

現、審美趣味等各個方面。

唐代俗講和變文是宋、元以後通俗敘事文學的先驅，它們本來是典型的佛教文學體裁。白話小說的源頭——唐代話本也有表現佛教內容的作品，如上述敦煌寫本裡的〈唐太宗入冥記〉、〈廬山遠公話〉。宋代的「說話」分為小說、說經、講史、合聲（生）四家，其中「說經」應是直接承襲自唐人俗講。據記載：

說經，謂演說佛書；說參請，謂賓主參禪悟道等事。[1126]

例如現存宋代《大唐三藏取經詩話》就是說經的底本。又有所謂「說諢經」，內容則如俗講中遠離經典正理的塵俗故事。而「說參請」，按張正烺的解釋：

按：「參請」禪林之語，即參堂請話之謂。說參請者乃將此類故事以娛聽眾之耳。參禪之道有類遊戲，機鋒四出，應變無窮，有舌辨犀利之詞，有愚可笑之事，與宋代雜劇中之打諢頗相似。說話人故借用為題目，加以渲染，以作餬口之道。[1127]

如果此說可信，那麼「說參請」就是以禪宗禪林人物和故事為題材、富有遊戲意味的小說，《清平山堂話本》裡的〈五戒禪師私紅蓮記〉就應屬於這一類作品。

從戲曲發展歷史來看，宋代是戲劇正式形成的時期。而有關戲曲的早期主要資料即是有關佛教的。孟元老《東京夢華錄》記載說：

七月十五日中元節，先數日，市井賣冥器……即印賣《尊聖目連經》。又以竹竿斫成三腳，高三五尺，上織燈窩之狀，謂之盂蘭盆，掛搭衣服、冥錢在上焚之。市肆樂人，自過七夕，便搬《目連救母》雜劇，直

[1126] 耐得翁《都城紀勝·瓦舍眾伎》，《四庫全書》本。
[1127] 張正烺〈答問錄與說參請〉，《歷史語言研究所集刊》第十七集，第 2 頁。

第一節　小說、戲曲發展與佛教的關聯

至十五日止，觀者倍增。[1128]

目連救母傳說是佛教與中土倫理相結合的典型產物，在本書變文一章裡已經討論。這一段記述表明，這一則傳說在戲劇發展早期已被當作題材，而且是流行劇目。《目連救母》雜劇作為七夕節祭活動的重要節目，已融入到民俗之中。

在以後小說、戲曲的長期發展歷史中，佛教始終發揮著不容忽視的作用。佛教的觀念、形象、情節、語言等等，成為各種類型的小說不可或缺的要素。明初朱權則把雜劇分為十二科，其中「神頭鬼面科」則是表現神、鬼和佛、菩薩的一類[1129]。對於傳奇，呂天成依據題材劃分為六門：「一曰忠孝，一曰節義，一曰仙佛，一曰功名，一曰豪俠，一曰風情。」[1130] 今人郭英德對傳奇進行分期，把明成化元年（西元1465年）到萬曆十四年（西元1586年）劃分為傳奇的生長期，萬曆十五年（西元1587年）到順治八年（西元1651年）為勃興期，並就兩個時期作品題材分類統計。前一時期題材可考的71部作品中，神佛劇有5部，占7%；後一時期的631部作品中，神佛劇有41部，占6.5%[1131]。但這是僅就劇本絕對數量而言。實際上如目連戲、觀音戲等「神佛劇」被用於慶賀、節祭等場合，更經常地演出。以至清人慨嘆「近來牛鬼蛇神之劇充塞宇內」[1132]，正說明了這一類劇目流行的實情。

更重要的是，話本的「家數」也好，雜劇、傳奇的「科目」也好，只是題材上的大致分類。豐富的社會和人生內容在實際創作中是交疊、相融的。以仙佛為創作題材、以宣揚仙佛為目的的作品在小說、戲劇創作中固

[1128]　孟元老《東京夢華錄》卷八，《四庫全書》本。
[1129]　朱權《太和正音譜》卷上，《四庫全書》本。
[1130]　呂天成《曲品》卷下。
[1131]　郭英德《明清傳奇史》，江蘇古籍出版社，1999年，第261頁。
[1132]　《笠翁十種曲‧風箏誤‧總評》。

第十章 對古典小說、戲曲的影響

然僅是一小部分，但關係到佛、道的內容則更廣泛、更多樣地被表現在更多作品裡。例如長篇章回小說《西遊記》並不是佛教小說，但以唐三藏師徒西行取經為題材，具有濃重佛教色彩是可以肯定的。又如湯顯祖《牡丹亭》是傳奇經典，也不是表現佛教觀念的，但構思顯然與佛教有關係。湯顯祖說：

> 傳杜太守事者，彷彿晉武都守李仲文、廣州守馮孝將兒女事，予稍為更而演之；至於杜守收考柳生，亦如漢睢陽王收考談生也。[1133]

由此可知，《牡丹亭》的構思參考了古代傳說中三個再生還魂故事，這三個故事分別出自佛教類書《法苑珠林》和志怪集《幽明錄》、《列異記》，其理念都是以佛教「神不滅」觀念為基礎。這一類例子說明一個值得重視的現象：眾多的藝術創作利用佛教「素材」，已經不同程度地超脫了單純的信仰和觀念層次，已經把佛教的某些內容「轉化」或「揚棄」了。就具體作品而言，這種「轉化」、「揚棄」的成功與否、徹底程度是不同的。文學史的一般情形是：越是優秀的作者和作品，越少受到宗教觀念、信仰的束縛，越是能夠汲取宗教觀念和思考方式等方面的精華，消化融攝，轉變成藝術創作的有益滋養。從這個意義上來看，在眾多優秀作品裡，佛教的影響是淡薄了、淡化了，但從另一角度來看，其影響浸透到思想內容和藝術表現的深處，又是更深化了。

第二節　小說中的佛教觀念

從思想內容方面來看，佛教對小說創作的影響，最直接明顯地表現在主題題材方面，即主題是宣揚佛教教義或題材是佛教。但這一類作品只是

[1133] 《湯顯祖集》卷三三〈牡丹亭題記詞〉，徐朔方箋校，中華書局，1962 年，下冊第 1,903 頁。

第二節 小說中的佛教觀念

少數。而更普遍的情況是作品直接或間接地表現佛教的意象、觀念、感情等等。署名無礙居士的〈警世通言序〉說：「於是乎村夫稚子，里婦估兒，以甲是乙非為喜怒，以前因後果為勸懲，以道聽塗說為學問，而通俗演義一種，遂足以佐經書史傳之窮。」[1134] 明確指出了小說宣揚佛教因果報應之說的作用。清代章回小說《金石緣》，靜恬主人有序說：「小說何為而作也？曰以勸善也，以懲惡也。夫書之足以勸懲者，莫過於經史，而意理艱深，難令家喻而戶曉。反不若稗官野乘，福善禍淫之理悉備，忠佞奸邪之報昭然，能使人怵目驚心，如聽晨鐘，如聞因果，其於世道人心不為無補也。」[1135] 這裡更把小說的作用等同於宗教的善書了。當然，反映佛教觀念或信仰有自覺或不自覺的區別，表現上也有或隱或顯的不同。如因緣宿命、因果報應、人生如夢等佛教的基本觀念表現在各種題材的作品中，並在創造情節、尤其是解決故事衝突糾葛中發揮作用，則是相當普遍的現象。

「講史」是宋代話本四「家數」之一，是早期白話小說的重要一類。它們所表現的是前代爭戰興廢之事，和佛教沒有直接關係。但寫作或講說者卻往往利用因緣宿命來解釋所反映的歷史事件。例如宋代講史《新編五代史評話》這樣說：

> 劉季弒了項羽，立著國號曰漢。只因疑忌功臣，如韓王信、彭越、陳豨之徒，皆不免族滅誅夷。這三個功臣，抱屈啣冤，訴於天帝。天帝可憐見三功臣無辜被戮，令他每三個託生做三個豪傑出來：韓信去曹家託生，做著個曹操，彭越去孫家託生，做著個孫權，陳豨去那宗室家託生，做著個劉備。這三個分了他的天下……[1136]

與這一部小說相類似，《全相三國志評話》的開篇則說漢高祖殺戮功

[1134]《警世通言》卷首，人民文學出版社，1957年。
[1135]《金石緣》卷首，清同盛堂刻本。
[1136]《宣和遺事兩種・新編五代史評話》，江蘇古籍出版社，1993年，第2頁。

第十章 對古典小說、戲曲的影響

臣，玉皇斷獄，令韓信轉生為曹操，彭越為劉備，英布為孫權，漢高祖為漢獻帝。這種宿命觀念決定著這些講史的情節發展模式。

後來的歷史演義小說也有同樣情形。如名著《三國演義》的全部情節發展，從漢室衰亡、桃園三結義、三分天下直到諸葛亮齎志以歿，劉蜀終於敗亡，一直貫穿著強烈的宿命觀念。清人許寶善為《北史演義》作序也說：「二千年間，出爾反爾，佹得佹失，禍福循環，若合符契，天道報施，分毫無爽，若此書者，非尤大障明較著者乎？余故亟勸其梓行，而為之序。」

明、清時期盛行寫作續書之風。這些續書大致上以前書人物的後身因果作為結構框架。如《水滸傳》風行，很快便出現了《後水滸》，情節接續百二十回《水滸》，敘述宋江、盧俊義被害，梁山英雄盡皆同斃，唯有燕青身藏赦書遁去，後來他重至梁山，哭拜於宋江墳上，又至薊州尋訪公孫勝，二人同見羅真人，真人為點明因果，謂二十八宿九曜均將先後應劫下界，託生人世，二人亦在數中。這樣宋江託生為楊么，盧俊義託生為王摩，從而展開了新的故事情節。邱煒萲說：「詞客稗官家每見前人有書盛行於世，即襲其名而著為後書副之，取其易行，竟成習套……如前《水滸》一書，《後水滸》二書，一為李俊立國海島，花榮、朱寧之子共佐王業，應高宗『卻上金鰲背上行』之讖，猶不失忠君愛國之旨；一為宋江轉世楊么，盧俊義轉世王摩，一片邪淫之談，文詞乖謬，尚狗尾之不若也。」[1137] 這種續書的水準和價值又當別論，其觀念顯然帶有濃厚的佛教宿命色彩。同樣地，《續金瓶梅》接續《金瓶梅》寫吳月娘故事，人物也都是前書主要人物轉生而來的：西門慶死後被閻羅親審，以其姦淫縱慾，結官賣法，判託生東京潘越家，做失目乞丐，又轉生做內監，又轉生為狗；潘金蓮託生黎家為女，名金桂，終生無偶；春梅託生北京孔家為女，名梅

[1137] 《客雲廬小說話》卷一，阿英《晚清文學叢鈔·小說戲曲研究卷》，中華書局，1960年。

第二節　小說中的佛教觀念

玉，嫁宦門為妾，死後再轉生為女，生醜疾，不嫁而死；李平兒則託生袁指揮家，名常姐。故事在這些人物間展開。

繆全孫曾說：「大凡小說之作……於此演說果報，決斷是非，挽幾希之人心，斷無聊之妄想……」[1138]中土自古即有「積善之家必有餘慶，積不善之家必有餘殃」的以血緣關係為核心的報應觀念，這種觀念很容易和外來佛教以個人為主體的因果報應觀念相結合。胡應麟說到隋、唐以後思想界的趨勢：

……百家壅底正途之弊息，而神仙服食之說盛，釋家因果之教興，雜然與儒者抗衡，而意常先之。[1139]

蕭子顯《南齊書》卷四五〈高逸傳〉論贊，把儒家、諸子和佛教相比較，稱讚佛教「有感必應，以大苞小，無細不容」，「樹以前因，報以後果，業行相酬，連瑣相襲」[1140]。在不少小說裡，因果報應就成了情節構成的重要根據。如宋代話本〈錯斬崔寧〉寫的是「十五貫戲言成巧禍」的富於現實意義的故事，其中對封建制度下官吏的愚執、法律的嚴酷和小民痛苦無告的生存狀態進行了深刻的揭露。從情節和描寫來看，創作者對冤案的根由有一定的清楚認知，但其中寫到眾人追拿崔寧時卻說「天網恢恢，疏而不漏」；案情大白時眾人又說「今日天理昭然」；說話人又勸說官吏「冥冥之中，積了陰騭」等等，故事貫穿著報應觀念，所以結尾處大娘子就一心禮佛，超度亡靈了。後來的「三言」、「二拍」裡的許多擬話本更強烈地表現出這種觀念。有些故事本來是反映現實問題、主題思想是正向的，但創作者卻往往以因果報應「規律」來加以解釋。如《警世通言》卷十七〈陸五漢硬留合色鞋〉，寫浮浪弟子張藎與潘壽兒有情，無賴陸五漢乘暗夜騙

[1138] 〈醉醒石序〉，《醉醒石》卷首，清董氏誦芬室刻本。
[1139] 《少室山房筆叢》卷二六〈玉壺遐覽一〉，《四庫全書》本。
[1140] 《南齊書》卷五四〈高逸傳〉，第 946－947 頁。

459

第十章　對古典小說、戲曲的影響

姦潘壽兒並殺了她的雙親,殺人罪名卻落到張藎頭上。後來張藎使銀子買通牢獄看守,得以和潘壽兒對證,案情終於大白。在小說裡,案情大白的關鍵是張藎對看守行賄,張藎受盡陷害後卻說:「這也是前世冤業,不消說起。」這在觀念上正和故事的開場詩相照應:「爽口食多應損胃,快心事過必為殃。」「奸賭兩般都不染,太平無事作家人。」所以張藎得以剖白後,「吃了長齋」,改過行善。無礙居士替《警世通言》作序說:「余閱之,大抵如僧家因果說法度世之語,譬如村醪市脯,所濟者眾,遂名之曰《警世通言》。」[1141] 而編寫「三言」的馮夢龍則說:「小說家推因及果,勸人作善,開清淨方便法門,能使頑夫俘子,積迷頓悟。此與高僧悟石何異?」[1142]

《金瓶梅》是中國第一部文人獨立創作、描寫世態人情的長篇小說,反映社會生活達到相當的廣度和深度。其中詳細描寫了市井間的宗教生活,如吃素、齋僧、念佛、宣卷等風習,反映了當時民間信仰的情況。這一部書同樣貫穿著因果報應觀念。西門慶貪欲不足,終於家庭破敗,荒淫而死,作者說「為人多積善,不可多積財;積善成好人,積財惹禍胎」;結尾處「普靜師薦拔群冤」,小玉竊看冤魂一一託生,普靜和尚向吳月娘點化孝哥本是西門慶轉身,而吳月娘好善念經也得到了善報。終卷詩說:

閒閱遺書思惘然,誰知天道有循環。西門豪橫難存嗣,經濟顛狂定被殲。樓、月善良終有壽,瓶、梅淫佚早歸泉。可怪金蓮遭惡報,遺臭千年作話傳。[1143]

這樣也是把整個故事納入到因果報應框架之中了。前人評論這一部書也往往從這方面著眼。如欣欣子〈金瓶梅詞話序〉說:

[1141] 《警世通言》卷首。
[1142] 〈石點頭序〉卷首,明葉敬池刻本。
[1143] 《金瓶梅詞話》第一百回,人民文學出版社,2000 年,第 1,506 頁。

第二節　小說中的佛教觀念

……其中語句新奇，膾炙人口，無非明人倫，戒淫奔，分淑慝，化善惡，知盛衰消長之機，取報應輪迴之事，如在目前始終，如脈絡貫通，如萬系迎風而不亂也，使觀者庶幾可以一哂而忘憂也。[1144]

《金瓶梅》的續書都是拙劣模擬之作。如果說前者從主導方面來看是對於社會現實生活的藝術概括與真切描述，因果報應之類宗教觀念的表露只是附帶的，那麼這一類續書裡作為宗教宣傳的因果報應觀念就表現得更為強烈和明確，而現實性則大為削弱了。

一些公案小說往往更直接地把因果報應作為破解案情的關鍵。《包公案》、《施公案》、《海公案》等作品一方面表揚清官，一方面宣揚因果報應。問竹主人《忠烈俠義傳》（即《三俠五義》、《龍圖公案》、《包公案》）序說：「……至於善惡邪正，各有分別，真是善人必獲福報，惡人總有禍臨，邪者定遭凶殃，正者終逢吉庇。昭章不爽，報應分明，使讀者有拍案稱快之樂，無廢書長嘆之時……」[1145] 這也是這一類小說內容方面的一大矛盾：在懲惡揚善的主導力量是人力還是報應的理解上，二者是被混淆了。

文人筆記小說的情況也大致類似。《聊齋志異》多談狐說鬼，利用奇詭怪異的題材來表現具有高度思想性和強烈現實性的內容，其中也多有因果報應之類說教。蒲松齡在〈聊齋自志〉中已明確說道：

蓋有漏根因，未結人天之果；而隨風蕩墮，竟成藩溷之花。茫茫六道，何可謂無其理哉！獨是子夜熒熒，燈昏欲蕊；蕭齋瑟瑟，案冷凝冰。集腋為裘，妄續《幽冥》之錄；浮白載筆，僅成孤憤之書。寄託如此，亦足悲矣！[1146]

[1144]　《金瓶梅詞話》第一百回，卷首第1頁，人民文學出版社，2000年。
[1145]　《三俠五義》卷首，廣東人民出版社，1980年。
[1146]　朱其鎧主編《全本新注聊齋文集》，卷首第1頁，人民文學出版社，1989年。

第十章　對古典小說、戲曲的影響

後人也往往從宗教觀念對這一部書加以評論，如余集〈聊齋志異序〉說：「釋氏憫眾生之顛倒，借因果為筏喻，刀山劍樹，牛鬼蛇神，妄非說法，開覺有情。然則是書之恍惚幻妄，光怪陸離，皆其微旨所存，殆以三閭侘傺之思，寓化人解脫之意歟？」[1147] 優秀作品如《聊齋志異》尚不免於此。與《聊齋志異》同類且水準等而下之如袁枚的《子不語》、紀昀的《閱微草堂筆記》等，同樣多寫鬼神怪異之事，就更多因果報應的說教。

又近人箸超說：「中國小說，無一書不說夢。《三國志》、《水滸》，夢在夾裡，此上乘者也；《紅樓夢》等，夢在開頭，此下乘者也；《西廂》不語夢，而夢語獨多，此超以象外者也。」[1148] 這一段話對具體作品的評價當否姑且不論，其中的理念可以從兩方面加以理解：其表面的意思是，大凡小說都有夢想內容，都是作者夢幻的表現；而從另一個角度，也可以解釋為小說裡大都具有「人生如夢」觀念。前一方面屬於創作論，後一方面則是對作品內容的理解。當然，說小說「無一書不說夢」，是極端的說法；但「人生如夢」觀念深刻浸染小說創作，則是事實。

唐傳奇的兩篇著名作品——李公佐的〈南柯太守傳〉和沈既濟的〈枕中記〉都是直接描寫夢幻的故事，都描寫主角在夢中享盡榮華富貴，經歷人世坎坷，夢醒後覺悟到一切皆空、人生如夢，主題中明顯融合了佛、道二教的人生觀。作者在作品裡更出面直接說教。〈南柯太守傳〉最後寫到主角因感夢而覺悟：

感南柯之浮虛，悟人世之倏忽，遂棲心道門，絕棄酒色。[1149]

〈枕中記〉更由主角出面說：

[1147] 張友鶴《聊齋志異會校會注會評本》卷首，上海古籍出版社，1983年。

[1148] 《古今小說評林》，民權出版部，1919年。

[1149] 魯迅編《唐宋傳奇集》卷三，《魯迅輯錄古籍叢編》第2卷第82頁，人民文學出版社，1999年。

第二節　小說中的佛教觀念

夫寵辱之道,窮達之運,得喪之理,死生之情,盡知之矣。此先生所以窒吾欲也。敢不受教![1150]

感悟到人生如夢,從而否定一切欲念,這正是佛教觀念。

歷史小說《三國演義》本是「七分真實,三分虛構」,其開卷詩說:

滾滾長江東逝水,浪花淘盡英雄。是非成敗轉成空,青山依舊在,幾度夕陽紅。白髮漁樵江渚上,慣看秋月春風。一壺濁酒喜相逢,古今多少事,都付笑談中。[1151]

這裡表現的對歷史的態度,具有強烈的虛無色彩。類似說法往往成為歷史演義小說的常套。如果說《三國演義》這樣優秀作品挾帶的這種觀念並無礙於作品的思想價值,另一些作品則是把表達「色空」、「如夢」觀念作為寫作主旨。如明方汝浩所作《禪真逸史》(又名《殘梁外史》、《妙相寺全傳》),本取材於歷史,但把虛構和真實交織在一起來描寫。主角林時茂本是東魏將軍,避禍出家,取號淡然,後習得高明道術,又有杜伏威、薛舉、張善相三人義結金蘭,與他為徒,梁、陳之際亂世參與爭雄,至唐興,三人受仙人點化,棄家學道,俱證上仙。而明諸允修〈奇俠禪真逸史序〉則指出:「……迷途頓覺,塵劫歸空,修煉皆真,精神不滅,禪家要旨,寧有二耶?以奇俠而合以禪真,即所謂廣顙屠兒與鳩肉長老,更不必說苦說空,而徒論寂滅耳。導迷開世,在在津梁,有何煩棒喝哉!」[1152]這則是用夢境來表現因果報應之理了。

所謂「世情小說」更容易表現四大皆空、人生如夢的感懷。許多作品直接利用夢幻構思,正展現了這樣的用意。如《金瓶梅》裡有「李瓶兒夢訴幽情」、「李瓶兒何千戶家託夢」、「潘金蓮託夢守備府」等情節,這些當然是

[1150]　魯迅編《唐宋傳奇集》卷一,《魯迅輯錄古籍叢編》第2卷第27頁,人民文學出版社,1999年。
[1151]　《三國演義》第一章,人民文學出版社,1983年,第1頁。
[1152]　《禪真逸史》卷首,明刻本。

第十章　對古典小說、戲曲的影響

一種構思方法，但夢幻場面不斷出現，總會造成人生如夢如幻的感受。

典型地表現「色空」、「如夢」觀念的當數《紅樓夢》。其中寫到夢境，多有深意。如第五回〈賈寶玉神遊太虛境，警幻仙曲演紅樓夢〉，寫賈寶玉夢遊太虛幻境，看到載有判詞的「金陵十二釵正冊」、「副冊」、「又副冊」，聽演〈紅樓夢曲〉；第十三回〈秦可卿死封龍禁尉，王熙鳳協理寧國府〉寫秦可卿向鳳姐託夢，如此等等，夢在情節上發揮了重要的照應、暗示作用，同樣也關係到主題思想的發露。而作品從開頭空空道人關於「色空」的說教，甄士隱〈好了歌〉到結尾賈寶玉出家，寶玉對薛寶釵感嘆「我們生來已陷於貪嗔痴愛中」，終於和一僧一道飄然遠去，始終貫穿著人生如夢的意識。甲戌本《脂硯齋重評石頭記》卷首曹雪芹〈凡例〉最後有詩說：「浮生著甚苦奔忙，盛席華筵終散場。悲喜千般同幻渺，古今一夢盡荒唐⋯⋯」[1153] 有關《紅樓夢》論述頗多，此不贅述。《紅樓夢》傳世後，出現大量續書。如前所說，續書多是拙劣的模擬。《紅樓夢》眾多續書拙劣處之一就是擴展了「人生如夢」之類的消極觀念，往往表現為作品的主旨。更有許多小說和《紅樓夢》一樣以「夢」命名，往往題面就表明了寫作意圖。晚清這一類書很多，如孫家振《海上繁華夢》（1903）、黃仲則《廿載繁華夢》（1908），等等。大量出現這一類題目的作品正反映了一種潮流：對沒落的現世感到迷惘，因而視人生如夢幻或把希望寄託於夢幻。

《老殘遊記》作者劉鶚主張三教同歸，其作品裡往往流露濃重的佛教觀念。《老殘遊記二集》主要寫泰山斗姥宮尼姑逸雲講述自己的戀愛和悟道經過，揭露清朝州縣官吏作威作福、諂上驕下的種種醜態。作者在〈自序〉中說：「夫夢之情境，雖已為幻為虛，不可復得，而敘述夢中情景之我，固儼然其猶在也。若百年後之我，且不知其歸於何所，雖由此如夢之百年之情景，更無敘述此情景之我而敘述之矣。是以人生百年，比之於

[1153]　甲戌本《脂硯齋重評石頭記》卷首，上海人民出版社，1975 年。

夢，尤覺百年更虛於夢也。」[1154] 他的這種「如夢」感慨是相當深刻的。

小說經常表現的佛教觀念還有慈悲、戒殺、忍辱、施捨、護生等等，不一一舉例了。

第三節　戲曲裡的佛教觀念

中國的小說藝術特別注重故事性，亦即戲劇性，即所謂「非奇不傳」。所以小說和戲曲在題材和主題方面相互參照就是十分普遍的現象。許多雜劇、傳奇是根據小說故事改編的。小說裡的佛教內容往往被因襲下來。此外，中土戲曲由古代俳優、戲弄逐步形成而來，有著自身的傳統，但隨佛教傳入的西域和天竺舞樂、梵劇對其發展也發揮了一定的作用，也會帶來佛教的影響。

當初釋迦牟尼制戒，本來是為了限制僧侶觀聽歌舞伎樂。但到大乘佛教階段，歌舞伎樂已成為供養佛、塔的手段。而在印度，戲劇更有著悠久的傳統。安東尼·渥德爾（A. K. Warder）指出：「雖然在三藏中並沒有真正的劇本（當然晚期增加到西藏三藏中的東西不算在內），我們將會看到，有證據說明其中有某些戲劇化故事情節，尤其在《雜阿含》中，在節日集會時曾在舞臺上表演……如果佛教徒們逐漸編纂出一本戲劇化詩歌的表演節目，和其他類型的文學一樣，我們將會發現，在一定的階段他們產生了一系列道地的劇本。」「有少量的證據說明戲劇是在西元前四世紀之前的某個時期從表演婆羅門傳統的神話故事的舞蹈中演變出來的。（實際上還要更早，因為我們有一項引證難陀王朝時代戲劇表演教本的資料。）」[1155]

[1154]　劉鶚《老殘遊記續集》卷首，《老殘遊記》附錄，人民文學出版社，1957 年。
[1155]　安東尼·渥德爾（A. K. Warder）《印度佛教史》（*Indian Buddhism*），王世安譯，商務印書館，

第十章　對古典小說、戲曲的影響

中國佛教在南北朝時期已廣泛使用舞樂。楊衒之的《洛陽伽藍記》裡記載景樂寺就以歌舞著名：

……至於大齋，常設女樂，歌聲繞梁，舞袖徐轉，絲管寥亮，諧妙入神。[1156]

又佛教行像儀式早已傳入中土，也具有歌舞表演性質。梁宗懍《荊楚歲時記》記載當時荊楚風俗：

十二月八日，為臘日……諺言：「臘鼓鳴，春草生。」村人並繫細腰鼓，戴胡公頭，及作金剛、力士以除疾，沐浴轉除罪障。[1157]

北魏以來的敦煌壁畫也多有描繪歌舞伎樂場面。《舊唐書·音樂志》記載：「大抵散樂、雜戲多幻術，皆出西域。」[1158] 這裡所說的散樂、雜戲同樣具有戲曲因素；它們從西域傳來，其中有相當部分與佛教有關係。又早在梁代，荀濟上書朝廷，講到僧罪十等，其九就是「設樂以誘群小，俳優以招遠會」[1159]。所謂「設樂」指表演歌舞，「俳優」當是指僧侶親自作為俳優演出。而到唐代，寺院作為城鄉文化中心的作用更為顯著，也成為民眾娛樂場所。當時更有密教傳入中土，密教儀軌裡更多用歌舞，有「一一歌詠，皆是真言；一一舞戲，無非密印」[1160] 之說。密教對中國戲曲的形成和發展也產生多方面影響。宋錢易說：

長安戲場，多集於慈恩，小者在青龍，其次薦福、永壽。尼講盛於保唐。[1161]

　　1987 年，第 218－219、323 頁。
[1156]　《洛陽伽藍記》卷一〈景樂寺〉，上海古籍出版社，1978 年，第 52 頁。
[1157]　梁宗懍《荊楚歲時記》，《四庫全書》本。
[1158]　《舊唐書》卷二九〈音樂二〉，第 1,073 頁。
[1159]　《廣弘明集》卷七〈辨惑篇·列代王臣滯惑解〉，《正》第 52 卷第 130 頁下。
[1160]　《毗盧遮那成佛經疏》卷八，《正》第 39 卷第 666 頁中。
[1161]　《南部新書》戊卷，中華書局，1958 年，第 50 頁。

第三節　戲曲裡的佛教觀念

這裡舉出的是長安幾所著名的大寺。所謂「戲場」是娛樂場所，可以設想其中也有「戲弄」之類表演。錢易又記載：

道吾和尚上堂，戴蓮花笠，披襴執簡，擊鼓吹笛，口稱魯三郎。[1162]

道吾圓智禪師是南宗石頭一系藥山惟儼法嗣，他上堂示法，扮演魯三郎。從所寫裝束、動作來看，也應是戲弄裡的一個角色。中唐時期禪風狂放，禪師們往往以奇特行動呈禪解。道吾對戲弄是十分熟悉的。

唐段安節《樂府雜錄·俳優》條記載有「弄婆羅」[1163]；《通典》卷一四六〈樂六〉、《舊唐書》卷二十九〈音樂二〉敘「散樂」，都有「婆羅門」，歸之「雜戲」。從題目來看，顯然是外來節目，任半塘認為就是佛教戲劇[1164]。鄭樵《通志》載「梵竺四曲：舍利弗、法壽樂、阿那瓌、摩多樓子」[1165]。〈舍利弗〉今傳李白有辭；《樂府雜錄》裡也有〈舍利弗〉名目。舍利弗本是佛弟子，神通第一，《賢愚經》裡有他和六師外道鬥法著名故事。特別是1923年在新疆吐魯番發現馬鳴所著梵劇三種，其中有《舍利補特羅婆羅加蘭那》九齣，表現舍利弗和目犍連皈依故事，更讓人猜測中土資料裡的〈舍利弗〉與梵劇的關係[1166]。而摩多樓子是佛弟子目犍連另一個譯名，他乃是後來中土興盛的目連戲的主角。阿那瓌不知是否就是阿那律，後者也是釋迦牟尼十大弟子之一。這種用佛教人名為題目的舞樂，應當是有一定的情節的。

從篇目來看，宋、元以來直接以佛教為題材的戲曲作品並不多。其中目連戲和根據香山觀音成道故事改編的傳奇《香山記》是流傳廣遠、影響巨大的真正的佛教戲。而宣揚佛教觀念的卻頗有一些。雜劇中如元鄭廷玉

[1162]　《南部新書》己卷，中華書局，1958年，第65頁。
[1163]　《樂府雜錄》，古典文學出版社，1957年，第29頁；據《說郛》，下有「門」字。
[1164]　參閱《唐戲弄》，上海古籍出版社，1984年，上冊第309－310頁。
[1165]　《通志》卷四九〈樂略一〉，中華書局，1987年，第633頁。
[1166]　參閱許地山〈梵劇體例及其在漢劇上的點點滴滴〉，《小說月報》第十七卷號外《中國文學研究》。

第十章　對古典小說、戲曲的影響

《布袋和尚忍字記》，描寫傳說中彌勒化身布袋和尚行跡；劉君錫《龐居士誤放來生債》寫唐代居士龐蘊皈依佛法故事；鄭廷玉《看錢奴買冤家債主》演述輪迴報應之理；明葉憲祖《北邙說法》表現北邙寺僧空禪師向做了天神的甄好善和做了惡鬼的駱為非講說佛法；明雜劇《魚兒佛》搬演觀音度脫凡人故事。傳奇則有屠隆《曇花記》、蘇元俊《夢境記》、羅懋登《香山記》、吳德修《偷桃記》、金懷玉《妙相記》、智達《歸元鏡》、張宣彝《海潮音》、蔣士銓《廬山會》等。不過這些作品如屠隆說是「以傳奇語闡佛理」[1167]，帶有濃厚的說教意味，缺乏生活情趣，藝術上往往也乏善可陳。

更多的作品則是在一般劇情裡有意或無意地流露出佛教觀念或信仰。這既彰顯出佛教影響的深遠，又展現了佛教觀念的「世俗化」和「藝術化」傾向。例如多數表揚忠、孝、節、義的作品，在揭露和抨擊權奸誤國、忘恩負義、圖財害命、欺凌孤弱、男盜女娼之類罪惡行徑的同時，又或隱或顯地宣揚懲惡揚善、因果報應等觀念。歷史題材作品裡經常出現的反面人物如曹操（如明雜劇徐渭《狂鼓史漁陽三弄》）、秦檜（如元雜劇《東窗事犯》、明傳奇無名氏《東窗記》、姚茂良《精忠記》、李梅實《精忠旗》等）、嚴嵩（傳奇無名氏《鳴鳳記》，或以為王士貞撰）、魏忠賢等，往往敘寫他們在現世猖狂得志，但終於得到「陰報」。表現一般世情的作品如元雜劇武漢臣《包待制智賺生金閣》、無名氏《硃砂擔滴水浮漚記》、《玎玎璫璫盆兒鬼》、《神奴兒大鬧開封府》等，明傳奇如鄭若庸《玉玦記》、沈璟《桃符記》、《墜釵記》、周朝俊《紅梅記》、屠隆《曇花記》等，清傳奇如李玉《人獸關》、嵇永仁《雙報應》、查慎行《陰陽判》、張彝宣《天下樂》等，也都宣揚報應不爽的「天理」。其中多數是所謂「鬼戲」，多有惡人在陰間受到閻羅或包公審判、懲罰的情節。尤侗為岳端的傳奇《揚州夢》作序說：

蓋聚人世酒色財氣之業，造成生死輪迴，亦舉吾身喜怒哀樂之緣，變

[1167]　屠隆〈曇花記序〉，《曇花記》卷首。

第三節　戲曲裡的佛教觀念

出悲歡離合。[1168]

許多戲都和這一部作品一樣，生死輪迴、因緣果報之理成為情節構成的依據。清代戲劇家余治作《庶幾堂樂府》，收錄二十八個劇本，在〈自序〉裡則說：

> 余不揣淺陋，擬善惡果報新戲數十種，一以王法天理為主，而通之以俗情……於以佐聖天子維新之化，賢有司教育之功，當亦不無小補也。

許多劇作家都在寫作中有意貫徹道德教化目的，而利用佛教觀念正適於達到這一個目的。

元代大戲曲家關漢卿（西元 1225？－1300？年）一生創作雜劇多達六十七種，今存十八種。他的作品廣泛而深刻地反映現實生活，思想內容十分豐富，諷刺世相也相當尖銳，在中國戲劇史上是空前的成就。它們也常用超現實的情節，如冤魂告狀（《竇娥冤》裡屈死的竇娥遊魂找到身為廉訪使的父親竇天章訴冤）、鬼魂託夢（《西蜀夢》裡被害的關公和張飛的鬼魂往西川向劉備託夢）等等。而在揭露和批判卑劣與罪惡、張揚和同情善良與道義時，往往運用因果報應來解決問題。在優秀的世情戲《竇娥冤》、《望江亭》和公案戲《魯齋郎》、《蝴蝶夢》等作品裡都是如此。

馬致遠（？－西元 1321 年）深受佛、道影響。他寫過《呂洞賓三醉岳陽樓》那樣的神仙道化劇，而《半夜雷轟薦福碑》則表現了濃厚的佛教宿命觀念。這一齣戲是承襲南戲《雷轟薦福碑》，取材自釋惠洪《冷齋夜話》裡范仲淹鎮鄱陽時幫助書生張鎬拓薦福寺碑文、碑文被雷擊轟碎故事而加以增飾的。

元末高則誠（西元 1305？－1359 年）的《琵琶記》是根據南戲《趙貞女》改編，描寫蔡伯喈貪戀富貴、遺棄妻子趙五娘故事。同時期流行的還

[1168]　尤侗〈揚州夢序〉，《揚州夢》卷首。

第十章　對古典小說、戲曲的影響

有「四大傳奇」《拜月亭》、《白兔記》、《荊釵記》、《殺狗記》，俗稱「荊、劉、殺、拜」，都是繼承南戲傳統、根據長期流行於民間的故事傳說編寫的。它們表揚貞孝節烈，抨擊嫌貧愛富，又都展現了強烈的善惡果報意識，情節模式則是一成不變地為善者夫妻團圓富貴、為惡者終於受到懲罰的結局。

明湯顯祖（西元 1550 － 1616 年）深受「王學左派」心性學說的影響，又受到佛教薰染。他在給友人信裡說自己「幼得於明德師，壯得於可上人」[1169]。「明德師」指泰州學派的羅汝芳，「可上人」則是「明末四高僧」之一紫柏真可。他曾在南京高座寺從真可受記。在〈寄石楚陽蘇州〉信中他又說：「有李百泉先生者，見其《焚書》，畸人也。肯為求其書，寄我駘蕩否？」[1170] 李百泉即著名的異端思想家、「狂禪」思潮的代表人物李贄。湯顯祖顯然與其聲氣相投。他的代表作品《臨川四夢》所表現的強烈的重情、貴生等意識在當時是先進的、具有重大正向意義的，但佛教的虛無出世、忍辱求安等觀念在其中也相當清晰地流露出來。如果說在《牡丹亭》裡明、幽二界的構想出自佛教，影響還主要展現在構思上；那麼在《邯鄲夢》、《南柯記》兩齣戲中，則流露出更濃重的「淨世紛紛蟻子群」的悲觀、虛無意識和「人生如夢」觀念。這兩齣戲分別取材唐傳奇〈枕中記〉和〈南柯太守傳〉。湯顯祖在戲中對富貴利祿進行強烈批判，但卻看不到人生的積極出路，從而把它表現為「空花夢境」。

湯顯祖開創明傳奇所謂「臨川派」，沈璟（西元 1553 － 1610 年）則開創了所謂「吳江派」。沈璟重視音律，對於戲曲藝術的發展貢獻甚大。他的作品很多，但成就遠不及湯顯祖，重要局限之一是封建道德說教和宗教迷信色彩過於濃重。《雙魚記》取材自馬致遠的《薦福碑》，《紅渠記》取材自

[1169]　〈答鄒賓川〉，《湯顯祖集》卷四七，下冊第 1,352 頁。
[1170]　〈寄石楚陽蘇州〉，《湯顯祖集》卷四四，下冊第 1,246 頁。

唐傳奇〈鄭德麟傳〉，都流露出濃重的生死有命的宿命論傾向；《桃符記》中，輪迴報應的「規律」決定了主角劉天儀、裴青鶯的命運；《墜釵記》本是模仿《牡丹亭》，但主要宣揚「好惡因緣都在天」，遠不及湯著思想正向。

清傳奇的重要作者無出「南洪北孔（尚任）」。洪昇（西元 1645－1704 年）的名著《長生殿》，利用白居易〈長恨歌〉、陳鴻〈長恨傳〉的唐明皇和楊貴妃愛情悲劇題材，其主題在「垂誡」，本來具有強烈的現實意義。但作者在〈自序〉裡說：「清夜聞鐘，夫亦可以遽然夢覺矣。」[1171] 在情節安排上，最後讓李、楊「一悔能教萬孽清」，終於「居忉利天宮，永為夫婦」[1172]，則流露深厚的宗教懺悔觀念。

明、清時期又是各地民間戲曲蓬勃發展的時期，眾多的地方劇種在這一段時期形成。民間戲曲更多地反映民眾的思想、觀念、感情、情緒等等，他們的宗教信仰、宗教觀念也在其中更鮮明、強烈地表現出來。魯迅的小說〈社戲〉描繪了江南農村演出「年規戲」的情形；他的回憶文章〈無常〉則描寫並讚揚了「目連戲」[1173]。這乃是神佛戲在晚清流行的典型一例。魯迅肯定其價值，反映了一些劇目在民間流傳，思想、藝術上得以昇華的情形。

第四節　佛教對小說、戲曲藝術的影響

如上所述，小說和戲劇作為更充分地發揮藝術想像和虛構的文學形式，更容易參照佛教的思考方式和表達手法。主要展現在如下方面：

[1171]　《長生殿》。
[1172]　《長生殿》。
[1173]　〈社戲〉，《魯迅全集》第 1 卷第 559－579 頁，人民文學出版社，1981 年；〈無常〉，《魯迅全集》第 2 卷第 267－277 頁。

第十章　對古典小說、戲曲的影響

「人物」塑造：

在佛教世界觀裡，「有情」的範圍被大幅擴展：有佛、菩薩；「三界」、「六道」除了人，還有天、阿修羅、畜生、惡鬼、地獄；「天神」又包括「天龍八部眾」。它們和道教的神仙、真人等一起，成為小說、戲劇作品中一類獨具特色的「人物」。

有些作品直接以佛、菩薩為主角。前面已介紹了六朝觀音傳說。後來更出現了許多觀音小說和觀音戲。尤其是北宋流行起來的香山大悲觀音信仰，形成結合中土傳統的新型觀音傳說。蔣之奇據以創作〈香山傳〉，敘述「過去國莊王，不知為何國王，有三女，最幼者名妙善，施手眼救父疾」[1174]而成道的大悲觀音故事。元代有趙孟頫夫人管道昇書刊《觀世音菩薩傳略》行世。明代萬曆（西元 1573－1620 年）年間出現三十齣傳奇《觀世音修道香山記》，或認為是羅懋登所作，情節更為曲折、複雜。清初張宣彝作二十八齣傳奇《海潮音》，情節與《香山記》略同。後來各地方劇種多演出以觀音為主角的折子戲，基本上是根據這兩部傳奇改編的。同樣題材的小說則有《南海觀音全傳》等。明初戲文裡又有《觀音魚籃記》三十二齣，表現的是另外的觀音本緣故事。大致情節是秀才張瓊與金寵二家指腹為婚，後張家生下張真，被招至金府讀書；偽裝成金家小姐金牡丹的瑤池金線鯉魚將他誘惑攝去；金家找回張真，但真、假張真難辨；請來包公斷問不清，城隍也無能為力；後來玉皇派出神兵把魚精收到魚籃之中，封為魚籃觀音。這是純粹中土的觀音傳說。公案小說《龍圖公案》裡的〈金鯉〉篇是據同一故事鋪衍的。《西湖二集》卷十四〈邢君瑞五載幽期〉更以這個故事作引子。根據這一齣戲改編的劇本現在仍在演出，京劇著名的折子戲《追魚》即是它的一折。

又如唐三藏取經故事成為眾多小說、戲劇作品的題材。宋人已創作

[1174]　朱弁《曲洧舊聞》卷六，《知不足齋叢書》第 27 集。

第四節　佛教對小說、戲曲藝術的影響

出《大唐三藏取經詩話》。金院本「和尚家門」類有《唐三藏》[1175]。元吳昌齡根據取經故事創作出《西天取經》雜劇[1176]。在元代（至遲在明初）還出現過一部《西遊記平話》，據殘存資料考證，情節與吳承恩《西遊記》略同[1177]。今存《永樂大典》第一萬三千一百三十九送字韻夢字類有〈西遊記魏徵夢斬涇河龍〉一段，據考或許就是這一部《西遊記》的一部分。小說名著《西遊記》具有豐富的思想內容，並不是宣揚佛教信仰的作品，但在情節構成和「人物」塑造方面卻大量承襲了前述資料。這些作品中都描寫了觀音形象，她慈悲善良、懲惡佑善、法力無邊，已成為寄託民眾願望、家喻戶曉的藝術典型。

龍是佛教「天龍八部」的一部分。這是和中土傳說作為「鱗蟲之長」[1178]的龍全然不同的一類天神。中國古代傳說本來有馮夷、河伯、湘君、湘夫人等，外來的龍王與這些水神相捏合，被塑造成面貌獨特的「人物」。在佛經裡，龍王有他的家族，包括龍女；有他的住處龍宮，其水下宮殿藏有珍寶。這些都是創造故事的絕好素材。在《大唐西域記》裡，已有烏仗那國藍勃盧山龍池龍女變化為人，與一「釋種」相愛結為婚姻的故事[1179]。這是西域的藝術創造。在唐代文人筆下，龍及其家族已成為極富想像力的好素材。柳宗元〈謫龍說〉、沈亞之〈湘中怨〉、薛瑩《龍女傳》都以龍或龍女為主角；更著名的有李朝威〈柳毅傳〉，描寫落魄文人柳毅解救龍女、終成眷屬的故事；另有佚名〈靈應傳〉，寫龍神九娘子拒絕朝那龍子逼婚，求救於節度周寶事。柳毅與龍女傳說被後人當作戲劇題材，「元尚仲賢更演為柳毅傳書劇本，翻案而為張羽煮海。李好古亦有張羽煮海。明黃說仲又有

[1175]　陶宗儀《南村輟耕錄》卷二五〈院本名目〉，中華書局，1997年，第313頁。
[1176]　鍾嗣成《錄鬼簿》卷上，〈錄鬼簿外四種〉，上海古籍出版社，1978年，第22頁。
[1177]　參閱陳高華〈從《老乞大》、《朴通事》看元與高麗的經濟文化交流〉，《歷史研究》1995年第3期。
[1178]　段玉裁《說文解字注》十一篇中。
[1179]　季羨林等《大唐西域記校注》卷三，中華書局，1985年，第290－291頁。

第十章　對古典小說、戲曲的影響

龍簫記，勾吳梅花墅又有橘浦記，皆推原此文而益為傅會者也」[1180]。在中土傳說裡，龍宮財寶、龍能行雨等等更成為公式化的情節；龍王和龍女的宗教色彩在許多作品裡已大為淡化了。

錢彩撰《說岳全傳》以岳飛抗金事蹟為題材，開頭和結尾部分講大鵬金翅鳥與虯龍相鬥，為全篇的緣起，由此敷演出宋、金和岳飛、秦檜對立的情節。書的結尾寫岳飛死後，玉皇大帝因為他是西天護法，派遣金星送歸蓮座，岳飛又變成金翅鳥，飛上佛頂。書中的因果報應和投胎輪迴等觀念都是來自佛教。大鵬鳥中土傳說已有，但金翅鳥只見於《增一阿含經》、《長阿含經》、《觀佛三昧經》等佛典和中土輯錄的《經律異相》卷四十八〈禽畜生部〉等。

本土佛教人物與故事也成為一些小說和戲曲的題材。敦煌寫卷中的〈廬山遠公話〉已開話本小說描寫僧人的先河。後來有更多的僧人被寫進小說、戲曲裡。明代有題「逸士朱開泰選修」的《達摩出身傳燈傳》，寫禪宗祖師達摩故事。前已提到的元雜劇《來生債》演述唐龐蘊居士事；明杭州報國寺僧智達《歸元鏡》則描寫廬山慧遠、永明延壽、蓮池䄎益三人在俗以至出家、傳燈、成道行實，勸人念佛、戒殺、吃齋。中土小說、戲曲中最為流行的僧人則是濟公。道濟（西元 1150－1209 年）本是宋僧，號湖隱，年十八投杭州靈隱寺出家，形跡多異，人莫能測，以瘋癲著名，平日破禪裸裎，酒肉醉飽，醉則賦詩，言超意表。他的行事本來具有傳說色彩，後來被傳說化，有關故事廣泛流傳民間。明隆慶三年（西元 1571 年）仁和孟柈述《錢塘湖隱濟顛禪師語錄》一卷。至清初，濟公傳說大為流行，各種《濟公傳》被創造出來。康熙（西元 1662－1722 年）年間有《西湖佳話古今遺跡》十六卷，署「古吳墨浪子搜輯」，第九卷〈南屏醉跡〉即是描寫道濟。張宣彝根據《西湖佳話》的故事加以緣飾，作傳奇《醉菩

[1180]　汪辟疆《唐人小說・柳毅傳》按語，上海古籍出版社，1978 年新一版，第 82 頁。

第四節　佛教對小說、戲曲藝術的影響

提》。又有《濟公全傳》，則是三十六回的長篇章回小說，前有編者杭州人王楚吉康熙戊申（西元 1668 年）年自序。這一部小說大為豐富了濟公的形象。此後出現了不同的《濟公傳》。這些小說裡的濟公，滑稽倜儻、玩世不恭，以醉酒而顯靈救世，人稱「濟顛」。他利用神通變化宣揚佛法、化緣布施，更解人危難，治病救人，特別是蔑視權貴、救濟窮苦，在一定程度上展現了苦難無告的民眾的宗教理想和願望。

小說、戲曲裡寫到佛教人物，描寫角度和呈現的觀念多種多樣。正面人物如《水滸傳》裡的魯智深、《三寶太監西洋記通俗演義》裡的鄭和，反面的如「三言」、「二拍」等作品裡寫的妖僧、庸僧。而且以佛教「人物」為題材的作品，也不一定是在宣揚佛教。如臺靜農所說：「中土文人借用外來的素材，自由雕塑，以藝術為依歸，毫無約束，可說是善於運用了。以此證明，民族與民族文化的交流與吸收，未必是直線的而是曲線的。」[1181]

又基於輪迴報應之說，「有鬼論」在中土頗為盛行，小說和戲曲更有大量表現鬼魂的內容。這在後文將加以討論。

「故事」的利用：

魯迅說：「魏晉以來，漸譯釋典，天竺故事亦流傳世間，文人喜其穎異，於有意或無意中用之，遂蛻化為國有。」[1182] 早期主要是簡單地把外國故事搬到作品裡，發展到後來則能夠把外來故事加以消化、變通，重新加以創造，演化為新的情節，甚至已不見外來的痕跡。

典型例子是陳寅恪考證的《西遊記》玄奘弟子故事。鳩摩羅什譯《大莊嚴論經》卷三第十五個故事裡難陀王說偈言：

> 昔者頂生王，將從諸軍眾，並象、馬、七寶，悉到於天上。羅摩造

[1181]　臺靜農〈佛教故事與中國小說〉，香港大學《東方文化》第 13 卷第 1 期（1975 年 1 月）。
[1182]　《中國小說史略》第五篇〈六朝之鬼神志怪書（上）〉，《魯迅全集》第 9 卷第 48－50 頁。

第十章 對古典小說、戲曲的影響

草橋，得至楞伽城，吾今欲昇天，無有諸梯凳。次詣楞伽城，又復無津梁。[1183]

陳寅恪說：

此所言乃二故事，一為頂生王昇天因緣，見於康僧會譯六度集經四第四十故事、涅槃經聖行品、中阿含經一一王相應品四洲經、元魏吉迦夜曇曜譯之付法藏因緣傳一、鳩摩羅什譯仁王般若波羅蜜經下卷、不空譯仁王護國般若波羅蜜經護國品、法炬譯頂生王故事經、曇無讖譯文陀竭王經、施護譯頂生王因緣經及賢愚經一三等。梵文 Divyāvadāna 第一七篇亦載之，蓋印度最流行故事也……此鬧天宮之故事也。由印度最著名之紀事詩羅摩延傳第六編，工巧猿名 Nala 者，造橋渡海，直抵楞伽。此猿猴故事也。蓋此二故事本不相關涉，殆因講說大莊嚴經論時，此二故事適相連線，講說者有意或無意之間，併合鬧天宮故事與猿猴故事為一，遂成猿猴鬧天宮故事。[1184]

陳寅恪還找出豬八戒高老莊招親、流沙河沙和尚故事的來源。《西遊記》本以佛教故事面目出現，直接或間接借用佛典情節不少。如人們熟悉的孫悟空車遲國鬥法事，乃是《賢愚經》中〈須達長者起精舍品〉舍利弗與六師外道鬥法的翻版。這種鬥法情節更被其他一些章回小說經常使用，如《封神演義》裡闡、截鬥法，《年羹堯征西》裡回、耶鬥法，甚至《野叟曝言》裡也有僧、道與儒鬥法，等等。《中阿含經》卷一三一〈大品降魔經〉講到大目犍連尊者入定，忽然發覺魔王已化作細形在自己腹中，乃叱曰：「汝波旬出，汝波旬出……」[1185] 魔遂化細形出尊者之口，由之變化出《西遊記》裡孫悟空三調芭蕉扇中化作小蟲進入羅剎女肚子裡的情節。《封神

[1183] 《正》第 4 卷第 273 頁上。
[1184] 陳寅恪〈西遊記玄奘故事之演變〉，《金明館叢稿二編》，上海古籍出版社，1980 年，第 193 — 194 頁。
[1185] 《正》第 1 卷第 620 頁。

第四節　佛教對小說、戲曲藝術的影響

演義》也有二郎神收服梅山七怪時化作桃子進入猿怪腹中情節。《西遊記》中平頂山銳角大王把孫悟空押在山下，又把他裝到葫蘆裡，孫悟空施展本領，奪過葫蘆，反把對方裝了進去，則與《舊雜譬喻經》「梵志作術」把人裝進葫蘆的想像相同。《盧志長者經》裡講帝釋天化作盧志長者施行教化，有真假盧志長者之爭。《西遊記》裡真假美猴王、真假牛魔王之爭，顯然受其啟發。在《水滸傳》裡也有真假李逵，包公戲裡更有真假包公等等構想。這一類神通變化的情節在神魔、劍俠題材的小說、戲曲裡被廣泛使用。

魯迅曾指出唐傳奇〈枕中記〉的構思與干寶《搜神記》焦湖廟祝故事大致相同。而這種入夢感悟的情節亦見於佛典。《雜寶藏經》卷二〈娑羅那比丘為惡生王苦惱緣〉，寫到優填王子娑羅那為惡生王諸綵女說法而被毒打、尊者迦旃延便為現夢使其覺悟的情節。《大莊嚴論經》卷十二中也有類似故事。唐沈既濟的〈枕中記〉、李公佐的〈南柯太守傳〉正採取了同樣的構思。其他小說、戲曲也多有運用類似構想的作品。

劉宋求那跋陀羅譯有《佛說大意經》，《賢愚經》卷八〈大施抒海品〉、《佛本行集經》卷三十一中有同樣的故事，描寫主角得到海中寶珠，海中諸神王前來奪取，寶珠落到水裡，主角以器具舀海水，精誠感動天神。故事立意與《列子》「愚公移山」傳說相類似。據考，今本《列子》成書在晉代，其中多納入竺法護所譯《生經》內容[1186]。「抒海」情節是否啟發編成「愚公移山」故事待考，但〈柳毅傳〉描寫進入海上龍宮的情節顯然因襲了佛典。而元雜劇李好古《沙門島張生煮海》，描寫潮州張羽與東海龍王第三女瓊蓮定情，為降服龍王，得到道姑秦時毛女的銀鍋、金錢、鐵勺，舀海水煎之，終於迫使龍王嫁女，則是「抒海」情節的變型。

[1186]　參閱季羨林〈《列子》與佛典——對於《列子》成書時代和著者的一個推測〉，《季羨林學術論著自選集》，北京師範學院出版社，1991年，第 17－30 頁。

第十章　對古典小說、戲曲的影響

《賢愚經》卷十一第五十三〈檀膩羈品〉有一則國王斷案故事：

> ……見兩人共爭一兒，詣王相言。時王明點，以智權計，語二母言：「今唯一兒，二母召之，聽汝二人各挽一手，誰能得者，即是其兒。」其非母者，於兒無慈，盡力頓牽，不恐傷損；其生母者，於兒慈深，隨從愛護，不忍挽。王鑑真偽，語出力者：「實非汝子，強挽他兒，今於王前道汝事實。」即向王首：「我審慮妄，枉名他兒。大王聰聖，幸恕虛過。」兒還其母，各爾放去。[1187]

李行道所作元雜劇《包待制智賺灰闌記》描寫包拯審問二母爭子案，情節完全相同，承襲痕跡是很顯然的。類似故事又見於《舊約・列王紀》（*Books of Kings, Old Testament*）第三章和史德文（Albert Shelton）所編《西藏故事集》（*Tibetan Folk Tales*, New York, 1925）[1188]。這個故事的流傳狀況是研究民俗學和比較文學的好素材。

以上舉例的是佛典裡的情節直接被中土小說、戲劇襲用的典型作品。實際上受到啟發、變換方式利用佛典故事的例子舉不勝舉，如陳寅恪論述〈維摩詰經講經文〉，認為可由之「推見演義小說文體原始之形式，及其嬗變之流別，故為中國文學史絕佳資料」[1189]。他認為中國「家傳」體章回小說的形成，正與某些佛教故事的演變蹤跡相合，創作中受到佛典的無形啟發。

又沈曾植曾論及唐代密教與小說的關係：

> 《妙吉祥最勝根本大教王經》有成就劍法，云持明者，用華鐵作劍，長三十二指，巧妙利刃。持明者持此劍往山頂上，如前依法作大供養，及

[1187]　《正》第 4 卷第 429 頁中。
[1188]　參閱趙景深〈所羅門與包拯——解答振鐸兄的一個問題〉，《中國小說叢考》，齊魯書社，1980 年，第 505—511 頁。
[1189]　陳寅恪〈敦煌本維摩詰經文殊師利問疾品演義跋〉，《金明館叢稿二編》，上海古籍出版社，1980 年，第 180、185 頁。

第四節　佛教對小說、戲曲藝術的影響

隨力作護摩。以手持劍，持誦大明，至劍出光明。行人得持明天，劍有煙焰，得隱身法。劍若暖熱，得降龍法，壽命一百歲。若法得成，能殺魔冤，能破軍陣，能殺千人。於法生疑，定不成就。又有聖劍成就法。又云：若欲成就劍法，及入阿蘇羅窟，當作眾寶像，身高八指云云。案：唐小說所紀劍俠諸事，大抵在肅、代、德、憲之世，其時密教方昌，頗疑是其支別。如此經劍法，及他諸神通，以攝彼小說奇蹟，故無不盡也。[1190]

唐後期劍俠類傳奇如〈虯髯客傳〉就可以作為沈增植這一項論點的例證。而後來興盛的劍俠小說裡所描繪的神通技藝，更對密教的神通變化有所參照和發揮。

創作構思：

佛教建立了彌綸六道、三世的宇宙觀，表現出極其大膽豐富的想像力和十分詭異離奇的思考方式。范曄說到佛典表現方法：

……然好大不經，奇譎無已，雖鄒衍談天之辯，莊周蝸角之論，尚未足以概其萬一。又精靈起滅，因報相尋，若曉而昧者，故通人多惑焉。[1191]

佛教玄想的、荒誕的思考方式，大幅擴展了小說、戲曲藝術構思的境界，提供了許多新的表現手法。例如六道、三世（過、現、未）、神通（神足、天眼、降妖等）、變形、分身、幻化（化人、化物、化現某種境界）、魔法、異變（地動、地裂、大火等）、離魂、夢遊、入冥（地獄）、昇天、遊歷它界（龍宮、大海等）等等。在佛典裡這些本都是展現佛教教理的內容，是宣揚佛教教義、啟發信仰的事相，以其想像的超凡和表現的奇異被小說、戲劇創作所汲取、運用。

[1190]　《海日樓札叢》卷五〈成就劍法〉。
[1191]　《後漢書》卷八八〈西域傳論〉，第 2,932 頁。

第十章　對古典小說、戲曲的影響

　　六朝志怪小說中充斥著神通變化的內容。而後來的小說、戲曲作為有意識的藝術創作，表現神通變化和神祕能力的觀念和方式都大幅發展。志怪的內容還是被當作「實事」來記錄，小說和戲曲則更自覺地使用虛構。神魔小說如《西遊記》、《封神演義》當然是如此，就是歷史小說如《三國演義》，也有許多純想像的、超現實的情節。如諸葛亮本是歷史人物，但描寫他借東風，無論是呼風喚雨的能力，還是壇場作法的儀式，都讓人聯想起密教曼荼羅儀軌。《水滸傳》是所謂「俠義小說」，題材有歷史根據，但全書卻以「張天師祈禳瘟疫，洪太尉誤走妖魔」為引子，以神通變化作為一百單八將出身的因由。同樣，《紅樓夢》是所謂「世情小說」，但開頭和結尾都以僧、道變化來構成情節。

　　佛教的三世觀念引發出天堂、地獄的設想。文學作品表現天堂景象的不多，更多的是描寫地獄（這與繪畫如敦煌壁畫中大量淨土變的情況形成對比）。這和有意宣揚報應以警世的創作意旨有關係。前面已介紹了六朝「輔教之書」裡的地獄巡遊故事。後來的小說、戲曲也多有利用地獄情節的內容。相當流行的目連救母題材就是個典型例子。前面業已介紹了敦煌變文裡的〈目連變文〉和宋代的《目連救母》。元末陶宗儀所著《輟耕錄》的〈院本名目〉記載金院本題目，其中有《打青提》，就是表現目連母親青提在地獄被捉打情景。明沈德符《野獲編》評論元雜劇說到「《華光顯聖》、《目連入冥》、《大聖收魔》之屬，則太妖誕」；同篇所引虞德園《曇花記‧序》裡又說到「此乃大雅《目連傳》，免涉閨閣葛藤話」[1192]《錄鬼簿續編》所錄「失載名氏」的元雜劇劇目裡有《目連救母》，劇名後所附題目是：「發慈悲觀音度生，行孝道目連救母」。現存最古老的目連戲劇本是明萬曆年間鄭之珍（西元1518？－1595年）的《新編目連救母勸善戲文》，全本分上、中、下三卷，題目列出一百齣，有四齣〈善人昇天〉、〈擒

[1192]　《萬曆野獲編》卷二五〈詞曲〉，中華書局，1997年，第648－649頁。

第四節　佛教對小說、戲曲藝術的影響

沙和尚〉、〈觀音生日〉、〈僧背老翁〉沒有列入目錄,所以共計是一百零四齣,許多情節是拼湊的,與救母故事沒有必然關聯。如〈尼姑下山〉(京劇折子戲《思凡》就是據此改編)、〈和尚下山〉裡的破戒尼姑、和尚都與目連故事關係不大,但這些情節往往富於生活氣息。如魯迅在〈社戲〉裡提到的《女吊》,還有《王婆罵雞》等,就分別是根據〈七殿見佛〉、〈三殿尋母〉兩齣改編的。鄭之珍編寫的這一部戲,如題目中所說是「勸善」,宣揚儒、釋、道三教合一,貫穿著中土倫理。這種戲和明、清以來流行的民間善書發揮著同樣的教化作用,因而得到統治者重視。到清代,張照(西元 1691－1745 年)又改編為《勸善金科》,是供宮廷演出的以目連救母故事為主幹、拼湊眾多宣揚忠孝情節的十本、二百四十齣大戲。這一部戲鬼魅雜出,於歲末搬演,有代人儺魃的用意,成為清廷歲末習俗[1193]。各種地方戲如祁劇、辰河戲、湘劇、紹劇、弋陽腔、婺劇以及皮黃戲等等,都有目連戲的傳統劇目[1194]。此外,寶卷有《目連三世寶卷》,鼓詞有《目連僧救母》等,各地民間傳說也有眾多講目連故事的內容。

　　由佛教「神不滅」論發展出有鬼論,鬼魂被看作是活人生命的延續,它們有著和生人同樣的生活。這也成為民間信仰的內容。相信存在人、鬼兩個世界,人、鬼可以交流,遂幻化出許多冥界故事。六朝志怪已有許多描寫鬼魂的內容。唐、宋以後的小說、戲曲裡,冥界、鬼魂更被當作情節構成的重要手法。唐傳奇〈霍小玉傳〉女主角霍小玉死後鬼魂作祟,終於向負心的李益報仇。宋代話本〈碾玉觀音〉中咸安郡王府的養娘秀秀與碾玉匠崔寧私逃結為夫妻,捉回來被打死,但她的鬼魂又跟著崔寧到建康府居住。《醒世通言》裡〈鬧樊樓多情周勝仙〉的女主角周勝仙與范二郎相

[1193]　參閱昭槤《嘯亭雜錄·大戲·節戲》。
[1194]　參閱陳芳英《目連救母故事之演進及其有關文學之研究》第四章〈有關目連救母故事的戲劇文學〉,第 122－164 頁,臺灣大學出版委員會;凌翼雲《目連戲與佛教》第七章〈各地的目連戲〉,廣東高等教育出版社,1998 年,第 184－221 頁。

第十章　對古典小說、戲曲的影響

戀，在假死後被盜墓人掘出，又去尋范二郎，誤被范二郎用湯桶打死，她的陰魂仍然到獄中與范二郎相會，並把戀人解救。《古今小說》裡〈楊思溫燕山思故人〉描寫金人南侵後楊思溫在燕山觀燈，見到嫂嫂鄭意娘，意娘敘說靖康南渡時與丈夫被擄經歷，實際她是個鬼魂。這些都是名篇，主題都相當鮮明，都以鬼魂來構成情節。在《三國演義》、《金瓶梅》等長篇小說裡，鬼魂經常出現，在組織情節上發揮著重要作用。而在《聊齋志異》、《閱微草堂筆記》等文言短篇小說裡，更多有「說鬼」的篇章。《聊齋》裡的〈畫皮〉寫化為美女的惡鬼，其構想可以上溯到《西遊記》裡的白骨精，而到佛典中追溯根源，則《修行道地經》中講到修行有四果，其二是修行者應思好色妙女如羅剎，不見其可愛，唯見其可畏如骷髏。也正是在這一類構想的啟發下，演化出一些小說、戲曲中惡鬼化為美女情節。「說鬼」更成為明、清小說的重要內容。有些作品以冥界來影射世事，不僅在藝術上獲得奇異動人的效果，作為隱喻手法也為作者留下了表現空間。蒲松齡在《聊齋》中說：

　　嗚呼！幸有陰曹兼攝陽政。不然，顛越禍多，則卓異聲起矣。流毒安窮哉！[1195]

　　蒲松齡自稱「才非干寶，雅愛搜神；情類黃州，喜人談鬼」[1196]。他的鬼狐故事別有深意，具有強烈的現實意義。

　　神魂不滅觀念更引發出離魂、負魂等構想，同樣創造出不少離奇動人的故事。志怪小說《搜神記》、《搜神後記》、《幽明錄》裡已有離魂的設想。唐陳玄祐〈離魂記〉等傳奇小說以離魂為主要情節。鍾瑞先評論〈離魂記〉說：「詞無奇麗而事則微茫有神至，翕然合為一體處，萬斛相思，味之無

[1195]　《全本新注聊齋志異》卷六〈潞令〉，第712頁。
[1196]　〈聊齋自志〉，《全本新注聊齋志異》卷首。

盡。」[1197] 這一類題材被後人屢屢襲用：元代諸宮調有《離魂倩女》，見《董西廂》卷一〈般涉調・柘枝令〉；沈璟《南九宮十三調曲譜》卷四〈黃鐘賺〉集錄戲文名目，有《王家府倩女離魂》；元雜劇裡有鄭光祖和趙公輔二人同名的《迷青瑣倩女離魂》；明王驥德和謝廷諒又都作過傳奇《倩女離魂》。可見這一類題材的巨大生命力，亦可知「離魂」這一種構思方式的巨大吸引力。《古今小說》卷二〈陳御使巧勘金釵鈿〉描寫一起冤獄，作品情節主要是由於辦案的陳御史明察，才釐清了案情中的疑竇，但作者卻設計女主角「負魂」情節，把它作為解決衝突的關鍵。

　　基於人死神存和六道輪迴觀念，又構想出冥遊、再生、轉生、幽婚之類情節。唐話本〈唐太宗入冥記〉已經把幽、明兩個世界相溝通。宋話本〈拗相公〉是諷刺王安石的故事，寫王安石祭其亡子王雱，夢入地獄，這是現世的人夢遊它界。而《古今小說》卷二十二〈遊酆都胡母迪吟詩〉，寫元朝人胡母迪讀秦檜《東窗錄》和文天祥《文文山丞相遺稿》，感到二者遭遇不公，因而斥罵天道，冥府使者引領他遊酆都，看到秦檜等所受苦罰，則是魂遊它界了。據《夷堅志》、《江湖雜記》等書記載宋代傳說：秦檜與其妻在東窗下畫灰密謀害死岳飛一家，一次遊西湖，忽得暴疾而亡，不久其子亦亡，方士發現他們在酆都備受諸苦。褚人獲說：「《七修類稿》又載元平陽孔文仲有《東窗事犯》樂府，杭金人傑有《東窗事犯》小說，廬陵張光弼有〈蓑衣仙〉詩……據此諸說，則當日實有是事，非只假說……」[1198] 可知秦檜受陰罰傳說流傳已久，遂成為眾多作品的題材。《熊龍峰四種小說》裡的〈孔淑芳雙魚扇墜傳〉，寫主角徐景春受到化為美女的亡靈誘惑，與之相交，最後把它送入酆都。《四遊記》裡《南遊記》的第十四至十七回，寫華光為救亡母而三下酆都，在冥界遊行，情節顯然脫胎自目連故事。《西遊補》裡寫唐僧師徒西行取經過火焰山之後，孫悟空化齋進入鯖

[1197]　《虞初志》評語。
[1198]　《堅瓠首集》卷四〈東窗事犯〉。

第十章　對古典小說、戲曲的影響

魚氣中被迷，在青青世界萬鏡樓中見古今未來之世，並當了半日閻羅天子，後來醒悟過來。《三寶太監下西洋記》本是以明代三寶太監鄭和率船隊下西洋為素材的歷史小說，其中也多有幻化情節，如寫鄭和在碧峰長老和張天師協助下擒妖伏怪，又寫到冥界遊行情事。《龍圖公案》、《海公案》等公案小說本是表揚清官的故事，往往也加入冤魂告狀、冥界察訪等陰陽相通情節。牛僧孺《玄怪錄》裡有饒州刺史齊推女和湖州參軍韋會夫婦的故事：韋赴調，送妻回娘家，被梁朝陳將軍陰魂所殺；她的鬼魂找到韋會，告知他求助於有祕術的田先生；韋會不畏屈辱，終於在田先生幫助下使妻子重生，但因為屍體已破壞，再生的只是生魂。這個故事後來流傳甚廣。這些都是愛情小說，主題與佛教無涉，但都以「神魂不死」作為構思依據。宋代以後的小說、戲曲裡，往往把鬼魂冥界、前世因緣等等作為現世果報的鋪陳。如《警世通言》卷十三〈三現身包龍圖斷冤〉，寫押司孫文被殺後到冥界作了東嶽速報司判官，在侍女迎兒面前三次現身，終於揭發了姦夫淫婦。又例如章回小說《英烈傳》，寫朱元璋發跡變態，說他本是玉皇的金童，託生為真命天子；《女仙外史》寫唐賽兒，說她是嫦娥轉世，而永樂帝則是下凡的天狼星。這又把神仙世界和人間交織在一起了。

從佛教的三世、六道、果報、輪迴、神魂不滅等觀念衍化出來的情節往往荒誕離奇，寫法上又常常具有簡單化、公式化的傾向，顯得藝術趣味幼稚，技巧拙劣。但在優秀作者筆下，宗教的離奇荒誕的構想及其幻想、玄想的思考方式卻能夠幻化為富於浪漫情趣和神奇色彩的藝術境界，取得生動不凡的藝術效果。又由於那些出於宗教幻想的故事和情節長期在民間流傳，為大眾喜聞樂見，往往又包含大眾創作的藝術成果，經由文人的再創造，就會創作出優異的作品。

佛教對小說、戲劇創作藝術的影響十分廣泛，重要的還有語言（語彙、語法、修辭等）、文體（尤其是韻、散結合的運用）等方面，前已涉

第四節 佛教對小說、戲曲藝術的影響

及,不加贅述了。

總而言之,儘管宋、元以來佛教已走向衰落,但其對於小說、戲劇的影響還是相當深刻、巨大的。如果就這種影響從思想和藝術兩個方面加以分析,應當說在前一方面,消極、落後的作用比較嚴重、顯著,但一些優秀作者往往能夠「化腐朽為神奇」,借用或發揮某些佛教觀念、材料熔鑄出具有現實意義的內容;而在後一方面,佛教提供了更豐富和寶貴的經驗和參考,對於小說、戲曲藝術的發展發揮了相當重要、正向的作用。當然,藝術創作本是思想內容和藝術形式的有機結合,在具體作品中二者又是密不可分的。

第十章　對古典小說、戲曲的影響

第十一章
明、清的佛教民間文學

第十一章　明、清的佛教民間文學

第一節　寶卷

寶卷，簡稱「卷」，或稱「寶懺」、「科儀」、「宣傳（ㄓㄨㄢˋ）」等，或直接稱為「經」，是進行宗教宣傳所謂「宣卷」的底本。據今人統計，現存寶卷 1,585 種，版本五千有餘（其中百分之八十為手抄本），可見其當年盛行程度[1199]。寶卷由宗教宣傳工具演化為一般文藝形式，情形和當初由講經文發展出變文、變文由表現純宗教內容擴展到一般內容的情形相似；其終於衰落的趨勢也和變文的命運相同。

從文學體裁的演進來看，按鄭振鐸的說法，寶卷「實即『變文』的嫡派子孫，也當即『談經』的別名」[1200]。他作為根據的是本書前面引用的宋吳自牧《夢粱錄》和周密《武林舊事》關於「談經」、「說參請」、「說經諢經」的記載。北宋末年的《道山清話》也記載，汴梁慈雲寺曇雲講師「每為人頌《梵網經》及講說因緣，都人甚信重之，病家往往延致」[1201]。依據這些資料推測，唐代變文自會昌毀佛受到打擊，只能在西陲像敦煌那樣的地區存留。俗講僧和變文演唱者流入社會，到宋代，就發展出「瓦子」裡的「說經」等；再進一步逐漸演化，遂形成為寶卷。無論從說唱結合的形式來看，還是從表演者和表演方式來看，俗講和寶卷十分類似，推測其間有繼承關係是合乎情理的。不過從唐、五代變文到寶卷的中間環節仍不十分清楚，有的學者認為佛教的「科儀」書是其過渡形態，可備一說。

今存《銷釋金剛科儀》，題北宋隆興府百福院宗鏡所作；又《香山寶卷》，又名《觀世音菩薩本行經簡集》，題宋天竺普明禪師編輯。但據考，這些作品不可能出現於宋代[1202]。鄭振鐸原藏《目連救母出離地獄昇天寶

[1199]　參閱車錫倫《中國寶卷總目》，燕山出版社，2000 年。
[1200]　鄭振鐸《中國俗文學史》，人民文學出版社，1954 年，下冊第 306 頁。
[1201]　佚名《道山清話》，《四庫全書》本。
[1202]　參閱（日）塚本善隆《近世シナ大眾の女神觀音信仰》，《山口博士還曆紀念印度學佛教學論

第一節　寶卷

卷》，曾被認為是元末明初寫本；而本世紀初在寧夏發現的《銷釋真空寶卷》，也曾被推定為元抄本[1203]。但經近年研究，這些也都不可能是元代以前的舊籍。寶卷的發展實得力於明代民間宗教的興盛。南宋時期在淨土教基礎上形成白蓮教，明代分化為眾多支派。這些民間教門多具濃厚的「三教合一」色彩，其信仰和神往往混雜了道教內容，又貫穿著儒家倫理觀念。其中一個流傳久遠、影響巨大的教派是明中葉興盛起來的羅教，制作出簡稱「五部六冊」五種寶卷。這是現存具有典型形式的早期寶卷。由於這已是相當成熟的寶卷，可以設想這種藝術形式應在更早的時期已經形成。只因為它們是不登大雅之堂、淺俗的民間作品，遂缺少流傳下來的機會。隨著民間宗教的興盛，這種群眾性的文藝形式作為宣教手段被更多的民間教派所採用，並進而在社會上廣泛傳播。至嘉靖、萬曆年間，寶卷的發展形勢臻於興盛。清康熙年間以後，伴隨著官府查禁「邪教」，寶卷也屢遭禁毀。但宣卷作為祕密布道方式仍廣泛流傳於民間。到清末民初，在江、浙與北京、河北、山西等地區，宣卷活動又進入一個鼎盛時期。近年來，這種主要依附於民間宗教發展的文藝形式迅速式微。根據1980年代的調查，只有在江、浙與河西走廊農村仍有零星的宣卷活動[1204]。寶卷作為一種宗教文藝形式已退出歷史舞臺。

羅教是羅夢鴻（西元1442－1527年）創立的民間宗教，又稱無為教、羅道教等，他也就被尊為「羅祖」。據說他於成化十八年（西元1482年）悟道，以後四出傳教，門徒漸眾。從創立教派到《五部經》刊刻，已經過了二十幾年。《五部經》是根據羅祖宣教口授，由教徒整理、寫定成冊。這

　　叢》，法藏館，1955年；（日）吉岡義豐〈銷釋金剛科儀の成立について〉，《小笠原、宮崎兩博士華甲紀念史學論集》，1966年；（日）澤田瑞穗《寶卷研究》（增訂本），國學研究會，1975年。

[1203]　參閱胡適〈銷釋真空寶卷跋〉，《北京國立圖書館館刊》第五卷第三號（1931年）。

[1204]　參閱車錫倫〈江蘇靖江的講經（調查報告）〉，《中國寶卷研究論集》，學海出版社，1997年；方步和《河西寶卷真本校注研究》，蘭州大學出版社，1992年；段平《河西寶卷的調查研究》，蘭州大學出版社，1992年。

第十一章　明、清的佛教民間文學

五部經是：《苦功悟道卷》、《嘆世無為卷》、《破邪顯正鑰匙卷》、《正信除疑無修證自在寶卷》、《巍巍不動泰山深根結果寶卷》；其中《破邪顯正鑰匙卷》分上、下兩冊，因稱「五部六冊」。《五部經》每經分品，這是模仿佛經的體制。其內容一方面宣說羅祖悟道經過，這是為了樹立教主形象；另一方面通俗地宣講教義即所謂「無為大道」。從性質來看，這是純粹的民間宗教的宣教文獻。從形式來看，它們作為服務大眾的宣傳品，語言通俗易懂，又利用韻、散結合的表達方式，韻文有時用五、七言詩形式，部分用三、三、四字句式，這是適宜敘事的節奏，容易口耳相傳。這幾部所謂「經」有教主羅祖個人求道和悟道經過的親切敘述，又有一定的故事情節，某些描述也頗為動人。如羅祖敘說自身遭遇：父母雙亡，孤苦伶仃，被遣送戍邊，遂發感慨說：

> 嘆人身，不長遠，心中煩惱；父母亡，一去了，撇下單身。
> 幼年間，無父母，成人長大；無依靠，受苦惱，多受悽惶。
> 痴心腸，想父母，長住在世；忽然間，父母亡，痛苦傷情。
> 我只想，父子們，團圓長在；父母亡，一去了，再不相逢。
> 父見子，子見父，歡樂恩重；一去了，撇得我，無處投奔。
> 虧天佛，保佑我，成人長大；食長齋，怕生死，要辦前程。[1205]

像這樣的說教，滲透著深刻的人生體驗，又使用親切叮嚀的語氣，很貼近普通民眾的生活情境和感情，具有一定的藝術感召力。這種富於文學性質的宣教體裁受到群眾歡迎，《五部經》先是在羅教內部廣泛流傳，到萬曆年間（西元1573－1620年）形成一個傳播高峰期。清代康熙（西元1662－1722年）、嘉慶（西元1796－1820年）年間清政府禁毀之後，仍有新刻本出現。直到今天起碼仍有九種刻本傳世[1206]。羅祖以後，又有七

[1205] 《苦功悟道卷》。
[1206] 參閱馬西沙、韓秉方《中國民間宗教史》，上海人民出版社，1992年，第178－180頁。

第一節　寶卷

位祖師活躍在河北、山東、山西等廣大地區，這些人也都利用寶卷來宣傳教義。如第一代傳燈李心安有《三乘語錄》三卷；第二代秦洞山有《佛說大方廣圓覺修多羅了義寶卷》二卷；第三代宋孤舟有《雙林寶卷》二卷；第四代孫真空有《銷釋真空歸心寶卷》二卷；第五代于崑岡有《叢林寶卷》二卷；第六代徐玄空有《般若蓮花寶卷》；第七代明空有《佛說大藏顯性了義寶卷》二卷、《銷釋印空實際寶卷》二卷、《佛說三皇初分天地嘆世寶卷》二卷等。其他民間宗教同樣相習而編撰寶卷，如明末的《銷釋大乘寶卷》、《銷釋顯性寶卷》、《泰山東嶽十王寶卷》、《銷釋接續蓮宗寶卷》、《清源妙道顯化真君二郎寶卷》、《護國威靈西王母寶卷》等等，都是民間教派的宣教品。明中葉以後民間宗教的興盛，成為推動寶卷創作的主要力量。《金瓶梅》裡曾生動描寫了寶卷在市民中流行的情形。

對於推動寶卷的興盛，更有三種趨勢發揮重大作用。

一是寶卷由主要在民間宗教教派中流傳而向佛、道二教普及。尤其是佛教的僧尼成為宣卷重要人物，從而創作出許多佛教內容的寶卷。具體考察寶卷與佛教的關係，大致上又可分為兩種情況：一種是直接以佛教內容為題材的。早期的如前面提到的《銷釋金剛科儀》是解說《金剛經》；《藥師本願功德寶卷》是解說《藥師本願經》，等等，這一類寶卷並不以講說故事為主。又如《太子寶卷》，講釋迦成道故事，這是自古以來眾多佛教文學作品經常表現的題材；《目連寶卷》講述廣泛流傳的目連救母故事。這兩種題材都有相應的變文。又《佛說梁皇寶卷》演說崇佛的梁武帝事蹟；《五祖黃梅寶卷》講禪宗五祖弘忍故事，這是以中土佛教史實為題材。另一種更普遍的情況是，作品表現一般的社會題材，但其中反映了六道輪迴、因果報應之類佛教觀念。例如著名的《竇娥寶卷》，本來取材關漢卿名劇《竇娥冤》，但情節作了較大改動，結尾部分在原來竇娥以弒母罪問斬之後，加上其父在外輾轉十二年還都，官拜太師，見到刑部報告，急赴山陽；刑

場六月飛雪,在眾人大驚中寶太師到達;風雪之中張驢兒殞死;寶娥丈夫于大郎滿載金銀而歸,母子、夫婦團圓,等等。這個庸俗的「大團圓」結局,不過是為了呈現因果報應之不爽。許多寶卷都是這種「善有善報,惡有惡報」的收尾。推動寶卷創作的民間教派思想觀念本來駁雜,佛教觀念和題材融入其中是很自然的。也有道教題材的寶卷,如《三茅寶卷》,是宣揚道教祖師「三茅真君」茅盈、茅固、茅衷靈蹟。但無論是佛教還是道教寶卷,觀念上又往往佛、道、儒「三教」相混雜,又把民間信仰的神如西王母、泰山、城隍、灶君、何仙姑、關帝等任意糅合其中。如《董永賣身寶卷》,所宣講的董永遇仙故事,初見於干寶《搜神記》,明人據以作《織錦記》傳奇,寶卷應是根據傳奇改編。故事最後講到董永由太上老君點化到黃梅山鳳凰洞出家成仙,而他所投靠的王員外則入寺修行而昇天,如此仙、佛部分,宣講者和接受者都不感到有什麼矛盾。有的寶卷中觀音和太白金星一起出現,還有的既宣傳輪迴報應又鼓吹神仙飛昇,把這些都同樣地看作「善果」。

再是作為宗教宣傳工具的寶卷向一般的文藝形式轉化。寶卷本來具有娛樂性質,隨著更多的民間藝人參與創作,出現了越來越多的世俗題材的作品。日本學者澤田瑞穗把寶卷發展劃分為兩個大的階段,以清代嘉、道年間為界線,以前稱「古寶卷時期」,以後則稱「新寶卷時期」。這種「新寶卷」大多是根據已有材料改編的。有些內容見於典籍,如朱買臣事見於《史記》;董永遇仙故事見於《搜神記》、變文〈孝子董永傳〉和話本〈董永遇仙傳〉,等等。但從這一類寶卷來看,很難說宣卷人認真閱讀過那些古籍,素材大抵是道聽塗說而來。還有一些寶卷取材現成的小說或戲曲,如前面提到的《寶娥冤》,又如《李三娘寶卷》出自《劉智遠諸宮調》和傳奇《白兔記》,《趙氏賢孝寶卷》出自高則誠《琵琶記》,《龍圖寶卷》、《賣花寶卷》出自公案小說《龍圖公案》,後期的《珍珠塔寶卷》則出自長篇彈詞

第一節　寶卷

《珍珠塔》，等等。這代表著寶卷與當時社會上流行的小說、戲曲、彈詞有密切關係。由於宣卷人的教育程度不一，這些改編的寶卷的水準也有很大差距。多數宣卷人對原作並沒有認真、深入地研究過，甚至沒有讀過原作，對原作內容上的精華不能全面把握，對其藝術上的長處也不能深入了解，只是取其大概情節，任意加以敷衍，又加上一些庸俗的說教。比較起來，取材民間傳說題材的往往達到較高水準。如《英臺寶卷》演述梁、祝的戀愛悲劇，《雷峰寶卷》演述《白蛇傳》即雷峰塔故事。宣卷發展為以娛樂為主要目的的一般文藝形式，作者和表演者的身分也發生了根本變化。古寶卷的創作者和宣卷者主要是教派或寺院僧尼，新寶卷則主要是民間藝人了。

三是不論是教派寶卷、佛教寶卷還是民間世俗寶卷，接受者主要是城鄉一般民眾。知識階層基本上沒有參與創作或流通。這是和古代另外一些產生在民間的文藝形式（例如樂府民歌、曲子詞等）被知識階層接受進而推進其發展的情形大不相同。遊走於城鄉的普通僧尼或民間藝人一直是主要宣卷人，家庭（尤其是富裕的市民或地主家庭）則成為主要的宣卷場所，而教育程度低下的婦女則是寶卷的主要接受者和欣賞者。值得注意的是，一些民間宗教受到內廷中的太監甚至后妃的信仰，有些早期教派寶卷是在他們的支持下刊印、傳播的。明中葉，內廷太監在觀念和教養上都是與一般官僚士大夫截然不同的階層。這種種情況也就決定了寶卷的內容必然是淺俗的。特別由於寶卷主要在家庭和婦女間流行，而她們感興趣的主要是與婦女、家庭生活相關的內容，因而寶卷的題材也就受到了限制。

本來教派寶卷的興起有其深刻的社會根源。向達曾指出：

這一種的左道之興，自然同當時的環境有關係，或者換一句話說，就是那一個時代不良的政治情形同經濟狀況的產物。漢末的天師道如此，元、明間的白蓮教也是如此；源出白蓮教的飄高的弘陽教諸派自然不能例

第十一章　明、清的佛教民間文學

外。到了世亂年荒，壯者死於兵刃，老弱轉徙溝壑，人命輕於鴻毛，富貴有如彈指，免不了生死無常之感，因而有希求樂土之想。所以在《弘陽嘆世經》裡有讚嘆生死無常不牢之物，有讚嘆荒旱年景，嘆富貴，嘆生死受苦諸品。正是此意。[1207]

因此，許多早期教派寶卷反映的信仰和觀念又必然具有反體制的特質，並在一定程度上反映了現實衝突和民眾的心理與願望。清道光年間，河北一名地方官黃育楩先後刊刻《破邪詳辯》和《續破邪詳辯》，著錄當時流行經卷的名目，各述大略，加以駁斥。他在序文中說：「閱其文詞，則妖妄悖謬，煩冗錯雜，總不離乎『真空家鄉、無生老母』之語。」[1208] 所謂「真空家鄉」即理想的「天堂」或「天宮」，「無生老母」指的是民間教派信仰的最高女神。這「八字真言」是民間教派的基本信仰。其觀念本從佛教脫化而來，但採取了批判佛教的形式。黃育楩的指斥正說明了這些作品思想觀念上反叛的、批判的一面。後來的寶卷一直沒有脫離民間宗教和佛、道二教或直接、或間接的影響。這種影響無論是正向、批判的或負面、落後的方面也一直複雜地展現出來。

從正向方面來說，有些寶卷取材社會生活，頗能反映官府橫暴、為富不仁、社會不公、民不聊生的現實，對權勢和富貴加以揭露和抨擊。如《王月英寶卷》揭露官府貪贓枉法，富人嫌貧愛富；《還金鐲寶卷》批判科場受賄，壓抑人才；《落金扇寶卷》寫到皇帝「龍遊」，掠奪天下美女，都反映了統治階級殘暴和社會黑暗的某些層面。前面提到，宣卷的主要對象是閨閣中的婦女，她們在社會裡和家庭中地位低下，遭受凌辱，就更加傾心宗教信仰，希望透過修道、積德來獲得善果。許多以婦女為題材的寶卷描寫主角如何受苦受難，但卻能誠摯地求道向善，終於得到福報，或者

[1207]〈明清之際之寶卷文學與白蓮教〉，《唐代長安與西域文明》，三聯書店，1957年，第602頁。
[1208]《破邪詳辯・自序》。

第一節　寶卷

享受榮華富貴，或者死後成佛成仙。例如《劉香寶卷》，主角是個名叫劉香的年輕婦女，受盡姑嫂欺凌，但一心讀經念佛，勸人行善。她被役使驅趕，不得不行乞，出家為尼，後來丈夫做了高官，也沒有改變自己的志向，終於得成正果。聽宣卷的婦女們在這樣的形象裡看到了自己的榜樣和希望，也從她的「美好」結局裡得到了精神寄託。有些作品表現家庭、戀愛題材，或是歌頌年輕男女堅貞不渝的愛情，表現了民眾樸素的道德觀，或是批評包辦婚姻、嫌貧愛富，或是揭露婦姑虐待兒媳、後母虐待繼子以至妻妾、妯娌紛爭等等。一般宣講者都是同情被欺凌、被迫害的弱小的一邊。後期由職業宣卷藝人宣講的一些所謂「新寶卷」作品，故事情節比較平實，也多能反映某些社會問題，如《花鍛寶卷》，講蔡京之子蔡不能搶奪民婦郁廷祖之妻梅姣英故事，前半部分抨擊豪強橫暴、欺壓善良，頗為尖刻，對女主角剛烈不屈的性格刻劃也相當有力。但許多寶卷一方面宣揚天堂地域因果報應的迷信，另一方面則勸人忍辱求安，修成善果，以求得到榮華富貴，或成佛成仙，消極意義和作用是很明顯的。有些寶卷更成為純粹的勸善文字，還有些則像扶乩的「神諭」，則沒有文學價值可言。後期寶卷裡還有些遊戲文字，如百鳥名、百花名等等，這是所謂「雜卷」，則非寶卷的正格。

寶卷繼承和發展了韻、散結合的說唱形式，在文體發展史和說唱文學史上做出了一定貢獻，對後來的民間說唱藝術如彈詞、鼓詞更有直接影響。

正宗的寶卷一般分上、下兩卷二十四品（或稱「品選」、「際」、「分」、「參」），以韻文為主，散文為輔。早期寶卷的散文部分使用說經口吻，用「經云」、「蓋聞」或「話表」、「卻說」開頭。但所謂「經」與真正經典無關。每一品基本上由雜曲、說白、偈頌、唱詞、詩句組成。唱詞部分採取五、七或十言的句式，其中以三、三、四單位組奏的「十字句」最為流行。雜

第十一章　明、清的佛教民間文學

曲則用〈駐馬聽〉、〈沽美酒〉、〈上小樓〉等民間曲調。這些也是後來曲藝常用的形式。黃育楩蒐集五十餘種寶卷，他描述說：

> 嘗觀民間演戲，由崑腔班戲，多用〈清江引〉、〈駐雲飛〉、〈黃鶯兒〉、〈白蓮詞〉等種種曲名。今邪經亦用此等曲名，按拍合板，便於歌唱，全與崑腔班戲文相同。又觀梆子腔戲，多用三字兩句、四字一句，名為十字亂談。今邪經亦三字兩句，四字一句，重三複四，雜亂無章，全與梆子腔戲文相似。再查邪經白文，鄙陋不堪，恰似戲上發白之語，又似鼓兒詞中之語。邪經中〈哭五更〉曲，卷卷皆有，粗俗更甚，又似民間打拾不閒、打蓮花樂者所唱之語。至於邪經人物，凡古來實有其人，而為戲中所當唱者，即為經中所常有；戲中所罕見者，即為經中所不錄。間有不見於戲中而見於經者，必古來並無其人，而出於捏造者也。[1209]

這一段描述旨在揭露「邪經」的粗俗鄙陋，但卻正說明了寶卷與當時民間文藝的緊密關聯。明萬曆年間刊印的《金瓶梅》經常寫到家庭中的宣卷場面，對宣卷情形有相當細緻的描述，這正是寶卷十分興盛的時期。如第七十四回〈宋御史索求八仙壽，吳月娘聽宣黃氏卷〉，描寫薛姑子等三人在屋內對眾人宣卷，並逐字記錄了宣卷內容。這個寶卷的情節很簡單，是說有曹州南華縣黃氏女嫁給趙令方，生有一男二女，她自七歲持齋把素，念《金剛經》，感得閻王招入陰界，讓她重新託生到張家，十八歲登科，授南華知縣，會見前夫，一起開黃氏棺，見屍顏色不動，終於一同駕祥雲昇天。這是一部佛教內容的寶卷，所描寫的「無常鬼」、「望鄉臺」、「奈河」、「森羅寶殿」等等都是民間信仰內容。宣卷形式先是吳月娘洗手焚香，這是簡化的講經儀式；然後薛姑子「展開《黃氏女卷》」，她看著底本，高聲演說，先說散文：

> 蓋聞法初不滅，故歸空；道本無生，每因生而不用……

[1209]　《破邪詳辯》。

第一節 寶卷

這同於俗講引用經文的口吻,接著唱偈:

富貴貧窮各有由,只緣定分不需求,未曾下的春時種,空手荒田望有秋。

接下來用散文加以解說:「眾菩薩每聽我貧僧演說佛法,道四句偈子,乃是老祖留下。如何說『富貴貧窮各有由』……」接著是兩首七言詩,略加解說後,唱曲子〈一封書〉,以下是說白、唱偈、敘述、唱詞、唱曲、念詩,如此循環往復。唱詞多採用三、三、四節奏的十字句,所唱曲子則有〈楚江秋〉、〈山坡羊〉、〈皂羅袍〉等當時民間流行曲調。韻文主要是五、七言的;也有詞,如〈臨江仙〉。這樣韻散、說唱交叉著演述,大致上是散文交代情節,韻文和唱鋪敘描摹。故事講完,又有祝頌,並說偈結束。這反映的是明末宣卷的真實情景[1210]。

後期寶卷即所謂「新寶卷」已不再遵循舊有的格式,也少用或不用民間流行的「曲子」。仍有唱,但運用較簡單的曲調[1211];韻文則多用七言或三、三、四字的「十文」,押韻取順口合轍,不太嚴格。像《韓湘寶卷》,分十七回,回目基本上是七言二句,如〈韓會求子格蒼穹,鍾呂湘江度白鶴〉、〈鶴童轉凡啼不止,仙化星相慰靈童〉等等,已和章回小說一樣。如此一來,寶卷就與一般民間曲藝沒有多大區別了。

今存寶卷大部分是手抄本。它們在教育程度較低的宣卷人之間流傳,因而藝術上大多較粗糙。也有部分刻本經過文學修養較高的人加工過;有些據以改編的作品本來基礎較好,這一類寶卷往往達到較高藝術水準。

如上所述,寶卷以教育程度較低的民眾、尤其是婦女為主要接受對象,表達上必然注重情節的生動、緊湊。對有些取自小說、戲曲的現成故事則增添枝節以強化故事性。不過這些增添的情節往往胡亂編造或生硬拼

[1210]　參閱陶慕寧校點《金瓶梅詞話》,人民文學出版社,2000年,下冊第1,097－1,103頁。
[1211]　參閱戈唐〈宣卷曲調介紹〉,《江蘇南部民間戲曲說唱音樂集》,音樂出版社,1955年。

第十一章 明、清的佛教民間文學

湊。當然也有較成功的例子。例如鄭振鐸稱讚的「最有趣味的一個寶卷」《土地寶卷》(《先天原始土地寶卷》),「寫的是『大地』化身的土地神如何的大鬧天宮,與諸佛、諸神鬥法。他屢困天兵天將,成為齊天大聖孫悟空以來最頑強的『天』的敵人。顯然的,這寶卷所敘述的受有《光華天王傳》和《西遊記》的影響」[1212]。其中塑造一個和玉皇大帝鬥法的白髮蒼蒼的土地公形象,下面是〈南天門開品第六〉:

夫卻說,土地得了如意,還歸舊路。前到南天門緊閉。土地自思:「三清宮隨喜了,不曾進南天門,隨喜龍霄殿。」遙望門首許多天兵神將,土地向前與眾使禮。土地曰:「乞眾公方便,將門開放,我今隨喜。」眾神聞言,唬一大驚。眾神大叱一聲:「你這老頭,斯不知貴賤,不識高低。你在這裡,還敢撒野!」土地曰:「我從無到此,隨喜何礙?」青龍神將走將過來,掐著土地,連推帶搡。眾罵老不省事,一齊擁推。土地怒惱,使動龍拐,望眾打去。眾將一躲,打在南天門上,將天門開啟。天門開放,毫光普遍,六方振動。諸神忙齊奏上帝。

未從隨喜靈霄殿,土地開啟南天門。

老土地,才得了,龍頭柺杖;心中喜,此句寶,大不相同。

正走著,猛然間,抬頭觀看;遙望見,南天門,瑞氣騰騰。

三清宮,我隨喜,看了一遍;天宮境,世間人,難遇難逢。

靈霄殿,好景緻,不曾隨喜;我看見,天門首,許多神兵。

老土地,走向前,與眾使禮;一件事,乞煩你,列位諸公。

你開放,南天門,隨喜遊玩;眾神將,聽的說,唬一失驚。

叫一聲,老頭子,你推無禮;推的推,搡的搡,罵不絕聲。

怒惱了,老土地,掄拐一打;開啟了,南天門,震動天宮。[1213]

[1212]　鄭振鐸《中國俗文學史》,人民文學出版社,1954年,下冊第334頁。
[1213]　鄭振鐸《中國俗文學史》,人民文學出版社,1954年,第335—336頁。

第一節　寶卷

如這樣的描述，相當生動活潑，更帶有民間創作特有的幽默情趣，是寶卷裡少見的精品。

寶卷結構、情節方面更有兩個特點相當顯著。一是為了達到感人效果，對人物、情節、場面等等極度地誇張。如表現主角受苦受難，就堆砌各式各樣折磨人的情節，把人物處境描繪得極其慘烈。再一點是如上所述題材範圍比較狹隘，因此同類題材的作品往往形成一定的公式，有些情節如善人受難、壞人得志、陰判陽罰、魂遊地獄、死而復生（借屍還魂）等等經常在不同作品裡出現，故事結局基本上都是善惡報應不爽，受欺凌的好人大團圓，成佛、昇天，壞人得到懲罰，等等。具體描寫中所使用的語彙也是公式化的。這也是作者或演說者社會地位、文學水準低下、藝術創造力貧乏所決定的。

寶卷作為面對民眾的表演藝術，無論是唱詞，還是說白，用的都是通俗的、口語化的語言。雖然大致上比較粗糙，但有些作品頗能展現出民間口語新鮮、活潑、生動的特色。如《藥王救苦忠孝寶卷》，演唱唐代著名醫藥學家孫思邈傳說，講他救了白蛇、得到幫助、得道成為藥王菩薩的故事。其中〈思邈救白蛇分第五〉說：

〔山坡羊〕孫思邈虔誠參道，每日家收煉丹藥。時時下苦，將五氣一處烤，將六門緊閉牢。三昧火往上燒，燒就了無價之寶，還源路才有著落。聽著，出世人委實少；聽著，把光陰休誤了。

話說思邈將家財捨盡，採百草為藥。聖心有感，驚動東海龍王太子，出水遊玩，變一白蛇，落在沙灘，牧羊頑童，鞭棍亂打。多虧孫思邈救我一命。龍王聽說有恩之人，當時可報巡海夜叉，速去請他進來。

夜叉聽說不消停，辭別龍王出龍宮。

小太子，遊玩時，落在沙灘；變白蛇，不得的，受苦艱難。

鞭的鞭，棍的棍，亂打太子；小太子，難展掙，跳跳鑣鑣。

第十一章　明、清的佛教民間文學

不一時，孫思邈，採藥到此；叫小童，不要打，走到跟前。

急慌忙，將白蛇，托在筐內；到海邊，放在水，禱祝龍天。

是龍王，早歸海，父子相見；是白蛇，在水內，任意作歡。

小太子，得了水，灑灑樂樂；進龍宮，見父王，兩淚千行……

思邈、夜叉進得龍宮，忽地把眼睛，看見龍王，唬一大驚。龍王開言，高叫先生，休要害怕，答覆你恩情。

進得龍宮內，看見老龍王。

思邈心害怕，龍王問短長。[1214]

這是一個標準段落，由雜曲、說白、唱詞、詩句組成。用如此新鮮的民間語言來敘述或描繪，為聽者留下鮮明、生動、深刻的印象，又能烘托出演出場所的氣氛。不過，限於宣卷人的教育程度、教養程度和欣賞習慣，多數作品充斥陳詞濫調，習慣使用過分的形容詞，描述中囉唆累贅處也不少。

寶卷是宗教文學的重要體裁，也是中國最後一個純佛教文學體裁。今天它基本上已成為宗教文學的「活化石」，僅作為一種文學藝術遺產來供人欣賞和研究了。

第二節　佛教民間故事

明、清以來，各類民間文學體裁仍在源源不斷地創作出眾多表現佛教內容的作品。它們一方面成為民間信仰情況的真實表現，另一方面也發揮著鼓吹和傳播信仰的作用。

[1214]　轉引鄭振鐸《中國俗文學史》，人民文學出版社，1954年，下冊第331－332頁。

第二節　佛教民間故事

民間文學體裁多種多樣，有神話、民間傳說、民間故事、笑話、歌謠、民間說唱、民間小戲等等。前一節介紹的寶卷即是民間說唱的一體。民間說唱、民間小戲等民間文藝的創作、演出基本上從民間故事傳說取材，了解民間故事傳說的情況，對於全部佛教內容的民間文學創作也就有了大致的理解。

從歷史發展來看，六朝時期所謂「釋氏輔教之書」所記錄的眾多佛教傳說，唐、宋以來文人作品裡的佛教故事，許多都來自民間。尤其是唐、宋以來的小說、筆記類作品，如宋李昉等編輯的大型總集《太平廣記》、洪邁《夷堅志》等，直到清代著名筆記小說如蒲松齡《聊齋志異》、紀昀《閱微草堂筆記》、袁枚《子不語》等，都有意識地大量搜錄民間故事傳說。蒲松齡在〈聊齋自志〉裡說：

才非干寶，雅愛搜神；情類黃州，喜人談鬼。聞則命筆，遂以成編。久之，四方同人，又以郵筒相寄，因而物以好聚，所積益夥。[1215]

《聊齋》裡的鬼狐故事即多取材當時的民間傳說，其中有許多是關於佛教的內容。紀昀年近古稀作《灤陽消夏錄》等五書，後來結集為《閱微草堂筆記》，他自己說是在「校理久竟」之後，「晝長無事，追錄見聞，憶及即書，都無體例」[1216]而寫成的。時人評論「《聊齋》以雋詞勝，《閱微》以精理勝」[1217]。這是因為紀昀對所錄每事均下一評語，有意懲勸，宣揚名教，多發明因果報應等佛教教理。袁枚的《子不語》和《續子不語》，書名取義《論語》「子不語怪、力、亂、神」。他自敘說：「余生平寡嗜好，凡飲酒、度曲、樗蒲，可以接群居之歡者，一無能焉，文史外無以自娛，乃廣採遊心駭目之事，妄言妄聽，記而存之，非有所惑也。」[1218]表明他以

[1215]　《全本新注聊齋志異》卷首。
[1216]　紀昀〈灤陽消夏錄序〉，《閱微草堂筆記》卷一，天津古籍出版社，1994年，第1頁。
[1217]　佚名〈窕言〉，蔣瑞藻《小說支談》卷下。
[1218]　袁枚〈子不語序〉，《子不語》卷首，上海古籍出版社，1998年。

第十一章 明、清的佛教民間文學

「遊心駭目之事」來「自娛」的強烈自覺。

以上三書都是輯錄有民間傳聞（其中包括部分佛教題材）影響深廣的文言短篇小說集。唐、宋以降，類似而水準不一的書還有不少。

廣義的民間故事可以區分為神話、民間傳說、民間故事等多種體裁，依據具體內容各種體裁又可以劃分為不同的文體類型。例如神話裡包括創世神話、日月星辰神話、動植物神話等等；民間傳說包括人物傳說、史事傳說、地方風物傳說等；狹義的民間故事包括幻想故事（童話）、動物故事、生活故事（世俗故事）、民間寓言、笑話，等等。在中國各地區、各民族間，佛教民間故事創作十分豐富，流傳非常廣泛。雖然多有學者不斷地從事蒐集、記錄、整理、研究，但由於工作內容龐大、複雜，如今還沒有做出總結性的成果。但從現有成果來看，佛教民間故事中的確有不少傑出作品[1219]。

相當於神話的，有以如來佛、彌勒佛、觀世音及其隨侍善才和龍女、地藏、文殊和普賢、天神韋陀、金剛、羅漢等等佛教「人物」為主角的故事。其中「彌勒與釋迦爭天地」、「乾坤袋」等故事類似於創世神話。而更多的則是以佛、菩薩靈驗為內容的傳說。尤其是觀音靈驗故事更多。這也是因為觀音信仰在民間一直盛行不衰。

有關佛教人物的傳說數量眾多，且多有相當優秀的作品。其中既有以歷史上的名僧如達摩、懷素、一行等人為主角的，也有出於創造的各類僧尼故事。前面討論過關於濟公的小說，民間有關他的傳說也很多。從他出世的靈蹟起，眾多的故事表現他一生中在瘋癲狂放的面貌下，機智聰敏、玩世不恭、劫富濟貧，從而塑造出一個極有個性的、民眾喜聞樂見的神僧形象。例如「鬥蟋蟀」故事，描寫他和相府公子「花花太歲」鬥蟋蟀，解救

[1219] 近年出版了幾種佛教故事傳說作品集，為閱讀和研究提供了方便。內容較豐富的有徐建華、宋仲琤選編《中國佛話》，上海文藝出版社，1994 年；何學威等編著《佛話經典》，湖南文藝出版社，1996 年。以下介紹佛教故事傳說即根據現有這些資料，不另一一注明出處。

第二節　佛教民間故事

了被害欲死的窮人，讓仗勢欺人的公子傾家蕩產。值得注意的是，有許多傳說是表揚僧人慈悲喜捨的功德，但也有相當部分作品是揭露惡僧、庸僧。明、清小說裡就有不少抨擊僧尼偽善、奸邪、敗德、淫逸等惡行的篇章。這實際上是當時佛門風氣敗壞實情的反映。例如關於《雷峰塔》的傳說流行甚廣，其中金山寺法海就是一個破壞人間美好愛情的典型惡僧。民間更流傳有不少關於他的傳說，如「蟹和尚」故事，是說許仙領著兒子哭倒了雷峰塔，白娘娘等找法海報仇，法海逃回老巢，變成一隻螃蟹。這在情節上是原來雷峰塔傳說的延伸，頗能反映民眾的愛憎和願望。

佛教史事傳說也有相當精采的作品。例如歷史上流傳有廬山慧遠和陶淵明、陸修靜結交的故事。慧遠虎溪送客本是歷代文人豔稱的儒、釋交流的掌故，民間也流傳有同樣的傳說。又如「十三和尚救唐王」，是根據隋末群雄逐鹿時少林寺僧人幫助李淵義兵的史實而編造。關於求法高僧唐三藏也有很多傳說，有些傳說是根據《西遊記》改編。佛教史事傳說多有創意，也是虛虛實實。

最多的是屬於地方風物傳說類作品。這一類傳說多是說明某一事物、風俗等的起源。例如有故事說明為什麼要口誦「阿彌陀佛」、為什麼念佛用木魚、僧人（指喇嘛教）為什麼要光著左臂等等。故事中的解釋當然多為臆說，但往往很有風趣。這一類作品中許多是解釋某一地方的風物或習慣的由來。例如在普陀山的一所寺廟裡，韋陀塑像立於彌勒身後，正和觀音相對，俗稱「對面夫妻」，即有故事講韋陀年輕時立志造泉州洛陽橋，觀音前來幫助造橋，呂洞賓戲弄觀音，設計讓她與韋陀婚配，觀音不得不把韋陀帶回普陀山，結果二人成了「對面夫妻」。這樣的情節充滿了人情味和幽默感。又如關於飛來峰的傳說：說它原本是四川峨眉山上會飛的小山峰，四處飛來飛去壓死人，濟公發現它將飛到一個村莊上面，就警告村民趕快搬家；但村民不相信，他就到村子裡的一場婚禮上強搶新娘，飛快

地逃走,村民跟著逃離,躲過了災難;為了使會飛的山峰不再為害,濟公又讓村民在山上鑿出五百個石羅漢鎮住它,據說這就是杭州飛來峰的由來。傳說中的濟公機智、聰明、大慈大悲、神通廣大。又如關於臘八粥的來歷:說蘇州西園戒幢律寺有個「火頭僧」阿二,十分愛惜糧食,把淘米、洗碗的米粒都累積起來,甚至做飯燒火時也盯著稻柴,發現穀粒就剝去穀殼,收到乾坤袋裡;一年臘月初八廟裡做佛事,吃齋沒有糧食,阿二就用累積的各種穀粒做成粥吃,這就是臘八粥,而阿二原來是布袋和尚化身。這實際上是在宣揚民間傳統的勤儉、節約美德。同類型的傳說各地還流傳許多,它們往往構思巧妙,又展現出某種訓諭意味,在一定程度上反映了民間的思想觀念和道德理想。

民間故事與民間傳說很難劃出明確界線。大致說來,民間故事更富於現實性,題材主要取自社會生活,體裁上也超出上述三種傳說類型的規範。涉及佛教內容的民間故事(包括批判、諷刺佛教的)也十分豐富。例如「和尚坐花轎」故事:說宋代祥符縣有個好漢王興勃,打抱不平打死了財主公子,出家少林寺,練就一身武藝,有一次趕路遇見強盜強娶民女,他代替被搶的女兒坐花轎,又設計把引婆綁上裝到花轎裡。像這樣的故事,愛憎鮮明,又充滿機趣,頗能表現民眾的意願。民間故事內容具有流動性特點,新的故事不斷流傳開來。例如二十世紀初福建有妙月和尚,精拳法、醫道,修行清苦,太虛法師曾贈以「雙拳鐵羅漢,十畝老農禪」的聯語。當地有很多關於他的故事流傳,主要描寫他刻苦修行、打抱不平、劫富濟貧等等。也有些歷史題材的故事,往往能展現出一定的現實意義。例如關於如海禪師的一系列故事,描寫他擔任清王朝的殿前侍衛,又做強盜、然後又出家、終於在武鬥中被害的一生經歷,表揚他的武藝、義氣,塑造出一位浪跡江湖的武師的悲劇典型。

第二節　佛教民間故事

　　涉及佛門的笑話各地亦流傳不少。這一類作品頗能反映民間對佛教和僧尼的看法。有些則是揭露佛門黑暗面。如「四十畝地耙和尚」就是一個施巧計懲治惡霸的故事，被懲治的是作惡一方的惡僧。又如關於「佛跳牆」的笑話，說廣州一位高官宴請欽差大人，因為各種名菜都吃遍了，命廚師做出新菜待客，廚師沒有辦法，索性把廚房裡積存的各種雞鴨魚肉等材料來個大雜燴，但菜香引來小和尚爬上牆頭偷看，主客也吃得津津有味，主人問菜名，答稱「佛跳牆」。這是一則幽默風趣的笑話，謔而不虐，諷刺高官大僚的奢靡、顢頇，用小和尚作了陪襯。明、清以來佛門風氣日漸敗壞，揭露、譏諷僧尼的笑話流傳很多。

　　唐、宋以來，大量佛教故事傳說廣泛流傳在城鄉民眾間，對於佛教宣傳發揮了相當大的作用。它們成為普及佛教信仰的重要手段，也真切地反映了民眾的思想、感情和情緒，為佛教史和一般的歷史研究提供了寶貴素材。它們作為民間創作，在文學史上的作用和價值也是相當巨大、重要的。它們首先直接影響和推動了各種民間文藝體裁的發展，在思想內容、藝術形式、藝術表現手法和語言等方面，為鼓詞、彈詞、評書、唱本等各種曲藝提供了參照。當然這種影響是雙向的。另一方面也為文人創作提供了滋養。如蒲松齡創作《聊齋》和晚近被陳寅恪所稱讚的陳端生的《再生緣》就是很好的例子。

　　不過從實際情形來看，雖然佛教故事傳說無疑是民間文學遺產的重要部分，有許多藝術精品值得認真發掘，但由於佛教自身已走向衰落，舊有作品難以適應時代的要求，新的創作又難以為繼，這一類型創作的現實意義和影響也就大受限制了。

第十一章　明、清的佛教民間文學

第十二章
佛教與文學思想、文學評論

第十二章　佛教與文學思想、文學評論

▎第一節　佛典翻譯理論及其文體觀念

佛教對於中國歷代文學思想、文學評論的影響也是巨大的。一方面，文學思想、文學評論與歷史上思想的發展和演變、與時代思想潮流有密切關聯，而佛教自傳入中土已逐漸成為思想文化的重要成分，在某些時期甚至成為決定時代思潮的主要內容；另一方面，繁榮的佛典翻譯和歷代僧、俗各類相關創作實務也必然會反映在文學理論、評論層面。

佛教對於中土文學思想較早的、直接的影響，是翻譯佛典的理論整合和翻譯過程中關於語言、文體等問題的討論。這涉及建立文體、文風和文學語言等諸多層面。宗教經典的翻譯需要十分虔誠、認真地工作，首要原則必然是表述上符合原典本意，既做到準確，同時要清晰易解，容易被人們接受。眾多譯師盡心竭力地從事這一項工作，為達到目的而精進不息，累積了豐碩成果，並對於相關問題進行了細緻、認真的探討，得出許多翻譯理論上有價值的結論。這些結論與文學創作規律相通，對於世俗創作也具有重大的啟發和參考價值。

譯經史上對東漢到鳩摩羅什時代的譯籍稱為「古譯」，以後稱「舊譯」，唐玄奘以後則稱「新譯」。「古譯」時期已存在「直譯」即重「質」和「意譯」即重「文」兩種傾向。中土第一位著名譯師是安世高，他基本上採取直譯方式。後來道安評論他譯的《人本欲生經》說：

> 斯經似安世高譯為晉言也。言古文悉，義妙理婉，睹其幽堂之美、闕庭之富者或寡矣。安每覽其文，欲疲不能。[1220]

慧皎則說，世高所出經是「義理明晰，文字允正，辯而不華，質而不野，凡在讀者，皆而不倦焉」[1221]。但從現存安世高譯籍來看，無論是語

[1220]〈人本欲生經序〉，《出三藏記集》卷六，第250頁。
[1221]《高僧傳》卷一，第5頁。

第一節　佛典翻譯理論及其文體觀念

彙、句法還是思想表述還都相當生澀，往往隔礙難解。這當然會影響到流通。當時還是譯經的草創時期，不僅缺乏經驗，而且參與者缺少必要的語學知識，甚至一般的教育程度也較低下。稍後的支謙則多採取意譯方式。道安說：

> 前人出經，支讖、世高，審得胡本難繫者也；叉羅、支越（支謙名越號恭明），鉙鑿之巧者也。巧則巧矣，恐竅成而混沌終矣。若夫以《詩》為煩重，以《尚書》為質樸，而刪令合今，則馬、鄭所深恨者也。[1222]

因為道安本人反對像無羅叉、支謙那樣注重文字修飾，所以用《莊子》中的渾沌鑿竅做譬喻，並以儒家經典《詩》、《書》的質直當作模範，對意譯的辦法表示不滿。僧叡則指出：

> 而恭明前譯，頗麗其辭，仍迷其旨，是使宏標乖於謬文，至味淡於華豔，雖復研尋彌稔，而幽旨莫啟。[1223]

由此可見，安世高和支謙代表早期譯經的兩種方式、兩種文風。從後人的評論來看，那種不重經旨、但求「文麗」的做法基本上是被否定的。出於對待宗教聖典的敬重，有這樣的看法也是必然的。

隨著大量梵本傳入，又已逐漸累積翻譯實務經驗，譯事也逐漸成熟起來。西晉時期來華的竺法護是「古譯」的最後一位重要代表，譯出經論一百五十餘部。他的譯風忠於原文而不厭詳盡，一改前人隨意刪略的傾向，「言準天竺，事不加飾」，給予人辭質勝文的印象。後來到道安與鳩摩羅什，更把譯經提高到一個新的水準。道安本人是優秀的文學家，雖然他不懂外語，卻是卓越的譯經主持者。前秦時在長安，僧伽提婆等譯經，他與法常等詮定音字，詳核文旨。梁啟超說：

[1222] 〈摩訶鉢羅若波羅蜜經抄序〉，《出三藏記集》卷八，第 290 頁。
[1223] 〈思益經序〉，《出三藏記集》卷八，第 308 頁。

第十二章　佛教與文學思想、文學評論

　　（道）安為中國佛教第一建設者，雖未嘗自有所譯述，但苻秦時代之譯業，實由彼主持；苻堅之迎鳩摩羅什，由安建議；《四阿含》、《阿毗曇》之創譯，由安組織；翻譯文體，由安釐定。故安實譯界之大恩人也。[1224]

　　至於羅什，對於譯業貢獻尤巨。他本是西域學僧，後秦弘始三年（西元401年）來華，在直到去世的十二年間，譯出或重譯了《般若》、《法華》、《維摩》、《阿彌陀》等重要大乘經，系統翻譯了《大智度論》、《中論》等中觀學派論書，還翻譯了小乘《成實論》。他本人深通梵語和西域語言，兼嫻漢言，這是與一般西來僧侶不同之處。這一段時期譯業的進步更有兩點值得表揚。一是大規模譯場的建立。北方的姚秦長安逍遙園、涼州的閒豫宮，南方的廬山般若臺、建業的道場寺等，都是當時統治者支持下的規模宏大的譯場。譯場人數動輒數百、數千人，譯主、誦出、筆受、正義、潤色、校對等各有職司，嚴密分工。譯主多是精通華、梵的義學大師；譯場兼有翻譯和教學、研究的功能，譯主是導師，隨譯隨講。這樣每譯一文，都靠集體力量詳其意旨，審其文義，一言三復，然後寫出，再加潤色。因而保證了譯文的高品質。再一點是對已經翻譯過的經論加以重譯。因為有新的梵本傳入，與舊譯不同，重譯就成為必要。重要經典更多次重譯。例如羅什重譯《法華》，就做到「曲從方言，而趣不乖本」[1225]；重譯《維摩》，則「陶冶精求，務存聖意，其文約而詣，其旨婉而彰，微遠之言，於茲顯然」[1226]。正是在長期翻譯實務的探索中，歸納出以文應質、信、達兼重的翻譯理論。道安把為求便約而隨意刪改原文的做法比擬為「葡萄酒之被水」，強調以忠實傳達經旨為翻譯的首要原則。在遵循這個基本原則的前提下，又兼顧文采。慧遠本身即是學養高深的文士，又長期活動在重文采的南方，則更強調後一方面。他說：

[1224]　梁啟超《佛學研究十八篇》，〈翻譯文學與佛典〉，臺灣商務印書館，1976年，第5頁。
[1225]　慧觀〈法華宗要序〉，《出三藏記集》卷八，第306頁。
[1226]　僧肇〈維摩詰經序〉，《出三藏記集》卷八，第310頁。

第一節　佛典翻譯理論及其文體觀念

　　譬大羹不和，雖味非珍；神珠內映，雖寶非用。信言不美，固有自來矣。若遂令正典隱於榮華，玄樸虧於小成，則百家競辯，九流爭川，方將幽淪長夜，背日月而昏逝，不亦悲乎！於是靜尋所由，以求其本，則知聖人依方設訓，文質殊體。若以文應質則疑者眾，以質應文則悅者寡……於是簡繁理穢，以詳其中，令質文有體，義無所越……[1227]

　　他所主張的也正是文、質兼重的折中論。如此，經過長期實踐形成譯經規範，確立起當時和後代眾多譯師努力的目標。

　　與表達的文、質關係相關聯的，是翻譯文體問題。翻譯佛典作為外來文化產物，必然保持一些外來語彙和表述方式；但它們的對象是中土信眾，又要兼顧文化較低階層能夠接受和誦讀。佛典在散文敘述裡夾有韻文偈頌，偈頌在誦讀中具有特殊作用。兼顧到這些方面，遂形成華梵結合、韻散兼行、雅俗共賞的文體。這是經過長期探索、實踐所創造的一種獨特的、適宜表現佛典特殊內容的「譯經體」。關於這種「譯經體」的特色與成就本書第一章已經討論，下面補充兩點。

　　在處理「西方文體」和漢語的矛盾方面，經過多方探索，獲得了成功經驗，至道安，總結為「五失本三不易」之說：

　　譯胡為秦，有五失本也：一者胡語盡倒，而使從秦，一失本也；二者胡經尚質，秦人好文，傳可眾心，非文不合，斯二失本也；三者胡經委悉，至於嘆詠，叮嚀反覆，或三或四，不嫌其煩，而今裁斥，三失本也；四者胡有義說，正似亂辭，尋說向語，文無以異，或千五百，刈而不存，四失本也；五者事已全成，更將旁及，反騰前辭，已乃後說，而悉除此，五失本也。然《般若經》三達之心，覆面所演，聖必因時，時俗有易，而刪雅古以適今時，一不易也；愚智天隔，聖人叵階，乃欲以千歲之上微言，傳使合百王之下末俗，二不易也；阿難出經，去佛未久，尊者大迦葉

[1227]〈大智論鈔序〉，《出三藏記集》卷一〇，第 391 頁。

第十二章　佛教與文學思想、文學評論

令五百六通迭察迭書，今雖千年而以近意裁量，彼阿羅漢乃兢兢若此，此生死人而平平若此，豈將不知法勇者乎？斯三不易也。涉茲五失經本、三不易，譯胡為秦，詎可不慎乎？[1228]

這裡所謂「失本」，是指不得已而改變原文表達方式；所謂「不易」，是指使翻譯經典適於今人閱讀、理解的困難。「五失本」和「三不易」實際上是要求翻譯時一方面保持漢語表述規律，另一方面輸入可能接受的外語表達方式。這是翻譯外語文獻時切實合行的、符合規律的做法。

再一點是翻譯佛典大量使用音譯詞，這也形成譯經文體上的重要特色。但詞語的音譯和意譯容易造成混亂，到「新譯」時期終於總結出所謂「五種不翻」，即在五種情況下使用音譯：一是「祕密故」，如經中的陀羅尼即經咒，因為內容和作用都是神祕的，所以用音譯；二是「生善故」，如「般若」可譯為智慧，但為了表示恭敬、啟發信仰，所以用音譯；三是「此所無故」，中土原來沒有的概念，如閻浮樹、迦陵頻伽鳥，用音譯；四是「順古故」，如「菩提」可以意譯為「覺」，但已約定俗成，相沿不改；五是「含多義故」，有些外語詞有多義，如「薄伽梵」有六義，不能用一個漢語詞語表達，所以只好採用音譯[1229]。在音譯的基礎上，又創造出許多音、義合譯的漢語詞語，如偈頌、禪定、六波羅蜜、有餘涅槃，等等。音譯詞的運用，音譯規律的總結，對於漢語文的創新和發展發揮了一定的作用。

佛典在歷代廣泛傳播，成為後世文人教養的必讀書。魏晉以來譯經的興盛期正是文壇上浮靡雕琢的駢儷文風形成並盛行的時期。「譯經體」的文體和文風呈現了與當時文壇上截然不同的另外一種潮流，對當時和以後的文學創作和文學思想都造成了一定的影響。例如齊梁時期著名的文學思想家劉勰，早年曾在上定林寺從學於著名義學沙門僧祐，參與編撰《出三

[1228]　〈摩訶鉢羅若波羅蜜經抄序〉，《出三藏記集》卷八，第290頁。
[1229]　周敦頤〈翻譯名義集序〉，《正》第54卷第1,055頁上。

藏記集》，所著《文心雕龍》的基本觀念是遵循儒道，但所受佛學影響也是很明顯的。其中有關文、質關係的看法，顯然受到佛典翻譯理論的啟迪。在當時文壇上普遍地追求華靡、浮豔的強大潮流中，他強調「風骨」、「氣質」，主張「文質相稱」[1230]、「質文交加」[1231]，其觀念顯然與佛典翻譯文、質關係的理論有關聯。

第二節　佛教義學影響下的文學觀念

在南北朝繁榮的佛教「義學」中，許多概念與文學理論相通，因而被文學思想、文學評論所引用，對文學的發展發揮重要作用。下面討論幾個影響重大、深遠的概念。

佛教的「形象」概念指相互關聯的兩方面內容：一是指直觀的具象，即塔寺、造像等，這在藝術上即被看作是造型藝術作品；再一方面是指經典表述大量使用的形象方式。如慧皎說：

……聖人資靈妙以應物，體冥寂以通神，借微言以津道，託形象以傳真。[1232]

這裡意思是說佛陀一方面使用深微的言詞來宣揚教義，另一方面用「形象」來傳達「真理」。文學評論家劉勰則說：

雙樹晦跡，形象代興，固已理積無始，而道被無窮者矣。[1233]

這裡劉勰是說，釋迦牟尼寂滅之後就出現了造像，使得無始以來就存在的佛理藉以傳之無窮。慧皎、劉勰已十分清楚意識到「形象」對於宣揚

[1230]　范文瀾《文心雕龍注》卷一〇〈才略〉，人民文學出版社，1961年，第698頁。
[1231]　范文瀾《文心雕龍注》卷一〇〈知音〉，人民文學出版社，1961年，第714頁。
[1232]　《高僧傳》卷八〈義解論〉，第343頁；最後一句「象以」據金陵刻經處本補。
[1233]　〈理惑論〉，《弘明集》卷八，《正》第52卷第50頁下。

第十二章　佛教與文學思想、文學評論

佛教的巨大作用。

「形象」一詞早已出現在東漢靈帝時來華的月支僧人支婁迦讖於光和二年（西元 179 年）所譯的《道行般若經》中。中國本土文獻最初出現肖像意義的「形象」一語則是《東觀漢記》，這一部書也寫作於漢靈帝時期[1234]。現在還不能確證漢語中「形象」一詞是否從佛典借用而來，但在翻譯佛典中開始大量使用它則是可以肯定的。

何尚之說：「塔寺形象，所在千計，進可以擊心，退足以招勸。」[1235] 著名文學家沈約則說：「夫理貫空寂，雖鎔範不能傳；業動因應，非形相無以感。」[1236] 佛教造像對中國造型藝術以至整個文學藝術發展的影響是顯而易見的。文學上的直接表現首先是文人們寫作以造像為題材的作品，它們拓展了創作領域；而更值得注意的是，佛典中涉及「形象」有許多理論上的說明，對於從理論上探討和整合文學的「形象性」規律具有啟發意義。

《增一阿含經》中有關於佛像起源的傳說。據傳釋迦牟尼在祇樹給孤獨園說法，「四部之眾，多有懈怠，替不聽法，亦不求方便使身作證」，釋迦牟尼只好到三十三天為亡母摩耶夫人說法。其時「四部之眾，不見如來久」，優填王與波斯匿王亦「渴仰欲見」，「遂得若患」，「優填王即以牛頭旃檀作如來形象，高五尺」，波斯匿王聞知，亦以紫磨金作五尺如來形象，「爾時閻浮裡內始有此二如來像」[1237]。從這個關於佛像出現因緣的傳說可以看出，造佛形象的本來意義，是透過再現佛的色身來啟發、堅定信仰，並藉以思念佛、追憶佛的教誨。同時也說明了另一種觀念：造像是取法現世釋迦牟尼的形貌。這一項原則提升為理論，則形成造型藝術的一個重要觀念：人們創造形象是依據現實的真實面貌來提煉、概括的。這一項

[1234] 《東觀漢記・高彪傳》：「畫彪形象，以勸學者。」《呂氏春秋・慎大覽・順說》篇所謂「不設形象，與生與長」云云，「形象」一詞含義不同，指具體事物。

[1235] 〈答宋文帝讚揚佛教事〉，《弘明集》卷一一，《正》第 52 卷第 69 頁上。

[1236] 〈竟陵王造釋迦像記〉，《全上古三代秦漢三國六朝文・全梁文》卷三〇，第 3 冊第 3,132 頁。

[1237] 《增一阿含經》卷二八〈聽法品〉，《正》第 2 卷第 705 頁－706 頁。

第二節　佛教義學影響下的文學觀念

原則當然也適用於文學創作。

但佛教造像不以模擬生人形貌為最終目的，在它們身上應寄託著更深遠的意義。《無極寶三昧經》裡有一段極富辯證意義的說明：

> 見佛像者為作禮。佛道威神豈在像中？雖不在像中，亦不離於像。[1238]

因為形象本是用泥土、石頭、金屬製作或畫在牆壁、布帛上的，佛當然不在像中；但絕對的、無限的佛法卻又經由相對的、有限的造像表現出來，所以又不離於像。《法華經》大力宣揚形象崇拜，有偈說：

> 又諸大聖主，知一切世間，天、人、群生類，深心之所欲，更以異方便，助顯第一義。[1239]

這裡所謂「第一義」即大乘深義，而「異方便」則指般若等六波羅蜜，還包括善軟心、供養舍利、造佛塔、畫佛像、以花、香、幡、蓋供養佛塔、佛像、歌讚佛功德、禮佛等等。造像雖然只是方便施設，但卻有顯揚第一義的功用，所以又有偈說「若人為佛故，建立諸形象，刻雕成眾相，皆已成佛道」[1240]。

因此，佛典關於造像的說教又闡明了有關文學藝術的另一個原則：以形而下的具體形象展現出形而上的佛道，即造像是以有形表無形、以相對表絕對。在物質的、有形的形象中寄託著無限的精神內容。六朝時期受到佛教影響的畫家畫山水，已經明確意識到「山水以形媚道，而仁者樂」[1241]的道理。謝靈運寫山水詩，更有意在自然景物中寄託更深一層意蘊，創造出「慮澹物自輕，意愜理無違」[1242]的境界。范曄在獄中寫給姪子的信

[1238]　《無極寶三昧經》卷上，《正》第 15 卷第 512 頁。
[1239]　《妙法蓮華經》卷上〈方便品〉，《正》第 9 卷第 8 頁。
[1240]　《妙法蓮華經》卷上〈方便品〉，《正》第 9 卷第 8 頁。
[1241]　〈畫山水序〉，《全上古三代秦漢三國六朝文‧全宋文》卷二〇，第 3 冊第 2,545 — 2,546 頁。
[1242]　〈石壁精舍還湖中作詩〉，《先秦漢魏南北朝詩‧宋詩》卷二，中華書局，1983 年，中冊第 1165 頁。

中，也表示反對「事盡於形，情急於藻」的文字，要求作文應表達「事外深致」[1243]。由此可見，六朝時人們在佛教關於形象的觀念的影響下，對於文學藝術所創造的形象需要表現「道」、「意」等等更深一層的含義已有相當清楚的自覺。這一類觀念顯然是與前述佛教造像觀念相通的。

支婁迦讖所譯《般舟三昧經》是宣揚大乘禪觀的早期經典。「三昧」又譯作「定」，指經過修證所得到的專注一境、心不散亂的精神狀態；「般舟三昧」又稱「佛立三昧」，意謂修此禪定則佛立現前。這是宣揚觀像念佛的重要經典，其中說：

> 菩薩如是持佛威神力，於三昧中立，在所欲見何方佛，欲見則見。[1244]

根據佛教「心性本淨」說，以心性潔淨故，自我觀照，則可自見其影，進入清淨禪定；清淨心性與佛性合一，佛即映現其中。經中又說到做四件事即可迅速得到這種三昧，第一件就是「作佛形象，若作畫」[1245]。著名淨土經典《觀無量壽經》著重宣揚觀想念佛的禪觀，一一描述觀想西方淨土的十六觀，實際上是虔誠的信仰者沉溺於宗教玄想出現的幻覺。把幻想當作真實，是宗教思考的重要形式，是形成信仰的主要心理基礎。而在藝術思考中，人們的想像同樣採取了真實的形態，創造者和接受者同樣把藝術形象當作某種真實事物來接受。因此，宗教與藝術在思考方式上具有共通性，宗教幻想與藝術想像有相通之處，從而翻譯佛典中有關形象創造的理論，涉及形象的製作和表現、形象的形式與內涵、形象的主觀意義和客觀意義等諸多方面的說明，對於中土人士理解文學藝術的形象性規律也就具有啟迪和參照意義。六朝時期興盛的畫論直接受到這一方面的影響；文學理論如陸機的〈文賦〉、劉勰的《文心雕龍》、鍾嶸的《詩品》以至蕭繹的

[1243] 《宋書》卷六九〈范曄傳〉，第 1,830 頁。
[1244] 《般舟三昧經》卷上〈行品〉，《正》第 13 卷第 905 頁下。
[1245] 《般舟三昧經》卷上〈四事品〉，《正》第 13 卷第 906 頁。

第二節　佛教義學影響下的文學觀念

《金樓子》論述文學形象性規律，雖然觀念各不相同，但都不同程度地受到佛教形象理論的影響。

與「形象」相關聯的，還有「真實」觀念。這也是涉及文學創作原則的根本概念。中國古代傳統思想重實際、重倫理、重教化，文學上強調「徵實」、「實錄」、「誠實」，反對「增益實事」、「造生空文」[1246]，「惡淫辭之法度」[1247]。《說文解字》釋「真」字，謂「仙人變形而登天也」，段注說：「此『真』之本義也。經典但言誠實，無言真實者。諸子百家乃有真字耳……多取充實之意。」[1248] 大乘佛教則提出和論證一種全然不同於中土傳統的「真實」觀。如《華嚴經》說：

> 解了諸法真實性，永不隨順疑惑心。[1249]
>
> 善解煩惱諸習氣，不壞諸法真實性。[1250]

所謂「真實性」，即「真實之相」，就是絕對的「空」。魏晉玄學討論現象界的本末、有無，與這種「空觀」的思想不同。玄學的「有」或「無」，實際上都是絕對的「有」；而大乘佛學的「空」則是絕對的「無」。大乘「空觀」從而釐清了現象和本質的界限。「中觀」學說更對「有」、「無」進一步作了富有辯證觀念的解釋。

佛典裡講到「形象」、「像」、「象」，是指某一具體事物的表象；又講「相」，則是指從具體事物抽象出來的觀念、概念。依佛教教理看來，無論是現象界的具象還是抽象，都不被認為是真實的。而如依中觀學說，「假有」也是法性的展現，「形象」、「相」等的本質是真實，但它們本身並不是真實。「真實諦」只能是「空」；不僅我、法兩空，「空」這一項觀念也是空

[1246]　張衡《論衡》卷二九〈對作〉，上海人民出版社，1974 年，第 442 頁。
[1247]　揚雄《揚子法言》卷二〈吾子〉，《二十二子》，上海古籍出版社，1986 年，第 813 頁。
[1248]　段玉裁《說文解字注》八篇上〈七部〉，中華書局，1988 年，第 384 頁。
[1249]　佛陀跋陀羅譯《大方廣佛華嚴經》卷五〈四諦品〉，《正》第 9 卷 425 頁。
[1250]　佛陀跋陀羅譯《大方廣佛華嚴經》卷一五〈金剛幢菩薩十迴向品〉，《正》第 9 卷第 499 頁。

第十二章　佛教與文學思想、文學評論

的。在中國佛學發展中作出重要貢獻的僧肇謂諸法因緣而有，故非實有；但既為有，故亦非無，因而不真故空。這是在中土傳統本體論的基礎上、依據中觀學理對大乘空觀的發揮。他主張「立處即真」，「觸事而真」[1251]，更辯證地解決了絕對的真空與相對的假有的矛盾。

因此，依據大乘空觀，現實世界本來是「虛妄」的。東晉孫綽說：

> 纏束世教之內，肆觀周、孔之跡，謂至德窮於堯、舜，微言盡乎《老》、《易》，焉復睹夫方外之妙趣、冥中之玄照乎？悲夫，章甫之委裸俗，韶夏之棄鄙俚，至真絕於漫習，大道廢於曲士也。[1252]

這裡明確主張擺脫「世教」束縛，追求「方外」的「至真」。這裡的「真」不是基於樸素反映論的「徵實」、「實錄」的真實。這是與中土傳統真實觀全然不同的另一種觀念。名士而兼名僧的支遁則明確主張在作品裡要表現「外身之真」。他論詩說：

> 靜拱虛房，悟外身之真；登山採藥，集山水之娛。遂援筆染翰，以慰二三之情。[1253]

支遁本人的創作禪、玄交融，努力表現超脫行跡的高遠境界。

佛教的真實觀與畫論中關於「形」、「神」，「言」、「意」的討論直接相關聯，對文學創作的真實觀念也造成相當影響。

「言意之辨」本是玄學的重要課題。佛學在這個問題上與玄學採取了類似概念。大乘佛學的絕對的「空」本是「言語道斷」、非名言可以表達的。什譯《維摩詰經》的〈入不二法門品〉寫到三十二位菩薩各說佛道的「不二法門」之後，文殊師利說：「如我意者，於一切法無言、無說、無示、無

[1251] 《肇論・不真空論》，《正》第45卷第153頁。
[1252] 〈喻道論〉，《弘明集》卷三，《正》第52卷第15頁。
[1253] 〈八關齋會詩序〉，《廣弘明集》卷三〇，《先秦漢魏晉南北朝詩・晉詩》卷二〇，中冊第1,079頁。

識，離諸問答，是為入不二法門。」而維摩詰默然無言。文殊師利嘆曰：「善哉！善哉！乃至無有文字語言，是真入不二法門。」[1254] 這裡所表現的觀念與從《易經》到玄學的「言不盡意」觀念正相符合。這種關於語言有限性的觀念，與玄學的影響一起，對於後來文學創作言、意關係的理解和處理，無論是理論上還是實踐中都發揮了巨大作用。例如詩人陶淵明追求「抱樸含真，投跡高軌」[1255] 的境界：他「養真衡茅下」[1256]，表示「真想初在襟，誰謂形跡拘」[1257]，「此中有真意，欲辨已忘言」[1258]。謝靈運傾心佛說。他的山水詩並不單純以描寫山水作為目的，而是要以有限的自然景物表現「體道」、「蘊真」的境界。稱讚「意在言外」的藝術效果，要求表達「言外深致」，這都成為中國傳統美學的久遠傳統的內容。

第三節　佛教宣告與聲韻格律的演進

隨著佛教的輸入，傳入了外語拼音知識，經過長時期的吸收、消化，推動了對於漢語的審音定聲，促進了漢語音韻學的巨大進展；把這些音韻學的成果運用於詩文創作，又發展了漢語文學運用聲韻格律的技巧，尤其是推動了近體格律詩的完善和定型。這也是佛教對於中國文學發展的一個重大貢獻。

《隋書·經籍志》說：

自後漢佛法行於中國，又得西域胡書，能以十四音貫一切字，文省而

[1254] 《注維摩詰所說經》卷八〈入不二法門品〉，《正》第 14 卷第 551 頁。
[1255] 〈勸農詩〉，《先秦漢魏晉南北朝詩·晉詩》卷一六，第 969、967 頁。
[1256] 〈辛丑歲七月赴假還江陵夜行塗口詩〉，《先秦漢魏晉南北朝詩·晉詩》卷一六，第 983 頁。
[1257] 〈始作鎮軍參軍經曲阿詩〉，《先秦漢魏晉南北朝詩·晉詩》卷一六，第 982 頁。
[1258] 〈飲酒詩二十首〉，《先秦漢魏晉南北朝詩·晉詩》卷一七，第 998 頁。

第十二章　佛教與文學思想、文學評論

義廣，謂之婆羅門書，與「八體」、「六文」之義殊別。[1259]

「八體」指古代漢文的八種字型，即大篆、小篆、刻符、蟲書、摹印、署書、殳書、隸書；「六文」即「六書」，指六種造字型例：指事、象形、形聲、會意、轉注、假借（這是按通行的許慎《說文解字》的說法，另有它說）。所謂「胡書」概指佛書原典的拼音文字。中土除從「梵本」翻譯佛典外，還有許多是從西域各種「胡語」轉譯。這些語言都是拼音文字。魏、晉以後漢語音韻學得到突飛猛進的發展，主要原因是得到隨著佛教輸入傳來的外來拼音知識的啟發。

關於翻切的發明，學術界歷來有不同看法。一種意見認為早在漢代以前中土人士早已知曉，與後來和西域的交流無涉（如顧炎武，見《潛研堂文集》卷二十五〈杜詩雙聲疊韻譜序〉）；另一種更具說服力的意見則主張出現於東漢末，與佛典翻譯直接相關。如宋人陳振孫說：「反切之學，自西域入中國，至齊、梁間盛行。」[1260] 一般認為，漢語音韻研究的突破，首先在音素的分析。這種分析正得力於對隨著佛教傳入的「音訓詭蹇，與漢殊異」[1261] 的梵語（胡語）拼音知識的傳習和效法。在早期的譯經實務中，原文與譯文的對應詞語在語音、結構上的差異已被突顯出來，「天竺言語與漢異音」[1262] 的現象必然引起人們的注意和探討。進而就有可能仿照漢語拼音的辦法，把一個漢字的音分為聲和韻兩部分，這就是翻切的發明；第二步再分析韻的部分，就會歸納出聲調。這後一部分工作，是經過齊、梁之際的沈約、周顒等人的努力而系統化、規範化的。

古印度宣告是關於語言文字的專門學問，其中包括拼音知識。宣告作

[1259]　《隋書》卷三二〈經籍一〉，第 947 頁。
[1260]　〈韻補五卷〉，《直齋書錄解題》卷三，《中國歷代書目叢刊》，現代出版社，1987 年，下冊第 1,211 頁。
[1261]　〈安世高傳〉，《出三藏記集》卷一三，第 510 頁。
[1262]　〈法句經序〉，《出三藏記集》卷七，第 273 頁。

第三節　佛教宣告與聲韻格律的演進

為印度佛教教學的「五明」之一（其他為內明、因明、工巧明、醫方明），隨著佛教傳入中土。聲音作為一種現象，在佛教教理中早已被重視。南本《大般涅槃經》裡有一段經文用「半字」、「滿字」來說明「如來之性」：

> ……是故半字於諸經書、記論、文章而為根本，又半字義皆是煩惱言說之本，故名半字；滿字者乃是一切善法言說之根本也……何等名為解了字義？有知如來出現於世，能滅半字，是故名為解了字義；若有隨逐半字義者，是人不知如來之性……善男子，是故汝今應離半字，善解滿字。[1263]

這裡半字指沒有組成詞的字母，滿字指由字母組合成的詞。接下來經文對半字加以解釋，又舉出「十四音名為字義」，即《隋書·經籍志》裡說的「貫一切音」的「十四字」，也就是梵語裡的母音（一般稱「摩羅十二音」，或有它解），即阿、短伊、長伊、短優、長優、堙、烏、菴、迦、伽、遮、吒、波、邪等。在對這十四音一一作了描述後，再附會以佛理的解釋。接著又說到「吸氣、舌根、隨鼻之聲，長、短、超音波，隨音解義，皆因舌齒而有差別」。這則是對發音方法的說明。梁僧伽婆羅所譯《文殊師利問經》裡有專門的〈字母品〉，也是借用「一切諸法入於字母及陀羅尼字」[1264] 來說明教理。而佛典傳譯的實踐直接接觸到拼音語言，必然使人們對漢語音素的分析有所領會。尤其是悉曇在齊、梁時期已成為相當流行的學問。像靈味寺寶亮所集《大般涅槃經集解》卷二十一〈文字品〉就廣引道生、僧亮、僧宗等人對「十四音」的解釋。如僧宗說：「傳譯云十四音者，為天下音之本也。如善用宮商，於十四中隨宜製語，是故為一切字本也。」[1265] 文人中懂梵文的也不只謝靈運一人。如對四聲的發明

[1263] 〈文字品〉，慧觀等譯《大般涅槃經》卷八，《正》第 12 卷第 655 頁上、中。
[1264] 《文殊師利問經》卷上，《正》第 14 卷第 498 頁上。
[1265] 《大般涅槃經集解》卷二一〈文字品〉，《正》第 37 卷第 464 頁中。

第十二章　佛教與文學思想、文學評論

作出貢獻的周顒「好為體語」[1266],「體語」即「體文」,即梵文的子音。梁武帝蕭衍同樣探討過「十四音」問題。而僧祐著於齊、梁之際的《出三藏記集》卷一有〈胡漢譯經文字音義同異記〉一節,對於梵文語音特徵更有簡要、清楚的說明。齊、梁時期悉曇的傳習情況,饒宗頤教授有詳細考辨,可以參看。[1267]

魏李登著《聲類》,晉呂靜著《韻集》,是最早的漢語韻書。韻書的編纂,前提即是「韻」(反切下字所代表的韻母)被明確訂定。按時代來看,這正是佛典拼音文字大量傳入中土的時期。而只有區分出每一個漢字的音素,形、音、義相統一的漢字的「音」被分離出來,也才能有真正的音韻之學。李、呂二書均已不傳。關於《聲類》,唐封演說:

> 魏時有李登者,撰《聲類》十卷,凡一萬一千五百二十字,以五聲命字,不立諸部。[1268]

《魏書》記載江式上表說到「(呂)靜別放故左校令李登《聲類》之法,作《韻集》五卷」[1269]。可見呂靜的書也是按「五聲」分類來編纂。對所謂「五聲」含義的解釋,漢語史學界有很大分歧。按郭紹虞的意見,認為「是喻義而不是實義」[1270]。核之當時音韻知識的發展程度來分析,按「五聲」對韻字進行分類應是包含分別聲調。但當時韻和調顯然還沒有被明確地區分開來。對韻母部分的聲與調加以區分是音韻學發展的另一個課題。而完成這一項任務,則正是藉助於對梵唄的「審音定聲」。這是在蕭子良的西邸中最後完成的。

[1266]　封演《封氏聞見記》卷二〈聲韻〉。

[1267]　〈文心雕龍聲律篇與鳩摩羅什通韻——論四聲說與悉曇之關係兼談王斌、劉善經、沈約有關諸問題〉、〈鳩摩羅什通韻箋〉、〈論悉曇異譯作「肆曇」及其入華之年代〉、〈北方澤州所述慧遠之悉曇章〉、〈唐以前十四音遺說考〉,見《梵學集》,上海古籍出版社,1993年。

[1268]　《封氏聞見記》卷二〈文字〉,《叢書集成初編》本。

[1269]　《魏書》卷九一〈江式傳〉,第1,963頁。

[1270]　〈聲律說考辨〉,《照隅室古典文學論集》,上海古籍出版社,1983年,下冊第264頁。

第三節　佛教宣告與聲韻格律的演進

蕭子良（西元460－494年）是南朝齊開國皇帝高祖蕭道成之孫、武帝蕭賾第二子。蘭陵蕭氏在劉宋朝已權傾天下，當時蕭子良已網羅不少文人。齊建國後，他更以王侯之尊結納文士，在建康郊外雞籠山開西邸，起古齋，多集古人服器，結納文士，門下呈彬彬之盛。史書記載：

（永明）五年（西元487年），正位司徒，給班劍二十人，侍中如故。移居雞籠山邸，集學士抄《五經》、百家，依《皇覽》例為《四部要略》千卷。招致名僧，講語佛法，造經唄新聲。道俗之盛，江左未有也。[1271]

又《梁書》記載：

……時竟陵王亦招士，（沈）約與蘭陵蕭琛、琅琊王融、陳郡謝朓、南鄉范雲、樂安任昉等皆遊焉，當世號為得人。[1272]

以上六人加上後來的梁武帝蕭衍和陸倕，就是所謂「竟陵八友」。此外一時名士如柳惲、王僧孺、孔休源、江革、范縝等，也是西邸的常客。齊、梁之際的許多名僧大德亦參與其間。雞籠山西邸裡展開了多方面文化活動，其中主要一項是講讀佛經，包括讀頌梵唄。關於唄讚流行的情形，慧皎說：

自大教東流，乃譯文者眾，而傳聲蓋寡。良由梵音重複，漢語單奇。若用梵音以詠漢語，則聲繁而偈迫；若用漢曲以詠梵文，則韻短而辭長。是故金言有譯，梵響無授。[1273]

所謂「梵響」，是指「作偈以和聲」的「西方之讚」。慧皎是說，當佛教初傳時，有人按拼音文字的外來聲調來譜漢文偈頌，則顯得「聲繁而偈迫」；而用漢地本土的聲調來配合拼音的梵語，則「韻短而辭長」，這都會突顯出樂曲和歌辭配合上的矛盾，因此就需要制作漢語梵唄。據傳曹植在東阿漁山由神靈感應而首創梵唄。但此事別無他證，應是出於佛徒的附

[1271]　《南齊書》卷四〇〈武十七王傳〉，第698頁。
[1272]　《梁書》卷一三〈沈約傳〉，第233頁。
[1273]　《高僧傳》卷一三〈經師論〉，第507頁。

會。又據傳與曹植大約同時的支謙在吳國亦「依《無量壽》、《中本起》制菩薩連句梵唄三契」[1274]。可以肯定魏晉時期漢語梵唄已經開始流行了。這種參照西方語言音律的新型韻文創作必然會直接影響到漢語韻文體制的演進。

蕭子良門下聚集名僧，舉行法會，歌讚梵唄，培養出許多「善聲沙門」，形成一種「專業」技巧。著名者如曇遷，「巧於轉讀，有無窮聲韻，梵制新奇，特拔終古」[1275]。他的弟子道場寺法暢、瓦官寺道琰並富聲哀婉。另有僧辯亦以善讚唄著名。這些人都是蕭子良法會裡的常客。子良本人也「冥授於經唄」[1276]。《高僧傳》記載：

……逮宋、齊之間，又曇遷、僧辯、太傅、文宣等，並殷勤嗟詠，曲意音律，撰集異同，斟酌科例，存仿舊法，正可三百餘聲。[1277]

當時善聲沙門眾多，如：

永明七年二月十九日，司徒竟陵文宣王夢於佛前詠《維摩》一契……便覺韻聲流好，著工恆日。明旦即集京師善聲沙門龍光普智、新安道興、多寶慧忍、天寶超勝及僧辯等，集第作聲。辯傳古《維摩》一契、《瑞應》七言偈一契，最是命家之作。[1278]

陳寅恪特別提出七月二十日這一次活動，認為這「實為當時考文審音之一大事」[1279]。當然類似活動不會只此一次，「考文審音」也不會是一次可以完成的。蕭子良作〈讚梵唄偈文〉、〈梵唄序〉等有關梵唄的作品，還有〈轉讀法並釋滯〉這樣專講轉讀方法的專門文章，又有〈法門讚〉等讚唄文字。贊寧稱讚蕭子良「將經中偈契，消息調音，曲盡其妙」[1280]。他身

[1274] 《高僧傳》卷一〈康僧會傳〉，第 15 頁。

[1275] 《高僧傳》卷一三〈曇遷傳〉，第 501 頁。

[1276] 道宣〈統略淨住子淨行法門序〉，《廣弘明集》卷二七，《正》第 52 卷第 306 頁上。

[1277] 《高僧傳》卷一三〈經師論〉，第 507－508 頁。

[1278] 《高僧傳》卷一三〈僧辯傳〉，第 503 頁。

[1279] 陳寅恪〈四聲三問〉，《金明館叢稿初編》，上海古籍出版社，1980 年，第 329 頁。

[1280] 《僧史略》卷上〈讚唄之由〉，《正》第 54 卷第 242 頁中。

第三節　佛教宣告與聲韻格律的演進

居高位，又是一代文壇領袖，如此熱衷於讚唄的傳誦、製作，可知其對「考文審音」的推動。

在「考文審音」中，音調的分析是個重要方面。對於漢語聲調，不能說在「四聲」說成立之前人們對之絕無理解，但總結出聲調的規律則確實要有個過程，如前所述，其前提是先要分出字的「聲」和「韻」，由「韻」再明確分出幾個「調」，則是由讚唄的審音給予了決定性的啟發。「善聲沙門」之所「善」，不只在聲音的優美，還在音調的豐富多變化。如法鄰「平調牒句，殊有宮商」，慧念「少氣調，殊有細美」[1281]等等，所說的「調」即指聲調；如上所說「宮商」是當時以「五音」（宮、商、角、徵、羽）指代「四聲」的習慣稱謂。郭紹虞指出：

> 梁慧皎《高僧傳》說：「智欣善能側調，慧光喜騁飛聲。」飛側對舉，飛聲可看作平聲。又說：「道朗捉調小緩，法忍好存急切。」以緩與切對舉，則可能是平入之分，同樣也包括在平仄律範圍以內。[1282]

《高僧傳》的一段記述更表明當時審音之精細：

> 若能精達經旨，洞曉音律，三位七聲，次而無亂，五言四句，契而莫爽。其間起擲盪舉，平折放殺，遊飛卻轉，反疊嬌弄，動韻則流靡弗窮，張喉則變態無盡。故能炳發八音，光揚七善，壯而不猛，凝而不滯，弱而不野，剛而不銳，清而不擾，濁而不蔽。諒足以超暢微言，怡養神性。故聽聲可以娛耳，聆語可以開襟。若然，可謂梵音深妙，令人樂聞者也。[1283]

這裡的「三位」，指前引《涅槃經》中所謂吸氣、舌根、隨鼻三個發音部位；「七聲」又名「七轉聲」，原指梵語名詞語尾變化的聲音；「五言四句」是漢語唄讚的一個單位，即一個偈；「八音」為經典說如來所得八種聲音：

[1281] 《高僧傳》卷一三〈經師論〉，第 505 — 506 頁。
[1282] 〈聲律說考辨〉，《照隅室古典文學論集》，上海古籍出版社，1983 年，下冊第 286 頁。
[1283] 《高僧傳》卷一三〈經師論〉，第 508 頁。

第十二章　佛教與文學思想、文學評論

極好、柔軟、和適、尊慧、不女、不誤、深遠、不竭;「七善」即所謂正法所具七善:初、中、後善、義善、語善、獨法、具足。其中「起擲蕩舉」一節,細膩生動地刻劃了音調變化的情形。如此高低曲折、舒徐急促、「變態無窮」,正展現了包括「調」的漢語語音的特徵。在佛教讚唄裡自覺地利用聲調來加強效果,客觀上有助於「四聲」的整合。

日僧空海說:「宋末以來,始有四聲之目。沈氏乃著其譜論,云起自周顒。」[1284] 正是積極參加竟陵王法會的西邸學士周顒、沈約等人歸納出四聲規律。而齊、梁之際許多文人都精研音律,這些人大多又信仰佛教。如「好釋事」的文惠太子蕭長懋「尚解聲律」,「音韻和辯」[1285];「竟陵八友」之一的蕭琛也「常言少壯三好:音律、書、酒」[1286]。鍾嶸說:

> 齊有王元長(融)者,嘗謂余云:「宮商與二儀俱生,自古詞人不知之。唯顏憲子(延之)乃云律呂音調,而其實大謬;唯見范曄、謝莊,頗識之耳。嘗欲進〈知音論〉,未就。」王元長創其首,謝、沈約揚其波。三賢或貴公子孫,幼有文辯。於是士流景慕,務為精密,襞積細微,專相凌架。是故文多拘忌,傷其真美。[1287]

王融為「八友」之一,范曄、謝莊等都活動在周、沈之前不久。《南史》說:

> (永明末)盛為文章,吳興沈約、陳郡謝朓、琅琊王融以氣類相推轂;汝南周顒善識聲韻,約等文皆用宮商,將平、上、去、入四聲,以此制韻,有平頭、上尾、蜂腰、鶴膝。五字之中,音韻悉異;兩句之內,角徵不同。不可增減,世呼為「永明體」。[1288]

[1284]　《文鏡秘府論》天卷〈四聲論〉,人民文學出版社,1980 年,第 25—26 頁。
[1285]　《南史》卷四四〈文惠太子傳〉,第 1,099 頁。
[1286]　《梁書》卷二六〈蕭琛傳〉,第 373 頁。
[1287]　〈詩品序〉,陳延傑《詩品注》,人民文學出版社,1980 年,第 5 頁。
[1288]　《南史》卷四八〈陸厥傳〉,第 1,195 頁。

又周顒「始著《四聲切韻》，行於時」[1289]，沈約「又撰《四聲譜》，以為在昔詞人，累千載而不悟，而獨得胸衿，窮其妙旨」[1290]。周、沈書均已不傳。據考《文鏡祕府論》所錄〈調四聲譜〉一段即取自沈書。把一個個漢字列為譜表，就意味著已明確地按聲調對它們做了分類。這是只有在分辨出四聲之後才能做到的。而且只有區分了韻與調，才能在創作中由不自覺發展到自覺地、規範化地運用它們。所以沈約說：

自古詞人，豈不知宮羽之殊，商徵之別？雖知五音之異，而其中參差變動，所昧實多，故敝意所謂「此祕未睹」者也。以此而推，則知前世文士便未悟此處。[1291]

這就明確指出，人們對於四聲的理解經過了從感性到理性的過程，在應用上則是從不自覺逐漸走向自覺的。這裡所謂「宮羽之殊，商徵之別」，用的仍是舊的「五聲」名稱，實際上指的卻是四聲。正是在確立了四聲的基礎上，才能夠提出應當避忌的「八病」的「病犯」。而正如確立了四聲才能歸納出平、仄兩聲，釐清應避免的「八病」才能逐步發展出聲調「黏」與「對」的規律，從而促成近體詩格律的定型。而格律精嚴的近體詩正展現了漢語古典詩歌形式的最高成就。

第四節　佛教「心性」說影響下的文學觀念

佛教的「心性」理論在中國文化中占有特殊地位。自晉、宋以降，其影響逐漸加深，隋、唐以來，佛教各宗派尤其是禪宗十分重視對心性理論的探討，影響及於文學觀念，出現所謂「境界」、「興趣」、「童心」、「性

[1289]　《南史》卷三四〈周顒傳〉，第 895 頁。
[1290]　《南史》卷五七〈沈約傳〉，第 1,414 頁。
[1291]　〈答陸厥書〉，陳慶元《沈約集校箋》，浙江人民出版社，1995 年，第 137 頁。

第十二章　佛教與文學思想、文學評論

靈」、「意境」等新說,更促成了文學創作上多方面的新變。

盛唐時期殷璠提倡「興象」[1292],高仲武明確指出「詩人之作,本諸於心」[1293],這都是在強調心性的作用。詩僧皎然則在《詩式》裡提出了注重主觀心性作用的「境界」新說。他在作為詩論綱領的「辨體有一十九字」開頭就說:

夫詩人之思初發,取境偏高,則一首舉體便高;取境偏逸,則一首舉體便逸……[1294]

在此把「取境」當作詩創作成敗的關鍵。但這個「境」並不是客觀反映於主觀的實境。他又說:

夫天地、日月、元化之淵奧、鬼神之微冥,精思一搜,萬象不能藏其巧。[1295]

詩人立意變化,無有依傍,得之者懸解其間。[1296]

「懸解」一語出《莊子·養生主》:「適來夫子時也,適去夫子順也。安時而處順,哀樂不能入也,古者謂是帝之縣解。」郭注:「以有系者為縣,則無系者縣解也。縣解而性命之情得矣。」[1297]因此,「取境」得自「精思」、「懸解之間」,無所繫縛。所取乃心造之境。所以皎然又有詩說:

如何萬象自心出,而心澹然無所營。[1298]

[1292] 〈河嶽英靈集序〉,《四部叢刊》本。
[1293] 〈中興間氣集校文〉,《中興間氣集》,《四部叢刊》本。
[1294] 《詩式》卷一,張伯偉《全唐五代詩格彙考》第 241 頁,江蘇古籍出版社,2002 年。
[1295] 《詩式》卷一〈總序〉,張伯偉《全唐五代詩格彙考》,江蘇古籍出版社,2002 年,第 222 頁。
[1296] 《詩式》卷五〈立意總評〉,張伯偉《全唐五代詩格彙考》,江蘇古籍出版社,2002 年,第 346 頁。
[1297] 郭象注《莊子》卷二。
[1298] 〈奉應顏尚書真卿觀玄真子置酒張樂舞破陣畫洞庭三山歌〉,《全唐詩》卷八二一,第 9,255 頁。

第四節　佛教「心性」說影響下的文學觀念

積疑一念破，澄息萬緣靜。世事花上塵，惠心空中境。[1299]

正因為境由心造，所以外境隨著心情而變化：

逸民對雲效高致，禪子逢雲增道意。白雲遇物無偏頗，自是人心見同異。[1300]

因為「性起之法，萬象皆真」[1301]，詩思來自詩人所取之境，因而他又強調內心的「作用」。他說：

……精思一搜，萬象不能藏其巧。其作用也，放意須險，定句須難，雖取由我衷，而得若神表。[1302]

皎然更常常以「作用」論詩：

其五言周時已見濫觴，及乎成篇，則始於李陵、蘇武。二人天予真性，發言自高，未有作用。〈十九首〉辭精義炳，婉而成章，始見作用之功。[1303]

嘗與諸公論康樂為文，真於情性，尚於作用，不顧詞采，而風流自然。[1304]

他說蘇、李詩「未有作用」，是指它們渾然天成，不見用心的痕跡。這在他看來是可望而不可即的理想。人力可為則要「深於作用」，這是他稱讚謝靈運的緣由。

皎然作為謝靈運的後裔，評論乃祖「性穎神徹，及通內典，心地更精，

[1299] 〈白雲上人精舍尋杼山禪師兼示崔子向何山道上人〉，《全唐詩》卷八一五，第 9,185 頁。
[1300] 〈白雲歌寄陸中丞使君長源〉，《全唐詩》卷八二一，第 9,258 頁。
[1301] 《詩式》卷五〈復古通變體〉，張伯偉《全唐五代詩格彙考》，江蘇古籍出版社，2002 年，第 331 頁。
[1302] 《詩式》卷一〈總序〉，張伯偉《全唐五代詩格彙考》，江蘇古籍出版社，2002 年，第 222 頁。
[1303] 《詩式》卷一〈李少卿並古詩十九首〉，張伯偉《全唐五代詩格彙考》，江蘇古籍出版社，2002 年，第 228 頁。
[1304] 《詩式》卷一〈文章宗旨〉，張伯偉《全唐五代詩格彙考》，江蘇古籍出版社，2002 年，第 229 頁。

第十二章　佛教與文學思想、文學評論

故所作詩，發皆造極，得非空王之道助邪」[1305]。他本人不只創作中多表現佛理禪意，其「境界」、「作用」理論更是佛教教理影響下形成的。

禪宗以「明心見性」為綱領，又受到廣大士大夫階層的歡迎，其「心性」理論對於文學的影響更是十分巨大。尤其是中唐以後，馬祖道一的洪州禪講「平常心是道」，把禪進一步落實到人生日用之中，詩境和禪境得以融而為一。德山宣鑑法嗣巖頭全奯說：

若欲得播揚大教去，一個一個從自己胸襟間流將出來，與他蓋天蓋地去摩。[1306]

在此肯定了從胸襟中自然流出的就是禪，就是道，展現為文學創作，則要求主觀心性的發露。中國傳統文論所謂「言志」、「緣情」的「情」與「志」都是來自現實，並具有一定的倫理內容；而從「平常心」「流出」的意念則是不假外鑠、純任主觀的。這種觀念把心性的表現作為創作的目的和標準，從而大為提高了主觀心性及其抒發的作用和意義。這種觀念展現在創作實務方面，前面相關章節已經論及；在理論層面，宋代以後，強調「心性」已成為評論詩文的常談。如釋惠洪說：

李格非善論文章，嘗曰：諸葛亮〈出師表〉、劉伶〈酒德頌〉、陶淵明〈歸去來辭〉、李令伯〈陳情表〉，皆沛然從肺腑中流出。[1307]

陳師道評論杜甫說：

孟嘉落帽，前世以為勝絕。杜子美〈九日〉詩曰：「羞將短髮還吹帽，笑倩旁人為正冠。」其文雅曠達，不減昔人。故謂詩非力學可致，正須胸肚中洩爾。[1308]

[1305] 《詩式》卷一〈文章宗旨〉，張伯偉《全唐五代詩格彙考》，江蘇古籍出版社，2002 年，第 229 頁。
[1306] 《祖堂集》卷七，《基本典籍叢刊》本，禪文化研究所，1994 年，第 227 頁。
[1307] 《冷齋夜話》卷三。
[1308] 《後山詩話》，《歷代詩話》上冊第 302 頁。

第四節　佛教「心性」說影響下的文學觀念

南宋初年的張戒說：

詩、文、字、畫，大抵從胸臆中出。

世徒見子美詩多粗俗，不知粗俗語在詩句中最難。非粗俗，乃高古之極也。自曹、劉死，至今一千年，唯子美一人能之……近世蘇、黃亦喜用俗語，然時用之，亦頗安排勉強，不能如子美胸襟流出也。[1309]

宋代理學的集大成者是朱熹。他也明確說：

三代聖賢文章皆從此心寫出。

歐公……謝表中自敘一段，只是自胸中流出。[1310]

值得注意的是，他作為理學家，不是強調文章要從「道」或「理」中出，而是「自胸中流出」。他本人對作詩、作文有親切的體會，因此不但常常有不同於一般道學家講道論學時重道德、輕文章的特殊見解，而且有時相當注重心性的表露。這是朱熹論文十分高明的地方。

正是在這種潮流中，南宋後期嚴羽作《滄浪詩話》，自詡「以禪喻詩，莫此親切」[1311]。他主張作詩取法盛唐以上，不滿大曆以下，特別反對江西詩派，特別強調「吟詠性情」，說：

夫詩有別材，非關書也；詩有別趣，非關理也。然非多讀書，多窮理，則不能極其至。所謂不涉理路、不落言筌者，上也。詩者，吟詠情性也。盛唐諸人唯在興趣，羚羊掛角，無跡可求。故其妙處，透徹玲瓏，不可湊迫，如空中之音，相中之色，水中之月，鏡中之象，言有盡而意無窮。近代諸公乃作奇特解會，遂以文字為詩，以才學為詩，以議論為詩。夫豈不工，終非古人之詩也。蓋於一唱三嘆之音，有所歉焉。[1312]

[1309]　《歲寒堂詩話》卷上，《歷代詩話續編》上冊，第 458 － 459、450 － 451 頁。
[1310]　黎靖德編《朱子語類》卷一三九〈論文上〉，中華書局，1989 年，第 8 冊第 3,319、3,308 頁。
[1311]　嚴羽〈答出繼叔臨安吳景仙書〉，郭紹虞《滄浪詩話校釋》，人民文學出版社，1961 年，附錄第 234 頁。
[1312]　郭紹虞《滄浪詩話校釋》，〈詩辨〉，人民文學出版社，1961 年，第 23 － 24 頁。

他主張寫詩表現「性情」、「興趣」，另一處又講「詞理意興」[1313]，都突顯強調主觀感興的作用。其所謂不關「書」、「理」的「別材」、「別趣」，也正是性情的表現。這都是與「自胸中流出」的觀念相一致的。

《滄浪詩話》更重視所謂「妙悟」，他說：

> 大抵禪道唯在妙悟，詩道亦在妙悟。且孟襄陽學力下韓退之遠甚，而其詩獨出退之之上者，一味妙悟而已。唯悟乃為當行，乃為本色。然悟有淺深，有分限，有透澈之悟，有但得一知半解之悟。漢魏尚矣，不假悟也。謝靈運至盛唐諸公，透澈之悟也。他雖有悟者，皆非第一義也。[1314]

這裡明確溝通了禪與詩，同歸之「妙悟」。所謂「透澈之悟」、「第一義之悟」即「妙悟」，也就是南宗的「頓悟」。《滄浪詩話》裡「以禪喻詩」涉及很多方面，如以大小乘、南北宗禪法比擬詩的水準高低；用「飽參」、「熟參」來說明對詩的欣賞，等等，都展現了禪的心性觀念。

宋代以後，重視心性的詩論在詩壇上一直發揮著久遠的影響。金王若虛反對黃庭堅和江西詩派，他說：

> 山谷之詩，有奇而無妙，有斬絕而無橫放，鋪張學問以為富，點化陳腐以為新，而渾然天成，如肺肝中流出者不足也，此所以力追東坡而不及歟？[1315]

這是站在批評立場，批評黃庭堅而褒揚蘇東坡。

到明中期以後，反對文壇的復古傾向，又受到理學中「心學」一派的影響，出現強調抒寫性靈的主張。李贄反對「以聞見道理為心」，「以孔子之是非為是非」，主張文學要表達「童心自出之言」。他這樣解釋所謂「童心」：

[1313] 郭紹虞《滄浪詩話校釋》，〈詩評〉，人民文學出版社，1961年，第137頁。
[1314] 郭紹虞《滄浪詩話校釋》，〈詩辨〉，人民文學出版社，1961年，第10頁。
[1315] 《滹南詩話》，霍松林、胡主佑校點本，人民文學出版社，1962年，第72頁。

第四節　佛教「心性」說影響下的文學觀念

夫童心者，真心也……夫童心也，絕假純真，最初一念之本心也。若失卻童心，便失卻真心，失卻真心，便失卻真人。人而非真，全不復有初矣。……天下之至文，未有不出於童心焉者也。苟童心常存，則道理不行，聞見不立，無時不文，無人不文，無一樣創制體格文字而非文者。[1316]

由此他批評「六經、《語》、《孟》乃道學之口實，假人之淵藪」，對理學權威大施撻伐；另一方面則稱讚院本、雜劇、《水滸》、《西廂》等為「古今至文」。李贄稱為「最初一念之本心」的所謂「童心」，顯然與禪的自性清淨心、本來心相通。不過李贄主張的並不是不思善、不思惡、離情絕欲的絕對的清淨心，他還認為「人必有私」[1317]，所以他又主張文章出於感憤：

且夫世之真能文者，比起初皆非有意於為文也。其胸中有如許無狀可怪之事，其喉間有如許欲吐而不敢吐之物，其口頭又時時有許多欲語而莫可所以告語之處，蓄極積久，勢不能遏。一旦見景生情，觸目興嘆，奪他人之酒杯，澆自己之壘塊，訴心中之不平，感數奇於千載。既已噴玉唾珠，昭回雲漢，為章於天矣，遂亦自負，發狂大叫，流涕慟哭，不能自止。寧使見者聞者切齒咬牙，欲殺欲割，而終不忍藏於名山，投之水火……[1318]

這種對「真心」的理解，充分顯示了李贄思想的抗爭性格在汲取禪的心性說的基礎上，更往正向的方面發揮。

「公安三袁」受到李贄的影響，其所提倡的「性靈」說與李贄的「童心」說一脈相承。袁宏道的性靈也是從心中流出的。他評論中道詩說：

[1316]　《焚書》卷三。
[1317]　《藏書》卷三四〈德業儒臣後論〉。
[1318]　〈雜說〉，《李氏焚書》卷三。

……足跡所至,幾半天下,而詩文亦因之而日進。大都獨抒性靈,不拘格套,非從自己胸臆流出,不肯下筆。有時情與境會,頃刻千言,如水東注,令人奪魂……[1319]

他又曾說:

文章新奇,無定格式,只要發人所不能發,句法字法調法,一一從自己胸中流出,此真新奇也。[1320]

「公安派」所謂「性靈」,有「以趣為主」的一面,而其趣味不外乎士大夫階層的閒情逸致,有玩物喪志之嫌;但主張詩文要表現真「性情」,「能抒己見,信心而言,寄口於腕」[1321],「意會所至,隨事直書」[1322],則是積極發揮了注重心性一派詩論。

清代的王士禎倡「神韻」,王國維講「境界」,也都有注重心性表現的含義。整體看來,在唐代以後,強調抒寫個人主觀心性的眾多理論主張成為文學理論和文學評論中最有活力、最有價值的部分。這一股潮流正是汲取和參照佛教、尤其是禪宗的心性理論而形成。

第五節　詩、禪相通和「以禪喻詩」

佛教的禪無論是作為思想內容還是思考方式,對於文學、尤其是詩歌創作,都有相通一面。從而以禪入詩,溝通禪思與詩思,則是佛教禪觀輸入中土的必然結果。早在慧遠時期,僧俗已創作「念佛三昧詩」,結集後慧遠作序,說:

[1319]　〈序小修詩〉,錢伯誠《袁宏道集箋校》卷四,上海古籍出版社,1981年,第187頁。
[1320]　〈答李元善〉,錢伯誠《袁宏道集箋校》卷二二,上海古籍出版社,1981年,第786頁。
[1321]　〈敘梅子馬王程稿〉,《袁宏道集箋校》卷一八,上海古籍出版社,1981年,第699頁。
[1322]　〈敘姜陸二公同適稿〉,《袁宏道集箋校》卷一八,上海古籍出版社,1981年,第696頁。

第五節　詩、禪相通和「以禪喻詩」

夫稱三昧者何？專思寂想之謂也。思專，則志一不分；想寂，則氣虛神朗……鑑明則內照交映而萬象生焉，非耳目之所暨而聞見行焉。於是睹夫淵凝虛靜之體，則悟靈根湛一，清明自然……[1323]

這種虛寂的境界也是禪為詩歌開拓出的新境界。

唐、宋時期，禪宗大盛，詩人創作相當普遍地得句於禪思。如戴叔倫已有詩說：

律儀通外學，詩思入禪關。煙景隨緣到，風姿與道閒。[1324]

元稹稱讚韓愈的詩說：

清新便妓唱，凝妙入僧禪。[1325]

晚唐有「詩禪」之說，《唐才子傳》記載：

（周）繇，江南人，咸通十三年鄭昌圖榜進士，調福昌縣尉。家貧，生理索寞，只苦嗜篇韻，俯有思，仰有詠，深造閫域，時號為「詩禪」。[1326]

五代以後，有關詩、禪一致的議論漸多。五代徐寅說：

夫詩者，儒中之禪也。一言契道，萬古咸知。[1327]

蘇軾這樣稱讚友人李之儀的詩：

暫借好詩消永夜，每至佳句輒參禪。[1328]

李之儀本人則說：

[1323] 〈念佛三昧詩集序〉，《廣弘明集》卷三〇上，《正》第 52 卷第 351 頁中。

[1324] 〈送道虔上人遊方〉，《全唐詩》卷二七三，第 3,082 頁。

[1325] 〈見人詠韓舍人新律詩因有戲贈〉，《元稹集》卷一二，冀勤點校，中華書局，1982 年，第 134 頁。

[1326] 《唐才子傳箋校》卷八，第 3 冊第 534 － 537 頁。

[1327] 《雅道機要》，《詩學指南》卷四。

[1328] 〈夜直玉堂攜李之儀端叔詩百餘首讀至夜半書其後〉，《東坡集》卷一七。

第十二章　佛教與文學思想、文學評論

得句如得仙,悟筆如悟禪。[1329]

後來王士禎則說:

嚴滄浪以禪喻詩,余深契其說,而五言尤為近之。如王、裴輞川絕句,字字入禪。他如「雨中山果落,燈下草蟲鳴」,「明月松間照,清泉石上流」,以及李白「卻下水精簾,玲瓏望秋月」,常建「松際露微月,清光猶為君」,浩然「樵子暗相失,草蟲寒不聞」,劉眘虛「時有落花至,遠隨流水香」,妙諦微言,與世尊拈花、迦葉微笑等無差別。通其解者,可語上乘。[1330]

這一類說法出發點不同,著眼點也不一樣。有的說詩趣通禪趣,有的指禪法通詩法,有的以禪理比詩理,有的則以禪品明詩品,等等。而且有些人談詩、禪一致僅得皮毛,往往是一知半解而隨意附會;就是真正有所理解的人,談論的重點和意圖也有所不同,從而觀點也會有很大差異。例如江西詩派和反對江西詩派的人都以禪喻詩,看法顯然不一樣。

蘇軾明確地主張詩與禪的關聯。他說:

臺閣山林本無異,故應文字不離禪。[1331]

對他來說,禪是一種人生體驗和觀念。正是用這種禪觀來看待外物,就會得到特殊的詩境:

欲令詩語妙,不厭空且靜。靜故了群動,空故納萬境。[1332]

我心空無物,斯文定何間。君看古井水,萬象自往還。[1333]

繼承蘇軾這種觀念並加以發揮的是他曾讚賞的吳可,其《藏海詩話》

[1329]　〈兼江祥暎上人能書,自以為未工,又能詩,而求予詩甚勤,予以為非所當病也,為賦一首勉之,使進於道云〉,《姑溪居士文集後集》卷一。
[1330]　〈書溪西堂詩序〉,《蠶尾續文》卷二。
[1331]　〈次韻參寥寄少游〉,《東坡續集》卷二。
[1332]　〈送參寥師〉,《東坡集》卷一〇。
[1333]　〈書王定國所藏王晉卿畫著色山〉,《東坡集》卷一七。

第五節 詩、禪相通和「以禪喻詩」

主張寫詩要「外枯中膏」、「中邊皆甜」、「含不盡之意見於言外」等等，顯然也更重視「意」的方面。他說：

> 凡作詩如參禪，須有悟門。[1334]

他有〈學詩詩〉三首，具體論「悟門」，引起後人的眾多和作。這些作品以「悟」、「妙悟」說詩，頗有精采見解，要點有以下幾方面。

一是強調自悟。禪家認為自性本來清淨，不假外力，不需他求。禪的這種見解，通於詩歌創作的獨創性原則。所以吳可〈學詩詩〉說：

> 學詩渾似學參禪，頭上安頭不足傳。跳出少陵窠臼外，丈夫志氣本沖天。[1335]

南宗禪反對拘守經教，要人作頂天立地的「大丈夫」，寫詩則重自心的獨特解會，要不因循，敢創新，破棄陳規，突破傳統，就是對於詩聖杜甫也不可模擬，落其窠臼。陸游說：

> 文章之妙，在有自得處，而詩其尤者也。[1336]

他敘述自己的創作歷程，曾說「中年始少悟，漸若窺宏大」[1337]，經歷了擺脫依傍唐人和江西派的過程，才開拓出自己獨創的格局。姜夔則說：

> 文以文而工，不以文而妙。然舍文無妙，勝處要自悟。[1338]

後來的王若虛也說到同樣的意思：

> 文章自得方為貴，衣缽相傳豈是真。已覺祖師低一著，紛紛法嗣復何人。[1339]

[1334] 《藏海詩話》，《歷代詩話續編》上冊第 340 頁。
[1335] 魏慶之《詩人玉屑》卷一，古典文學出版社，1958 年，上冊第 8 頁。
[1336] 〈頤庵居士集序〉，劉應時《頤庵居士集》卷首，《四庫全書》本。
[1337] 〈示子遹〉，《劍南詩稿》卷七八，《四庫全書》本。
[1338] 《白石道人詩說》，《歷代詩話》下冊第 682 頁。
[1339] 〈山谷於詩每與東坡相抗門人親黨遂謂過之而今之作者亦以為然予嘗戲作四絕云〉之四，《滹

第十二章　佛教與文學思想、文學評論

王若虛是極力反對江西詩派的模擬傾向。

二是強調一念之悟。「頓悟」之妙，在不假修持，不經漸次，靈心一動，完成於一剎那間。這一種念悟是不能用文字形容的。詩歌創作往往也是出於一時靈感的激發，其精神狀態也是難以言詮。因此，禪悟和作詩在思考方式上就有一致之處。吳可在《藏海詩話》裡說到作詩須有「悟門」，接著舉例：

……少從榮天和學，嘗不解其詩曰「多謝喧喧雀，時來破寂寥」。一日於竹亭中坐，忽有群雀飛鳴而下，頓悟前語。自爾看詩，無不通者。[1340]

這已和禪師頓悟禪機相似。他的〈學詩詩〉又說：

學詩渾似學參禪，竹榻蒲團不計年。直待自家都了得，等閒拈出便超然。[1341]

後來葉夢得也講一念之悟：

「池塘生春草，園柳變鳴禽。」世多不解此語為工，蓋欲以奇求之耳。此語之工，正在無所用意，猝然與景相遇，藉以成章。不假繩削，故非常情所能到。詩家妙處，當須以此為根本。而思苦言難者，往往不悟。[1342]

這種一念之悟是神祕莫測、不可以蹤跡求的，正是詩歌創作中的「靈感」境界。

三是強調一體之悟。南宗禪主張萬法歸於一心，森羅萬象皆是一心之所印，一念見道，天下皆然，有性無性，統為一體。這樣的觀念用之於詩的構思，則追求意境的整體和諧，表現意境的渾融圓成，而不在具體言句

南遺老集》卷四五。
[1340]　《藏海詩話》，《歷代詩話續編》上冊第 340 － 341 頁。
[1341]　魏慶之《詩人玉屑》卷一，古典文學出版社，1958 年，上冊第 8 頁。
[1342]　《石林詩話》卷中，《歷代詩話》上冊第 426 頁。

第五節　詩、禪相通和「以禪喻詩」

上下功夫，論工拙。吳可〈學詩詩〉說：

> 學詩渾似學參禪，自古圓成有幾聯。春草池塘一句子，驚天動地至今傳。[1343]

這裡也是拿「池塘」、「園柳」一聯為例子，說明好詩在意境的「圓成」。龔相的〈學詩詩〉則說：

> 學詩渾似學參禪，幾許搜腸覓句聯。欲識少陵奇絕處，初無言句與人傳。[1344]

這裡同樣反對搜尋枯腸，雕琢言句。禪悟本是內外明澈、直契本源的，因此觸處是道，立處皆真。用這種心態論詩，也就要皮毛略盡，觸境皆然，唯見真實，不應在雕琢字句上多用力氣。

因而最後，這種一念、一體之悟必然是直證之悟。這是唯識學所謂「現觀」、「親證」，是不藉助於邏輯思考、非名言所可詮釋的。大珠慧海說：

> 得意者越於浮言，悟理者超於文字。法過語言文字，何向數句之求？是以發菩提者，得意而忘言，悟理而遺教，亦猶得魚忘筌、得兔忘蹄也。[1345]

在詩論裡，從司空圖講「味外味」、「文外深旨」，到姜夔《詩說》裡主「貴含蓄」，嚴羽求「言有盡而意無窮」，都與禪的這種直證之悟相通。

上面所講詩、禪一致，「以禪喻詩」，是從創作內容、思考方式立論。五代以後，隨著五家分燈，各個派別都在啟發學人的言句、手段上用功夫，「不立文字」的禪轉而十分講究文字。禪門中上堂示法，請益商量，

[1343]　魏慶之《詩人玉屑》卷一，古典文學出版社，1958年，上冊第8頁。
[1344]　魏慶之《詩人玉屑》卷一，古典文學出版社，1958年，上冊第9頁。
[1345]　《諸方門人參問語錄》卷下，（日）平野宗淨注《頓悟要門》，築摩書房，1965年，第195頁。

鬥機鋒，說公案，不僅重視語言，更發揮出一套獨特的語言表達技巧。宋人受到理學影響，詩歌創作重理致，以道理為詩，以學問為詩，相應地也就重視語言技術，正與禪門重文字的風氣相合。當時禪門喜歡以詩說禪，禪從詩歌獲得表達上的參考；詩人也汲取禪的語言技巧，宋人的詩論多有這方面的內容。

詩歌史上一般把黃庭堅及其開創的江西詩派視為宋詩的代表。前面論及他們的創作時已提到，這一派詩人與禪門有密切關係。他們在詩歌創作上成就不同，論詩觀點也不盡一致，但重視文字技巧則是共同的。他們也講「悟」，如曾季貍說：

後山論詩說換骨，東湖論詩說中的，東萊論詩說活法，子蒼論詩說飽參。入處雖不同，然其實皆一關捩，要知非悟入不可。[1346]

然而這裡雖然也強調「悟入」，但「入處」主要落實於方法上。前面討論禪文學時已經提到，禪門師資講話頭、鬥機鋒，要截斷常識情解，從而形成禪語言的一些特點，提倡所謂「參活句」。所謂「活句」，一方面思考要活絡，不黏不滯，不即不離；具體表達上則多用暗示、聯想、比喻、象徵、雙關、答非所問等靈活手法。後人評論黃庭堅說：

黃魯直……以俗為雅，以故為新，不犯正位，如參禪，著末後句為具眼。[1347]

黃庭堅作詩講究所謂「奪胎換骨」、「點鐵成金」法門，正是注重言句、事典的翻新。闡述黃庭堅一派詩論的范溫，名其所著為《詩眼》，取作詩的「正法眼」之意。他雖然也強調「識」與「悟」，但更重「識作詩句法」，認為「句法之學，自是一家功夫」。吳可等人反對追求一聯一句之妙，黃庭堅、范溫則專求句法之工，兩種見解同樣受到禪宗影響，但其間

[1346] 《艇齋詩話》，《歷代詩話續編》上冊第 296 頁。
[1347] 李屏山〈劉西岩小傳引〉，《中州集》卷二。

第五節 詩、禪相通和「以禪喻詩」

的變化是明顯的。這也是詩論上的重大轉變。

對於江西詩派有總結表彰之功的呂居仁素明禪學，論詩也主「悟入」[1348]，而具體創作則提倡「活法」。他說：

學詩當識活法。所謂活法者，規矩備具，而能出於規矩之外；變化不測，而亦不背於規矩也。是道也，蓋有定法而無定法，無定法而有定法。知是者，則可以與語活法矣。[1349]

他有詩說：

唯昔交朋聚，相期文字盟。筆頭傳活法，胸次即圓成。[1350]

這種「活法」又被歸納為某些具體寫作方法。如羅大經說：

兩句一意，乃詩家活法。[1351]

陳模說：

杜詩：「風磴吹陰雪，雲門吼瀑泉。酒醒思臥簟，衣冷欲裝棉。」此本是難解，乃是十字一意解……讀者要當以活法求之。[1352]

俞成說：

文章一技，要自有活法。若膠古人之陳跡，而不能點化其句語，此乃謂之死法。死法專主蹈襲，則不能生於吾言之外；活法奪胎換骨，則不能斃於吾言之內。斃吾言者，故為死法；生吾言也，故為活法。[1353]

由此可見，「活法」成為江西詩派的重要創作原則之一。這種理論也影響到整個詩壇。周必大也主張「活法」：「誠哉萬事悟活法，誨人有功如

[1348]〈與曾吉甫論詩第一帖〉，《苕溪漁隱叢話》前集卷四九。
[1349]〈夏均父集序〉，《後村先生大全集》卷九五〈江西詩派・呂紫微〉，《四部叢刊》本。
[1350]〈別後寄舍弟三十韻〉，《東萊先生詩集》卷六，《四部叢刊》本。
[1351]《鶴林玉露》乙編卷四〈雲日對〉，王瑞來點校，中華書局，1983年，第194頁。
[1352]《懷古錄》卷上。
[1353]《螢雪叢說》卷一，《叢書集成初編》本。

第十二章 佛教與文學思想、文學評論

利涉。」[1354] 楊誠齋推崇江西詩派「以味不以形」，也是指善用「活法」。陸游曾受江西詩派影響，也反對「參死句」[1355]。張鎡則說：「胸中活底仍須悟，若泥陳言卻是痴。」[1356] 把「悟門」限制在「悟活法」，也正是「文字禪」與「以文字為詩」相貫通的展現。

「活法」主要展現在句法上。再進一步具體化，則歸結到文字的應用上，專門講求推敲文字，以一字論工拙。齊己曾有詩說：「千篇著述誠難得，一字知音不易求。」[1357]「千篇未聽常徒口，一字須防作者心。」[1358] 有關於他的一段逸事：

> 齊己有〈早梅〉詩，中云「昨夜數枝開」，鄭谷為點定曰：「數枝非早，不若一枝佳耳。」人以谷為齊己一字師。[1359]

晚唐、五代類似的記載有許多，作為小說家言，可靠性是值得懷疑的。但它們反映的詩壇風氣則是真實的。本來中唐孟郊、賈島等人已興起苦吟之風，努力追求「一字」的工拙。到宋代，由於更多地效法禪門專精文字的做法，這種風氣更被推波助瀾。所以宋代有更多的一字師故事，正是宋人「以文字為詩（文）」風尚的具體表現。這種風氣之興盛，則如上所述與禪門的語言運用有密切關係。

禪門還有一個概念——「宗眼」。法眼文益即曾要求「須語帶宗眼，機鋒酬對，各不相辜」，並批評當時禪林裡有些人「對答既不辨綱宗，作用又焉知要眼」[1360]。「宗眼」這個詞本來是指宗義的關鍵，引申為表達

[1354] 周必大〈次韻楊廷秀待制寄題朱氏渙然書院〉，《周益國文忠公集》卷四一《平園續稿》卷一，《四庫全書》本。

[1355] 〈贈應秀才〉，《劍南詩稿》卷三一。

[1356] 〈題尚友軒詩〉，《南湖集》卷五，《知不足齋叢書》本。

[1357] 〈謝人寄新詩集〉，《全唐詩》卷八四四，第9,538頁。

[1358] 〈送吳先輩赴京〉，《全唐詩》卷八四五，第9,561頁。

[1359] 轉引王士禛原編、鄭方坤刪補《五代詩話》卷八，戴鴻森點校，人民文學出版社，1989年，第329頁。

[1360] 《宗門十規論》，《續藏經》第63卷第37頁。

第五節　詩、禪相通和「以禪喻詩」

宗派觀點的關鍵字眼。因此禪門中又有「句中有眼」之說。文人們把這一項觀念用於論藝，講究所謂「詩眼」。這也是注重推敲文字的又一項具體表現。南宋牟巘論僧人恩上人詩說：

……大率不蔬筍，不葛藤，又老辣，又精采，而用字新，用字活，所謂詩中有句，句中有眼，直是透出畦逕，能道人所不到處。想當來必從悟入，非區區效苦吟生鉢心陷胃作為如此詩也。或謂禪家每以詩為外學，上古德多有言句，不知是詩是禪、是習是悟、是外是內耶。[1361]

這裡明確指出所謂「詩中有句，句中有眼」，具體表現在「用字新，用字活」。「新」和「活」應包括意義和方法兩個方面的要求。「詩眼」即指「新」和「活」的用字。這裡還進一步指出，這種用字方法是「悟入」的。這就和禪悟的道理一致了。

「詩眼」概念也有兩個含義。蘇軾說：「君雖不作丹青手，詩眼亦自工識拔。」[1362] 這裡是指對詩的見解。「眼」謂「眼光」。范溫說「學者要先以識為主，如禪家所謂正法眼者。直須具此眼目，方可入道」[1363]，也是這樣的意思。南宋劉應時評陸游詩：

飽參要具正法眼，切忌錯下將毋同。茶山夜半傳機要，斷非口耳得其妙。[1364]

陸游早年從曾幾受詩法，這裡是說他所得是「正法眼」，也是指正確的見解。另一個含義就是牟巘文章指出的，指寫詩使用的新、活字眼。後一種「詩眼」之說被黃庭堅以及後來的「江西詩派」大加發揮，用來表達他們重視詞語鍛鍊的主張。黃庭堅詩云：

[1361]　〈跋恩上人詩〉，《陵陽集》卷一七，《四庫全書》本。
[1362]　〈次韻吳傳正枯木歌〉，《東坡後集》卷三。
[1363]　《潛溪詩眼》，《宋詩話輯佚》上冊第 317 頁。
[1364]　〈讀放翁劍南集〉，《頤庵居士集》卷上，《四庫全書》本。

第十二章 佛教與文學思想、文學評論

拾遺句中有眼,彭澤意在無弦。顧我今六十老,付公以二百年。[1365]

他特別稱讚杜甫「句中有眼」,同時又表揚陶淵明「意在無弦」的混融無跡。但其後學卻更重視前一方面。范溫作《潛溪詩眼》,其主要關注處在「鍊字」,即前述「詩眼」的後一種含義。他說:

世俗所謂樂天《金針集》,殊鄙淺,然其中有可取者。「鍊句不如鍊意」,非老於文學不能道此。又云「鍊字不如鍊句」,則未安也。好句要須好字。如李太白詩:「吳姬壓酒喚客嘗。」見新酒初熟,江南風物之美,工在「壓」字。老杜〈畫馬〉詩:「戲拈禿筆掃驊騮。」初無意於畫,偶然天成,工在「拈」字。柳詩:「汲井漱寒齒。」工在「汲」字。工部又有所喜用字,如「修竹不受暑」,「野航恰受兩三人」,「吹面受和風」,「輕燕受風斜」,「受」字皆入妙。老坡尤愛「輕燕受風斜」,以謂燕迎風低飛,乍前乍卻,非「受」字不能形容也。至於「能事不受相促迫」,「莫受二毛侵」,雖不及前句警策,要自穩愜爾。[1366]

這裡指出的「鍊字」之處,正是「詩眼」所在。

釋惠洪論詩也說:

造語之工,至於荊公、東坡、山谷,盡古今之變。荊公曰:「江月轉空為白晝,嶺雲分暝與黃昏。」又曰:「一水護田將綠繞,兩山排闥送青來。」東坡〈海棠〉詩曰:「只恐夜深花睡去,高燒銀燭照紅妝。」又曰:「我攜此石歸,袖中有東海。」山谷曰:「此皆謂之句中眼,學者不知此妙,語韻終不勝。」[1367]

這是特別表揚王安石、蘇軾、黃庭堅的「造語之工」,關鍵又在「句中眼」。這也反映了宋人作詩的追求。

[1365] 〈贈高子勉四首〉之四,《豫章黃先生文集》卷一二。
[1366] 《宋詩話輯佚》卷上,第 321 — 322 頁。
[1367] 《冷齋夜話》卷五。

544

第五節　詩、禪相通和「以禪喻詩」

　　禪語講究一字之妙，帶動了詩語的重視推敲之風；禪門談禪要求「句中有眼」，啟發詩壇總結出「詩眼」觀念。更進一步看，宋人無論作詩還是論詩，往往在一句一字上較工拙。這也是宋人「以文字為詩」的一種典型表現，與當時的禪語言有密切關係。

　　宋人作詩，用心力於推敲字句，以至據一字論工拙，使得詩歌的語言更加準確、更加精緻了。但過分追求一言一句的精確完美，以至忽略了整體的意境，這就引發出所謂「鍊字」、「鍊句」與「鍊意」孰優孰劣的問題，進而出現了創作中重「情性」、「興趣」、「興象」還是溺於「理路」、「言筌」的爭論，終於發展為延續久遠的唐、宋詩之爭的一個焦點。平心而論，「不立文字」的禪發展成「文字禪」，乃是禪宗自身衰落的表現，但其影響到詩歌創作的語言運用，推動了詩歌語言修辭技巧的鍛鍊，還是有貢獻的；只因為走向極端而流蕩往返，則成為偏頗或弊害了。

第十二章　佛教與文學思想、文學評論

第十三章

近代

第十三章　近代

第一節　晚清居士佛教的振興

關於晚清佛學發展的狀況，法國學者瑪麗安・巴斯蒂－布魯吉埃爾（Marianne Bastid-Bruguière）曾指出：「宗教思考的復甦是中國文人學士的意識的回歸性現象。誠然，在帝制的最後幾個世紀中，這一種現象只有在明代末年政治社會危機極度深化的時期才以比較充分的群體趨勢顯現出來，此後它只是或因個人的傾向，或因個人的命運，以個人的形式，零星地維持其存在。」[1368] 這裡所謂「回歸」，指向固有傳統的回歸。在晚清，佛教與佛學已是傳統的重要成分。梁啟超在《清代學術概論》裡更精闢地描述這種群體「回歸」的形勢說：

晚清思想界有一伏流，曰佛學。前清佛學極衰微，高僧已不多，既有，亦於思想界無關係。其在居士中，清初王夫之頗治相宗，然非其專好。至乾隆時，則有彭紹升、羅有高，篤志信仰。紹升嘗與戴震往復辨難（《東原集》）。其後龔自珍受佛學於紹升（《定庵文集》有〈知歸子贊〉，知歸子即紹升），晚受菩薩戒。魏源亦然，晚受菩薩戒，易名承貫，著《無量壽經會譯》等書。龔、魏為「今文學家」所推獎，故「今文學家」多兼治佛學。石埭楊文會少曾佐曾國藩幕府，復隨曾紀澤使英，夙棲心內典，學問博而道行高，晚年息影金陵，專以刻經弘法為事，至宣統三年武漢革命之前一日圓寂。文會深通「法相」、「華嚴」兩宗，而以「淨土」教學者，學者漸敬信之。譚嗣同從之遊一年，本其所得以著《仁學》，尤嘗鞭策其友梁啟超。啟超不能深造，顧亦好焉，其所著論，往往推挹佛教。康有為本好言宗教，往往以己意進退佛說。章炳麟亦好「法相宗」，有著述。故晚

[1368] 瑪麗安・巴斯蒂－布魯吉埃爾〈梁啟超與宗教問題〉，(日)狹間直樹編《梁啟超・明治日本・西方——日本京都大學人文科學研究所共同研究報告》，社會科學文獻出版社，2001年，第456頁。

第一節　晚清居士佛教的振興

清所謂新學家者，殆無一不與佛學有關係。而凡有真信仰者，率皈依文會。[1369]

梁啟超以當時人記當時事，自有其體察深刻處。這裡對佛教給予晚清學術界的影響作了相當精確的概括描寫。鴉片戰爭以後，清王朝在帝國主義侵逼下，腐敗無能，積貧積弱，國衰民困，危機四伏，知識階層探索救國救民的方策，一方面向西方學習，引進西方科學與文化，另一方面則回歸中國傳統思想、學術，其中包括佛學。梁啟超正描述了這一股形成一定聲勢的振興佛學的潮流。但推動這一股潮流之人的立場、觀點並不相同：有主張維新變法的改良派，有革命派，也有熱衷於革新佛教的居士階層。他們對佛教的態度也大不一致：有些人是堅定的信仰者，有些人推崇佛學但並不信仰佛教，還有些人全然是借用佛教的某些內容來闡發自己的思想主張。梁啟超曾以「應用佛學」[1370]來概括譚嗣同《仁學》裡的佛學，可以用來說明晚清時期振興佛教潮流的普遍特徵：即不同立場、觀點的人所闡發和提倡的佛學，均具有鮮明的經世致用的「應用」性質。另一方面則研習、讚賞和宣揚佛說的人，多重視教理方面，尤其對法相唯識教學加以推崇和闡發，因而慈恩宗義特別得以振興。總之，這一股頗具聲勢的思潮帶著其正面的內容與作用和負面的局限與後果，匯入時代變革的整體潮流之中，使得歷史悠久、但已長期沒落的中國佛教對思想、學術、文學藝術諸多領域又一次發揮相當的影響，作出了一定的貢獻。

下面介紹幾位在文學藝術領域具有重大影響的人物。

[1369]　梁啟超《清代學術概論》，《梁啟超史學論著四種》，嶽麓書社，1998年，第93頁。
[1370]　梁啟超〈論佛教與群治之關係〉，《飲冰室合集》文集第四冊，中華書局，1989年。

第十三章　近代

第二節　康有為

康有為（西元 1858 — 1927 年），字廣夏，號長素，又號更生，廣東南海人，是近代啟蒙維新派的精神領袖。他在晚清所推動的「康梁變法」、「百日維新」，乃是激發革命運動的前奏。著作有《新學偽經考》、《孔子改制考》、《大同書》等。他在這些著作中，批判程朱為代表的舊經學，宣揚民主、自由、平等、博愛思想和改良主義理論。在建構其思想理論體系過程中，他藉助於古代經學、主要是「公羊」學派的觀點和方法，以所謂「孔教復原」來實現其改革的政治和社會理想。梁啟超評論他的老師的貢獻說：「先生所以效力於國家者，以宗教事務為最偉，其所以得謗於天下者，亦以宗教事務為最多。」這裡所謂宗教，指的是「孔教」。但他同時也肯定康有為利用佛學來發展出自己的思想，並指出康有為本人也承認佛教比儒教更為完備，因此其學說必然融入佛學的內容。他特別指出：「先生所以不畏疑難、剛健果決以旋撼世界者，皆此自信力為之也。蓋受用於佛學者多矣。」[1371]錢穆論康有為的思想來歷則認為，在中國古代為莊、墨，「又炫於歐美之新奇，附之釋氏之廣大，而獨以孔子為說」[1372]。康有為一生中並沒有留下專門的佛學著作，但在其代表作《大同書》等著作裡，有關佛學的觀點卻多有反映，展現了佛學對他的思想、學術的深刻影響；而且可以明顯看出，這種影響集中表現在學理方面。他所開創的這一項傳統也成為近代佛學的一個重要特徵。

康有為早年師事名儒朱次琦，潛心於陸、王心學，兼修史學，同時在佛學方面也打下了堅實基礎。光緒十七年（西元 1891 年）在廣州萬木草堂講學，即取華嚴教理來闡發其哲學思想。梁啟超說「先生由陽明學以入佛

[1371] 梁啟超《康南海先生傳》，《飲冰室合集》文集第六冊，中華書局，1989 年。
[1372] 錢穆《中國近三百年學術史》，商務印書館，1997 年，下冊第 738 頁。

第二節 康有為

學,故最得力於禪宗,而以華嚴宗為歸宿焉」[1373]。他的哲學的根本觀念是「以元為體」,而「統於天」的「元」也就是華嚴宗所說的「性海」。他用佛教語言來解釋世界觀:「眾生同原於性海,捨眾生亦無性海;世界原具含於法界,捨世界亦無法界。」正是這種華嚴法界緣起思想被他作為提倡平等觀念的理據。《大同書》開宗明義的甲部,就是〈入世界觀眾苦〉,其中又分為「人生之苦」、「天災之苦」、「人道之苦」等六章,這種對人生的看法,正通於佛教「四聖諦」的第一「苦諦」。《大同書》的最後一部癸部,則是〈去苦界至極樂〉,這種語言顯然也是來自佛教。他用華嚴妙界來勾畫他所理想的極樂境界。其中〈靈魂之樂〉一節中有云:

養形之極,則人有好新奇者,專養神魂,以去輪迴而遊無極,至於不生不滅、不增不減焉。[1374]

這裡所提出的,又正通於佛教宣揚的涅槃境界。他採用《公羊》「三世」之說,構想出歷史發展的三個階段,即君主專制的「據亂世」、君主立憲的「昇平世」和民主平等的「太平世」。他所描繪的「太平世」,雜糅了《禮記・禮運》篇裡的「小康」、「大同」理想、西方政治思想以及佛家的慈悲、平等觀念。他特別對佛學加以推崇,說:

大同之世,唯神仙與佛學二者大行。蓋大同者世間法之極,而仙學者長生不死,尤世間法之極也。佛學者不生不滅,不離乎世間出乎世間,有出乎大同之外也。至是則出乎人境而入乎仙、佛之境,於是仙、佛之學方始矣。

他更進一步說:

仙學太粗,其微言奧理無多,令人醉心者有限。若佛學之博大精微,至於言語道斷,心行路絕,雖有聖哲無所措手,其所包容尤為深遠……故

[1373] 梁啟超《康南海先生傳》,《飲冰室合集》文集第六冊,中華書局,1989年。
[1374] 康有為《康有為大同論二種》,三聯書店,1998年,第368頁。

大同之後,始為仙學,後為佛學;下智為仙學,上智為佛學。[1375]

於是,佛學就成為大同世界的最高的、也是唯一的宗教。由此可見康有為對佛教推尊之重。但值得注意的是,他並不同意出家為僧侶。己部〈出家界為天民〉的〈總論〉說:

吾於佛義之微妙廣大,誠服而異之。而於其背父母而逃,不償夙負而自圖受用,則終以為未可也。且夫大地文明,實賴人類自張之。若人類稍少,則聰明同縮,復為野蠻,況於禁男女之交以絕人類之種![1376]

這不但說明他反對僧侶主義的立場;而「僧」本是佛門三寶之一,僧團乃是佛教存在的依託,反對出家則無疑即否定了佛教作為教團的依據。由此也可以看出康有為的佛學思想注重政治、注重學理的特徵。康有為有〈大同書成題詞〉說:

人道只求樂,天心唯有仁。先除諸苦法,漸見太平春。一一生花界,人人現佛身。大同猶有道,吾欲度生民。

由此可以看出作者的高遠理想,而這一種理想中又顯然透露出佛教濟度觀念和極樂世界的影子。

第三節　譚嗣同

譚嗣同(西元 1865 − 1898 年),字復生,號壯飛,別署華相眾生、東海褰冥氏、通眉生等,湖南瀏陽人。作品結集為《譚嗣同全集》。他潛心考據、箋注、古詩文、兵法等傳統學術,又鑽研西方天算、格致、政治之學。光緒三年(西元 1877 年),其父譚繼洵任官於甘肅,他有機會遍遊

[1375]　康有為《康有為大同論二種》,三聯書店,1998 年,第 369 頁。
[1376]　康有為《康有為大同論二種》,三聯書店,1998 年,第 205 頁。

第三節　譚嗣同

西北、東南諸省，目睹災民流離、山河異變，深有感觸。光緒二十二年在北京結識梁啟超，進一步了解康、梁的變法主張。同年選為候補知府，在南京候缺，結識著名居士楊文會，跟隨他學佛一年，遍閱《華嚴》及性、相二宗著作，佛學大為精進。這一段時期，他一方面接受康有為的今文經學，一方面深入研究佛學，融會二者，遂「會通群哲之心法，衍繹南海之宗旨」[1377]，寫出著名的《仁學》一書。此後他來往滬、寧、湘等地，與梁啟超、楊文會等商討學術，創辦學會，出版報刊，宣揚維新思想。梁啟超說：

> 譚瀏陽之有得於佛學，知瀏陽者皆能言之。然瀏陽之學佛，實自金陵楊仁山居士。其遺詩有〈金陵聽說法〉一章，即居士所說也。詩云：「而為上首普觀察，承佛威神說偈言。一任法田賣人子，獨從性海救靈魂。綱倫慘以喀私德，法會盛於巴力門。大地山河今領取，庵摩羅果掌中論。」[1378]

這裡「喀私德」和「巴力門」都是外語音譯，前者指印度種姓制度，後者謂議會。詩中頌揚楊仁會承佛說法為普救靈魂的事業，批判歧視人的種姓制度，讚揚西方的議會民主。

戊戌變法時，譚嗣同被舉薦為四品卿銜軍機章京，參議新政。維新失敗，他與楊銳等五人同時被戮，人稱「戊戌六君子」。在《仁學》中他鼓吹「衝決網羅」的大無畏精神，他又曾說「各國變法，無不從流血而成……有之，請自嗣同始」[1379]。他臨難不屈，忠實實踐了自己的理念。

譚嗣同推重佛教，重在救度眾生和變法維新。他說：「佛法以救度眾生為本根，以檀波羅蜜為首義（克己時，當以螻蟻、草芥、糞土自待；救

[1377] 梁啟超《戊戌政變記·譚嗣同傳》，《飲冰室合集》專集之一，中華書局，1989年。
[1378] 梁啟超《飲冰室詩話》，人民文學出版社，1959年，第13頁。詩為〈金陵聽說法詩〉四首之三，見《譚嗣同全集》（增訂本），中華書局，1981年，第247頁。
[1379] 梁啟超〈譚嗣同傳〉，《譚嗣同全集》（增訂本），中華書局，1981年，第556頁。

人時，當以佛天、聖賢、帝王自待），即吾孔、孟救世之深心也。」[1380] 他致歐陽漸書又說：「佛說以無畏為主，以已成德者為大無畏，教人也名施無畏，而無畏之源出於慈悲。故為度一切眾生故，無不活畏，無惡名畏，無死畏，無地獄惡道畏，乃至無大眾威德畏，蓋仁之至矣。」[1381] 他正是以這種大無畏精神來實踐改革理想。

《仁學》是譚嗣同思想成熟期的代表論著，其〈自敘〉中明確寫作目的：「網羅重重，與虛空而無極。初當衝決利祿之網羅，次衝決俗學若考據、若詞章之網羅，次衝決全球群學之網羅，次衝決君主之網羅，次衝絕倫常之網羅，次衝決天之網羅，次衝決全球群教之網羅，終將衝決佛法之網羅。然真能衝決，亦自無網羅；真無網羅，乃可言衝決。」[1382] 其全書綱領是所謂「以求仁為宗旨，以大同為條理，以救中國為下手，以殺身破家為究竟」[1383]。他在前面的〈界說〉中說：

凡為《仁學》者，於佛書當通《華嚴》及心宗、相宗之書；於西書當通《新約》及算學、格致、社會學之書；於中國書當通《易》、《春秋公羊傳》、《論語》、《禮記》、《孟子》、《莊子》、《墨子》、《史記》及陶淵明、周茂叔、張橫渠、陸子靜、王陽明、王船山、黃梨洲之書。[1384]

這清楚表示他會通自然科學、傳統經學和佛學，融科學、哲學、宗教於一爐，以「世法」為極軌而通之於佛教，從而佛法在其整個思想體系中佔據重要地位。《仁學》開宗明義即利用當時自然科學關於「以太」（當時物理學認為是宇宙間無所不在的介質）的概念，認為即孔子所謂「仁」、「元」、「性」，墨子所謂「兼愛」，佛所謂「性海」；而仁為以太之用，天地

[1380] 〈壯飛樓治事十篇第九・群學〉，《譚嗣同全集》（增訂本），中華書局，1981 年，第 443 頁。
[1381] 〈上歐陽中鵠・十一〉，《譚嗣同全集》（增訂本），中華書局，1981 年，第 469 頁。
[1382] 《譚嗣同全集》（增訂本），中華書局，1981 年，第 290 頁。
[1383] 〈仁學序〉，原載《清議報》第二冊，轉引《譚嗣同全集》（增訂本），中華書局，1981 年，第 373 頁。
[1384] 《譚嗣同全集》（增訂本），中華書局，1981 年，第 293 頁。

第三節　譚嗣同

萬物由之而生，由之而通。他基於此而建立起平等、革新的理據。他用佛教的「不生不滅」、「一多相容」、「三世一時」等觀念，來看待人的靈魂和世界的存在，從而肯定革故鼎新的必要。他認為佛教的「懺悔」、「精進」都具有求「新」的意義，他說：「則新也者，夫亦群教之公理已。德之宜新也，世容知之。獨何以居今之世，猶有守舊之鄙生，斷斷然曰不當變法，何哉？……雖然，彼之力又何足以云爾哉！毋亦自斷其方生之化機，而與於不仁之甚，則終成為極舊極敝一殘朽不靈之廢物而已矣。」[1385] 他熱情滿懷地說：

> 西人之喜動，其堅韌不撓，以救世為心之耶教使然也。又豈唯耶教，孔教固然矣。佛教尤甚。曰「威力」，曰「奮迅」，曰「勇猛」，曰「大無畏」，曰「大雄」，括此數義，至取象於師子……故夫善學佛者，未有不震動奮厲而雄強剛猛者也。[1386]

他所理解的佛法，毫無悲觀、出世色彩。他說：

> 佛法以救度眾生為根本，以檀波羅密為首義。克己時，當以螻蟻、草芥、糞土自待；救人時，當以佛、天、聖賢、帝王自待，即吾孔、孟救世之深心也。學者墮落小乘，不離我相，於是為孔、孟者獨善其身，為佛者遁於斷滅。揆之立教之初心，不啻背馳於燕、越，甚無謂也。[1387]

他更具體分辨佛與老，認為二者不當混而同之。他說：山林習靜在佛詆為頑空，為斷滅，為九十六種外道之一。他完全是從積極能動的方面來理解佛學，論證儒、釋、耶諸教的統一，從而全面系統性地發揮了革故鼎新、救世度人的理想。他主張發揚威力奮迅、勇猛如獅子的精神，強眨不捨地「衝絕網羅」。他自己確實能實踐這種大無畏的勇氣，自覺地為改革

[1385]《譚嗣同全集》（增訂本），中華書局，1981年，第 318－319 頁。
[1386]《譚嗣同全集》（增訂本），中華書局，1981年，第 321 頁。
[1387]〈壯飛樓治世十篇第九‧群學〉，《譚嗣同全集》（增訂本），中華書局，1981年，第 443 頁。

事業獻出了性命。

譚嗣同的詩抒寫憂國情懷和報國壯志，在黑暗窒息的時代發出覺醒的呼聲，風格或激越蒼涼、或深密幽邃，「獨闢新界而淵含古聲」[1388]。他三十歲以前的作品，記遊詠懷，沉鬱哀豔，風格更接近六朝、晚唐。參與變法維新活動以後的作品則加入維新觀念和語彙，面貌一新。他這一段時期的作品裡雜用新名詞和佛、耶語，雖然稍顯生僻怪誕，但卻正反映了他勇於表現新思想、新事物的強烈願望。在這一方面他和梁啟超等人是一致的。他有贈梁啟超詩說：

虛空以太顯諸仁，絡定閻浮腦氣筋。何者眾生非佛性，但牽一髮動全身。機鈴地軸言微緯，吸力星林主有神。希卜梯西無著處，智悲香海返吾真。[1389]

這裡講的即是《仁學》，「仁以通為第一義，以太也，電也，心力也，皆指所以通之具」的道理。他認為這就是「慈悲」、「佛性」。代表他的風格的作品有〈似曾詩〉四首：

同住蓮花證四禪，空然一笑是橫闐。唯紅法雨偶生色，被黑罡風吹墮天。大患有身無想定，小言破道遣愁篇。年來嚼蠟成滋味，闌入《楞嚴》十種仙。

無端過去生中事，兜上朦朧業眼來。燈下髑髏誰一劍，尊前屍塚夢三槐。金裘噴血和天鬥，雲竹歌聲匝地哀。徐甲倘容心懺悔，願身成骨骨成灰。

死生流轉不相值，天地翻時忽一逢。乾笑東風真解脫，春詞殘月已冥濛。桐花院落烏頭白，芳草汀洲雁淚紅。隔世金環彈指過，結空為色又俄空。

[1388]　梁啟超《飲冰室詩話》，人民文學出版社，1959 年，第 1 頁。
[1389]　〈贈梁卓如詩四首〉之三，《譚嗣同全集》（增訂本），中華書局，1981 年，第 244 頁。

柳花风有何冤業，萍末相逢乃爾奇。直到化泥方是聚，只今墮水尚成離。焉能忍此而終古，亦與之為無町畦。我佛天親魔眷屬，一時撒手動僧祇。[1390]

梁啟超評論這一組詩說：「其言沉鬱哀豔，蓋瀏陽集中所罕見者，不知其何所指也。然遣情之中，字字皆學道有得語，亦瀏陽之所以為瀏陽，新學之所以為新學歟！」[1391] 把輸入的新概念和佛典的詞語意念融入詩句，造成了新穎而又古奧、淵深而又奇崛的詩風。這也正展現了新學家融會百家、勇於創新的風格特色。

第四節　梁啟超

梁啟超（西元 1873 — 1929 年），字卓如，一字任甫，號飲冰子，或署飲冰室主人，廣東新會（今廣東新會縣）人。作品結集為《飲冰室合集》。早年受學於康有為。康有為當年在廣州萬木草堂授徒講學，以宋明理學和佛學為體，以史學和儒學為用。「甲午戰爭」之後，隨同康有為聯合各省舉人「公車上書」，宣傳維新變法主張，並成為「百日維新」的領導人之一。變法失敗，「六君子」遇難，他流亡日本，奔走於美、澳、南洋各地，建立保皇會，宣揚改良主義，主張君主立憲。辛亥革命以後，曾策動蔡鍔組織護國軍討伐袁世凱稱帝，並曾出任北洋段祺瑞政府財政總長。第一次世界大戰後遊歷歐洲，回國後棄政從學，在南開大學、清華大學任教，並全力從事學術著述。按法國學者巴斯蒂的看法，他對待佛教與佛學的態度，可以劃分為四個時期：在 1901 年秋季以前，他開始接觸佛教，試圖從中尋求救國之道；1901 年秋到 1905 年初，他有意識地把佛教當作

[1390]　《譚嗣同全集》（增訂本），中華書局，1981 年，第 245 — 246 頁。
[1391]　梁啟超《飲冰室詩話》，人民文學出版社，1959 年，第 2 頁。

第十三章 近代

政治變革的工具來宣揚。正是在這一段時期，梁啟超借用日語翻譯拉丁語 religare 一詞「宗教」，開始使用現代社會科學詞語的「宗教」一詞，同時繼續使用已有的「佛學」一詞。詞語（概念）的使用代表著他對待佛教的觀念的進展，具有思想史的意義。從 1905 年初到 1918 年 10 月十三年間，梁啟超態度轉變，基本上輕忽宗教問題，而更重視意識形態問題；1918 年到去世，他重新回歸重視宗教問題，並把振興佛教當作文化建設的重心之一[1392]。梁啟超對待佛教的心路歷程，大致上代表了當時思想界的整體趨勢。

梁啟超自幼接受經學教育，而作為啟蒙思想家，在介紹西方社會、政治、經濟學說方面，他做了許多工作，同時又和友人譚嗣同、夏曾佑等一起研習佛學。他 1902 年作〈論宗教家與哲學家之長短得失〉、〈論佛教與群治之關係〉。前者指出無宗教思想則無統一、無希望、無解脫、無忌憚、無魄力；後者則提出佛教有六大優點：智信而非迷信、兼善而非獨善、入世而非厭世、無量而非有限、平等而非差別、自力而非他力。他這一段時期有〈論支那宗教改革〉一文，又揭示出孔教的六大主義。將它們與佛教的六項優點相比較會發現，他認為二者有相同和互異兩方面。就相異兩項而論，佛教的智信和入世恰可補「孔教」的不足，從而他力圖把佛教納入革新思想體系之中。但隨著他政治上漸趨保守，對待佛教的立場有很大的變化。第一次世界大戰後遊歐，回國後他評論說：

> 泰西思想界，現在依然是混沌過渡時代，他們正在那裡橫衝直撞，尋覓曙光。許多先覺之士，正想把中國印度文明輸入。[1393]

這一段時期他否定西方文化的價值，認為東方文明可以拯救世界，其中既有中國的三聖——孔、老、墨，也有印度文明的佛教。他的這種論

[1392] 參閱巴斯蒂〈梁啟超與宗教問題〉，（日）狹間直樹編《梁啟超・明治日本・西方——日本京都大學人文科學研究所共同研究報告》，社會科學文獻出版社，2001 年，第 456 頁。

[1393] 梁啟超《歐遊心影錄節錄》，《飲冰室合集》專集第二十三冊，中華書局，1989 年。

第四節　梁啟超

調當時就受到包括取持自由主義立場的胡適等人的批評。1920 年代他脫離政壇後，更潛心研究佛典，在南京從佛學家歐陽竟無學法相唯識之學，擬編撰《中國佛教史》，寫成一批文章，後來輯錄為《佛學研究十八篇》。

梁啟超稱佛教的信仰為「智信」，他說：

中國之佛學，以宗教而兼有哲學之長。中國人迷信宗教之心，素稱薄弱……佛說本有宗教與哲學之兩方面。其證道之究竟也在覺悟（覺悟者，正迷信之反對也），其入道之法門也在智慧（耶教以為人之智力極有限，不能與全知全能之造化主比），其修道之得力也在自力（耶教日事祈禱，所謂借他力也）。佛教者，實不能與尋常宗教同視者也。[1394]

而他個人對於以「悲智雙修」為綱領的佛教信仰，則更注重教理方面。不過他如當時的一般啟蒙主義者一樣，往往對佛教教理作出「哲學」的解釋。他的信仰核心是「因果報應」論和「精神不死」說。他在給子女的信中說：

……思成前次給思順的信說：「感覺著做錯多少事，便受多少懲罰，非受完了不會轉過來。」這是宇宙間唯一真理（我篤信佛教，就在此點，七千卷《大藏經》也只說明這點道理）。凡自己造過的「業」，無論為善為惡，自己總要受「報」，一斤報一斤，一兩報一兩，絲毫不能躲閃，而且善和惡是不能抵消的……佛教所說的精理，大略如此……我的宗教觀、人生觀的根本在此，這些話都是我切實受用的所在。[1395]

這種報應觀又是和他的生死觀相一致。他曾概觀中國的儒教、道家（莊列、老楊、神仙）、埃及古教、婆羅門外道、景教等對於生死的看法，特別推重佛教：

[1394]　梁啟超《論中國學術思想變遷之大勢》，《飲冰室合集》文集第七冊，中華書局，1989 年。
[1395]　〈與梁令嫻等書〉，《梁啟超年譜長編》，上海人民出版社，1983 年，第 1,046 頁。

第十三章　近代

佛說其至矣，謂一切眾生本不生不滅，由妄生分別，故有我相，我相若留，則墮生死海；我相若去，則法身常存。死固非可畏，亦非可樂，無所礙，無所恐怖，無所貪戀，舉一切宗教上最難解之疑問，一一喝破之，佛說其至矣。[1396]

他贊同友人楊度在《中國之武士道》中論「精神不死」的觀點：「……去我之體魄有盡，而來人之體魄無盡，斯去我之精神與來人之精神相貫相襲，相發明相推衍，而亦長此無盡，非至地球末日，人類絕種，則精神無死去之一日。盛矣哉！人之精神果可以不死也。」他進一步發揮說：

故以吾所綜合諸尊諸哲之說，則微特聖賢不死，豪傑不死，即至愚極不肖之人亦不死。語其可死者，則俱死也；語其不可死者，則俱不死也。但同為不死，而一則以善業之不死者遺傳諸方來，而使大我食其幸福；一則以惡業之不死者遺傳諸方來，而使大我受其痛苦……然則吾人於生死之間所以自處者，其可知矣。

他進而又說：

夫使在精神與軀殼可以兩全之時也，則無取夫戕之，固也。而所以養之者，其輕重大小，既當嚴辨焉。若夫不能兩全之時，則寧死其可死者，而毋死其不可死者。死其不可死者，名曰心死。君子曰：哀莫大於心死。[1397]

由他的這種生死觀自然可以得出結論，為了革新事業可以捨生取義，而不能苟全性命「心死」。日本學者森紀子指出：「梁啟超辛亥革命前的佛教思想，歸根結柢是一種因時而發的應用宗教，其目的是為形成國民國家而振奮不惜流血犧牲的無私精神，鼓舞殉教精神。他對源自佛教的這種輪

[1396]　梁啟超〈進化論革命者頡德之學說〉，《飲冰室合集》文集第十二冊，中華書局，1989年。
[1397]　梁啟超〈余之生死觀〉，《飲冰室合集》文集第十四冊，中華書局，1989年。

第四節　梁啟超

迴思想和無我精神的追求一直持續到晚年。」[1398]

梁啟超對於當代佛教的一項傑出貢獻，是他的佛學研究成果。這主要是在他晚年退出政治舞臺後進行的。他活動在西方啟蒙思想大量輸入的時期，在嘗試使用現代社會科學方法來理解、闡釋佛教教理和中國佛教史方面，做出了具有開拓意義的成果。其成果直到今天仍具有不朽的價值。他所研究的課題，集中在兩個領域。一是佛教史：所著〈漢明求法說辨偽〉、〈四十二章經辨偽〉、〈牟子理惑論辨偽〉、〈佛教與西域〉、〈佛教教理在中國之發展〉、〈見於高僧傳中之支那著述〉、〈大乘起信論考證序〉、〈說四阿含〉、〈說大毗婆沙〉等，從中國佛教歷史、佛教典籍、佛教在中國的發展等追溯到印度原始佛教，而著重闡發中國佛教的特點。梁啟超在印度大乘佛教發展為中國佛教的過程中看到了中華民族的創造精神，他又指出，由於教外別傳的禪宗的興盛造成其他諸派衰微，導致中國佛學的衰落。另在佛教對中國學術的影響方面，梁啟超對於諸多重要問題發表了精闢見解。例如他將大乘空觀、尤其是唯識宗的認識論與近代西方實驗主義哲學相比附。他說印度佛學「對於心理之觀察分析，淵淵入微。以較今歐美人所著述，彼蓋僅涉其樊而未窺其奧也」[1399]。他作〈佛教心理學淺測〉等一系列論文，讓人「虛心努力研究這種高深精密心理學」，可以了解「五蘊皆空的道理」，從而「轉識成智」，改變「我痴我慢」的不合理的生活。依據他的唯心主義世界觀，他宣揚思想是事實之母，感情是人類活動的原動力，因而接受唯識境由心造的觀念，強調「心對物的征服」，得出少數天才創造歷史的唯心論主張。他這樣為佛學穿上現代外衣，試圖用來解決當代問題的方法，意在發掘佛學的現代意義，當然有不少牽強、曲解和謬誤之處，但其中又確實有些探幽發覆之論。而如他的〈佛家經錄在中國目錄學之位

[1398] 巴斯蒂〈梁啟超的佛學與日本〉，（日）狹間直樹編《梁啟超・明治日本・西方——日本京都大學人文科學研究所共同研究報告》，社會科學文獻出版社，2001年，第206頁。
[1399] 梁啟超〈說大毗婆沙〉，《佛學研究十八篇》，上海古籍出版社，2009年，第10頁。

第十三章　近代

置〉、〈佛典之翻譯〉、〈翻譯文學與佛典〉等，探討佛教對中國學術與文學的影響，則更多所創見。本書在相關部分即多徵引他的見解和資料。

梁啟超的文學成就，主要展現在他的政論文字，這主要又是「戊戌變法」前在上海任《時務報》總撰述和之後流亡日本主編《清議報》、《新民叢報》時的作品。他自述後一段情形說：「……自是啟超復以宣傳為業，為《新民叢報》、《新小說》等諸雜誌，暢其旨義，國人競喜讀之，清廷雖嚴禁，不能遏，每一冊出，內地翻刻本輒十數，二十年來學子之思想，頗受其影響。啟超夙不喜桐城派古文，幼年為文，學晚漢、魏、晉，頗尚矜煉，至是自解放，務為平易暢達，時雜以俚語韻語及外國語法，縱筆所至不檢束，學者競效之，號為新體。老輩則痛恨，詆為野狐。然其文條理明晰，筆鋒常帶感情，對於讀者，別有一種魔力焉。」[1400] 這是符合真實狀況的夫子自道。實際上，他熟悉佛書，浸漬日久，佛教的語彙、句法和修辭方法也被他化用到文章之中。他本來很稱讚佛書的譯經體。他的文章整散間行，文白參半，多用提掇、倒裝的句式，多用排比、誇張、譬喻等修辭方法，以至慷慨、熱烈的語氣文情，處處都可以看出三藏文字的影響。

梁啟超重視文學的社會作用，特別重視小說等通俗文學，也與他的佛教思想有直接關係。如前所述，他十分強調精神的作用；又認為「境者心造也，一切物境皆虛幻，唯心所造之境為真實……天下豈有物境哉？但有心境而已」[1401]。依據這樣的觀念，他重視小說作為文學創作的價值，肯定其在革新道德、宗教、政治、學藝乃至世道人心即「群治」方面的重大作用。在其著名文學理論論文〈論小說與群治之關係〉裡，他提出小說對於群眾具有熏、浸、刺、提四種力量。這正通於佛教唯識學理。在解說中，他更明確利用了佛教的語言和例證。這一篇文章乃是他的著名佛學

[1400]　梁啟超《清代學術概論》，《梁啟超史學論著四種》，嶽麓書社，1998 年，第 83 頁。
[1401]　梁啟超〈唯心〉，《飲冰室合集》專集第二冊，中華書局，1989 年。

著作〈論佛教與群治之關係〉的姊妹篇。它們並列闡發文學與佛教二者與「群治」的關係，也正顯示了二者之間的密切關聯。

法國學者巴斯蒂說：「梁啟超的宗教從屬於佛教復興的潮流。這一股潮流是配合政治的積極化、回應清王朝最後幾十年和『民國初年』的國家危機而發展起來的。和另外許多人相比，尤其是與章太炎或熊十力的佛學思想相比，梁啟超的佛學缺少哲理的精雕細刻，顯得相當簡陋粗俗。畢竟，梁氏的宗教思想的歷史意義更久留在它顯現出來的個人軌跡之中。他的宗教是一種人格的宗教。他的這種宗教奠立在中國傳統產生的道德文化基礎之上，是他終生都想和各式各樣、一再重現的專制暴政打拚到底、以保障他的人民和人類取得進步而最後依靠的憑藉。正因為如此，雖然梁氏的態度經常受到1920年代的中國青年的苛責，斥之為不合時宜的時代謬誤，但是，梁啟超可以被認為是今天中國學術界論戰中最多產的先驅之一。」[1402] 這應當是客觀的、實事求是的評價。

第五節　章炳麟

章炳麟（西元1869－1936年），原字枚叔；仰慕顧炎武，改名絳（炎武原名絳），號太炎。著作有手訂《章氏叢書》和後人編輯的《續編》。章炳麟是近代革命家、思想家，在哲學、文學、語言文字之學等諸多領域均頗有建樹，被視為晚清學術的集大成者。他早年即具有強烈的民族意識，從著名經學家俞樾鑽研「稽古之學」，精研詁訓；「甲午戰爭」後變法維新運動興起，他積極參與；變法失敗，避地日本，結識孫中山，參加同盟會，主持機關報《民報》，並與主張「君主立憲」的改良派進行堅決對抗，

[1402] 巴斯蒂〈梁啟超與宗教問題〉，（日）狹間直樹編《梁啟超‧明治日本‧西方——日本京都大學人文科學研究所共同研究報告》，社會科學文獻出版社，2001年，第456－457頁。

第十三章 近代

曾在上海被捕入獄；辛亥革命後曾出任孫中山總統府樞密顧問；護法戰爭期間參加護法軍政府任祕書長；「九一八」事變後積極活動抗日；晚年脫離政壇，定居蘇州，著書講學。

章炳麟於1916年曾著書敘說自己的思想變遷，說自己「少時治經，謹守樸學，所疏通證明者，在文字器數之間。雖嘗博觀諸子，略識微言，亦隨順舊義耳。遭世衰微，不忘經國，尋求政術，歷覽前史，獨於荀卿、韓非所說，謂不可易。自餘閎眇之旨，未暇深察。繼閱佛藏，涉獵《華嚴》、《法華》、《涅槃》諸經，義解漸深，卒未窺其究竟。及囚繫上海，三歲不覿，專修慈氏世親之書。此一術也，以分析名相始，以排遣名相終，從入之途，與平生樸學相似，易於契機。解此以還，乃達大乘深趣」[1403]。這裡所說三年「繫囚上海」，指的是光緒二十九年（1903）他發表〈駁康有為論革命書〉並為鄒容《革命軍》一書作序，在上海被捕入獄。這獄中三年，是他對佛學大為精進的時期。自此他認為釋迦立言出過晚秦諸子不可計數，程、朱以下尤不足道。後來他東走日本，研習歐洲、希臘、古印度哲學，以此格以大乘，霍然知其利病，識其流變。因此，他總結自己的學術道路，是「始則轉俗成真，終乃回真向俗」[1404]。也就是說，他開始走經學的道路，探討形而下問題，而後轉向形而上的抽象研究，終於又歸結到社會現實。佛學研究是他「轉俗成真」過程的一部分。

李澤厚指出：「近代中國在其革命的英雄時期，也是總要把剛學會的歐洲新語言，在心裡翻譯成中國傳統的舊語言。」[1405]章炳麟之利用佛學，正具有這樣的意味。作為革命家，章炳麟清楚地理解到宗教的消極面。他在《訄書》初刻本〈公言〉篇中說：

[1403] 章炳麟《菿漢微言》，《章氏叢書》第四函，浙江圖書館刊本，1918年。
[1404] 章炳麟《菿漢微言》，《章氏叢書》第四函，浙江圖書館刊本，1918年。
[1405] 章炳麟《中國近代思想史論》，人民出版社，1979年，第386頁。

第五節　章炳麟

> 若夫宗教之士，剷取一阪，以杜塞人智慮，使不獲知公言之至，則進化之機自此阻。[1406]

他在這裡指出宗教信仰與「智慮」的「公言」相反對，是阻礙社會進化的。但他又提出「用宗教發起信心，增進國民的道德」的主張，創〈建立宗教論〉，認為如吠陀、基督、天方諸教，以及佛教裡的淨土教，均「知為概念，即屬依他；執為實神，即屬遍計」。這是用唯識「三自性」即遍計所執自性、依他起自性、圓成實自性對「有神教」的批判。但他又認為，「程朱陸王故以禪宗為其根本，而晚近獨逸諸師，亦於內典有所攟拾，則繼起之宗教，必釋教無疑也」。然而他所推崇的「釋教」，並不是執有「實神」的佛教，他說：

> 六道輪迴、地獄變相之說，猶不足以取濟。非說無生，則不能去畏死心；非破我所，則不能去拜金心；非談平等，則不能去奴隸心；非示眾生皆佛，則不能去退屈心；非舉三輪清靜，則不能去德色心。

他擬建立的是「以自識為宗」的新佛教。「識者云何？真如即是唯識實性，所謂圓成實也。」基於此，他認為一般宗教對人格神的崇拜本是「虛文」，「是故，識性真如，本非可以崇拜，唯一切事端之起，必先有其本師，以本師代表其事，而施以殊禮者，宗教而外，所在多有……釋教亦爾」。所以崇拜佛陀，是「尊其為師，非尊其為鬼神」。他明確主張「宗教之用，上契無生，下教十善，其所以馴化生民者，特其餘緒」。按他所理解的「三自性」，「今所歸敬者，在圓成實自性，非依他起自性。若其隨順而得入也，則唯以依他為方便，一切眾生，同此真如，同此阿賴耶識。是故此識非局自體，普遍眾生，唯一不二。若執著自體為言，則唯識之教，即與神我不異。以眾生同此阿賴耶識，故立大誓願，盡欲度脫等眾生界，

[1406]　章炳麟《章太炎全集》三卷，上海人民出版社，1984年，第15頁。

第十三章 近代

不限劫數，盡於未來」[1407]。由此可見，他的唯識教理貫穿了眾生平等、普遍濟度的精神。他更明確指出：

> 至所以提倡佛學者，則自有說。民德衰頹，於今為甚，姬孔遺言，無復挽回之力，即學理亦不足以持世。且學說日新，智慧增長。而主張競爭者，流入害為正法論；主張功利者，流入順世外道論。惡慧既深，道德日敗，矯弊者乃憬然於宗教之不可滅絕。而崇拜天神，既近卑鄙；歸依淨土，亦非丈夫餘志之事（《十住毗婆沙論》既言之）；至欲步趣東土，使比丘納婦食肉，戒行既亡，尚何足為軌範乎？自非法相之理，華嚴之行，必不能制惡見而清污俗。[1408]

所以，章炳麟的宗教觀是具有強烈的功利色彩和政治目的的。他還說：「道德普及之世，即宗教消鎔之世也。」[1409] 則他的宗教觀又帶有鮮明的神道設教的意味。

章炳麟以其淵博的知識把佛學與現代科學相溝通，顯示了當時進步思想界的一大特色。例如他把佛教「劫」的觀念和中國古代哲學的「運」、西方哲學的「期」等同起來，以說明世界進化之理；他把《華嚴經》中所講「世界如白雲」的重重不盡的宇宙觀，與艾薩克·牛頓（Isaac Newton）、尼古拉·哥白尼（Nicolaus Copernicus）、威廉·赫雪爾（William Herschel）建立在科學觀察上的宇宙觀連繫起來，以說明宇宙的無限性；他論證人的生命過程，強調愛染忘情的作用，又把它與近代科學的斥力、吸力混同起來；對於十九世紀末葉重新引起人們興趣的唯識和因明，他研習有得，調和到自己的思想、學術之中，特別重視佛教因明在認識論和邏輯上的詮釋，援引佛學裡「四緣」、「量」，「心分位」等觀念，來說明認識過程和認識與名言的關係；在講墨家邏輯的時候，他將因明三支論法、歐洲三段論

[1407] 章炳麟〈建立宗教論〉，《章太炎全集》第四卷，上海人民出版社，1985年，第414－415頁。
[1408] 章炳麟〈人無我論〉，《章太炎全集》第四卷，上海人民出版社，1985年，第429頁。
[1409] 章炳麟〈建立宗教論〉，《章太炎全集》第四卷，上海人民出版社，1985年，第418頁。

法與之相比較，明其異同，更有卓見。

章炳麟與譚嗣同一樣，要求發揚主觀精神以改造人生，革新社會。晚年他十分推崇《莊子》，他曾作《齊物論釋》，並解釋說：「余既解〈齊物〉，於老氏亦能推明。佛法雖高，不應用於政治社會，此則唯恃老莊也。儒家比之，邈焉不相逮矣。」[1410] 他認為「夫能上悟唯識，廣利有情，域中故籍，莫善於〈齊物論〉」。在《齊物論釋》裡，他用佛說比附莊子說：

齊物者，一往平等之談，詳其實義，非獨等視有情，無所優劣，蓋離言說相，離名字相，離心緣相，畢竟平等，乃合齊物之義。次即《般若》所云：「字平等性，語平等性也。」其文既破名家之執，而即泯絕人法，兼空見相，於是乃得蕩然無閡。若其情存彼此，智有是非，雖復泛愛兼利，人我畢足，封畛已分，乃奚齊之有哉！……齊其不齊，下士之鄙執；不齊而齊，上哲之玄談。自非滌除名相，其孰能與於此？[1411]

他把佛說「真如」等同於老子所謂「道」，伊曼努爾·康德（Immanuel Kant）所謂「自在之物」，又與莊子所說基於自心觀念相合；他又說自由平等觀念早見於佛書，釋迦當初不平於種姓制度，黨言平等以矯之，而自由在佛經裡稱「自在」，因此大、小二乘，與莊周義有相徵。他引用或發揮佛理以解釋莊子，又為佛學套上現代外衣。這些都表現了他積極使佛學為我所用的努力。

第六節　楊文會

在晚清佛教中，居士階層仍是發揮支持作用的關鍵力量。雖然在思想、學術領域，由於沒有出現領袖群倫的人物，這一股力量也並不那麼顯

[1410]　《章太炎先生自述學術次第》，章氏國學講習會印本。
[1411]　章炳麟《齊物論釋定本》，《章太炎全集》第六卷，上海人民出版社，1986年，第61頁。

第十三章　近代

赫,但其影響卻十分深遠。近、現代佛教一直延續著這一項傳統,一批具有高度學養的居士的活動為佛教發展注入了生生不息的活力。而回顧晚清時代,如梁啟超所說:「晚清所謂新學家者,殆無不與佛學有關係。而凡有真信仰者,率皈依(楊)文會。」[1412] 他又說:「晚清有楊文會者,得力於《華嚴》而教人以淨土,流通經典,孜孜不倦。今代治佛學者,什九皆聞文會之風而興起也。」[1413] 當然,晚清佛學的「復興」有其更深刻的社會和思想、學術的原因,但楊文會所發揮的巨大作用也是不容忽視的。

楊文會(西元 1837－1911 年),號仁山,安徽石埭人。幼能文,不喜舉子業,任俠擊劍,廣有交遊。咸豐三年(西元 1853 年)太平天國革命軍起,他隨家人轉徙各地十年,同時又鑽研學問,有所成就。同治四年(西元 1864 年),他病中讀書,得《大乘起信論》和《楞嚴經》,領會奧義,會心不已,從此熱衷於佛學。弟子歐陽漸替他作傳,記述他「於佛法中有十大功德」:

一者,學問之規模弘擴;二者,創刻書本全藏;三者,蒐集古德遺書;四者,為雕塑學畫刻佛像;五者,提倡辦僧學校;六者,提倡弘法於印度;七者,創居士道場;八者,捨女為尼,孫女外孫女獨身不嫁;九者,捨金陵刻經處於十方;十者,捨科學技藝之能,而全力於佛事。菩薩於求五明,豈不然哉![1414]

從以上十事可以看出,楊仁山的貢獻主要在振興佛教的弘法事業,尤其是主持刻印佛典、建立專門的刻印機構和設立培養僧尼的學校。前者為知識界研究佛教提供了必要條件,發揮了推動作用;後者為此後佛教發展培養了人才,如太虛就是他在南京建立的祇洹精舍的優秀學生。

楊仁山學佛,抱著改造社會的明確目的,他在給友人信中說:

[1412] 梁啟超《清代學術概論》,《梁啟超史學論著四種》,嶽麓書社,1998 年,第 93 頁。
[1413] 《中國佛法興衰沿革略說・五》。
[1414] 〈楊仁山居士傳〉,《學思文粹》卷一〇。

第六節　楊文會

承示時務多艱，此皆眾生業力所感，正是菩薩悲願度生之境。修行人常以兼善為懷，若存獨善之心，則違大乘道矣。[1415]

他的友人夏曾佑來信中更有云：

近來國家之禍，實由全國民人太不明宗教之理之故所致，非宗教之理大明，必不足以圖治也。[1416]

他自己也有明確的「不變法不能自存」的觀念[1417]。可知他的思想。他提倡佛教的意圖與當時的革新潮流有相契合的一面。另一方面他也看到當時佛教的窳敗，僧徒安於固陋，不學無術，濫附禪宗，佛學頹壞，因而提出明確的革新佛教的要求。這些都是他宣揚佛教、提倡佛學中值得稱道的地方。

他「統攝諸教而無遺」[1418]，具有濃厚的調和色彩。他推尊《起信論》和明末四高僧（蓮池、紫柏、憨山、藕益），自稱「教宗賢首，行在彌陀」。他對淨土有堅定的信仰，勸人學佛，卻不勸人出家。另一方面他又以佛說統合儒、道，作《論語發隱》、《孟子發隱》，以佛釋儒；又作《道德經發隱》、《南華經發隱》等，以儒釋道。這都顯示了他的思想的綜合性質，也表現了文人本色。

造成楊仁山對思想學術界巨大影響的是他堅持四十餘年的弘法事業。尤其是他創立金陵刻經處，刻印經典，自任校勘，編輯《大藏輯要》。光緒四年（西元1878年）以後他服務於外交界，兩度作為隨從使歐，在倫敦結識日本留學僧南條文雄，在後者幫助下，從日本搜得中土佚失經典，刊

[1415] 〈與鄭陶齋官應書附來書〉，《等不等觀雜錄》卷六，《中國現代學術經典‧楊仁山歐陽漸呂澂卷》，河北教育出版社，1996年，第102頁。

[1416] 〈與夏穗卿曾佑書附來書〉，《等不等觀雜錄》卷六，《中國現代學術經典‧楊仁山歐陽漸呂澂卷》，河北教育出版社，1996年，第103頁。

[1417] 〈觀未來〉，《等不等觀雜錄》卷一，《中國現代學術經典‧楊仁山歐陽漸呂澂卷》，河北教育出版社，1996年，第19頁。

[1418] 〈與釋幻人書二附來書〉，《等不等觀雜錄》卷五，河北教育出版社，1996年，第80頁。

第十三章　近代

刻流通。其中包括一批久佚的法相宗疏記。這些書回歸中土，直接刺激了十九世紀末唯識學的復興。他更創辦佛學研究會，廣結善緣，會員中有譚嗣同、桂伯華、黎端甫、梅光羲、歐陽漸等，都各有造詣，成為一代佛學研究的中堅。在這一方面，他可以說是晚清佛學研究的先行者和指導者。

以上介紹了晚清文人中熱衷佛教和佛說的幾個主要人物。在當時形成的時代思潮中，主動接近佛教、受到佛說影響，在文人中是相當普遍的現象。例如晚清所謂「詩界革命」的另一位開風氣者黃遵憲，梁啟超評論說：

> 自唐人喜以佛語入詩。至於蘇（東坡）、王（半山），其高雅之作，大半為禪悅語……《人境廬集》中有一詩，題為〈以蓮菊桃雜供一瓶作歌〉，半取佛理。有參以西人植物學、化學、生理學諸說，實足為詩界開一新壁壘。[1419]

他的創作無論是內容還是語言表達，對佛書多有汲取。又如王國維，他嘗試以西方哲學的觀點和方法來研究文學，同樣也從佛說得到啟發。例如他在《人間詞話》裡闡發「境界」說，正和佛理有一定的關係。

康有為、譚嗣同、章太炎、梁啟超等人都是新舊交替時期的人物，從一定意義上正是梁啟超所說的「清代思想史之結束人物」[1420]。也是在這個意義上，他們也可以說是中國佛教學術的結束人物。梁啟超說：

> 佛教哲學，本為我先民最珍貴之一遺產，特因發達太過，末流滋弊，故清代學者，對於彼而生劇烈之反動。及清學發達太過，末流亦敝，則還原的反動又起焉。適值全世界學風，亦同有此等傾向，物質文明爛熟，而「精神上之飢餓」益不勝其痛苦，佛教哲學，蓋應於此時代要求之一良藥也。中國民性，對於此種學問，本有特長，前此所以能發達者在此。[1421]

[1419]　梁啟超《飲冰室詩話》，人民文學出版社，1959 年，第 30 — 31 頁。
[1420]　梁啟超《清代學術概論》《梁啟超史學論著四種》，嶽麓書社，1998 年，第 86 頁。
[1421]　梁啟超《清代學術概論》《梁啟超史學論著四種》，嶽麓書社，1998 年，第 99 頁。

第六節　楊文會

據此看來，晚清這一股由不同立場、出於不同目的鼓動起來的復興佛教、提倡佛學的潮流，整體上具有對於固有文化傳統進行反省、意圖開創文化建設新機的性質。在檢閱文化遺產、檢討固有文化良窳的過程中，當時有許多人發現了佛教和佛學的價值，並意圖從中尋求有益於滿足時代要求、有助於實現社會理想的內容。在這一段過程中，人們沒有可能也沒有必要過多、過深地去進行學理上的探討。他們主要著眼於「應用」。因而他們往往是根據個人主觀理解來闡釋佛教，有時甚至硬是為自己的革新、革命主張披上佛說的外衣，以圖實現改造社會、促進歷史進步的目的。所以就學術層面而言，這一段時期的佛學研究是比較粗陋的，成就因而也就有限；就具體實踐層面而言，在宋代以來已經衰落的佛教大致上已退出中國思想學術舞臺的形勢下，試圖從中尋求創新的思想、理論資源，也只能是一廂情願的努力，而其消極、落後的東西更往往在一定程度上束縛了人們的腳步。即使如此，在中國有長期發展歷史、累積了豐厚傳統的佛教思想和學術，經過這些革新事業先行者之手，確實得到一次推陳出新的機會。他們為發展新的思想、學術所作的闡釋，對於發掘這一項遺產總算做了一次整理、總結的工作，對於後來繼承這一份文化遺產，累積了經驗教訓，也發揮了正面的作用。

如果說晚清這些從事革新、革命的先行者們在學術上是中國古典學術的結束者，在一定意義上也是新學術的開拓者，那麼在佛學上他們也是舊佛學研究的結束者，從一定意義上也替新的佛教、新的佛學研究作了準備。進入二十世紀，革命運動興起，全面轉變了思想、學術發展的方向。尤其是「五四」新文化運動高舉科學和民主兩大旗幟，以摧枯拉朽之勢批判舊文化和舊道德，宗教包括佛教理所當然地在被猛烈衝擊之列。在這種新的條件和形勢之下，為求得佛教的生存和發展，僧、俗間遂有革新佛教的持續努力。在學術界，則作為社會科學一個重要分支的全新的佛教學被

第十三章　近代

創立起來,眾多學者在這個領域辛勤耕耘,並與世界各國的佛教學者密切合作,使這一門新的學科呈迅速發展之勢。由於這一門學科與眾多社會、人文學科,與許多自然科學學科有著密切關聯,得到學界的廣泛關注,遂逐步展現出蓬勃發展的美好前景,全新的佛學正在不斷地對於新一代思想、文化發展作出貢獻。

結語

　　一位外國學者曾指出:「佛教是印度對中國的貢獻。並且,這種貢獻對接受國的宗教、哲學與藝術有著如此令人震驚並能導致大發展的效果,以至滲透到中國文化的整個結構。」[1422] 曾經擔任印度總統的薩瓦帕利·拉達克里希南(Sarvepalli Radhakrishnan)則說:「關於佛教對於中國人心靈的深刻影響,挪威的一位基督教傳教士寫道:『思想、觀點、未來的希冀、服從、無法言說的痛苦與悲傷、覺悟與安寧的深切渴望、對一切眾生之無法言表的同情、對所有生靈之解脫的平靜而又熱烈的希望,在所有這一切當中,佛教都已刻下了深深的痕跡。如果人們希望理解中國,那麼他就必須以佛教的觀點來看待它。』(Reichelt: *Truth and Tradition in Buddhism*)。」[1423] 正如本書中一再指出的,佛教輸入中土,是中國歷史上第一次大規模的對外文化交流,對中國文化發展的影響是十分巨大、無限深遠的。從這個角度來看,佛教乃是古代佛教發源地及其傳入中國的廣大中介地區(包括古印度、中亞、南亞等)各族人民餽贈給中國的珍貴禮物,中國從中確實得到了無窮恩惠。但是從另一個角度來看,一種外來文化移植到不同國度、不同民族的文化土壤上,能夠扎根並健康地成長、發展,也是基於所移植民族文化所具有的良好的基礎。就佛教輸入中土的具體情況而論,中土人士在相當長的歷史時期內,不僅以開闊的胸懷、積極的姿態努力汲取外來佛教中有價值的思想、文化內容,吸納了它的優點、長處,更能夠在本土悠久而豐富的文化傳統基礎上,對這一項外來文化

[1422] J·勒盧瓦·大衛森《印度對中國的影響》; *A Cultural History of India*, Edited by A. L. Basham, Oxford University Press, New Delhi, 1984, p.455;巴沙姆主編《印度文化史》,閔光沛等譯,商務印書館,1997年,第669頁。

[1423] 〈印度與中國〉,《中國印象——世界名人論中國文化》,廣西師範大學出版社,2001年,下冊第404頁。

結語

加以改造、發展，即所謂實現「中國化」，並能在相當程度上揚棄了它的消極、落後的方面，從而創造出更豐碩、有益的成果。這也正如陳寅恪所說：

> 釋迦之教義，無父無君，與吾國傳統之學說，存在之制度，無一不相衝突。輸入之後，若久不變異，則決難保持。是以佛教學說，能於吾國思想史上，發生重大久遠之影響者，皆經國人吸收改造之過程。[1424]

錢穆論述南北朝時期歷史有兩個顯著特徵，一是新民族的屢雜，一是新宗教的傳入，他並比較羅馬文化、希伯來文化的發展情形，得出結論說：

> ……在西方是羅馬文化衰亡，希伯來宗教文化繼之代興，在中國則依然是自古以來諸夏文化的正統，只另又屢進了一些新信仰。因此在西方是一個「變異」，在中國則只是一個「轉化」。這是羅馬衰亡和漢統中衰所決然相異的。[1425]

因此，外來佛教輸入中土，能夠積極地適應中土思想文化環境，其內容和形式受到全面的揚棄、改造，並主動地、逐步地融入到中國固有的傳統之中，從而得以在與其產生本土全然不同的異域土地上生存和發展，這正顯示了華夏文化的重大優長，展現了中華民族文化發展的強大生命力。

就中、印文化交流情況，印度獨立後第一任總理、政治家賈瓦哈拉爾·尼赫魯（Jawaharlal Nehru）曾說過：

> 在千年以上的中、印兩國交往中，彼此相互學習了不少知識，這不僅在思想上和哲學上，並且在藝術上和實用科學上。中國受到印度的影響也許比印度受到中國的影響為多。這是很令人惋惜的事，因為印度若是獲得中國的豐富常識，用之來制止自己過分的幻想對自己是很有益的。中國曾

[1424] 陳寅恪〈馮友蘭中國哲學史下冊審查報告〉，《金明館叢稿二編》，上海古籍出版社，1980年，第 251 頁。

[1425] 錢穆《中國文化史導論》（修訂本），商務印書館，2001 年，第 131 — 132 頁。

向印度學到了許多東西,是由於中國人通常有充分的堅強性格和自信心,能以自己的方式汲取所學,並把它運用到自己的生活中。甚至佛教和佛教的高深哲學在中國也染有孔子和老子的色彩。佛教哲學的消極看法未能改變或是抑制中國人對於人生的愛好和愉快的情懷。[1426]

這一番話是站在印度人的立場說的,卻也清楚表明一個歷史事實:古代中國吸納了印度佛教的成就,並在本民族的文化土壤上加以發展,獲得了遠比印度佛教文化更為優異的成果。正因此,本來是外來產物的中國佛教和佛教文化,就成為世界佛教文化中最為豐富多彩、也最具思想、文化價值的一部分,在世界文化發展史上占有重要地位,並繼續發揮著巨大的影響,這在全部世界文化交流史上,也是個極富特色、極具光彩的現象。

中國文學受到佛教影響所發生的變化,所獲得的成就,正是上述歷史發展的一部分。中國文學接受佛教影響而獲得的成就,同樣遠遠超出佛教發源地印度本土佛教文學的成就;而且這種內容、價值和意義,更遠遠超越佛教的範圍之外。至於所以能夠獲得這樣的成就,也正是由於中土文人和民間的無名作者們勇於和善於對外來佛教加以陳寅恪所謂「改造」,錢穆所謂「變異」、「轉化」,能夠運用外來的滋養以豐富、發展自身的傳統,有時甚至是「化腐朽為神奇」,創造出優異的文學成果。

中國文學吸納、學習佛教並加以發展又有一些特點和優點。總括起來舉起犖犖大者,值得重視的有以下三點:

首先,佛教輸入中土並得以迅速弘傳,本有其內、外各種機緣,其中重要的一點如王國維所指出:

自漢以後……儒家唯以抱殘守缺為事,其為諸子之學者,亦但守其師說,無創作之思想,學界稍稍停滯矣。佛教之東,適值吾國思想凋敝之

[1426]　尼赫魯《印度的發現》,齊文譯,世界知識出版社,1958 年,第 246 頁。

結語

後。當此之時,學者見之,如飢者之得食,渴者之得飲⋯⋯[1427]

就是說,佛教傳入中土,無論是在教理方面,還是從信仰角度,恰恰都適應了中土的現實環境和思想、文化領域的實際需求,在許多方面可補中土傳統之不足;而中土人士接受佛教,則一方面能夠有分析地汲取其學理上和文化上具有正向意義和真理價值的部分,另一方面又能夠結合中土實際需求和固有傳統加以發揮和發展。這尤其表現在所謂「三教」交流、交融、統合的過程之中。修《南齊書》的蕭子顯生活在佛教興盛的時代,又是堅定的佛教信仰者,他論述佛教的價值和作用說:

佛法者,理寂乎萬古,跡兆乎中世,淵源浩博,無始無邊,宇宙之所不知,數量之所不盡,盛乎哉!真大士之立言也。探機扣寂,有感必應,以大苞小,無細不容。若乃儒家之教,仁義禮樂,仁愛義宜,禮從樂和而已;今則慈悲為本,常樂為宗,施捨唯機,低舉成敬。儒家之教,憲章祖述,引古證今,於學易悟;今樹以前因,報以後果,業行交酬,連鎖相襲。陰陽之教,占氣步景,授民以時,知其利害;今則耳眼洞達,心智它通,身為奎井,豈俟甘石。法家之教,出於刑理,禁奸止邪,明用賞罰;今則十惡所墜,五及無間,刀樹劍山,焦湯猛火,造受自貽,罔或差貳。墨家之教,遵上儉薄,磨踵滅頂,且猶非吝;今則膚同斷瓠,目如井星,授子捐妻,在鷹庇鴿。從橫執教,所貴權謀,天口連環,歸乎適變;今則一音萬解,無待戶說,四辯三會,咸得吾師。雜家之教,兼有儒墨;今則五時所宣,於何不盡。農家之教,播植耕耘,善相五事,以藝九穀;今則鬱單粳稻,已異閻浮,生天果報,自然飲食。道家之教,執一虛無,得性亡情,凝神勿擾;今則波若無照,萬法皆空,豈有道之可名,寧餘一之可得。道俗對校,真假將讎,釋理奧藏,無往而不有也。能善用之,即真是俗。[1428]

[1427] 王國維〈論近年之學術界〉,《靜安文集》。
[1428] 《南齊書》卷五四,第 946 — 947 頁。

這當然是基於信仰發出的議論，但確實也代表了當時人的看法。具體說法雖不免誇飾，但卻指明了佛教在中土發展中的地位和意義，即一方面佛法與中土思想、學術在主旨上相一致，另一方面又是對中土思想學術的補充。至於認為佛法包容一切、超越中土傳統，則是出於信仰的偏見了。從歷史上的真實情形來看，生存在中國封建體制和經學傳統下的歷代中國文人，一般都是以儒家思想為立身行事的依據。儘管他們對待佛教信仰的情況不同，在思想觀念、生活方式等方面則普遍地、不同程度地接受其影響，並基本上能夠從正向的方面加以發揮。本來「佛以一大事因緣出現於世」，佛教更為關注人的生命、生存狀態，人的心理、心態等方面，即是人自身「終極關懷」的各種問題。而文學被稱為「人學」，以人生作為根本表現對象，以改造人作為終極目的，這就使得它和佛教的宗旨有多方面、多角度的重疊之處。因此，佛教建立在「般若空」觀上的宇宙觀和人生觀，慈悲、平等、和平、護生等等倫理思想，關於佛性（實際上是「人性」）、心性、心理等方面的理論等等，這些中土傳統上歷來陌生的內容也就可能被文人積極地接納，並透過不同方式表現在文學作品之中，為中土文學不斷注入新鮮的、有價值的內容，藝術上也不斷開拓出新的局面。

　　其次，佛教作為外來思想、文化，輸入中國並成為有規模、有勢力的社會存在，就在中土文人面前樹立起一個比較的指標，為他們理解生活並進行思索、加以評判提供了一種重要依據。而對現實的批判本是文學最具價值的功能之一。確立批判眼光和批判態度，則是文人創作獲得成就的重要前提之一。

　　佛教對文人發揮顯著影響，恰是在漢代「獨尊儒術」的傳統確立起來之後。朝廷行政和社會倫理一以經學教條為指標，使得當時的思想文化界大受禁錮。先後興起的讖緯神學和玄學都曾帶給經學教條巨大衝擊，但並沒有從根本上扭轉經學統治的一統局面。這也和讖緯與玄學自身缺乏更積

結語

極的內容有關係。正是在這樣的思想環境中，佛教帶著它的宏大、嚴密、系統的教理體系，又挾帶著豐富多彩的西域文化內容輸入中土，為中土人士提供了一套與固有傳統全然不同的思想觀念、倫理主張、生活方式等等。而且就其內涵的豐富、表現的精采來看，這外來的一切足以和中土固有傳統相抗衡。文化像一切事物一樣，必須在矛盾、衝突中發展。佛教輸入中土正造成了文化史上持續不斷的、規模巨大的衝突局面。這種衝突涉及思想觀念、倫理道德、生活方式等諸多層面，從而大幅開闊、活躍了思想、文化領域。也正由於佛教提供的這樣一個系統性的批判指標，文人們才能夠在創作中根據這些指標（儘管在理解、領會上往往是片面的甚至是歪曲的），對現實中統治階層的專橫暴虐、殺戮征伐、巧取豪奪、踐踏民命等罪惡行徑，對社會上的貪婪、詐欺、偽善、諂媚之類惡劣風氣，對士人間熱衷功名、追求利祿、攀附權勢、寡廉鮮恥之類醜惡現象等等，進行揭露、批判和抨擊，從而豐富了創造內容，提高了作品的思想意義。正如本書提供的眾多例證可以證明的，在全部古代文學遺產中，基於這種批判意識創作出來的作品是十分可貴的一部分。

而且值得注意的是，這裡所說的批判是雙方面的。文人們一方面利用外來佛教提供的、不同於中土傳統的思想資源來批判傳統的歷史、現實與思想觀念，另一方面又利用傳統思想資源來批判佛教的迷信、消極等落後方面。正是在這種相互批判中，有可能確立起一種相對獨立、超然的立場和眼光。再來用這樣的立場和眼光審視、反映現實和人生，作品中展現的視野就更為開闊，見解也更為犀利。

典型的例子如唐代的柳宗元，他在〈送元十八山人南遊序〉裡曾明確說：

太史公嘗言：「世之學孔氏者，則黜老子；學老子者，則黜孔氏。道不同不相為謀。」余觀老子亦孔氏之異流也，不得以相抗。又況楊、墨、申、商、刑名、縱橫之說，其迭相訾毀、牴牾而不合者，可勝言耶？然皆

有以佐世。太史公沒,其後有釋氏,故學者之所怪駭舛逆其尤者也。今有河南元生者,其人閎曠而質直,物無以挫其志;其為學,恢博而貫統,數無以躓其道。悉取向之所以異者,通而同之,搜擇融液,與道大適。咸伸其所長,而黜其奇邪,要之與孔子同道,皆有以會其趣。[1429]

這是指出佛教可以與儒道調和、有益於世用的方面。他和反佛的韓愈辯論,這是他作為辯論依據的重要一點。而他寫〈送僧浩初序〉,再一次提出與上述類似的看法為佛教辯護後,接著說:

吾之所取者與《易》、《論語》合,雖聖人復生不可得而斥也。退之所罪者其跡也,曰髡與緇,無夫婦父子,不為耕農蠶桑而活乎人。若是,雖吾亦不樂也。退之忿其外而遺其中,是知石而不知韞玉也。吾之所以嗜浮圖之言以此。與其人遊者,未必能通其言也。且凡為其道者,不愛官,不爭能,樂山水而嗜閒安者為多。吾病世之逐逐然唯印組為務以相軋也,則舍是其焉從?吾之好與浮圖遊以此。[1430]

這一段話又十分清楚地說明,他一方面堅持中國固有的基本觀念,反對佛教的「髡而緇」等等,另一方面又讚賞佛教的「不愛官」等等,用以批判世間爭奪功名利祿的弊風。而且,正是基於這樣的批判的立場,他能夠堅定地反天命、反鬼神、反符瑞、反封禪,發展出他的「天人相分」的自然哲學思想和客觀演進的歷史發展觀念,從而成為站在當時思想發展前列的傑出思想家;也是在此基礎上,創作出他的具有高度思想性和卓越藝術水準的作品。

柳宗元的例子的「典型」意義,在於他的看法和做法在相當大的程度上代表了中國文人對待佛教的態度和方式,即儘管具體表現各式各樣,基本上都不同程度地採取這種分析、批判、「為我所用」的立場。另一個例子

[1429] 《柳河東集》卷二五,上海人民出版社,1975 年,第 419 頁。
[1430] 《柳河東集》卷二五,上海人民出版社,1975 年,第 425 頁。

如蘇軾，眾所周知，他在思想上境界開闊，出入百家，這對他獲得創作上的成就發揮了決定性的作用。他有文章說：

孔、老異門，儒、釋分宮，又於其間，禪、律交攻。我見大海，有北南東，江河雖殊，其至則同。[1431]

這裡明確表達了他統合諸家的立場。但又如朱熹指出：「東坡天資高明，其議論文詞自有人不到處。」「平正不及韓公，東坡說得高妙處，只是說佛。」[1432] 王懋竑也曾指出：

以佛、老之道治性養心，而以周、孔之道治天下，是佛、老得其精而周、孔得其粗矣。蘇老學術根底如此。[1433]

佛教在蘇軾的整個思想中確實占據十分重要的地位。

蘇軾在詩文裡直接、間接宣揚佛說的作品不少。然而他早年曾尖銳地批評佛教說：

佛之道難成，言之使人悲酸愁苦。其始學之，皆入山林，踐荊棘蛇虺，袒裸雪霜，或刲割屠膾，燔燒烹煮，以肉飼虎豹烏鳥蚊蚋，無所不至，茹苦含辛，更千百兆生而後成……吾嘗究其語矣，大抵務為不可知，設械以應敵，匿形以備敗，窘則推墮晃漾中，不可捕捉，如是而已矣……吾之於僧，慢侮不信如此。[1434]

他後來在給友人的書信裡寫到自己學佛的態度，有過一段生動而意味深長的比喻：

佛書舊亦嘗看，但暗塞不能通其妙，獨時取其粗淺假說以自洗濯。若農夫之去草，旋去旋生，雖若無益，然終愈於不去也。若世之君子所謂超

[1431] 〈祭龍井辯才文〉，《東坡後集》卷一六。
[1432] 黎靖德編《朱子語類》卷一三〇〈本朝四〉，中華書局，1988 年，第 8 冊第 3,113 頁。
[1433] 《讀書記疑》卷一六《白田草堂續集》。
[1434] 〈中和勝相院記〉，《東坡集》卷三一。

然玄悟者,僕不識也。往時陳述古好論禪,自以為至矣,而鄙僕所言為淺陋。僕嘗語述古:公之所談,譬之飲食,龍肉也;而僕之所學,豬肉也。豬之與龍,則有間矣。然公終日說龍肉,不如僕之食豬肉實美而真飽也。不知君所得於佛書者果何耶?為出生死、超三乘遂作佛乎?抑尚與僕輩俯仰也?學佛、老者本期於靜而達。靜似懶,達似放,學者或未至其所期,而先得其所似,不為無害。僕嘗以此自疑,故亦以為獻。[1435]

也就是說,他學佛所得,主要在洗濯自己的心性,而對於佛教的「超然玄悟」的神祕方面是反對的。他廣交僧侶為友,其中有禪宗名宿大覺懷璉。他讚揚說:

……時北方之為佛者,皆留於名相,囿於因果,以故士之超軼者皆鄙其言,詆為蠻夷下俚直說。璉獨指其妙與孔、老合者,其言文而真,其行峻而通,故一時士大夫喜從之遊。[1436]

這也明確道出了他對佛教的基本理解和他所採取的分析、批判的立場。

前面說到梁啟超提倡所謂「應用佛學」。從一定的意義上來說,中國歷代文人對待佛教基本上都帶有「應用」的意味。正是基於這樣的立場,使得他們一方面能夠在批判中汲取佛教的滋養,在創作中獲得有益的參照,另一方面則積極地發揮佛教的文化批判功能。而從歷史發展的角度來講,文化批判正是文學健全發展的重要推動力。

再一點,中國文人汲取、引用外來佛教和佛教文化,善於分析、批判,能夠有選擇地吸納其有價值的內容,分別應用到創作實務的不同方面。特別值得注意的是,從主流角度來說,中國文人在創作實務中一方面堅持和發揚了本土固有的人本主義和理性主義傳統,有效地抵制、削減了

[1435] 〈答畢仲舉書〉,《東坡集》卷三〇。
[1436] 〈宸奎閣碑〉,《東坡集》卷三三。

佛教作為宗教的迷信、消極的內容；另一方面則十分注重佛書的思考方式和表現方法，經過積極地改造和發揮，汲取其題材、主題、構思、問題、語言和藝術表現技巧等等，有力地推進了文學的發展，提高了創作的藝術水準。這也是中土人士善於從文化角度來接受和發展外來佛教所獲得的重大成就之一。本書記述的大量史實正可以說明這種狀況。

本來宗教的本質決定其具有排他性，宗教信仰則具有先驗性和絕對性。這對於一般的文化發展（本民族的世俗文化、異民族的外來宗教與文化等）必然有所制約。而從世界歷史發展角度來看，一種外來宗教輸入一個民族或國家，必然與這一個民族或國家原來的文明形成衝突，更經常會採取宗教戰爭、宗教裁判等酷烈形式，最終形成征服與被征服的局面。但中國人接受外來佛教卻基本上是和平的、漸進的過程。外來的新鮮信仰、教義等等以及伴隨著的外來文化當然也曾引發長時期、不間斷的對立和衝突，但基本上沒有出現激烈對抗的局面。反而是對立、衝突逐漸被化解，代之以相互交流與融合。因此，中國人能夠從本土的、外來的宗教與文化中博採眾長，熔鑄成新的民族文化。中國文學的發展同樣經歷了這樣的過程，也是這種熔鑄成功的具體展現。在這裡顯示了中國人的智慧，也是中國文化發展本身孕育的無限可能性。

關於佛教在中華文化史上的地位、價值和意義，中、外學者有許多論述。在本卷結束的時候，筆者想引用德國佛教學者、波恩大學教授顧彬（Wolfgang Kubin）博士的一段話：

中國的現代精神，從本質來講應當歸功於翻譯……這一種翻譯的熱情由來已久。其源頭可以追溯到近兩千年前佛教傳入中國的時代。從那時起，中國不僅翻譯了佛經，同時也把佛像「翻譯」了過來。中國並不只為自己的文化和文明立下了不朽的功勳，同樣也為整個人類作出了更大的貢獻。因為如果沒有中國在翻譯方面所獲得的成就的話，那今天的佛教，確

切地講，從中國傳到朝鮮、日本進而對世界產生影響的佛教，也就不復存在了。在這裡，中國的貢獻顯然不只是翻譯。中國不僅翻譯了佛教，也在宗教、哲學以及美學諸多方面發展了佛教。[1437]

本卷作為《中華佛教史》的一個分冊，討論中國古代文學在佛教影響下發生的變化和獲得的成就，正是古代中國人「翻譯」佛教並加以發展從而做出輝煌成果的領域之一。寫《中華佛教史》，之所以要用整整一卷篇幅來介紹這方面的情況，是因為這個領域乃是佛教在中土發展中發揮作用、獲得成就的重要部分，是中國佛教文化中內容十分豐富、價值十分巨大的部分之一。對於有著一千幾百年歷史、累積文獻無數的這一個領域的介紹，一卷書的篇幅遠遠談不到詳密和充分。但僅據本書所提供的史實和資料卻也足以證明：佛教輸入中土，對中國文學確實發揮了極其巨大的影響，在很多情況下這種影響對於一代文學的進一步發展是決定性的，而且從主流角度來看是正向的、有益的；中土人士善於分析地、批判地從這一個外來宗教汲取滋養，用作借鑑，不斷發揮自身的創造力，創造出有價值的文學成果。而由於中國文學在整個中國歷史發展中占據著特別重要的地位，發揮著特別重要的作用，佛教對中國文學造成巨大、深遠影響，又間接地作用於中國文化的諸多領域，例如眾多的學術、藝術、倫理等領域；而佛教對中國文學發揮影響並獲得成就，作為中國佛教實踐活動的重要方面，反過來又影響和推動了佛教自身的發展。如此等等，佛教與中國古典文學相互影響的歷史，就成為中國佛教史和中國文化史重要的一頁。這一頁記錄著古代中國精神史和文化交流史的重要面向，留下了中國古代文化值得珍視的一份豐厚遺產。

[1437]〈佛像解說中本版序〉，李雪濤譯，赫爾穆特・吳黎熙（Helmut Uhlig）《佛像解說》（*Das Bild des Buddha*），卷首第 1－2 頁，社會科學文獻出版社，2003 年。

結語

《中華佛教史》後記

◎湯一介

　　1999 年冬，山西教育出版社約請季羨林先生主編一套多卷本《中華佛教史》。其時，季先生年近九十，因身體的原因，季先生向出版社提出由他與我共同主編。我雖對中國佛教史稍有涉獵，但並無深入研究，為了幫助季先生實現編著《中華佛教史》的意願，我答應了。自 2000 年起，我們開始成立編寫團隊，又花了一年多的時間經多次與作者共同討論，就《中華佛教史》的框架和編寫體例達成了共識。我們認為，現有的中國佛教史著作多為漢地佛教，而且往往只寫佛教思想，這一次我們是否可以編寫出一套有特色的佛教史，把中國多個受佛教影響的民族的佛教歷史也包含在內，這樣也許更有意義。為了與過去的中國佛教史有所區別，我們把這一部佛教史定名為《中華佛教史》，此點季先生在本書的總序中已有說明。

　　原來我們討論編寫的《中華佛教史》共分十三卷：一、漢魏兩晉南北朝佛教史卷；二、隋唐五代佛教史卷；三、宋元明清佛教史卷；四、近代佛教史卷；五、佛教文學卷；六、佛教美術卷；七、西藏佛教史卷；八、西夏佛教史卷；九、雲南上部座佛教史卷；十、西域佛教史卷；十一、敦煌佛教史卷；十二、中韓佛教交流史卷；十三、中國佛教東傳日本史卷。後季先生自 2003 年起因身體原因長期住在醫院，我又擔任了教育部哲學社會科學重大突破瓶頸研究專案「儒藏編纂與研究」的首席專家，加之各卷作者的教學與其他研究任務繁忙，因此《中華佛教史》的進度較慢。自 2004 年，開始有作者交稿，至 2012 年已交十卷，敦煌卷、西域卷、西夏卷因各種原因而無法繼續寫作。現在完成的是以下十卷，即漢魏兩晉南北

《中華佛教史》後記

朝佛教史卷、隋唐五代佛教史卷、宋元明清佛教史卷、近代佛教史卷、佛教文學卷、佛教美術卷、雲南上部座佛教史卷、西藏佛教史卷、中韓佛教交流史卷、中國佛教東傳日本史卷。為了稍稍彌補此套《中華佛教史》之不足，我徵得季先生同意，從季先生的著作中把他所寫的中國佛教論文編成一本《佛教史論集》，把它作為本書的最後一卷，一方面希望讀者能了解季先生對「中華佛教史」整體上的把握，另一方面季先生的這一本《論集》中包含著他對敦煌、吐魯番以及西域地區佛教的若干看法，這或許對敦煌佛教、西域佛教的研究有所幫助。還需要說明一事，季先生曾為西域卷寫了三萬餘字的書稿，但現在不知手稿在何處，故未及編入《論集》，希望以後能找到，供研究西域佛教的學者利用。把季先生的《佛教史論集》作為《中華佛教史》最後一卷，其他十卷順序排列，這或者也可以說仍是一套稍具規模而與其他中國佛教史著述有所不同的研究著作。

由於我不是專門研究佛教史的專家，加之我晚年特別關注中國儒家哲學及其現代發展的可能性問題，因此沒有可能把大力花在《中華佛教史》上，這是一件遺憾的事。學術研究是沒有止境的，我相信一定會有更好的包含各民族佛教信仰的佛教史研究著作出現。這對於凝聚中華民族也有一定的意義。

佛教文學卷：
從經典翻譯到文學創新的佛教印記

作　　　者：孫昌武
發　行　人：黃振庭
出　版　者：崧燁文化事業有限公司
發　行　者：崧燁文化事業有限公司
E - m a i l：sonbookservice@gmail.com
粉　絲　頁：https://www.facebook.com/sonbookss/
網　　　址：https://sonbook.net/
地　　　址：台北市中正區重慶南路一段 61 號 8 樓
8F., No.61, Sec. 1, Chongqing S. Rd., Zhongzheng Dist., Taipei City 100, Taiwan
電　　　話：(02)2370-3310
傳　　　真：(02)2388-1990
印　　　刷：京峯數位服務有限公司
律師顧問：廣華律師事務所 張珮琦律師

-版權聲明—————————————————

本書版權為山西教育出版社所有授權崧燁文化事業有限公司獨家發行電子書及繁體書繁體字版。若有其他相關權利及授權需求請與本公司聯繫。

未經書面許可，不得複製、發行。

定　　　價：780 元
發行日期：2025 年 07 月第一版
◎本書以 POD 印製

國家圖書館出版品預行編目資料

佛教文學卷：從經典翻譯到文學創新的佛教印記 / 孫昌武 著 . -- 第一版 . -- 臺北市：崧燁文化事業有限公司, 2025.07
面；　公分
POD 版
ISBN 978-626-416-644-7(平裝)
1.CST: 佛教文學 2.CST: 中國文學史 3.CST: 文學評論
224.51　　　　　114008294

電子書購買

爽讀 APP　　　臉書